Stephan Mühlig

Schmerz und Schmerzbehandlung bei Kindern und Jugendlichen

Klinische Praxis und Rehabilitation

Herausgegeben von
Franz Petermann und Petra Warschburger

Stephan Mühlig

Schmerz und Schmerzbehandlung bei Kindern und Jugendlichen

BELTZ
PsychologieVerlagsUnion

Anschrift des Autors:

Dr. phil. Stephan Mühlig
Universität Bremen
Zentrum für Rehabilitationsforschung
Grazer Str. 2 und 6
28359 Bremen

Lektorat: Katja van den Brink

Herausgeber der Reihe "Klinische Praxis und Rehabilitation":

Prof. Dr. Franz Petermann und Dr. Petra Warschburger
Universität Bremen
Zentrum für Rehabilitationsforschung
Grazer Str. 2 und 6
28359 Bremen

Umschlaggestaltung: Dieter Vollendorf, München
Druck und Bindung: Druckhaus Thomas Müntzer, Bad Langensalza
Printed in Germany
Gedruckt auf säurefreiem Papier

ISBN 3-621-27362-X

Inhalt

Vorwort

Die vorliegende Arbeit basiert auf der Dissertation des Autors Stephan Mühlig mit dem Titel *"Entwicklung und Evaluation verhaltensmedizinischer Interventionen zur Angst- und Schmerzreduktion bei krebskranken Kindern und Jugendlichen"*, die im Rahmen eines gleichnamigen DFG-Projektes[1] realisiert wurde. Ziel dieses mehrjährigen Forschungsprojektes, das Herr Mühlig leitete, war es, theoretische Grundlagen im Bereich der pädiatrischen Schmerzforschung zu erarbeiten sowie ein komplexes verhaltensmedizinisches Behandlungssprogramm für Akutschmerzen im Kindesalter zu entwickeln und zu erproben. Im Mittelpunkt stand dabei die psychologische Angst- und Schmerzbehandlung von krebskranken Kindern, die sich invasiven medizinischen Behandlungsprozeduren (hier: Lumbalpunktionen) unterziehen müssen.

Die Idee zu diesem Vorhaben entstand während meiner mehrjährigen Arbeit am Zentrum für Kinderheilkunde der Universität Bonn in intensiven Diskussionen mit dem Kollegen Prof. Dr. med. Udo Bode und meinem ehemaligen wissenschaftlichen Mitarbeiter Dr. phil. Michael Kusch, denen in diesem Zusammenhang mein besonderer Dank gilt. Die Praxis auf der pädiatrisch-onkologischen Station zeigte, daß krebskranke Kinder übermäßig unter den notwendigen medizinischen Eingriffen (vor allem zahlreiche Spritzen, Venen-, Lumbal- und Knochenmarkpunktionen) zu leiden hatten. Die zur Verfügung stehenden Medikamente zur Angst- und Schmerzreduktion in diesem Kontext wiesen aber eine Reihe gravierender und teilweise gefährlicher Nebenwirkungen auf. Aus diesem Grund entschlossen wir uns, eine verhaltensmedizinische Alternative zu entwickeln und wissenschaftlich zu untersuchen, die eine wirksame Vorbereitung der Kinder auf invasive Prozeduren mit psychologischen Methoden beinhaltete. Zu diesem Zweck wurde nach einer ausführlichen Literatursichtung von Dr. Kusch und mir 1992 ein entsprechender Förderantrag ausgearbeitet und von der DFG bewilligt. Da die Patientenzahlen in pädiatrisch-onkologischen Abteilungen sehr klein sind, wurde das Projekt multizentrisch organisiert. Als Kooperationspartner (bzw. Co-Antragsteller) neben Prof. U. Bode wurde der Leiter der Kinderklinik der Medizinischen Hochschule Hannover, Prof. Dr. med. Dr. h.c. H. Riehm, der Chefarzt der Kinderklinik des Zentralklinikums Münster, Prof. Dr. med. H. Jürgens, und die Prof.-Heß-Kinderklinik des Zentralkrankenhauses St.-Jürgens-Str. in Bremen gewonnen. Das Forschungsprojekt wurde zwischen Anfang 1993 und Ende 1995 in den genannten Kliniken durchgeführt.

Klinisch-psychologische (vor allem verhaltensmedizinische) Methoden gewinnen im Rahmen medizinischer Behandlungskonzepte körperlicher Erkrankungen, insbesondere bei chronischen Krankheiten, zunehmend an Bedeutung. Die psychologische Schmerztherapie bietet heute wirksame Alternativen zur pharmakologischen Analgesie und leistet damit einen wichtigen Beitrag für die Gesundheitsversorgung. Gerade im Bereich der Schmerz- und Angstreduktion bei streßhaften medizinischen Eingriffen (an Kindern) sind verhaltensmedizinische Interventionen besonders geeignet, pharmakologische Vorbereitungen zu ersetzen bzw. sinnvoll zu ergänzen. Die empirische Forschung belegt

[1] DFG-Projekt Nr. Pe-271/4-1, /4-2 und /4-3

eindrucksvoll die vergleichsweise hohe Effektivität psychologischer Vorgehensweisen in diesem Bereich. Allerdings haben sich nicht alle Maßnahmen in jedem Fall bzw. für jedes Kind als hilfreich herausgestellt. Eine ganze Reihe von personalen und situativen Einflußfaktoren moderieren den Interventionserfolg. Diese Determinanten zu identifizieren und als Kriterien für eine spezielle Indikationsstellung nutzbar zu machen, ist eines der Hauptanliegen des vorliegenden Buches.

Die gründliche Aufarbeitung des Forschungsstandes zum Akutschmerz im Kindesalter, wie sie im Rahmen dieser Arbeit geleistet wird, ist besonders begrüßenswert, da in der primär empirisch orientierten Anwendungsforschung bisher stark vernachlässigt. Mit der Aufbereitung theoretischer Modelle und psychologischen Grundlagenwissens für den Bereich spezifischer Stressoren im medizinischen Behandlungskontext kann die bestehende Lücke zwischen Grundlagenforschung und Anwendungspraxis geschlossen werden. Dieser Rückbezug grundlagenwissenschaftlicher Ergebnisse (z.B. zur kognitiven Repräsentation und Verarbeitung von spezifischen Streßsituationen bei Kindern) auf die Erfordernisse der klinischen Praxis läßt fruchtbare Anregungen für das verhaltensmedizinische Handeln im medizinischen Versorgungssystem erwarten. Diesbezüglich ist der wissenschaftliche Ertrag der Arbeit für die pädiatrische Praxis beachtlich. Zudem wurde eine hervorragende Darstellungsform der komplexen Thematik gewählt: Dem Verfasser ist es gelungen, naturwissenschaftliche Konzepte (u.a. mittels 50 Abbildungen) gut verständlich auszuführen.

In der Arbeit von Stephan Mühlig wird Schmerz wie folgt definiert: „*Schmerz ist ein komplexes und dynamisches Geschehen auf bio-neuro-physio-psychologischen Systemebenen, das eine multidimensionale und aktive Antwort des Organismus auf einen noxischen Reiz (z.B. Gewebeschädigung) oder eine Störung innerhalb des nozizeptiven Systems oder den Ausdruck einer psychosozialen Funktionsstörung darstellt, sich im Empfinden aus sensorisch-diskriminativen, kognitiv-evaluativen, affektiv-motivationalen und motorisch-behavioralen Komponenten (von meist aversiver Erlebnisqualität) zusammensetzt und durch Lernfaktoren und soziale/interpersonelle Kontextbedingungen beeinflußt wird*“. Auf der Basis dieser differenzierten Definition kommt man zwangsläufig zu einer vielschichtigen Anlage der Analyse, die der Autor konsequent umsetzt. Hierbei muß betont werden, daß die pädiatrische Schmerzforschung viele Unschärfen enthält, die nur durch Analogieschlüsse aus der Psychologie und Physiologie abgemildert werden können. Dieses anspruchsvolle Vorhaben hat der Autor gewählt, wobei schon allein die theoretischen Ausführungen Pioniercharakter besitzen. Genau die angesprochenen Unschärfen machen es notwendig, mit einer umfassenden Begriffsbestimmung zu beginnen und Grundlegendes zur Schmerzklassifikation und Schmerznosologie voranzustellen. So erfolgt eine umfassende und evidente Begriffsbestimmung der Schmerzarten „akut“, „rezidivierend“ und „chronisch“ Die Schmerzformen werden nach den Kriterien Zeitcharakteristik, Schmerzquelle, Lokalisation, Ätiologie, aufrechterhaltende Bedingungen, Auslösefaktoren, psychosoziale Konsequenzen sowie Prognose und Therapiemöglichkeiten kategorisiert. Die Bedeutung von Schmerztaxonomien und ihre Übertragbarkeit auf die Pädiatrie wird im folgenden diskutiert sowie ein multiaxiales Klassifikationssystem für Akutschmerzen skizziert.

Anschließend stellt der Verfasser die physiologischen Bedingungen des Schmerzgeschehens im Kindesalter dar. In diesem Kapitel werden die theoretischen Grundlagen zur Schmerztherapie (physikalische, pharmakologische und psychologische Therapie) gelegt. Im Unterkapitel „Entwicklungsneurophysiologie“ wird auf die reifungsbedingte Schmerzwahrnehmung eingegangen und dabei die pränatale Entwicklung des nozizeptiven Systems genauso dargestellt wie die Veränderung des subjektiven Schmerzerlebens im Verlauf der Kindheit. Im folgenden Kapitel werden die kognitiven und neuropsychologischen Grundlagen im Kontext der Verarbeitung von Schmerzreizen behandelt. Herr Mühlig thematisiert dabei vor allen Dingen die Speicher- und Abrufprozesse der Schmerzerfahrung (Schmerzgedächtnis) und die Implikationen der Informationsverarbeitungsprozesse und -kapazität für die Schmerzbewältigung von Kindern. In diesem Kapitel wird die bis heute bestehende Kluft zwischen den Ergebnissen psychologischer Grundlagenforschung und der Anwendung dieser Erkenntnisse in der Schmerztherapie am deutlichsten. Das letzte theoretische Kapitel stellt lernpsychologische (inklusive neurobiologischer) Konzepte und entwicklungspsychologische Determinanten in den Mittelpunkt der Diskussion. Schmerzerleben hängt naheliegenderweise vom kognitiven Entwicklungsniveau des Kindes ab. Bei der Vorbereitung auf schmerzhafte Prozeduren sind folglich altersspezifische Spezifikationen vorzunehmen, die in diesem Zusammenhang ausführlich dargestellt werden. Besonderen Neuheitswert in diesem Kapitel hat die sehr differenzierte Abhandlung des Zusammenhanges zwischen der Kognition, Angstemotion und Schmerzreaktion. Ich finde es bewundernswert, wie der Autor die komplexen Interdependenzen im Angst- und Schmerzerleben auf heuristischem Niveau strukturiert. Aspekte wie Berechenbarkeit des Schmerzereignisses und Angstentstehung oder Überlegungen zum Schmerz-Angst-Zirkel können die aktuelle psychologische Schmerzforschung befruchten.

Im nächsten Abschnitt, der sich mit den Ergebnissen der Bewältigungsforschung beschäftigt, thematisiert Herr Mühlig die Aspekte der besonderen Schmerz- und Angstbewältigung von Kindern bei schmerzhaften Stressoren. Die Bewältigungsforschung ist hierbei in der Lage, die spontanen, altersspezifischen Schmerzbewältigungsstrategien und deren Determinanten zu identifizieren, um dadurch Hinweise für eine optimierte Schmerzbewältigung abzuleiten. Die allgemeinen Aussagen werden konkret auf die Lumbalpunktion bezogen, wobei sich auf Grundlage der empirischen Resultate einzelne Strategien in Bezug auf ihre Verbreitung und ihre Effektivität bewerten lassen. Bewältigungsforschung beschäftigt sich darüber hinaus mit der Bedeutung von Umweltfaktoren und sozialen Einflüssen und will klären, inwieweit durch soziale Unterstützung oder Elternanwesenheit eine schmerzhafte Prozedur für ein Kind erträglicher gestaltet werden kann. Insgesamt sind die Beiträge der Bewältigungsforschung eher bescheiden, wenn es darum geht, differenzierte Bewältigungsprogramme zu entwickeln.

Die ausführliche Übersicht des empirischen Forschungsstandes zur Vorbereitung von Kindern auf medizinische Eingriffe, die der Autor vornimmt, umfaßt die aktuellen Erkenntnisse zu medizinisch-pharmakologischen Vorbereitungsmaßnahmen sowie verhaltensmedizinischen Interventionen zur Angst- und Schmerzreduktion bei invasiven medizinischen Prozeduren. Unter dem Aspekt der pharmakologischen Vorbereitung werden die in der klinischen Praxis gebräuchliche Medikamente und ihre Vor- und Nachteile diskutiert. Unter den verhaltensmedizinischen Interventionsverfahren wird auf folgende Teilprozeduren eingegangen:

- Vorbereitung durch Informationsvermittlung
- Modeling
- verhaltenstherapeutische Verfahren
- Entspannungsverfahren
- kognitiv-behaviorale Interventionen
- Interventionspakete
- Eltern-Kind-Programme zur Vorbereitung auf invasive medizinische Prozeduren

Die Darstellung der empirischen Forschungsresultate mündet in eine ausführliche Diskussion der Schlußfolgerungen für die Vorbereitungspraxis. Aus dieser sowie aus den theoretischen Überlegungen können dann die Interventionsschritte altersgruppenspezifisch (d.h. für die Altersgruppe der Drei- bis Sechsjährigen, der Sieben- bis Zehnjährigen und der Elf- bis Achtzehnjährigen) abgeleitet werden.

Bei der abschließenden Ableitung und Darstellung des Interventionsprogrammes beeindruckt die Differenziertheit und die Stringenz der Ausführung. Damit gelingt der dringend notwendige Brückenschlag zwischen Grundlagenforschung und der Anwendung differenzierten Fachwissens in der klinischen Praxis. Stephan Mühlig konzeptualisiert ein integratives verhaltensmedizinisches Interventionsprogramm, dessen innovativer Charakter im Vergleich zu vorangegangenen Bemühungen auf diesem Sektor vor allem in folgenden Kernpunkten besteht:

1. Es werden spezifische Interventionen auf der Grundlage einer fundierten speziellen Indikationsstellung ausgewählt, das heißt:
   - *entwicklungsspezifisch* (auf das kognitive Entwicklungsniveau des Kindes bezo gen),
   - *situations- und kontextspezifisch* (auf die Prozedurart und die Situationsbedin gungen abgestellt) und
   - *individuumspezifisch* (gemäß der persönlichen Vorerfahrungen oder der Ängstlichkeit des Kindes).

   Bisherige Vorbereitungsmaßnahmen wurden lediglich standardisiert und undifferenziert für alle Kinder eingesetzt. Das vorliegende Interventionsprogramm strebt demgegenüber an, eine bezogen auf den jeweiligen kognitiven Entwicklungsstand, die individuellen Vorerfahrungen sowie Bewältigungskompetenzen und Kontextfaktoren (z.B. familiäre Unterstützung) des Kindes abgestimmte psychologische Vorbereitung zu ermöglichen.
2. Die Eltern der Kinder werden aktiv in die Vorbereitung einbezogen und erhalten konkrete Instruktionen für eine optimale (phasenspezifische) Unterstützung ihres Kindes vor, während und nach der medizinischen Prozedur.
3. Es wird ein gutverständliches und einfach einzusetzendes Praxismanual zur Verfügung gestellt, mit dem die Mitarbeiter der Kliniken vor Ort (Krankenhauspflegeberufe, Psychosozialer Dienst) das Interventionsprogramm selbständig durchführen können.

Neben dem Erkenntnisfortschritt über die Grundlagen des pädiatrischen Schmerzes liefert das vorliegende Buch einen Zuwachs an praxisrelevantem Handlungswissen für die Verhaltensmedizin in der Pädiatrie: Es werden einfache Screening-Verfahren und differenzierte Schemata für eine altersgruppenspezifische Indikationsstellung zur Verfügung gestellt, ein umfangreicher Katalog praktischer Interventionsmodule entwickelt und entwicklungsspezifische Materialsammlungen vorgelegt, die in der Kinderheilkunde sicherlich weiter zur Anwendung kommen werden. Außerdem wurden kindgerechte diagnostische und therapeutische Materialien konzipiert, spezielle diagnostische Instrumente für eine fundierte Indikationsstellung sowie eine Reihe von Meßinstrumenten zur Effektevaluation entwickelt, wie sie auch in der Psychotherapieforschung im Kinderbereich seit einiger Zeit angestrebt werden.

Das Anwendungsspektrum dieses verhaltensmedizinischen Vorbereitungskonzeptes bleibt dabei nicht auf den zahlenmäßig relativ eingegrenzten Bereich der invasiven Prozeduren bei Leukämieerkrankungen beschränkt. Das nach dem Modulprinzip konzipierte Interventionsprogramm läßt sich verhältnismäßig unaufwendig auf eine ganze Reihe weiterer streßerzeugender medizinischer Maßnahmen adaptieren (z.B. auf Operationsvorbereitung, Computertomographie, Hydrotherapie bei ernsthaften Brandverletzungen, zahnärztliche Eingriffe). Ich wünsche mir, daß die sorgfältigen und differenzierten Ausführungen von Dr. Mühlig nachhaltig die Diskussion in der Klinischen Kinderpsychologie und Pädiatrie beeinflussen und zur Verbesserung der pädiatrischen Versorgung beitragen werden.

Bremen, im Juli 1996 Prof. Dr. Franz Petermann

Danksagung

An erster Stelle danke ich ganz besonders meinem „Doktorvater“ Prof. Dr. Franz Petermann für seine engagierte und anteilnehmende Betreuung und Unterstützung bei der Realisierung dieser Arbeit. Desweiteren danke ich meinen Kolleginnen und Projektmitarbeiterinen Dipl.-Psych. Dagmar Breuker, Dipl.-Psych. Hildegard Labouvie, Dipl.-Psych. Christine Hildebrandt und Dipl.-Psych. Hiltraud Siedenschnur sowie allen studentischen Hilfkräften und DiplomandInnen für die hervorragende Zusammenarbeit bei der Durchführung dieser Multi-Center-Studie. Auch den zahlreichen PsychologiestudentInnen der Universitäten Bremen und Münster, die uns über lange Zeiträume für teilnehmende Beobachtung, Kameraführung und Verhaltensratings zur Verfügung standen, sei an dieser Stelle gedankt.

Den beteiligten ÄrztInnen, psychosozialen MitarbeiterInnen, Krankenschwestern und -pflegern der drei Kliniken Medizinische Hochschule Hannover, Universitätsklinik Münster und Zentralkrankenhaus St.-Jürgens-Str. möchte ich besonders danken für ihr großes Engagement und ihre unermüdliche Unterstützung bei der Durchführung des Projektes, insbesondere: Frau Dipl.-Psych. Barbara Bartig, Frau Gabi Kowollik und Herrn Soz.-Päd. Helmut Hoffmann vom Psycho-sozialen Dienst der pädiatrischen Onkologie Hannover, dem Chefarzt Prof. Dr. med. H. Jürgens der Universitätskinderklinik in Münster sowie den leitenden Ärzten Drs. Spaar und Lieber in Bremen. Ganz besonderm Dank gilt Prof. Dr. Dr. H. Riehm, dem Chefarzt und Leiter der pädiatrischen Onkologie der Medizinischen Hochschule Hannover, ohne dessen großartigen fachlichen und persönlichen Beistand das Projekt sich nicht hätte abschließen lassen.

Außerdem möchte ich nicht versäumen, dem „Freitagsatelier“ der Kunsthochschule Bremen für ihren kreativen und professionellen Beitrag bei der Entwicklung und Erstellung der therapeutischen Arbeitsmaterialien zu danken, besonders Prof. Dr. F. Haase für die Idee und Koordination, Herrn Martin Ernsting und Tim Hagedorn für die Entwicklung des Vorbereitungsbilderbuches, Frau Britta Dünnes und dem Studio Hamburg für die Herstellung des Modellvideos. Herrn Dr. Kowitz von der Fa. Azu-Pharma danke ich in diesem Zusammenhang für seine großzügige Hilfe bei der Verlegung des Bilderbuches, um es einem größeren Kreis krebskranker Kinder verfügbar zu machen.

Nicht zuletzt danke ich den KollegInnen unseres Institutes Dr. phil. Almut Wendt, Dipl.-Psych. Hans-Christian Waldmann, Dipl.-Psych. Sabine Schmidt, Dipl.-Psych. Thilo Kroll, Dr. phil. Norbert Krischke, Dr. phil. Petra Warschburger sowie meiner Freundin Ute Szirnicks für wertvolle Anregungen, Hilfe beim Redigieren und monatelange Rücksichtnahmen.

Bremen, Juli 1996

Dr. phil. Stephan Mühlig

1. Einleitung

1.1. Zielsetzung

Das Thema Schmerz im Kindesalter ist ein sehr junges Forschungsgebiet. Bis in die 70er Jahre war die Problematik in der empirischen Wissenschaft praktisch nicht existent. Erst in den letzten anderthalb Dekaden nahm das Forschungsinteresse, inspiriert durch innovative psychologische Schmerzmodelle und die Entwicklung neuartiger verhaltensmedizinischer Schmerzbehandlungsmethoden, rapide zu. Seitdem ist ein exponentieller Anstieg der Publikationen zu grundlagen- und anwendungsorientierten Fragestellungen im Bereich pädiatrischer Schmerzphänomene zu verzeichnen. Neben den idiopathischen Schmerzsyndromen bei Kindern (z.B. Kopf- und Bauchschmerz) bildeten insbesondere die im Kontext medizinischer Therapien unvermeidlichen *behandlungsbedingten („iatrogenen") Schmerzen* bei Kindern einen Schwerpunkt der empirischen Forschungsaktivitäten. Mit dem Bedarf nach effizienten Alternativen zu nebenwirkungsbehafteten analgetischen und sedierenden Medikamenten (speziell für krebskranke Kinder), nahm auch die Nachfrage nach empirisch abgesicherten diagnostischen und therapeutischen psychologischen Verfahren beständig zu.

Die vorliegende Arbeit, die im Rahmen eines durch die Deutsche Forschungsgemeinschaft (DFG) geförderten Forschungsprojektes[1] konzipiert wurde, verfolgt zwei *Ziele*:

1. Den wissenschaftlichen Erkenntnisstand zum pädiatrischen Schmerz im Kontext medizinischer Prozeduren umfassend aufzuarbeiten, wobei die Befunde unterschiedlicher Disziplinen der Grundlagen- und Anwendungsforschung wechselseitig aufeinander bezogen und integriert werden sollen.
2. Die empirischen Ergebnisse praxeologisch aufzubereiten, um daraus ein komplexes verhaltensmedizinisches Interventionsprogramm zur Behandlung prozeduraler Schmerzen bei Kindern abzuleiten und dieses in Form eines klar strukturierten Interventionsmanuals für die selbständige Anwendung durch Klinikmitarbeiter (Psychosozialer Dienst, Krankenschwestern) zur Verfügung zu stellen[2].

Die Auswertung der internationalen Literatur zum Thema Schmerz im Kindesalter erbringt eine Vielzahl von Einzelergebnissen unterschiedlicher Fachdisziplinen (z.B. Physiologie, Neurowissenschaften, Kognitionswissenschaften, Entwicklungsneurologie und -psychologie, allgemeine Psychologie, Sozialpsychologie und Bewältigungsforschung), die sich auf vielfältige und heterogene Fragestellungen beziehen. Dabei stehen sich die Resultate

a) der *Grundlagenforschung* zu psychophysiologischen Schmerzprozessen (Physiologie, Reizverarbeitung, autonome Schmerzregulation),
b) der *psychologischen Schmerzforschung* zu internen und externen Bedingungen des Schmerzgeschehens im Kindesalter (Entwicklungs- und Lernfaktoren, kognitive, emotionale und soziale Aspekte) und

---

[1] DFG Nr. Pe 271/4-1, /4-2, /4-3.

[2] Aus methodischen Gründen wird das Training hier für die Vorbereitung krebskranker Kinder auf invasive medizinischen Prozeduren am Beispiel Lumbalpunktionen spezifiziert.

c) der *interventionsorientierten Anwendungsforschung* (Schmerzbewältigungsforschung, Therapieevaluation)

relativ unvermittelt gegenüber. Nur in wenigen Überblicksarbeiten werden die Befunde der verschiendenen Forschungsgebiete zumindest summarisch zusammengestellt (Bush & Harkins, 1991; McGrath, 1990; Ross & Ross, 1990; Petermann, Wiedebusch & Kroll, 1994).

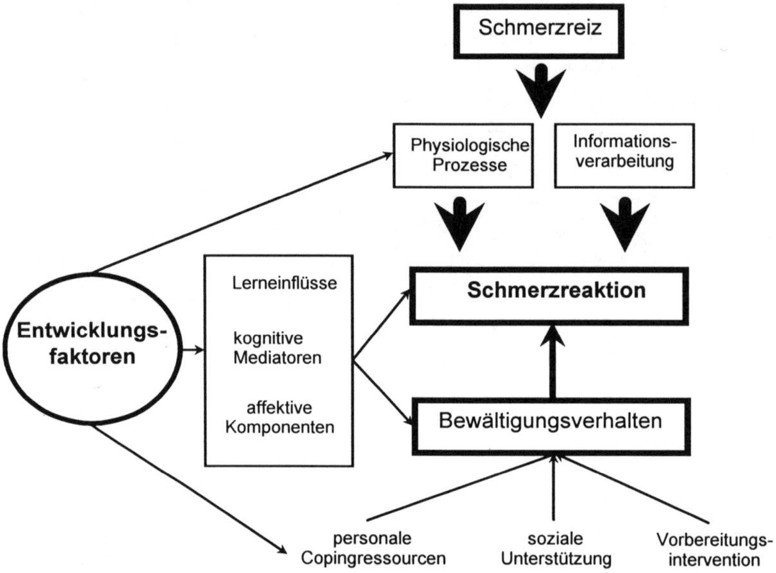

Abbildung 1-1:* *Aspekte des Akutschmerzgeschehens bei invasiven Prozeduren im Kindesalter in vereinfachter Darstellung.

Insbesondere im Bereich der durch medizinische Behandlungsmaßnahmen verursachten Schmerzen bei Kindern steht eine umfassende Integration des empirischen Wissensbestandes noch weitgehend aus. Die Forschungsperspektive der Untersuchung prozeduraler Akutschmerzen ist primär auf den klinischen Anwendungskontext fokussiert. Dabei findet i.d.R. weder eine Berücksichtigung der Befunde der interdisziplinären Grundlagenforschung oder eine stringente Ableitung der Untersuchungshypothesen aus theoretischen Überlegungen, noch eine Integration der Ergebnisse in kohärenten Schmerzbewältigungsmodellen statt. Dementsprechend ergibt sich aus den häufig isoliert nebeneinander stehenden Befunden ein relativ heterogenes und teilweise inkonsistentes Gesamtbild. Selbst evident anwendungsrelevante Ergebnisse der psychologischen Bedingungs- und Bewältigungsforschung fließen nur in Ausnahmefällen in die Konzipierung therapeutischer Vorbereitungsinterventionen ein. Aus diesem Grund soll hier der Versuch unternommen werden, die empirischen und experimentellen Ergebnisse der genannten Teildisziplinen umfassend zusammenzutragen, zu systematisieren und im Hinblick auf klinisch-therapeutische Relevanz auszuwerten. Die für das Schmerzgeschehen bei invasiven Eingriffen wesentlichen Aspekte, die in den einzelnen Abschnitten dieser Arbeit ausführlich behandelt werden, sind zusammengefaßt in Abbildung 1-1 dargestellt.

Das *zweite Ziel* dieser Arbeit besteht darin, aus der dargestellten Befundlage praxisrelevante Implikationen für eine Verbesserung der therapeutischen Vorbereitungsbemühungen zu extrahieren, diese zu den empirischen Ergebnissen der Bewältigungs- und Evaluationsforschung in Beziehung zu setzen und daraus ein komplexes Interventionsprogramm zur Angst- und Schmerzreduktion bei invasiven medizinischen Prozeduren im Kindesalter abzuleiten (vgl. Abbildung 1-2).

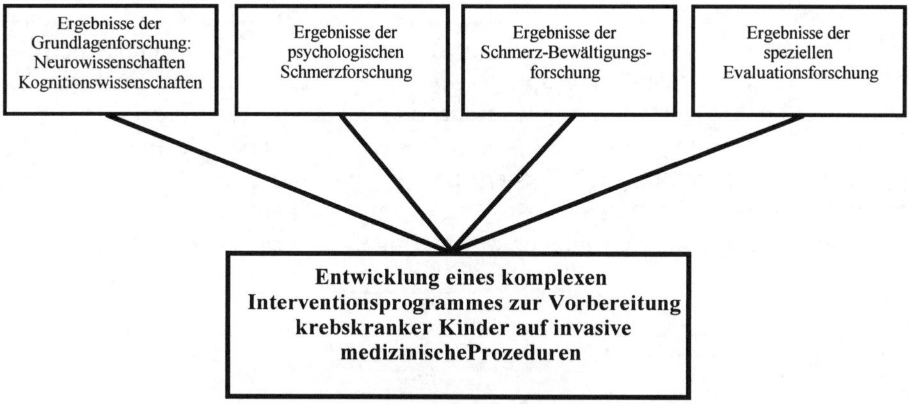

Abbildung 1-2: ***Herleitung des Interventionsprogrammes.***

Das hier vorgestellte Programm stellt in mehrfacher Hinsicht eine *Weiterentwicklung* bisher vorliegender Vorbereitungsinterventionen dar:
Obwohl nahezu alle Resultate zu den Determinanten einer erfolgreichen Bewältigung medizinischer Eingriffe die Bedeutung individueller Faktoren betonen, existiert bislang kein Vorbereitungsprogramm, das explizit eine *individualisierte Adaption* des Vorgehens beinhaltet. Die Vorgehensweisen werden meist entweder in standardisierter Form durchgeführt oder lediglich auf ein bis zwei Merkmale des Kindes (z.B. Alterstufe, Anzahl der Vorerfahrungen, präferierter Bewältigungsstil) abgestimmt. Eine individualisierte Differentialindikation und Therapieplanung wurde bisher noch nicht praktiziert.
Die innovative Qualität des hier konzipierten Modells besteht vor allem darin, das Interventionsvorgehen

- entwicklungsspezifisch (kognitives Entwicklungsniveau),
- kontextspezifisch (Prozedurart und -phasen, Situationsbedingungen) und
- individualspezifisch (Vorerfahrungsqualität, allgemeine Ängstlichkeit, Bewältigungsrepertoire, präferierter Bewältigungsstil, Potential an sozialer Unterstützung)

auf die persönlichen Bedingungen des zu behandelnden Kindes abzustimmen. Zu diesem Zweck wird erstmals eine präprozedurale Befragung („*interventionsorientierte Diagnostik*") mittels eigens entwickelter Instrumente eingeführt, auf deren Basis das konkrete therapeutische Vorgehen gezielt adaptiert und präzise geplant werden kann.
Dabei wird ein breites Spektrum verhaltensmedizinischer Verfahren („*Interventionskatalog*") zu einem kohärenten Gesamtpaket integriert, um ein Maximum an therapeutischer Wirksicherheit zu erreichen. Die Auswahl und Zusammenstellung der Interventionsstrategien erfolgte nicht (wie in vielen Studien üblich) nach persönlichen Präferen-

zen oder „klinischen Erfahrungen" des Autors, sondern auf der Grundlage einer umfassenden Analyse des empirischen Forschungsstandes (s.o.). Besonderes Augenmerk wurde darauf gelegt, die unterschiedlichen Vorgehensweisen (Informationsvermittlung, Training von Bewältigungsfertigkeiten, aktive Einbeziehung der Eltern) in einem kohärenten und chronologisch strukturierten Gesamtplan zu verbinden.
Schließlich wird das komplette Interventionsprogramm in Form eines leicht handhabbaren und „rezeptbuchartig" aufgebauten *therapeutischen Praxismanuals* (spezifiziert für drei Alterstufen) vorgelegt, das diagnostische Befragungsinstrumente, eine Darstellung und Durchführungsanleitung der Interventionen sowie ein als entscheidungslogische Sequenz („Entscheidungsbaum") konzipiertes Indikationsschema umfaßt. Darüber hinaus wurden eigene kindgerechte diagnostische und therapeutische Materialien (z.B. „Schmerzuhr", Vorbereitungsbilderbuch, Modellvideo) entwickelt, die die praktische Durchführung der Vorbereitung mit Kindern unterschiedlicher Entwicklungsstufen erleichtern sollen. Dieses Gesamtpaket soll den Klinikmitarbeitern der pädiatrischen-onkologischen Abteilung für eine autonome Anwendung vor Ort zur Verfügung gestellt werden.

1.2. Übersicht

Die Arbeit gliedert sich in insgesamt acht Kapitel, die aufeinander aufbauend die theoretischen Grundlagen, themenrelevante empirische Ergebnisse zum Schmerz im Kindesalter und die Befunde der speziellen Bewältigungs- und Evaluationsforschung behandeln, bevor im letzten Abschnitt die Begründung und Darstellung des Interventionsprogrammes erfolgt.

Zunächst wird der für die hier gewählte Thematik relevante *klinische Anwendungsbereich* kurz skizziert: Die Kontextbedingungen der Krebserkrankung und -behandlung im Kindesalter sowie die spezifischen Merkmale invasiver medizinischer Prozeduren, insbesondere der Lumbalpunktionen (Kapitel 2.1. und 2.2.). Anschließend wird eine genauere Gegenstandsbestimmung des Themas „Schmerz" vorgenommen, indem unterschiedliche *schmerz-theoretische Ansätze* und *Definitionen* dargestellt, diskutiert und um Verbesserungsvorschläge ergänzt werden, wobei auf Besonderheiten des kindlichen Schmerzes Bezug genommen wird (2.3.). Zum Zweck der nosologischen Einordnung und Spezifizierung prozeduraler Schmerzen sollen die vorliegenden Schmerztaxonomien kritisch reflektiert und ein eigenes *multiaxiales Klassifikationssytem für Akutschmerzen im Kindesalter* vorgestellt werden, auf dessen Grundlage systematischere Indikationsentscheidungen getroffen werden können (2.4.).

Die zusammenfassende Darstellung des aktuellen *grundlagenwissenschaftlichen* Erkenntnisstandes umfaßt die Struktur und Funktionsweise des *physiologischen Schmerzsystems* des Menschen, einschließlich neuer Erkenntnisse zu neuronalen Korrelaten der Schmerzsensibilisierung und -chronifizierung, endogenen Schmerzkontrollmechanismen und physiologischen Wirkmechanismen unterschiedlicher schmerztherapeutischer Verfahren (3.1.). In diesem Zusammenhang werden die Besonderheiten kindlicher Schmerzreaktionen im Lichte neuer Ergebnisse der *Entwicklungsneurophysiologie* reflektiert (3.2.).

Darüber hinaus sollen die für die Schmerzwahrnehmung relevanten *Informationsverarbeitungsprozesse* relativ ausführlich behandelt werden. Da die kognitionspsychologischen Vorgänge der Reizwahrnehmung, -speicherung und -erinnerung erbebliche entwicklungsspezifische Varianzen aufweisen, die wiederum bedeutsame Implikationen für ein differenziertes therapeutisches Vorgehen besitzen, werden die gängigen Speichermodelle und -funktionen unter altersbezogenen Gesichtspunkten analysiert und auf den Schmerzbereich übertragen (4.2.). Soweit vorhanden, wird dabei auf empirische Befunde zum speziellen Schmerzgedächtnis im Kindesalter rekurriert (4.2.4.). Schließlich wird der Wirkmechanismus eines in der pharmakologischen Vorbereitungspraxis gebräuchlichen Medikamentes mit amnestischer Potenz kritisch diskutiert.

Psychologisches Bedingungswissen über die Entstehung, Aufrechterhaltung und Beeinflussung des Schmerzgeschehens bei Kindern umfaßt Erkenntnisse aus einer ganzen Reihe psychologischer Fachdisziplinen. Diese bislang nicht ausreichend integrierten empirischen Resultate sollen zusammenfassend dargestellt, systematisiert und auf praxisrelevante Implikationen analysiert hin werden. Nicht-assoziative und assoziative *Lernmechanismen* beeinflussen nicht nur die Entstehung, Aufrechterhaltung oder Verschlimmerung von Schmerzbeschwerden, sondern spielen auch für die Meisterung von Akutschmerzereignissen eine wesentliche Rolle, deren Kenntnis für die Interventionsplanung wichtige Ansatzpunkte liefert (5.1.). *Kognitive Mediatoren,* wie Bewertungssprozesse, Kontrollerwartungen, Selbstwirksamkeitsüberzeugungen und kognitive Stile sind nach dem aktuellen Forschungsstand von herausragender Relavanz für die Wahrnehmung und Bewältigung von Schmerzen. Zahlreiche empirische Studien belegen eindrucksvoll den Zusammenhang zwischen Einstellungsfaktoren, Schmerzbelastung und Bewältigungspotential (5.2.). Bei (kleinen) Kindern kommt darüber hinaus der *affektiven* Schmerzkomponente eine besondere Bedeutung zu, da sie auf akute Schmerzereignisse mit einer spezifischen „*Distreß*"-Reaktion (vermischte Schmerz-Angst-Reaktion) antworten, bei der im Gegensatz zu Erwachsenen das affektiv-emotionale Geschehen im Vordergrund steht. Die Zusammenhänge zwischen Schmerz- und Angstaspekten werden im Hinblick auf entwicklungsspezifische Bedingungen reflektiert, auf die prozedurale Schmerzsituation übertragen und Schlußfolgerungen für das therapeutische Vorgehen daraus abgeleitet (5.3.). Schließlich sollen die für eine altersgerechte Vorbereitung unabdingbaren Erkenntnisse entwicklungspsychologischer Forschung zu kindlichen Schmerzvorstellungen, Erklärungsmodellen, Verständniskapazitäten und Regulationsmöglichkeiten aufgegriffen integriert werden.

Da die Untersuchung der von Kindern bei invasiven Prozeduren spontan eingesetzten „natürlichen" Bewältigungsversuche, ihrer differentiellen Effektivität und deren Determinanten (6.1.1.) sowie der individuell präferierten Copingstile (6.1.2.) für eine Optimierung der speziellen Vorbereitungsinterventionen besonders verwertbare Resultate liefert, werden die vielfältigen (aber leider oft inkonsistenten) Ergebnisse der Bewältigungsforschung ausführlich dargestellt und analysiert. Dabei wird der Fokus darauf gelegt, kontextuelle und personale Bedingungen für eine effektive Situationsbewältigung (z.B. Entwicklungs- und Phasenspezifität) zu identifizieren und diese für die Interventionsplanung aufzubereiten. In diesem Zusammenhang haben sich die *sozialen Einflüsse* auf das Bewältigungsgeschehen der Kinder als besonders wichtig herausgestellt (6.2.).

Wie durch zahlreiche Untersuchungsergebnisse belegt, wirkt sich das Verhalten der Erwachsenen vor, während und nach der Prozedur sehr unterschiedlich auf die Kinder aus. Die Befunde zu den differentiellen Auswirkungen des Elternverhaltens, der Eltern-Kind-Interaktion und der interpersonellen Interdependenzen werden zusammengefaßt referiert und in Maximen für eine Verbesserung des Unterstützungsverhalten von Eltern, Ärzten und Krankenschwestern umgesetzt.

Die Kinder werden in der klinischen Praxis alternativ mit *pharmakologischen* oder psychologischen Methoden auf streß- und schmerzhafte medizinische Eingriffe vorbereitet. Daher sollen auch die gebräuchlichen medikamentösen Verfahren kurz vorgestellt und ihre Vor- und Nachteile gegenüber dem nicht-medikamentösen Vorgehen diskutiert werden (7.1.). Während die Darstellung der speziellen *verhaltensmedizinischen Interventionsmethoden* (7.2.1.) knapp gehalten wird (weil bereits an anderer Stelle erfolgt; vgl. Mühlig & Petermann, 1994; Petermann, Mühlig & Breuker, 1994), nimmt die Analyse der empirischen *Evaluationsforschung* relativ breiten Raum ein. In einer *narrativen Übersicht* werden die relevanten Studien beschrieben (7.2.2.), nach inhaltlichen Gesichtspunkten geordnet und einschließlich ihrer statistischen Resultate tabellarisch zusammengefaßt (Anhang A). Die Vergleichbarkeit der empirischen Resultate wird allerdings dadurch erschwert, daß die Studien hinsichtlich kontextualer (Erkrankung, Prozedur), personaler (Alter, Vorerfahrungen), therapeutischer (Anzahl, Dauer, Zusammenstellung und Praktizierung der Interventionen) und methodischer Merkmale (Stichprobengröße und -zusammensetzung, Kontrollgruppe, Erfolgskriterien, Datenquelle, Meßinstrumente) erheblich varrieren. Aufgrund dieser Heterogenität der Studien sollen zusätzlich die vorliegenden *Meta-Analysen* zur Vorbereitung von Kindern auf medizinische Eingriffe herangezogen werden (7.2.3.), um die Resultate nach definierten Kriterien systematisieren und aussagekräftigere und allgemeingültige Schlußfolgerungen ableiten zu können. Anschließend werden die für das spezielle Teilgebiet der Vorbereitung auf aversive *invasive* Prozeduren vorliegenden Studien nocheinmal gesondert betrachtet und einer eigenen meta-analytischen Auswertung unterzogen, um zu noch spezifischeren Aussagen zu gelangen (7.2.2.4.). Abschließend werden die Evaluationsresultate in praxeologische Schlußfolgerungen für die Entwicklung des Vorbereitungsprogrammes umgesetzt.

Den Abschluß der Arbeit bildet die Ableitung und Beschreibung des entwickelten komplexen *Interventionsprogrammes* zur Vorbereitung krebskranker Kinder auf invasive medizinische Prozeduren (Kap. 8.). Der Übersichtlichkeit halber werden die für die Konzipierung des Vorgehens relevanten empirischen Befunde noch einmal stark komprimiert zusammengefaßt und die Auswahl und Zusammenstellung der Interventionsverfahren begründet. Die Darstellung des Programmes umfaßt die Beschreibung der interventionsorientierten Diagnostik, der eigens entwickelten kindgerechten diagnostischen und therapeutischen Materialien, des praktischen Vorgehens und der eingesetzten therapeutischen Manuale einschließlich der graphischen Indikationsschemata.

2. Gegenstandsbestimmung

Da der Anwendungsbezug dieser Arbeit in der Entwicklung eines verhaltensmedizinischen Interventionsprogrammes zur Vorbereitung krebskranker Kinder auf invasive medizinische Prozeduren (Lumbalpunktionen) besteht, müssen die spezifischen Kontextbedingungen der Erkrankung, ihrer Behandlung und der schmerzhaften Eingriffe zunächst umrissen werden. Darüber hinaus ist eine präzise Begriffsbestimmung und Klassifikation des Phänomens „Schmerz im Kindesalter“ erforderlich, um die darauffolgend referierten empirischen Befunde eindeutig systematisieren zu können.

2.1. Grunderkrankung: Krebs im Kindesalter

Jährlich erkranken in Deutschland (alte Bundesländer) zwölf bis 14 von 100.000 Kindern im Alter bis 14 Jahren an Krebs (Haaf, Klimesch & Michaelis, 1990). Die häufigste Krebsform im Kindesalter stellt mit über 35% die *akute lymphatische Leukämie (ALL)* dar - gefolgt von Tumoren im Zentralnervensystem (ZNS), Lymphomen, Tumoren des sympathischen Nervensystems (SNS), Weichteilsarkomen, Nierentumoren, Knochentumoren u.a. (Gutjahr, 1993; Manne & Anderson, 1991; vgl. Abbildung 2-1.).

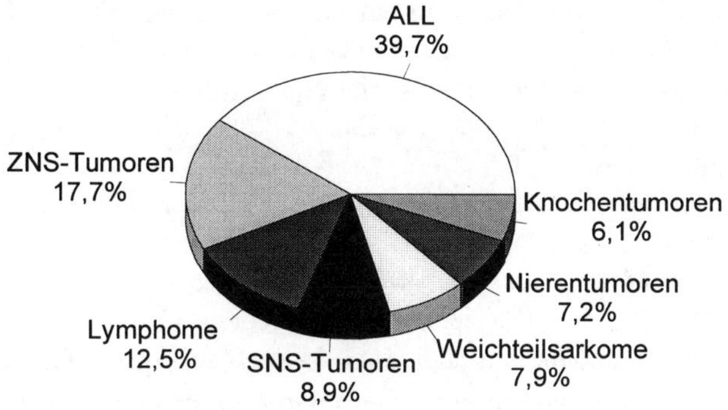

Abbildung 2-1: Inzidenz der Krebserkrankungen im Kindesalter (nach Gutjahr, 1993).

Aufgrund der beeindruckenden Erfolge der medizinischen Behandlung ist die Überlebensrate der Kinder mit einer Krebserkrankung während der letzten drei Jahrzehnte kontinuierlich gestiegen. Hatten Kinder, die an akuter lymphatischer Leukämie (ALL) erkrankten, noch vor 30 Jahren kaum Überlebenschancen (mittlere Überlebensrate ca. vier Monate), konnten Lebensdauer und Heilungsquote mit Einführung einer konsequenten systemischen Behandlung mit Chemotherapie seitdem dramatisch gesteigert werden. Heute überleben über 70% der Kinder die ersten fünf Jahre nach Krankheitsausbruch, wobei bereits nach dreijährigem rezidivfreiem Intervall mit 96%iger Sicherheit von einer Dauerheilung gesprochen werden kann (Gutjahr, 1993).
Die medizinische Krebstherapie bringt allerdings einige neue *behandlungsbedingte Probleme* und *psychosoziale Belastungen* mit sich (Petermann, 1987, 1990). Die therapeutischen Erfolge der Chemotherapie nehmen bei hoher Dosierung drastisch zu, so daß die zur Leukämiebehandlung eingesetzten Zytostatika in Maximalmengen verabreicht

werden müssen, die den gesamten Organismus extrem belasten. Da diese Zellgifte nicht nur das Wachstum der Krebszellen hemmen, sondern auch für gesunde Zellen hochtoxisch sind, führen sie zu massiven akuten Nebenwirkungen wie Haarausfall, Übelkeit und Erbrechen. Mit der verbesserten Überlebensrate ist die Anzahl der von den Behandlungsbelastungen betroffenen Kinder in den letzten Jahrzehnten ständig gestiegen. Darüber hinaus erfordert die chemotherapeutische Krebstherapie in regelmäßigen Abständen verschiedene *schmerzhafte invasive Eingriffe* zu diagnostischen und therapeutischen Zwecken: Häufige *Blutentnahmen* (Finger- oder Venenpunktionen) zur Beobachtung des Krankheitsverlaufes, zahlreiche *Medikamenteninjektionen* und in der Akutphase der Erkrankung eine Reihe von *Lumbal-* und *Knochenmarkpunktionen.* Nach den in Deutschland üblichen medizinischen *Behandlungsprotokollen* für ALL wird die Lumbalpunktion ca. zwölfmal im Behandlungsverlauf durchgeführt, wobei diese Anzahl bei Auftreten von Rezidiven noch erheblich steigen kann.

2.2. Definition und Beschreibung invasiver Prozeduren

Bei *invasiven Prozeduren* handelt es sich um eindringende oder gewebebeeinträchtigende ("körperverletzende") Maßnahmen, die zu unterschiedlichen diagnostischen und therapeutischen Zwecken notwendig werden. Dazu zählen u.a.

- unterschiedliche Injektionsformen (intravenös, intramuskulär, subkutan),
- Blutentnahmen (Venen-, Fingerpunktionen),
- Lumbal-, Knochenmark- oder Gelenkpunktionen,
- Biopsien,
- Entroskopien,
- Kathetrisierungen, Portpunktionen,
- Zahnbehandlungen,
- operative Eingriffe.

Bei der *Lumbal-* oder *Rückenmarkpunktion* wird eine sieben bis zwölf cm lange Hohlnadel mit ein bis fünf mm Durchmesser zwischen dem dritten und vierten oder vierten und fünften Lendenwirbel in die Rückenmarkhaut (*Dura Mater spinalis*) eingeführt. Dabei handelt es sich um eine feste Gewebehülle, die aus einer äußeren (*Endorhachis*) und einer inneren Haut (*Duralsack*) besteht und das Rückenmark bis zum 2.-3. Sakralwirbel fest umschließt. Das Rückenmark (*Medulla spinalis*) endet oberhalb des fünften Lendenwirbels. Der Einstich erfolgt im nervenzellfreien Teil des Wirbelkanals (*Filum terminale*) so daß keine Nervenzellen geschädigt werden können. Die Prozedur dient zum einen der Entnahme von Rückenmarkflüssigkeit (*Liquor cerebro spinalis*) zu diagnostischen Zwecken und zum anderen, bei (möglichem) Mitbefall des ZNS, der Medikamentenverabreichung (Zytostatika). Bei der Lumbalpunktion können Schmerzen entstehen

- durch Gewebsschädigung beim Einstich in die Haut und Muskulatur,
- der Punktion des Lumbalsacks und
- bei der Liquorentnahme bzw. der Injektion von Medikamenten in den Lumbalkanal (Druckschmerz),
- durch gelegentlich beim Einführen der Nadel vorkommende Irritation der Knochenhaut oder

- durch ausstrahlende Sensationen in den Beinen (projizierter Schmerz, vgl. Kap 2.4.).

Der hauptsächliche Schmerzreiz beschränkt sich auf den Vorgang des Einstechens bzw. Abziehens der Punktionsnadel. Während der Liquorentnahme und Injektion werden normalerweise keine gravierenden Schmerzsensationen ausgelöst. Das Schmerzempfinden erstreckt sich im Regelfall maximal über einen Zeitraum zwischen 30 Sekunden und zwei Minuten und endet meist unmittelbar oder kurz nach der Punktion (Kusch, 1992), kann aber auch noch eine kurze Zeitspanne persistieren. Die gesamte Prozedur vom Betreten bis zum Verlassen des Behandlungsraumes dauert je nach Klinik und Routine des behandelnden Arztes durchschnittlich zwischen fünf und 20 Minuten.

Komplikationen können bspw. auftreten, wenn die Punktionsnadel nicht einwandfrei eingeführt werden kann, weil das Kind motorisch unruhig ist und sich wehrt oder die Prozedur technisch nicht gelingt. Wird beim Einstechen z.B. versehentlich ein Blutgefäß getroffen, ist das entnommene Liquor für diagnostische Zwecke unbrauchbar, da es mit im Blut vorhandenen Krebszellen kontaminiert sein kann und keine Aussage über einen zusätzlichen ZNS-Befall mehr erlaubt. Bei der sogenannten „trockenen Punktion" kommt nach dem Einführen der Kanüle kein Liquorfluß in Gang. In beiden Fällen muß die Punktion u.U. mehrfach wiederholt werden. Bleibt das Kind nicht still sitzen, steigt das Risiko zusätzlicher Gewebeirritationen (z.B. in der Knochenhaut). Unter diesen Umständen können die Schmerzsensationen sowohl hinsichtlich der Intensität als auch der Dauer erheblich zunehmen.

Drei weitere invasive Prozeduren sind integraler Bestandteil der Leukämiebehandlung: Bei der *Knochenmarkpunktion* wird eine Nadel in den Hüftknochen gestoßen und etwas Knochenmarksubstanz zu Untersuchungszwecken abgesaugt, was neben dem Einstichschmerz auch zu heftigem *Aspirationsschmerz* (Schmerzen, die durch physikalischen Unterdruck beim Absaugen von Knochenmarksubstanz) führen kann. Knochenmarkpunktionen werden normalerweise nur wenige Male (3-5) notwendig und meist zusammen mit einer regulär anstehenden Lumbalpunktion vorgenommen. *Venenpunktionen* zur Blutabnahme oder Injektion von Medikamenten gehören zu den am häufigsten durchgeführten invasiven Prozeduren, von denen manche krebskranke Kinder im gesamten Behandlungsverlauf mehr als 300 über sich ergehen lassen müssen (Manne et al., 1990). Darüber hinaus ist eine Anzahl von *Fingerpunktionen* zur Abnahme kleinerer Blutmengen erforderlich.

2.3. Definition Schmerz

2.3.1. Der historische Schmerzbegriff

Das „Rätsel Schmerz" (McGrath & Hillier, 1989) ist ein vielschichtiges und soziokulturell geprägtes Phänomen, das sich einer einfachen Definition entzieht. In verschiedenen Kulturen und historischen Perioden herrschten sehr unterschiedliche Schmerzauffassungen vor: In *frühen prähistorischen Epochen* dominierten magische Vorstellungen: Schmerz wurde als durch böse Geister oder Mächte verursacht betrachtet und durch von Zauberern durchgeführte rituelle Handlungen der „Verabreichung" magischer Gegenständen (Bil-der, Talismane etc.) behandelt. Auch die *Schädeltrepanation*, d.h. die Öffnung der Schädeldecke zur Entweichung von „Dämonen" aus dem Organismus des

Schmerzkranken, wurde bereits in dieser Zeit praktiziert. In *archaischen Kulturen* (Mesopotamien) traten zunehmend religiös geprägte Elemente (Schmerz als Strafe für eine „Beleidigung der Götter") hinzu, die Therapie der Priesterheiler richtete sich primär auf Sühnehandlungen. Während der *frühen* (ägyptischen) *Hochkulturen* wurden magische „Therapien" zunehmend durch Naturheilverfahren (Kräuter, Mineralien, Tinkturen) ergänzt. Der Schmerzbegriff in der *Antike* war dualistisch geprägt. Platon (427-348 v.Chr.) und später Aristoteles (384-322 v.Chr.) differenzierten Schmerz in eine körperliche („Leibschmerz") und eine emotionale Form („Gefühlsschmerz"). Für die Therapie wurde empfohlen, Schmerzen vor allem durch geistige und körperliche Betätigung zu bekämpfen. In der späten Antike wurde in Griechenland erstmals eine naturwissenschaftlich orientierte Krankheitssicht entwickelt, die sich auf empirische Vorgehensweisen (genaue Beobachtung und Beschreibung von Krankheiten) stützte. Hippokrates (460-377 v.Chr.) lokalisierte den Schmerz bereits ausschließlich im Gehirn. Der römische Arzt Galen (129-199 n.Chr.), der entscheidende Grundlagen für eine Verwissenschaftlichung der Heilkunde legte, erkannte die diagnostische Funktion des Schmerzes als Hinweis auf organpathologische Störungen („Disharmonie der Körpersäfte").
Während des frühen *Mittelalters* wurde die Heilkunde in der abendländischen Kultur kaum fortentwickelt, sondern beruhte im wesentlichen auf den Theorien und Methoden der antiken Autoren. Lange Zeit wurde die allgemeine Heilkunde und Schmerztherapie von der christlichen Glaubenslehre dominiert. Schmerz wurde gemäß der christlichen Leidensethik theologisiert, als „Passion der Seele" (Thomas von Aquin) aufgefaßt, die es durch geistige Kräfte zu ertragen und zu beherrschen galt. Die Tradierung von Schmerzbehandlungsverfahren im Abendland wurde in erster Linie von der Volksheilkunde (Kräuterfrauen, Bader etc.) übernommen. Weiterentwicklungen der medikamentösen und chirurgischen Heilmethoden fanden vornehmlich in der damals von größerer Toleranz und Liberalität geprägten islamisch-arabischen Welt statt.
Im Zeitalter der *Aufklärung* begann sich die somatosensorische Konzeption durchzusetzen, die Schmerzphänomene als Ausdruck einer zugrundeliegenden Krankheit betrachtete (Symptomcharakter) und zum Leitbild der sich entwickelnden Humanmedizin wurde. Die von Descartes (1599-1650) formulierte Organismus-Maschine-Analogie implizierte die Vorstellung beliebiger Regulierbarkeit des Schmerzgeschehens und führte konsequenterweise zu einer Fülle von mehr oder weniger wirksamen Techniken der Schmerzbehandlung. Die traditionelle, am cartesianischen Paradigma orientierte, Schmerzauffassung basierte allerdings noch auf einem mechanistischen anthropologischen Modell. Diese frühen naturwissenschaftlichen Erklärungsansätze waren monokausal, unidirektional und somatisch ausgerichtet: Schmerz wurde als primär körperliches Geschehen betrachtet, das durch einen (äußeren) noxischen Reiz ausgelöst, über die sensorischen Systeme vom Organismus aufgenommen wird und dort eine physiologische Reaktion auslöst, in deren Folge unangenehme Emotionen auftreten können. Dieses einfache Reiz-Reaktions-Modell des Schmerzgeschehens blieb bis in die jüngere Vergangenheit die Grundlage aller in der Folgezeit entwickelten physiologischen Schmerztheorien (vgl. Altstaedter & Gotthold, 1996; Wahl, 1994).
Erst in den sechziger Jahren, als sich die Schmerzforschung als eigenständige Disziplin zu etablieren begann und sich das Forschungsinteresse intensivierte, wurde das Wesen des Phänomens Schmerz neu begriffen. Die bis dahin vorherrschende, auf dem biomedizinischen Modell basierende, somatosensorische Sichtweise des Schmerzes erwies

sich als nicht hinreichend und wurde zugunsten komplexerer Modellvorstellungen aufgegeben. Es mehrte sich die Evidenz dafür, daß das Schmerzerleben, im Gegensatz zu anderen sensorischen Wahrnehmungen, eine *extreme inter- und intraindividuelle Variabilität und Modifizierbarkeit* aufweist, die auf die zentrale Bedeutung kognitiv-mentaler Vermittlungsprozesse verweisen (Göbel, 1988):

2.3.2. Zur Subjektivität des Schmerzphänomens

Das subjektive Schmerzerleben bzw. die erlebte Schmerzintensität korreliert nur schwach mit dem objektiven Schmerzreiz (Nilges & Gerbershagen, 1994). Derselbe noxische Stimulus kann verschieden starke Schmerzempfindungen bei unterschiedlichen Kindern oder bei demselben Kind zu unterschiedlichen Zeitpunkten hervorrufen (McGrath, 1990). Schmerzen können in Abwesenheit einer identifizierbaren somatisch-organischen Ursache erlebt werden: Bei psychogenen Schmerz- und Somatisierungsstörungen und funktionalen Schmerzsyndromen (z.B. im Kontext angestrebter Arbeitsunfähigkeit, Frühberentung) oder idiopathischen Schmerzerkrankungen (rezidivierende Kopf- und Bauchschmerzen). Ferner können Schmerzen auch nach der Beseitigung eines Organs bzw. der Amputation einer Extremität (*Phantom- oder Deafferenzierungsschmerz*) oder nach der Heilung der verletzten Körperregion (*Spontanschmerz*) persistieren. Umgekehrt sind ernsthafte Verletzungen ohne oder mit stark reduzierter Schmerzempfindung, insbesondere bei intensiven körperlichen Aktivitäten wie beim Leistungssport oder in physischen und psychischen Extremsituationen (Kriegshandlungen, Naturkatastrophen) möglich (Beecher, 1956; Wall, 1982). Krebspatienten berichten häufig erst dann von Schmerzen, nachdem sie über die Diagnose informiert worden sind (Black, 1975). In einer Reihe von Untersuchungen wurden lediglich schwache Korrelationen zwischen erlebter Schmerzintensität und objektiver organischer Schmerzursache (*Diskrepanz zwischen Befund und Befinden*), z.B. den Gewebsschädigungen in späteren Krebsstadien, gefunden (Green-wald et al., 1987; Fernandez & Turk, 1992). Zudem wurden eklatante *interkulturelle Unterschiede* bei der durchschnittlichen Schmerztoleranz bzw. Schmerzschwelle festgestellt. Innerhalb eines Kulturkreises unterscheiden sich bspw. Italiener und nordamerikanische Juden mit vergleichsweise niedriger von Nordeuropäern mit einer signifikant höheren Schmerzschwelle (Abu-Saad, 1990; Larbig, 1982). Erheblich ausgeprägter sind diese Differenzen zwischen distanteren Kulturen wie der westlich-abendländischen und der sogenannter Naturvölker Afrikas, Asiens und Lateinamerikas (Melzack, 1984). Bei religiös motivierten Ritualen (in indischen, fernöstlichen und indianischen Kulturen) sowie durch meditative Techniken, wie sie Fakire und andere „Schmerzkünstler“ praktizieren (Larbig, 1982), ist eine fast vollständige psychologische Schmerzeliminierung zu beobachten. *Kulturspezifische Sprachbesonderheiten* deuten ebenfalls auf erhebliche interkulturelle Differenzen des Schmerzverständnisses und -empfindens hin: So umfaßt das Repertoire der Schmerzsprache in den indoeuropäischen Kulturen mehrere tausend Worte, während die chinesische Sprache nur ein Wort für Schmerz kennt, das lediglich in zwei Abstufungen (heftig oder mäßig) differenziert werden kann (Müller-Busch, 1996).

2.3.3. Unterschiedliche schmerztheoretische Ansätze

Um zu einer tragfähigen Beurteilung der aktuellen Definitionsversuche in bezug auf das Phänomen Schmerz zu gelangen, müssen zunächst die zentralen Prämissen der wichtigsten schmerztheoretischen Ansätze reflektiert werden.

2.3.3.1. Gate-Control-Theorie

Mit der Präsentation der *„Gate-Control"-Theorie* durch Melzack und Wall (1965) bahnte sich eine paradigmatische Wende in der Schmerzkonzeptualisierung an: Schmerz wurde zunehmend als *multidimensionales Geschehen* von *subjektiver Erfahrungsqualität* aufgefaßt, das neben der sensorischen Komponente auch durch kognitive und affektiv-emotionale Faktoren determiniert ist. Melzack und Casey (1968) postulierten *drei Ebenen der Schmerzerfahrung*:

1. Die sensorisch-diskriminative,
2. die motivational-affektive und die
3. kognitiv-evaluative.

Außerdem wurde erstmals ein Modell nicht-sensorischer neuronaler Regulationsmechanismen der nozizeptiven Informationsverarbeitung konzipiert. Eine Kernaussage der Gate-Control-Theorie besagt, daß bei noxischer Stimulation der periphere Impulsstrom durch einen neuronalen inhibitorischen Mechanismus im Hinterhorn des Rückenmarks („Gate") gesteuert wird. Die Weiterleitung der Informationen der peripheren nozizeptiven Afferenzen zu supraspinalen Strukturen funktioniere dabei durch die Aufhebung dieser präsynaptischen spinalen Hemmung. Es wurde postuliert, daß die Reizweiterleitung durch die Erregung dicker nicht-nozizeptiver Afferenzen gehemmt (Torschließung) und durch die Erregung dünner nozizeptiver Fasern aktiviert (Toröffnung) würde. Der inhibitorische Impuls sollte von der Substantia gelatinosa des Hinterhorns ausgehen und ausschließlich über präsynaptische Hemmung auf die nozizeptiven Afferenzen wirken. Dieser Teil der Theorie wurde bezüglich zentraler physiologischer Postulate experimentell widerlegt und mußte modifiziert werden (Melzack & Wall, 1983). Ein zweiter Theorieteil kann heute als empirisch gesichert gelten (vgl. Kap.3): Danach wird die spinale Hemmung der nozizeptiven Reizleitung bereits im Hinterhorn des Rückenmarks durch absteigende („descendierende") zentrale Kontrollsysteme ausgelöst. Obwohl einige Bestandteile der Gate-Control-Theorie experimentell nicht bestätigt werden konnten, besteht ihre herausragende Bedeutung für die Schmerzforschung vor allem darin, den modulierenden (absteigenden) Einfluß höherer zentralnervöser Instanzen auf die nozizeptive Reizverarbeitung bereits auf der Ebene der ersten synaptischen Umschaltung im Rückenmark identifiziert zu haben. Damit wurde erstmals die Rolle psychisch-mentaler Vermittlungsprozesse bei der Schmerzverarbeitung theoretisch erklärt.

3.3.3.2. Operante Schmerzmodelle

Operante Schmerzmodelle richten den Fokus verstärkt auf Aspekte der äußerlich beobachtbaren motorischen, verbalen, para- und nonverbalen *Schmerzreaktionen* (Fordyce, 1976). Dieses *„Schmerzverhalten"*, das Schmerzexpressivität (Klagen, Stöhnen, Mimik, Gestik, Haltung), Schonverhalten (Inaktivität, sozialer Rückzug, Sonderrolle, Schmerzmanagement) und die Inanspruchnahme medizinischer Dienstleitungen (Krankenrolle, '*doctor-shopping*', Medikation) umfaßt, unterliegt den Verstärkereinflüssen der sozialen Umwelt (vgl. Kap. 5.1.). Allein durch diese sozialen Einflüsse kann die Schmerzproblematik unabhängig von der organischen Schmerzursache langfristig aufrechterhalten werden. Vermehrte Zuwendung und Aufmerksamkeit durch die sozialen Bezugspersonen (positive Verstärkung) oder die Vermeidung unangenehmer Anforderungen und Verpflichtungen (negative Verstärkung) können das initiale Schmerzphänomen intensivieren oder nach Abheilung der somatischen Schmerzquelle zur Chronifizierung der Schmerzen führen (Birbaumer, 1986; Flor, 1996; Nilges, 1993; Wooley, Blackwell & Winget, 1978). Obwohl die operanten Modelle einen bedeutenden innovativen Beitrag für die Erklärung und Therapie chronischer Schmerzen geleistet haben, bleibt der Ansatz durch die ausschließliche Konzentration auf das Schmerz*verhalten* ohne ausreichende Berücksichtigung interner Prozesse (physiologische, kognitive, affektive Faktoren) letztlich reduktionistisch.

2.3.3.3. Transaktionale und biopsychosoziale Ansätze

Moderne *transaktionale und biopsychosoziale Schmerzmodelle* konzeptualisieren Schmerz als Resultat komplexer und interdependenter Beziehungen zwischen genetischer Prädisposition, nozizeptivem Input, kognitiven Verarbeitungsprozessen, psychischer Beeinträchtigung, aktiver Bewältigung und situativen bzw. sozialen Rahmenbedingungen.

Birbaumer (1984) stellte ein auf einem biopsychosozialen Schmerzverständnis basierendes *Drei-Ebenen-Modell* der Schmerzreaktion vor. Danach ist Schmerz eine multifaktorielle organismische Reaktion, die sich auf folgenden Ebenen manifestiert:

1. *Physiologisch-organische Ebene*: Physiologisch-neurologischer Schmerzmechanismus, d.h. Erregungsvorgänge im Nozizeptorsystem, autonomen und Zentralnervensystem und Ausschüttung biochemischer Algetika (z.B. Substanz P, Serotonin);
2. *motorisch-behaviorale Ebene*: Muskuläre Reaktionen (Reflexe, Tonusveränderungen, nonverbale Ausdrucksmotorik);
3. *psychologisch-subjektive Ebene*: Offene (verbale und paraverbale Schmerzäußerung) und verdeckte Reaktionen (Kognitionen, Emotionen).

Auf der Grundlage dieses multifaktoriellen Erklärungsansatzes entwickelte die Arbeitsgruppe um Flor, Turk und Birbaumer (1985) ein *psychobiologisches Modell* chronischer (Rücken-)Schmerzen. Das *Diathese-Streß-Modell* umfaßt folgende Komponenten der Schmerzentstehung und Aufrechterhaltung (Flor, 1991; Flor, Breitenstein & Schlottke, 1994):

1. Organische Disposition für pathophysiologische Reaktionen (Diathese),
2. externe oder interne aversive Reize, die Reaktionen auf den drei Ebenen (physiologisch, motorisch, subjektiv) hervorruft (Streß),
3. inadäquate Bewältigungskompetenz des Individuums und
4. Schmerzreaktionen (emotionale und verhaltensbezogene Beeinträchtigung) und -konsequenzen (Verstärkerbedingungen, operante Konditionierung).

Dieser Ansatz berücksichtigt erstmals explizit die Interaktion zwischen physiologisch-organischen, affektiv-emotionalen, kognitiven und sozialen Faktoren des Schmerzgeschehens. Die transaktionale Perspektive mit ihrer ausdrücklichen Einbeziehung der biologischen Schmerzgrundlagen ist insbesondere vor dem Hintergrund neuerer Entwicklungen in den Neurowissenschaften, die ein unerwartetes Ausmaß neurophysiologischer und zentralnervöser Veränderungen auf Schmerzstimulation (Neuroplastizität des nozizeptiven Systems; vgl. Kap. 3.1.) festgestellt haben, von hoher aktueller Relevanz. Geissner (1990; 1992) stellt ein komplexes transaktionales *Mikro-/Makro-Modell (chronischer) Schmerzen* auf informationsverarbeitungstheoretischer Basis vor. Er konzipiert Schmerz als multidimensionales Geschehen von subjektiver Erlebnisqualität, das nicht Resultat einer passiven Reizübertragung, sondern Produkt eines aktiven und dynamischen Prozesses ist, der sensorische, kognitive, emotionale und motorische Komponenten umfaßt. Die Schmerzwahrnehmung läuft danach auf vier Ebenen ab:

1. *sensorische*: Lokalisation, Frequenz, Dauer;
2. *affektive*: Schmerzqualität, Leidensaspekt;
3. *vegetative*: Allgemeine Aktivierung, Begleitsymptome;
4. *motorisch-reflektorische*: Vermeidungs- und Fluchtreflexe.

Für jede dieser vier Dimensionen wird eine vorbewußte Verarbeitungsinstanz („*schematic memories*") postuliert, die sich auf der Basis der individuellen Lerngeschichte etabliert bzw. durch aktuelle Erfahrungen ständig modifiziert wird und eine *Filterfunktion* (Infor-mationsselektion) erfüllt (vgl. Kap. 4.1.). Die Vorverarbeitung der Schmerzsignale auf dieser Ebene erfolgt durch zwei simultan operierende Systeme für sensorische bzw. affektive Reizeigenschaften. Die Bewußtseinsebene wird als integrierende Instanz betrachtet, in welcher einerseits Prozesse der Interpretation und Bewertung (Vergleichs- und Intensitätseinschätzungen) und andererseits der absteigenden neuronalen Hemmung (vgl. Kap.3) ausgelöst werden. Die kognitive Bearbeitung (Handlungsplanung, Verlaufserwartungen, Bewältigungskognitionen) mündet schließlich in die aktionale Bewältigung (z.B. Beseitigung der Schmerzquelle, interne oder externe Aufmerksamkeitsdefokussierung), deren Ergebnis wiederum auf die kognitive Bearbeitung zurückwirkt (Feedbackschleife). Die langfristigen Schmerzkonsequenzen, d.h. emotionale Folgen (Depression, Ärger, Angst, beeinträchtigtes Befinden und Selbstwertgefühl) und behaviorale Beeinträchtigungen (Schmerzverhalten, Inaktivität, Aktivitätseinschränkungen, Schmerzhaltung, atrophische Prozesse und Fehlhaltungen) wirken sich wiederum negativ auf die kognitive Repräsentationsebene aus (positive Rückkopplung): Durch die Beeinträchtigungen infolge der anhaltenden Konfrontation mit Schmerzreizen wird das Schmerzerleben für folgende Schmerzerfahrungen verstärkt und die kognitive Bearbeitungskapazität für aktive Bewältigungsversuche blockiert. Das Schmerzgeschehen wird darüber hinaus von personalen Faktoren (Ängstlichkeit, Depression, Gesundheitsstatus) und Umweltvariablen (Verstärkerbedingungen, sozioökonomische Rahmenbedingungen) beeinflußt.

Die zentralen Postulate des Mikro-/Makromodells des Schmerzes stehen weitgehend in Übereinstimmung mit den aktuellen empirischen und experimentellen Forschungsbefunden und können als Manifestation der heute gängigen Schmerzauffassung betrachtet werden. Neueste Erkenntnisse der Neurowissenschaften zur Bedeutung der Neuroplastizität des nozizeptiven Systems, der biochemischen Prozesse bei der nozizeptiven Reizübertragung und (vorbewußter) zentralnervöser Mechanismen bei der kognitiven Informationsverarbeitung sowie das wachsende Verständnis für die Prozesse des endogenen Schmerzkontrollsystems werden allerdings einige Modifikationen erforderlich machen (vgl. Kap 3 und 4).

2.3.3.4. Systemtheoretische Modelle

Ein zukunftsweisendes *kybernetisches Schmerzkonzept* wurde in neuerer Zeit von Seemann und Zimmermann (1990, 1996) präsentiert. Unter dieser integrativen systemtheoretischen Perspektive wird Schmerz als Ausdruck einer Störung in interdependenten, strukturell und funktionell aufeinander abgestimmten Regelkreisen angesehen, die hierarchisch organisiert und in komplexeren Systemen zusammengefaßt sind. Sie unterscheiden drei Regulationsebenen des Schmerzgeschehens:

1. Physiologisches System (motorische und sympathische Regulation),
2. Psychisches System (kognitive Regulation, Verhalten und intentionale Handlungen),
3. Soziales System (interpersonelle Kommunikation).

Im *physiologischen System* werden noxische Reize durch zentralnervös gesteuerte protektive motorische und sympathische Reaktionen gegenreguliert, so daß (bei Akutschmerz) nach einer begrenzten Zeitspanne die Homöostase wiederhergestellt wird (negative Rückkopplung). Das Regulationssystem kann unter bestimmten Bedingungen aber auch *entgleisen*, indem es zu positiven Rückkopplungen und in deren Folge zu Fehlregulationen und dysfunktionalen Aufschaukelungsvorgängen kommt (chronische Schmerzen). Beispielsweise verursachen noxische Reize in einer Körperregion lokale (reflektorische) motorische Schutzreaktionen, die bei anhaltender Reizung (z.B. durch chronische Schmerzen) zu einer abnormen Muskelverspannung führt, die ihrerseits eine Erregung von Nozizeptoren im Muskel und damit weiteres Schmerzempfinden auslöst (positive Rückkopplung). Die erhöhte nozizeptive Sensation führt wiederum zu verstärkter reflektorischer Verspannung und damit zu erneuter Nozizeptorerregung im Muskelgewebe (selbstunterhaltender Schmerzkreis). Die nozizeptive Erregung kann auch von pathophysiologischen Zuständen im Bewegungssystem aufgrund motorischer Fehlbeanspruchung oder psychischer Anspannung (Streß, Angst) ausgehen und den Spannungs-Schmerz-Zirkel in Gang setzen. Schließlich kann es auch durch Konditionierungslernen zu positiven Rückkopplungen kommen, z.B. wenn die Angst vor dem Schmerz zum Auslöser für motorische Anspannungsvorgänge wird, die dann tatsächlich Schmerzen verursachen, oder wenn durch Vermeidungsverhalten langfristig eine dysfunktionale Schonhaltung entsteht (aus der sich wiederum eine Atrophie entwickeln kann), die neue Schmerzen hervorruft. In analoger Weise kann es auch zu Dysbalancen im sympathischen Nervensystem kommen: Noxische Stimulationen lösen verschiedene sympathische Reflexe im Organsystem aus (z.B. lokale Durchblutungssteigerung), die normalerweise eine gegenregulative Funktion erfüllen (negative Rückkopplung). Ist der sympathische Reflex dem zugrundeliegenden schmerzverursachenden pathophysiologischen Prozeß aber nicht angepaßt, kommt es zu einer Verstärkung der nozizeptiven Reizung und in deren Folge zu weiterer sympathischer Reflextätigkeit (circulus vitiosis).

Das *psychisch-kognitive Regulationssystem* wird in kommunikationstheoretischen Termini konzeptualisiert. Danach besitzt Schmerz einen Mitteilungs- und Appellcharakter, durch den der Körper psychische (Streß, Überforderung, Konflikte) oder physiologische Störungen signalisiert (*Kommunikationsfunktion*). Die kognitive Verarbeitung dieser Signale kann in funktionalen (gesundheitsförderlichen) oder dysfunktionalen Verhaltensreaktionen münden. Eine *förderliche* kognitive Verarbeitung beinhaltet z.B. das Erkennen und angemessene Einordnen der Körpersignale, die Aktualisierung von Kontrollüberzeugungen und Selbstwirksamkeit, die Planung und Ausführung aktiver Bewältigungsmaßnahmen und die Erhaltung der Handlungsfähigkeit. Die *dysfunktionale* Verarbeitung besteht häufig in einer kognitiven Fehlinterpretation der körperlichen Hinweisreize (z.B. Ignorieren, Fehlattribution, Fehldiagnose, Fehleinschätzung der eigenen Bewältigungskompetenzen), aus der längerfristig negative Kognitionen (Ohnmacht, Hilflosigkeit) und Affekte (Angst, Depression) resultieren, die wiederum das Schmerzgeschehen verstärken. Auf der *sozialen Systemebene* werden interpersonelle Interaktionsformen wirksam, die entweder das Schmerzgeschehen reduzieren und die Bewältigungskompetenz fördern (soziale und emotionale Unterstützung, Selbsthilferessourcen, Stärkung der Eigenverantwortung, Verbesserung des Gesundheitsverhaltens) oder die Problematik (Schmerzverhalten) intensivieren und verlängern können. Die sozial bedingte Aufrechterhaltung des Schmerzproblems kann über operante Verstärkungsmechanismen (sekundärer bzw. tertiärer Krankheitsgewinn) geschehen oder zur Aufrechterhaltung der Homöostase von sozialen oder Familiensystemen dienen (systemstabilisierende Funktion).

Der systemische Ansatz eröffnet in mehrfacher Hinsicht neue Perspektiven für ein tieferes Verständnis, eine umfassenderen Diagnostik und ganzheitliche Therapie von Schmerzerkrankungen: Die Funktionalität von Schmerzen kann als Zielkonkurrenz unterschiedlicher Subsysteme (z.B. soziales vs. physiologisches Teilsystem) oder als Instrument zur Systemstabilisierung in psychosozialen Regulationssystemen neu begriffen werden. Das heißt, menschliches Handeln besteht nicht immer in einer kohärenten Kooperation einzelner Regulationssysteme, sondern diese können auch *gegen*einander wirken. So kann je nach individueller Prioritätensetzung ein interozeptives Signal (Schmerz), das zu Ruhe und Erholung mahnt, zugunsten höherwertiger sozialer Zielsetzungen (berufliche Leistungsverpflichtung, Karriere) ignoriert werden. Die komplexe Interdependenz aller funktional ineinander verschachtelten und hierarchisch organisierten Subsysteme läßt sich systemtheoretisch adäquat abbilden. Wenn z.B. die Schmerzbehandlung an einer unangemessenen (hierarchisch untergeordneten) Ebene ansetzt, die zu subjektiv höherrangigen Regulationsebenen (z.B. Schmerz als emotionsregulierende Bewältigungsstrategie) in Konkurrenz steht, wird der Therapieerfolg auf somatischer Ebene konterkariert werden. Der am systemischen Denken orientierte diagnostische Prozeß wird diese Wechselwirkungen und Interdependenzen von vorneherein erkennen und berücksichtigen können. Es lassen sich *Strategiefehler bei der Systemsteuerung* (Therapie-planung, Bewältigungsaktivität) auf allen Ebenen identifizieren (vgl. Dörner, 1989):

- Übersteuerungstendenz (Übertherapierung),
- isolierte Behandlung separater Systemausschnitte (pharmakologische Behandlung),
- Fehleinschätzung von Neben- und Folgeeffekten (Auswirkung auf andere Systemebenen),
- einseitige Schwerpunktbildung (ausschließlich somatisch),
- unangemessene Zielbestimmung (Heilung statt Linderung).

Für interdisziplinär und multidimensional orientierte Therapieansätze bietet der systemtheoretische Zugang einen nützlichen Orientierungsrahmen für eine übergreifende Therapieplanung und interprofessionelle Kooperation. Darüber hinaus können auf der Grundlage des kybernetischen Modells den beteiligten Systemebenen des Schmerzgeschehens einzelne Fachdisziplinen der Schmerzforschung (Biochemie, Physiologie, Medizin, Psychologie, Soziologie etc.) mit ihrer je spezifischen gegenstandsäquivalenten Methodik und Terminologie systematischer zugeordnet und deren Erkenntnisse sinnvoller aufeinander bezogen werden. So ist in den letzten Jahren eine zunehmende epistemiologische Konvergenz zwischen den auf verschiedene Systemebenen ausgerichteteten Neuro- und Kognitionswissenschaften zu beobachten: Die neurobiologische Forschung identifiziert in wachsendem Maß die physiologischen Korrelate der Prinzipen und Prozesse kognitiver Informationsverarbeitung, während aus kognitionspsychologischen Modellen Hypothesen über zentralnervöse Funktionsabläufe abgeleitet werden.

2.3.4. Moderne Schmerzdefinitionen: Darstellung und Diskussion

In neuerer Zeit legte die *International Association for the Study of Pain (IASP)* eine konsensuale Schmerzdefinition vor, die als „offizielle" Arbeitsgrundlage der klinischen Schmerzforschung und -praxis fungiert. Danach ist „*Schmerz ein unangenehmes Sinnes- und Gefühlserlebnis, das mit akuter oder potentieller Gewebsschädigung verbunden ist oder mit Begriffen einer solchen Schädigung beschrieben wird*" (1986). Mit dieser Definition wird das auschließlich somato-sensorische Schmerzverständnis endgültig überwunden und anerkannt, daß Schmerz

- ein psychisch-kognitiv vermitteltes Wahrnehmungsphänomen und damit
- eine subjektive Erfahrungsqualität darstellt,
- die emotional-affektive Komponente integraler Bestandteil und nicht nur Folge des Schmerzerlebens ist,
- eine Gewebeschädigung für Schmerzentstehung nicht obligat ist.

Die IASP-Definition wird allerdings der Komplexität und Multidimensionalität des Schmerzphänomens nicht gerecht und entspricht nicht mehr dem aktuellen Erkenntnisstand:

1. Die Definition bleibt primär auf den *somatischen Aspekt der Gewebeschädigung* fokussiert. Demgegenüber ist auch eine faktische oder potentielle Gewebeschädigung keine obligatorische Bedingung für Schmerz. Zum einen bleiben in dieser Begriffsbestimmung die für die Schmerzverarbeitung wesentlichen Lern- und Umwelteinflüsse auf das Schmerzverhalten ungenügend berücksichtigt. Insbesondere für den Bereich der chronischen Schmerzen ist in der verhaltensmedizinischen Forschung seit der Einführung des operanten Schmerzmodells von Fordyce (1976) nachgewiesen worden, daß subjektives Schmerzerleben auch nach der Beseitigung der Schmerzquelle (z.B. nach der vollständigen Heilung einer Verletzung) durch Lernprozesse (operante Verstärkung) noch jahrelang aufrechterhalten werden kann. Zum anderen existiert eine ganze Reihe von Schmerzsyndromen, für die keine Gewebeschädigung nachzuweisen ist (z.B. Spannungskopfschmerz, idiopathischer Bauchschmerz) oder die nicht adäquat in Begriffen einer solchen beschrieben werden können (Übertragungsschmerz, Hyperalgesie; vgl. Kap. 2.4.1.3.).
2. Der Schmerzbegriff wird auf *bewußtseinsabhängige Wahrnehmungsphänomene* (unangenehmes Sinnes- und Gefühlserlebnis) beschränkt. Dies steht in Widerspruch zu der Tatsache, daß die physiologischen und zentralnervösen Prozesse der organismischen Schmerzreaktion auch bei Ausschaltung des Bewußtseins ablaufen (vgl. Kap. 3). Patienten im Koma oder unter Vollnarkose zeigen die gleichen physiologischen Schmerzreaktionen wie Personen im bewußtseinsfähigen Wachzustand. Das

gleiche gilt für neurologische oder psychiatrische Patienten mit Verlust von Bewußtseinsfähigkeit. Auch bleiben bei dieser Schmerzdefinition Tiere und präverbale Kleinkinder mangels (sprachbasierten) Bewußtseins von der Empfindungsfähigkeit für Schmerzen ausgeschlossen. Zumindest bei Säugetieren sind die motorischen und physiologischen Reaktionen auf Schmerzreize denen des Menschen so weit analog, daß ihnen eine Schmerzempfindungsfähigkeit auch ohne Vorhandensein eines selbstreflexiven Bewußtseins zugesprochen werden muß (vgl. Zimmermann, 1996). Schmerz als subjektiver Leidenszustand existiert offensichtlich auch unterhalb der Schwelle bewußter Reflexionsfähigkeit. In unserem Zusammenhang von besonderem Interesse ist die Frage des Schmerzempfindens bei präverbalen Säuglingen und Kleinkindern, die noch keine Strukturen sprachorientierten Bewußtseins entwickelt haben. Nach dem heutigen Forschungsstand spricht alles dafür, daß Kinder dieser frühen Entwicklungsstufen unabhängig von der Ausbildung differenzierter Bewußtseinsstrukturen zum Schmerzempfinden fähig sind (vgl. Kap. 3.2.). Bewußtsein scheint somit kein obligates Kriterium für Schmerzempfinden zu sein.

3. Schmerz wird heute nicht mehr als passive und reflexartig durch Außenreize verursachte Reaktion verstanden, sondern als *aktive und multidimensionale Antwort des Organismus* auf einen peripheren Reiz (Jänig, 1993). Die Schmerzwahrnehmung ist kein bloßes Abbild externer noxischer Reizmuster, sondern wird erheblich durch zentrale Verarbeitungsmechanismen (vgl. Kap. 4.1.) moduliert und ist somit Produkt eines *konstruktiven* kognitiven Aktes von ausgeprägter intra- und interindividueller Variabilität. Dieser Aspekt bleibt in der IASP-Definition unberücksichtigt.
4. Die subjektive Erlebensqualität des Schmerzes wird auf die *aversiven Komponente* eingeengt und damit seine teilweise angenehmen oder lustvollen Aspekte (Massagen, Dehnungsübungen, Kraftanstrengung oder Ausdauerleistung; Masochismus) negiert.
5. Das biopsychosoziale Bedingungsgefüge des Schmerzgeschehens einschließlich seiner systemischen, ökopsychologischen, und soziokulturellen Aspekte bleibt ausgespart. In der vorliegenden Form bleibt die IASP-Definition somit dem veralteten linearkausalen und unidirektionalen Denkmodell verhaftet.

Eine dem heutigen Erkenntnisstand entsprechende Schmerzdefinition müßte entsprechend um einige wesentliche Aspekte erweitert werden. Das *Schmerzempfinden* umfaßt nach aktueller Auffassung zusammenfassend folgende Komponenten (vgl. Kap. 2.3.1.), die jeweils unterschiedlichen neurologischen Korrelaten im ZNS entsprechen (Jänig, 1993; Wahl, 1994) und in einer adäquaten Definition berücksichtigt werden sollten:

1. *Sensorisch-diskriminative Komponente*: Über die Sinnesmodalitäten registrierte noxische Reizung (Lokalisation, Intensität, Dauer, Reizqualität);
2. *kognitiv-evaluative Komponente:* Subliminale und bewußte Einordung und Interpretation des noxischen Reizes vor dem Hintergrund bisheriger Erfahrungen, Bewertungsprozesse (als gefährlich, bedrohlich, nicht auszuhalten), Erwartungen, Einstellungen;
3. *affektiv-emotional-motivationale Komponente:* Mit dem sensorischen Empfinden verbundene emotionale Zustände (Streß, Angst, Wut, Hilflosigkeit etc.) und subjektiver Leidensaspekt;
4. *autonome und somatomotorische Komponente*: Muskuläre Reflextätigkeit, vegetative Reaktionen (Schweißausbruch, Zittern, Übelkeit, Benommenheit, Schocksymptome).

Vor dem Hintergrund des rasanten Erkenntnisfortschrittes in den Neurowissenschaften sind zudem die mikro- und makroskopischen Prozesse auf der *biologisch-physiologische Ebene* und deren Wechselwirkung mit den übrigen Regulationsebenen von besonderer Bedeutung für das Schmerzgeschehen: (Erfahrungsabhängige) Neuroplastizität des nozizeptiven Systems, neuronale Sensibilisierungsprozesse, biochemische Schmerzmodulation, endogenes Schmerzkontrollsystem (vgl. Kap. 3).
Für ein umfassenderes biopsychosoziales Verständnis des Phänomens Schmerz wären den internen Funktionsabläufen noch mindestens drei *psychosoziale Ebenen* hinzuzufügen, die:

- *motorisch-verhaltensbezogene*: Verbales und nonverbales Schmerzverhalten, aktionaler Umgang mit Schmerz, Bereitschaft und Fähigkeit zur Schmerzbewältigung;
- *interpersonell-soziale*: Modell- und Verstärkerverhalten der sozialen Umwelt, schmerzbezogene Interaktionen, Funktionalität;
- *soziokulturelle*: Normative, religiöse, mythische oder rituelle Bedeutungsaspekte.

Nach aktueller Auffassung müßte somit Schmerz etwa folgendermaßen definiert werden (vgl. Kasten 2-1.):

Kasten 2-1: ***Vorschlag für eine integrative Schmerzdefinition.***

Schmerz ist ein komplexes und dynamisches Geschehen auf bio-neuro-physio-psychologischen Systemebenen, das eine multidimensionale und aktive Antwort des Organismus auf einen noxischen Reiz (z.B. Gewebeschädigung) oder eine Störung innerhalb des nozizeptiven Systems oder den Ausdruck einer psychosozialen Funktionsstörung darstellt, sich im Empfinden aus sensorisch-diskriminativen, kognitiv-evaluativen, affektiv-motivationalen und motorisch-behavioralen Komponenten (von meist aversiver Erlebnisqualität) zusammensetzt und durch Lernfaktoren und soziale/interpersonelle Kontextbedingungen beeinflußt wird.

2.3.5. Entwicklungspsychologische Besonderheiten der Schmerzkonzeptualisierung

Ein entwicklungsspezifisch adaptiertes Schmerzmodell liegt bislang nicht vor. *Schmerzen bei Kindern* unterscheiden sich jedoch in einigen wesentlichen Aspekten von dem Schmerzphänomen bei Erwachsenen (vgl. Bush & Harkins, 1991; McGrath, 1990; McGrath & Hillier, 1989; Petermann, Wiedebusch & Kroll, 1994; Ross & Ross, 1990). Einige der genannten Komponenten des komplexen Schmerzgeschehens müssen sich im Verlauf der biologischen Reifung und psycho-kognitiven Entwicklung erst herausbilden und unterliegen während dieser Zeit einer ständigen Veränderung und Ausdifferenzierung, i.e.:

- Die Reifungsentwicklung des (früh-)kindlichen Nervensystems, die in den ersten Lebensjahren noch nicht abgeschlossen ist;
- die Diskriminationsfähigkeit für unterschiedliche noxische Stimuli (Schmerzart, -qualität, -lokalisation etc.);
- Fähigkeit, zwischen sensorischen, affektiven und vegetativen Schmerzkomponenten zu differenzieren; Schmerzen sind anfangs gleichbedeutend mit Unwohlsein; seelisches Leiden und körperliche Beschwerden werden äquiva-

lent als „Schmerzen“ erlebt; eine Abgrenzung zu aversiven Emotionen (Angst, Streß) wird noch nicht vorgenommen;

- die kindlichen Schmerzkonzepte, d.h. das Verständnis des Kindes über das Wesen, die Ursachen (Kausalattribution) und Behandlungsmöglichkeiten bzw. -notwendigkeiten von Schmerzen;
- die Kommunikationsfähigkeit zur Artikulation und Beschreibung von Schmerzen;
- das Bezugssystem zur Einordnung von Schmerzerfahrungen, d.h. der persönliche Informations- und Erfahrungshintergrund sowie Wissensbestände zum Thema (epistemische Struktur);
- Bewertungs- und Interpretationsvorgänge zur angemessenen Qualifizierung des Schmerzerlebens (Stellenwert, Bedrohlichkeit, Verlaufserwartungen etc.);
- Bewältigungspotential und -kompetenzen zum Umgang mit den Beschwerden (Handlungswissen);
- Selbstwirksamkeits- und Kontrollerlebnisse.

Diese Besonderheiten, die in den folgenden Kapiteln näher spezifiziert werden, müßten in der pädiatrischen Praxis bei der Schmerzdiagnostik und -therapie für die dort gebräuchlichen Schmerzmodelle verstärkt Berücksichtigung finden. Im theoretischen Teil dieser Arbeit sollen die empirischen Erkenntnisse zu unterschiedlichen Aspekten des entwicklungsspezifischen Schmerzgeschehens zusammengetragen werden.

2.4. Schmerzklassifikation und -nosologie

2.4.1. Klassifikationssysteme: Kriterien und Taxonomien

Für eine fundierte Indikationsstellung und zielgerichtete Behandlungsplanung ist eine präzise Beschreibung und systematische Klassifikation von Schmerzerscheinungen unerläßlich (Göbel, Ensink, Krapat, Weigle, Christiani & Soyka, 1993). Insbesondere bei Kleinkindern, die ihre Schmerzerlebnisse nicht verbal artikulieren können, ergeben sich gravierende diagnostische Unsicherheiten, die nur mittels ausgereifter Beschreibungssysteme behoben werden können. Schmerzerfahrungen bei Kindern sind stärker als bei Erwachsenen von Umweltgegebenheiten (z.B. situationalen Faktoren) und Außeneinflüssen (z.B. Modell- und Verstärkerverhalten der Eltern) geprägt. Zudem sind ihre subjektive Schmerzwahrnehmung und ihr Schmerzerleben enger mit emotional-affektiven Zuständen (Angst, Distreß) assoziiert. Diese Einflußfaktoren sind für die differentielle Indikation von großem Informationswert und sollten mittels eines differenzierten Klassifikationsschemas systematisiert abbildbar sein.

2.4.1.1. Nosologische Kategorien nach zeitlichen Charakteristika

Die Klassifikation von Schmerzen kann nach sehr unterschiedlichen Kriterien erfolgen. Schmerzen lassen sich zunächst nach zeitlichen Charakteristika in drei grundlegende *Schmerzarten* oder *-typen* einteilen (vgl. Tabelle 2-1):

Akutschmerzen sind meist mit einer Gewebsschädigung (z.B. Verletzungen, schmerzhafte medizinische Eingriffe) verbunden, durch eine identifizierbare Ursache ausgelöst, gut lokalisierbar, von begrenzter Zeitdauer (selten länger als einen Monat) und i.d.R. kausal therapierbar. Akutschmerzen signalisieren dem Organismus eine potentielle Schädigung und lösen einen Flucht- oder Vermeidungsreflex aus („*Schadensfrüh-warnsystem*"). Akute Schmerzen treten bei Kindern relativ häufig auf, da sie im Entwicklungsverlauf erst lernen müssen, noxische Reizquellen (z.B. heiße Herdplatte) zu meiden. Die psychischen Konsequenzen akuter Schmerzen beschränken sich meist auf vorübergehendes Angst- und Streßerleben. Bei Kindern kommt es allerdings häufiger zu längerfristigen Traumatisierungen oder psychopathologischen Sekundärfolgen: Sie erleben akute Schmerzen im Vergleich zu Erwachsenen weit bedrohlicher, da sie aufgrund ihres noch eingeschränkten Erfahrungsbestandes deren zeitliche Begrenztheit nicht erkennen können. Gerade ein plötzlicher, unvorhergesehener und unberechenbarer Schmerzreiz wie der Einstich einer Punktionsnadel löst bei Kindern z.T. extreme Distreß- und Panikreaktionen aus.

Rezidivierende/rekurrierende Schmerzen, d.h. regelmäßig wiederkehrende Schmerzen (Migräne, Bauch- und Rückenschmerzen), besitzen eine unklare Ätiologie und treten ohne erkennbare Organschädigung in Episoden mit unterschiedlicher Frequenz, Dauer und Intensität auf. Zwischen diesen Episoden sind die Betroffenen beschwerdefrei und vollständig gesund. Rezidivierende Schmerzen sind i.d.R. schwer zu lokalisieren, in ihrem Auftreten unvorhersehbar und meistens nur symptomatologisch zu behandeln. Die Auslöser einer Schmerzepisode sind nicht eindeutig zu bestimmen, es kommen soziale (kritische Lebensereignisse, Belastungssituationen in Familie und Schule), physikalische (Wettereinflüsse, Nahrungs- und Genußmittel) und intrapersonale (Emotionen, Stimmungen, Kognitionen) Faktoren dafür in Betracht.

Chronische Schmerzen treten entweder 1) ätiologisch klar bestimmbar als Folge von anhaltenden organischen Verletzungen (Unfälle, Verbrennungen) oder Gewebsschädigungen infolge einer chronischen Grunderkrankung (Polyarthritis, Hämophilie, Neuralgien, Krebs) auf (Schmerz als Symptom) oder 2) als Produkt einer Störung des neuronalen nozizeptiven Systems (Schmerz *sui generis*) oder 3) als ätiologisch unklare psychosomatische oder funktionale Syndrome (idiopathische Schmerzkrankheit). Sie sind für die Patienten je nach Ätiologie unterschiedlich klar zu lokalisieren und in ihren Intensitätsschwankungen einzuschätzen. Die Pathophysiologie chronischer Schmerzzustände ist weitgehend unbekannt. Man spricht von chronischen Schmerzen, wenn sie über die zu erwartende Heilungszeit hinaus oder mehr als sechs Monate anhalten. In westlichen Ländern leiden bis zu 25% der Bevölkerung an chronischen Schmerzen. Die sozialen Konsequenzen für die betroffenen Kinder (Schulfehlzeiten, Aktivitätseinschränkungen, familiäre Probleme, soziale Ausgrenzung und Isolation) sind häufig einschneidend, der subjektive Leidensdruck hoch (Luka-Krausgrill, Wurmthaler & Becker, 1994): Gefühle der Ohnmacht, Hoffnungslosigkeit und Verzweiflung münden nicht selten in psychopathologische Erscheinungen (Depression, generalisierte Angst, Schlafstörungen, Appetitlosigkeit, Medikamentenmißbrauch); jeder fünfte chronische Schmerzpatient unternimmt während seiner Erkrankungszeit mindestens einen Suizidversuch. Bei Kindern ist die subjektive Belastung durch chronische Schmerzen im Vergleich zu akuten Schmerzereignissen weniger ausgeprägt, da sie die Bedeutung der Erkrankung und ihre u.U. langfristigen und ernsthaften Konsequenzen für ihre Lebenserwartung und Lebensqualität noch nicht beurteilen können (Craig, Grunau & Branson, 1988). Die Behandlungsmöglichkeiten hängen von der jeweiligen Grundstörung ab; im Falle chronischer Krankheiten ist diese kausal meist nicht zu beheben, so daß die resultierenden Schmerzen lediglich symptomatologisch therapiert werden können (vgl. Tryba & Zenz, 1993).

Tabelle 2-1: ***Bestimmungskriterien der drei Schmerzarten: Akut, rezidivierend, chronisch.***

	Akute Schmerzen	**Rezidivierende Schmerzen**	**Chronische Schmerzen**
Beispiele	• Verletzungen (Unfälle, Verbrennungen, Traumen); • kurzzeiteige akute Erkrankungen (Infektionen, Entzündungen etc.); • medizinische Eingriffe (Operationen, invasive Prozeduren).	• Migräne; • Spannungskopf-schmerz; • idiopathischer Bauchschmerz; • Rückenschmerzsyndrom.	• kontinierliche Reizung nozizeptiver Afferenzen aufgrund einer schmerzhaften chronischen Grunderkrankung (z.B. Rheuma, Hämophilie, Krebs); • anhaltende Nozizeptoraktivität durch Gewebe- oder Nervenverletzungen (Posttraumatischer Schmerz, Phantomschmerz, Neuralgie); • Erkrankungen des Nervensystems (Neuralgien, Herpes Zoster); • psychogene oder kryptagene Schmerzen (Dauerkopfschmerz, Trigeminusneuralgie).
Zeitcharakteristika	kurzfristige Schmerzen bis ca. 1 Monat Dauer.	mindestens über 3 Monate wiederkehrende Schmerzepisoden unterschiedlicher Dauer (meistens mehrstündig) und Frequenz mit beschwerdefreien Intervallen..	über die erwartete Heilungszeit hinaus oder mehr als 6 Monate anhaltende Schmerzen.
Schmerzquelle	• meist klar bestimmbare Gewebeschädigung oder -irritation.	• häufig unklare Pathophysiologie; • keine erkennbare Organschädigung.	meist klar bestimmbar als: • anhaltende Gewebeschädigung (z.B. nach Unfällen); • fortschreitende Gewebeschädigung aufgrund organischer Grunderkrankungen (Krebs, Hämophilie, Polyarthritis); • Nevenschädigung oder -erkrankung (Phantomschmerzen, Neuralgien etc.); Bei „psychogenen" Dauerschmerzen nicht identifizierbar.
Lokalisation	• klar bestimmbar.	• unklar bis diffus.	• unterschiedlich je nach organischer Ursache.
Ätiologie	• klar bestimmbare (externe) Schmerzursache; • identifizierbare akute Erkrankung.	• genetisch-konstitutionelle Prädisposition; • psychosoziale Entstehungsfaktoren (Streß, Angst); • familiäre Modelle .	• gebunden an organische Grunderkrankung; • kritische Lebensereignisse; • ungesunde Lebensweise.
Aufrechterhaltende Bedingungen	--	• Verstärkerverhalten der sozialen Bezugspersonen (Familie); • Vermeidungsverhalten; • ungünstiges Gesundheitsver-halten.	• Verstärkung des Schmerzverhaltens durch soziale Umgebung; • sekundärer Krankheitsgewinn; • Lebensstilvariablen (Gesundheitsver-halten, Lebensrhythmus).

Auslöse-bedin-gungen	--	• psychosoziale Probleme und Streß; • externe Auslöser (Nahrungsmittel, Wettereinflüsse etc.).	• Lebenskrisen; • belastende Lebenssituationen (Alltagsstreß).
Psychosoziale Konsequenzen	• meist kurzfristiger Natur (Streß- und Angstzustände) ohne dauerhafte Beeinträchtigung; • in Einzelfällen Traumatisierung.	• mäßige bzw. zeitlich begrenzte Beeinträchtigungen..	• langfristig erhebliche Beeinträchtigungen der Lebensführung; • psychopathologische Sekundärfolgen (Depression, generalisierte Angst etc.).
Prognose	• i.d.R. schnelle Remission.	• teilweise (bis 50%) langfristige Persistenz (Migräne, abdominelle Schmerzen); • teilweise Spontanremission.	• je nach Organbefund z.T. vollständig heilbar; • z.T. jahre- bis sogar lebenslange Beschwerden
Therapie	• meist kausal therapier- und heilbar.	• in erster Linie symptomatologische Behandlung.	• je nach Grunderkrankung z.T. kausal therapierbar; • meistens nur symptomatologische Therapiemöglichkeit.

2.4.1.2. Nosologische Kategorien nach pathogenetischen Aspekten

In medizinischen Taxonomien werden Schmerzen meistens nach ihrer *organischen Schmerzquelle* oder *pathogenetischen Aspekten* eingeteilt (vgl. Neuendörfer, 1995). Eine verbreitete Grobklassifikation unterscheidet:

- *nozizeptive* Schmerzen (*Oberflächenschmerz*): Schmerzen als Folge von (äußeren) Gewebsbeirritationen oder -schädigungen (Verletzungen und Traumen), die in erster Linie mit der Haut assoziiert sind;
- *viszerale* oder *somatische* Schmerzen (*Tiefenschmerz*): Schmerzen in tieferliegenden Gewebestrukturen (Skelettmuskulatur, Knochen, Gelenken, Sehnen), in inneren Organen des Brust-, Bauch- und Beckenraumes (*Eingeweideschmerz*) oder im Kopfbereich;
- *neuropathische, neurogene, neuralgische* und *Deafferenzierungsschmerzen*: Schmerzen aufgrund von Nervenschädigungen (Neuralgien, Nervenkompressionen, metabolische Schädigung oder Virusinfektionen der Nervensystems, Phantomschmerzen) sind im Kindesalter eher selten (Nervenkompression bei schnellwachsendem Tumor).

Bei invasiven Prozeduren handelt es sich meist um Schmerzereignisse, die gleichzeitig mehrere dieser Schmerztypen einschließen: Lumbal- und Knochenmarkpunktionen verursachen bspw. sowohl nozizeptive (Haut, Duralsack) als auch somatische (Muskeln, Knochen) Schmerzen. Bei der Knochenmarkpunktion wird besonders der beim Abziehen von Knochenmarksubstanz verursachte somatische „Aspirationsschmerz" als unangenehm erlebt.

2.4.1.3. Nosologische Sonderkategorien

Weiterhin ist die explizite Berücksichtigung einiger *spezieller und abnormer Schmerzformen* (Schmidt & Thews, 1985) für die Klassifikation von Schmerzerscheinungen von Bedeutung:

- Unter *projizierten Schmerzen* versteht man Schmerzempfindungen, die zusätzlich an anderer Stelle wahrgenommen werden als der noxische Reiz objektiv auftritt: Beim Stoßen des sog. „Musikantenknochens“ (nervus ulnaris) kommt es zu kribbelnden Schmerzsensationen im unteren Versorgungsbereich dieses Nerves (Unterarm und Hand), weil die in den afferenten Fasern des Ellenbogens ausgelöste Aktivität von den Verarbeitungsstrukturen des ZNS dort lokalisiert wird, wo die entsprechenden sensorischen Impulse üblicherweise entstehen, d.h. in das Versorgungsgebiet des nervus ulnaris *projiziert* wird. Beim Bandscheibensyndrom können Schmerzsensationen in den Beinen auftreten, wo die Versorgungsgebiete der durch den Bandscheibenvorfall gereizten Spinalnerven liegen. Bei chronischer direkter Nervenschädigung kann es zu pseudo-akut oder attackenweise auftretenden chronischen Projektionsschmerzen in den entsprechenden Versorgungsbezirken kommen (Neuralgien). Die bei *Lumbalpunktionen* häufig berichteten ausstrahlenden Schmerzsensationen in den Beinen sind wahrscheinlich ebenfalls auf den Mechanismus der Schmerzprojektion zurückzuführen: Beim Einstich der Punktionsnadel in die betroffenen Rückenmarksegmente können die dort eintretenden peripheren Afferenzen irritiert werden, wobei die Lokalisation dieser noxischen Sensation von den zentralen Verarbeitungsstrukturen zu den unterem Versorgungsgebiet der Afferenzen zurückprojiziert wird.
- Beim *Übertragungsschmerz* werden nozizeptive Reize in inneren Organen ebenfalls nicht nur am Entstehungsort, sondern in weit entfernten Regionen der Hautoberfläche (Dermatomen) als Schmerzen oder Berührungsüberempfindlichkeit (Hyperaesthesie) wahrgenommen. Dabei sind immer diejenigen Dermatome (*Head'sche Zonen*) involviert, deren Afferenzen aus dem gleichen Rückenmarksegment versorgt werden wie die des betroffenen Organs (z.B. Hautfläche am linken Oberarm bei Herzschmerzen, z.B. Angina Pectoris). Der Übertragungsschmerz beruht darauf, daß die Schmerzafferenzen des geschädigten Organs mit den gleichen Spinalneuronen assoziiert sind wie die der betroffenen Hautareale (2:1-Verschaltung) oder die viszeralen und kutanen Afferenzen im gleichen Rückenmarksegment konvergieren (2:2-Verschaltung in unmittelbarer Nachbarschaft). Bei der Weiterleitung der afferenten Impulse zum Gehirn interferieren die beiden Kanäle, so daß der Ursprung des nozizeptiven Reizes von den zentralen Verarbeitungsstrukturen fehllokalisiert wird. Da im somatosensorischen System die Oberflächensensibilität gegenüber der viszeralen Sensorik dominiert (vielfache Innervationsdichte mit Mechanorezeptoren auf der Haut), werden die Schmerznachrichten kognitiv eher der Haut als dem gestörten inneren Organ zugeordnet. Entsprechend resultiert die Berührungsüberempfindlichkeit der Hautzonen aus einer Sensibilisierung des gemeinsamen Interneurons aufgrund des verstärkten Impulsstromes viszeraler Reize (Organschmerz).
- *Hyperalgesie* bezeichnet eine durch anderweitige Hautschädigung (z.B. nach Sonnenbrand) oder organismische Belastungen (z.B. Infektionen) ausgelöste (und vermutlich durch lokale Ausschüttung von algetischen Substanzen verursachte) herabgesetzte Schmerzschwelle für Berührungsreize, so daß normalerweise schmerzlose Reize zu unangenehmen bis schmerzhaften Sensationen führen. Die durch die Primärerkrankung, sekundäre Infektionen und pharmakologische Nebenwirkungen beeinträchtigte Allgemeinbefindlichkeit krebskranker Kinder kann u.a. hyperalgetische Reaktionen verursachen.

- Eine Schmerzschwellenerhöhung (*Hypalgesie*) oder ein Ausfall der Schmerzempfindlichkeit (*Analgesie*) treten ausschließlich bei Funktionsstörungen der gesamten Hautsensorik auf. In seltenen Fällen kommt bei Menschen eine *angeborene Analgesie* vor, die auf zentralnervösen Störungen oder fehlenden Komponenten des nozizeptiven Leitungssystems beruhen.
- Nach schweren Gewebeschädigungen wie z.B. dem Verlust einer Extremität kommt es häufig zu einer vollständigen Entkoppelung von Schmerzempfinden und objektiver noxischer Stimulation. Bei diesem *„Phantomschmerz"* entsteht die Schmerzsensation offensichtlich ausschließlich zentral, da sie unabhängig von einem afferenten Impulsstrom aus der Peripherie auftritt. Neueste Forschungsresultate deuten darauf hin, daß es nach der Läsion zu einer Reorganisation des primären somatosensorischen Kortex und zu einer „Kortikalisierung" des Schmerzes kommt, d.h. Schmerzsensationen durch ein kortikales „Schmerzgedächtnis" auch ohne peripheren Input verursacht werden können (Birbaumer & Flor, 1995).

2.4.1.4. Zusatzkriterien für „prozedurale Schmerzen"

Bei invasiven medizinischen Prozeduren handelt es sich um eine besondere Form von *Akutschmerz*, der im Vergleich zu anderen Formen von akuten Schmerzen durch einige spezifische streßinduzierende *Merkmale* gekennzeichnet ist:

- Anfänglich qualitative Neuheit der Situation (sterile Einrichtung der Behandlungsräumlichkeiten, unbekannte Apparaturen und Instrumente, Anwesenheit mehrerer fremder Personen in ungewohnter Kleidung und u.U. maskiert),
- mangelnde Einsicht und Akzeptanz über Notwendigkeit und medizinischen Zweck des Eingriffes,
- relativ hohe Schmerzintensität (im Vergleich zu Alltagsschmerzen) und ungewohnte Schmerzqualität,
- extremer Kontrollverlust (z.B Festgehaltenwerden, keine Beobachtungsmöglichkeit beim Eingriff am Rücken),
- häufig vorhersehbar mehrfache Wiederholung der Prozedur (antizipatorische Angst),
- Vertrauensverlust des Kindes gegenüber den Eltern, die zulassen, daß Fremde ihm wehtun.

Aufgrund der besonderen Zeitcharakteristik der Lumbalpunktionen in der Leukämiebehandlung (10-12fache Wiederholung des Eingriffes) weisen sie über einen begrenzten Zeitraum (Behandlungsverlauf über ca. sechs Monate) Parallelen zu rezidivierenden Schmerzen auf. Die Vorhersagbarkeit dieser Ereignisse gestaltet sich für die Kinder unterschiedlich, da sie nur zum Teil über die bevorstehenden Maßnahmen informiert werden. Nichtinformierte Kinder sind dem sich wiederholenden Stressor also in ähnlich unvorhersagbarer Weise ausgesetzt wie Kinder mit rezidivierenden Schmerzsyndromen ihren Attacken.

2.4.2. Multiaxiale Schmerztaxonomien

Eine differenzierte konsensuale Schmerz-Systematik wird in der *IASP-*(*International Association for the Study of Pain*) Klassifikation chronischer Schmerzzustände vorgenommen, die über 300 Schmerzsyndrome *phänomenologisch* erfaßt und *multiaxial* nach Lokalisation, betroffenem Funktionsbereich, Zeitcharakteristik, Intensität, Dauer und Ätiologie kodiert. Der Fokus dieser Taxonomie liegt allerdings auf den körperlichen

Aspekten des Schmerzprozesses und berücksichtigt psychische und soziale Merkmale nur beiläufig und primär im Zusammenhang mit psychiatrischen Störungsbildern. Ähnliches gilt für die DSM-IV- und ICD-10-Klassifikationen. Diese Taxonomien bleiben somit dem traditionellen mechanistischen Krankheitsmodell verhaftet und reduzieren das Schmerzgeschehen auf seine somatosensorische Seite. Damit bleibt die Berücksichtigung der oben beschriebenen Mehrdimensionalität des Schmerzphänomens (physiologische, kognitive, affektive, motorische, soziale Komponenten) ungenügend. Da sie den aktuellen systemischen Schmerzkonzepten (Flor, Birbaumer & Turk, 1987; Geissner & Jungnitsch, 1992; Walschburger, 1990) nicht mehr entsprechen, sind sie für eine multifaktoriell orientierte Schmerztherapie, die die verschiedenen Dimensionen des Schmerzgeschehens einbezieht und gezielt verändert, nur von eingeschränktem Nutzen.
Ein Klassifikationsschema zur standardisierten Beschreibung von Schmerzsyndromen auf der Basis eines *biopsychosozialen* Schmerzverständnisses, wird von Klinger, Hasenbring und Pfingsten (1992) vorgestellt: Das *Multiaxiale Schmerzklassifikationsschema (MASK)* besteht aus einem *somatischen* (MASK-S) und einem neuen *psychosozialen* (MASK-P) Teil. Ersterer (MASK-S) codiert die körperlichen Aspekte der Schmerzproblematik ähnlich wie das IASP-System nach Lokalisation, Dauer, Frequenz, Intensität des Schmerzes, betroffenem Funktionsbereich, ätiologischen Faktoren etc. Der neuartige psychosoziale Teil (MASK-P) bildet psychologische und soziale Aspekte in bezug auf Entstehung, Aufrechterhaltung und Konsequenzen chronischer Schmerzen explizit ab: Schmerzbezogene psychische Beeinträchtigungen, personspezifische Merkmale, die die Schmerzbewältigung fördern oder hemmen, Stressoren und soziale Faktoren, die das Schmerzgeschehen beeinflussen. Damit wird ein praktikables Klassifikationssystem für *chronische Schmerzen* zur Verfügung gestellt, das eine differenzierte Therapieindikation und -planung für einen integrativen Behandlungsansatz erlaubt, d.h. eine rational begründete Zuordnung einzelner medizinischer wie verhaltensmedizinischer Interventionen zu spezifischen Schmerzsyndromen. *Spezielle Klassifikationssysteme für pädiatrische Schmerzen* liegen bislang in ausgearbeiteter Form nicht vor. Labouvie, Petermann und Kusch (1994) schlagen eine Adaption des MASK-Schemas auf das Kindes- und Jugendalter vor, in dem in Anlehnung an Varni (1990) und Ross und Ross (1988) spezifische Schmerzsyndrome und Erkrankungen des Kindes- und Jugendalters nach dem *Schmerzanlaß* katalogisiert werden. Eine solche Klassifizierung bietet zwar ein übersichtliches Ordnungssystem für eine Typologisierung der Gesamtheit pädiatrischer Schmerzphänomene, ist aber als Grundlage zur Ableitung differenzierter und eindeutiger spezieller Therapieindikationen zu unpräzise.
Die *Indikationsentscheidung* für eine optimale Schmerztherapie muß auf mehreren Ebenen erfolgen. In Abhängigkeit von den definierten Therapiezielen (Kuration, Palliation, Prophylaxe) ist es zunächst erforderlich, den erfolgversprechendsten Behandlungszugang zu wählen:

- Medizinisch-pharmakologische Maßnahmen: Anästhesie, Analgesie, Sedierung etc.;
- andere somatotherapeutische Interventionen: Physiotherapie, TENS, Massagen, Krankengymnastik, Diätpläne etc.;
- verhaltensmedizinisch-psychologisches Vorgehen: Vermittlung von Schmerzmanagementtechniken, Veränderung von Kontextbedingungen etc.;
- Kombinationsbehandlung.

Anschließend müssen die für das vorliegende Störungs- und Beschwerdebild sowie für den individuellen Patienten adäquaten Einzelmaßnahmen ausgewählt bzw. zusammengestellt werden. Die Medikationsentscheidung kann sich dabei an überindividuell gültigen physiologischen Gesetzmäßigkeiten und überprüften Therapiestandards orientieren und ist somit relativ eindeutig zu treffen. Dennoch ist eine allein nach Schmerzanlaß vorgenommene Einteilung auch dafür noch zu undifferenziert. In weitaus stärkerem Maße ist das verhaltensmedizinische Vorgehen von konkreteren Vorinformationen abhängig. Neben differenzierteren Informationen über die Schmerzquelle sind die Merkmale des Schmerzgeschehens und kontextuale Faktoren für eine fundierte Therapieplanung unverzichtbar. Darüber hinaus müssen für den Inhaltsbereich der pädiatrischen Schmerzen entwicklungsspezifische Aspekte explizit berücksichtigt werden. Zur Strukturierung dieser vielschichtigen Einflußfaktoren wird im folgenden ein Ordnungsschema pädiatrischer Akutschmerzen entwickelt.

2.4.3. Ableitung eines multiaxialen Klassifikationsssystems für Akutschmerzen im Kindesalter

Das mehrdimensionale Klassifikationsschema für Akutschmerzen im Kindesalter soll analog zu den dargestellten multiaxialen taxonomischen Prinzipien für chronische Erkrankungen bzw. chronische Schmerzen im Erwachsenenalter aus einem somatischen und einem psychosozialen Teil bestehen und folgende Kriterien erfüllen. Im ersten Teil (somato-analogen) sollen die externen Anlässe für Akutschmerzen im Kindesalter abgebildet werden. Dafür ist es sinnvoll, nach Merkmalen der Schmerzquelle, des Schmerzortes, des Schmerzgeschehens und situationaler Bedingungen zu differenzieren:

Tabelle 2-2: ***Multiaxiales Klassifikationssystem zu pädiatrischen Schmerzen, Teil 1: Kategorien für Akutschmerzereignisse im Kindesalter.***

Achse I: Schmerzquelle (Ätiologie)	Beispiele
Somatische Erkrankungen mit akuter Schmerzsymptomatik	• Infektionen; • lokale Entzündungen (Appendizitis); • Neuralgien; • Autoimmunreaktion.
Intoxikationen	• Lebensmittelvergiftung; • versehentliche Einnahme toxischer Substanzen; • Überdosierung oder Fehlapplikation von Medikamenten.
Physische Verletzungen, Traumen	• Gewebeschädigung der Haut (Verbrennungen, Erfrierungen, Schnitt- und Schürfverletzungen); • Schädigung von Muskel- und Bindegewebe; • Knochenirritation oder -frakturen; • Schädigung innerer Organe; • Schädel-Hirn-Trauma.
Invasive medizinische Prozeduren	• Operatione, kleine chirurgische Eingriffe; • Zahnextraktionen; • Lumbalpunktionen; • Knochenmarkpunktionen; • Katheterisierung; • Biopsien; • Arthroskopie; • Venenpunktionen; • Injektionen; • Blutabnahmen; • Gastro-/Rektroskopie.
andere schmerz- und streßhafte medizinische Eingriffe	• Hydrotherapie (Nekroseentfernung bei Brandverletzungen); • Computertomographie; • Narkoseeinleitung.

Achse II: Betroffene Körperregion und Organsystem	Beispiele
Körperregion	• Kopf, Gesicht, Mund; • Halsregion; • Schulterbereich und Arme; • Thoraxregion; • Bauchregion; • unterer Rücken, Lumbalregion; • untere Extremitäten; • Anal-, Perianal- und Genitalregion.
Organsystem	• Nervensystem; • respiratorisches und kardiovaskuläres System; • Muskel- und Bindegewebe; • Haut; • Drüsen; • gastrointestinales System; • Urogenitales System.
Achse III: Schmerzcharakteristika	**Beispiele**
Schmerzart	• nozizeptiver Oberflächenschmerz; • viszeral-somatischer Tiefenschmerz; • neuropathische Schmerzen, Deafferenzierungsschmerzen.
Schmerzqualität	• scharf, stechend, brennend; • dumpf, klopfend, pulsierend; • konstant vs. schwankend.
(subjektive) Schmerzintensität	• gering; • mäßig; • heftig; • nicht auszuhalten.
Schmerzlokalisation und -ausbreitung	• Schmerzort (nach Körperschema); • Ausbreitung (betroffene Körperregionen).
Schmerzfrequenz	• einmalig; • wiederholt.
Schmerzdauer	• Minuten (Punktion); • Stunden (Zahnbehandlung); • Tage (postoperativ); • Wochen (Neuralgie).
Funktionsbeeinträchtigungen	• motorisch; • sensorisch; • kognitiv.
Begleitsymptome	• vegetative; • neurologische; • psychopathologische.
Achse IV: Situationsaspekte	**Beispiele**
sozialer Kontext	• Elternanwesenheit; • Teilnahme weiterer Personen; • Unterstützungs- und Verstärkungsverhalten der Erwachsenen; • Erklärungen, Informationsvermittlung.
besondere Situationscharakteristika bei verletzungsbedingten Schmerzen	• Unfall durch Eigenverschuldung; • Unfall durch Fremdeinwirkung; • vorsätzlicher Angriff (Mißhandlung, Auseinandersetzung zwischen Gleichaltrigen).
besondere Situationscharakteristika bei medizinischen Prozeduren	• Wartezeit vor Eingriff; • technischer Ablauf (bei Prozeduren); • Charakteristika des Schmerzauslösers: Schmerz durch Fremdeinwirkung, Sichtbarkeit (Venenpunktion), außerhalb des Blickfeldes (Lumbalpunktion); • sensorischer Reizkontext (visuelle, auditive, taktile, olfaktorische Stimuli); • pharmakologische Sedierung/Narkose; • Applikation von Analgetika, Anästhetika: Wirkung und Nebenwirkung.

- Auf *Achse I* werden zunächst die *Quellen für akute Schmerzbeschwerden bei Kindern* sowie schmerzverursachende *medizinische Prozeduren* (und Stressoren) differenziert und umfassend katalogisiert. Das ist erforderlich, weil die ersten Entscheidungsschritte für eine spezielle Intervention bereits von der Art der Schmerzquelle (z.B. einmaliges Ereignis vs. wiederholte Schmerzsituation) abhängen.
- Auf *Achse II* sollen die betroffene *Körperregion* (analog dem IASP-Schema von 1986) und das involvierte *Organsystem* kodiert werden.
- Auf der dritten Analyseebene (*Achse III*) sollen die *Charakteristika des Schmerzgeschehens* (Schmerzart, -qualität, -intensität, -lokalisation, -frequenz und -dauer) spezifiziert werden. Auf dieser Grundlage wird eine gezielte Interventionsauswahl und -zusammenstellung ermöglicht.
- Schließlich (*Achse IV*) sollen *situationale und soziale Kontextfaktoren* dargestellt werden, die insbesondere bei der Schmerzentstehung und -behandlung von Kindern von herausragender Bedeutung sind.

Das Phänomen Schmerz bei Kindern weicht in unterschiedlicher Hinsicht erheblich von dem Erwachsener ab. Die psychosoziale Dimension des Klassifikationsschemas für Akutschmerz im Kindesalter muß infolgedessen im Vergleich zu dem beschriebenen MASK-P-Schema um mehrere Dimensionen erweitert bzw. entwicklungsspezifisch modifiziert werden.

- Da Schmerzwahrnehmung und Schmerzerleben von Kindern einem ständigen entwicklungsbedingten Veränderungsprozeß unterliegen, ist es notwendig, den reifungsmäßigen und kognitiven Entwicklungsstand sowie entwicklungsspezifische Schmerzkonzepte zu erfassen.
- Lerngeschichte und Erfahrungshintergrund sind für den Umgang eines Kindes mit Schmerzen von besonderer Relevanz, da sich ihr Bezugssystem zur Einordnung und Interpretation neuartiger Erfahrungen erst herausbilden muß.
- Personale Merkmale wie die individuelle Schmerzschwelle oder das allgemeine Ängstlichkeitsniveau sind von größerer Bedeutung, solange den Kindern ein begrenzteres Reservoir an Bewältigungsstrategien zur Emotionsregulation und Schmerzkontrolle zur Verfügung steht.
- Bei Kindern können spezifische Risikofaktoren (Traumatisierungen, Krankenhausphobien, Trennungsangst o.ä.) bestehen, die für die Schmerzbewältigung relevant sind. Außerdem müssen ggf. der Krankheitskontext und dessen interne Repräsentation durch das Kind berücksichtigt werden.
- Die psychosozialen Belastungen von Kindern unterscheiden sich von den Alltagsstressoren Erwachsener. Konflikte, Sorgen, kritische Lebensereignisse (z.B. Schulwechsel, Entwicklungsaufgaben) müssen aus der Kind-Perspektive erfaßt werden.
- Da Kinder im Verlauf ihrer Entwicklung ihr Repertoire an Bewältigungsfertigkeiten ständig modifizieren und erweitern, ist es sinnvoll, den aktuellen Status quo der Coping-Kompetenz zu eruieren, um gezieltere Ansatzpunkte für die Interventionsplanung zu gewinnen.
- Kinder unterliegen in ihrem Umgang mit schwierigen Situationen stärker den Einflüssen ihrer sozialen Umwelt. Für ihre Reaktionen auf Schmerzereignisse und deren Bewältigung stellen familiäre Modelle, Verstärkereinflüsse, das elterliche Unterstützungsverhalten oder psychische Probleme der Eltern elementare Bedingungen dar.

Es soll hier allerdings zunächst nur ein Vorschlag für die zur Klassifikation von Akutschmerzereignissen bei Kindern als relevant erachteten Dimensionen unterbreitet werden. Eine anwendungstechnisch ausgearbeitete Form mit entsprechenden Kodierungsziffern und Auswertungsanleitung bedürfte einer vorangehenden empirischen Überprüfung. Dennoch bildete dieser Klassifikationsentwurf im Sinn eines vorläufigen Ordnungs- und Strukturierungssystems die Grundlage für die Auswahl und Zusammenstellung der für die vorliegende Studie entwickelten Instrumente für eine *interventionsorientierte Diagnostik.* Mit Hilfe dieser multidimensionalen präprozeduralen Diagnostik soll eine spezielle Indikation und individualisierte Therapieplanung ermöglicht werden.

Tabelle 2-3: ***Multiaxiales Klassifikationssystem zu pädiatrischen Schmerzen Teil 2: Die psychosoziale Dimension.***

Achse V: Psychosoziale Dimensionen	Beispiele
Entwicklungspsychologische und reifungsbedingte Voraussetzungen	• altersbezogen geringe biologische Reife; • altersbezogen niedriger kognitiver Entwicklungsstand; • inadäquates Schmerzkonzept.
Schmerzerfahrungen: Lerngeschichte und Vorerfahrungen	• negative Schmerzvorerfahrungen; • belastende Krankheitsgeschichte; • negative Hospitalisierungserfahrungen.
Schmerzrelevante familiäre und soziale Kontextbedingungen	• ungünstige familiäre Modelle; • unvorteilhafte Verstärkereinflüsse; • familiäre Schmerz- und Krankheitsgeschichte; • überhöhte soziale Anforderungen und Erwartungen; • psychopathologische Muster oder Reaktionen der Eltern.
Emotionale Schmerzreaktionen	• Angst, Unruhe, Streß; • Traurigkeit, Niedergeschlagenheit, Apathie, gelernte Hilflosigkeit; • Wut, Ärger, Gereiztheit; • Stimmungslabilität; • mangelnde emotionale Expressivität.
Verhaltensmäßige Schmerzreaktionen	• ausgeprägtes verbales und nonverbales Schmerzverhalten; • ausgeprägtes Vermeidungsverhalten (Widerstand, Fluchttendenzen); • Resignation und Passivität; • überzogene Erduldungsversuche (Schmerz unbedingt ertragen).
personale Bedingungen / habitualisierte Person-Merkmale	• unruhiges Temperament; • niedrige individuelle Schmerzschwelle; • hohes allgemeines Angstniveau (trait-anxiety); • geringe soziale Kompetenz; • erhöhte Vigilanz für Körpervorgänge; • mangelnde Interozeptionsfähigkeit.
besondere Risiko- und Vulnerabilitätsfaktoren	• schlechtes aktuelles Befinden, schlechter Allgemeinzustand; • belastender Krankheitskontext; • Traumatisierungen durch vorangegangene Eingriffe.
Psychopathologische Diagnose (nach DSM-IV oder ICD-10)	• generalisierte Angst, Trennungsangst, spezifische Phobien (Nadelphobie, Angst vor Krankenhaus, weißem Kittel o.ä.); • Depressivität; • Somatisierungstendenzen;.
kindspezifische soziale Belastungen (externe Stressoren)	• Familienkonflikte; • Schwierigkeiten in Schule/Kindergarten (z.B. Überforderung); • Probleme in der Gleichaltrigengruppe (Ausgrenzung, Isolation); • kritische Lebensereignisse.
altersbezogen Bewältigungskompetenzdefizite in nebenstehenden Bereichen	• präferierter Bewältigungsstil Informationsvermeidung; • Emotionale Regulation; • Informiertheit; • überhöhte Schmerzbewertung; • mangelnde Strategien und Fertigkeiten zum Schmerzmanagement.
Defizitäre protektive Faktoren	• mangelndes oder fehlerhaftes elterliches Unterstützungsverhalten; • wenig soziale Ressourcen.

3. Physiologische Grundlagen des Schmerzgeschehens im Kindesalter

Die Neurowissenschaften befinden sich zur Zeit in einer rasanten Entwicklung, die auch für die Schmerzforschung dramatische Erkenntnisfortschritte mit sich bringt. Erst neueste Ergebnisse der Grundlagenforschung machen den Komplexitätsgrad des menschlichen Schmerzsystems zunehmend erkennbar. Dabei wird vor allem zwei Aspekten besondere Bedeutung zugemessen: a) Der *„neuronalen Lernfähigkeit“* (*Neuroplastizität) des nozizeptiven Systems* und b) der *hochkomplexen biochemischen Prozesse bei der Signalübertragung noxischer Impulse* (Schaible, Neugebauer & Lücke, 1995).

3.1. Das physiologische Schmerzverarbeitungssystem

Das *neuronale Schmerzverarbeitungssystem* des Menschen basiert auf einem komplizierten Zusammenspiel neuroanatomischer, neurophysiologischer und biochemischer Strukturen. Die Gesamtheit der sensorischen Systeme in der Haut, im passiven Halteapparat, der Muskulatur und den inneren Organen wird als *somato-viszerale Sensibilität* bezeichnet. Im Vergleich zu anderen Sinnesmodalitäten ist die Organisation des somatoviszeralen Systems von höherer Komplexität und Dezentralität (Schmidt, 1985):

- Die Rezeptoren sind nicht in einem Sinnesorgan konzentriert (wie bei Auge, Ohr), sondern über den gesamten Organismus verstreut;
- die afferenten Fasern verlaufen nicht in einzelnen Sinnesnerven, sondern in zahlreichen peripheren und zentralen Bahnen;
- im Neokortex finden sich keine den anderen Sinnesmodalitäten analogen rezeptiven Felder oder „Schmerzzentren“.

Es existiert somit kein „Schmerz-Sinn“ im eigentlichen Sinn, sondern eine komplexe psychophysische Reaktion des Gesamtorganismus’ auf noxische Reize.

3.1.1. Nozizeption im peripheren Nervensystem

Die Hautoberfläche ist nicht gleichmäßig, sondern nur punktuell schmerzsensibel, wobei die Verteilungsdichte der *Schmerzpunkte* in der Haut etwa zehnmal so hoch ist wie die der Druck- bzw. Kalt-Warm-Punkte. Eine fundierte Abschätzung der *Innervationsdichte* der Mechanosensoren existiert bislang nur für die Handinnenfläche, die mit etwa 17.000 Nervenfasern versorgt wird (Birbaumer & Schmidt, 1991). Weit weniger dicht ist die Haut im unteren Rückenbereich sowie im Lumbalsack mit Schmerzpunkten innerviert.

Das *somatosensorische System* umfaßt drei Arten von spezialisierten *peripheren Rezeptorzellen* (Sensoren), die sich in unterschiedlicher Dichte in nahezu allen Organen des menschlichen Organismus befinden: Mechanorezeptoren, Thermorezeptoren und Nozizeptoren. Die mit Abstand größte Gruppe von Somatosensoren stellen die *Nozizeptoren* („Schmerzempfänger“) dar. Dabei handelt es sich um freie periphere Endigungen afferenter Nervenfasern, die spezifisch auf mechanische, thermische oder chemische Reizung von höherer (noxischer) Stimulusintensität mit elektrischen Impulsen reagieren und deren Erregung zu einer unmittelbaren Schmerzempfindung führt. Rund 90% der

Nozizeptoren befinden sich in der Haut, die restlichen 10% verteilen sich auf Muskeln, Knochen, Blutgefäße und innere Organe.
Die *afferenten Neurone* der somatoviszeralen Sensorik werden nur *spezifisch* erregt und erzeugen *spezifische* Empfindungen, d.h. langsam adaptierende Rezeptoren reagieren nur auf Druckreizungen (nicht aber z.B. thermische Stimuli) und erzeugen eine entsprechnde Druckempfindung. Unter natürlichen Bedingungen werden i.d.R. die Afferenzen mehrerer funktioneller Typen gleichzeitig gereizt und verursachen eine gemischte somatosensorische Empfindung (Jänig, 1993). Die *Erregungsschwellen* der Nozizeptoren variieren unter verschiedenen Umgebungsbedingungen sehr stark. In gesundem Gewebe liegen sie z.T. so hoch, daß sie unter normalen Umständen überhaupt nicht aktiviert werden („schlafende Nozizeptoren"), sondern erst unter pathophysiologischen Bedingungen (z.B. Entzündungen) „erwachen".
Im Gegensatz zu anderen Rezeptorzellen tritt bei Nozizeptoren bei anhaltender oder wiederholter Reizung *keine Habituation* und damit *keine Schmerzadaption ein*, sondern sogar eine *Sensibilisierung*. Die *Erregbarkeit* (Reagibilität) dieser Rezeptoren wird durch biochemische Substanzen (*endogene Mediatoren*) moduliert, die u.a. bei der Verletzung von Zellstrukturen, bei Entzündungen und schmerzhaften Grunderkrankungen freigesetzt werden. Diese *algetischen Stoffe* (Schmerz- und Entzündungsmediatoren wie Bradykinin, Histamin, Prostaglandine, Interleukin), die einen integralen Bestandteil des Schmerzmechanismus' darstellen, können die Nozizeption direkt einleiten oder die Reizschwelle für die Nozizeptoren senken. Während das nozizeptive System auf kurzfristige noxische Stimulation mit relativ stereotypen Aktivierungsmustern reagiert, steigt die Erregbarkeit der Spinalneuronen bei *Entzündungsvorgängen* dramatisch an, d.h. sowohl normalerweise schmerzneutrale als auch schwach noxische Reize werden als deutlich schmerzhaft empfunden (Allodynie und Hyperalgesie). Dabei spielt neben dem erhöhten Impulsstrom aus dem lokalen Entzündungsgebiet vermutlich die verstärkte Ausschüttung von Transmittern und Neuromodulatoren im Rückenmark die entscheidende Rolle (Schaible, Neugebauer & Lücke, 1995). Insbesondere das komplexe Zusammenspiel unterschiedlicher Substanzen steigert ihre algogetische Potenz (überadditive Potenzierung). Der stärkste Effekt wurde für ein Gemisch aus Bradykinin, Histamin, Serotonin und Prostaglandin („*entzündlicher Cocktail*" nachgewiesen, das unter natürlichen Bedingungen in erkranktem oder entzündetem Gewebe gefunden wird (Reeh, 1995).

3.1.2. Die erste Integrationsebene für Schmerzsignale aus der Peripherie im Rückenmark: Nozizeption im spinalen und supraspinalen System

Über somatoviszerale Kanäle wird die periphere Impulsaktivität von den primären afferenten Neuronen bis zum Neokortex weitergegeben. Auf der *spinalen Ebene* (Rückenmark) und im Trigeminuskern wird der Schmerzimpuls mit Hilfe von Neurotransmittern vom peripheren auf das Zentralnervensystem übertragen, während gleichzeitig motorische *Reflexreaktionen* ausgelöst werden (Reflexbogen).
Die sensorischen Reizimpulse werden zunächst im *peripheren Nervensystem* über spezielle afferente *Nervenfasern* zum Hinterhorn des Rückenmarks weitergeleitet. Dabei vermitteln die schnelleitenden myelinisierten A-Delta-Fasern (Leitungsgeschwindigkeit: 15m/s) den sogenannten *ersten Schmerz* (hell, stechend, lokalisiert, relativ schnell abklingend), der für Akutschmerzen typisch ist, während die unmyelinisierten C-Fasern

(Leitungsgeschwindigkeit: 1m/s) den besonders für chronische Schmerzzustände charakteristischen *Zweitschmerz* (dumpf, bohrend, schwer lokalisierbar, langsam abklingend) auslösen. Die Zellkörper der Nozizeptoren sitzen in den Spinalganglien außerhalb des Rückenmarks. Dort enden die nozizeptiven Afferenzen der peripheren Nozizeptoren und werden an exzitatorischen Synapsen auf spinale Interneurone des Hinterhorns umgeschaltet. Diese *Projektionsneurone,* deren Axone zum Hirnstamm und Thalamus aufsteigen, leiten die Schmerzimpulse zu höheren zentralnervösen Strukturen weiter. Leichte taktile Reize, die über A-Deltafasern eintreffen, regen das Projektionsneuron zu moderat gesteigerter Aktivität an, während die über C-Fasern vermittelten Schmerzreize die Entladungstätigkeit der Zelle sehr viel stärker aktivieren.

Bereits auf der Ebene dieser *ersten spinalen Schaltstelle* für nozizeptive Information aus der Peripherie laufen sehr komplizierte Modulationsprozesse ab, deren biologische Funktion vor allem darin besteht, daß die eintreffenden Schmerzsignale *nicht unverarbeitet* in das Gehin durchgeschaltet werden und dort eine Impulsüberflutung verursachen. Ein kompliziertes System miteinander verschalteter Neurone und aufeinander abgestimmter biochemischer Prozesse (Ausschüttung unterschiedlicher neuroaktiver Stoffe) steuern die Weiterleitung nozizeptiver Signale an das Gehirn: Die Spinalganglien setzen bei peripher ausgelöster Erregung an ihren präsynaptischen Endigungen im Rükkenmark Transmittersubstanzen (Glutamat, Substanz P, Aminosäuren, Neuropeptide) frei, die sich wiederum aktivierend auf die Hinterhornneurone auswirken[3]. Die C-Fasern und A-Deltafasern sind nicht immer direkt mit dem Projektionsneuron verschaltet, sondern z.T. über zwischengeschaltete *Interneurone* indirekt mit ihm assoziiert. Gesteuert wird die Entladungstätigkeit der Projektionsneurone, die im Ruhezustand eine ständige spontane Grundaktivität zeigen, über zwischengeschaltete *opioiderge Interneurone*, aus denen permanent geringe Mengen Endorphine spontan freigesetzt werden. Dieses schmerzmodulierende *opioiderge System im Hinterhorn* unterliegt wiederum selbst verschiedenen Regulatoren: Bei einer Reizung der auf das Interneuron aufgeschalteten A-Delta-Fasern wird bspw. die Endorphinauszuschüttung durch das opioiderge System gesteigert. Dabei verteilen sich die endogenen Opioide sowohl im synaptischen Spalt als auch im freien interzellulären Raum und binden sich an ihre spezifischen Rezeptoren (Opioidrezeptoren) an der Synapse und der gesamten Zelloberfläche des Projektionsneurons. Durch diese umfassende Opioidanbindung wird die Entladungsbereitschaft der Zelle vermindert und auf diese Weise die Durchschaltung der über C-Fasern einlaufenden Schmerzimpulse zum Gehirn gehemmt. Umgekehrt kann die Wirkung dieser opioid-regulierten Schmerzkontrolle durch interneuronale Mechanismen aber auch abgeschwächt werden: Wenn die marklosen C-Fasern gereizt werden, wird der Schmerzimpuls nicht nur direkt an das Projektionsneuron weitergegeben, sondern gleichzeitig weitere zwischengeschaltete (GABA-erge) Interneurone aktiviert, welche wiederum das opioiderge Interneuronen und damit die Freisetzung von Endorphinen hemmen (durch Ausschüttung des Neurotransmitters GABA). In der Folge wird weniger Opioid freigesetzt und der Schmerzreiz jetzt vom Projektionsneuron ungehindert an das Gehirn weitergemeldet. Auf diese Weise wird ein anhaltendes Impulsflut von Schmerzsignalen im Gehirn erzeugt, wie es bei chronischen Schmerzen zu beobachten ist.

[3] Der *abklingende Schmerz* (langsame Nachentladung der Neuronenaktivierung) beruht wahrscheinlich auf der verzögerten Pharmakokinetik dieser Neurotransmitter im Rückenmark.

Die funktionell spezifischen afferenten Neurone der Peripherie (A-Delta-, C-Fasern) projizieren in unterschiedliche Schichten (Lamina I-V) der grauen Substanz des Hinterhorns des Rückenmarks. Dort lassen sich zwei Neuronentypen, die an der nozizeptiven Reizleitung beteiligt sind, differenzieren: a) Die selteneren *spezifischen nozizeptiven Neurone* werden ausschließlich durch noxische Reize stimuliert und vermitteln das Auftreten und die Lokalisation eines noxischen Ereignisses; b) Die *multimodalen Neuronen* werden durch nozizeptive und nicht-nozizeptive Reize aktiviert und melden die Reizintensität weiter. Beide Neuronentypen können strukturell entweder als *Interneurone* (die zu anderen Neuronen des Rückenmarks projizieren) oder als *spinothalamische Neurone* (die zu den unterschiedlichen Komponenten des Hirnstammes projizieren) fungieren.

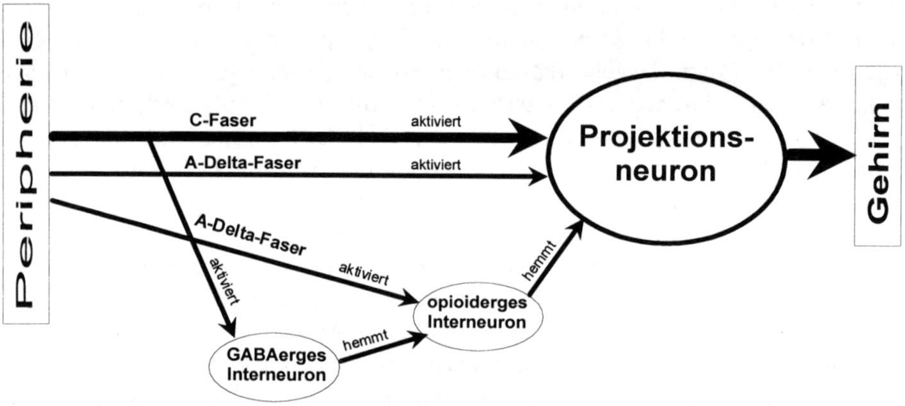

Abbildung 3-1: Impulsübertragung nozizeptiver Signale im Rückenmark.

3.1.3. Vegetative und sympathische Reflexreaktionen auf Schmerzreize

Neben der Umschaltung der peripheren Afferenzen auf Neuronen, die zu supraspinalen Strukturen leiten, erfolgen im Rückenmark zwei weitere Verschaltungen zu Neuronen des *somatomotorischen* und *sympathischen Systems*. Diese *propriospinalen Reflexbögen* können automatische motorische (Flucht-, Rückziehreflex) oder vegetative Schmerzreaktionen (Vasokonstriktion, Schwitzen, Herzklopfen, Übelkeit etc.) auslösen.

Das *sympathische Nervensystem* reagiert auf noxische Stimulation mit einer Vielfalt von sympathischen Reflexen in verschiedenen Organsystemen des Körpers (Vasodilatation und damit lokale Durchblutungssteigerung und Erwärmung, verstärkte Schweißsekretion etc.), die normalerweise eine schmerzgegenregulative Funktion erfüllen. Durch die sympathische Reflextätigkeit kann die Erregung der Nozizeptoren allerdings auch verstärkt werden. Eine der Ursachen dieser pathophysiologischen Entgleisung besteht wahrscheinlich in einer Übertragung der sympathischen Erregung auf die Effektoren in der Peripherie durch a) direktes elektrisches Überspringen efferenter Sympathikusaktivität auf benachbarte nozizeptive Efferenzen („*ephaptische Übertragung*") oder b) Erregung bzw. Sensibilisierung der Nozeziptoren durch die Neurotransmitter des Sympathikus (Zimmermann, 1996). Eine weitere Bedingung der sympathischen Fehlregulation liegt in zentralnervösen Steuerungsvorgängen, die bspw. bei psychischen Dauerbelastungen (Angst, Streß, anhaltende Schmerzen) die sympathischen Reflexmuster massiv stören können (Seemann & Zimmermann, 1990, 1996).

3.1.4. Nozizeption im Zentralnervensystem

Über spezifische *„Schmerzbahnen"* (kontralateraler Vorderseitenstrang) erfolgt die Weiterleitung zum Gehirn (aufsteigendes System), wo das Schmerzsignal einige hundertstel Sekunden nach der Reizeinwirkung im *Thalamus* eintrifft. Dort werden alle Umgebungsreize zentral erfaßt, an das übrige Gehirn weitergemeldet und ggfs. eine Flucht- oder Angriffsreaktion ausgelöst.

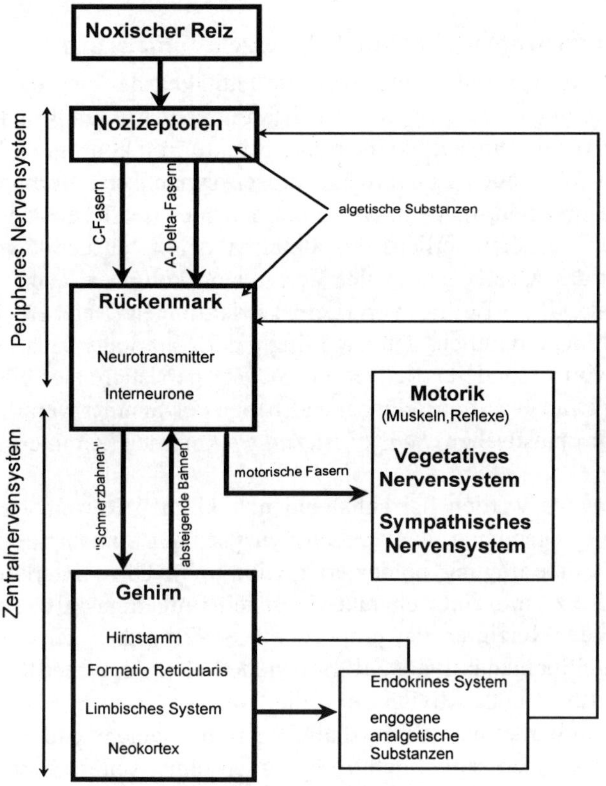

Abbildung 3-2: Schematische Darstellung des nozizeptiven Systems des Menschen (Erläuterung im Text).

Die *zentralnervöse Schmerzverarbeitung* ist nur ungenau bekannt. Fest steht, daß ganz unterschiedliche neuroanatomische und neurofunktionale Hirnstrukturen an diesem komplexen Prozeß beteiligt sind: Im *Hirnstamm* werden eintreffende afferente Schmerzinformationen mit der Regulation vegetativer Vorgänge wie Atmung und Kreislauf koordiniert und das aufsteigende retikuläre Aktivierungssystem (ARAS) in der *Formatio Retikularis*, das Weck- und Aufmerksamkeitsreaktionen (Orientierungsreaktion) steuert, eingeschaltet. Im *Thalamus* (Zwischenhirn) werden alle sensorischen Informationen zunächst zentral erfaßt und dann zu höheren zentralnervösen Verarbeitungsstrukturen weitergeleitet („Verteilerstation"). Die medialen Thalamusgebiete leiten nozizeptive Informationen primär zum Limbischen System, dem Hypothalamus und der Hypophyse weiter, während die lateralen Bezirke mit dem somatosensorischen Kortex in Verbindung stehen. Das *Hypathalamus-Hypophysensystem* ist zuständig für die Regulation des endokrinen Systems, die Ausschüttung von Hormonen und Endorphinen. Das *Limbische System* („Zentrum der Gefühle") stellt vermutlich das physiologische Substrat der emotional-affektiven Komponente des Schmerzerlebens (Schmerzqualitäten) dar. Die *Großhirnrinde (Neokortex)* schließlich als oberste Steuerungsinstanz, die für die Lokalisierung, Interpretation und Bewertung sowie intentionale Handlungssteuerung verantwortlich ist, wird als Sitz des Schmerzbewußtseins betrachtet.

3.1.5. Nozizeptive Neuroplasizität und Schmerzchronifizierung

Unter dem Begriff der *Neuroplastizität* wird die Fähigkeit des Nervensystems verstanden, sich in Abhängigkeit von sensorischen Erfahrungen strukturell und funktionell zu verändern. Das Nervensystem stellt keine rigide Struktur mit konstanten Verschaltungen dar, sondern einen lebendigen Zellverband, dessen synaptische Verbindungen sich in Interaktion mit sensorischen Inputs in einem permanenten und lebenslangen Modifikationsprozeß befinden. Dabei unterliegt die Stabilität bereits ausgebildeter synaptischer Verbindungen und das Muster neuronaler Verbindungskomplexe auch im ausgereiften Gehirn noch dem ständigen Einfluß von (Lern-) Erfahrungen (Reichert, 1990). In neuerer Zeit wird zunehmend deutlich, daß das Prinzip der Neuroplastizität auch für das *nozizeptive Systems* von besonderer Bedeutung ist. Bei persistierender oder wiederholter noxischer Reizung kann es auf verschiedenen Ebenen des Schmerzverarbeitungssystems zu dauerhaften (neuroplastischen) *Sensibilisierungen* kommen (Zimmermann, 1993):

Auf *Rückenmarksebene* werden bei anhaltenden noxischen Reizen verstärkt NMDA-Rezeptoren an den erregenden glutamatergen Synapsen der Spinalneurone aktiviert und damit die Erregungsübertragung potenziert („wind-up"). Die Hinterhornzelle reagiert auf schmerzhafte Reize mit einer charakteristischen Entladungssalve (ca. 10-20 Aktionspotentiale), die der Reizintensität proportional ist. Zwischen den einzelnen Stimuli tritt nur eine geringe Spontanaktivität auf. Bei wiederholter noxischer Reizung verändert sich allerdings die Entladungsaktivität der Zelle: Nach ca. einer halben Stunde wird sie *spontan* aktiv und antwortet auf schmerzhafte Reize mit zunehmend massiveren Entladungskaskaden, bis sie sich schließlich vollkommen ohne weitere äußere Impulse entlädt und diese Überaktivität über mehrere Stunden beibehält. Offensichtlich verändern sich die Neurone bei anhaltender oder wiederholter Stimulation dauerhaft in ihrer Reaktionsbereitschaft gegenüber Schmerzsignalen. Sie besitzen also kein starres Reiz-Reaktionsmuster, sondern entwickeln gewissermaßen ein „Gedächtnis" für früher erfolgte Schmerzreize und lernen nach wiederholter Reizung, schneller und intensiver zu reagieren (neuronale Plastizität). Sympathische oder motorische Reflexe (z.B. lokale Durchblutungssteigerung, Anspannung der Skelettmuskulatur) können die Nozizeptoraktivität dabei weiter erhöhen, welche wiederum eine Verstärkung der spinalen Reflextätigkeit zur Folge hat (circulus vitiosis).

Die Aktivität der Hinterhornzelle wird an supraspinale Strukturen weitergeleitet. Nach einer kurzen Zeitverzögerung kann sich in diesen Strukturen ebenfalls eine Sensibilisierung (dauerhaft gesteigerte Aktivität) einstellen. Im *Zentralnervensystem* (ZNS) sind

langfristige physiologische und biochemische Reaktionen nach persistierender noxischer Stimulation nachgewiesen worden (zentralnervöse Plastizität). Im ZNS werden bspw. langfristige Erregbarkeitssteigerungen ausgelöst, die in Form eines *Schmerz-Engramms* (Gedächtnisspur für Schmerz) wirksam werden. Dabei kann es in der Großhirnrinde zu einer *„Kortikalisierung des Schmerzes"* kommen, d.h. Schmerzen können durch repetitive kortikale Speicherungen auch ohne peripheren Input entstehen (Birbaumer & Flor, 1995). Im Normalzustand differenzieren die zentralen Verarbeitungsinstanzen zwischen Schmerzempfindungen, die ausschließlich durch noxische Reize und somatosensorischen Empfindungen anderer Qualität, die durch nicht-nozizeptive Afferenzen erzeugt werden. Bei anhaltender noxischer Stimulation werden zunächst die peripheren Nozizeptoren sensibilisiert (primäre Hyperalgesie), die ihrerseits dann eine Sensibilisierung zentraler Strukturen hervorrufen. Durch diese zentrale Sensibilisierung wird wiederum die normalerweise getrennte zentrale Weiterverarbeitung noxischer und nicht-noxischer Reize aufgehoben, indem die Isolierung des nozizeptiven von den nicht-nozizeptiven „Kanälen" überbrückt wird, so daß jetzt auch nicht-noxische Reize Schmerzsensationen auslösen (sekundäre Hyperalgesie; vgl. Jänig, 1993).
Die neuronale Schmerzsensibilisierung basiert auf einer Reihe *molekularbiologischer Vorgänge:* Auf anhaltende Schmerzsensationen verändern sich u.a. Prozesse der DNA-Synthese im Zellkern der Nervenzelle: An der Schaltstelle zwischen afferenter Nervenfaser und Projektionsneuron werden synaptisch Neurotransmitter freigesetzt (L-Glutamat, Substanz P), deren Ankoppeln an die postsynaptischen Rezeptoren (NMDA-Rezeptor) eine Signalkaskade auslöst: Ionenkanäle öffnen sich, Natrium- und Calcium-Ionen strömen ein, die Zelle depolarisiert. Die einströmenden Calcium-Ionen aktivieren im Zellinneren Botenstoffe (*„second messengers"*), die wiederum die Freisetzung von sog. *„immediate early genes"* (*IEG*) fördern. Das sind bestimmte Teilabschnitte des Genoms der Zelle, die relativ kurzfristig aktivierbar und u.a. für aktuelle zelluläre Umbauprozesse benötigt werden. Diese IEG's produzieren Transkriptionsfaktoren und aktivieren dadurch bestimmte Abschnitte ihrer Zielgene, die daraufhin ihre Transskriptionsrate erhöhen und zu einer verstärkten Neubildung von Zellstrukturen angeregt werden. Diese resultiert in einer veränderten Anzahl oder Qualität von Ionenkänälen, Rezeptoren bzw. Rezeptorsubtypen und Transmittersubstanzen. Die Zelle verändert also durch heftige oder wiederholte Schmerzreize nicht nur ihre aktuelle Reaktionsbereitschaft, sondern auch ihre Struktur. Selbst schwache Reizimpulse führen jetzt zu sehr starker Entladungstätigkeit und intensivem Schmerzerleben. Diese Funktions- und Strukturveränderungen im biochemischen Stoffwechsel des Nervensystems bewirken eine tiefgreifende und langfristige Sensibilisierung der Übertragungsprozesse von Schmerzsignalen.

Zusammenfassend läßt sich feststellen, daß die für Lernfähigkeit des Organismus entscheidende Plastizität des Nervensystems sich im Falle der Schmerzverarbeitung fatal auswirken kann: Da jedes periphere Schmerzereignis Spuren in den Hinterhornneuronen des Rückenmarks hinterläßt, tragen die beschriebenen Sensibilisierungsprozesse entscheidend zur Chronifizierung akuter Schmerzereignisse bei. Genaugenommen war jeder chronische Schmerz einmal ein akuter Schmerz. Massive Gewebeirritationen (aufgrund von Verletzungen, Operationen etc.) verursachen einen Impulsstrom peripherer Schmerzsignale, die das ZNS überfluten und auf die beschriebene Weise in eine Hyperalgesie münden können. Periphere Schmerzsituationen hinterlassen „Gedächtnisspuren" im Rückenmark, die wiederum eine Reaktivitätssteigerung im Gehirn (Zentralisierung des Schmerzes) verursachen, welche schließlich zu einer erhöhten Sensibilität und Intensität der zerebralen Reaktionen auf schmerzhafte und nicht-schmerzhafte Reize führt. Dabei verstärkt die ständige Präsenz der Schmerzbeschwerden die Aufrechterhaltung der chronischen Erregbarkeitssteigerung im ZNS: Patienten mit starken chronischen Schmerzen (Phantomschmerzen) zeigen nicht nur eine erhöhte Sensibilität gegenüber Schmerzstimulation, sondern sogar eine im Vergleich zu Gesunden *unspezifische zerebrale Erregbarkeitssteigerung im Zentralnervensystem* (multilokal erhöhte Amplituden der evozierten Potentiale, die z.B. durch *visuelle* Reize ausgelöst wurden).

3.1.6. Das endogene Schmerzkontrollsystem

Das Schmerzsystem unterliegt, ebenso wie andere Funktionseinheiten des Organismus, einem permanenten *inhibitorischen Regulationsmechanismus des ZNS*, durch den das System auf einem mittleren Erregungsniveau und damit in einem optimalen Arbeitsbereich gehalten wird. Die Erregungsübertragung der nozizeptiven Informationen der peripheren Afferenzen zu den supraspinalen Verarbeitungsstrukturen wird durch das inhibitorische Kontrollsystem des Hirnstammes reguliert. Die peripheren Informationen werden über das Hinterhorn zunächst zu den Projektionsgebieten des Hirnstammes weitergeleitet, wo sie in bestimmten Kerngebieten (periaquäduktales Höhlengrau, Formatio Reticularis Mesencephali) die deszendierende Kontrolle aktivieren. Dieses Kontrollsystem, das wiederum unter dem Einfluß des Neokortex und des Limbischen Systems steht, hemmt die Impulsübertragung der peripher-afferenten nozizeptiven Informationen im Hinterhorn des Rückenmarks. Damit wird eine sinnvolle Informationsselektion geleistet, die verhindert, daß nozizeptive Reizinformationen ungefiltert die höheren zerebralen Verarbeitungsstrukturen erreichen und deren Kapazitätsgrenzen überschreiten. Außerdem gewährleistet die inhibitorische Kontrolle auf Spinalebene, daß Interferenzen zwischen den einzelnen somatosensorischen Kanälen (nozizeptive, mechanorezeptive etc. Afferenzen) bereinigt und die Informationsübertragung aus der Peripherie entsprechend ihrer topografischen Struktur (Hautoberfläche) erfolgt (vgl. Jänig, 1993). Wird das Funktionieren dieses endogenen Hemmsystems gestört (z.B. durch Serotoninmangel), resultiert daraus eine Sensibilisierung für Schmerzempfindungen, was möglicherwerise eine der Ursachen für chronische Schmerzen darstellt.

Bei Schmerzstimulation wird im Gehirn ein *Gegenregulationsprozeß* in Gang gesetzt, der die Verarbeitung von Schmerzreizen über *endogene analgetische Mechanismen* moduliert. Die Ausschüttung körpereigener Opioide (Endorphine, Enkelaphine, Dynophine) wirkt gezielt schmerzhemmend, da sich diese endogenen Liganden an die spezifischen Opiatrezeptoren der Neurone des nozizeptiven Systems im ZNS und in der Peripherie binden und damit deren Erregungsfähigkeit deaktivieren. Die synaptische Erregungsübertragung wird gehemmt, indem die Opioide die Membran der postsynaptischen Neurone hyperpolarisieren (Schwellenerhöhung für Aktionspotentiale) oder die präsynaptischen Endigungen depolarisieren (verminderte Ausschüttung von Neurotransmittern). Opioidrezeptoren sind an allen synaptischen Schaltstellen des nozizeptiven Systems lokalisiert. Da die Opioide über den Blutkreislauf sämtliche Opioidrezeptoren erreichen und dort die synaptische Übertragung nozizeptiver Informationen hem-

men, kommt es zu einem *additiven inhibitorischen Effekt* (von der Peripherie bis zum ZNS), der ihre besondere analgetische Potenz erklärt.
Außerdem wird mit der Freisetzung spezifischer Neurotransmitter im Gehirn die Ausschüttung erregender Substanzen im Rückenmark vermindert oder die hemmender Stoffe gesteigert (*absteigende Hemmung im Rückenmark*). Bei der Aktivierung bestimmter Areale im Mittel- und Zwischenhirn (z.B. Hypophyse) werden biochemische Stoffe (z.B. das Hormon *ß-Endorphin*) freigesetzt. Diese aktivieren *absteigende Nervenbahnen*, deren elektrische Signale ins Rückenmark gelangen. Dort wird an den Synapsen die Ausschüttung inhibitorischer Transmitter ausgelöst (z.B. Serotonin, Noradrenalin und endogene Opioide), die wiederum die Freisetzung von Schmerzüberträgerstoffen (z.B. der Substanz P) inhibieren. Dadurch wird die Aktivität der für die Schmerzweiterleitung zuständigen Hinterhornneurone im Rückenmark gehemmt. Gleichzeitig werden im Rückenmark und Gehirn weitere hemmende Neurotransmitter (Endorphine, GABA, Glycin) ausgeschüttet, die zusätzlich die Schmerzübertragung reduzieren.
Wie durch tierexperimentelle Untersuchungsresultate und durch anekdotische Berichte über Menschen in Extremsituationen (Schockerlebnisse, lebensbedrohliche Situationen im Krieg oder bei Unfällen, Leistungssport) belegt, kann großer Streß zu einer erheblichen Reduzierung und sogar Ausschaltung des Schmerzempfindens führen. Diese biologisch sinnvolle *streßinduzierte Analgesie* erfolgt wahrscheinlich über die Aktivierung des absteigenden Hemmsystems einerseits und der zentralen opioidergen Mechanismen andererseits (Bolles & Fanselow, 1982). Die verstärkte Ausschüttung von endogenen Opioiden erfolgt dabei über die Freisetzung von Opioidpeptiden aus Immunzellen (Herz, 1995). Dieses Phänomen bildet zwar keinen direkten Ansatzpunkt für die Vorbereitung von Kindern auf invasive Prozeduren, da es in diesem Zusammenhang von zentraler Bedeutung ist, den Distreß der Kinder zu vermindern und sich ihrer Kooperativität zu versichern. Es ist aber zumindest ein weiteres Indiz dafür, daß die Schmerz- gegenüber den Streßaspekten bei akuten kindlichen Schmerzen in vielen Fällen von sekundärer Bedeutung sind und unterstreicht die besondere Angemessenheit verhaltensmedizinischer Ansätze zur Angst- und Streßreduktion (s.a. Zimmermann, 1994). Das Großhirn (Neokortex und Limbisches System) verfügt über efferente Leitungsverbindungen, mit deren Hilfe es über den Hirnstamm die nozizeptive Impulsübertragung im Hinterhorn des Rückenmarks, den sensorischen Trigeminuskernen und im Thalamus hemmen kann. Die in Kap. 2 beschriebene Fähigkeit sog. „Schmerzkünstler", ihr Schmerzempfinden nahezu vollständig auszuschalten, basiert auf der bewußten Aktivierung dieser kortikalen Kontrollsysteme.

3.1.7. Physiologische Wirkmechanismen schmerztherapeutischer Verfahren

Das Spektrum der schmerztherapeutischen Behandlungsverfahren umfaßt physikalische (elektrische Nervenstimulation, Wärme-Kälte-Behandlung, Bewegungstherapie, Muskel- und Bindegewebsmassage, Akupunktur etc.), neurochirurgische (Chordotomie, Leukotomie), pharmakologische (Analgesie und Anästhesie) und psychologische (Entspannung, Biofeedback, Ablenkung, Hypnose, operante Konditionierung) Maßnahmen. Soweit für den Einsatzbereich prozedurale Schmerzen relevant, sollen sie im folgenden kurz dargestellt werden.

Physikalische Schmerztherapie

- *Transkutane elektrische Nervenstimulation (TENS)*: Die afferenten Impulse aus der Peripherie lösen im ZNS neben der Aktivierung auch immer durch Neurotransmitter vermittelte hemmende Gegenregulationsprozesse aus, die sich durch gezielte afferente Stimulation verstärken lassen (*Hemmung durch afferente Stimulation*). Durch elektrische Reizung niederschwelliger Afferenzen (z.B. A-ß-Afferenzen der Mechanorezeptoren) wird die Erregbarkeit für noxische Reize der Hinterhornneurone desselben Rückenmarksegments gehemmt und so die Weiterleitung des noxischen Impulsstromes gebremst. Bei Stimulation der höherschwelligen Nozizeptoren, d.h. bei Gegenirritation durch den Einsatz von ihrerseits sehr schmerzhaften Reizen, werden über die Hemmung aufgrund segmentaler Interferenzwirkung hinaus supraspinale inhibitorische Mechanismen und absteigende Kontrollsysteme aktiviert, so daß es zu räumlich ausgedehnten inhibitorischen Effekten (Schmerzreduktion) kommt. Die elektrischen Reize können auch direkt im Rückenmark (Hinterstrangreizung) oder sogar im Gehirn (z.B. im periaquädukten Grau) appliziert werden (elektrische Gehirnreizung). TENS hat sich neuerdings auch zur Schmerzreduktion bei invasiven Prozeduren (Venenpunktionen) bei Kindern als effektiv erwiesen. Lander & Fowler-Kerry (1993) evaluierten das Verfahren an 514 Kindern im Kontrollgruppenvergleich und erhielten signifikante Reduktionen der Schmerzintensität im Vergleich zu einer unbehandelten und einer Placebogruppe.
- Möglicherweise spielen die Mechanismen der afferenten Hemmung auch bei der *Akupunktur* eine entscheidende Rolle, für deren analgetische Wirkung das permanente Drehen der Punktionsnadel (oder die repititive elektrische Reizung bei Elektroakupunktur) obligatorisch ist, also eine anhaltende Stimulation alternierender Rezeptorsysteme (z.B. Mechanorezeptoren), deren Aktivierung die zentrale Weiterleitung der nozizeptiven Afferenzen hemmt.

Pharmakologische Schmerztherapie

- (Sog.) *peripher wirksame Schmerzmedikamente* (antipyretische und antiphlogistische Analgetika: Acetylsalicylsäure, Paracetamol, Phenazon) wirken auf die Stoffwechselprozesse der biochemischen Schmerz- und Entzündungsmediatoren der Nozizeptoren ein. Diese Substanzen interferieren mit der Bildung oder Freisetzung der endogenen algetischen Mediatoren (z.B. Prostaglandin) und dämpfen auf diese Weise die Erregung bzw. Sensibilisierung der Nozizeptoren. Der biochemische Wirkmechanismus des analgetischen Effektes der sauren und nichtsauren antipyretisch-antiphlogistischen Substanzen ist noch nicht restlos geklärt, umfaßt nach neueren Erkenntnissen aber darüber hinaus eine direkte Hemmung der Nozizeptoraktivität und sogar Eingriffe in zentralnervöse Vorgänge im Rückenmark und Großhirn (Zimmermann, 1993). Bei Gewebeschädigungen (insbesondere entzündlicher Art) werden verstärkt Prostaglandine freigesetzt, die eine Sensibilisierung von Nozisensoren, Kapillarenerweiterung und einen Blutzelleneinstrom in das verletzte Gewebe auslösen und auf diese Weise verstärkte nozizeptive Aktivität und daraus resultierende Schmerzempfindungen verursachen. Die genannten Substanzen sind in der Lage, die Bildung von Prostaglandinen zu unterdrücken (Prostaglandinsynthesehemmer), damit die im geschädigten Gewebe ausgelösten nozizeptoraktivierenden Prozesse zu reduzieren und die Schmerzsensation zu dämpfen (Brune & Beck, 1993).

- Für eine *Schmerzreduktion auf Rückenmarksebene* werden erste vielversprechende Versuche mit Substanzen (NMDA-Antagonisten: Memantin) durchgeführt, die sich an NMDA-Rezeptoren binden und damit die nozizeptive Signalübertragung an den spinalen Interneuronen blockieren (Schaible et al., 1995). Diese Substanzen befinden sich allerdings noch im Experimentalstadium und sind klinisch noch nicht getestet worden.
- *Opioide* besitzen mehrere Wirkorte im physiologischen Schmerzsystem. Zum einen wirken sie direkt hemmend auf nozizeptive Neurone in der Peripherie und im ZNS, zum anderen aktivieren sie das absteigende endogene Hemmsystem zum Rückenmark (vgl. Jage & Jurna, 1993). An der ersten Synapse des nozizeptiven Systems kommt es in der beschriebenen Weise zu einer direkten Hemmung der Erregungsübertragung (Spinalanalgesie). Durch die Aktivierung absteigender Bahnen wird im Hinterhorn des Rückenmarks eine indirekte Hemmung der nozizeptiven Erregungsübertragung von den peripheren Afferenzen auf die Spinalneuronen ausgelöst (absteigende Hemmung). In den unspezifischen Kernen des Thalamus wird durch die neuronale Erregungshemmung das Schmerzempfinden unmittelbar gedämpft, während im Limbischen System die affektiv-emotionale Schmerzverarbeitung reduziert (supraspinale Analgesie) und ein euphorisierender Erlebniszustand ausgelöst wird (Mißbrauchsrisiko). Im Hypothalamus-Hypophysensystem wird die schmerzbedingte Streßreaktion abgemildert. Im Sympathikuszentrum kommt es durch Reduzierung der reflektorischen Aktivierbarkeit zu Blutdruck- und Herzfrequenzsenkung. Die inhibitorische Wirkung in der Formatio Retikularis führt zu Sedierung, hypnotisch-narkotischen Zuständen, einer Dämpfung des Hustenzentrums und der als gefährliche Nebenwirkung gefürchteten Atemdepression. Da Schmerzsensation die Atmung stimuliert, stellen Schmerzreize einen natürlichen physiologischen Antagonisten zur opioidinduzierten Atemdepression dar. Werden aber gleichzeitig mit der Opioidanalgesie andere sedierende Substanzen verabreicht, die die aktivierende Funktion der Formatio Retikularis dämpfen und eine Weckreaktion verhindern (z.B. Midazolam), wird diese antagonistische Schmerzwirkung aufgehoben und das Risiko einer Atemdepression potenziert. Daher ist die in der Vorbereitungspraxis auf invasive Prozeduren bei Kindern verbreitete Kombinationsmedikation (Pethidin-Midazolam) als besonders bedenklich zu betrachten. Die differentielle Wirksamkeit der unterschiedlichen Opioidanalgetika beruht auf ihrer spezifischen Bindungsfähigkeit an die verschiedenen Opioidrezeptoren: Potente Opioide (Morphium, Fentanyl) besitzen eine hohe, niedrigpotente Opioide (Pethidin) eine geringe Rezeptoraffinität. Für die Erzeugung eines therapeutischen Effektes muß eine Mindestanzahl von Opioidrezeptoren besetzt werden, die allerdings individuell stark variiert. Die gleiche Dosis kann bei einem Kind eine ausreichende Analgesie bewirken, während sie für ein anderes noch unwirksam ist, so daß die Dosierung im Einzelfall eingestellt werden muß. Im Fall von Akutschmerzen (invasiven Eingriffen), wo für längere probatorische Dosisierungsversuche keine Zeit zur Verfügung steht, muß vorsichtshalber mit Höherdosierungen, die eine ausreichende Analgesie für *alle* Kinder erwarten läßt, gearbeitet werden, was umgekehrt eine zwangsläufige Dosisredundanz für einen Großteil der Patienten impliziert. Die Pharmakokinetik (Zeitraum bis zum Wirkbeginn, Wirkdauer) der verschiedenen Opioide ist u.a. abhängig von der Applikationsform (intravenös, oral, rektal etc.), ihrer Blutplasmakonzentration und ihren Resorption-

scharakteristika. Zumindest für entzündliche Prozesse, bei denen im Verlauf eine Vermehrung peripherer Opiatrezeptoren zu beobachten ist, wurde in jüngsten Studien (Herz, 1995) eine analgetische Überlegenheit *peripher* applizierter gegenüber systemischer Opioidanalgesie (Morphinhydrochlorid) festgestellt. Der Ersatz zentraler Opioidanalgesie durch gezielte lokale Verabreichung könnte eine Reihe unerwünschter und gefährlicher Nebenwirkungen (Atemdepression, Müdigkeit, Motilitätsstörungen, Abhängigkeitsrisiko) weitgehend vermeiden.

Psychologische Schmerztherapie

Psychologische Schmerzbehandlungsmaßnahmen setzen naturgemäß an höheren zentralnervösen Strukturen an, besitzen aber über die beschriebenen absteigenden Regulationsmechanismen unterschiedliche Wirkorte im neuronalen nozizeptiven System und basieren nicht weniger auf physiologischen und biochemischen Korrelaten als pharmakologische oder physikalische Therapien. Phänomene wie die Streßanalgesie beweisen, daß das Schmerzempfinden durch psychische Faktoren nahezu vollständig ausgeschaltet werden kann. Dabei folgt die Schmerzreduktion prinzipiell analogen physiologischen Mechanismen wie die opioidinduzierte Analgesie (bspw. durch Ausschüttung endogener Opioide). Obwohl die Wirkweise häufig noch nicht im Detail geklärt ist, steht fest, daß die beschriebenen endogenen Schmerzhemmsysteme sich auch durch psychologische Techniken gezielt aktivieren lassen.

Wie in tierexperimentellen Studien gezeigt wurde, können z.B. psychophysiologische Schmerzkontrollmechanismen wie die Streßanalgesie durch *Konditionierungen* gelernt werden (Zimmermann, 1993a). Das Vermögen von Schmerzkünstlern (Fakire, Feuerläufer, Hakenzieher), ihre Schmerzwahrnehmung nahezu vollständig zu unterdrücken, basiert auf einer bis zur Perfektion entwickelten Fähigkeit, das absteigende physiologische Kontrollsystem willentlich zu aktivieren und das eigene Gehirn in einen (über EEG-Ableitung meßbaren) schlafähnlichen Trancezustand zu versetzen. Der für diese Aktivierung verantwortliche physiologische Vermittlungsmechanismus ist allerdings noch nicht bekannt.

Kortikale erlebniskorrelierte Potentiale und langsame Gleichspannungsverschiebungen des EEG's als neurophysiologische Korrelate der Schmerzsensation können durch *Konditionierungslernen* (operantes Biofeedbackdesign) beeinflußt werden. Auf diese Weise ist es möglich, bei den ersten interozeptiven Signalen eines herannahenden Schmerzereignisses, die beteiligten Hirnareale bewußt elektrisch zu positivieren und dadurch eine selbstinduzierte neurophysiologische Hemmung der nozizeptiven Verarbeitungsprozesse hervorzurufen (Flor & Birbaumer, 1993).

Durch *Entspannungsverfahren*, *Meditation* und *Imaginationsübungen* wird vor allem das *sympathische Nervensystem* angesprochen: Es lassen sich schmerzinkompatible psychophysiologische Zustände (Theta-Wellen-Aktivität) induzieren, die mit der Verarbeitung nozizeptiver Signale interferieren. Außerdem wird durch eine entspannte Körperhaltung der neuromuskuläre Tonus gesenkt, d.h. es werden die afferenten Signale aus der Stützmotorik reduziert und infolge des wegfallenden afferenten Impulsstromes die efferenten Aktivitäten aus den motorischen Regionen des Hirnstammes vermindert, woraus eine generalisierte muskuläre Entspannung resultiert. Auf diese Weise kann der reflektorischen Kontraktion der Skelettmuskulatur infolge von Schmerzsensationen oder der nozizeptiven Wirkung chronischer Muskeltonuserhöhung (neuronale Sensibilisierung) entgegengewirkt und positive Rückkopplungsmechanismen (vgl. systemischer Ansatz von Seemann & Zimmermann, 1990, 1996; Kap. 2.3.1.) unterbrochen werden.

Die Freisetzung *endogener Opioide* kann psychologisch (z.B. mittels Hypnose) beeinflußt werden (Zimmermann, 1993a). Die Untersuchungsresultate zu den biochemischen Korrelaten (z.B. Endorphine, ACTH) der analgetischen Wirkung von *Hypnose* sind allerdings bislang uneinheitlich (DeBenedettis, Paneirei & Villamira, 1989). Da die Injektion des Opioidantagonisten Naloxon die Schmerzresistenz während des hynotischen Zustandes nicht aufhebt, scheint eine vermehrte Ausschüttung endogener Opioide nicht den Hauptwirkfaktor der hypnotischen Analgesie darzustellen. Dabei wirken hypnotische Suggestionen stärker auf die affektive als auf die sensorische Schmerzkomponente. Wahrscheinlich ist der Analgesieeffekt der hypnotischen Trance neben kognitiven Prozessen der interferierenden Informationsverarbeitung und (internen) Aufmerksamkeitsablenkung (vgl. Kap. 4.1.), wie sie die Neodissoziationstheorie postuliert (Hilgard & Hilgard, 1983), auch auf physiologische Mechanismen der absteigenden zentrifugalen Hemmung der nozizeptiven Reizweiterleitung zurückzuführen. Neueste experimentelle Ergebnisse belegen einen *multifaktoriellen Wirkmechanismus der hypnotischen Analgesie* (Kiernan, Dane, Phillips & Price, 1995): Danach wirkt Hypnose bereits auf spinaler Ebene schmerzreduzierend, indem der spinale nozizeptive Reflex R-III gehemmt wird. Da aber nur ein Teil der Varianz (51%) des schmerzreduzierenden Effekts auf diesen spinalen Nozizeptionsverarbeitungspzozeß zurückzuführen ist (die durch Hypnose hervorgerufene Reduzierung der R-III-Aktivität machte nur 67% des gesamten Analgesieeffektes aus), sind wahrscheinlich noch weitere inhibitorische Mechanismen an der hypnotischen Analgesie beteiligt. Während die sensorische und affektive Schmerzkomponente unter der baseline-Bedingung etwa äquivalent waren, reduzierte sich die affektive Komponente unter hypnotischer Trance stärker (40%) als die sensorische (30%).

Spezifische Kognitionen haben direkte physiologische Effekte auf die Schmerzregulation: Eine hohe perzipierte *self-efficacy* führt zu einer verminderten Freisetzung von Streßhormonen (Katecholaminen) und einer gesteigerten Ausschüttung von endogenen Opioiden (Endorphinen) (Bandura, O'Leary, Taylor, Gauthier & Gossard, 1987; Bandura, Taylor, Williams, Meffort & Barchas, 1985). Außerdem können schmerz- und streßfokussierende Gedanken eine Erhöhung des Muskeltonus' in schmerzspezifischen Körperregionen zur Folge haben, die wiederum verstärkte Schmerzsensationen verursachen (Flor, Turk & Birbaumer, 1985).

3.1.8. Schlußfolgerungen und Implikationen für die Schmerztherapie

Irgendwann war jeder chronische Schmerz ein akuter Schmerz. Bei einmal chronifizierten Schmerzen sind die Behandlungsmöglichkeiten begrenzt, da die beschriebene neuronale Sensibilisierung und konditionierte Erhöhung der zerebralen Reaktivität nur noch schwer rückgängig zu machen sind. Heilung chronischer Schmerzen ist aus diesem Grunde nur in Ausnahmefällen möglich. Daher wird es heute als grundsätzlich sinnvol-

ler betrachtet, sich auf die *Prophylaxe chronischer Schmerzen* zu konzentrieren, d.h. auftretende *Akutschmerzen* möglichst rechzeitig und effektiv zu behandeln.
Dieser hohe Stellenwert der *Prävention* in der Schmerztherapie gilt in besonderem Maße für den Bereich der *iatrogenen Schmerzen*. Immer wenn bei Operationen Nervenfasern zerstört werden, kommt es zu einer paroxysmalen massiven Aktivierung von Schmerzfasern, die zu Sensibilisierungsvorgängen im Rückenmark führen. Die physiologisch-biochemischen Schmerzverarbeitungsprozesse laufen dabei auch *ohne Beteiligung des Bewußtseins* ab. Bei komatösen oder narkotisierten Patienten werden die gleichen physiologischen Schmerzreaktionen beobachtet wie bei Personen im Wachzustand (kardiovaskuläre und respiratorische Veränderungen, Pupillenerweiterung, Tränensekretion, paraverbale Lautäußerungen). Da auch die genannten Sensibilisierungsprozesse unterhalb der Bewußtseinsschwelle wirksam werden, wird von führenden Schmerzexperten zunehmend gefordert, bei operativen Eingriffen zusätzlich zur Vollnarkose (Ausschaltung des Schmerzbewußtseins) analgetische oder anästhetische Medikamente (Unterbrechung des nozizeptiven Verarbeitungsprozesses) zu verabreichen, um zu verhindern, daß sich langfristige Schmerzsensibilisierungen subliminal arbeitender Nervenstrukturen (anhaltende oder sogar chronische Schmerzsyndrome) aus dem einmaligen massiven Schmerzereignis entwickeln (Basler & Zimmermann, 1993; Zimmermann, 1993b). Die moderne operationsbegleitende Schmerztherapie beginnt bereits präoperativ: Neben Maßnahmen der Prämedikation kommen auch Patientenaufklärung, Entspannungsverfahren und Verhaltenstrainingsprogramme zur Reduktion von Angst und Streß zum Einsatz. Effektive Interventionen zur Schmerzprophylaxe sind selbstverständlich auch bei anderen akuten Schmerzereignissen wie Verletzungen oder schmerzhaften Erkrankungen (z..B. Herpes-Zoster, Lumbago etc.) notwendig, da alle diese Schmerzen in vergleichbarer Weise chronifizieren können.

Möglicherweise ist die bei leukämiekranken Kindern mit der Anzahl von Lumbalpunktionen häufig zu beobachtende zunehmende Empfindlichkeit gegenüber Berührungsreizen im unteren Rückenbereich unter anderem auch auf derartige physiologische Sensibilisierungseffekte zurückzuführen. Ebenso könnte die steigende Aversion gegen weitere und andere invasive Prozeduren (Venenpunktionen, „Fingerpieks") nicht nur durch generalisierende Lerneffekte (antizipatorische Angst), sondern auch durch neurophysiologisch basierte nozizeptive Sensitivitätszunahme verursacht sein. Ob die Frequenz der invasiven Eingriffe ausreichend hoch ist, um derartige Effekte hervorzurufen, ist noch ungeklärt. Da andererseits aber auch einmalige Ereignisse von sehr hoher nozizeptiver Reizintensität (Operationen) zu langfristigen neurophysiologischen Veränderungen der beschriebenen Art führen können, kann nicht ausgeschlossen werden, daß sich Punktionsereignisse bei Kindern (für die sie eine höhere subjektive Schmerzintensität besitzen als für Erwachsene) ähnlich auswirken. Aus diesem Grund sollte auf eine periphere Anästhesie/Analgesie (z.B. lokalanästhetische Salbe) auch bei psychologischer Vorbereitung nicht verzichtet werden. Auch eine ausschließlich verabreichte Narkose oder starke Sedierung (z.B. mit Midazolam) ohne zusätzliche Analgesie kann daher - wie im Falle operativer Eingriffe - auch bei invasiven Prozeduren nicht als hinreichend betrachtet werden.

Der hohe Komplexitätsgrad des physiologischen Schmerzsystems impliziert eine *Vielzahl von Ansatzpunkten* für schmerztherapeutische Interventionen. Schmerzbehandlungsverfahren intendieren dementsprechend, den physiologischen Schmerzmechanismus an einem oder mehreren der obligatorischen Subprozesse zu unterbrechen, mit dem Ziel, entweder (vgl. Birbaumer & Schmidt, 1991):

- die Aufnahme oder
- Weiterleitung noxischer Signale zu verhindern,
- die zentrale Verarbeitung zu hemmen oder
- die affektiv-emotionale Erlebenskomponente zu dämpfen.

Diese Ziele können prinzipiell durch die beschriebenen pharmakologischen, physikalischen oder psychologischen Verfahren erreicht werden. Wie dargelegt, liegen verhaltensmedizinischen Interventionsmethoden vergleichbare physiologische Wirkmechanismen zugrunde wie den pharmakologischen oder physikalischen Verfahren. Die physiologische Schmerzregulation mit psychologischen Mitteln basiert vor allem auf zwei Prinzipien: Erstens der bewußten Erzeugung schmerzinkompatibler (und damit gegeregulativer) physiologischer Zustände (z.B. Entspannung) und zweitens der willentlichen Aktivierung des endogenen Schmerzkontrollsystems (absteigende Hemmung).
Die unterschiedlichen Ansatzpunkte unterscheiden sich vor allem hinsichtlich Zielgenauigkeit, Wirkungssicherheit und Praktikabilität. Nach allen drei Gesichtspunkten schneiden die mentalen Ansätze auf dem momentanen Stand ihrer Entwicklung schlechter ab: Sie wirken globaler und ungenauer, mit geringerer Erfolgswahrscheinlichkeit, sind schwerer zu „dosieren" und erfordern einen größeren Zeit- und Arbeitsaufwand. Insgesamt sind die Kenntnisse über die physiologischen Wirkmechanismen der psychologischen Schmerztherapie noch zu ungenau, um andere Therapieverfahren vollständig ersetzen zu können. Da der Prophylaxe akuter Schmerzen, wie dargelegt, absolute Priorität einzuräumen ist, wird aus diesen Gründen zumindest während der Akutphase häufig auf chemisch-physikalische Interventionen nicht zu verzichten sein.
Andererseits besitzen die nicht-medikamentösen Verfahren einige unschätzbare Vorteile (wie Nebenwirkungsfreiheit, Generalisierbarkeit von Bewältigungskompetenzen), auf die in diesem Buch noch im einzelnen eingegangen werden wird. Darüber hinaus beschränkt sich ihre Wirkrichtung nicht auf die physiologische Seite des Schmerzgeschehens, sondern bezieht kognitiv-evaluative, affektiv-emotionale und sozial-interpersonelle Komponenten explizit ein. Das Hauptpotential der verhaltensmedizinischen Akutschmerztherapie liegt bislang dementsprechend darin, *ergänzend* zu einer medikamentösen Analgesie, das Streß- und Angsterleben der Patienten zu reduzieren und ihre Bewältigungskompetenz zu fördern. Ihr Stellenwert wächst dann mit der Chronizität der Problematik. Die Frage der speziellen Indikation wird allerdings nach wie vor nur im Einzelfall zu entscheiden sein.

3.2. Entwicklungsneurophysiologie der Schmerzwahrnehmung

3.2.1. Ontogenese des nozizeptiven Systems

Bis in die 70er Jahre herrschte in der Pädiatrie die Auffassung vor, daß Neugeborene und Säuglinge aufgrund ihres noch undifferenziert entwickelten Nervensystems gegenüber Schmerzen relativ insensitiv seien und erst mit der zunehmenden Entwicklung höherer kognitiver Funktionen und Bewußtseinsstrukturen allmählich zur Schmerzwahrnehmung fähig würden (Mather & Mackie, 1983). Neugeborene besäßen

- keine ausreichende neurophysiologische Basis zur peripheren Nozizeption und Weiterleitung von Schmerzreizen, da die bei der Geburt noch unvollständig ausgebildete Myelinisierung der Nervenzellen keine oder nur eine stark verlangsamte Reizleitung zulasse;
- eine erhöhte Reizschwelle für nozizeptive Stimulation;
- kein Schmerzgedächtnis und somit keine Erinnerungsfähigkeit für schmerzhafte Erfahrungen;
- kein Bewußtsein als Voraussetzung für subjektive Schmerz- und Leidenserlebnisse.

Auf der Grundlage älterer Experimentalstudien (Tilney & Rosett, 1931; McGraw, 1943) wurden die beobachtbaren Reaktionen von Neugeborenen auf Schmerzreize (z.B. Injektionen) lediglich als einfache subkortikale Reflexe betrachtet. Da die zentralnervösen Strukturen des Menschen bei der Geburt noch nicht vollständig ausgereift sind, sondern sich in den ersten beiden Lebensjahren noch exponentiell ausdifferenzieren (Verzweigung und Verdickung der Dendriten, Vermehrung der Synapsen, Myelinisierung der Axone), wurde Neugeborenen und Säuglingen eine subjektive Schmerz- und Leidensfähigkeit generell abgesprochen. Ein Grund für diese Fehlanschauung dürfte in der Divergenz der ontogenetischen Entwicklungsgeschwindigkeit zwischen den sensorischen und motorischen Systemen des Menschen liegen: Während das im äußerlich sichtbaren Verhalten imponierende motorische System im Zuge der postnatal fortschreitenden Myelinisierung von Nervenfasern zu diesem Zeitpunkt noch erhebliche Reifungsprozesse durchlaufen muß, sind die sensorischen Systeme bei der Geburt bereits fast voll funktionsfähig, obwohl die somatosensorischen Fasern während der gesamten Kindheit noch einen gewissen Zuwachs aufweisen (Maier, Ambühl-Caesar, Schandry, 1994). Die sich erst nachgeburtlich komplettierenden Myelinisierungen erhöhen lediglich die afferente Leitungsgeschwindigkeit („*saltatorische Reizleitung*") an einigen Fasersystemen, sind aber für das neuronale Schmerzsystem insgesamt und damit für die subjektive Schmerzwahrnehmung (Qualität, Intensität, Lokalisation) von sekundärer Bedeutung, da das nozizeptive System in erster Linie über unmyelinisierte Nervenfasern operiert (Zimmermann, 1994).
Dementsprechend wurde Kleinkindern bis in die jüngste Vergangenheit bei kleineren chirurgischen oder schmerzhaften diagnostischen Eingriffen eine angemessene Anästhesie oder Analgesie häufig vorenthalten (Bush & Harkins, 1991; Schechter, Allen & Hanson, 1986; Schechter, 1989; Streibel, 1994; Thompson & Varni, 1986). In einer Umfrage unter englischen und irischen Anästhesisten in der Pädiatrie äußerten immer noch 13% der Befragten die Auffassung, daß Neugeborene in den ersten Lebenswochen keinen Schmerz empfinden könnten und 48% gaben an, daß sie Neugeborenen selbst bei großen Operationen niemals Opioide verabreichten (Purcell-Jones, Dormon & Summer,

1988). US-amerikanische Pädiater verabreichen ihren kindlichen Patienten bei Lumbal- und Knochenmarkpunktionen nach einer Umfrage von Ende der achziger Jahre nur in 6,7% der Fälle Analgetika, weitaus häufiger aber schmerzunwirksame Sedativa (Seemann, Schug, Zech & Zimmermann, 1988). Mather & Mackie (1983) stellten in ihrer Untersuchung zur Inzidenz postoperativer Schmerzen bei Kindern fest, daß fast ein Drittel der Kinder, denen ein Opioid verordnet worden war, stattdessen ein antipyretisches Analgetikum erhielten.
Diese traditionelle Anschauung über die Schmerzwahrnehmungsfähigkeit von Kleinkindern mußte in den letzten Jahren radikal revidiert werden (Droste & Büttner, 1992). Heute gilt aufgrund umfangreicher tier- und humanexperimenteller Forschungsergebnisse als gesichert, daß schon Neugeborene über die Fähigkeit zur Schmerzerfahrung verfügen (Craig & Grunau, 1991; Zimmermann, 1994). Die verschiedenen anatomischen, funktionalen und neurochemischen Komponenten des Schmerzsystems reifen während der menschlichen Ontogenese in unterschiedlicher Geschwindigkeit heran und sind bei der Geburt für eine differenzierte Schmerzwahrnehmung ausreichend ausgebildet (vgl. Droste & Büttner, 1992; Grunau & Craig, 1987; Zimmermann, 1994). Die wesentlichen neuroanatomischen und neurophysiologischen Voraussetzungen für Schmerzwahrnehmung bestehen sogar schon pränatal (Anand, Phil & Hickey, 1987; Droste & Büttner, 1992; Porter, 1989; Zimmermann, 1991; vgl. Tabelle 3-1). Ab der 22. Gestationswoche gilt die Entwicklung der histologischen und physiologischen Korrelate für eine Durchschaltung noxischer Signale von der Peripherie zum Kortex als abgeschlossen.

Tabelle 3-1: Pränatale Entwicklung des nozizeptiven Systems (vgl. Zimmermann, 1994).

- Die *biochemischen Modulationsprozesse* bei der peripheren Rezeptorerregung laufen wahrscheinlich schon in der frühen fetalen Phase ab;
- ab der 13. Woche bilden sich die *spinothalamischen Leitungsbahnen* aus; die an der spinalen Reizweiterleitung beteiligten *Neurotransmittersysteme* (z.B. Substanz P, Enkephalin, Endorphine sowie die entsprechenden Opioidrezeptoren) sind ab der 24. Gestationswoche feststellbar;
- ab der 15. Woche lassen sich *motorische Reflexe* praktisch von der gesamten Hautoberfläche auslösen; die Innervation der peripheren Rezeptoren gilt in der 24. Gestationswoche als abgeschlossen;
- ein Großteil der Schmerzimpulsübertragung findet über unmyelinisierte C-Fasern statt, die bei der Geburt vollständig ausgeprägt sind; die *Myelinisierung der A-Delta-Fasern* ist zu diesem Zeitpunkt stärker vorangeschritten als früher angenommen; dabei führt eine unvollständige Myelinisierung lediglich zu einer Verzögerung, nicht jedoch Unterbrechung der Reizleitung, d.h. der saltatorische Leitungsmechanismus bestimmt zwar die Leitgeschwindigkeit, nicht jedoch die Schmerzintensität;
- die für die spinale Reizweiterleitung notwendigen *Synapsen- und Dendritensysteme* sowie *spezifischen nozizeptiven Neurone* wurden ab der 20. Gestationswoche nachgewiesen;
- *endogene analgetische Substanzen* (z.B. endogene Opioide wie ß-Endorphin) werden in größeren Mengen ab der 20. Woche produziert und in Streßsituationen (vor und insbesondere während der Geburt) verstärkt freigesetzt („neuroendokrine Streßantwort").
- die *synaptischen Verbindungen zwischen Thalamus und Neocortex* werden ab der 22. Woche gebildet;
- die *endgültige Anzahl von Nervenzellen im Neocortex* wird in der 20. Gestationswoche erreicht; mittels EEG lassen sich durch Tastreize evozierte Kortexpotentiale ab der 29. Woche messen.

3.2.2. Erfahrungsabhängige neuronale Plastizität des nozizeptiven Systems

Obwohl die neuroanatomische und neurophysiologische Architektur des nozizeptiven Systems bei der Geburt bereits vohanden ist, sind „normale" affektiv-emotionale

Schmerzreaktionen und angemessenes Schmerzverhalten wahrscheinlich nicht angeboren, sondern müssen in der frühen Entwicklungsphase erst *erlernt* werden. Wie in Tierexperimenten nachgewiesen wurde, werden bei völliger nozizeptiver Deprivation in der frühen Entwicklungsphase keine adäquaten Schmerzreaktionen entwickelt und können auch später nur noch unvollkommen erworben werden (vgl. Schmidt & Thews, 1985). Dieses Phänomen beruht auf dem entwicklungsneurologischen Prinzip der *erfahrungsabhängigen neuronalen Plastizität*, nach dem bestimmte neuronale Systeme in einer bestimmten frühen postnatalen Phase („kritische Phase") auf sensorische Informationen angewiesen sind, um sich adäquat entwickeln zu können (s.a. *„Prägung"*). Diese über die Sinnesmodalitäten vermittelten sensorischen Signale fungieren als Strukturierungshilfe bei der Entwicklung synaptischer Verschaltungsmuster. Auf diese Weise werden aus dem während der Embryogenese entstandenen neuronalen Konnektivitätsrepertoire (Summe der Verbindungsmuster) adäquate synaptische Verschaltungen ausgewählt und stabilisiert sowie inadäquate entkoppelt. Aufgrund der unterschiedlichen Reizbedingungen, denen Kleinkinder ausgesetzt sind, bildet die entwicklungsabhängige neuronale Plastizität einen Faktor zur Individualitätsentwicklung (Reichert, 1990). Die Ausbildung individueller Schmerzschwellen bzw. -toleranzen basiert wahrscheinlich größtenteils auf diesen entwicklungsneurologischen Prozessen. Wie sich Erfahrungen von hoher nozizeptiver Reizintensität (z.B. Punktionen) während der kritischen Phase möglicherweise auf die neuronale Entwicklung auswirken, ist nicht bekannt.

3.2.3. Ontogenese der Erinnerungsfähigkeit für Schmerzereignisse

Die potentielle Fähigkeit zur Schmerzwahrnehmung in der frühen Entwicklungsperiode wäre klinisch irrelevant, wenn die Schmerzereignisse nicht entsprechend repräsentiert und gespeichert werden könnten. Die *Erinnerungsfähigkeit für Schmerzreize* entwickelt sich offensichtlich schon vorgeburtlich (vgl. Kap. 4.2.) und damit bewußtseinsunabhängig. Ein ausdifferenziertes Bewußtsein kann nach heutigem Erkenntnisstand nicht mehr als obligates Kriterium für Schmerz angesehen werden. Aus den neuropsychologischen Funktionsveränderungen nach verletzungs- und durch neurochirurgische Operationen (z.B. Tumorentfernung) bedingten Hirnläsionen wurde geschlossen, daß bewußte Schmerzwahrnehmung bereits auf subkortikaler Ebene erfolgen kann (Zimmermann, 1991), folglich auf einer einfachen Bewußtseinsebene, wie sie bei vorsprachlichen Kindern angenommen wird. Neuere Untersuchungsergebnisse belegen die Existenz eines solchen *Schmerzgedächtnisses* und *rudimentären Schmerzbewußtseins* bei Neugeborenen und Feten (Droste & Büttner, 1992). So zeigen Neugeborene, die aversiven Prozeduren ausgesetzt waren, nicht nur reflektorische Sofortreaktionen, sondern mehrere Stunden andauernde Verhaltensänderungen, die von streßspezifischen neurohumoralen Prozessen begleitet werden (Anand, Phil & Hickey, 1987). Nach mehrmaliger Wiederholung des Eingriffes entwickeln die Kinder eine Hypersensitivität gegenüber Folgereizungen und reagieren schließlich auf jegliche taktile Stimulation mit respondentkonditionierten Wegdrehbewegungen (McGrath & Craig, 1989). In den ersten Lebensmonaten beginnen Säuglinge in ihrem mimischen und paraverbalen Ausdrucksverhalten deutliche *Erwartungsangst* bei bevorstehenden aversiven Situationen zu zeigen (Craig, McMahon, Morison & Zaskow, 1984). Die Schmerzreaktion kann offensichtlich sogar schon pränatal durch Lernvorgänge geformt und durch klassische und operante Konditionierung beeinflußt werden (Anand, Sippel et al., 1987; Zimmermann, 1991, 1994).

Mittels Ultraschalluntersuchungen wurden ab der 25. Gestationswoche langanhaltende integrierte motorisch-vegetative Reaktionen des Feten auf Streßreize beobachtet (Arabin, Zacharias, Riedewald, Blücher & Saling, 1989). Auch Frühgeborene zeigen temperamentsabhängig unterschiedlich deutliche Schmerzäußerungen, die von ihren Eltern eindeutig identifiziert werden können (Grunau, Whitfiled & Petrie, 1994).

3.2.4. Entwicklung des subjektiven Schmerzerlebens in der frühen Kindheit

Sowohl klinische Beobachtungen als auch objektive Messungen der Schmerzreaktionen von Neugeborenen und Säuglingen, zum Beispiel unter invasiven Prozeduren oder bei kleineren chirurgischen Eingriffen ohne Narkose, deuten darauf hin, daß sie subjektiv tatsächlich Schmerzen erleben (Craig, Grunau, & Aquan-Assee, 1988; Craig et al., 1984; Grunau & Craig, 1987; Craig, Whitfield, Grunau, Linton & Hadjistavropoulos, 1993; Fletcher, 1988; Lawson, 1988; McGrath & Craig, 1989). Die Kinder zeigen auf derartige externe Schmerzreize spezifische Verhaltensreaktionen (Anand et al., 1987; Grunau & Craig, 1987, 1993) (Fluchttendenzen, mimischer Ausdruck, Schreimuster) und physiologische Streßreaktionen (Blutdruck, Herzfrequenz, humorale Veränderungen; Grunau & Craig, 1987, 1993; Zeltzer, Barr, McGrath & Schechter, 1992), die aufgrund ihrer Homomorphie mit den Schmerzreaktionen älterer Kinder und Erwachsener als Schmerzausdruck gewertet werden (Craig et al., 1988; Grunau & Craig, 1993; Johnston & Strada, 1986). Johnston, Stevens, Craig und Grunau (1993) untersuchten verschiedene Parameter der Streßreaktion von Neugeborenen und Säuglingen auf Schmerzreize: Mittels Audio- und Videoaufzeichnungen wurde das paraverbale (Schreianalyse) und mimische Ausdrucksverhalten („*Neonatal Facial Action Coding System*“) ausgewertet und festgestellt, daß schon Neugeborene Schmerzen durch spezifische faziale und Lautäußerungen kommunizieren. Aufgrund der von prä- zu postnatal bestehenden funktionalen Kontinuität des Nervensystems muß geschlußfolgert werden, daß die nozizeptiven Reaktionen bereits vorgeburtlich bestehen. Die Differenziertheit der motorischen Verhaltensreaktionen des Feten auf aversive Stimulation belegt entsprechend, daß es sich nicht nur um stereotype Reflextätigkeiten handeln kann. Diese von Feten gezeigten langandauernden Veränderungen in den neuromotorisch-vegetativen Verhaltensmustern werden als Manifestationen von Unwohlsein oder Streß angesehen (Zimmermann, 1994).

Wie aus den bisherigen Ausführungen hervorgeht, lassen sich Schmerzen bei kleinen Kindern aufgrund ihrer fehlenden oder eingeschränkten Kommunikationsfähigkeit nicht direkt messen (Karoly, 1991), sondern müssen über physiologische und motorische Indikatoren indirekt erschlossen werden (Marvin & Pomietto, 1991; McGrath, deVeber & Hearn, 1985). Schmerzindikatoren Neugeborener und Säuglinge auf der Verhaltensebene sind in Tabelle 3-2 dargestellt, die objektiven physiologischen Parameter des Schmerzerlebens bei präverbalen Kindern in Tabelle 3-3.

Bei Erwachsenen und älteren Kindern korreliert die meßbare physiologische und behaviorale Streßreaktion auf Schmerzreize eindeutig mit dem subjektiven Schmerzerleben (Owens, 1984; Owens & Todt, 1984). Auch die Stärke der motorischen Reflextätigkeit auf nozizeptive Stimulation ist der subjektiven Schmerzintensität proportional (Tal & Sharav, 1984). Obwohl die Frage nach der subjektiven Qualität der Schmerzerfahrung von präverbalen Kindern letztlich unbeantwortbar bleibt, besteht kein logisch begründeter Zweifel daran, daß analoge Ausdruckformen in Physiologie und Verhalten ein vergleichbares inneres Schmerzerlebnis repräsentieren. Ein weiteres Indiz für eine weitgehende Isomorphie der Schmerzempfindungsfähigkeit bei Kleinkindern und Erwachsenen liefern Studien, die eine analoge Häufigkeitsverteilung der Schmerzangaben bei chronisch kranken Kindern und Erwachsenen feststellten (Beales, Lennox, Holt, Keen & Mellhor, 1983; Thompson & Varni, 1986). Werden auf den individuellen kognitiven Entwicklungsstand abgestimmte Schmerzerhebungsinstrumente eingesetzt, ergeben sich bei Kindern vergleichbare Werte für die Prävalenz und Intensität der Schmerzen bei chronischen Erkrankungen (z.B. Polyarthritis) wie bei Erwachsenen.

Tabelle 3-2: ***Schmerzindikatoren auf der Verhaltensebene (Craig et al., 1984; Fuller & Horii, 1988; Grunau & Craig, 1987; Izard, 1990; Johnston, 1989; Johnston et al., 1988, 1993; Johnson & Strada, 1986; McGrath, 1987; Owens, 1984; Porter, 1989).***

- Körperbewegungen: diffuse Wegdrehbewegungen bis zu gezielten motorischen Abwehrreaktionen;
- mimische Reaktionen: schmerzspezifischer Ausdruck mit rechtwinklig aufgerissenem Mund und herunter- und zusammengezogenen Augenbrauen;
- schmerztypische Schrei- und Weinmuster, die sich in ihren Spektralcharakteristika deutlich von anderweitig motivierten paraverbalen Äußerungen unterscheiden: kurzes Luftanhalten, dem ein langgezogener schriller Schrei folgt.

Tabelle 3-3: ***Objektive physiologische Parameter zur Schmerzmessung (Craig et al., 1993; Gunnar, Fisch & Malone, 1984; Johnston & Strada, 1986; Owens & Todt, 1984).***

- Herzrate,
- Atemfrequenz,
- Blutdruck,
- galvanischer Hautwiderstand,
- Handschweiß,
- Cortisol- und Cortisonausschüttung,
- transkutanes Sauerstoffniveau und
- Endorphinkonzentration.

3.2.5. Schlußfolgerungen und Implikationen für die Vorbereitungspraxis

Aufgrund der eindeutigen Befundlage zur Schmerzwahrnehmungs- und -erinnerungsfähigkeit bei Neugeborenen, Säuglingen und Kleinkindern ist eine ausreichende pharmakologische Analgesie und Anästhesie trotz möglicherweise erhöhter Nebenwirkungs- oder Komplikationsrisiken unbedingt zu gewährleisten. Nicht nur aus ethischen (unnötige Leidenserfahrung) und psychologischen (Traumatisierung) Gründen, sondern auch wegen der Chronifizierungsgefahr (Neuroplastizität) kann darauf keinesfalls verzichtet werden. Außerdem sind psychologische Verfahren insbesondere bei Kleinkindern nur beschränkt einsetzbar, so daß sie als nicht-medikamentöse Alternative zur Schmerzreduktion im wesentlichen ausscheiden.

4. Kognitive Grundlagen: Informationsverarbeitung, Speicherung und Erinnerung von Schmerzreizen

Es ist evident, daß Vorgänge der Informationsverarbeitung, -speicherung und -wiedergabe für die Vorbereitung von Kindern auf streßhafte medizinische Eingriffe von essentieller Bedeutung sind: Die Beeinflussung von Reizverarbeitungsprozessen kann die subjektive Schmerzwahrnehmung bzw. deren Reproduktion reduzieren. Erinnerungsfähigkeit ist nicht nur eine Voraussetzung für antizipatorische Angstreaktionen und die Interpretation eines Schmerzereignisses als Stressor, sondern ermöglicht durch das Speichern und Erinnern von Ereignissen und Handlungen umgekehrt erst Lernvorgänge im Umgang mit Schmerzerlebnissen und Fortschritte bei deren Bewältigung. Psychologische Vorbereitungsinterventionen können nur dann erfolgreich sein, wenn es gelingt, die zu vermittelnden Inhalte dauerhaft im kindlichen Gedächtnis zu verankern und abrufbar zu kodieren. Obwohl bislang erst wenige Kenntnisse über die spezielle Verarbeitung derartiger Ereignisse bei Kindern bestehen (McGrath, 1990), lassen sich aus der allgemeinen und entwicklungsspezifischen Funktionsweise menschlicher Informationsverarbeitungs- und Gedächtnisprozesse wichtige Schlußfolgerungen für die verhaltensmedizinische Behandlungspraxis ableiten.

4.1. Informationsverarbeitung von Schmerzreizen

Moderne Reizverarbeitungsmodelle reflektieren den aktuellen experimentellen und empirischen Kenntnisstand interdisziplinärer Kognitionsforschung (Klimesch, 1993). Die *Informationsverarbeitung* wird durch Aufmerksamkeitsprozesse *selektiv gesteuert*, d.h. es werden aus der Fülle der auf die Sinnesorgane eintreffenden externen und internen Reize *relevante* Informationen ausgewählt (Selektion) und irrelevante unterdrückt (Filter). Die Funktion von Aufmerksamkeitsprozessen besteht also in erster Linie darin, Reizinformationen nach biologischen und individuellen Relevanzkriterien zu beurteilen, zu ordnen und für die Weiterverarbeitung zu filtern. Die *Verarbeitung somatosensorischer und noxischer Signale*, die nach denselben Prinzipien funktionieren, lassen sich durch bewußte Aufmerksamkeitssteuerung beeinflussen, d.h. eine Aufmerksamkeits*defokussierung* vom Schmerzreiz und der Bedrohungssituation vermindert das Angsterleben und erhöht die Schmerztoleranz (Fernandez & Turk, 1989).

4.1.1. Zentrale Aktivierung, Aufmerksamkeit und Ablenkung

Bewußtseinsphänomene wie das Schmerzerleben sind Produkte des Kurzzeit- oder Arbeitsgedächnisses (KZG). Auch Prozesse und Inhalte des Langzeitgedächtnisses (LZG) werden erst nach der Rückübertragung in den Arbeitsspeicher bewußt. Dabei gelangt aber nur ein geringer Teil des sensorischen Inputs (z.B. Schmerzstimuli) über die Repräsentation im Arbeitsspeicher in das Bewußtsein, der größte Anteil wird vorbewußt verarbeitet oder gehemmt. Die Selektion relevanter externer und interner Informationen und Inhibition irrelevanter Reize ist notwendig, weil die Reizaufnahme und Informationsübertragung aller sensorische Kanäle des „kognitiven Apparates“ nur eine begrenzte Kapazität aufweisen. Schmerzen als *biologisch bedeutsame Reize* besitzen zwar *Verar-*

beitungspriorität (wie z.B. auch Hunger), unterliegen aber grundsätzlich den gleichen Verarbeitungsprinzipien wie andere Wahrnehmungsprozesse.
Die noxische Reizinformation wird zunächst über die Sinnesorgane aufgenommen, für wenige Millisekunden in einem sensorische Speicher („ikonisches", „echoisches" Gedächtnis oder „*Ultrakurzzeitgedächtnis*" - UZG) gehalten und einer ersten vorbewußten Analyse und Bewertung unterzogen, d.h. nach gespeicherten Kriterien kategorisiert (*Mustererkennung*), kodiert (z.B. verbal oder räumlich-visuell), multisensorisch mit LZG-Inhalten abgeglichen („*matching*") und als relevant vs. irrelevant beurteilt. Der größte Teil der einströmenden Informationsmenge wird auf diese Weise ausschließlich *vorbewußt verarbeitet* (subliminale Wahrnehmung): Nur ein Teil der Informationen wird zur bewußten Verarbeitung weitergeleitet, während der Rest peripher gehemmt wird („*gating*"). Voraussetzung für diesen vorbewußten Selektionsprozeß ist eine relativ vollständige *zentrale Analyse* des Reizmaterials (auf neocorticaler Ebene). Als Ergebnis dieses Bewertungsprozesses wird die Verarbeitung relevanter Reize aktivert, während gleichzeitig (über efferente Leitungsmechanismen) eine periphere Inhibition irrelevanter Informationen ausgelöst wird.

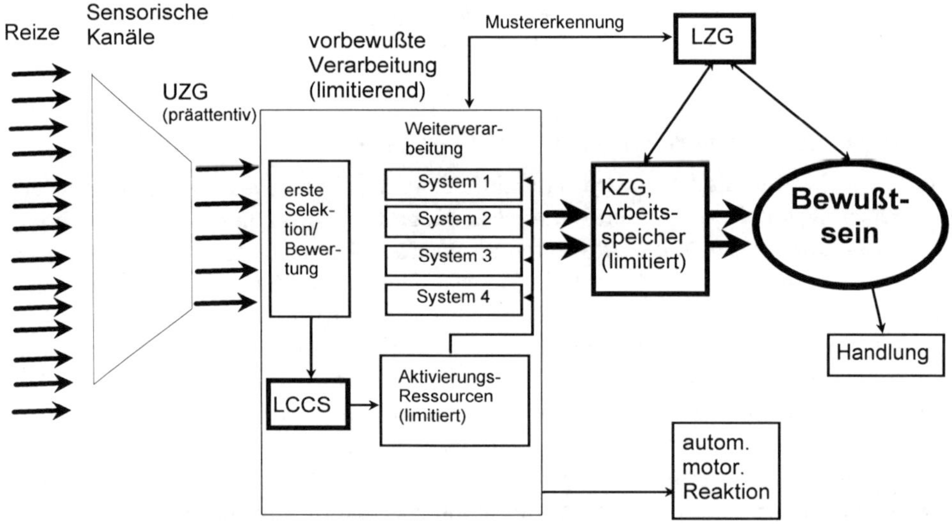

Abbildung 4-1: Strukturmodell der Aufmerksamkeit.

Die vorbewußte Informationsauswahl erfolgt in erster Linie über selektive *Aufmerksamkeitsprozesse* (Filterfunktion). Neben der peripheren Kanalkapazitätslimitierung werden zentrale Aufmerksamkeitsmechanismen (*limited capacity control system -LCCS*) postuliert, die eine aktive Informationsbewertung und -auswahl leisten (Birbaumer & Schmidt, 1991). Jedes der verschiedenen Informationsverarbeitungssysteme (z.B. visuelles, auditives oder motorisches System) benötigt für seine Arbeitsfähigkeit eine minimale Erregungshöhe. Gleichzeitig stehen den Verarbeitungssystemen nur begrenzte Ressourcen (Aktivierungsenergie) zur Verfügung. Die Verarbeitungsselektion des LCCS geschieht dadurch, daß sie einer begrenzten Anzahl von Verarbeitungsmechanismen (informationsanalysierende und reaktionsplanende Systeme) die zur Leistungsfähigkeit notwendige Aktivierungsernergie („Ressource“) selektiv zuweisen und diese damit entweder aktivieren oder hemmen. Die Auswahl der zu aktivierenden vs. inhibierenden Systeme erfolgt auf der Grundlage der zentralen *matching*- und Bewertungsprozesse, d.h. es werden nur diejenigen Systeme mit ausreichender „Arbeitsenergie“ versorgt, die für die Verarbeitung der als relevant erachteten Informationen erforderlich sind. Werden für einen Verarbeitungsvorgang simultan mehrere Systeme involviert, die die gleichen energetischen Ressourcen beanspruchen, kommt es zu einer *Ressourcenkonkurrenz* und in deren Folge zu Interferenzen und Verarbeitungsstörungen. Der Grad der Interferenz ist dabei abhängig von der *zerebralen Distanz* der beteiligten Verarbeitungsmodule, d.h. von dem Ausmaß, in dem sie gemeinsame Verarbeitungsressourcen beanspruchen. So können bspw. eine visuelle und eine motorische Tätigkeit relativ gut gleichzeitig ausgeführt werden, während zwei visuell strukturierte Aufgaben miteinander interferieren. Aber auch zwischen den Verarbeitungsdimensionen kommt es aufgrund limitierter Ressourcengesamtkapazität zu Ressourcenkonkurrenzen und infolgedessen zu Interferenzen in der Informationsverarbeitung.

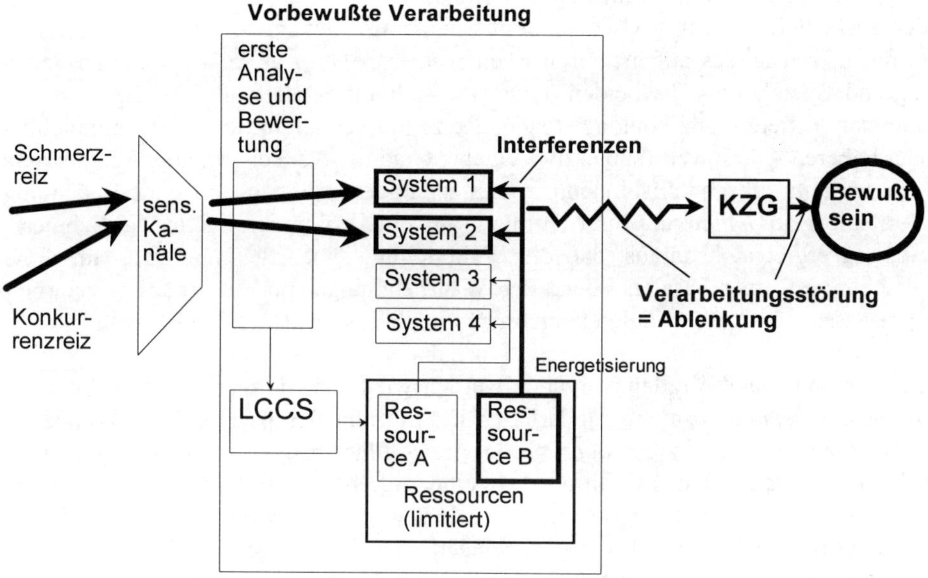

Abbildung 4-2: Der Ablenkungsmechanismus.

Das Reizmaterial wird über die Sinneskanäle aufgenommen und weitergeleitet, kodiert und mit gespeicherten Reizmustern im LZG verglichen. Ist das neue Reizmuster nicht homomorph mit dem gespeicherten („*mismatched*“), wird eine *Orientierungsreaktion* (Aufmerksamkeitsaktivierung, Mobilisierung zentraler Sinnessysteme) ausgelöst, deren Intensität mit dem Grad der ermittelten Diskrepanz (= Neuheit des Reizes) korrespondiert. Damit ist die Orientierungsreaktion u.a. bedingt durch die im LZG gespeicherten Schemata (Erwartungen) bezüglich eines Wahrnehmungsinhaltes (Situation). Bei der Erstkonfrontation mit einem neuartigen Schmerzereignis wie einer invasiven medizinischen Prozedur erfolgt somit eine automatische Aufmerksamkeitsreaktion. Das Ausmaß der Aufmerksamkeitszuwendung ist dabei nicht nur von der objektiven Reizintensität

(Schmerzreiz) abhängig, sondern auch von der subjektiven Signifikanz (Angst, subjektives Schmerzerleben) des neuen Reizes. Nach mehrmaliger Wiederholung der Reizexposition reduziert sich die Orientierungsreaktion wieder (*Habituation*).
Erst wenn nach der subliminalen Vorverarbeitung (*matching*- und Bewertungsprozesse) die Kapazität des Arbeitsspeichers (KZG) überschritten wird, kommt es zu bewußtseinserzeugenden Aktivierungen und willentlichen Handlungen (*effort-Mechanismus*). Dies geschieht insbesondere bei neuen und komplexen Situationen, für die keine gespeicherten Analyseschemata passen („*mismatched*") oder für die mehrere alternierende Reaktionsmöglichkeiten zur Verfügung stehen („*kontrollierte Suche*"). Aufgrund der begrenzten Kapazität (7 ± 2 Zeichen) der verschiedenen bei Willenshandlungen beteiligten KZG-Systeme (visuell, akustisch, taktil etc.) kommt es auf dieser Verarbeitungsstufe leicht zu Interferenzen, sofern mehrere involvierte KZG-Einheiten gemeinsame Aktivierungsressourcen beanspruchen, d.h. wenn gleichzeitig ähnliche Verarbeitungsaufgaben erfüllt werden müssen. Das gleiche gilt für die beteiligten *effort*-Systeme, d.h. auch die Reaktionsplanung (z.B. Schmerzverhalten) kann bei überlappender Ressourcenbeanspruchung interferieren und somit gestört werden.
Werden zusätzlich zu dem noxischen somit weitere als relevant bewertete Reize dargeboten, resultieren daraus auf mehreren Ebenen *Interferenzen* in der Informationsverarbeitung und -speicherung der beiden *inputs*, die sich auf der Bewußtseinsebene als *Ablenkung* manifestieren. Die konkurrierenden Reize müssen allerdings einen vergleichbaren oder höheren Anreizwert (subjektive Valenz, Grad der Neuheit) wie der Schmerzreiz besitzen, um aufmerksamkeitsbindend wirken zu können. Die herausragende Bedeutung von Strategien zur Ablenkung und Aufmerksamkeitsdefokussierung für die Schmerzbewältigung ergibt sich daraus, daß die Weiterleitung eines Schmerzreizes auf diese Weise schon auf einer basalen Ebene des Wahrnehmungs- und Informationsverarbeitungsprozesses „blockiert" werden kann und gar nicht erst ins Bewußtsein gelangt.

Aufmerksamkeits- und Vigilanzvorgänge werden wiederum durch *unspezifische organismische Aktivierungszustände* moderiert. Eine Störung des psychischen Wohlbefindens durch einen Schmerzreiz *oder* große Angst führt bspw. zu einer allgemeinen Durchblutungssteigerung des Gehirns sowie einer Adrenalinausschüttung und damit zu *erhöhter Aktivierung der Aufmerksamkeits- und Bewußtseinsprozesse für externale wie internale Reize*. Auch EEG-Messungen belegen eine Aufmerksamkeits- und Aktivierungssteigerung bei Schmerzreizung: Noxische Stimulationen (oder erwartete Schmerzreize) äußern sich neurophysiologisch in einer Negativierung des kortikalen Gleichspannungsniveaus (vor allem in frontalen und zentralen Regionen). Außerdem sind in Zuständen extremer zentralnervöser Aktivierung (z.B. bei Angst) die o.g. Habituationsprozesse verlangsamt. Daraus folgt, daß eine noxische Stimulation oder auch nur die Erwartung derselben (antizipatorischer Bereitschaftszustand wie Angst) die allgemeine Erregung und Vigilanz erhöht und infolgedessen zu einer tendenziellen Sensibilisierung für folgende Schmerzreizungen führt. In Laborexperimenten ist es gelungen, Versuchspersonen über Biofeedback ihrer kortikalen Spannungsveränderungen eine gezielte Positivierung des Gleichspannungsniveaus (= allgemeine Erregungsreduktion) und damit eine erhöhte Schmerztoleranz beizubringen. Auch eine erhöhte kortikale Theta-Wellen-Aktivierung (wie sie im Schlaf oder bei tiefen Entspannungs- und Meditationszuständen oder hypnotischer Trance auftreten) ist mit einer heraufgesetzten Schmerzschwelle verbunden. Die Erhöhung der Schmerztoleranz durch Entspannungsübungen setzt allerdings voraus, erstens, daß es sich um bekannte Schmerzreize handelt, und zweitens, daß über die Thetaaktivitätssteigerung hinaus ein subjektiv angenehmer Bewußtseinszustand erreicht wird (vgl. Birbaumer, 1986).

4.1.2. Implikationen für die Vorbereitungspraxis

Da jede neue Reizdarbietung eine psychophysiologische *Orientierungsreaktion* auslöst, die wiederum zu einer Erhöhung des allgemeinen Erregungsniveaus und der Schmerzsensitivität führt, sollten bei der Vorbereitung von Kindern auf medizinische Prozeduren die neuen Reiz- und Situationselemente möglichst vollständig erfaßt und den Kindern vorab vertraut gemacht werden. Bei wiederholter Exposition dieser Reize (z.B. Behandlungsraum, Instrumente, Apparaturen) wird sich die Orientierungsreaktion schließlich abschwächen (Habituation).
Die *begrenzte Informationsverarbeitungskapazität* des kognitiven Systems läßt sich gezielt zur systematischen Ablenkung vom Schmerzgeschehen nutzen. Dazu müssen gleichzeitig mit dem Schmerzreiz konkurrierende Reize dargeboten werden, die folgende Kriterien zu erfüllen haben: 1) Hohe subjektive Valenz (persönlich interessante Informationsinhalte) oder hoher Grad an Neuheit, um ihrerseits eine schmerzablenkende Orientierungsreaktion auszulösen. 2) Um die beschriebenen Interferenzeffekte zu utilisieren, sollten die Ablenkungsreize möglichst die gleichen Aktivierungsressourcen beanspruchen, also eine große zerebrale Nähe zum aversiven Stimulus aufweisen. Das heißt im Falle noxischer Stimulation, daß taktile Ablenkungsreize präferiert werden sollten. Bei Lumbalpunktionen umfaßt der eigentliche Schmerzreiz nur einen Zeitraum von wenigen Sekunden beim Einstechen bzw. Herausziehen der Nadel. Exakt für diesen Moment sollten taktile und motorische Ablenkungen (Handdrücken o.ä.) eingesetzt werden. Da für die Kinder aber nicht nur der Punktionsschmerz, sondern die Gesamtsituation streßauslösend wirkt (z.B. Anblick der Nadel, Geräusche, Festgehaltenwerden), sind eine ganze Reihe von Reizen unterschiedlicher Verarbeitungssysteme beteiligt, für die jeweils Konkurrenzstimuli von optimaler Interferenzwirkung ausgesucht werden können. Für Kinder z.B. mit besonderer Angst vor dem Anblick der Nadel bieten sich folglich visuelle Ablenkungsreize an, die bei der Verarbeitung die gleichen Ressourcen beanspruchen wie der visuelle Reiz „Punktionskanüle" und somit mit der Aktivierung der für deren bewußte Registrierung erforderlichen kognitiven Systeme interferiert.

4.2. Speichern und Erinnern von Schmerzerfahrungen

4.2.1. Strukturelle Gedächtnisorganisation

Die Arbeitsweise menschlicher Gedächtnisstrukturen bietet einige wichtige Ansatzpunkte für eine wirksame psychologische Schmerzbeeinflussung: Die langsfristige Erinnerung an unangenehme Schmerzerfahrungen kann durch gezielte Störung der Enkodierungs- und Konsolidierungsprozesse oder der Abruf- und Reproduktionsvorgänge blokkiert bzw. vermindert werden.
Gängige Gedächtnistheorien (*Mehrspeichermodelle*) postulieren nach dem klassischen Modell von Atkinson & Shiffrin (1968) drei *Funktionsebenen des menschlichen Ge-*

dächtnisses (vgl. Dörner & van der Meer, 1995; Kail, 1992; Markowitsch, 1992; Wolf, 1992):

1. *Sensorischer Informationsspeicher (Ultrakurzzeitgedächtnis = UZG)* mit extrem hoher Speicherkapazität, in dem sensorische Informationen (visuelle, auditive, taktile etc. Reize) nur für einen Millisekundenzeitraum (200-300 ms) präsent gehalten, ultraschnell auf biologisch elementare Merkmale (bedrohlich vs. neutral) analysiert und selektive Aufmerksamkeitsprozesse initiiert werden (vgl. Kap. 4.1.).
2. *Kurzzeit- und Arbeitsspeicher (KZG)*, der Informationen für einen Zeitraum von etwa 30 Sekunden speichert und eine äußerst begrenzte Kapazität (7± 2 Informationseinheiten = *chunks*) besitzt. Er stellt zugleich den Zwischenspeicher für Behaltens- und Abrufprozesse sowie den *Arbeitsspeicher* für alle Denk- und Vorstellungsprozesse dar (*zentrale exekutive Verarbeitungsinstanz*).
   Die Weiterleitung der Information zum Langzeitgedächtnis (LZG) setzt einen Prozeß externer oder interner Wiederholung („*rehearsal*") des Reizmaterials voraus (*Konsolidierung*), der durch interferierende Reize gestört werden kann: Der alte Gedächtnisinhalt kann mit neuem Reizmaterial interferieren (*retroaktive Hemmung*) oder neu dargebotene Information durch altes Gedächtnismaterial gestört werden (*proaktive Hemmung*). Interferierendes Reizmaterial läßt sich somit gezielt zur *Ablenkung* von unangenehmen Stimuli nutzen, indem auf diese Weise die Übertragung vom KZG zum LZG gestört wird (vgl. Kap. 4.1.). Der Informationsinhalt wird umso stabiler behalten und mit höherer Wahrscheinlichkeit ins LZG übertragen, je multimodaler (über die verschiedenen Sinnessysteme) und komplexer er mit anderen Informationen (zeitlich, räumlich, semantisch) verknüpft wird (*elaboriertes Memorieren*). Eine komplexe Schmerzsituation mit vielfachen bedrohlichen Aspekten (invasive medizinische Prozedur) wird dementsprechend stabiler kodiert als eine alltägliche (Hinfallen, Stoßen).
3. Das *Langzeitgedächtnis* (LZG) unterteilt sich in ein mittelfristiges (Minuten bis acht Tage) funktionierendes *sekundäres* und ein langfristig (zeitlich praktisch unbegrenzt) speicherndes *tertiäres* Gedächtnis. Im LZG werden die Informationen über ein Schmerz- oder Streßereignis semantisch kodiert und in die vorhandene epistemische Struktur des kognitiven Systems integriert. Die Informationskodierung im LZG ist dabei *kontextuell geprägt*, d.h. es werden zusätzlich zu der „protagonistischen" Reizinformation automatisch alle Umgebungselemente der Schmerzsituation mitgespeichert. Insbesondere der physiologische Zustand (Aktivierung, Emotionen) während des Ereignisses bildet einen integralen Bestandteil des Speicherkontextes: Je umfassender und vielfältiger (multisensorisch) der Reizkontext kodiert wird und je höher das Aktivierungsniveau, desto stabiler die Speicherung und umso leichter die Abrufbarkeit des Materials. Bei erneuter Präsentation eines Situationselementes oder Aktualisierung des gleichen physiologischen Zustandes wird die Erinnerung der gespeicherten Gesamtsituation erleichtert (s. *zustandsabhängiges Lernen*). Die *Wiedererkennung* ist dabei generell einfacher als die *Reproduktion* eines Speicherinhaltes, weil dem Abrufprozeß ein Mustererkennungsvorgang („matching") zugrunde liegt, der beim Wiedererkennen auf vielfältigere Hinweisreize und größere Verknüpfungsdichte der kontextuellen Informationen zurückgreifen kann, wohingegen bei der Reproduktion zunächst eine Retransformation des Speicherinhaltes in das Arbeitsgedächtnis (bewußte Vergegenwärtigung) erforderlich ist. Für komplettes Wiederer-

kennen sind häufig schon unvollständige Reizdarbietungen (z.B. weißer Kittel) hinreichend.

4.2.2. Speicherung von spezifischen Inhalten im LZG

Die Speicherung *spezifischer Inhalte* im Langzeitgedächtnis vollzieht sich über *Engramm*-Bildung: Alle eintreffenden sensorischen Informationen führen nach der kognitiven Vorverarbeitung zu einer regelhaften kohärenten Erregung bestimmter Neuronenverbände („*cell-assembly*") im ZNS. Spezifische sensorische Erregungskonstellationen aktivieren charakteristische neuronale Netzwerke, die untereinander synaptisch assoziiert sind und einen geschlossenen neuronalen Erregungskreis bilden. In diesem neuronalen Netzwerk (*reverberatorischer Kreisverband*) zirkuliert das entstandene Erregungsmuster einige Zeit, während der sich stabile synaptische (strukturelle) und zelluläre (funktionelle) Veränderungen ausbilden (*Konsolidierung*), die schließlich die LZG-Inhalte repräsentieren. Während der Konsolidierungsphase dürfen die beteiligten neuronalen Netze nicht durch andere Reizimpulse gestört werden (Interferenzen), da die Synapsen desselben Zell-Ensembles *mehrfach* durch identische Reizmuster erregt werden müssen (kohärente Entladung des ganzen Zellverbandes), um stabile Verbindungen (speicherbare Information) aufzubauen. Überkreuzt sich das kreisende Erregungsmuster mit einem zweiten Impulsstrom (Ablenkung), kann der Informationsinhalt im LZG nicht verschaltet werden und geht verloren oder wird fehlverarbeitet. Die *Wiedergabe* des Gedächtnisinhaltes erfolgt durch identische oder approximative Rekonstruktion der Erregungskonstellation mittels synaptischer und zellulärer Strukturveränderungen (Birbaumer & Schmidt, 1991). Der Prozeß der *permanenten Speicherung* nimmt insgesamt wahrscheinlich mindestens einen Tag in Anspruch.
Der Begriff „*neuronales Schmerzgedächtnis*" bezeichnet eine Sonderform der Engrammbildung: Eine besonders stabile Engrammstruktur, die sich bei extrem intensiver noxischer Reizung (schwere Verletzung, Operation o.ä.) aufgrund explosionsartig eintreffender Impulsströme durch Aktivierung größerer Zell-Ensembles im neuronalen Netzwerk ausbildet und in der Folge zu spontanen Reaktivierungen des Schmerzempfindens (z.B. Phantomschmerz) führt (s.a. „Kortikalisierung des Schmerzes"; vgl. Kap.3). Inwieweit dieses Phänomen eventuell schon bei niederschwelligerer noxischer Stimulation (wie Lumbal- oder Knochenmarkpunktion) auftreten kann, ist nicht bekannt. Für Kleinkinder ist aufgrund ihrer noch extremen neuronalen Plastizität nicht auszuschließen, daß auch Schmerzreize mittlerer Intensität zu derartigen überstabilen neuronalen Verschaltungsmustern führen können.

4.2.2.1. Inhaltsorientierte Speichermodelle

Inhaltsbezogene Gedächtnismodelle (Mayes, 1988; Squire, 1987; Squire & Zola-Morgan, 1988; Tack, 1995; Tulving, 1985) postulieren eine Unterteilung der Speichersysteme in einen *deklarativen* (bewußten) und einen *nondeklarativen* oder *prozeduralen* (unbewußten) Bereich (vgl. Abbildung 4-3):

1. Das *deklarative Gedächtnis* (Wissensgedächtnis) setzt sich aus verbal kodierten erklär- und definierbaren Fakteninformationen, (z.T. unbewußten, d.h. nicht abrufbaren) biographischen Episoden, Daten und semantisch-heuristischem Regelwissen zusammen. Die Kodierung vollzieht sich propositionell-semantisch und bewußtseinsfähig. Die Informationswiedergabe erfolgt nur nach einer Konsolidierungsphase, aus-

schließlich über einen aktiv-intentionalen Suchprozeß (kontrollierte Verarbeitung), ist stark von der kontextuellen Verknüpfung und elaborierten Kodierung abhängig und bewußt-willentlich initiierbar (effort).
Der *semantische* Speicher enthält das (verbal kodierte, nach logischen oder abstrakten Kriterien und in Sinnzusammenhängen organisierte) Allgemeinwissen („Weltwissen"), z.B. Informationen über Regeln, Konzepte, Sprache (heuristisches Wissen), während das *episodische* Gedächtnis subjektiv wichtige Ereignisse oder Erfahrungen aus der Autobiographie einer Person beinhaltet. Beide Subsysteme sind prinzipiell bewußtseinsfähig (deklarativ), wobei semantisch kodierte Informationen i.d.R. automatisch gespeichert und ohne großen mentalen Aufwand abgerufen werden können. Das episodische Langzeitgedächtnis setzt sich wiederum aus zwei Komponenten zusammen: Dem *expliziten Gedächtnis*, dessen Inhalte bewußt verarbeitet und unter subjektiv erlebter mentaler Anstrengung oder Wiedergabeinstruktion direkt abgerufen werden können und dem *impliziten Gedächtnis*, dessen Speicherinhalte nicht bewußt sind, und die i.d.R. nicht-intentional und automatisch reproduziert werden. Die Arbeitsweise des deklarativen Gedächtnisses ist durch hohe Prozeßgeschwindigkeit und Flexibilität, aber auch Störanfälligkeit (Vergessen und Abrufschwierigkeiten) gekennzeichnet.

2. Das *nondeklarative (prozedurale oder reflexive) Gedächtnis* besteht aus einfachen mechanischen Handlungsplänen (Regeln und Prozeduren) und -abläufen (motorische *Fertigkeiten*, skills, Gewohnheiten), *Primingelementen* (Mustererkennung) und *Konditionierungsprozessen.* Die Kodierung erfolgt primär nach den Prinzipien des respondenten und instrumentellen Konditionierens (Wahrscheinlichkeitslernen). Das prozedurale Gedächtnis arbeitet im Vergleich zum deklarativen Speicher relativ langsam und unflexibel, aber mit hoher Zuverlässigkeit. Es operiert vornehmlich unbewußt und setzt geringere intentionale („*effort*") und attentionale Aktivierung voraus. Die Inhalte des nondeklarativen Speichers sind im wesentlichen dem bewußten Erinnern gar nicht oder nur schwer zugänglich („*implizites Gedächtnis*"). Die Wiedergabe erfordert weder eine Konsolidierung, eine kontextuelle Verankerung, eine elaborierte Kodierung noch einen aktiven Suchprozeß, sondern erfolgt automatisch-reflexiv auf entsprechende Reizpräsentation (vgl. Markowitsch, 1992).

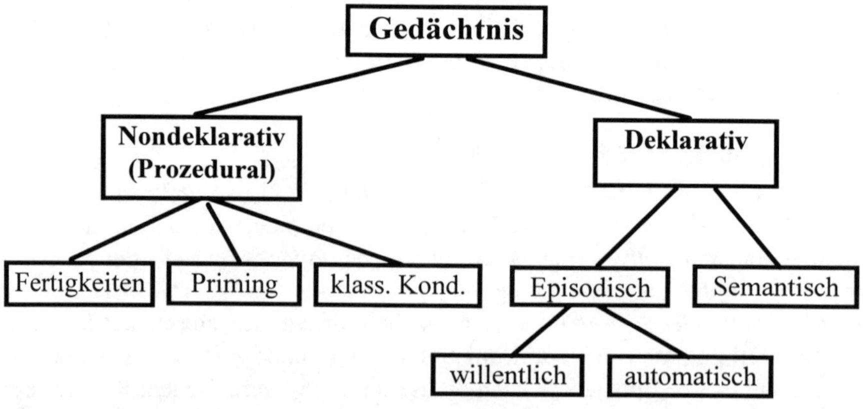

Abbildung 4-3: ***Inhaltsorientierte Gedächtnisdimensionen nach Cermak, 1982 (Erläuterung im Text).***

4.2.3. Die Entwicklung von Gedächtnisfunktionen

4.2.3.1. Entwicklung der Speicherstrukturen

Während der letzten Jahre ist der allgemeinen Gedächtnisentwicklung im Kindesalter innerhalb der kognitiv-entwicklungspsychologischen Forschung besondere Aufmerksamkeit gewidmet worden (Kail, 1992; Schneider & Büttner, 1995). Da Ereignisse aus ihrer frühen Kindheit für Erwachsene nicht mehr erinnerbar sind, sondern erst ab dem vierten oder fünften Lebensjahr reproduziert werden können, wurde lange Zeit angenommen, daß Kleinkinder noch nicht über Gedächtnisfunktionen verfügen. Tatsächlich besitzen jedoch schon Neugeborene die neurophysiologischen Voraussetzungen für Erinnerungsleistung. Bei Säuglingen und Kleinkindern sind alle Komponenten des Mehrspeichersystems (UZG, KZG, LZG) bereits vorhanden und differenzieren sich im Entwicklungsverlauf lediglich weiter aus:

- Die Kodierungsprozesse im *Ultrakurzzeitgedächtnis* unterliegen im Entwicklungsverlauf noch gravierenden Veränderungen. Kleinkinder kodieren Reizinformationen zunächst in verschiedenen Sinneskanälen gleichzeitig (*Synästhesie*: z.B. „Farbhören“ oder „Klangsehen“) während sich die modalitätsspezifische Verarbeitung erst mit zunehmender kognitiver Reife ausdifferenziert (Nelson, Henschel & Collins, 1993). Dabei ist bislang ungeklärt, inwieweit die synästhetische Kodierung auch für die Verarbeitung nozizeptiver Reize eine Rolle spielt. Auch die Kodierungsgeschwindigkeit und Differenziertheit des Kodierungsvorganges nimmt entwicklungsbedingt zu. Nach neuesten Erkenntnissen sind Kodierungs-, Speicher- und Abrufgeschwindigkeit u.a. wissensabhängig, d.h. steigen mit wachsender Wissensakkumulation und -organisation im Entwicklungsverlauf (Dörner & van der Meer, 1995).
- Das *Kurzzeitgedächtnis* entwickelt sich bis etwa zum Alter von acht Monaten. Schon Neugeborene sind allerdings in der Lage, einfache Reizereignisse zu registrieren und bei erneutem Auftreten wiederzuerkennen. Im weiteren Entwicklungsverlauf bleibt seine Kapazität zwar konstant, die Nutzungseffektivität und Informationsverarbeitungsgeschwindigkeit variieren aber inter- und intraindividuell durch chunk-Bildung, Strategieentwicklung und Automatisierung sowie die Verbesserung von Prozessen der Aufmerksamkeitssteuerung. Durch zunehmende Automatisierung der zunächst bewußt eingesetzten Operationen und Strategien wird weniger Arbeitsspeicherplatz benötigt und das Kurzzeitgedächtnis (KZG) im Entwicklungsverlauf effektiver genutzt.
- Das *Langzeitgedächtnis* funktioniert bereits in der frühen Kindheit. Die Wissensbasis (epistemische Struktur), auf deren Hintergrund neue Informationen im LZG kodiert, interpretiert und bewertet werden, unterliegt einer lebenslangen permanenten Ausweitung bzw. Veränderung. Auch bereits gespeicherte Informationen werden im Zuge weiterer Informationsverarbeitung nachträglich ergänzt, korrigiert, vereinfacht oder verzerrt. Mit zunehmendem Alter, insbesondere im Zuge der Sprachentwicklung, bilden sich immer komplexere Gedächtnisstrukturen (semantische Netzwerke = synaptische Verbindungen) aus, wobei der relative Anteil verbal-semantisch kodierter Informationen (deklarativer Speicher) mit hoher langfristiger Speicherstabilität und hoher Abrufsicherheit (Langzeitgedächtnis) bis zum Erwachsenenalter kontinuierlich zunimmt (vgl. Kap. 5.4.).

4.2.3.2. Entwicklung der Gedächtnisleistung

Es finden offensichtlich bereits *pränatal* Lernvorgänge (klassische und operante Konditionierungen) statt, die die Bildung von Gedächtnisinhalten voraussetzen. So können Feten ab der 28. Gestationswoche die mütterliche Stimme eindeutig von anderen unterscheiden (Humphrey, 1964). Diese Wiedererkennungsfähigkeiten werden in den ersten sechs Lebensmonaten ständig verbessert. Es mehrt sich die empirische Evidenz dafür, daß Säuglinge über diese relativ einfache Gedächtnisleistung hinaus auch für komplexere Verstärkungsprozesse („*konjugierte Verstärkung*") ansprechbar sind (Cohen & Oakes, 1993; Rovee-Collier & Hayne, 1987). Schon die Reaktionen von *Frühgeborenen* auf schmerzhafte Stimuli (Punktionen) werden offensichtlich durch operante Verstärkungsmechanismen (Zuwendung vs. Ignorieren) beeinflußt (Zimmermann, 1994).

Für den bei Säuglingen nachgewiesenen Prozeß der *Wiedereinsetzung* (Wiedererkennen eines Reizes ohne seine direkte und vollständige Darbietungswiederholung) sind Ähnlichkeiten in den Kontextbedingungen der Lern- und Abrufsituation entscheidend (Rovee-Collier, Schechter, Shyi, & Shields, 1992), d.h. auch wenn nur ein Element der ursprünglichen Lernerfahrung präsentiert wird, können sie diese vollständig abrufen, sofern sich die Situationskontexte entsprechen. Obwohl insbesondere bei Kleinkindern bis fünf Jahren das *Wiedererkennungsgedächtnis* noch deutlich besser ausgeprägt ist als ihre *Reproduktionsfähigkeit*, scheint sich auch die Fähigkeit zur *freien Reproduktion* sehr viel früher zu entwickeln als bislang angenommen: Neuere Befunde zum Imitationslernen, dem Lokalisationsgedächtnis und Aufgaben zur Objektpermanenz deuten darauf hin, daß Reproduktionsleistungen und interne Objektrepräsentationen schon im Alter zwischen sieben und zwölf Monaten bestehen, sich im weiteren Entwicklungsverlauf allerdings noch beträchtlich verändern: Die Reproduktionsfähigkeiten im Säuglingsalter sind zunächst noch rudimentär, vorbewußt, durch Konditionierungslernen erworben und dem nondeklarativen Speichersystem zuzuordnen (vgl. Schneider & Büttner, 1995). Die beschriebenen Gedächtnissysteme differenzieren sich im Entwicklungsverlauf weiter aus, wobei das *prozedurale Gedächtnis* (zumindest in rudimentärer Form) schon bei Neugeborenen zu funktionieren scheint, während das deklarative Gedächtnis wahrscheinlich erst im Alter ab fünf Jahren voll funktionsfähig ist. Allerdings nehmen in jüngster Zeit die empirische Belege auch für die Ausbildung stabiler Speicher- und Abrufvorgänge für *episodische* LZG- Inhalte schon im Säuglingsalter, sofern die Ereignisse eine hohe subjektive Valenz besitzen und wiederholt auftreten (Bauer & Hertsgaard, 1993; Bauer & Dow, 1994; Bauer, Hertsgaard & Wewerka, 1995; Cohen & Oakes, 1993; Singer & Fagen, 1992). Da diese Kriterien auch für medizinische Punktionsprozeduren zutreffen, ist zu vermuten, daß schon Säuglinge derartige Ereignisse prinzipiell permanent speichern können. Diese auf laborexperimentellen Studien basierenden Aussagen sind allerdings im klinischen Kontext noch nicht überprüft worden.

Jüngere Kinder bauen im allgemeinen weniger stabile Erinnerungen auf und vergessen diese schneller wieder als ältere Kinder. Im *Kindergartenalter (2-4 Jahre)* besteht eine ausgeprägte Diskrepanz zwischen erstaunlich guten Wiedererkennungsleistungen und sehr niedrigen Reproduktionsraten. Das *willkürliche Gedächtnis* ist gegenüber dem unwillkürlichen (impliziten, non-deklarativen) in diesem Alter von erheblich geringerer Leistungsfähigkeit, die sich durch konkrete Behaltensinstruktionen sogar noch vermindert. Insbesondere bei sprachlich vermittelten Informationen sind Speicher- und Abrufergebnisse vergleichsweise schwach. Kinder dieser Alterstufe beginnen zunehmend, *strategische Gedächtniskompetenzen* („retrieval cues") zu entwickeln. Wenn sie angeleitet werden, solche *„Gedächtnisstützen"* systematisch einzusetzen, erreicht ihre Reproduktionsleistung annähernd das Niveau Sechsjähriger (Schneider & Sodian, 1988). Im *Vorschul-* und vor allem *Grundschulalter* sind die größten Fortschritte in der Gedächtnisleistung zu verzeichnen, während im *Jugendalter* zwischen 14 und 18 kaum noch Verbesserungen eintreten. Die *altersspezifischen Leistungsunterschiede* in den Gedächtnisfunktionen sind weniger durch Differenzen in der Verfügbarkeit als vielmehr der *Zugänglichkeit der Speicherinhalte* zu erklären und insbesondere auf folgende Faktoren zurückzuführen:

- Reifungsbedingte Zunahme der Speicherkapazität und Verarbeitungsgeschwindigkeit;
- verbesserte Enkodierungsstrategien durch Einsatz von Memoriertechniken wie Wiederholung, Kategorisieren nach Oberbegriffen und Elaborieren („Eselsbrücken");
- verbesserte Abrufstrategien („*retrieval strategies*"), die wahrscheinlich größeren Einfluß auf die Entwicklungsunterschiede in der freien Reproduktionsleistung besitzen als die Enkodierstrategien.

Zunächst nicht mehr reproduzierbare Erinnerungen können aber schon bei Kleinkindern spontan wieder auftauchen („*Reminiszenz-Effekt*"). Bei diesem Phänomen sind im Alter zwischen vier und acht Jahren keine Entwicklungsunterschiede feststellbar; erst danach nimmt die Reminiszenzrate bis zum Erwachsenenalter deutlich zu (Schneider & Büttner, 1995). Für die Vorbereitungspraxis bedeutet das zweierlei: 1) Bei jüngeren Kindern sind Erinnerungen (vermittelte Informationen und Bewältigungsfertigkeiten) weniger stabil und müssen durch Wiederholungen gestärkt werden. 2) Bei Grundschulkindern ist damit zu rechnen, daß zwischenzeitlich scheinbar vergessene Gedächtnisinhalte (z.B. über die Prozedur) unvermittelt wieder aktualisiert werden können.

In den letzten Jahren wird zunehmend der eminente Einfluß des individuellen *Wissens* auf Gedächtnisfunktionen und -leistung betont (Dörner, 1995; Luer, Werner, & Lass, 1995; Mandl, Friedrich & Hron, 1986; Plötzner & Spada, 1995; Tack, 1995). Manche Autoren betrachten die Wissensfaktoren (*Inhaltswissen, strukturelles Wissen* und *Metagedächtnis)* sogar als die zentralen Wirkkomponenten des Gedächtnisses und schreiben ihnen größere Bedeutung für Gedächtnisleistung zu als den Strategiefaktoren (Kail, 1992). Da sich gespeicherte Informationen in semantischen Netzen organisiert, die sie mit anderen sinnverwandten Informationseinheiten assoziativ verknüpft, korreliert die *Anzahl* dieser Verbindungen eines bestimmten Inhaltsbereiches (= bereichsspezifisches Vorwissen) positiv mit den entsprechenden Gedächtnisleistungen für die bereichsspezifischen Inhalte: Je mehr semantische Verknüpfungen zwischen den verschiedenen Elementen eines Gegenstandsbereiches bestehen, desto vielseitiger wird neue Information kodiert, integriert und infolgedessen leichter abgerufen. Für inhaltsspezifische Gedächtnisleistung ist also vor allem die *Quantität* der gespeicherten Wissensinformationen von entscheidender Bedeutung. Kinder mit spezifischen Schmerzvorerfahrungen (z.B. chronischen Schmerzen) besitzen dementsprechend ein über ihrem allgemeinen kognitiven Entwicklungsniveau liegendes ausgeprägtes Wissen und Verständnis über Schmerzen (Harbeck & Peterson, 1992).

Gedächtnis funktioniert nicht nach Prinzipien objektiver Ereignisabbildung, sondern als konstruktiver Prozeß, in welchem unvollständige Wahrnehmungen (Reizdarbietungen) ergänzt oder kognitiv in Richtung größerer Konsistenz und Kohärenz geordnet und korrigiert (oder verzerrt) werden („*konstruktives Gedächtnis*"). Dabei werden gespeicherte Informationen um solche Anteile angereichert („*Inferenzen*"), die nicht explizit wahrgenommen wurden. Diese kognitive „Wahrnehmungskorrektur" basiert auf *strukturellem Wissen*, d.h. dem vorhandenen Vorwissen einer Person über eine bestimmte Ereignisklasse. Dieses Srukturwissen ist in sog. *Skripten* (= „Situationsdrehbücher") organisiert, d.h. schematischen Wahrnehmungsrastern und Handlungsplänen für spezifische Situationsklassen (z.B. Arztbesuch, Untersuchung beim Zahnarzt), die sich aus vergangenen Erfahrungen mit vergleichbaren Ereignissen entwickeln und die Erwartungen und Einschätzungen aktueller Situationen prägen. Die Rekonstruktionsleistungen verbessern sich mit dem Umfang des strukturellen Wissens, d.h. des Erfahrungshintergrundes des Kindes und nehmen dementsprechend entwicklungsabhängig kontinuierlich zu. Kinder, die bereits bei ihrer ersten Begegnung mit einer neuen Ereignisklasse (medizinische Eingriffe) traumatisiert werden, bilden möglicherweise ein entsprechend tendenziöses Skript aus, an dem alle folgenden Erfahrungen mit vergleichbaren Situationen orientiert (und evtl. verzerrt verarbeitet) werden.

Das *episodische Gedächtnis*, d.h. der Speicher für persönliche Erlebnisse und Erfahrungen, entwickelt sich mit zunehmendem Alter differenziell. Während das (bewußte) *explizite Gedächtnis* stärker von alterskorrelierten Variablen wie Wissensbasis, Strategien und Metagedächtnis abhängig ist, scheint das *implizite Gedächtnis* weitgehend altersunabhängig zu funktionieren. Dementsprechend lassen sich implizite Gedächtnisfunktionen für nicht-sprachliche Stimuli bereits bei Vorschulkindern ab drei Jahren nachweisen. Kleinkinder repräsentieren Ereignisse somit noch vornehmlich modalitätsspezifisch-konkret und unbewußt. Implizit gespeicherte Ereignisse können infolgedessen von kleinen Kindern i.d.R. weder sprachlich reproduziert noch auf Nachfrage bewußt erinnert werden, werden aber (auf entsprechende Hinweisreize) spontan aktualisiert. Persönlich besonders bedeutsame Ereignisse werden auch schon von Kindergarten- und Vorschulkindern über längere Zeiträume akkurat erinnert (Hudson & Fifush, 1987). Ein Subsystem des episodischen Gedächtnisses, das *autobiographische Gedächtnis*, in welchem komplexe persönliche Erlebnisse mit starkem Selbstbezug repräsentiert werden, entwickelt sich bereits ab drei bis vier Jahren (Fivush & Hudson, 1990). Vor diesem Alter können Ereignisse aufgrund des noch fehlenden „Selbst"-Verständnisses nicht als auf die eigene Person bezogen („auto"-biographisch) enkodiert und infolgedessen später nicht bewußt erinnert werden (*infantile Amnesie*). Während die zentralen Ereigniselemente auch von Kleinkindern angemessen erinnert werden, nimmt im Entwicklungsverlauf die Reproduktionsfähigkeit für periphere Details und die Konsistenz der Erinnerungen noch beträchtlich zu. Die Diskrepanz zwischen der bei Kleinkindern festzustellenden kurzfristigen Erinnerungsgenauigkeit und der langfristigen Reproduktionsinkonsistenz ist möglicherweise darauf zurückzuführen, daß sie neue Informationen innerhalb vorhandener (und in diesem Alter noch unvollständiger) *Skripte* organisieren. Daher sind neuartige Informationen, die in keines der verfügbaren Schemata passen, dem Abrufprozeß nur schwer zugänglich. Je persönlich bedeutsamer ein Ereignis, desto schneller und stabiler werden allerdings auch neue Informationen integriert. Insbesondere für *schmerzhafte Ereignisse* (Spritze beim Arztbesuch) ist die Erinnerungsleistung und -genauigkeit bei Kleinkindern überdurchschnittlich ausgeprägt (Melton, 1992; Ornstein, Gordon & Larus, 1992; Saywitz, Goodman, Nicholas & Moan, 1991). Daraus folgt, daß Aufklärungsinformationen bei der Vorbereitung auf schmerzhafte medizinische Eingriffe an den persönlichen Erfahrungshintergrund des Kindes (vorhandene Ereignisskripte) anknüpfen müssen, damit es den Inhalt zeitstabil enkodieren und später während der Streßsituation aktualisieren kann.

4.2.3.3. Wissensorganisation im Kindesalter: Die Entwicklung kognitiver Schemata

Ereignisskripte

Menschliches Erfahrungswissen ist in semantischen Netzwerken organisiert, d.h. in hierarchisch angeordneten systemischen Strukturen, in denen sinnverwandte Informationseinheiten in propositionaler Beziehung zueinander stehen (Lüer, Werner & Lass, 1995; Mandl, Friedrich & Hron, 1986; Plötzner & Spada, 1995; Sodian, 1995; Tack, 1995). Schon Kleinkinder besitzen langfristig gespeichertes verallgemeinertes Wissen über wiederkehrende ähnliche Ereignisse (Nelson, 1986). Die Inhalte des episodischen (Langzeit)Gedächtnisses werden bei Kindern wahrscheinlich in Form von generalisierten Ereignisrepräsentationen (*Ereignisskripten* = „Drehbüchern", vgl. Nelson, 1986), gespeichert. Dabei handelt es sich um einfache *kognitive Schemata* (semantische Netze), die Informationen über Situationscharakteristika, die Bedeutung des Ereignisses und situationsgebundene Verhaltenspläne in hierarchisch-sequentieller Struktur repräsentieren. Diese bereits bei dreijährigen Kindern zu beobachtende einfache Repräsentationsform von Gedächtnisinhalten bildet die Basiseinheiten des Wissens. Die Skripte sind unmittelbar situationsbezogen und verhaltensnah strukturiert und verbinden mehrere mnestische Einheiten (Situationselemente, Pläne, Ziele) zu übergeordneten ereignisbezogenen Sinnzusammenhängen („Drehbuch").
Wahrscheinlich entwickeln Kinder eine generalisierte Ereignisrepräsentation (Ereignisskript) auf der Basis ihrer ersten Konfrontation mit dieser Situationsklasse (z.B. medizinische Untersuchung), wobei die Repräsentation mit zunehmenden spezifischen Erfahrungen mit derartigen Situationen immer elaborierter und komplexer wird. Für ein Kind ohne Vorerfahrungen mit Krankenhaus- oder medizinischen Behandlungssituationen wird das Ereignis „invasive Prozedur" zunächst nicht in das bestehende kognitive Schema für Schmerz passen[4]. Erst durch wiederholte Erfahrung mit dieser spezifischen Schmerzsituation können sich adäquate Ereignisskripte ausbilden. Allerdings kann sich ein Ereignisskript auch schon nach einer einzigen Konfrontation mit einer bestimmten Situation (z.B. intensives Schmerzerlebnis während einer Untersuchungsprozedur) ausbilden und u.U. dazu führen, daß alle Situationen einer bestimmten Ereignisklasse in demselben kognitiven Schema repräsentiert und nach den gleichen Analysekriterien interpretiert und bewertet werden (z.B. alle medizinischen Untersuchungen sind schmerzhaft, schlimm und zu vermeiden; Gaffney & Dunne, 1987). Offensichtlich kön-

[4] „*... a skript in which a trusted adult dresses the child nicely, takes him or her to visit another adult, holds the child down, and allows another adult to stich a needle into the child is likely to be a very unfamiliar event for the young child who lacks experience with the health care system*" (Peterson et al., 1991, S. 39).

nen bei Kindern auch ganz unterschiedliche Schmerzereignisse (variierend nach Typ, Auftreten, Intensität etc.) unter demselben *Schema „Schmerz"* abgespeichert werden, da sie spezifische erfolgreiche Bewältigungsversuche von einer Schmerzerfahrung (z.B. Pusten bei einer Verbrennung) auf ein später folgendes andersgeartetes Schmerzereignis (z.B. Schnitt in den Finger) übertragen (Harbeck & Peterson, 1988). Folglich sollte bei der Vorbereitungsintervention explizit auf bereits vorhandene Schmerzschemata Bezug genommen werden, bevor prozedurspezifische Inhalte vermittelt werden.
Mit dem Alter nehmen Komplexität und Elaboriertheit der Ereignisrepräsentation zu: Ältere Kinder berichten mehr Situationsaspekte und organisieren die Informationen hierarchischer als jüngere Kinder, selbst wenn diese den gleichen Umfang an spezifischen Vorerfahrungen besitzen. Der Aufbau von Ereignisskripten bei Kindern wird nach der tatsächlichen chronologischen Abfolge kodiert und umso stabiler gespeichert und wiedergegeben, je größer die subjektive Valenz (emotionale Qualität) und je neuer die Situation für das Kind ist (attentionaler Anreizwert), je häufiger sich das Ereignis wiederholt und je gleichartiger der Situationsablauf bei jeder Wiederholung (Wiedererkennung) ist (Fivush, Kuebli & Clubb, 1992). Die zeit-logische Repräsentation ist ereignisabhängig: Ereignisse mit zwingender Abfolgelogik wie invasive medizinische Prozeduren (z.B. muß zunächst das Behandlungszimmer betreten werden, bevor man sich auf die Behandlungsliege setzen kann) werden adäquat repräsentiert, während bei Situationen mit willkürlicher Reihenfolge der Sequenzelemente die Repräsentation der Zeitcharakteristik ungenau ausfallen kann, d.h. das Kind vertauscht in der Erinnerung die Abfolge von Einzelereignissen oder Handlungen. Dies kann u.U. zu Fehlattributionen von Schmerzursachen führen, wenn zeitlich nachfolgende Ereignisse aufgrund inadäquater Repräsentation als Auslösebedingungen für Schmerzerlebnisse fehlinterpretiert werden. Je jünger das Kind ist und je weniger spezifische Vorerfahrungen es besitzt, desto ungenauer ist eine Repräsentation logisch unstrukturierter Situationen (Price & Goodman, 1990). Wahrscheinlich benötigen kleine Kinder in größerem Maße eine ereignisinhärente Ordnungsstruktur. Bei zeit-logisch strukturierten Ereignissen bilden Teilkomponenten eher Hinweisreize für weitere Gedächtniskomponenten als bei unstrukturierteren. So hat z.B. das Auftreten einer Aktivität zu einem frühen Zeitpunkt der Ereignissequenz nur dann prädiktiven Wert für eine spätereTätigkeit, wenn sie logisch aufeinander aufbauen. Geringe Variationen in den verschiedenen Durchgängen der Ereignissituation (z.B. mehrfacher Einstich aufgrund technischer Komplikationen) können Repräsentationsfehler und Konfusion im Aufbau des Ereignisskriptes zur Folge haben (Farrar & Goodman, 1990). Neue Situationselemente (z.B. anderer punktierender Arzt oder neuer Behandlungsraum) scheinen die Speicherfunktion eher zu beeinträchtigen als durch den aufmerksamkeitserhöhenden Neuheitscharakter zu festigen (Fivush et al., 1992). Daraus folgt, daß die Vorbereitungsintervention bezüglich ihres zeitlichen und logischen Aufbaus möglichst klar strukturiert erfolgen und die Vermittlung prozeduraler Informationen möglichst homomorph der realen Untersuchungssituation gestaltet sein sollte.

Emotionale Prototypen

Die emotionalen Aspekte einer Situation werden vermutlich in einer zweiten Form von spezifischen semantischen Netzen gespeichert, die mit den jeweiligen Ereignisskripten assoziiert sind (Lang, 1979). Diese *emotionalen Prototypen* (Shaver, Schwartz, Kirson & O'Connor, 1987) enthalten Informationen über die affektiv-emotionale Bedeutung einer Situation (emotional-evaluative Komponente), die sensorischen Empfindungen (sensorisch-diskriminative Komponente), die physiologischen und reflexiv-motorischen Reaktionen (physiologisch-motorische Komponente) und situationsspezifische Verhaltenstendenzen (motivational-behaviorale Komponente).

Die kognitiven Konstrukte über Emotionen bilden sich im Entwicklungsverlauf als Ergebnis wiederholter Erfahrungen, wobei sich das Repertoire emotionaler Kategorien aufsteigend von abstrakten zu konkreten Ebenen hierarchisch organisiert. Das Sockelsegment dieser Emotionshierarchie bilden einige wenige *„primäre“* oder *„Basisemotionen“* (z.B. Liebe, Freude, Ärger, Traurigkeit, Angst, Schmerz), die sich ontogenetisch zuerst herausbilden und einen kategorialen Rahmen zur Einordnung und Diskrimination alltäglicher Erlebnisse darstellen. Neue Erfahrungsinhalte werden im Verlauf der individuellen Entwicklung fortlaufend in Form semantischer Verknüpfungen um diese zentralen emotionalen Kategorien herumgruppiert, so daß sich immer komplexere semantische Netzwerke emotional-affektiven Inhaltes herausbilden.

Die Informationsverarbeitung ist sowohl von der *vertikalen* wie der *horizontalen* Organisation der emotionalen Dimensionen beeinflußt, d.h. von der Verbindung zwischen Ober- und Subkategorien als auch zwischen emotionalen Kategorien der gleichen Ordnung. Die spezifische Konzeptualisierung eines Erlebnisses innerhalb dieses hierarchischen Kategoriensystems kann sich sehr unterschiedlich auf die Wahrnehmung, Interpretation, Bewertung und Verhaltensreaktion auswirken. Die Nutzung basalerer Kategorien impliziert bspw. größere Anschaulichkeit und einen höheren Assoziationsgrad mit „programmierten“ Handlungsabläufen, andererseits aber eine Tendenz zu unangemessener Generalisierung der Situation.

Schmerzhafte oder bedrohliche Ereignisse können folglich stark differierende emotionale Konnotationen erhalten, je nachdem, in welchem emotionalen Prototyp-Schema (Angst, Wut, Traurigkeit) sie primär assoziiert werden. Mit dem Abruf der emotionalen Situationsaspekte wird dann das gesamte Schema, einschließlich Bedeutungszuweisung und Handlungstendenzen, aktiviert und löst entsprechende affektive, physiologische und Verhaltensreaktionen aus. Ist z.B. hauptsächlich das kognitive Schema „Angst“ mit dem Ereignisskript „Schmerzsituation“ gekoppelt, werden bei noxischer Stimulation eher (angstkonsonante) vegetativ-physiologische (Zittern, Übelkeit, Schweißausbruch, Herzrasen) Speicherinhalte und vermeidende oder fluchtorientierte Verhaltensprogramme aktiviert, während das semantische Netz „Wut“ tendenziell mit aggressiver Aktivierung und motorischem Widerstandsverhalten assoziiert ist.

4.2.4. Empirische Befunde zum Schmerzgedächtnis

Obwohl eine ausreichende Evidenz für die Erinnerungsfähigkeit von nichtschmerzhaften Stimuli besteht (vgl. 4.2.4.), ist ein spezifisches *Schmerzgedächtnis* bei Neugeborenen experimentell noch nicht endgültig nachgewiesen worden (McGrath et al., 1983; Owens & Todt, 1984). Allerdings deuten aktuelle Untersuchungsergebnisse (Anand et al., 1987; Zimmermann, 1991) auf die Existenz eines *rudimentären Schmerzgedächtnisses* und *Schmerzbewußtseins* bei Neugeborenen und sogar Feten hin (vgl. 3.2.3.). Es könnte sich dabei um ein präverbal (möglicherweise implizit und synästhetisch) kodierendes *nondeklaratives Gedächtnis* (Nelson, Henschel & Collins, 1993) handeln, dessen Inhalte aufgrund der unterschiedlichen Codes, d.h. der Inkompatibilität zwischen der ursprünglichen frühkindlich-impliziten „Programmsprache“ und späteren (deklarativen) Abrufformaten des ausgereiften Speichersystems, dem Erwachsenen-Bewußtsein nicht mehr willentlich zugänglich sind und nur eine „unbewußte Gedächtnisspur" hinterlassen. Aufgrund der noch extremen Plastizität des frühkindlichen Nervensystems haben starke Erregungs- und Streßzustände möglicherweise dennoch gravierende und langfristige Konsequenzen auf die Entwicklung des Nerven- und Verhaltenssystems. Es ist nicht auszuschließen, daß sich in der fetalen und neonatalen Phase langfristige Ereignis- oder Schmerzengramme ausbilden, die später zwar nicht mehr bewußt abrufbar sind, jedoch klassisch konditionierte emotional-affektive Streßzustände (z.B. Angst, „Traumatisierung") reaktivieren können (vgl. Zimmermann, 1994). Mit sechs Monaten zeigen Kinder bereits deutliches Angstverhalten, wenn sie Situationen ausgesetzt werden, die Ähnlichkeiten mit vorangegangenen Schmerzsituationen aufweisen. Beobachtungen ihres mimischen Ausdrucksverhaltens ergaben, daß sie das schmerzhafte Ereignis ängstlich antizipierten und mit Wut- und Schmerzäußerung darauf reagierten (Craig et al. 1984; McGrath & Craig, 1989).

Erst in den letzten zehn bis 15 Jahren sind *komplexere Gedächtnisprozesse* im Zusammenhang mit Schmerzerfahrungen (Schmerzgedächtnis) empirisch untersucht worden. Bislang liegen erst wenige kontrollierte Studien zu diesem Themenkomplex vor, die hauptsächlich mit Erwachsenen durchgeführt wurden und sich in erster Linie mit der Reproduktionsgenauigkeit von Schmerzerlebnissen beschäftigen. Hierbei wurde der Fokus insbesondere auf die Schmerz*intensität* gelegt, unter Ausschluß aller anderen Schmerzaspekte. Zum Schmerzgedächtnis im Kindesalter liegen erst wenige systematische Untersuchungen vor (Erskine, Morley & Pearce, 1990). Der Kenntnisstand über das Ausmaß, in dem Personen Frequenz und Dauer von Schmerzerfahrungen oder sogar differenzierte Komponenten der Schmerzsensationen (Intensität, Qualität, sensorische Charakteristika, affektive Färbung, assoziierte Kognitionen und Verhaltensreaktionen) erinnern, ist entsprechend rudimentär. Der Mangel an empirischen bzw. experimentellen Arbeiten ist neben ethischen Problemen in sachimmanenten und methodischen Schwierigkeiten begründet: Die allgemeine Gedächtnisforschung hat sich vornehmlich auf die Reproduktion verbalisierbarer Inhalte gestützt. Schmerzerlebnisse lassen sich aber weder eindeutig verbalisieren (da abhängig von einer subjektiven Schmerzsprache und überlagert von persönlichen Vorstellungen und Metaphern), noch präzise messen, um die Gedächtnisleistung überprüfen zu können. Bei der Wiedergabe von Schmerzerfahrungen bleibt unklar, ob die Person den Schmerz an sich (sensorisch-affektiver Zustand) oder nur die Begrifflichkeit zu seiner Beschreibung reproduziert. Schließlich ist die Beziehung zwischen klinischem (natürlichem) und experimentellem (künstlich erzeugtem) Schmerz nach wie vor ungeklärt und die Generalisierbarkeit experimenteller Befunde umstritten.

Wahrscheinlich sind alle im Gedächtnis präsentierten Informationen mit spezifischen *affektiv-emotionalen Zuständen assoziiert*, d.h. Emotionen sind generell Bestandteil von gespeicherter Information (Johnson, 1987; LeDoux, 1989)[5]. Gedächtnisinhalte werden daher am leichtesten reproduziert, wenn sie emotional hoch bedeutsam sind (größere

[5] Dies läßt sich hirnphysiologisch dadurch erklären, daß die kortikalen Strukturen, die die kognitive Informationsverarbeitung vollziehen, sich anatomisch und funktionell mit denjenigen überlappen, die die emotionalen Verarbeitungsmechanismen beinhalten (LeDoux, 1989; Markowitsch, 1992).

synaptische Konnektivität), und wenn die Wiedergabesituation stimmungskonsonant zu der Speichersituation ist (z.B. zustandsabhängiges Lernen; Blaney, 1986; Bower, 1987). Wie Erskine, Morley und Pearce (1990) feststellten, werden *Schmerzereignisse* zwar als mnestische Strukturen (kognitive Schemata) gespeichert, aber nur in *stimmungskongruenten Wiedergabesituationen* (vergleichbarer affektiv-emotionaler Zustand) angemessen reproduziert. Besonders signifikant ist der assimilative Einfluß auf erinnerte Schmerzerlebnisse bei aktuellen Schmerzzuständen: Ist die momentane Schmerzintensität sehr ausgeprägt, wird die Schmerzausprägung vergangener Schmerzereignisse höher eingeschätzt als sie tatsächlich war (d.h. während oder unmittelbar nach dem Schmerzereignis beurteilt worden war) und umgekehrt (Eich, Reeves, Jaeger & Radford, 1985). Folglich sind schmerzhafte medizinische Eingriffe im kindlichen Gedächtnis wahrscheinlich gut verankert (weil von hoher affektiver Qualität), aber zwischenzeitlich (in neutralen Situationen) nicht oder nur schwer erinnerbar (weil vornehmlich prozedural-unbewußt kodiert und stimmungsinkongruent). Erst bei erneuter Konfrontation mit der gleichen oder einer strukturell ähnlichen prozeduralen Reizsituation (folgende medizinischen Prozedur) werden die episodischen Gedächtnisinhalte wachgerufen, insbesondere wenn die Ereigniswiederholung analoge affektiv-emotionale Zustände hervorruft.
Da die affektive Komponente einen integralen Bestandteil des Schmerzgeschehens darstellt, wirkt sich Schmerz möglicherweise in analoger Weise auf Gedächtnisfunktionen aus wie emotionale Zustände. Ob der beschriebene Erinnerungseffekt über die Schmerzintensität hinaus auch für andere Schmerzmerkmale (z.B. Qualität, Beeinträchtigungsgrad) gilt, ist bislang nicht geklärt. Kent (1989) untersuchte den Einfluß des aktuellen emotional-affektiven Zustandes (*state anxiety*) auf die Reproduktionsleistung von Schmerzerlebnissen (zahnärztliche Prozeduren): Bei hoher Zustandsangst während der Wiedergabe wurden vergangene Schmerzereignisse entsprechend den Hypothesen als plastischer sowie unangenehmer erinnert als in ruhiger Stimmung. Möglicherweise wirkt sich der aktuelle Stimmungszustand auf die Erinnerung der unterschiedlichen Komponenten des Schmerzerlebens differentiell aus: Roche und Gijsberg (1986) fanden in stimmungsneutralen Zuständen eine gute Reproduktionsleistung für (emotionsferne) sensorische, nicht jedoch für (emotionsintensive) affektive Schmerzkomponenten. Die Erinnerungsfähigkeit für die sensorische Komponente, insbesondere für die Schmerzintensität, ist erhöht, wenn die Person in der ursprünglichen Schmerzsituationen ein niedriges Angstniveau aufwies (Erskine et al., 1990).

Bei *Kindern* scheint demgegenüber die *Erinnerungsfähigkeit für die affektive Komponente* gegenüber der sensorischen generell stärker ausgeprägt zu sein: Lander, Hodgkins und Fowler-Kerry (1992) registrierten das Ausmaß an Zustandsangst und erwarteter Schmerzintensität vor Venenpunktionen bei 138 Kindern im Alter zwischen fünf und 17 Jahren. Unmittelbar nach der Prozedur explorierten sie das tatsächlich erlebte Ausmaß sensorischer (100 mm-Schmerzthermometer) und affektiver (Visuell-Analog-Skalen: „*Smileys*") Schmerzwahrnehmung und verglichen diese Werte in einem zwei Monate später durchgeführten Gedächtnistest mit den erinnerten Schmerz- und Angstintensitäten. Die Erinnerungsleistung für das Schmerzerleben war insgesamt hoch, wobei die Kinder die affektive Schmerzkomponente (75% ± 1 Abweichung) jedoch deutlich besser reproduzieren konnten als die sensorische (43% ± 1 Abweichung). Die Intensität des erlebten sensorischen Schmerzes wurde retrospektiv von 24% der Kinder unter- und von

33% überschätzt[6]. Die Erinnerungsfähigkeit für Schmerzen war in dieser Studie im Gegensatz zu Befunden bei Erwachsenen nicht durch andere Variablen (z.B. Grad der Zustandsangst bei der Wiedergabe) moderiert.
Befindet sich eine Person allerdings aktuell in einem *dysphorischen* Zustand, so kann die Erinnerungsfähigkeit für Ereignisse, die in unangenehmer Stimmung erlebt wurden (Gedächtnisinhalte mit negativer emotionaler Konnotation) auch reduziert sein (*stimmungsinkongruente Reproduktion*), da Personen im Zuge ihrer aktuellen emotionsregulierenden Bemühungen („*mood reparing*") dazu tendieren, stimmungssenkende Erinnerungen zu vermeiden. Unter natürlichen Bedingungen scheint im Gegensatz zu Laborsituationen bei aversiven Inhalten die stimmungsinkongruente Wiedergabe sogar verbreiteter zu sein als die stimmungskonsonante (Parrott & Sabini, 1990).

Die Erinnerung von Schmerzerlebnissen ist zudem bedingt durch die Kongruenz zwischen *antizipatorischer Schmerzeinschätzung* und tatsächlich *erlebter Schmerzausprägung*: Kent (1985) stellte fest, daß die überwiegende Mehrzahl von Versuchspersonen (bei zahnärztlichen Eingriffen) die Schmerzintensität *antizipatorisch überschätzt* (Schmerzerwartung), und daß die erwartete Schmerzintensität bei hochängstlichen Patienten stärker mit der erinnerten korreliert als die tatsächlich erlebte Schmerzintensität. Arntz, van Eck und Heijmans (1990) fanden, daß unabhängig vom subjektiven Ängstlichkeitsniveau die Intensität des Schmerzes in der Erinnerung höher eingeschätzt wird als sie tatsächlich war, aber etwas geringer als in der antizipatorischen Vorstellung (Erwartung): Die erinnerte Schmerzintensität liegt bei Erwachsenen annäherungsweise zwischen der erwarteten und der tatsächlichen Schmerzausprägung. Die Schmerzerinnerung ist generell stärker von der ursprünglichen Erwartung als von der realen Schmerzerfahrung determiniert, wobei ängstliche Personen sowohl insgesamt *mehr* Schmerzen erinnern als auch die schmerzhaftesten Ereignisse *deutlicher* in Erinnerung behalten. Sowohl die Befunde von Kent (1985) als auch die von Arntz et al. (1990) konnten in der oben dargestellten Studie von Lander et al. (1992) für Kinder nicht voll bestätigt werden.

Darüber hinaus ist die Speicherform abhängig von der *Schmerzart*: Akute Schmerzen werden wahrscheinlich vorwiegend im episodischen Gedächtnis (nach zeitlichen und situativ-kontextuellen Charakteristika) repräsentiert, während chronische Schmerzen semantisch (verbal, kognitiv-evaluativ) kodiert werden: Die Speicherung chronischer Schmerzzustände erfolgt im Kontext der Erkrankung, z.B. des Selbstkonzeptes als Patient, des emotionalen Zustandes und allgemeiner Konsequenzen für die Lebensführung (Erskine et al., 1990). Bei der Wiedergabe von chronischen Schmerzerfahrungen wird dementsprechend das kognitive Schema „Schmerz-Erkrankung" (und nicht das Schmerzerlebnis an sich) aktiviert und die retrospektive Einschätzung der Schmerzintensität durch vielerlei zusätzliche Problemaspekte konfundiert. Diese Art der Wissensrepräsentation ist mit hoher Wahrscheinlichkeit semantisch kodiert, während isolierte Schmerzereignisse (Akutschmerz) funktionsgerechter im episodischen Gedächtnis konserviert werden.

---

[6] Allerdings ist ein Teil der Varianz womöglich auf den Einsatz unterschiedlicher Skalentypen zurückzuführen: Die sensorische Schmerzkomponente wurde mit einer 100mm-Verhältnisskala erfaßt, während für die affektive Komponente eine neunstufige VAS-Ordinalskala eingesetzt wurde.

4.2.5. Exkurs: Der Wirkmechanismus des amnestischen Effektes von pharmakologischen Substanzen, die für die medikamentöse Vorbereitung auf invasive Prozeduren eingesetzt werden

Bei der pharmakologischen Vorbereitung von Kindern auf invasive Prozeduren wird häufig ein Benzodiazepam (*Midazolam*) eingesetzt, das als erwünschte Nebenwirkung eine *anterograde Amnesie* verursacht (Hennessy, Kirkby & Montgomery, 1991; O'Boyle, Barry, Fox & McCreary, 1987). Wie experimentell nachgewiesen, beeinträchtigen Benzodiazepine weder das sensorische noch das Kurzzeitgedächtnis, sondern wirken ausschließlich auf Speicherprozesse des Langzeitgedächtnisses. Dabei wird offensichtlich die Aufnahme oder Kodierung neuer Informationen ins episodische Gedächtnis gestört, während die Abruf- und Wiedergabeprozesse früher gelernten Materials durch Diazepine unbeeinträchtigt bleiben, also *keine retrograde Amnesie* ausgelöst wird (Ghoneim & Mewaldt, 1990). Gedächtnismaterial, das *kurz vor* der Diazepamapplikation gelernt wird, kann später sogar signifikant besser reproduziert werden als ohne Medikament (*retrograde Fazilitation*), während die Erinnerungsleistung für Inhalte, die *kurz nach* der Einnahme dargeboten werden, drastisch abfällt (anterograde Amnesie). Der fazilitierende Effekt für prämedikamentöses Speichermaterial ist eine Folge der Verarbeitungsstörung des postmedikamentösen Reizmaterials, da durch die Blockierung der neuen Informationen Interferenzen zwischen altem und neuem Speicherinhalt (retroaktive Hemmung) reduziert werden. Der Wirkmechanismus des anterograd-amnestischen Effekts von *Midazolam* besteht vermutlich darin, daß die Übertragungsprozesse vom Kurz- zum Langzeitgedächtnis (Engrammbildung) gestört werden. Es lassen sich deutliche Störungen des deklarativen Gedächtnisspeichers feststellen, während das prozedurale System unbeeinträchtigt bleibt. Diese Erkenntnis wird durch Experimente gestützt, die eine Beeinträchtigung der Reproduktionsleistung von deklarativen, nicht jedoch prozeduralen Speicherinhalten (freie Wiedergabe von Wortlisten) nach Diazepam-Verabreichung (0,3 mg/kg) feststellten (Fang, Hinrichs & Ghoneim, 1987). Innerhalb des deklarativen Systems ist wiederum die Erinnerungsleistung für episodische Inhalte drastisch reduziert, während semantisch kodiertes Material nahezu unbeeinflußt bleibt (Ghoneim & Mewaldt, 1990). Wahrscheinlich kommt es ähnlich wie beim Träumen oder dem „Wort-auf-der-Zunge"-Phänomen dabei zu einer Dissoziation zwischen deklarativem und prozeduralem Gedächtnissystem (Birbaumer & Schmidt, 1991): Die Kinder können später konkrete Inhalte der Behandlungssituation aktiv (mit „effort"-Beteiligung) nur schwer erinnern, während passiv-reflexiv aber Stimmungen, Affekte und Emotionen (und Bewegungsfolgen) wieder „hochkommen". Kunst-Wilson und Zajonc (1980) konnten bspw. nachweisen, daß die affektive Diskrimination eines Objektes gelingt, obwohl ein überschwelliges (bewußtes) Erkennen nicht möglich ist. Offensichtlich erfolgt hier nicht eine vollständige, sondern lediglich eine *partielle* anterograde Amnesie, die nur das deklarative Gedächtnis blockiert. Das erklärt, daß Kinder, die bereits eine oder mehrere Punktionen unter Midazolam erhalten haben, auf die nächste Prozedur mit extremer antizipatorischer Angst reagieren, obwohl sie sich bewußt nicht mehr an die Ereignisse erinnern können (also trotz anterograder Amnesie: keine bewußte, willentliche Reproduktion des Ereignisses). Tatsächlich bleibt der Inhalt des passiv-reflexiv arbeitenden prozeduralen Gedächtnisses (Angst, Fluchttendenzen, motorischer Widerstand, Aggressivität) von Midazolam unbeeinflußt und aktualisiert bei entsprechenden situativen Hinweisreizen (Wiedererkennungsvorgang) die affektiv-emotionale Reaktion.

4.2.6. Schlußfolgerungen und Implikationen für die Vorbereitungspraxis

Die Funktionsweise der *Übertragungsprozesse* von den sensorischen zu den Arbeitsspeichersystemen ist sensibel für *Interferenzen*. Diese *pro- und retroaktiven Hemmprozesse* können in der Schmerzsituation (unmittelbar vor, während und unmittelbar nach der Punktierung) durch *Distraktionstechniken* unterstützt werden. In der Vorbereitungsintervention sind eventuell *synästhetische Speicherungen* des Schmerzereignisses (z.B. Schmerz und Berührung) zu berücksichtigen. Die Störanfälligkeit der für die Informationsübertragung vom KZG zum LZG (Engrammbildung) notwendigen Konsolidierungsprozesse (rehearsal) sollte während der prozeduralen Situationen durch maximale Ablenkungsaktivität zu „kritischen" Zeitpunkten der Situationssequenz (z.B. kurz vor Einstechen der Nadel) utilisiert werden. Bei der zentralnervösen *Engrammbildung* sollte die Entstehung eines „neuronalen Schmerzgedächtnisses" bei sehr hoher noxischer Reizintensität (z.B. Operationen) durch zusätzlich zur Vollnarkose verabreichte anästhetische Maßnahmen verhindert werden (vgl. Kap. 3). Für die Durchführung von Punktionsprozeduren sollte als Ergänzung zu psychologischen Vorbereitungsmaßnahmen oder sedierenden Medikamenten auf eine Lokalanästhesie (z.B. mittels lokalanästhetischer Salbe) nicht verzichtet werden.

Das *kontextuale Speicherprinzip* des LZG hat mehrere Implikationen für die Vorbereitungspraxis auf invasive Prozeduren: Die Erinnerung der früheren Streßsituation (Schmerzereignis) wird in späteren Durchgängen bereits bei den ersten situativen Hinweisreizen (Betreten des Behandlungsraumes) wachgerufen und dadurch u.U. eine Angstreaktion ausgelöst. Die kontextuale Verankerung der Schmerzsituation im Gedächtnis sollte folglich dadurch minimiert werden, daß das Kind von vornherein intensiv abgelenkt wird. Auch die Aktualisierung der Speicherinhalte durch Wiedererkennen von Hinweisreizen in späteren Behandlungssituationen kann mittels Distraktionstechniken gehemmt werden. Die Speicherung des aversiven Ereignisses ist umso stabiler, je höher das physiologische Aktivierungsniveau (Angst) bereits zu Beginn der Behandlungsmaßnahme ist (größere Kontextualität der Speicherung). Daraus ergibt sich die besondere Bedeutung von Entspannungs- und Beruhigungsmaßnahmen bereits kurz vor dem Eingriff.

Wenn sich Kinder während der aktuellen Abrufsituation im gleichen physiologischen Zustand befinden wie in der Speichersituation, begünstigt dies eine Aktualisierung der aversiven Gedächtnisinhalte (*zustands- und stimmungskongruentes Erinnern*). Angst und Aufgeregtheit vor der Prozedur steigern die Erinnerung an das unangenehme Ereignis, wodurch sich wiederum die Angst verstärkt. In der Vorbereitung sollte folglich großer Wert darauf gelegt werden, durch emotionsregulierende Interventionen (Entspannung, Imagination etc.), schon im Vorfeld des Eingriffes (während der Wartezeit) den psychophysiologischen Erregungszustand und prozedurspezifische affektiv-emotionale (Angst-) Zustände positiv zu beeinflussen. Da kleine Kinder Schmerzereignisse aufgrund ihres noch unzureichend ausgeprägten deklarativen Speichersystems in erster Linie prozedural (d.h. unbewußt-affektiv) repräsentieren, ist ihnen dieses Gedächtnismaterial nicht willentlich zugänglich, sondern wird erst in stimmungskongruenten Situationen spontan-reflexiv reaktivierbar. Bei der psychologischen Vorbereitung auf medizinische Eingriffe kann es somit umgekehrt notwendig werden, eine der Prozedursituation kongruente Stimmung zu *induzieren*, um die spezifischen episodischen Informationen abrufbar zu machen und das Kind auf diese Weise angemessen präparieren zu können. Möglicherweise können auch die durch bestimmte Medikationen (Analgetika, Sedativa) hervorgerufenen physiologischen Zustände die Erinnerung an die vorangegangenen Prozeduren verstärken (*zustandsabhängiges Lernen*). Auch anderweitig verursachte emotional-affektive und physiologische Zustände (z.B. Angst beim Zahnarzt), die dem der Speichersituation kongruent sind, fazilitieren die (spontane) Wiedergabe der gespeicherten Ereignisinformationen (invasive Prozedur). Somit kann sich ein emotional-affektiver Zustand durch die Erinnerung an eine emotionsgeladene Schmerzsituation (z.B. Lumbalpunktion) bei erneutem Kontakt mit einem anderen Schmerzreiz (z.B. Blutabnahme) auf dieses neue Ereignis übertragen („*carry-over-effekt*“; Peterson et al., 1991). Daher scheint es sinnvoll, die Kinder, zumindest knapp, durch prozedurale Informationen auch auf anderweitige Eingriffe vorzubereiten, um separate Ereignisskripte in ihrem Gedächtnis zu etablieren.

Da das *Wiedererkennungsgedächtnis* insbesondere bei Kleinkindern besser ausgeprägt ist als ihre Reproduktionsfähigkeit, können sie sich an einen Stimulus erinnern, wenn er ihnen erneut präsentiert wird, nicht aber wenn sie lediglich danach gefragt werden. Wenn sie bspw. nach ihrem letzten Injektionserlebnis gefragt werden, kann dies nur eine Minderheit spontan reproduzieren. Wenn sie aber dem konkreten Behandlungssetting (Räumlichkeiten, Geruch, Personal usw.) ausgesetzt werden, kommt die Erinnerung i.d.R. spontan zurück (so daß ihnen u.U. nur ein sehr kurzer Zeitraum bleibt, um ihr vorhandenes Copingrepertoire zu aktivieren, vgl. Peterson, Harbeck, Farmer & Zink, 1991). Aufgrund dessen kann es auf seiten der Erwachsenen (Behandler, Eltern) leicht zu Mißverständnissen kommen, wenn sie fälschlicherweise davon ausgehen, daß das Kind die Streßsituation (Punktion) vergessen habe, weil es sie auf Nachfrage nicht reproduzieren kann. In der Vorbereitung sehr kleiner Kinder muß daher der situative Kontext zunächst aktualisiert werden (behutsame Konfrontation mit einzelnen Situationselementen), bevor Bewältigungsfertigkeiten eingeübt werden können. Im Gegensatz dazu ist die Reproduktionsleistung für Vorerfahrungen bei älteren Kindern gut genug ausgeprägt, daß sie im Vorfeld des nächsten Eingriffes bei passender Gelegenheit vorbereitet werden können (Peterson, Harbeck, Farmer & Zink, 1991).

Das *deklarative Gedächtnis* ist wahrscheinlich erst zwischen dem fünften und sechsten Lebensjahr voll funktionsfähig (Birbaumer & Schmidt, 1991). Daher kann eine Vorbereitung auf schmerzhafte Eingriffe von Kindern bis zu diesem Alter nicht erfolgreich sein, wenn sie lediglich verbal und abstrakt (= deklarativ) erfolgt. Die Leistungen für bewußte und willentliche Reproduktion von Gedächtnisinhalten, insbesondere für rein sprachlich vermittelte Informationen, ist bei Kindergarten- und Vorschulkindern noch sehr eingeschränkt (sehr niedrige Reproduktionsraten). Da sie durch verbale Behaltensinstruktionen in ihrer Reproduktionsleistung zusätzlich behindert werden, ist es kontraindiziert, sie in der Vorbereitungssitzung darauf hinzuweisen, sich diesen oder jenen Aspekt besonders gut zu merken. Stattdessen kann durch den Einsatz *nicht-sprachlicher Erinnerungshilfen* (z.B. Bilder von dem Kind bekannte Märchen- oder Comicfiguren) ihre Reproduktionsleistung erheblich gesteigert werden. Jüngere Kinder haben beson-

ders beim *Abrufen der Speicherinhalte* Schwierigkeiten. Aus diesem Grund ist in der Vorbereitung auf streßinduzierende medizinische Prozeduren darauf zu achten, daß - neben der größtmöglichen Situationsähnlichkeit - in der Streßsituation explizite nichtsprachliche Erinnerungshilfen zur Verfügung gestellt werden, insbesondere wenn Variationen im gewohnten Situationsablauf auftreten. Daher wurden in Zusammenarbeit mit der Kunsthochschule Bremen spezifische kindgerechte Ansschauungsmaterialien wie Bilderbuch, Puppen etc. entwickelt, die als Erinnerungshilfe in der Vorbereitung zum Einsatz kommen (vgl. Kap. 8). Demgegenüber funktioniert das *nondeklarativ-prozedurale Gedächtnis*, in dem Handlungspläne und habituierte Verhaltensreaktionen repräsentiert sind, vornehmlich vorbewußt-automatisch und bereits ab dem Säuglingsalter. Daraus folgt erstens, daß Kinder während der Vorbereitung mit konkreten Reizgegebenheiten der Behandlungssituation (z.B. Räumlichkeit) konfrontiert werden müssen, damit sie die entsprechenden Speicherinhalte zu aktualisieren in der Lage sind und eine angemessene interne kognitiv-emotionale Repräsentation für die Vermittlung von prozeduralen, sensorischen und Bewältigungsinformationen aufbauen können. Zweitens sind verbale Vermittlungsversuche von Bewältigungsfertigkeiten bzw. verbale Erinnerungshilfen (z.B. „Du weißt doch noch, was wir geübt haben!") bei kleinen Kindern relativ zwecklos, weil die Verhaltensorganisation in einem anderen (dem nondeklarativ-prozeduralen) Speicher erfolgt, dessen Inhalte dem willentlichen Zugang zum großen Teil verschlossen sind. Somit müssen drittens die Bewältigungsfertigkeiten so konkret wie möglich (operational) eingeübt werden, um prozedurale Gedächtnisinhalte (Handlungsabläufe) etablieren zu können, die während der folgenden Behandlungssituation zwar nicht willentlich, aber quasi automatisch (reflexiv) zur Verfügung stehen.
Von besonderer Bedeutung für die Vorbereitung auf streßhafte medizinische Eingriffe ist das *episodische Gedächtnis*, in welchem persönlich relevante Erlebnisse gespeichert und erinnert werden. Diese individuellen Lebenserfahrungen werden in Form von *Skripten* (schematisierte Situationspläne) repräsentiert, welche wiederum die Grundlage für selektive Wahrnehmungen und Interpretationen neuer Ereignisse bilden. Da neuaufgenommene Informationen nach diesem Wahrnehmungsraster gefiltert und gewichtet werden, kann eine Traumatisierung zu einem frühen Zeitpunkt der Skriptbildung dazu führen, daß alle folgenden Erfahrungen mit vergleichbaren Situationen verzerrt verarbeitet werden. Daraus folgt, daß eine psychologische Vorbereitung so früh wie möglich im Behandlungsprotokoll, optimalerweise vor der ersten Konfrontation mit dem Stressor erfolgen sollte.

Kusch und Bode (1994) übertragen das Modell der *Ereignisskripte* und *emotionalen Prototypen in Anlehnung an* Hauck (1992) auf den Bereich schmerzhafter medizinischer Prozeduren im Kindesalter und leiten daraus folgende Schlußfolgerungen für die Vorbereitungspraxis ab, um die Intervention der kindlichen Form kognitiver Repräsentation optimal anzupassen: Frühere Erfahrungen des Kindes aus gleichen oder ähnlichen Situationen (bereits vorhandene Skripte) sollten aufgegriffen und ausgehend von den allgemeinen oder bekannten Aspekten auf spezifische und neue Situationselemente bezogen werden. Da Kinder im Vorschulalter in der Lage sind, *Gedächtnisstützen* zunehmend effizienter einzusetzen, sollte die Informationsvermittlung generell eine Verknüpfung der wesentlichen Aussagen mit einprägsamen Hinweisreizen enthalten. Die logische Reihenfolge der prozeduralen Informationen während der Vorbereitung sollte der

tatsächlichen chronologischen Situationsabfolge entsprechen, das Kind sollte die einzelnen Situationselemente in dieser Reihenfolge verbal und probehandelnd wiederholen und der tatsächliche Ablauf der medizinischen Prozedur sollte dem zuvor mit dem Kind besprochenen und verabredeten möglichst genau entsprechen. Da Kinder episodische Schemarepräsentationen wahrscheinlich auf der Grundlage ihrer ersten Konfrontation mit einer neuartigen Ereignisklasse entwickeln, kommt der gründlichen Vorbereitung auf die initiale Prozedur (erste Lumbalpunktion im Behandlungsprotokoll) eine besondere Bedeutung zu. Darüber hinaus ist es für den Erfolg späterer Vorbereitungsinterventionen von entscheidender Bedeutung zu prüfen, daß das entsprechende Situationsskript des Kindes (durch eine möglichst anschauliche Sprache, Beispiele, Rückfragen, Exposition von Situationselementen) auch tatsächlich abgerufen wird.
Wenn situationale und affektiv-emotionale Aspekte des Behandlungsereignisses in verschiedenen (und strukturell unterschiedlichen) kognitiven Schemata abgespeichert werden, scheint es sinnvoll, *prozedurale* und *sensorische Informationen* separat zu vermitteln, d.h. während der Vorbereitung zunächst auf den prozeduralen Ablauf zu fokussieren, um anschließend eine kohärente Darstellung der einzelnen sensorischen und emotionalen Empfindungen zu geben, um jeweils möglichst stabile Erinnerungsstrukturen zu etablieren.

Aus der Substruktur (*implizites vs. explizites Gedächtnis*) und der entwicklungsspezifischen Funktionsweise des *episodischen Gedächtnisses* ergibt sich für die Vorbereitungspraxis folgendes Problem: Da Kleinkinder Ereignisse in Abhängigkeit von ihrer subjektiven Valenz in unterschiedlichen Speichersystemen mit unterschiedlicher Speichergenauigkeit und Abrufkonsistenz verarbeiten, kann es passieren, daß das Schmerzereignis selbst relativ stabil und abrufsensibel (im *autobiographischen Gedächtnis*) gespeichert wird, während die (subjektiv weniger bedeutsame) Vorbereitungssituation lediglich implizit und intentional nicht reproduzierbar repräsentiert wird, so daß die Aufklärungsinformation bzw. die vermittelten Bewältigungsstrategien u.U. kognitiv „untergehen". Daher ist es notwendig, diese Informationen möglichst situations- und verhaltensnah darzubieten, damit sie durch maximale Reizähnlichkeit in der Bedrohungssituation auch aus dem impliziten Speicher (unwillkürlich) reproduziert werden können. Außerdem sollte die Vorbereitungssituation möglichst anregend (spannend, interessant und mit persönlichem Bezug zur Erlebniswelt des Kindes) gestaltet werden, um ihr eine maximale subjektive Valenz für das Kind zu verleihen.
Während die allgemeine *langfristige Behaltensrate* bei jüngeren Kindern noch mäßig ausgeprägt ist, ist die Speicherstabilität für schmerzhafte Ereignisse überdurchschnittlich hoch. Daher muß schon bei Kindergarten- und Vorschulkindern mit relativ detaillierter und stabiler Erinnerung an das traumatische Behandlungsereignis bzw. mit spontanen *Reminiszenz-Effekten* nach einer Phase scheinbaren Vergessens gerechnet werden. Andererseits sind die Erinnerungen an die in der Vorbereitung vermittelten Inhalten bei kleinen Kindern noch relativ instabil und sollten durch mehrfache Wiederholungen („*booster-sessions*") der Vorbereitung bzw. einzelner Elemente davon und Üben konsolidiert werden.
Benzodiazepine wirken sich selektiv amnestisch vor allem auf das deklarative Speichersystem aus. Da sich dieses bei Kindern aber erst langsam (ab dem fünften Lebensjahr) entwickelt, wird das intendierte Ziel (Erinnerungslöschung der gesamten Situation)

damit nicht erreicht. Gerade die affektive Komponente, für die bei kleinen Kindern generell eine höhere Erinnerungsfähigkeit besteht und die bei invasiven Prozeduren das psychologische Hauptproblem (Distreß) darstellt, bleibt von dieser Substanzgruppe unbeeinflußt. Wenn Kinder sich zwar nicht mehr bewußt an den konkreten Ablauf des Ereignisses (episodisches Gedächtnis) erinnern können, ihr Angst- und Streßzustand vor dem nächsten Eingriff aber spontan-reflexiv (prozedurales Gedächtnis) reaktiviert wird, ist durch diese amnestische Komponente des Wirkspektrums für die Bewältigung der Situation wenig gewonnen. Es wird im Gegenteil eine bewußte Auseinandersetzung mit der Streßsituation und damit die Möglichkeit, entsprechende Bewältigungsstrategien zu entwickeln, verhindert. Zudem kann es bei den Kindern zu Verunsicherung und zu Kontrollverlusterlebnissen kommen, wenn ihnen Zeitspannen aus dem Gedächtnis „geklaut" werden: Sie sind nicht in der Lage, sich zu erinnern, was die Erwachsenen mit ihnen angestellt haben und wissen zugleich intuitiv (d.h. affektiv-emotional) um den aversiven Charakter des Ereignisses. Unmittelbar vor dem nächsten Eingriff geraten sie scheinbar unmotiviert in affektiv-emotionale Streßzustände (Reaktivierung der prozeduralen Gedächtnisinhalte), ohne sie angemessen kausalattribuieren (auf den schmerzhaften Eingriff zurückführen) zu können. Schließlich wird bei Benzodiazepinen die Gedächtnisleistung für den Zeitraum kurz vor der Verabreichung sogar gesteigert (retrograde Fazilitation), so daß sich die Kinder an alle präprozeduralen Situationssequenzen (Wartezeit, Betreten des Behandlungsraumes, Entkleiden, Setzen auf die Behandlungsliege, Herrichten und Verabreichen der ersten Spritze) bis zum Wirkungseintritt (einschließlich ihrer emotional-affektiven Streßerlebnisse) sogar besonders gut erinnern können. Der angestrebte anterograd-amnestische Effekt der Benzodiazepine für invasive medizinische Eingriffe wird somit bei näherer Betrachtung nicht in der beabsichtigten und erforderlichen Weise erzielt, sondern besitzt psychologisch sogar eher kontraproduktive Konsequenzen. Die Indikation beschränkt sich meiner Meinung nach daher auf die in Einzelfällen zweckmäßige sedative Wirkkomponente.

5. Behaviorale, kognitive, affektive und entwicklungspsychologische Determinanten des Schmerzgeschehens

Die empirische Grundlagenforschung verschiedener psychologischer Fachdisziplinen (Lern-, Kognitions-, Emotions- und Entwicklungspsychologie) hat in den letzten Jahren eine Vielzahl von Ergebnissen hervorgebracht, die für das Verständnis des Schmerzgeschehens im Kindesalter und die Möglichkeiten und Grenzen verhaltensmedizinischer Therapiemethoden unmittelbar relevant sind. Diese psychologische Bedingungsforschung ist zu einem großen Teil unter laborexperimentellen Bedingungen und ohne direkte Anwendungsorientierung durchgeführt worden. Obwohl die aktuellen Resultate zukünftig in klinischen Studien zu überprüfen sein werden, stellen sie wichtige Implikationen für die Vorbereitungspraxis zur Verfügung.

5.1. Einflüsse von Lernfaktoren auf das Schmerzgeschehen: Schmerz als gelerntes Verhalten

Unter *Schmerzverhalten* wird in Anlehnung an Fordyce (1976) die äußerlich beobachtbare Manifestation der subjektiven Schmerzphänomene eines Menschen verstanden. Dazu gehören (vgl. Flor & Heimerdinger, 1992):

- verbale Schmerzäußerungen,
- paraverbale Ausdrucksformen (Stöhnen, Seufzen),
- nonverbale Schmerzexpressionen: Körperhaltung, Gestik und Mimik,
- motorische und behaviorale Reaktionen (Reflexe, Widerstand, Fluchttendenz),
- sichtbare Verhaltensbeeinträchtigungen bzw. Behinderungen,
- Schmerzkontrollverhalten/Schmerzmanagement (z.B. Medikamenteneinnahme, Arztbesuche u.ä.).

Menschliches Schmerzverhalten läßt sich als ein Produkt aus individuellen Lernprozessen, der kulturellen Sozialisation, familiären Einflüssen und der kognitiven Repräsentation durch den Erwerb einer spezifischen Schmerzsprache begreifen (Craig, 1980). Wie jedes andere Verhalten ist auch Schmerzverhalten somit erlernt und durch die zeitliche Verknüpfung zwischen Umweltreizen und Schmerzreaktion (*Kontingenzen*) den Verstärker- und Modelleinflüssen der sozialen Umwelt ausgesetzt.

5.1.1. Neurobiologische Grundlagen des erlernten Schmerzverhaltens

Neurobiologisch beruhen Lernvorgänge auf einer stabilen neuronalen Differenzierung durch plastische Veränderungen an spezifischen Synapsen des Zentralnervensystems, die sich in entsprechenden Verhaltensänderungen manifestieren (können). Diese Veränderungen beinhalten sowohl eine synaptische Neusprossung (*anatomische* oder *strukturelle Plastizität*) als auch die Unterbrechung überholter, inadäquater oder dysfunktionaler sowie die Reaktivierung stiller oder gehemmter synaptischer Verbindungen (*physiologische* oder *funktionelle Plastizität*). Dabei wird die Selektion aktiver vs. inaktiver intersynaptischer Assoziationen von Umwelteinflüssen bestimmt: Während häufig genutzte Verbindungen sich im Entwicklungsverlauf stabilisieren, wird der Rest der ursprünglich bestehenden synaptischen Verknüpfungen von den dominanten Kopplungen selektiv inhibiert. Dieses biologisch sinnvolle Organisationsprinzip kann bei anhaltenden oder häufig rezidivierenden Schmerzerfahrungen kontraproduktiv werden und eine dysfunktionale Systemorganisation hervorrufen, wenn auf zunehmende noxische Reizung eine ständig sich erhöhende Schmerzsensitivität entsteht (positive Rückkopplung). Es lassen sich zwei Hauptformen des Lernens unterscheiden: Beim *nicht-assoziativen Lernen* werden Veränderungen der Verhaltensreaktionen durch die Konfrontation mit einem einzigen Reiztyp ausgelöst, wohingegen beim *assoziativen Lernen* verschiedene Reize oder Verhaltenszustände miteinander verknüpft werden.

5.1.2. Nicht-assoziative Lerneinflüsse auf das Schmerzgeschehen

Zu den einfachen nicht-assoziativen Lernformen zählen Habituation und Sensibilisierung. Bei der wiederholten Darbietung eines Reizes schwächt sich die physiologische, affektive oder behaviorale Reaktionsintensität normalerweise zunehmend ab (*Habituation*), so daß die anfängliche Orientierungsreaktion (vgl.Kap. 4.1.) biologisch sinnvoll zugunsten einer selektiven Aufmerksamkeitsumlenkung auf neue Reizgegebenheiten abgeschwächt werden kann. Der Organismus lernt auf diese Weise, irrelevante Situationselemente zunehmend zu ignorieren und seine Aufmerksamkeit auf bedeutsame oder neue Reizkonstellationen zu konzentrieren. Eine bereits habituierte Verhaltensreaktion kann jedoch bei signifikanten Veränderungen der Reizqualität in ihrer Reaktionsintensität jederzeit wiederhergestellt werden (*Dishabituation*). Neurophysiologisch beruht der Habituationsvorgang wahrscheinlich auf einer einfachen homosynaptischen Depression an den Synapsen zwischen den peripheren Afferenzen einerseits und den postsynaptischen Moto- bzw. Interneuronen andererseits[7].

Aufgrund einer (bei allen höheren Säugetieren zu beobachtenden) angeborenen besonderen Sensitivität für bestimmte Reiz-Reaktionsmuster („*Preparedness*“) kann es bei *biologisch bedeutsamen* oder *bedrohlichen* (insbesondere *noxischen*) Reizen demgegenüber auch nach mehrfacher Präsentation nicht zur Habituation, sondern im Gegenteil, zu einer Erhöhung des allgemeinen unspezifischen Aktivationsniveaus kommen. Diese organismische *Defensivreaktion* tritt häufig nach Schmerzstimulation auf und führt zu *Sensibilisierungseffekten* gegenüber den noxischen Reizen (vgl. auch Kap. 3). Sensibilisierungen sind im Gegensatz zu Habituationsvorgängen nicht auf isolierte und spezifische Leitungsbahnen beschränkt, sondern involvieren eine Vielfalt neuronaler Schaltkreise (Reichert, 1990) und besitzen folglich mehrere neurophysiologische Wirkorte: Die sensibilisierenden Reize aktivieren spezifische (fazilitierende) Interneurone, die über synaptische Verschaltungen mit den präsynaptischen Nervenendigungen auf die sensorischen Neurone zurückwirken und dort eine andauernde Erhöhung der Transmitterfreisetzung verursachen. Gleichzeitig wird die Erregbarkeit der postsynaptischen Motoneurone sowie bestimmter Interneurone erhöht. Neben diesen *funktionellen Neuroplastizitätsphänomenen* (Effektivitätsänderung der synaptischen Verbindungen) kann es bei Habituation und Sensibilisierung langfristig auch zu Veränderungen in der *strukturellen Plastizität* des Nervensystems (Anzahl der aktiven Synapsen) kommen. Zusätzlich kann bei hochfrequenter Reizung eine Sensibilisierung auf zentralnervöser Ebene erfolgen, wo bestimmte Nervenzellen im Hippocampus eine besondere Form von

[7] Wie in Tierexperimenten nachgewiesen wurde, nehmen nach repetetiver Reizung der Sinneszelle die in den Motoneuronen ausgelösten Aktionspotentiale meßbar ab (Reichert, 1990).

synaptischer Plastizität aufweisen (*Langzeitpotenzierung*): Werden diese Zellen auch nur für einige Sekunden mit extremer (noxischer) Intensität gereizt, zeigen sie anschließend eine z.T. über Wochen anhaltende Erhöhung ihrer postsynaptischen Reaktionspotentiale auf Stimuli normaler Intensität. Daraus folgt, daß selbst singuläre Schmerzereignisse (invasive medizinische Prozeduren) zu einer langanhaltenden Erhöhung der Schmerzempfindlichkeit führen können. Auch im Hippocampus kann es langfristig (bei chronischen Schmerzen) zu strukturellen Veränderungen in der intersynaptischen Morphologie kommen.

5.1.3. Assoziative Lerneinflüsse auf das Schmerzverhalten

Das Schmerzverhalten einer Person kann durch die verschiedenen von der Lerntheorie postulierten *assoziativen Lernmechanismen* (respondente, instrumentelle und operante Konditionierungen, Modellernen, verdecktes Lernen) entstehen bzw. aufrechterhalten werden.

Mittels assoziativer Lernvorgänge wird der Organismus befähigt, kausale Zusammenhänge zwischen unterschiedlichen Reizen oder Ereignissen zu erkennen, indem zwischen diesen Stimuli im Nervensystem dauerhafte neuronale Verknüpfungen hergestellt werden. Assoziatives Lernen setzt eine neuronale Konvergenz zwischen den unterschiedlichen Leitungsbahnen, die den unkonditionierten und den konditionierten Reiz weiterleiten, voraus, die bereits auf der Ebene der sensorischen Neurone nachweisbar ist: Auf hochfrequente noxische Reizung der Nozizeptoren findet eine *heterosynaptische Fazilitation* (Reagibilitätserleichterung) der mechanosensorischen Neurone (Rezeptoren für nicht-schmerzhafte taktile Reize) statt, wobei eine Fazilitationserhöhung bei denjenigen Mechanorezeptoren auftritt, deren Aktivierung zeitlich kontingent zu dem noxischen Reiz erfolgt. Die zeitliche Verknüpfung resultiert daraus, daß die durch den nozizeptiven Impulsstrom aktivierten erregungserleichternden Interneurone nur auf die jeweils unmittelbar vorangehend aktiven (nozizeptiven *und* mechanosensorischen) Neurone einwirken können (s. Sensibilisierung). Auf diese Weise kann es bereits auf neuronaler Ebene zu einer Schmerzsensibilisierung (CR) in Form einer konditionierten Verknüpfung zwischen noxischem Reiz (Punktierung der Haut bei invasiven Prozeduren = UCS) und ursprünglich nichtschmerzhafter taktiler Stimulation (Berührung der Rückenpartie = CS) kommen. Möglicherweise spielt auch das oben beschriebene Phänomen der Langzeitpotenzierung von Hippocampusneuronen für assoziatives Lernen von Schmerzsensationen eine wichtige Rolle: Die Auslösung von Langzeitpotenzierungen erfordert eine über einem kritischen Schwellenwert liegende Reizintensität, die entweder aus der Aktivierung einer Mindestanzahl von präsynaptischen Fasern des gleichen sensorischen Kanals oder verschiedener Kanäle resultieren kann. Werden schwach erregende (mechanorezeptive) Fasern (die allein keine Langzeitpotenzierung auslösen können) und stark erregende (nozizeptive) Fasern simultan aktiviert, wird eine Langzeitpotenzierung ausgelöst, die die synaptische Übertragung *beider* Fasertypen nachhaltig verstärkt, d.h. es findet eine *synaptische Bahnung* der schwach erregenden durch die stark erregenden Fasern statt, in deren Folge bereits taktile Stimulationen (Berührung der Rückenpartie, Abtasten zur Lokalisierung des richtigen Einstichpunktes) zu schmerzhaften Sensationen führen können.

5.1.3.1. Respondente Lernmechanismen

Eine wichtige *biologische Schutzfunktion* kindlicher Schmerzerfahrungen besteht darin, das Kind gegenüber potentiellen Gefahren (z.B. einer heißen Herdplatte oder riskanten Kletteraktionen) zu sensibilisieren und dadurch Verletzungsrisiken zu minimieren. Dies geschieht bei Kindern in erster Linie durch den auf direkten Reiz-Reaktions-Verbindungen basierenden Lernmechanismus des *respondenten Lernens.* Bei wiederholtem kontingenten Auftreten des Schmerzereignisses mit einem anderen situativen Reiz kann das Schmerz- bzw. Distreßverhalten schon durch diesen ursprünglich neutralen Reiz allein ausgelöst werden. Kinder, die wiederholt schmerzhaften Prozeduren (US) ausgesetzt waren, reagieren bereits auf einen räumlich oder zeitlich kontingent damit verknüpften Reiz (z.B. Anblick der Spritze oder des weißen Arztkittels) mit vegetativen Angstsymptomen (Anspannung, Erregung, Übelkeit) und u.U. erhöhter Schmerzempfindlichkeit (konditionierte Reaktion = CR), bevor sie überhaupt einer noxischen Reizung ausgesetzt sind. Bei Akutschmerzen, die mit einer äußerlichen Verletzung zusammenhängen, kann die visuelle Wahrnehmung von Blut die Schmerzreaktion des Kindes stärker determinieren als die somatosensorische Wahrnehmung des gewebeschädigenden Reizes.
Klassische Konditionierung ist von größerer Zeitstabilität als Sensibilisierung und erfolgt nur auf einen spezifischen Reiz hin. Ähnlich wie die Sensibilisierung beruht sie neurobiologisch auf einer neuronalen Aktivierungserhöhung durch präsynaptische Fazilitation infolge der Konfrontation mit dem konditionierten Stimulus. Die Erregungsimpulse des sensorischen Neurons, das den CS weiterleitet, erreichen die Synapsen des US-verarbeitenden Neurons, bevor dieses selbst aktiviert ist. Dadurch wird eine präsynaptische Fazilisation (Erleichterung von Transmitterfreisetzung) derjenigen Synapsen des sensorischen Neurons bewirkt, die das Motoneuron aktivieren. Auf diese Weise erhöhen sich die Aktionspotentiale im sensorischen Neuron (durch vermehrten Ca+-Einstrom) stärker, als bei alleiniger Darbietung des US. Die Reagibilität der sensorischen Synapse steigt und die Verbindung zwischen den beiden Neuronen wird verstärkt, so daß die sensorische Nervenzelle schließlich durch den CS allein aktiviert wird (Birbaumer & Schmidt, 1991).
Bei mehrfacher Wiederholung des Schmerzereignisses kann sich sich die CR auf Reize ausdehnen, die dem ursprünglichen UCS nach Intensität, Qualität oder anderen Charakteristika ähnlich sind (*Generalisierung).* Bei krebskranken Kindern, die eine Vielzahl invasiver Prozeduren über sich ergehen lassen müssen, ist häufig zu beobachten, daß sich die intensive Angst-Schmerzreaktion infolge der besonders unangenehmen Lumbal- und Knochenmarkpunktionen allmählich auf die ursprünglich weniger aversiven Venen- und Fingerpunktionen generalisiert. Neurophysiologisch basiert der Generalisationsmechanismus darauf, daß durch Überlappung der gereizten sensorischen Afferenzen und Interneurone anfänglich nicht erregte Fasern mitaktiviert werden (vgl. Kap. 3).
Wenn der konditionierte Reiz mehrfach ohne sein unkonditioniertes Pendant dargeboten wird, findet eine Abschwächung der konditionierten Reaktion (*Extinktion)* statt, der ein der Habituation analoger neurophysiologischer Mechanismus zugeschrieben wird. Auf diese Weise können die mit der Schmerzsituation assoziierten neutralen Situationsaspekte (Spritze, weißer Kittel) allmählich ihren angstauslösenden Charakter verlieren. Ist ein Kind nach mehrfacher Punktionserfahrung entsprechend konditioniert, kann in der Nachbereitung durch behutsame Konfrontation mit den konditionierten Reizen der Extinktionsvorgang gefördert werden.

Respondentes Lernen spielt auch bei der langfristgen Aufrechterhaltung von Schmerzen eine Rolle. Linton, Melin und Götestam (1985) postulierten einen „*Schmerz-Spannungs-Zirkel*": Danach stellt ein Schmerzereignis zunächst einen unkonditionierten Stimulus dar, der zu der unkonditionierten Reaktionen „reflexhafte Muskelverspannung" und „sympathische Aktivierung" führt, die sich schmerzverstärkend auswirken. Durch die kontingente Verbindung des Schmerzreizes mit neutralen Stimuli (Behandlungssetting) werden Angst, Verspannung und Aktivierung als konditionierte Reaktion hervorgerufen, welche wiederum das Schmerzerleben verschlimmert und chronifiziert.

5.1.3.2. Operante und instrumentelle Lernmechanismen

Alle Formen des *operanten* bzw. *instrumentellen Lernens* spielen bei der Aneignung und vor allem der Aufrechterhaltung von Schmerzverhalten eine wesentliche Rolle. Das Schmerzverhalten kann auch nach Abheilen der ursprünglichen Schmerzursache (Verletzung, Erkrankung) fortbestehen, wenn es positiv oder negativ verstärkt oder gesundheitsförderliches Verhalten nicht genügend belohnt wird (Fordyce, 1976).
Es lassen sich sechs *Mechanismen der operanten Verstärkung von Schmerzverhalten* unterscheiden:

1. Positive soziale Verstärkung (Zuwendung und Aufmerksamkeit auf Schmerzäußerungen durch Angehörige oder Behandlungspersonal),
2. positive intrinsische Verstärkung durch Handlungserfolg (Erhöhung der Auftretenswahrscheinlichkeit eines Verhaltens, wenn es als schmerzreduzierend erfahren wurde, z.B. Stillsitzen während des Eingriffes),
3. negative Verstärkung durch aktive Vermeidung (Vermeiden des aversiven Ereignisses durch physische Flucht oder Medikamenteneinnahme),
4. negative Verstärkung durch passive Vermeidung (Schonhaltung),
5. „Bestrafung" durch (sozialen) Verstärkerentzug („Time-out", z.B. Verlust sozialer Kontakte, Interaktionen, angenehmer Aktivitäten) und
6. Löschung/Extinktion (Ignorieren übertriebener Schmerzäußerungen durch die soziale Umgebung).

Kinder lernen zunächst mit Schmerzen umzugehen, indem sie bei den Eltern Hilfe, Trost und Beruhigung suchen. Dabei interpretieren sie die *Bedeutung* und den *Stellenwert* des Schmerzes anhand der elterlichen Reaktionen. Je nachdem, ob die Eltern beruhigend-ablenkend die Relevanz des Schmerzerlebens (z.B. nach einem Sturz) relativieren, oder selbst mit heller Aufregung sogar auf eine Bagatellverletzung reagieren, lernt das Kind seinen Schmerz eher nüchtern oder überdramatisierend einzuschätzen (Rickard, 1988). Bei Kindern wird also auch die Wahrnehmungsschwelle, die Einschätzung der Intensität und die Beurteilung der Bedrohlichkeit von Schmerzen durch das Modellverhalten der Eltern beeinflußt. Die Reaktionen der Eltern differieren dabei häufig in Abhängigkeit vom *Alter*, *Geschlecht* und der *Stellung in der Geschwisterreihe* des Kindes. Jüngere Kinder erhalten meist mehr Zuwendung und Trost, während ältere ermutigt werden, das Schmerzereignis selbständig zu bewältigen. Jungen werden eher dazu angehalten, ihre verbalen und paraverbalen (Weinen) Schmerzäußerungen zu unterdrücken und aktive Copingstrategien zu entwickeln. Mädchen werden dagegen eher in ihrem expressiven Schmerzverhalten verstärkt und zur Entwicklung passiver Bewältigungsformen (Ausruhen, Medikation) erzogen. Dementsprechend lassen sich geschlechtsspezifische Unterschiede in der verhaltensmäßigen Reaktion von Kindern auf

Schmerz feststellen: Mädchen tendieren eher zur Äußerung von Furcht und Angst, während Jungen sich bemühen, gelassen und tapfer zu bleiben, obwohl sie die gleiche Schmerzintensität berichten (Fowler-Kerry & Lander, 1991). Mädchen werden somit in vielen Familien zu größerer Abhängigkeit von den Eltern und Jungen zu mehr Selbständigkeit im Umgang mit Schmerzen erzogen. Eltern reagieren außerdem häufig unterschiedlich auf das gleiche Schmerzverhalten von erst- und spätergeborenen Kindern, was die höhere Schmerzsensitivität der Erstgeborenen erklärt. Sie tendieren beim ersten Kind zu stärkerer Ängstlichkeit, Überbehütung und Beunruhigung und lernen erst im Laufe der Zeit, sich an die alltäglichen kleinen Verletzungen und Schmerzen ihrer Kinder zu gewöhnen, deren Bedeutung richtig einzuschätzen und angemessen darauf zu reagieren (vgl. McGrath, 1990).

Die Intensivierung des Schmerzverhaltens bzw. die Erhöhung der Schmerztoleranz durch entsprechende verbale Verstärkung konnte experimentell nachgewiesen werden (Linton & Götestam, 1985). Kinder erkennen sehr schnell, daß sie für Schmerzäußerungen auf relativ einfache Weise besondere Aufmerksamkeit und Zuwendung durch ihre Bezugspersonen erhalten können (Ross & Ross, 1990). Auf diese Weise kann ein Lernvorgang ausgelöst werden, der eine Funktionalisierung des Schmerzverhaltens zur Befriedigung emotionaler und sozialer Bedürfnisse nach sich zieht. Langfristig kommt es so zu einer sukzessiven Verstärkung des krankheitsbezogenen (dysfunktionalen) Schmerzverhaltens bei zunehmender Abschwächung des gesundheitsorientierten Verhaltensrepertoires („Krankenrolle"). Schmerzzustände können dann u.U. sogar persistieren, selbst wenn die ursprüngliche Schmerzursache (z.B. eine Verletzung) längst beseitigt ist (Chronifizierung). Wooley et al. stellten bereits 1978 fest, daß Patienten mit chronischen Schmerzen ohne identifizierbare organische Ursache von ihrer sozialen Umgebung (Familie, Krankenhauspersonal) vornehmlich für dysfunktionales Krankheitsverhalten, aber kaum für konstruktive Bewältigungsversuche verstärkt wurden. Darüber hinaus kann eine mit dem Auftreten der Symptomatik kontingent vermittelte elterliche Zuwendung dazu führen, daß eine übertriebene Aufmerksamkeitszentrierung des Kindes auf somatische Geschehnisse bzw. Symptome (*Interozeption*) oder dysfunktionaler kognitiver Verarbeitungsprozesse (Katastrophisierung, Überbewertung, Generalisierung etc.) positiv verstärkt wird.

Allerdings kann der Verstärker „Zuwendung" sowohl schmerzverstärkend als auch schmerzlindernd wirken, je nachdem in welcher zeitlichen und inhaltlichen Kontingenz er erfolgt, d.h. wie das Kind die Zuwendung kausal attribuiert. Liebevolle Zuwendung und Trost sind nicht per se kontraproduktiv, sondern gerade für ein von akuten Schmerzen geplagtes Kind notwendige soziale Unterstützungsmaßnahmen zur Schmerzbewältigung. Erhält ein Kind keinerlei emotionale Zuwendung, wenn es seinen Schmerz äußert, wird es mit Verunsicherung, Niedergeschlagenheit und Frustration darauf reagieren, also mit psychophysiologischen Zuständen, die die Schmerzsensitivität wiederum erhöhen können. Ist dagegen für das Kind erkennbar, daß die supportive Aufmerksamkeit seiner Angehörigen nicht aufgrund exzessiver Schmerzäußerung (Jammern, Klagen), sondern in Form emotionaler Anteilnahme und Unterstützung zur Verstärkung seiner Bewältigungsversuche erhält, wird dies zu einer konditionell erhöhten Schmerzintensität führen (Flor & Birbaumer, 1994).

Kinder können auch unangemessenes Schmerzverhalten und übertriebene Schmerzäußerungen entwickeln, um unangenehme Anforderungen oder Aufgaben zu vermeiden (*negative Verstärkung*). Das passiert insbesondere dann, wenn Eltern bei jeder Schmerzäußerung ihres Kindes in überbehütender und übertriebener Weise jegliche Anforderung von ihm fernhalten und damit sein Vermeidungsverhalten verstärken. Außerdem kann es durch eine übertriebene Schonhaltung zu *sekundären physischen Problemen* aufgrund von Bewegungsmangel (Beweglichkeitsbeeinträchtigungen, Muskelatrophie oder -verspannungen) kommen, die ihrerseits neue Schmerzen verursachen können (Pfingsten & Hildebrandt, 1995). Kinder müssen zwar lernen, Schmerzen in ihrer Frühwarnfunktion zur Minimierung körperlicher Verletzungen ernstzunehmen. Sie sollten aber andererseits in die Lage versetzt werden, ein Repertoire eigener Bewältigungsmöglichkeiten zur Schmerzreduktion zu entwickeln. Eine totale Abhängigkeit von Eltern, Ärzten oder Medikamenten würde verhindern, daß das Kind seine natürlichen Fähigkeiten zur Schmerzregulation auszubilden lernt (McGrath, 1990)[8].

5.1.3.3. Modellernen

Neues Verhalten wird zeitökonomisch und effizient durch *Beobachtungs- oder Modellernen* erworben (Bandura, 1977a). Diese *sozialen Lernmechanismen* bestimmen sowohl den Erwerb von Schmerzverhalten als auch die Entwicklung von Bewältigungsfertigkeiten. Kinder erlernen Schmerzverhalten und Schmerzbewältigung vornehmlich durch die Beobachtung der Verhaltenskontingenzen ihrer wichtigsten Bezugspersonen (primäre Modelle), indem sie aufmerksam die Schmerzerfahrungen, das Verhalten und die Bewältigungsstrategien ihrer Eltern und Geschwister verfolgen und dabei diejenigen Aspekte in ihr eigenes Verhaltensrepertoire übernehmen, die sie als erfolgreich erkennen können bzw. die von der übrigen sozialen Umwelt verstärkt werden (stellvertretende Verstärkung). Ist ein Kind dann irgendwann der neuen Situation „unbekannte Schmerzerfahrung“ ausgesetzt, kann es auf die so erworbenen Verhaltensalternativen zurückgreifen. Empirische Befunde bestätigen, daß gesundheitsförderliches Verhalten von Kindern deutlich mit dem entsprechenden positiven Modellverhalten ihrer Eltern korreliert (Baranowski & Nader, 1985).

Umgekehrt fördern *negative familiäre Vorbilder* eher ein dysfunktionales Krankheits- und Schmerzverhalten des Kindes. Schmerztoleranz und erlebte Schmerzintensität bei Kindern sind durch die Beobachtung des Schmerzverhaltens anderer Personen beeinflußbar (Craig, 1987). Familienanamnestische Untersuchungen belegen eine *familiäre Häufung* für Schmerzsyndrome in sog. „Schmerzfamilien“ (Harbeck & Peterson, 1992; McGrath & Feldman, 1986; Turkat & Rock, 1984; Violin & Giurgea, 1984): Die Kinder entwickeln dabei über Modellernmechanismen ähnliche Schmerzsymptome (nach Qualität, Lokalisation und Frequenz) wie ihre Eltern oder Geschwister (*familiäre Schmerzinzidenz)*, wobei bei den Kindern vor allem diejenigen Symptome auftreten, die die Eltern aktuell zeigen und nicht diejenigen, unter denen sie in ihrer eigenen Kindheit gelitten hatten (Osborne, Hatcher & Richtsmeier, 1989). In diesen „Schmerzfamilien“ entwickelt sich das Schmerzproblem häufig zu einem zentralen Lebens-Mittelpunkt:

[8] Auch der Analgetikakonsum kann durch den Mechanismus der negativen Verstärkung erheblich gesteigert werden, wenn diese erst zu einem fortgeschrittenen Zeitpunkt des Schmerzgeschehens eingenommen werden. In diesem Fall ist zum einen die pharmakologische Effektivität reduziert, und zum anderen wird die Einnahme weiterer Medikamente durch die kontingente Abnahme der Schmerzintensität negativ verstärkt. Beide Bedingungen führen zu einer unangemessenen Dosis- und Frequenzsteigerung. Bei Opioiden kann auf diese Weise sogar ein dauerhafter Abhängigkeitsmechanismus wirksam werden. Daher wird gefordert, pharmakologische Analgesie unabhängig vom Auftreten der Schmerzen nach einem festen Zeitplan durchzuführen (Fordyce et al., 1986; Zenz, Raber & Strumpf, 1995).

Alltagsgestaltung und Aktivitäten der Familie werden primär von der Schmerzproblematik diktiert; die familiäre Kommunikation dreht sich vornehmlich um Krankheit, Schmerzen und Leiden; emotionales Erleben wird in somatisierenden Begriffen beschrieben (Violin, 1984). Erwachsene Schmerzpatienten reagieren auf Schmerzverhalten oder Schmerzäußerungen ihrer Kinder mit besonderer Beunruhigung und Besorgnis und tendieren dazu, sie von unangenehmen Aufgaben (z.B. Schule, Hausaufgaben) zu befreien und sie zu Hause zu lassen. Zur Unterstützung der Schmerzbewältigung ihrer Kinder setzen sie die gleichen Strategien ein, die sie bei sich selbst benutzen (Chaturvedi & Kanakalatha, 1989). In Familien mit Eltern, die zu ausgeprägter Schmerzäußerung tendieren, finden sich vermehrt Kinder, die ein rekurrentes Schmerzsyndrom entwickelt haben (Christensen & Mortensen, 1975). Kinder mit rezidivierenden Schmerzen nehmen auch subjektiv mehr Schmerzmodelle in ihrer Umgebung wahr als eine organpathologische Vergleichsgruppe (Osborne et al., 1989). Harbeck und Peterson (1992) untersuchten, in welchem Umfang sich das Modellverhalten der Eltern auf die Schmerzwahrnehmung der Kinder auswirkt, indem sie 100 Kinder, Jugendliche und Adoleszenten im Alter zwischen drei und 23 Jahren sowohl nach ihren eigenen als auch nach den Schmerzerfahrungen ihrer Eltern befragten. Sie fanden deutliche Übereinstimmungen ($r = .66$) hinsichtlich Schmerztyp und -frequenz zwischen der selbstberichteten Schmerzwahrnehmung der Kinder und dem wahrgenommenen Schmerzverhalten ihrer Eltern. Das elterliche Modellverhalten kann sich dabei auf die Prozesse der Schmerzwahrnehmung und -bewertung (Schmerz-schwelle, Aufmerksamkeit für Schmerzereignisse und zugewiesene Wichtigkeit) oder auf die verbalen bzw. verhaltensmäßigen Schmerzäußerungen (Klagen, Jammern, Stöhnen etc.) beziehen. Eine genauere empirische Bestimmung der konkreten Variablen bei dem Modellerwerb von Schmerzbeschwerden (dysfunktionales Schmerz- vs. angemessenes Bewältigungsverhalten der Eltern, Schmerzintensität und Grad der Beeinträchtigung, Eltern-Kind-Interaktion etc.) steht noch aus.

Wahrscheinlich wird auch die Entwicklung kindlicher *Einstellungen* und *Konzepte* zu Schmerzen sowie die Übernahme soziokultureller *Rollenstereotype* im Umgang mit Schmerz und dessen Bewältigung durch die Aneignung beobachteter sozialer Modelle beeinflußt. Die *Hauptquellen* dieser vermittelnden Lernerfahrungen für den Umgang mit Schmerzen sind vor allem Eltern, Geschwister und andere Verwandte, Gleichaltrige, Freunde und peer group, Lehrer, Ärzte und Krankenschwestern sowie Informationsmedien wie Fernsehen, Radio, Märchenbücher oder Comics (McGrath & McAlpine, 1993).

5.1.4. Schlußfolgerungen und Implikationen für die Vorbereitungspraxis

Das Schmerzverhalten eines Kindes wird zusammenfassend durch folgende nichtassoziative und assoziative Lernvorgänge moduliert:

- Habituation,
- Sensibilisierung,
- Generalisierung,
- Löschung,
- respondente Konditionierung,
- operante bzw. instrumentelle Konditionierung durch positive oder negative Verstärkung („sekundärer Krankheitsgewinn“: Emotionale Zuwendung durch die Umwelt, Versorgtwerden, Reduktion der Beschwerden bei Inaktivität,

Freistellung von unangenehmen oder belastenden Anforderungen, mangelnde Verstärkung gesundheitsförderlichen Verhaltens),
- Modellernen, stellvertretendes Lernen (negatives oder positives Modellverhalten der sozialen Umwelt).

Da einmal entstandene *Sensibilisierungen* aufgrund ihrer komplexeren neuronalen Verankerung nur noch schwer zu beeinflussen sind, ist das Hauptaugenmerk verhaltensmedizinischer Vorbereitungsmaßnahmen darauf zu legen, das Aktivierungsniveau durch gegenregulative Interventionen (Entspannung, Ablenkung vom noxischen Stimulus) von vorneherein auf maximal mittlerem Level zu halten. Auch eine Habituation auf Schmerzreize setzt u.a. ein niedriges allgemeines Erregungsniveau voraus, so daß das häufig angstinduzierte unspezifische Aktivierungsniveau durch pharmakologische oder psychologische (Entspannungsübungen etc.) Maßnahmen vorab gesenkt werden muß. Insbesondere bei der Vorbereitung auf schmerzhafte medizinische Prozeduren können Aufklärungsinformationen über den Eingriff (prozedurale Information) und die dabei auftretenden physiologischen, sensorischen und emotionalen Empfindungen (sensorische Information) den *Habituationsprozeß* beschleunigen (vgl. Kap. 7.). Da das allgemeine Erregungsniveau besonders durch neuartige, unberechenbare und bedrohliche Situationsaspekte (Orientierungsreaktion, Angst) steigt, kann durch möglichst anschauliche und realistische sensorische Information die Erregung gesenkt und damit die Habituation gefördert werden (Flor & Birbaumer, 1994).

Neuronale Konditionierungsprozesse aufgrund heterosynaptischer Fazilitation nicht-nozizeptiver Afferenzen können zwar kurzfristig nicht behoben, aber während der Vorbereitung und der folgenden Prozeduren gebührend berücksichtigt werden. Zeigt das Kind im Anschluß an die Punktion auffallende Berührungsüberempfindlichkeit im Lendenwirbelbereich, so ist dies nicht zwangsläufig als Zeichen von „Hysterie“ oder Überängstlichkeit zu deuten, sondern kann eine neuronal begründete Schmerzempfindlichkeit (Hyperalgesie) auf taktile Stimulation anzeigen. Insofern sollte den diesbezüglichen Aussagen des Kindes Glauben geschenkt und es entsprechend behutsam berührt werden. Dysfunktionale respondente Verhaltenskonditionierungen im Kontext invasiver Eingriffe sollten nach Möglichkeit dadurch vermieden werden, daß prägnante neutrale Reize nicht wiederholt kontingent zum Schmerzreiz präsentiert bzw. schnellstmöglich wieder gelöscht werden. So wäre es bspw. sehr ungünstig, wenn unvermeidbare Situationsreize (wie das Gesicht des behandelnden Arztes), persönliche bedeutsame Objekte (Anblick oder Stimme der Eltern) oder übersituativ häufig auftretende Reize (Neonröhren) ausgerechnet zum CS für eine intensive Angst-Schmerzreaktion werden würden. Auch Reize mit bedrohlichem oder erschreckendem Charakter (plötzliche laute Geräusche, kalte Hände des Arztes) bzw. möglicherweise erhöhter *preparedness* (Anblick der Nadel) sollten wegen ihrer verstärkt angstauslösenden Potenz während des Eingriffes nach Möglichkeit vermieden werden. Bereits manifestierte unerwünschte Reiz-Reaktions-Verknüpfungen können mittels konventioneller verhaltenstherapeutischer Maßnahmen (Extinktion, Desensibilisierung, Gegenkonditionierung) entweder im Rahmen der Vorbereitungssitzung (in vitro) oder durch Veränderung der Reizkontingenzen während der Eingriffssituation (in vivo) gelöscht werden (vgl. Kap. 7.2.). *Generalisierungseffekte* (Ausdehnung der Angstreaktion von Lumbal- auf Venenpunktionen) können durch gezieltere Vorbereitung auf die unterschiedlichen Prozeduren verhindert werden. Werden die vermittelten Bewältigungsstrategien beispielhaft auch für andere Behandlungsmaßnahmen demonstriert, kann umgekehrt eine Generalisierung von Copingverhalten erreicht werden.

Vergleichbares gilt für *operante* und *instrumentelle Verstärkungsmechanismen*: Im Rahmen der psychologischen Vorbereitung müssen zunächst die etablierten Verstärkungsmechanismen der sozialen Umwelt identifiziert werden. Auf dieser Grundlage sollten dysfunktionale Verstärkungen deutlich gemacht und sukzessive abgebaut, während erwünschte Verstärkungen intensiviert bzw. neu entwickelt und umgesetzt werden (Verstärkung für positives Bewältigungsverhalten und Kooperativität statt für übertriebene Schmerzexpression und Klagen). Als positive (soziale oder materielle) Verstärker für Bewältigungsverhalten haben sich bspw. Lob, Bestärkung, die Ankündigung angenehmer Aktivitäten oder kleine Trophäen bewährt. Hat das Kind die Prozedur erfolgreich überstanden, besitzt dies intrinsischen Verstärkerwert und sollte von den Erwachsenen durch Rückmeldung gebührend honoriert werden. Eine negative Verstärkung durch physische Vermeidung der Situation ist wegen der lebensnotwendigen Qualität der Eingriffe i.d.R. ausgeschlossen. Dagegen ist überdenkenswert, inwieweit eine Vermeidung durch Medikamenteneinnahme u.U. einen unerwünschten negativen Verstärkungscharakter annehmen kann. Übertriebenes Schmerzverhalten und Klagen sollte nur bei gleichzeitiger Verdeutlichung grundsätzlicher emotionaler Unterstützung durch Ignorieren gelöscht werden.
Da *Beobachtungs- und Modellernen* einen herausragenden Stellenwert für den Erwerb neuer Verhaltensweisen besitzten, müssen diese sozialen Lernmechanismen bei der Vermittlung von Bewältigungsstrategien explizit einbezogen werden. Auch hier scheint es notwendig, die bisherigen Modellverhaltensweisen der Eltern zunächst auf ihren bewältigungsförderlichen bzw. -hindernden Effekt zu überprüfen. Die Eltern (oder andere Bezugspersonen) sollten unbedingt von vorneherein in den Vorbereitungsprozeß integriert werden. Dabei kann es erforderlich sein, sie konkret zu instruieren bzw. sogar zu trainieren, während der Prozedur- oder anderen Schmerzsituationen vorbildhafte Bewältigungsweisen zu demonstrieren und negatives Modellverhalten nach Möglichkeit zu vermeiden.

5.2. Kognitive Mediatoren der Schmerzwahrnehmung und Schmerzreaktion

Die persönlichen Einstellungen, Überzeugungen, Glaubenssysteme („*health belief systems*"), Bewertungen und Erwartungen bezüglich

- des Schmerzereignisses,
- der eigenen Bewältigungsfertigkeiten und
- der sozialen Unterstützungsressourcen (Eltern, Familie, Freunde),
- der Krankheit (Leukämie) und
- ihrer Behandlung (Chemotherapie),
- des medizinischen Versorgungssystems (Krankenhaus) und
- der Angehörigen der verschiedenen Gesundheitsberufe (Ärzte, Schwestern, Psychologen, Sozialarbeiter)

prägen wesentlich die Schmerzwahrnehmung des Kindes und seinen Umgang mit Schmerzen. Außerdem beeinflussen diese Variablen eklatant die *Compliance* des Kindes, d.h. seine Therapiemotivation und -mitarbeit, seine Wahrnehmung und Akzeptanz gegenüber unangenehmen Eingriffen, seine Therapieerwartungen und seinen Behandlungsoptimismus. Die Wahrnehmung und Bewertung eines spezifischen Schmerzereignisses wird dabei durch verschiedene *kognitive Variablen* moderiert, u.a. von

- dem kognitiven Entwicklungsniveau des Kindes,
- dem gelernten kognitiven Bezugsrahmen („Bewertungsmaßstab"),
- dem Wahrnehmungsstil,
- der Vorhersagbarkeit des Ereignisses,
- der Ursachenzuschreibung (Kausalattribution),
- der perzipierten Kontrolle über das Ereignis und
- dem Kompetenzbewußtsein in bezug auf die Schmerzregulation.

5.2.1 Subjektive Wahrnehmung und Interpretation invasiver Prozeduren

Invasive medizinische Eingriffe stellen für Kinder anfangs sehr ungewöhnliche Schmerzereignisse dar, die aufgrund ihres hohen Neuheitsgrades und Bedrohungspotentials als extrem streß- und schmerzvoll und häufig belastender erlebt werden als die Krebserkrankung selbst (Peterson, 1990; Weekes, 1989; Fowler-Kerry & Ramsay-Lander, 1990). Selbst für Jugendliche bilden behandlungsbedingte Schmerzen noch ein ernsthaftes Problem und werden zu den unangenehmsten Faktoren der Erkrankung gezählt (Weekes & Savedra, 1988). Ältere Kinder und Jugendliche erleben (postoperative) Schmerzen z.T. sogar intensiver als jüngere Kinder (Bennett-Branson & Craig, 1993). Bei vielen Kindern nimmt das subjektive Schmerz- und Angsterleben im Behandlungsverlauf, d.h. mit der Anzahl von Prozedurerfahrungen, noch zu: McGrath und DeVeber (1986) stellten im zweiten Behandlungsjahr durchschnittlich einen signifikanten Anstieg der antizipatorischen Angst- und prozeduralen Schmerzwerte bei Lumbalpunktionen fest. Etwa 50% der Kinder zeigten sogar eine kontinuierliche Verschlimmerung. Werden diese Schmerzen und Ängste nicht angemessen behandelt, können sie in eine *Distreßreaktion* münden und weitere kurz- und langfristigen *psychische Beeinträchtigungen* nach sich ziehen (Unsicherheit, Schlaflosigkeit, generalisierte Ängste, Hilflosigkeit, Depression).

Auch die wiederholten *Venenpunktionen* werden von Kindern als hoch aversiv erlebt. Nahezu ein Drittel berichtet von relativ großen Schmerzen und leidet nicht unerheblich daunter (Lander, Fowler-Kerry & Oberle, 1992). Humphrey, Boon, van Linden, van den Heuvell und van de Wiel (1992) ließen 223 Kinder im Alter zwischen zwei und 18 Jahren von geschulten Ratern bei Venenpunktionen nach ihrem Distreßverhalten auf einer fünf-stufigen Skala beurteilen (vgl. Tabelle 5-1). Fradet, McGrath, Kay, Adams und Luke (1990) beobachteten das Streßverhalten von 171 Kinder und Jugendliche im Alter zwischen drei und 17 Jahren unmittelbar vor und während Venenpunktionen und befragten sie anschließend nach ihrem Angst- und Schmerzerleben. Je nach Erhebungsmaß erlebten zwischen 36% und 64% der Kinder mittleren bis ernsten Distreß. Etwa ein Drittel der drei- bis neunjährigen Kinder muß dabei von den Eltern oder Krankenschwestern festgehalten werden (Jacobsen, Manne, Gorfinkle, Schorr, Rapkin & Redd, 1990). Der Widerstand der Kinder nimmt mit der Anzahl erlebter Prozeduren tendenziell noch zu.

Tabelle 5-1: ***Streßreaktionen von Kindern verschiedener Altersstufen nach 5-stufigem Rating (von schwachem Distreß bis Panik); Angaben in Prozent.***

	Streßniveau				
Alter	**1**	**2**	**3**	**4**	**5**
2-6	0,0	17,1	35,7	34,3	12,9
7-11	18,2	30,9	29,1	20,0	1,8
12-18	35,7	36,7	22,4	5,1	4,5
insgesamt	20,2	29,1	28,3	17,9	4,5

McGrath et al. (1985) verglichen die erlebte *Schmerzintensität* bei Lumbalpunktionen (LP), Venenpunktion (VN) und Fingerpunktion (FP) an krebskranken Kindern anhand einer 150-mm-Analogskala. Sie erhielten erwartungsgemäß die höchsten Schmerzwerte bei Lumbalpunktionen - wobei bemerkenswerterweise unter Sedativa eine erheblich größere Schmerzintensität (80,2 mm) angegeben wurde als ohne (51,3 mm). Venen- (13,4 mm) und Fingerpunktionen (6,3 mm) wurden deutlich geringer eingestuft.
McGrath, Hsu, Cappelli, Luke, Goodman und Dunn-Geier (1990) erfaßten in einer Studie an krebskranken Kindern (N = 77) die *relative Schmerzintensität*, die aus unterschiedlichen Schmerzerfahrungen aufgrund der Krebserkrankung, diagnostischer Eingriffe oder therapeutischer Maßnahmen resultierten (vgl. Abbildung 5-1): Tumorschmerzen (TS), Chemotherapie (CT), Knochenmarkpunktionen (KMP), Lumbalpunktionen (LP), Venenpunktionen (VP) und Fingerpunktionen (FP).

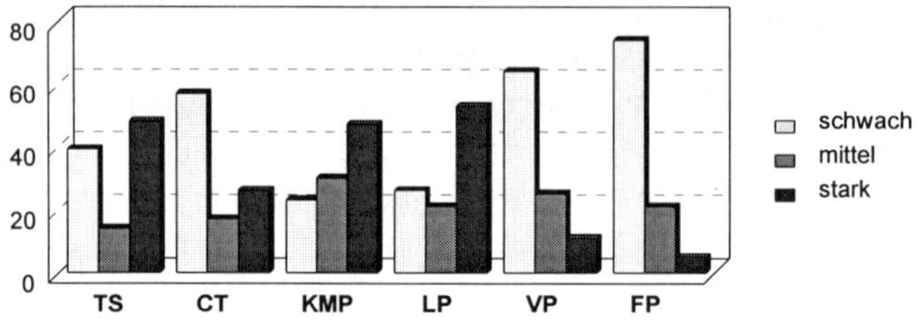

Abbildung 5-1: ***Relative Schmerzintensität verschiedener Schmerzursachen.***

Situationsübergreifend geben krebskranke Kinder und Jugendliche, die sich in der Intensivphase der onkologischen Behandlung befinden, demgegenüber überraschenderweise signifikant *weniger Ängstlichkeit* an als eine nicht-chronisch kranke Vergleichsgruppe, wobei das Ausmaß der selbstberichteten Ängstlichkeit unabhängig ist vom Grad der Invasivität der Behandlung (Haag, Graf & Jost, 1991). Die Autoren interpretieren dieses an 30 pädiatrisch-onkologischen Patienten gewonnene Resultat dahingehend, daß sich im Verlauf der belastenden Behandlung und unter der ungewissen Erfolgsaussicht („*Damokles-Syndrom*") spezifische Bewältigungsmechanismen ausbilden, die die *Verleugnung eigener Ängste* einschließen (vgl. Kap. 6.1.). Entsprechende Selbstschilderungen der betroffenen Kinder sollten den Praktiker folglich nicht zu der falschen Schlußfolgerung verleiten, Krankheits- und Behandlungsängste seien überwunden und nicht mehr behandlungsbedürftig. Andererseits besitzen auch informationsvermeidende Umgangsweisen mit einer anhaltenden Bedrohungssituation adaptive Funktion und sollten nicht unreflektiert durch konfrontative Vorgehensweisen „aufgebrochen" werden.

5.2.2. Schmerzbewertung (Appraisal): Prozeß und Bezugssystem

Einen der wichtigsten kognitiven Einflußfaktoren auf das Schmerzerleben und den Umgang mit Schmerzen bildet die *Bewertung* der Schmerzsituation (*kognitiv-evaluative Komponente)*. Nach dem transaktionalen Bewältigungsmodell von Lazarus und Folkman (1987; vgl. Kap. 6.1.) gelten kognitive Bewertungs- und Einschätzprozesse als *zentrale Moderatorvariablen* zwischen potentiell *streßerzeugenden Situationen* und *individuellen Streßreaktionen* bzw. *Bewältigungsstrategien*. Ein Ereignis wirkt nur dann angst-/streßauslösend, wenn eine Person es a) als bedrohlich bewertet und b) eine Diskrepanz zwischen aktuellen oder potentiellen Situationsanforderungen und eigenen Handlungskompetenzen perzipiert.

Im Zuge der *primären Bewertung* („*primary appraisal*") wird ein Ereignis oder ein Reiz als entweder a) irrelevant, b) positiv/angenehm oder c) bedrohlich/gefährlich oder streßreich kategorisiert. Die Bewertung als bedrohlich/streßreich bezieht sich wiederum auf folgende Subkategorien: 1. Schädigung oder Verlust durch ein bereits eingetretenes Ereignis (z.B. Verletzung); 2. Bedrohung durch ein noch nicht eingetretenes, aber erwartetes Ereignis (Antizipation von Schaden oder Verlust); 3. Herausforderung (Beurteilung eines Ereignisses als Möglichkeit für persönliches Wachstum oder Meisterung der Situation). Die *sekundäre Bewertung* („*secondary appraisal*") beinhaltet die Einschätzung der eigenen Möglichkeiten und Fähigkeiten zur Bewältigung potentieller (antizipierter) oder akuter (aktueller) Bedrohung. Diese (Selbst-) Beurteilung ist wesentlich geprägt durch situationsspezifische Vorerfahrungen (medizinische Prozeduren, Akutschmerzen), generalisierte Überzeugungen über die eigene Person (Kontrollüberzeugungen, Kompetenzbewußtsein, Selbstwirksamkeit) oder die Umwelt (externale Attribution) und die Verfügbarkeit personaler (Problemlösekompetenzen, Gesundheitsstatus, Vitalität) oder sozialer Ressourcen (Unterstützungssysteme). Aus der Interaktion von primärer und sekundärer Bewertung resultiert eine *Neubewertung* („*reappraisal*") der Situation. Ein zunächst ängstigendes Ereignis kann bspw. durch die Reflexion eigener Bewältigungsmöglichkeiten seinen Bedrohungscharakter verlieren (vgl. Abbildung 5.2.).

Bei der Konfrontation mit einem unbekannten (Schmerz-)Reiz wird zunächst eine *Bedeutungsanalyse* mit Hilfe des spezifischen Wissensbestandes (*kognitiven Schemas*) eingeleitet, der die größte Übereinstimmung („*matched*") mit den aktuellen Stimulusmerkmalen aufweist (*Mustererkennung*). Dieses Schema, auf dessen Basis der noxische Reiz in einem ersten vorbewußten Informationsverarbeitungsschritt wahrgenommen, interpretiert, bewertet und beantwortet wird (vgl. Kap. 4.1.), ist wiederum in kausalen Einheiten organisiert, die auf früheren Erfahrungen, Annahmen, Überzeugungen und Erwartungen beruhen (Turk & Rudy, 1992). Auf der Grundlage der Abgleichprozesse mit diesen internen Repräsentationen werden die aufgenommen Informationen transformiert, integriert und das kognitive Schema selbst dadurch permanent modifiziert. Kinder lernen im Verlauf ihrer Entwicklung ein breites Spektrum unterschiedlicher Schmerzen kennen, die nach Intensität, Lokalisation, Ausdehnung, Dauer, Art, Grad des Unwohlseins, sensorischen Qualitäten, affektiven Komponenten und Linderungsmöglichkeiten differieren. Dabei interpretieren und bewerten sie die Intensität und den Belastungsgrad jedes neuen Schmerzerlebnisses auf der Grundlage ihres bisherigen Erfahrungshorizontes bezüglich Schmerzen. Auf diese Weise entwickeln sie ein *kognitives Bezugssystem* („*Schmerz-Bewertungsmaßstab*"), mit Hilfe dessen sie neue Schmerzen einordnen und bewerten, und das selbst mit jeder neuen Schmerzerfahrung modifiziert und erweitert wird.

Die Bewertungsprozesse (z.B. bedrohlich vs. unbedrohlich) erfolgen zunächst automatisch, präkonzeptuell und unbewußt („*primary appraisal*“) und werden bei Diskrepanzen zwischen situationalen Handlungserfordernissen und vorhandenen Handlungsroutinen („*mismatched*“) in einem zweiten Schritt durch bewußte Beurteilungs- und Entscheidungsprozesse („*secondary appraisal*“) ergänzt. Schon bei der automatischen Reizverarbeitung kann es zu (unbewußten) *kognitiven Verzerrungen* kommen, die sich gravierend auf die emotionale und behaviorale Schmerzreaktion auswirken So wird der enge Zusammenhang zwischen chronischen Schmerzen und Depressionen mit zunehmender empirischer Evidenz auf kognitive Verzerrungen und dysfunktionale Schemata zurückgeführt (vgl. Turk & Rudy, 1992). Übertriebene elterliche Zuwendung auf körperliche Beschwerden des Kindes kann dazu führen, daß sich eine überhöhte *Fokussierung der Aufmerksamkeit des Kindes auf somatische Geschehnisse bzw. Symptome* (Interozeption) oder eine dysfunktional-negative Überbewertung und Fehlinterpretation somatischer Vorgänge und somatoviszeraler Sensationen (Katastrophisierung, Generalisierung etc.) sowie Störungen in der *Diskriminationsfähigkeit körperlicher Signale* entwickelt. Eine erhöhte Wahrnehmungssensibilität für kinästhetische Reize (*interozeptiver Wahrnehmungsstil)* erhöht wiederum das subjektive Schmerzempfinden (Adler & Lomazzi, 1973).

Bei der Reizkonfrontation werden nicht alle relevanten Informationen der Gedächtnisspeicher abgesucht, sondern *relevante* Schemata auf spezifische Hinweisreize hin aktiviert. Die Beobachtung, daß zugleich mit jeder neuen Schmerzerfahrung früher bewährte Bewältigungsversuche aktualisiert werden (Peterson & Harbeck, 1988), beruht auf dem netzwerkartigen Organisationsprinzip kognitiver Schemata: Wenn ein Schmerzreiz als solcher eingeordnet und intern repräsentiert worden ist, werden assoziative kognitive Netzstrukturen (Reaktionsmuster, Handlungspläne) aktiviert, die dem Individuum aktionale Instrumente zur Situationsbewältigung zur Verfügung stellen (vgl. kap.4.2.). Erst wenn diese in einem zweiten Analyseprozeß als für die speziellen Situationsanforderungen nicht hinreichend bewertet werden, wird eine bewußte Suche nach Handlungsstrategien eingeleitet. Führt der Abgleichprozeß mit dem zur Verfügung stehenden Bewältigungsrepertoire ebenfalls nicht zum Erfolg, wird die Situation entweder als Bedrohung oder Herausforderung neu bewertet. Je nach resultierendem Bewertungsresultat reagiert die Person mit negativer (Distreß) oder positiver (aktiver) Bewältigung.

Diese Wahrnehmungs- und Bewertungsprozesse von Schmerzereignissen unterliegen im Laufe der *kognitiven Entwicklung* und in Abhängigkeit von der Quantität und Qualität einschlägiger *Erfahrungen* beträchtlichen Veränderungen (Craig et al., 1988; McGrath & Craig, 1989; McGrath & Hillier, 1989; vgl. 5.4.). Der gleiche Schmerzreiz (z.B. Venenpunktion) wird beispielsweise von kleinen Kindern (5-7 Jahre) als intensiver und bedrohlicher interpretiert als von älteren Kindern und Erwachsenen (Lander & Fowler-Kerry, 1991, 1993). Van Aken, van Lieshout, Katz und Heezen (1989) fanden einen ausgeprägten Alterseffekt bei der Streßreaktion auf Knochenmarkpunktionen: Das nach verschiedenen Verhaltensparametern (Weinen, Schreien, Klammern, verbale Schmerzäußerungen, Betteln um Abbruch etc.) ermittelte Streßausmaß zwei- bis 17jähriger Kinder nimmt entwicklungsabhängig mit zunehmendem Alter ab. Zwischen älteren

Kindern und Erwachsenen bestehen hingegen kaum Unterschiede in der subjektiven Intensitätsbeurteilung (Manne, Jacobsen & Redd, 1992).

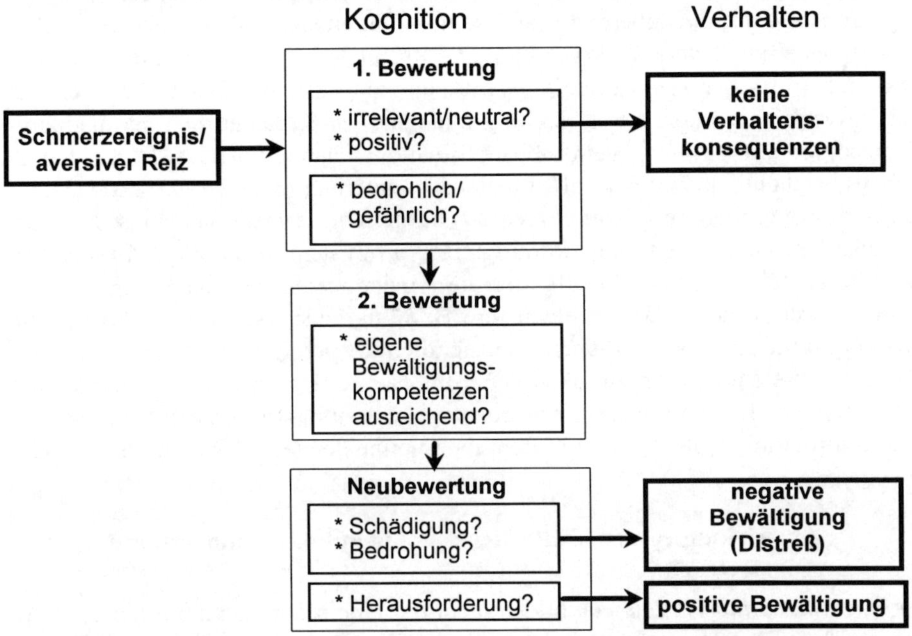

Abbildung 5-2: Bewältigungsmodell nach Lazarus (Erläuterung im Text).

5.2.3. Schmerzerwartung, perzipierte Kontrolle und Attributionsstil

5.2.3.1. Attributionsstil

Der Einsatz von Schmerzregulations- und Schmerzbewältigungsstrategien einer Person ist bedingt durch das Ausmaß ihrer wahrgenommenen und tatsächlichen *Einflußmöglichkeiten.* Diese *Kontrollüberzeugungen* beziehen sich zum einen auf den Einfluß des eigenen Verhaltens auf innere oder äußere Situationsumstände (*internale Kontrolle*) oder die Determiniertheit der Situation durch extrapersonale Bedingungen (*externale Kontrolle*). Moderne Modelle zu Kontrollüberzeugungen in bezug auf Krankheit und Gesundheit (Krampen, 1981; Lohaus & Schmitt, 1989b) konzeptualisieren die externalen Kontrollüberzeugungen in Anlehnung an Levenson (1972) in zwei Unterdimensionen: *External-soziale* Kontrolle als Situationsbestimmung durch andere Personen und *external-zufällige* Kontrolle als fatalistische Überzeugung, nach der Ereignisse lediglich als zufallsdeterminiert wahrgenommen werden.

Kinder zeigen vor und während schmerzhafter medizinischer Eingriffe unterschiedliche Reaktionen, die mit ihrem jeweiligen *Attributionsstil* korrespondieren. LaMontagne (1987) untersuchte 42 Kinder (8-18 Jahre), die sich operativen Eingriffen unterziehen mußten, bezüglich ihres Attributionsstiles: Ein Teil der Kinder versuchte, durch aktive Aufmerksamkeitssteuerung, partizipatorisches Verhalten (Wunsch nach Mitbestimmung bei der Durchführung, z.B. ansagen, wann der Einstich erfolgen soll) und Kooperation,

Kontrolle über die Situation zu erlangen und fühlten sich für Erfolg oder Mißerfolg der Prozedur mitverantwortlich (*internale Kontrolle*). Andere Kinder fokussierten ihre Aufmerksamkeit primär auf die negativen und bedrohlichen Situationsaspekte, reagierten lediglich passiv auf die äußeren Ereignisse und fühlten sich vollkommen durch Außenfaktoren bestimmt (*externale Kontrolle*). Die Resultate belegen, daß internale Kontrollattribution mit *aktiveren* Bewältigungsformen und externale Kontrolle eher mit *Vermeidungsverhalten* assoziiert ist (s.a. LaMontagne, 1984). Da es sich bei medizinischen Prozeduren um relativ unbeeinflußbare Situationen handelt, ist das Bewältigungsverhalten wahrscheinlich weniger auf Situationsveränderung (*problem-focused*) als auf interne Emotionsregulierung (*emotion-focused*) ausgerichtet (vgl. Folkman & Lazarus, 1980). Außerdem ist der gewählte Bewältigungstyp mit dem *Grad der Informiertheit* assoziiert: Je ausführlicher und detaillierter die Kinder vorab über den Eingriff informiert worden waren, desto aktiver fielen ihre Bewältigungsversuche aus. Prozedurale und sensorische Informationen erhöhen offensichtlich die perzipierte Kontrolle der Kinder und damit ihre Motivation zur aktiven Einflußnahme. Umgekehrt sind Kinder mit habituell aktiverem Bewältigungsstil erwartungsgemäß aufnahmebereiter für prozedurbezogene Informationen als Kinder mit dominant vermeidenden oder kombinierten Copingstrategien.

5.2.3.2. Auswirkungen der Kontrollerwartung auf das Schmerz- und Angsterleben

Ausgeprägte *Kontrollüberzeugungen* bilden nicht nur eine motivationale Bedingung für den erfolgreichen Einsatz psychologischer Bewältigungsstrategien, sondern wirken sich auch selbst *streß- und schmerzreduzierend* aus. *Perzipierte Unkontrollierbarkeit* eines noxischen Stimulus' intensiviert das subjektive Schmerzempfinden (Miller, 1981). Je größer umgekehrt die *wahrgenommene Kontrolle* über ein Schmerzereignis, desto höher ist im allgemeinen die subjektive Schmerzschwelle: Überläßt man einer Person Kontrollmöglichkeiten über den noxischen Reiz oder die Konsequenzen (z.B. indem sie den Applikationszeitpunkt, die -dauer oder -intensität mitbestimmt), erhöht sich i.d.R. ihre Toleranz gegenüber der Intensität und der Dauer noxischer Stimulation (Turk, Meichenbaum & Genest, 1983). Dabei ist nicht das Ausmaß der objektiven Kontrollmöglichkeiten, sondern die *subjektiv perzipierte Kontrolle* entscheidend. Rokke und Lall (1992) wiesen in einer experimentellen Laborstudie (Kaltwassertest) nach, daß die Schmerztoleranz allein dadurch erhöht werden kann, daß man den Versuchspersonen *Wahlmöglichkeiten* über den Einsatz ihrer Copingstrategien läßt und dadurch ihre perzipierte Kontrolle verstärkt.

Generell korreliert schon die zunehmende *Vorhersagbarkeit* und *Berechenbarkeit* eines Schmerzereignisses mit einem *Anstieg der Schmerztoleranz* (Arntz, van Eck & DeJong, 1992; Lander et al., 1992; McGrath, 1990). *Unvorhersagbare Schmerzereignisse*, d.h. ein unbeeinflußbares Auftreten von Schmerzen ohne Vorwarnung, führen generell zu *verstärktem Schmerzempfinden*. Langfristig entwickelt sich ein fataler Teufelskreis: Der entstehende Kontrollverlust mündet in Hilflosigkeitsgefühle und Depressionen, die eine stabile habituelle Herabsenkung der Schmerztoleranz (Sensibilisierung) verursachen, wodurch sich wiederum der erlebte Kontrollverlust erhöht (Turk et al., 1983). Auch die Unvorhersagbarkeit der *Intensität* eines streßhaften Schmerzereignisses *mindert* die subjektive *Schmerztoleranz*, *steigert* die *aversive Qualität* im Erleben der Person und

führt zu *verstärktem Vermeidungsverhalten*, insbesondere wenn die Schmerzintensität *höher* liegt als erwartet. Ein noxischer Reiz von unerwartet hoher Intensität wird schmerzhafter empfunden als ein erwartungskonsonanter Stimulus der gleichen Stärke (Arntz, v.d.Hout, v.d.Berg & Meijboom, 1991).
Die *Kontrollattributionen* bezüglich invasiver medizinischer Prozeduren stellen einen bedeutsamen Prädiktor für den erlebten antizipatorischen Streß bei Kindern dar. Carpenter (1992) teilte 73 Kinder im Alter von vier bis 18 Jahren (bei Phlebotomie = Venenfreilegung zur Implantation eines Katheters) nach den auf der Theorie der gelernten Hilflosigkeit basierenden vier Typen perzipierter Kontrolle in Gruppen auf: a) gemischte Kontrollursache (intern-extern); b) externale („übermächtige andere Personen"), c) internale und d) unbekannte Ursache. Kinder, die ihre Kontrollfähigkeit gegenüber der Streßsituationen nicht begründen konnten, unterschieden sich von denen, die eine der Kontrollursachen perzipierten, durch größeren antizipatorischen Distreß (Eltern- und Beobachter-Ratings), verstärktes Vermeidungs- und geringeres Kooperationsverhalten. 63% der Kinder, die sich durch fehlende Kontrollattribution sowie hohe selbstberichtete und beobachtete Ängstlichkeit auszeichneten, zogen die medizinische Prozedur übermäßig in die Länge, im Vergleich zu 20% der Kinder mit den Merkmalen Kontrollattribution und niedrige berichtete und beobachtbare Ängstlichkeit.

5.2.4. Schmerzerwartung: Auswirkungen von Intensitätsüber- und -unterschätzung

Während Erwachsene vor der erstmaligen Konfrontation mit einem spezifischen Schmerzreiz generell zu einer *antizipatorischen Überschätzung* der bevorstehenden Schmerzintensität (Kent, 1985) und dem dabei erlebten Angstgrad (Rachman & Lopatka, 1988) tendieren, ist der Anteil der Kinder, die das Schmerzausmaß korrekt einschätzen bzw. über- oder unterschätzen etwa gleich groß (Lander et al., 1992). Eine antizipatorische *Überbewertung* der Schmerzintensität, d.h. die nachträgliche Erfahrung, daß der faktische Schmerz nicht so ausgeprägt war wie erwartet, führt zu einer *angemesseneren Schmerzbewertung* in dieser und einer *realistischeren Erwartung* bezüglich zukünftiger Situationen. Das gleiche Muster findet sich bezüglich der *Erwartungsangst*, wobei diese etwas ungenauer vorhergesagt wird als das Schmerzempfinden (Rachman & Lopatka, 1988). Wird das Schmerzausmaß vorher aber *unterschätzt*, führt das zu einem *Anstieg des Streßerlebens* und der *Schmerzsensitivität* bei der Erstkonfrontation mit dem Schmerzereignis sowie langfristig einer *Zunahme* sowohl der *Schmerzerwartung* als auch der *antizipatorischen Angst* in bezug auf nachfolgende Prozeduren. Dabei sind diese Auswirkungen *unabhängig* vom erwarteten *Grad der Aversivität* der Situation (Arntz et al., 1990; Rachman & Arntz, 1991). Zwischen *aktueller* Ängstlichkeit und der *allgemeinen* Schmerzeinschätzung besteht nur eine mäßige positive Korrelation, d.h. Personen mit ausgeprägter Zustandsangst beurteilen Schmerzen nicht wesentlich höher als weniger ängstliche. Demgegenüber ist die *antizipatorische Schmerzüberschätzung* deutlich abhängig von der aktuell erhöhten Schmerzerwartung und Ängstlichkeit einer Person, wobei allerdings nicht geklärt ist, ob überzogene Schmerzerwartungen vermehrt Angst erzeugen oder ein höheres Ängstlichkeitsniveau gesteigerte Schmerzerwartungen bedingt (Lander et al., 1992).
Bei *vorhersagbarer Intensität* des Schmerzreizes ist die *Schmerzschwelle* gegenüber nicht prognostizierbaren Ereignissen im allgemeinen deutlich *erhöht* (Arntz, v.d.Hout et

al., 1991). Je besser das bevorstehende Schmerzgeschehen einzuschätzen ist, desto höher die *perzipierte Kontrolle* über die Situation (Rachman & Arntz, 1991). Das Ausmaß des Kontrollerlebens wiederum ist mit der erwarteten Selbstwirksamkeit und Handlungskompetenz in der Situation verbunden und resultiert in einer verminderten Schmerzsensitivität (Arntz, v.d.Hout et al., 1991). Da Schmerzen unberechenbarer Intensität als bedrohlicher bewertet werden und die Schmerzbewertung sich wiederum negativ auf das subjektive Schmerzerleben auswirkt, werden schwer einschätzbare Schmerzen intensiver erlebt als berechenbare. Eine *Unterschätzung* des Schmerzereignisses hat im allgemeinen stärkere Auswirkungen als eine Schmerz*überschätzung*: Die Erfahrung, daß die erlebten Schmerzen stärker waren als zuvor angenommen, führt zu einer langfristigen Erhöhung der negativen Erwartungen bezüglich der Intensität und Aversivität (Schmerzüberschätzung) sowie der Ängste gegenüber zukünftigen Schmerzereignissen. Nach einer *Schmerzunterschätzung* sind die nachfolgenden Schmerzerwartungen der Versuchspersonen i.d.R. für mehr als einen Versuchsdurchgang deutlich erhöht. Personen benötigen offensichtlich mehrere gegenteilige Erfahrungen, um eine in negative Richtung enttäuschte Erwartung korrigieren zu können. Vermutlich gewährleistet eine pessimistische Erwartungshaltung (Schmerzüberschätzung) größere subjektive Sicherheit: Personen, die das aversive Ereignis schon einmal unterschätzt hatten, scheinen es vorzuziehen, das nächste Mal eher mit dem Schlimmsten zu rechnen als das Risiko einzugehen, die Situation möglicherweise wieder zu verharmlosen. Dieses Muster ist biologisch sinnvoll: Die Erfahrung einer Schmerzunterschätzung hat im Vergleich zur Überschätzung größere biologische Relevanz, da eine unerwartet hohe Schmerzintensität ein Warnsignal für eine potentielle Überschreitung der organismischen Schmerztoleranzgrenzen darstellen kann (Arntz & Lousberg, 1990).

Während die Reaktionen auf aversive Stimulation nach mehrmaliger Präsentation normalerweise *habituieren* (erlebte Intensität und Aversivität, Angst vor dem Reiz, Hautwiderstand), *verhindert* die *Unterschätzung* eines Schmerzereignisses eine adaptive Angstreduktion durch *Habituation* und führt zu einer *langanhaltenden Verunsicherung gegenüber der eigenen Urteilskompetenz*. Erst mit zunehmender Erfahrung wächst die Angemessenheit der Erwartungen und die Sicherheit bezüglich der eigenen Vorhersagefähigkeit allmählich wieder an. Dabei spielt der *Zeitpunkt der Fehleinschätzung* im Behandlungsverlauf eine wichtige Rolle: Zu Beginn der Behandlungssequenz, wenn die Erwartungen bezüglich der Schmerzereignisse noch relativ unspezifisch und indifferent sind, wirkt sich die Schmerzunterschätzung noch wenig störend auf die Prognosesicherheit aus. Dagegen führen *Fehleinschätzungen zu einem späteren Zeitpunkt*, also nachdem bereits eine Reihe von spezifischen Erfahrungen gemacht wurden, sofort zu *starker Verunsicherung*. Wenn sich Personen bereits ziemlich sicher darüber sind, was sie in der (Behandlungs-) Situation zu erwarten haben, lösen kleine Abweichungen von diesen Erwartungen kaum Irritationen aus. Offensichtlich werden kleine Variationen im Situationsablauf problemlos in das subjektive Modell der Ereignissituation integriert, indem dieses in einzelnen Aspekten modifiziert wird, aber ingesamt stabil bleibt. Ein konsolidiertes kognitives Schema wiederum erhöht die Kontrollüberzeugungen und erleichtert die Stimuluskontrolle und Habituation. Größere Diskrepanzen zwischen Erwartung und Erfahrung haben bei einem bereits *stabilisierten* Situationsschema weit dramatischere Effekte als bei noch undifferenzierten Situations-Erwartungs-Modellen: In diesem Fall kann es zu einem völligen Zusammenbruch des sicherheitsgebenden Situationsschemas und in der Folge zu tiefgreifender und langanhaltender Verunsicherung gegenüber der eigenen Wahrnehmungs- und Urteilsfähigkeit kommen. In Abhängigkeit vom Ausmaß und Zeitpunkt der Schmerzunterschätzung sowie dem Grad der Selbstverunsicherung kann die späte antizipatorische Fehleinschätzung folglich *Dishabituationseffekte* verursachen, d.h. aus einer Schmerzunterschätzung kann eine Sensitivierung für den spezifischen Schmerzreiz resultieren, so daß ursprünglich mäßig starke, noxische Reize in der Folge intensiver erlebt werden (Arntz & Lousberg, 1990).

Es ist bislang noch weitgehend ungeklärt, wie sich der für Erwachsene konstatierte Zusammenhang zwischen Erwartungen, Einschätzungen, antizipatorischer Angst- und Schmerzerleben bei Kindern darstellt. Möglicherweise resultiert die Traumatisierung kleiner Kinder bei medizinischen Eingriffen aus einer *generellen Schmerzunterschätzung*. Aufgrund ihrer noch begrenzten kognitiven Fähigkeiten (vgl. Kap. 5.4.) und Erfahrungen (unvollständigen Situations-Ereignis-Skripte; vgl. Kap. 4.2.) sind Kinder noch nicht in der Lage, adäquate Erwartungen und Einschätzungen auszubilden. Kinder ohne spezifische Vorerfahrungen besitzen keine konkreten Vorstellungen oder kognitiven Instrumente zur Antizipation eines neuartigen Schmerzereignisses, sondern gehen bei der Beurteilung bevorstehender Schmerzen von ihrem bisherigen Erfahrungsbestand (Alltagsschmerzen) aus, so daß es im Falle schmerzhafter medizinischer Eingriffe zwangsläufig zu Diskrepanzen zwischen Erwartungen und faktischen Erfahrungen kommt. Eine sehr *hohe Schmerzerwartung* führt bei Kindern durchschnittlich zu *erhöhtem tatsächlichen Schmerzerleben* während des Eingriffes (McGrath, 1990), was möglicherweise mit einem *self-fulfilling-prophecy*-Effekt zu erklären ist. Allerdings stellt sich dieser Zusammenhang bei näherer Betrachtung etwas komplizierter dar (Lander et al., 1992): Hohe Schmerzerwartung führt nicht zwangsläufig, sondern nur bei einem Teil der pädiatrischen Patienten zu einem erhöhten Schmerzniveau, während sich dieser Zusammenhang in anderen Fällen nicht nachweisen läßt. Im Gegensatz zu Erwachsenen unterscheiden sich Kinder, die die Schmerzintensität antizipatorisch überschätzen, also eine höhere Schmerzerwartung aufweisen, in ihrer faktisch erlebten Schmerzintensität *nicht* von unterschätzenden oder realistisch einschätzenden Versuchspersonen. Die Beziehung zwischen Schmerzerwartung (prospektiv), faktischem Schmerzerleben (aktuell), Schmerzerinnerung (retrospektiv) und Ängstlichkeit ist sehr komplexer Natur und scheint durch individuelle Faktoren moderiert: Viele Kinder, die die Schmerzintensität antizipatorisch unterschätzten, sind dennoch in der Lage, sie retrospektiv korrekt zu erinnern, während andere mehr Schmerzen erinnern, als sie vorher erwartet hatten und faktisch erlebt haben (Lander et al., 1992). Die spezifischen Kausalitätszusammenhänge zwischen diesen kognitionspsychologischen Variablen müssen in künftigen Forschungsvorhaben (möglichst im Längsschnittdesign) exakter untersucht und aufgeklärt werden.

5.2.5. Der Einfluß spezifischer Vorerfahrungen mit medizinischen Prozeduren

Ob ein Kind in der Vergangenheit schon einmal Erfahrungen mit streßhaften medizinischen Eingriffen gemacht hat, prägt wesentlich seine *Situationserwartungen* und damit seinen aktuellen und zukünftigen Umgang mit ähnlichen Ereignissen. Fradet et al. (1990) ermittelten mittlere Korrelationen zwischen dem Ausmaß an prozeduralen Vorerfahrungen (Blutentnahmen, Impfungen, Venenpunktionen etc.) und einigen Streßparametern bei späteren Knochenmarkpunktionen. Dabei scheint die bloße *Quantität* der Erfahrungen jedoch nur eine untergeordnete Rolle zu spielen: Van Aken et al. (1989) fanden keine signifikanten Zusammenhänge zwischen der *Anzahl spezifischer Vorerfahrungen* und Streßausprägung bei folgenden Knochenmarkpunktionen. Auch der Chronifizierungsgrad, d.h. die Anzahl der Tage, die das Kind hospitalisiert ist, hat keinen Einfluß auf die Streßausprägung während der Prozedur (Fradet et al., 1990; Ritchie, Caty, Ellerton & Arklie, 1990). Entscheidende Bedeutung für die aktuellen Schmerzerwartungen und die Bewältigung nachfolgender Eingriffe besitzt somit die *Qualität* der Vorerfahrungen. Das Ausmaß der während der Behandlung tatsächlich erlebten Schmerzen und Ängste prägt die folgenden Situationserwartungen. Je geringer Schmerz- und Angsterleben in der (zahnärztlichen) Behandlungssituation, desto größer die Reduktion der antizipatorischen Angst und (ursprünglich erhöhten) Schmerzerwartung in bezug auf nachfolgende Prozeduren (Arntz et al., 1990). Je nachdem, wie die vorangegangenen Situationen erlebt wurden und aktuell erinnert werden (negative Erfahrungen vs. positive Bewältigung), wird das Kind somit unterschiedlich ängstlich auf folgende Prozeduren reagieren. Kinder mit negativen Vorerfahrungen besitzen ein hohes Risiko bei der Bewältigung zukünftiger Prozeduren und benötigen eine psychologische Hilfestellung zugleich am dringendsten.

Lander und Fowler-Kerry (1991) fanden heraus, daß diejenigen Kinder (N=188) *ohne* jegliche prozedurspezifische Vorerfahrungen (Venenpunktionen) und die Kinder mit der *größten* Erfahrung die *geringsten Angstwerte* aufwiesen. Offensichtlich setzt die Entwicklung antizipatorischer Angst voraus, daß die Kinder zunächst konkrete Erfahrungen mit schmerzhaften Eingriffen gemacht haben. Um diese Angst wieder in den Griff zu bekommen sind dann offensichtlich weitere prozedurale Erlebnisse erforderlich, in deren Verlauf sie spezifische Bewältigungsstrategien ausbilden. Dies steht in Übereinstimmung mit dem Resultat von Arntz und Lousberg (1990), daß überhöhte Schmerzerwartungen und -ängste erst nach wiederholten positiven Erfahrungen korrigiert werden können. Schon *unspezifische negative Vorerfahrungen* mit der Ereignisklasse „medizinische Behandlung" haben deutlich streßinduzierende Effekte. Hays, Hackworth, Speltz und Weinstein (1992) versuchten, Kontextvariablen zu identifizieren, die den Streß der Kinder bei medizinischen Prozeduren (Elektromyographie) moderieren. Sie befragten Mütter von 39 Kindern im Alter zwischen zwei und 17 Jahren nach spezifischen Vorerfahrungen und früheren (unspezifischen) negativen Erfahrungen mit medizinischen oder zahnmedizinischen Untersuchungen/Behandlungen der Kinder, ihren allgemeinen Reaktionen auf schmerzhafte Prozeduren, ihrem präferierten Bewältigungsstil (Informationssuche) und ihrer allgemeinen Behandlungsangst. Außerdem sollten die Mütter ihre eigene Behandlungsangst und ihre Ängstlichkeit beim Anblick der mit ihrem Kind durchgeführten Prozedur einschätzen. Ausgeprägter Streß während der Prozedur war in erster Linie mit dem Alter der Kinder (-.50; $p<.001$), ihrem Verhalten in vorangegangenen Untersuchungssituationen (-.41; $p<.01$) und der Qualität der Vorerfahrungen korreliert: Je jünger die Kinder und je unkooperativer sie sich bei früheren Prozeduren verhalten hatten, desto ausgeprägter der prozedurale Streß. Sehr deutlich stellte sich der Zusammenhang zwischen negativen Vorerfahrungen und aktuell erlebtem Distreß dar (.27; $p<.05$). Zu vergleichbaren Resultaten gelangten Frank, Blount, Smith, Manimala und Martin (1995) in einer Studie an Vorschulkindern bei Routineimpfungen: Das Ausmaß an Streßerleben bei vorangegangenen medizinischen oder zahnärztlichen Untersuchungen/Behandlungen stellte einen der wichtigsten Prädiktoren für den aktuellen prozeduralen Distreß der Kinder dar[9].

Dahlquist, Gil, Armstrong, DeLawyer, Greene und Wuori (1986) untersuchten, wie die kindlichen *Vorerfahrungen* mit medizinischen Prozeduren den *Erfolg unterschiedlicher psychologischer Vorbereitungsmaßnahmen* beeinflußt. 79 Kinder im Alter zwischen drei und zwölf Jahren wurden von ihren Eltern auf einer siebenstufigen Einschätzskala hinsichtlich ihrer Vorerfahrungen eingestuft (1 = negativ bis 7 = positiv), nach dem Kriterium positive vs. negative Vorerfahrungen eingeteilt und nach dem Zufallsprinzip fünf Untersuchungsgruppen zugeordnet. Gruppe 1 (*sensorische Informationen*) erhielt schrittweise verbale Erklärungen zu dem Ablauf der Prozedur und der damit verbundenen Empfindungen sowie die Möglichkeit, mit den medizinischen Gerätschaften zu spielen und die Instrumente auszuprobieren. Anschließend wurde das Verständnis der Kinder überprüft und ggfs. korrigiert. Den Kindern der Gruppe 2 (*Bewältigungsstrategien*) wurde eine einfache Entspannungstechnik (Progressive Muskelrelaxation) einschließlich einer Atemübung beigebracht. Zusätzlich wurden ihnen Suggestionen für positive Selbstüberzeugungen gegeben, die sie in Form von Selbstverbalisationen lernen und wiederholen sollten. Gruppe 3 (*Kombination*) erhielt eine Kombination beider Vorgehensweisen. Gruppe 4 (*Aufmerksamkeitskontrolle*) wurde durch das Vorlesen einer Geschichte bzw. durch Gespräche über persönlich interessante Themen (Hobbies o ä.) abgelenkt. Gruppe 5 (*Kontrollgruppe*) wurde nicht vorbereitet. Die Datenerhebung erfolgte durch Elternbeurteilung und Selbsteinschätzung der Kinder (*Visuelle Analog Skala*) bzgl. ihrer Angst und Kooperationsbereitschaft zu drei Meßzeitpunkten (vor, nach der Vorbereitung und während der Untersuchung), sowie durch Ärzteurteile und Verhaltensbeobachtung durch trainierte Rater (*„Observational Scale of Behavioral Distress“* = OSBD) während der Prozedur. Es ergaben sich keine signifikanten Effekte der Variablen Alter, Geschlecht und Anzahl prozeduraler Vorerfahrungen auf das Ausmaß des beobachteten Distresses. Kinder mit negativen Vorerfahrungen wurden erwartungsgemäß von den Eltern ängstlicher ($p<.03$) und weniger kooperativ ($p<.001$) eingeschätzt, ebenso von den Ärzten als ängstlicher beurteilt ($p<.05$) und zeigten mehr Distreßverhalten ($p<.02$). Effekte der Gruppenzugehörigkeit wurden für Kinder mit positiven Vorerfahrungen nicht festgestellt. Kinder mit negativen Vorerfahrungen hingegen zeigten in der Gruppe 4 (Aufmerksamkeitskontrolle) höhere Distreßwerte als in den übrigen Gruppen ($p<.05$). Bei Kindern, die die vermittelten Bewältigungsstrategien während der Untersuchung anwandten, verringerte sich der Distreß signifikant ($p<.02$).

Durch relativ undramatische spezifische Vorerfahrungen kann allerdings auch eine *positive (oder überoptimistische) Erwartungshaltung* in bezug auf die künftigen Eingriffe induziert werden, deren Nichterfüllung besonders streßsteigernde Effekte hat. Wie in Laborexperimenten nachgewiesen, wirkt sich ein plötzlich und *unerwartet auftretender Anstieg der Schmerzintensität* während der Konfrontation mit dem Schmerzreiz fatal aus: Dies führt zu erhöhter subjektiver Angst und physiologischer Erregung, verminderter Streßreduktion sowie *Flucht-* und *Vermeidungstendenzen* (Arntz & van der Hout, 1988; Arntz, van Eck, de Jong & van der Hout, 1990; Arntz, Dreessen & Merckelbach, 1991). Wahrscheinlich wird ein Schmerz, der sich plötzlich und unvorhergesehen verstärken kann, als gefährlicher interpretiert als ein konstanter oder berechenbarer

[9] Ergebnis in der hierarchischen Regressionsanalyse (Schlußauswertung): $T = 2.27$; $p<.05$.

noxischer Stimulus. Muß ein Kind nach vorangegangenen komplikationslosen Abläufen der Prozedur zum Beispiel wegen technischer Schwierigkeiten mehrmals punktiert werden (erhöhte Schmerzintensität), stellt dies einen besonderen Risikofaktor für die Situationsbewältigung dar. Daher ist es für die Vorbereitung angezeigt, Kind und Eltern auf eventuelle Schwierigkeiten hinzuweisen und darauf abgestimmte „Notfallmaßnahmen" zu vermitteln, die eine ausreichende Kontrollerwartung auch für Ausnahmesituationen gewährleisten.

5.2.6. Kompetenzeinschätzung

Wie in Theorien allgemeiner Bewältigungsprozesse postuliert (Bandura, 1977; Lazarus & Launier, 1981; Jäger, 1989), ist die Beurteilung der eigenen Kompetenz auch für die Bewältigung von Schmerzen von entscheidender Bedeutung. Unter *Kompetenzbewußtsein* wird die Einschätzung der eigenen Fähigkeiten zur Schmerzregulation verstanden, die aus dem Repertoire verfügbarer adäquater Bewältigungsstrategien (Handlungswissen) und bisheriger Erfahrungen mit deren Einsatz (Erfolgsbeurteilung) resultiert.

Ausgehend von dem Bewältigungsmodell von Lazarus und Launier (1981) und dem Modell der Verhaltensregulation von Dörner (1985) entwickelte Schermelleh-Engel (1992) ein vielversprechendes „*differenziertes Modell der Schmerzregulation*", in welchem dem Konstrukt „*Kompetenzeinschätzung*" eine zentrale Rolle zukommt. Danach entscheidet der Grad der Kompetenzeinschätzung über das Ausmaß der Schmerzintensität sowie der negativen Affekte und Emotionen (vgl. Abbildung 5.3). In einer ersten empirischen Überprüfung (ebenda) konnte die Autorin mittels anspruchsvoller statistischer Strukturmodelle und Pfadanalysen die zentralen Modellannahmen bestätigen: Die Ausprägung des Kompetenzbewußtseins determiniert sowohl die Schmerzintensität als auch das Ausmaß belastender Emotionen und die Angemessenheit und Ausprägung des Schmerzverhaltens. Im einzelnen führt eine *geringe* schmerzbezogene *self-efficacy* zu einer erhöhten Schmerzintensität und emotionalen Belastung. Ein hoher emotionaler Belastungsgrad wiederum erhöht die Wahrscheinlichkeit maladaptiven Bewältigungsverhaltens. Eine hohe *Kompetenzeinschätzung* bewirkt umgekehrt eine *verminderte Schmerzintensität* und *geringere emotionale Belastung* und befähigt eher zu einer *rationalen Auseinandersetzung* mit dem Schmerzereignis und einer problemadäquaten und *direkten Bewältigungsaktion.* Während das adaptive Verhalten somit unmittelbar durch das Kompetenzbewußtsein determiniert ist, wird maladaptives Verhalten überwiegend indirekt durch die Beeinträchtigungen aufgrund des ausgeprägten Schmerzerlebens (subjektive Schmerzintensität) und die emotionale Belastung bestimmt. Nach dem Modell soll die subjektive Erfolgsbewertung der eingesetzten Bewältigungsmaßnahmen nach mehrmaligen Bewältigungsdurchgängen schließlich wieder auf die Selbstwirksamkeit sowie die Relevanzbeurteilung des Schmerzreizes (*secondary appraisal*) zurückwirken. Das heißt, erfolgreiche Bewältigungsversuche verringern die Bedrohlichkeitsbewertung der Situation und erhöhen das Kompetenzbewußtsein, wodurch wiederum das Schmerzerleben und die emotionale Belastung reduziert wird.

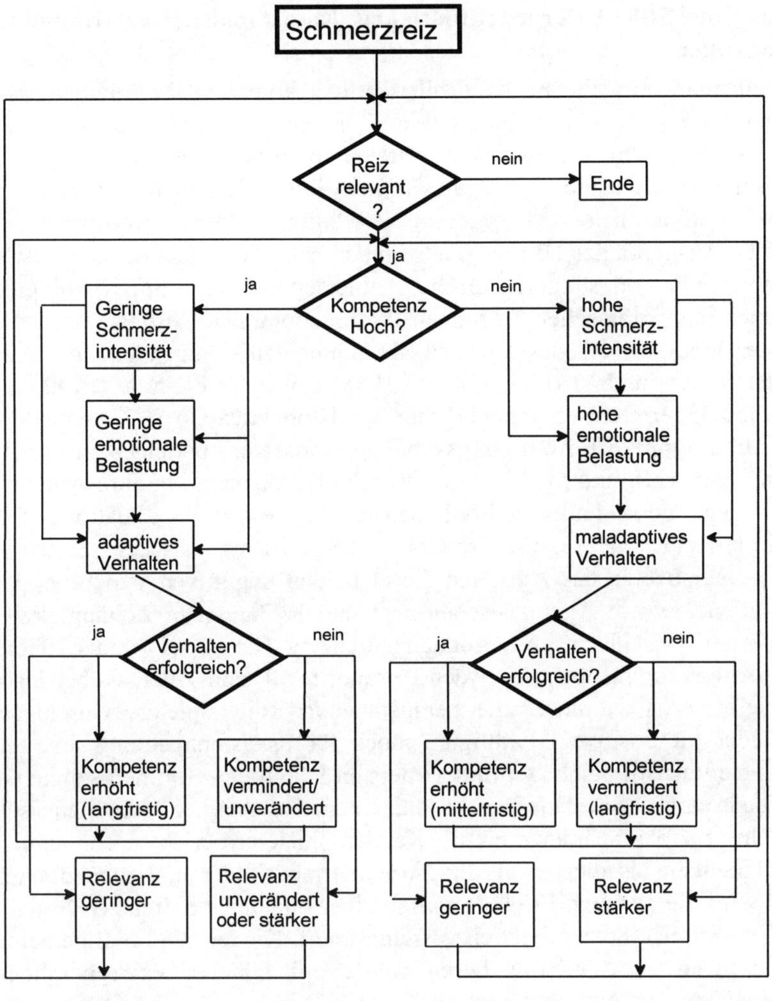

Abbildung 5-3: Differenziertes Modell der Schmerzregulation nach Schermelleh-Engel (1992).

Bennett-Branson und Craig (1993) stellten in einer Studie an 60 Kindern mit postoperativen Schmerzen im Alter zwischen sieben und 16 Jahren fest, daß die wahrgenommene Selbstwirksamkeit den wichtigsten Prädiktor für die Schmerzbewältigung darstellt: Kinder mit hoher Kompetenzüberzeugung zeigten weniger postoperative Angst und Distreß sowie einen geringeren Medikamentenverbrauch als die Vergleichsgruppe mit geringerem Kompetenzbewußtsein. Die Selbstwahrnehmung der Kinder, eine Reihe wirksamer Selbstkontrollstrategien zur Schmerzbewältigung zur Verfügung zu haben, reduziert offensichtlich ihre Ängstlichkeit und das Bedürfnis, den Schmerz medikamentös zu kontrollieren.

5.2.7. Kognitive Stile: Erlernte Hilflosigkeit, Katastophisierung, dysfunktionale Gedanken

Die der Selbstwirksamkeit und Kontrollerwartung konträre Überzeugung, *keinen wirkungsvollen Einfluß* auf das Schmerzgeschehen und die Schmerzursache zu besitzen bzw. über keine effektiven Bewältigungsstrategien zu verfügen, kann langfristig in depressionsähnliche Zustände („*erlernte Hilflosigkeit*“; Seligman, 1979) münden, die emotionale, motivationale und kognitive Bewältigungsdefizite verursachen (Turk & Rudy, 1992). Ausgeprägtes Hilflosigkeitserleben behindert nicht nur die Bewältigungsaktivitäten einer Person, sondern korreliert seinerseits sowohl mit psychologischem Distreß als auch physiologischen Störungen. Wahrgenommene Hilflosigkeit ist bspw. ein signifikanter Prädiktor für das Ausmaß an Schmerzäußerungen und die Anzahl von Arztkonsultationen im Jahr (Flor & Turk, 1988) sowie für die Schmerzstärke und den affektiv-emotionalen Belastungsgrad (Stein, Wallston, Nicassio & Castner, 1988).

Personen, die kognitive Bewältigungsstrategien einsetzen, berichten in der Regel von geringeren Schmerzen und niedrigerem Distreß als Personen, die ihre Aufmerksamkeit auf die negativen und bedrohlichen Aspekte der Situation fokussieren („*Katastrophisierer*“; vgl. Branson & Craig, 1988). Brown, O'Keefe, Sanders und Baker (1986) untersuchten das Auftreten dieser beiden kognitiven Typen bei 1.116 Kindern mit Schmerzen im Alter zwischen acht und 18 Jahren in Abhängigkeit von den Variablen Alter, Geschlecht und Grundängstlichkeit. Die Anzahl und Differenziertheit der eingesetzten Copingstrategien wächst proportional zum Alter, wobei insbesondere positive Selbstverbalisationen eine herausragende Rolle spielen. Geschlechtseffekte wurden weder für positive Bewältigung noch für Katastophisierung festgestellt. Der Katastrophisierungsstil beinhaltet in den meisten Fällen eine Aufmerksamkeitsfokussierung auf bedrohliche Situationsaspekte oder negative Affekte, antizipatorische Angst und Grübeln über das Schmerzereignis. Katastrophisierer berichten von signifikant höherer Ängstlichkeit als die bewältigungsorientierten Kinder und Jugendlichen. Wahrscheinlich wird die aversive Erlebnisqualität einer ohnehin streßreichen Situation durch negative Kognitionen noch erheblich verschlimmert. Kinder, die im allgemeinen zu katastrophisierenden Reaktionen tendieren, werden mit höherer Wahrscheinlichkeit auch in Streßsituationen vermehrte Angst ausbilden. Da ein erhöhtes Angstniveau die subjektive Schmerzintensität steigern kann, welche wiederum in negativerer Bewertung des Stressors resultiert, wird die Katastrophisierungstendenz mit zunehmender Erfahrung möglicherweise positiv rückgekoppelt. Obwohl die konstruktiven Bewältigungsversuche mit dem Alter zunehmen, finden sich in allen Altersgruppen *alarmierende Verteilungsraten für Katastrophisierungskognitionen*: Insgesamt wurden 64% der untersuchten Kinder als Katastrophisierer eingestuft, gegenüber nur 36% Bewältigern, wobei der prozentuale Anteil ersterer von 79% bei den acht- bis neunjährigen auf 54% bei den 16-18jährigen abnimmt.

Konstruktive bewältigungsorientierte vs. dysfunktionale streßinduzierende Kognitionen sind wichtige Determinanten der individuellen Schmerzreaktion. In einer Reihe von Studien wurde versucht, die *konkreten* vor, während und unmittelbar im Anschluß an ein Schmerzereignis auftretenden *schmerzbezogenen Gedanken*, die die aktuelle wie nachfolgende Schmerzerfahrung stark beeinflussen, direkt zu erheben (Boston, Pearce & Richardson, 1990; Ressor & Craig, 1988): Während positive Gedanken negativ mit der Manifestation von Distreß und Verhaltenseinschränkungen korrelieren, sind negative

Kognitionen (Hilf- und Hoffnungslosigkeit) mit verstärkter Schmerzsymtomatik und häufigeren Arztbesuchen verbunden. Der Einsatz *adaptiver Bewältigungsstrategien* ist generell (in Labor- wie in klinischen Studien) mit *erhöhter Schmerztoleranz* verbunden. Personen, die auf experimentell induzierten Schmerz spontan mit weniger Katastrophisierung und verstärkt positiven Bewältigungsstrategien reagieren, besitzen eine in bezug auf Intensität und Dauer des noxischen Reizes höhere Schmerzschwelle (Fernandez & Turk, 1989; Heynemann, Fremouw, Gano, Kirkland & Heiden, 1990). Entsprechende Resultate wurden bei klinischen Stichproben festgestellt (Flor & Turk, 1988; Rosenstiel & Keefe, 1983; Turner & Clancy, 1986). Die Frequenz katastrophisierender Gedanken und geringer Einflußerwartung bei Kindern mit postoperativen Schmerzen ist bspw. mit höheren Fremdratings für postoperative Beschwerden verbunden (Bennett-Branson & Craig, 1993). Langfristig korrespondieren spontane oder durch therapeutische Interventionen ausgelöste Modifikationen im schmerzbezogenen Denken mit entsprechenden Veränderungen des Schmerzerlebens, der Stimmungslage und der Funktionsbeeinträchtigungen (Parker, Frank, Beck, Smarr, Buescher, Philips, Anderson & Walker, 1988; Parker, Smarr, Buescher, Philips, Frank, Beck, Anderson & Walker, 1989). Die Art der spontan gewählten Bewältigungsstrategie ist allerdings signifikant durch die *Schmerzintensität* beeinflußt (Estlander & Harkapaa, 1989): Patienten neigen, unabhängig vom Grad der schmerzbedingten Funktionsbeeinträchtigung, bei ernsten Schmerzen vergleichsweise erheblich häufiger zu Katastrophisierungen als bei mäßigen Schmerzereignissen. Bei weniger intensiven Schmerzen hingegen treten Katastrophisierungen in Abhängigkeit vom Beeinträchtigungsgrad auf.

Für eine effektive und erfolgreiche Schmerzbewältigung scheint es *wichtiger* zu sein, *dysfunktionale Gedanken* (Hilflosigkeit, Katastrophisierung, Übergeneralisierung, selektive Abstraktion, Personalisierung) zu unterbrechen und *abzubauen,* als sich adaptive und aktivere Bewältigungstechniken anzueignen (Turk & Rudy, 1992). Der Abbau von Katastrophisierungen führt zu erfolgreicherem Bewältigungsverhalten (Chaves & Brown, 1987, Rosenstiel & Keefe, 1983), einer verminderten Schmerzintensität und geringeren körperlichen Beeinträchtigungen (Turner & Clancy, 1986). Sowohl in Laborexperimenten als auch in klinischen Settings erwies sich Katastrophisierung als wichtigere Determinante für ein *Mißlingen* der Bewältigungsversuche als alle Optimierungsversuche adaptiver Copingstrategien für einen Bewältigungserfolg (Estlander & Harkapaa, 1989; Heynemann et al., 1990; Turk et al., 1983).

Die *Wirkmechanismen* des schmerzreduzierenden Effektes positiver Kognitionen bedürfen noch weiterer Klärung. Cioffi (1991) postuliert vier *psychologische Wirkfaktoren der Selbstwirksamkeitswahrnehmung*: 1) Aufgrund der angstmindernden und arousalsenkenden Wirkung der self-efficacy-Kognitionen wird die Situationsbewältigung nicht schon von vornherein durch potentiell streßauslösende physiologische Zustände behindert; 2) selbsteffektive Personen sind besser in der Lage, ihre Aufmerksamkeit willentlich von potentiell belastenden Körpersensationen abzulenken oder 3) trotz Wahrnehmung der aversiven physischen Vorgänge und daraus resultierendem Streßerleben die Situation gelassener zu ertragen; 4) unter selbsteffektiver Wahrnehmungsperspektive müssen physische (Schmerz-) Sensationen weder vollständig ignoriert werden, noch wirken sie zwangsläufig streßauslösend, sondern unterliegen vielmehr einem relativ breiten Interpretationsspielraum, der Freiheitsgrade für eine kognitive Redefinition bietet. Einige Untersuchungsergebnisse weisen einen *direkten Effekt spezifischer Gedanken auf physiologische Vorgänge* nach: Die wahrgenommene Selbsteffektivität wirkt sich beispielsweise sowohl (vermindernd) auf die Freisetzung von Streßhormonen (Katecholaminen) als auch (steigernd) auf die Ausschüttung von endogenen Opioiden (Endorphinen) aus (Bandura et al., 1987; Bandura et al., 1985). Flor et al. (1985) stellten umgekehrt erhöhte Muskeltonuswerte in schmerzspezifischen Körperregionen als Folge schmerz- und streßbezogener Kognitionen fest.

5.2.8. Schlußfolgerungen und Implikationen für die Vorbereitungspraxis

Für die Vorbereitung von Kindern auf schmerzhafte medizinische Maßnahmen ist in erster Linie eine Erhöhung der *internalen Kontrollüberzeugungen* der Kinder von Bedeutung, die durch die Vermittlung von Schmerz- und Angstmanagementtechniken und deren beispielhaftes Einüben erreicht werden soll. Die Kinder sollen zunächst nach bekannten Schmerzbewältigungsstrategien befragt und anknüpfend an diesen Erfahrungshintergrund weitere Bewältigungsfertigkeiten vermittelt bekommen. Durch konkretes Einüben und Trainieren dieser Copingmaßnahmen während der Vorbereitungssitzung soll ihnen ihre Einflußmöglichkeit auf das Schmerzgeschehen erlebnisnah demonstriert und dadurch ihr Kontrollbewußtsein erhöht werden. Auch die internalen Kontrollerwartungen der *Eltern* sind bezüglich ihrer Unterstützungsmotivation und ihres protektiven Potentials für eine erfolgreiche Bewältigung der Situation von großer Bedeutung (Jacobsen et al., 1990). Darüberhinaus ist im Kontext medizinischer Behandlung im allgemeinen und der belastungs- und nebenwirkungsintensiven Chemotherapie im besonderen ein Minimum an *external-sozialer* Kontrollüberzeugung zur Gewährleistung einer ausreichenden Compliance erforderlich. Das heißt, Eltern und Kinder müssen die Einschätzung vertreten, daß durch die medizinischen Behandlungsmaßnahmen die Krankheit zweckmäßig und wirksam beeinflußt werden kann. Speziell auf den Bereich invasiver Prozeduren bezogen, fördert ein Mindestmaß an external-sozialer Kontrollerwartung das Vertrauen der Kinder in die erfolgreiche Durchführung der Prozedur durch das medizinische Team einerseits und die effektive Unterstützung der Eltern bei der Bewältigung der Situation andererseits. External-zufällige Kontrollattributionen bei Kind und Eltern sollten demgegenüber schon im Vorfeld des Eingriffes identifiziert und kognitiv-therapeutisch modifiziert werden.

Da unvorhersagbare Schmerzereignisse i.a. subjektiv schmerzhafter und aversiver erlebt werden, sollten Kinder entgegen früherer Auffassungen, sie über bevorstehende Eingriffe bis zum letzten Augenblick nicht zu informieren, um sie zu „schonen" und „nicht zu beunruhigen", i.d.R. rechtzeitig über den Zeitpunkt der Prozedur aufgeklärt werden. Diese zeitliche Berechenbarkeit erhöht das Kontrollerleben der Kinder und ermöglicht ihnen eine frühzeitige Mobilisierung von Bewältigungsressourcen.

Die *funktionale Qualität* einer moderaten *antizipatorischen Schmerzüberschätzung* (Rachman & Lopatka, 1988) impliziert, daß bei der Vorbereitung der Kinder zwar Angst reduziert, das Schmerzereignis dabei aber nicht bagatellisiert werden sollte. Kinder, denen vorher vermittelt wurde, der Eingriff sei „ganz harmlos" oder sie würden „nicht viel merken", bauen eine falsche Erwartungshaltung auf, die durch die tatsächlich höhere Schmerzintensität des Eingriffes massiv enttäuscht wird, nachhaltige Verunsicherung auslöst und langfristig zu einer Erhöhung des Angst- und Streßerlebens bei darauffolgenden Prozeduren führt. Da andererseits nach Erlebnissen intensiven Angst- und Schmerzerlebens mit hoher Wahrscheinlichkeit eine unangemessene Schmerzüberschätzung auftritt (Arntz et al., 1990), sollte der Angstgrad bei der Reizexposition während der Vorbereitung ein mäßiges Niveau keinesfalls überschreiten. Außerdem sollte gewährleistet werden, daß die Kinder am Ende der Vorbereitungssitzung keine erhöhte Ängstlichkeit mehr zeigen, da diese ihre Erwartung bezüglich des folgenden Eingriffes negativ beeinflussen könnte (Marks & deSilva, 1994).

Da unerwartete Schmerzintensitätserhöhungen zu einem späten Zeitpunkt der Behandlungssequenz, also nach einer Phase moderater und berechenbarer Schmerzerlebnisse, besonders gravierende Störungen der kognitiven Bewältigung verursachen können (Arntz & Lousberg, 1990), ist bei der Vorbereitung von Kindern eine besondere „Rückfallprophylaxe" indiziert. Das heißt, die pädiatrischen Patienten und ihre Eltern sollten von vornherein darüber aufgeklärt werden, daß es bei den vorgesehenen medizinischen Eingriffen zu gelegentlichen Komplikationen und in einem gewissen Rahmen zu einer erhöhten (überdurchschnittlichen) Schmerzintensität kommen kann und durch die Vermittlung spezifischer Bewältigungstechniken darauf vorbereitet werden.

Wenn Patienten mehrere und wiederholte Alternativerfahrungen benötigen, um eine antizipatorische Schmerzfehleinschätzung zu korrigieren, ergibt sich in der klinischen Praxis das Problem, wie die Patienten auf die in der Zwischenzeit anstehenden Eingriffe optimal vorbereitet werden können. Marks & deSilva (1994) schlagen vor, die Erwartungsadaption durch begleitende kognitive Maßnahmen zu beschleunigen, z.B. indem die Patienten mit ihrer Fehlbeurteilung konfrontiert werden. In keiner der referierten Studien ist bislang der Versuch unternommen worden, die kognitiven Diskrepanzen den Patienten gegenüber explizit zu machen und ihnen so die Möglichkeit zu geben, den Mechanismus bewußt zu reflektieren und zu beeinflussen. Außerdem spricht dieses Resultat dafür, parallel zur Sequenz der medizinischen Prozeduren auch die Vorbereitungssitzungen mehrfach zu wiederholen, um den zeitlichen Erfordernissen der angestrebten Veränderungsprozesse Rechnung zu tragen.

Für die Vorbereitungspraxis ist die *Erhöhung des Kompetenzbewußtseins* der betroffenen Kinder von herausragender Bedeutung: Zum einen wird durch die Vermittlung von Bewältigungsfertigkeiten und -strategien das Bewältigungsrepertoire (Handlungswissen) der Kinder erweitert und durch spielerisch übendes Probehandeln ein erstes Erfolgserlebnis vermittelt. Zum anderen soll der Einsatz der trainierten Copingstrategien in der Realsituation das Vertrauen der Kinder in die eigenen Schmerzregulationsfähigkeiten erhöhen und schließlich ihr Kompetenzbewußtsein stärken. Die verstärkte Selbstwirksamkeit wiederum soll mittelfristig das Schmerzerleben und die affektiv-emotionale Streßreaktion während der folgenden invasiven Eingriffe vermindern. Dieser Effekt stellt einen entscheidenden Wirkfaktor für psychologische Vorbereitungsprogramme und einen wesentlichen Vorteil gegenüber medizinisch-pharmakologischen Vorbereitungsmaßnahmen (sowie gleichzeitig ein gewichtiges Argument gegen medikamentös ausgelöste anterograde Amnesien - vgl. Kap. 4.2.7.) dar.

Die passiv-resignative Haltung, mit der manche Kinder nach wiederholter Punktionserfahrung den Eingriff über sich ergehen lassen (Kusch, 1992), ist wahrscheinlich auf ein Attributionsmuster *erlernter Hilflosigkeit* zurückzuführen. Aufgrund der gravierenden negativen Auswirkungen dieser kognitiven Reaktionsform auf das Schmerzerleben wie langfristig auf den gesamten Krankheitsverlauf, sollte sie trotz vordergründiger Erleichterung des technischen Ablaufes der Prozedur (kein Widerstand) nicht dazu verleiten, das Verhalten des Kindes als kooperatives Bewältigungsverhalten fehlzudeuten. Stattdessen ist es unbedingt angezeigt, das Hilflosigkeitserleben altersgemäß durch kognitive Umstrukturierung oder die praktische Vermittlung von Kontrollerlebnissen und Selbstkompetenzerfahrungen zu kompensieren. Die Resultate zur *Katatrophisierungstendenz* belegen die dringende Notwendigkeit, bei der Vorbereitung von Kindern auf schmerzhafte medizinische Prozeduren irrationale Denkmuster vorab zu identifizieren. Da für die genannten Altersstufen (konkret-operationale bzw. Formal-logische Entwicklungsphase) bereits kognitive Verfahren effektiv eingesetzt werden können (vgl. Kap. 5.4.), sind katastrophisierende Tendenzen mit herkömmlichen kognitiv-therapeutischen Interventionen (z.B. mittels Rational-emotiver Therapie) zu korrigieren.

5.3. Affektiv-emotionale Aspekte des Schmerzgeschehens

Wie in Kap.2 ausgeführt, reduziert sich Schmerz nach heutiger Auffassung nicht auf die sensorische Wahrnehmung, sondern ist ein Empfindungsphänomen von *emotionaler Qualität*. Nach der IASP-Definition wird die affektive Komponente als integraler Bestandteil der Schmerzerfahrung betrachtet. *„It is unquestionably a sensation in a part or parts of the body, but it is also always unpleasant and therefore also an emotional experience."* (IASP, 1979, S. 217). Das Schmerzerleben ist also durch die beiden Hauptmerkmale a) *körperliche Sensation* und b) *aversiver Affekt* bestimmt. Die affektive Seite des Schmerzgeschehens scheint bei klinischen und alltäglichen Schmerzen das subjektive Schmerzerleben sogar stärker zu prägen als die sensorische und kognitive Verarbeitung (Birbaumer, 1986).

Die Kontroverse um die Frage, ob Schmerz eher dem Erlebnisbereich der Emotionen oder dem der somatosensorischen Wahrnehmung zuzuordnen sei, reicht bis in die Antike zurück. Die Schmerzerfahrung wird bis heute häufig eher mit einem aversiven Antriebszustand (wie Hunger und Durst) verglichen als mit sensorischen Wahrnehmungsprozessen wie Sehen oder Hören. Einige Autoren betrachten Angst nicht nur als eine elementare Komponente der psychophysiologischen Reaktion auf akute noxische Reize (affektiv-emotionale Komponente), sondern als subjektive Manifestation des Schmerzgeschehens an sich: *Akuter* Schmerz läßt sich aufgrund seiner sympathophysiologischen Reaktionscharakteristik (Erhöhung des Muskeltonus, der Herzrate, des Blutdrucks, der Hautleitfähigkeit und der peripheren Vasokonstriktion), die der der typischen Angstreaktion nahezu identisch ist, als *physiologisches Angstäquivalent* begreifen (Wahl, 1994). Swanson (1984) versteht *chronischen* Schmerz als *„dritte pathologische Emotion"*. Nach dieser Auffassung ist Schmerz ein neuropsychologisches Ereignis, das der gleichen Erlebniskategorie wie die Emotionen Angst und Depression zuzuordnen sei.

5.3.1. Zur Konstruktvalidität der sensorischen und affektiven Schmerzkomponente

Die Annahme, daß sich die sensorischen und affektiven Schmerzkomponenten voneinander separieren lassen, ist allerdings nicht unwidersprochen geblieben (Merskey & Spear, 1967). Fernandez und Turk (1992) untersuchten die Frage, ob es sich bei den sensorischen und affektiven Schmerzkomponenten um eigenständige Faktoren handelt, in einer *Meta-Analyse* empirischer Studien (multivariate Verfahren, Signalentdeckung, Paarvergleich). Die empirischen Befunde scheinen das hypothetische Zweikomponentenmodell zu bestätigen. Allerdings impliziert die Isolierbarkeit von sensorischen und affektiven Anteilen nicht, daß die beiden Variablen unabhängig voneinander wären. Die festgestellte Kovariation läßt sich auch dadurch erklären, daß erstens die physische Schmerzsensation per definitionem unangenehme Emotionen erzeugt, die sich wiederum auf die sensorische Schmerzwahrnehmung auswirken; und zweitens emotionale Zustände, die aus der Bedeutungszuschreibung einer Situation resultieren, ebenfalls die Schmerzwahrnehmung beeinflussen können. Obwohl die beiden Komponenten als eigenständige Schmerzdimensionen bestätigt werden konnten, ist es aufgrund ihrer reziproken Beziehung schwierig, sie einzeln zu messen.

Die Hypothese einer Trennung in eine zeitlich vorangehende sensorische und eine nachfolgend auftretende affektive Schmerzkomponente wird auch durch die Resultate *psychophysischer Laborexperimente* bestätigt: Mittels Ableitung evozierter kortikaler Potentiale wurde nachgewiesen, daß die frühen Potentiale mit der objektiven Reizintensität und der Diskriminationsleistung korrelieren (sensorische Komponente), während die späten Potentiale mit der subjektiven Schmerzintensität und der aversiven Erlebnisqualität zusammenhängen (affektive Komponente). Diese Ergebnisse decken sich mit den Kenntnissen über die Funktionsweise der entsprechenden neuroanatomischen Strukturen: Die für die somatosensorische Informationsverarbeitung zuständigen neuronalen Leitungsbahnen arbeiten mit hoher Leitungsgeschwindigkeit, während das motivational-affektive System aufgrund seiner ausgedehnten rezeptiven Felder langsam leitet. Auch die Tatsache, daß Opiate zwar die affektiv-motivationale Komponente, nicht jedoch die sensorisch-diskriminative beeinflussen können, unterstützt die Annahme funktional-anatomisch getrennter Systeme, da Opiatrezeptoren in erster Linie in den affektiv-motivationalen Regionen lokalisiert sind (vgl. Birbaumer, 1986). Das kognitiv-evaluative System gliedert sich vermutlich in unterschiedliche Substrukturen: Die erste Bewertung geschieht über die extrem schnelle subliminale Vorverarbeitung (vgl. Kapitel Informationsverarbeitung) bereits *vor* der Aktivierung des sensorisch-diskriminativen und affektiv-emotionalen Systems. Dieser *„central control trigger process“* (Melzack & Dennis, 1978) steuert und analysiert den gesamten sensorischen Input zum Zweck der Informationsselektion vor der bewußtseinsnahen Weiterverarbeitung. In einigen Experimenten (Zajonc, 1980) zeigte sich, daß der kognitiv-bewertende Prozeß auch *nach* der affektiv-emotionalen Reaktion auftreten kann (Primat des Affektes). Hier handelt es sich möglicherweise um zeitlich aufeinanderfolgende Teilkomponenten des Bewertungsprozesses.

5.3.2. Langfristige Interdependenz zwischen Angst- und Schmerzerleben

Anhaltende oder wiederkehrende Schmerzzustände sind langfristig häufig mit *psychopathologischen* Symptomen und *negativen Emotionen*, in erster Linie mit erhöhter Angst und Depressivität, verbunden. Die *Kausalitätsrichtung* für den Zusammenhang zwischen Schmerzen und Angstemotionen bleibt nach dem bisherigen Forschungsstand allerdings umstritten: Ein hohes Angstniveau kann sowohl Ursache als auch Folge vermehrter Schmerzerfahrung sein. Entsprechend wird auch die Beziehung zwischen chronischen bzw. rekurrierenden Schmerzerkrankungen und psychopathologischen Symptomen bis heute kontrovers diskutiert. Chronische Schmerzzustände werden im wissenschaftlichen Diskurs entweder als Ursache bzw. Auslöser (Keefe, Wilkins, Cook, Crisson & Muhlbaier, 1986; McGrath, 1987; Rudy, Kerns & Turk, 1988), als Variante („larvierte Depression“) oder als Ausdruck bzw. Folge einer zugrundeliegenden Psychopathologie wie z.B. einer Major-Depression (Merskey & Spear, 1967; Blumer & Heilbronn, 1982) betrachtet. Neurobiologische Ansätze begreifen Schmerz- und Depressionsphänomene demgegenüber als unterschiedliche Manifestationen einer gemeinsamen Homöostasestörung im biochemischen Regulationssystem (z.B. der biogenen Amine) des Organismus (Ward, Bloom, Dworkin, Fawcett, Narasimnachari & Friedel, 1982; France, Krishnan & Trainor, 1986). Spezifische Längsschnittstudien zur Klärung dieses Verursachungszusammenhanges zwischen Schmerzsyndromen und psychopathologischen Symptomen stehen bislang noch aus. Einige Resultate sprechen eher dafür, daß ein hohes Angstniveau eher *Folge* als Ursache erhöhten Schmerzerlebens darstellt: So zeigen Kinder mit idiopathischen Schmerzen zwar höhere Angstwerte als gesunde Kinder, aber äquivalente Werte wie Patienten mit vergleichbarer organischer Diagnose (Walker & Greene, 1991; Hodges, Kline, Barbero & Woordruff, 1985; Garber, Zeman & Walker, 1990; Wasserman, Whitington & Rivara, 1988; Astrada, Licamele, Walsh & Kessler, 1981). Entsprechende Ergebnisse wurden zum Einflußfaktor *Depression* gefunden: Kinder mit rezidivierenden Schmerzen berichten zwar über mehr depressive Symptome als gesunde Kinder, aber ihr allgemeines Depressionsniveau unterscheidet sich *nicht* von dem der *organisch kranken* Vergleichsgruppe (Hodges, Kline, Barbero & Flanery, 1985; McGrath, 1983; Walker & Greene, 1989; Wasserman et al., 1988; Arstrada et al., 1981).

5.3.2.1. Konditionierte Angst-Schmerz-Reaktion

Langfristig wird die individuelle Schmerzwahrnehmung durch eine Vielzahl von Lernfaktoren und Bewältigungsversuchen moderiert (vgl. Kap. 5.1.). Dabei entwickeln manche Personen eine *übertriebene Schmerzwahrnehmung*, wobei sich das ursprüngliche Schmerzproblem psychologisch überformt. Für diese Chronifizierungsprozesse scheinen *schmerzbezogene Ängste* eine bedeutende Rolle zu spielen. Lethem, Slade, Troup und Bentley (1983) entwickelten ein *Angst-Vermeidungs-Modell überzogener Schmerzperzeption.* Die zentrale Aussage dieses Konzeptes besteht darin, daß die Angst vor Schmerzen langfristig zu interindividuell unterschiedlichen Reaktionen führt, die sich zwischen den Polen „Konfrontation" und „Vermeidung" anordnen lassen. Während die *Konfrontationsstrategie* zu einer Aufrechterhaltung physischer und sozialer Aktivitäten führt (soweit im Rahmen der Schmerzerkrankung möglich) und infolgedessen lediglich minimale psychische Überformung zur Folge hat, verursacht *Vermeidungsverhalten* eine Vielzahl von psychischen und sozialen Konsequenzen, die die Ausbildung übertriebener Schmerzwahrnehmung begünstigen und die Übernahme der Krankenrolle zementieren.

Ein *vermeidender* Bewältigungsstil ist (bei postoperativen Schmerzen) auch *unmittelbar* mit einer Intensivierung des Schmerzerlebens verbunden (Schumacher, 1992; Taenzer, Melzack & Jeans, 1986). Das Phänomen, daß einige Patienten infolge einer akuten Schmerzerfahrung eine übersensibilisierte Wahrnehmung für noxische Reize ausbilden, wird durch den Effekt einer *Dissoziation* oder *Desynchronisation zwischen der sensorischen und der affektiven (Angst) Schmerzkomponente* erklärt. Danach kann sich das subjektive Schmerzerleben durch zwischengeschaltete Lernvorgänge (Vermeidung von Schmerzerfahrungen bzw. schmerzauslösenden Aktivitäten) von den realen Schmerzerfahrungen und dem beobacht- bzw. meßbaren Schmerzverhalten entkoppeln. Die normalerweise synchron ablaufenden Prozesse der Subsysteme der Schmerzwahrnehmung *desynchronisieren* dabei unter bestimmten Bedingungen dergestalt, daß bspw. eine nozizeptive Sensation (sensorische Schmerzwahrnehmung) mäßiger Intensität mit einer ausgeprägten emotional-affektiven (Angst-)Reaktion gekoppelt auftritt (ähnlich wie bei anderen behavioral-emotionalen Dysbalancen wie z.B. der phobischen Reaktion). Übertriebene Schmerzwahrnehmung basiert auf dieser Diskrepanz zwischen objektiver Schmerzursache und subjektiver Schmerzreaktion. Ob ein Individuum eher eine adaptive (Konfrontation) oder maladaptive (Vermeidung) Bewältigungsstrategie im Umgang mit spezifischen Schmerzen entwickelt, ist nach diesem Modell determiniert durch den Grad der *Schmerzangst* bei den ersten diesbezüglichen Schmerzerfahrungen. Die subjektive Schmerz-Angst-Reaktion ist wiederum bestimmt durch einige *psychosoziale Kontextfaktoren* zum Zeitpunkt des initialen Schmerzereignisses, i.e. durch (vgl. Abbildung 5-4): Kritische Lebensereignisse, die individuelle Schmerzgeschichte, persönliche Bewältigungsressourcen und charakteristische Verhaltensmuster („Persönlichkeit"). Erste empirische Überprüfungen (N = 165) scheinen die zentralen Modellannahmen zu bestätigen (Slade, Troup, Lethem & Bentley, 1983)[10].

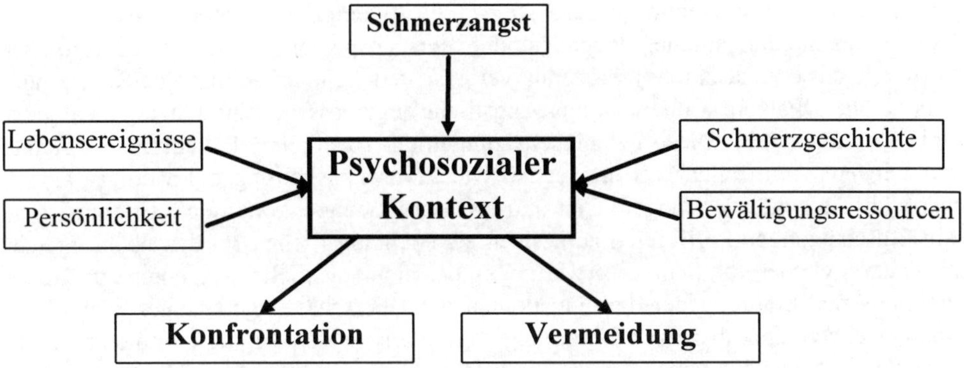

Abbildung 5-4: Psychosoziale Kontextfaktoren der Schmerz-Angst-Reaktion.

5.3.3. Unmittelbarer Angst-Schmerz-Zusammenhang

Neben den langfristigen Interdependenzen zwischen Angstemotionen und Schmerzempfinden bei chronischen oder rekurrierenden Schmerzbeschwerden wird dem Ausmaß der erlebten Angst im allgemeinen auch eine zentrale Rolle für die Stärke des *unmittelbaren Schmerzempfindens* zugeschrieben (Geissner, 1992). Der unmittelbare *Zusammenhang zwischen akut erlebter Schmerzintensität und Angst* wurde in mehreren neueren empirischen Studien überprüft (Kent, 1984; Arntz v.Eck, & Heijmans, 1990; Lander et al., 1992). Im Gegensatz zu chronischen Schmerzerkrankungen existiert bei akuten Schmerzen *keine direkte Beziehung* zwischen *Ängstlichkeit* und *Schmerzerleben*: Erhöhte Angst ist weder mit einer Verstärkung noch mit einer Verminderung des aktuellen Schmerzempfindens verbunden (Arntz, Dreessen & Merckelbach, 1991). Aufgrund der sehr schwachen Korrelation zwischen Angst und Schmerzempfindung gilt die ver-

[10] Psychosoziale Kontextfaktoren (individuelle Schmerzgeschichte, persönliche Bewältigungsstrategien) stehen bspw. in signifikanter Beziehung zur Entwicklung von Schmerzbewältigungspräferenzen (Konfrontation vs. Vermeidung) bei chronischen Rückenschmerzen.

breitete Auffassung, daß hochängstliche Personen intensivere Schmerzen erleben, insbesondere für Kinder, empirisch inzwischen als widerlegt (Arntz, vanEck & Hejmans, 1990; Lander et al., 1992).

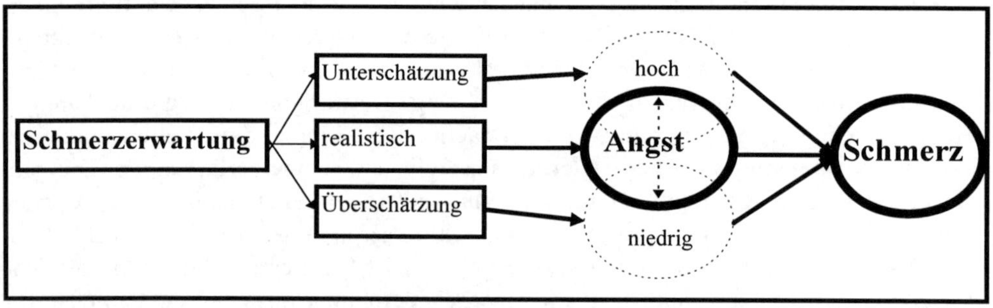

Abbildung 5-5: Zusammenhang zwischen Schmerzerwartung, Angst und Schmerz.

Ängstliche Personen *erwarten* zwar vor dem Eingriff mehr Schmerz und Angst und zeigen während der Prozedur *größere Ängstlichkeit*, empfinden aber *keinen* größeren Schmerz als nichtängstliche. Hochängstliche Versuchspersonen neigen wiederum dazu, die durch die (zahnärztliche) Prozedur verursachten Schmerzerfahrungen und Ängste stark zu überschätzen, während wenig Ängstliche angemessene Einschätzungen abgeben (vgl. Abbildung 5-5). Diese Fehleinschätzungen der ängstlichen Patienten sind stabiler und schwerer beinflußbar als die realistische Erwartungshaltung der weniger ängstlichen, d.h. sie benötigen längere Zeit und mehr erwartungsinkongruente Erlebnisse, um ihre Einschätzungen korrigieren zu können als Nichtängstliche. Bei den nachfolgenden Prozeduren werden die Schmerzerwartungen der nichtängstlichen Patienten zunehmend angemessener, während bei den ängstlichen die Überschätzungen länger persistieren. Andererseits zeigen aber auch einige angstfreie Personen ausgeprägte und stabile Tendenzen zur Schmerz*unter*schätzung, ohne daß sich ihr Vorhersageerfolg über mehrere Versuchsdurchläufe verbessert. Wahrscheinlich wird durch die zeitliche Diskontinuität der Schmerzereignisse (unregelmäßige Eingriffe) eine Habituation erschwert. Wenn auf eine Korrektur unrealistischer Schmerzerwartungen eine *Latenzzeit* ohne korrektive Schmerzerfahrungen folgt, fallen die Schmerzeinschätzungen hochängstlicher Personen wieder auf ihr ursprüngliches Ausgangsniveau (überhöhte Schmerzerwartungen und Schmerzerinnerungen) zurück. Wahrscheinlich gewinnt das alte Schema in Abwesenheit konkreter relevanter Schmerzereignisse erneute Dominanz.

Auch retrospektiv (*Schmerzerinnerung*) überschätzen ängstliche Patienten ihre Schmerz- und Angsterlebnisse im Gegensatz zu wenig ängstlichen, d.h. sie erinnern intensivere Schmerz- und Angstzustände, als sie tatsächlich erlebt haben (vgl. Abbildung 5-6). Da ängstliche Personen während der Behandlung keine intensiveren Schmerzen, aber größere Angst erleben als nichtängstliche, scheint diese akute affektive Reaktion (Zustandsangst) die entscheidende Rolle für die Aufrechterhaltung der inadäquaten Bewertungsmuster und erhöhten Ängstlichkeit gegenüber schmerzhaften Behandlungen zu spielen. Behandlungsangst und überhöhte Schmerzerwartungen persistieren nicht, weil Angst das Schmerzerleben erhöht, sondern weil ein hohes Angstniveau während des Eingriffes mit kognitiven Verarbeitungsprozessen (Adaption des Situations- und Bewertungsschemas) interferiert. Aktuelle Angst verhindert eine Korrektur inadäquater

Vorstellungen durch faktische Erfahrungen, weil sie eine kognitive Neubewertung des Schmerzreizes (als weniger aversiv) blockiert (Arntz, van Eck & Heijmans, 1990).

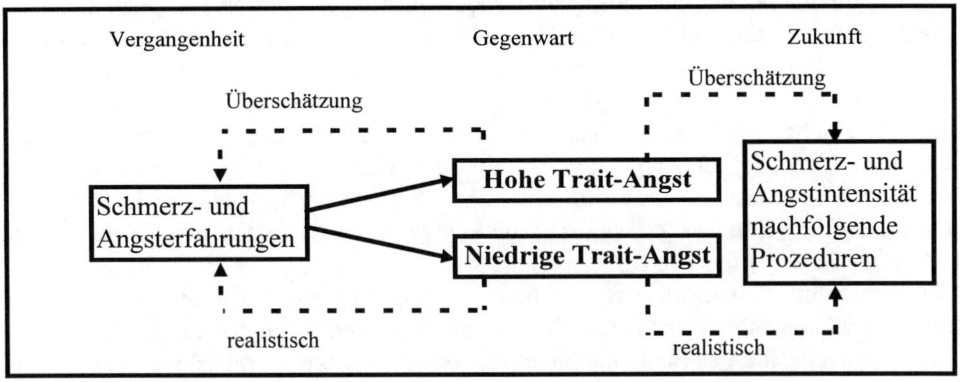

Abbildung 5-6:** **Zusammenhang zwischen Schmerzvorerfahrungen, Erwartungen und Angstentstehung.

5.3.3.1. Berechenbarkeit und Angstentstehung: Schmerzunter- vs. -überschätzung

Das unvorhersagbare Auftreten aversiver (Schmerz-)Ereignisse löst i.a. eine Reihe autonomer Streßreaktionen, organismischer Störungen und neurotischer Verhaltensdesorganisationen aus, die sich bei größerer Berechenbarkeit deutlich reduzieren. Die *Unberechenbarkeit* des Auftretens von Schmerzen erzeugt Unsicherheiten in der subjektiven Erwartung und ein erhöhtes Vigilanzniveau. Inadäquate Schmerzerwartungen wiederum sind maßgeblich an der *Entstehung anhaltender Angstzustände* beteiligt (Arntz & van der Hout, 1988; Arntz, van Eck & Heijmans, 1990). Insbesondere antizipatorische *Schmerzunterschätzung* führt in der Regel zu einem *Anstieg der Schmerzangst*, während *Schmerzüberschätzung* zu einer nachfolgenden *Angstverminderung* beiträgt (Rachman & Lopatka, 1988).

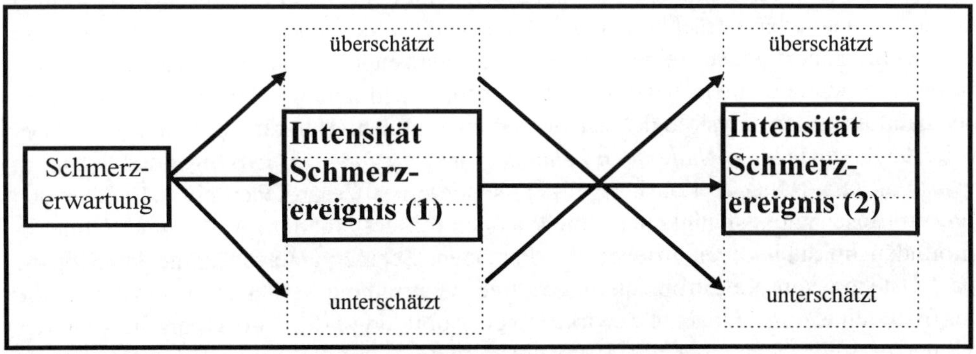

Abbildung 5-7:** **Schmerzerwartungs-Schmerzintensitäts-Zusammenhang.

Auf dieser Basis adaptierte die niederländische Arbeitsgruppe um S. Rachman und A. Arntz (Rachman & Bichard, 1988; Rachman & Arntz, 1991) das ursprünglich für Angst- und Panikstörungen formulierte *„Match-Mismatch"-Modell* auf aversive

(Schmerz-)Stimulationen (Arntz & van der Hout, 1988). Nach diesem Modell der Schmerz-Angst-Reaktion stellen Veränderungen in der erwarteten Aversivität eines Schmerzereignisses und der antizipatorischen Angst eine Funktion der Diskrepanz zwischen der erwarteten und der tatsächlich erlebten Aversivität dar. Die Erwartung in bezug auf die folgende Schmerzsituation ist determiniert durch die Richtung der Diskrepanz (Unter- vs. Überschätzung) zwischen der vorangegangenen Erwartung und der faktischen Schmerzerfahrung: War das Ereignis von höherer Aversivität als erwartet (Unterschätzung) ist die Schmerzerwartung bezüglich der darauffolgenden Schmerzsituation erhöht und umgekehrt (vgl. Abbildung 5-7). Dabei kann die letzte Schmerzerfahrung die Erwartungen in bezug auf die jeweils folgende entscheidend determinieren (Arntz & van der Hout, 1988).
Das Konstrukt „*Schmerzerwartung*“ bzw. „*antizipatorische Schmerzeinschätzung*“ ist für die Erklärung des subjektiven Schmerzerlebens und der individuellen Schmerzbewältigungsversuche von ähnlich elementarer Bedeutung wie z.B. Dishabituation, antizipatorische Angst, Flucht- oder Vermeidungsverhalten. Arntz, van den Hout, Lousberg und Schouten (1990), die die Kernaussage des match/mismatch-Modells (inkorrekte Schmerzvorhersagen führen zu veränderten Schmerzerwartungen bezüglich künftiger Schmerzereignisse) mittels schrittweiser multipler Regressionsanalyse gegen eine H0-Hypothese (zufällig generierte Schmerzerwartungen) testeten, konstatieren, daß das Modell reale psychologische Prozesse und keine statistischen Artefakte reflektiert. Die empirische Evidenz dieses Modells wird in einer neuen Überblicksarbeit von Marks und deSilva (1994) referiert.
Die beiden Formen von inadäquaten Schmerzerwartungen *(Schmerzunter- vs. -überschätzung)* besitzen *differentielle Effekte* auf das Schmerz- und Angsterleben. Arntz, van der Hout, van den Berg und Meijboom (1991) untersuchten die Auswirkungen inkorrekter Schmerzintensitätserwartungen auf die unmittelbaren Schmerz- und Angstreaktionen sowie die langfristige Entwicklung antizipatorischer Angst. Es wurden drei Versuchsgruppen gebildet, die jeweils 20 Schmerzreize variierender Intensität erhielten. Die Schmerzerwartungen wurden folgendermaßen manipuliert: In der Kontrollgruppe wurde die Schmerzintensität in allen Durchgängen über ein analoges Signal vorab korrekt angekündigt. Die beiden Untersuchungsgruppen erhielten in je drei Durchgängen einen über bzw. unter der tatsächlichen Schmerzintensität liegenden Hinweisreiz, wodurch eine schmerzüber- versus eine schmerzunterschätzende Erwartungshaltung induziert wurde. Die Schmerzunterschätzung korreliert mit nachfolgend intensiveren und langsamer habituierenden physiologischen Schmerzreaktionen (Herzrate, galvanischer Hautwiderstand), einer *langanhaltenden Erhöhung der antizipatorischen Angst* und *Schmerzerwartung* (s.a. Arntz & Lousberg, 1990) sowie einer Verunsicherung gegenüber den eigenen Einschätzungsfähigkeiten - nicht jedoch mit gesteigertem Angst- und Schmerzempfinden im subjektiven Erleben der Personen. Schmerzunterschätzung kann bpsw. das Entstehen von Katastrophisierungen und Vermeidungsverhalten begünstigen, die langfristig eine Angstzunahme bewirken (vgl. Abbildung 5-8). Eine Überschätzung des Schmerzes weist gegenüber der Kontrollbedingung keine negativen Effekte auf (kein Einfluß auf die anderen Variablen), wirkt sich aber positiv auf das subjektive Angstniveau aus, das sich nach der Schmerzstimulation schneller wieder verringert. Offensichtlich wurden diese Habituationsprozesse auf physiologischer Ebene durch die Schmerzunterschätzung unterbrochen.

Von entscheidender Bedeutung für die Entstehung von *Schmerzangst* ist die *Unberechenbarkeit* der Ausprägung des Schmerzereignisses. Ein noxischer Reiz von unerwartet hoher Intensität löst größere Angst und ausgeprägtere autonome Reaktionen aus als ein erwartungskongruenter Stimulus der gleichen Stärke. Arntz, van Eck und deJong (1992) applizierten einer Versuchspersonengruppe in unberechenbarer Folge abwechselnd 17 Schmerzreize mittlerer Intensität und drei Reize hoher Intensität und einer zweiten Gruppe (Kontrollgruppe) eine Reihe von 20 Schmerzreizen konstanter Stärke nach vorhersagbarem Muster. Sowohl die selbstberichtete Angst als auch die autonomen Reaktionen waren unter der unberechenbaren Bedingung (Experimentalgruppe) ausgeprägter als in der Kontrollgruppe, obwohl letztere mit einer insgesamt weitaus höheren Anzahl starker Schmerzreize konfrontiert war.

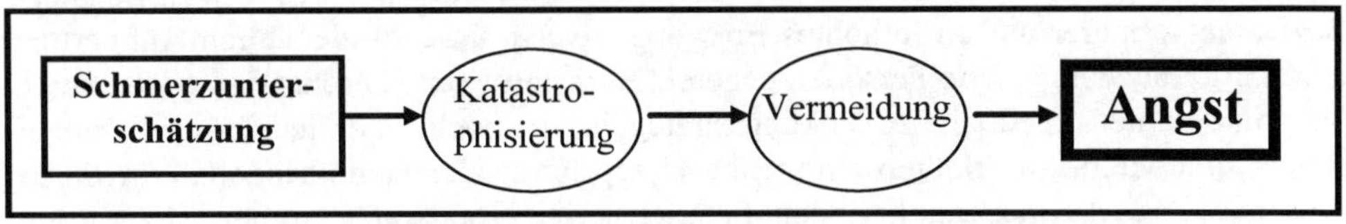

Abbildung 5-8: Kognitive Mediatoren zwischen Schmerzunterschätzung und Angstentstehung.

5.3.3.2. Der Einfluß der Aufmerksamkeit auf die erlebte Schmerzintensität

Das *Schmerzempfinden* wird *eher durch Aufmerksamkeitsprozesse als durch ein erhöhtes Angstniveau verstärkt*. Arntz, Dreessen und Merckelbach (1991) untersuchten in Laborexperimenten den differentiellen Einfluß von Angst und Aufmerksamkeit auf die Schmerzbelastung. Im einzelnen wurde im 2x2-Design geprüft, ob sich das Schmerzerleben

a) durch Angst vermindert oder
b) durch Angst,
c) durch eine Aufmerksamkeitsfokussierung auf den Schmerzreiz bzw.
d) durch eine Kombination aus erhöhter Ängstlichkeit und Schmerzauf merksamkeit erhöht.

Es konnte kein (mittels Selbsteinschätzung, elektrischem Hautwiderstand und Herzrate operationalisierter) schmerzverstärkender Effekt von Ängstlichkeit festgestellt werden. Ebensowenig wirkte sich die Kombination aus Ängstlichkeit und Aufmerksamkeit auf das Schmerzempfinden aus. Auch ein angstinduziertes erhöhtes physiologisches Erregungsniveau war weder mit einer Verstärkung des subjektiven Schmerzerlebens noch der autonomen Schmerzreaktionen oder einer verzögerten Habituation verbunden. Umgekehrt gab es schwache Hinweise auf einen schmerzreduzierenden Effekt eines erhöhten Angstniveaus, die sich allerdings lediglich auf den Indikator Herzrate beschränkten. Allein die *Aufmerksamkeitskonzentration* auf den Schmerzreiz zeigte im Vergleich zur Ablenkungsbedingung in allen Parametern eindeutige und ausgeprägt verstärkende auf das Schmerzerleben. Aufmerksamkeitsfokussierung auf den Schmerzreiz stört offensichtlich die ablaufenden Habituationsprozesse, während Ablenkung (Aufmerksamkeits-*de*fokussierung) mit kontinuierlicher Habituation verbunden ist.

Angst wirkt sich folglich nicht *direkt* auf das Schmerzempfinden aus, sondern beeinflußt in erster Linie die Aufmerksamkeit für den Schmerzreiz, welche wiederum die

Schmerzwahrnehmung moderiert. Dabei kann ein Angstzustand in Form eines angstinduzierten erhöhten physiologischen Erregungsniveaus sowohl zu Aufmerksamkeitssteigerung für noxische Reize (vgl. Kap. 4.1.) und damit zu einer *Verstärkung* des Schmerzempfindens führen oder sich als alternierender und mit dem Schmerzreiz interferierender affektiv-emotionaler Zustand aufmerksamkeitsablenkend und damit *schmerzreduzierend* auswirken. Dies erklärt die Inkonsistenz der empirischen Resultate zum Angst-Schmerz-Zusammenhang: Frühere Befunde, nach denen erhöhte Ängstlichkeit mit *vermindertem* Schmerzempfinden assoziiert ist, sind wahrscheinlich durch die aufmerksamkeitsbindende Wirkung der Angst zu erklären, während die in anderen Untersuchungen häufig beobachteten *positiven* Angst-Schmerz-Korrelationen auf vermittelnde Aufmerksamkeitsprozesse zurückzuführen sein könnten. Arntz et al. (1991) schlußfolgern aus ihren Resultaten, daß die schwache positive Angst-Schmerz-Beziehung weniger auf ein erhöhtes Erregungsniveau als entweder durch Antworttendenzen (da hochängstliche Personen generell zu negativeren Einschätzungen tendieren) oder durch unterschiedliche Ablenkungsstrategien, die hoch- und niedrigängstliche Personen präferieren, zu erklären sind. Eine Überprüfung der Hypothese, daß ängstliche Personen ihre Aufmerksamkeit den Schmerzreizen verstärkt zuwenden bzw. mehr Schwierigkeiten haben, sie vom aversiven Stimulus abzuwenden, steht bislang noch aus. Weisenberg, Aviram, Wolf und Raphaeli (1984) identifizierten einen weiteren Zusammenhang zwischen Aufmerksamkeitsprozessen und der Angst-Schmerz-Reaktion. Danach wirkt sich die Angst in Abhängigkeit von ihrer *Zielrichtung* differentiell aus: Schmerzbezogene Ängste bewirken eine Absenkung der individuellen Schmerztoleranz, während bei einer Fokussierung der Angst auf andere Bedrohungsaspekte der Situation die Schmerzschwelle unbeeinflußt bleibt oder (bei übergeordneten konkurrierenden Motiven) das Schmerzerleben durch Angst sogar reduziert wird.

5.3.3.3. Angst-Schmerz-Zusammenhänge im klinischen Kontext

Es stellt sich allerdings die Frage, inwieweit sich die beschriebenen, unter Laborbedingungen gewonnenen, grundlagenwissenschaftlichen Ergebnisse auf natürliche bzw. klinische Situationen übertragen lassen. Das Angst- und Schmerzerleben in klinischen Realsituationen ist durch eine Vielzahl von elementaren Kontextfaktoren (Bedrohlichkeit einer lebensgefährlichen Erkrankung oder einer belastungsintensiven Therapie, langfristige Angst-Schmerzzusammenhänge bei chronischen Schmerzen) moderiert, die unter laborexperimentellen Bedingungen nicht simuliert werden können. So haben krankheits- bzw. behandlungsbezogene Ängste sicherlich vielfältigen Einfluß auf das Schmerzerleben, z.B. indem sie via Aufmerksamkeitserhöhung und Sensibilisierung für interozeptive Wahrnehmungen die subjektive Schmerzschwelle herabsenken. Weitere *indirekte Schmerzverstärkungen* durch Angst können bspw. daraus resultieren, daß ein erhöhtes Erregungsniveau die Fähigkeiten zur direkten Schmerzbewältigung oder Emotionsregulierung einschränkt oder einen erhöhten Muskeltonus verursacht, der wiederum eine Schmerzintensivierung auslöst.

Rachman und Lopatka (1988) untersuchten die beobachteten Angst-Schmerz-Zusammenhänge an einer *klinischen* Stichprobe chronisch kranker Patienten (chronische Arthritis). Die Schmerzeinschätzungen dieser chronisch schmerzkranken Patienten, die z.T. jahrelange Erfahrungen mit ihren Beschwerden hatten, stellten sich insgesamt tatsächlich als erheblich treffsicherer heraus als die Einschätzungen schmerzunerfahrener

Personen. Die Muster der Schmerzerwartungen und die Zusammenhänge zwischen inkorrekter Schmerzerwartung und dem subjektiven Schmerz-Angst-Erleben allerdings waren mit den unter experimentellen Bedingungen beobachteten identisch. Arntz, van Eck und Heijmans (1990) überprüften explizit die *Übertragbarkeit der laborexperimentellen Befunde auf klinische Situationen.* Sie untersuchten 40 Personen, die sich ausgedehnten zahnmedizinischen Behandlungen unterziehen mußten. Auch in dieser Studie konnten die festgestellten Beziehungen zwischen Schmerzerwartung, Schmerzerfahrung und Angstentstehung weitgehend bestätigt werden.

Die Übertragbarkeit der bei Erwachsenen festgestellten Schmerz-Angst-Phänomene auf Kinder ist wegen einer Reihe wesentlicher Besonderheiten im emotional-affektiven Erleben und der kognitiven Konzeptualisierung von Schmerzereignissen im Kindesalter umstritten. Lander et al. (1992) fanden teilweise gravierende Unterschiede in der Schmerzerwartung, der antizipatorischen Schmerzangst und der retrospektiven Schmerzeinschätzung (Schmerzerinnerung) von Kindern im Vergleich zu den referierten Resultaten bei Erwachsenen. So ist bspw. die Tendenz, daß erinnerte Schmerzen stärker mit den ursprünglich erwarteten als mit den tatsächlich erlebten korrespondieren, bei ängstlichen Kindern nicht stärker ausgeprägt als bei wenig ängstlichen. Im Vergleich zu Erwachsenen ist bei Kindern auch die prospektive oder retrospektive Schmerzeinschätzung nicht in vergleichbarem Ausmaß durch den aktuellen affektiv-emotionalen Zustand (z.B. Angst) geprägt. Die grundlagenwissenschaftlichen Befunde zum Angst-Schmerz-Zusammenhang bei Erwachsenen lassen sich folglich nicht uneingeschränkt auf das Kindesalter übertragen, sondern sollten als vorläufige Arbeitshypothesen betrachtet werden, die noch einer genaueren empirischen Überprüfung bedürfen.

5.3.4. Entwicklung von Emotionen

Wegen der deutlichen Divergenzen zwischen den emotionalen Erlebnisqualitäten Erwachsener und Kinder sollen im folgenden die besonderen entwicklungspsychophysiologischen Bedingungen des Angst- und Streßerlebens im Kindesalter kurz dargestellt werden.

Bis heute existiert keine einheitliche und allgemein anerkannte Definition des Emotionsbegriffes (Maier et al., 1994). Nach kognitiv-emotionstheoretischen Ansätzen erhalten die zunächst unspezifischen physiologischen Erregungszustände erst durch kognitive Attributionsprozesse eine differentielle emotionale Qualität (Schachter & Singer, 1962). Ein durch Konfrontation mit neuen Reizmustern erzeugter Spannungszustand kann in Abhängigkeit von der Art und Intensität des Reizes und des Reizkontextes zu unterschiedlichen Gefühlszuständen führen. Dabei kommt den von dem Kind vorgenommenen Situationseinschätzungen („*appraisal*") die entscheidende Bedeutung für die Art der entstehenden Emotion zu: Je nach Reiz- und Kontextevaluation (die innerhalb des Informationsverarbeitungsprozesses während der ersten unbewußten Reizbewertung stattfindet; vgl. Kap. 4.1.1.) kann derselbe physiologische Spannungszustand sich in positiven (Neugier, Freude) oder negativen Emotionen (Angst) manifestieren (Sroufe & Waters, 1976).

Das Erleben von *Emotionen* und Schmerzen bei Neugeborenen scheint noch vergleichsweise undifferenziert. Physisches Wohlergehen und psychisches Wohlbefinden sind wahrscheinlich zunächst weitgehend äquivalent (Piers & Curry, 1985). Obwohl einzelne Emotionen im Entwicklungsverlauf eine identifizierbare Erstmanifestation

aufweisen, d.h. zu bestimmten Zeitpunkten erstmalig deutlich auftreten, gehen moderne emotionstheoretische Ansätze davon aus, daß bereits Neugeborene spezifische Gefühlsäußerungen zeigen können und zumindest Vorläufer aller wesentlichen Emotionen besitzen (Maier et al., 1994). Einige Entwicklungspsychologen vertreten sogar den Standpunkt, daß alle emotionalen Zustände bereits beim Neugeborenen auftreten und sich lediglich die emotionale Expressivität später entwickle (Campos, Barrett, Lamb, Goldsmith & Sternberg, 1983). Während die mimische Artikulationsfähigkeit für emotionale Zustände bei *Früh*geborenen noch relativ unterentwickelt ist, zeigen Neugeborene tatsächlich schon spezifische faziale Reaktionen auf Streß (Johnston et al., 1993).
Im Zuge ihrer weiteren Entwicklung differenzieren Kinder ihre emotionale Erlebnisfähigkeit von einem ursprünglich *unspezifischen Lust-Unlust-Erregungszustand* immer weiter aus, d.h. sie unterscheiden immer klarer zwischen verschiedenen Emotionen (Angst, Ärger, Freude, Leid) bzw. zwischen *affektiven* und *sensorischen* Wahrnehmungen. Die Aneignung von Emotionswissen in der Kindheit folgt dabei einer allgemeinen Sequenz: Das *Emotionsrepertoire* entwickelt sich wahrscheinlich hierarchisch von wenigen Basisemotionen (primären Gefühlen) zu differentiellen und übergeordneten Ebenen emotionalen Empfindens, wobei allerdings die zugrundeliegende Basisstruktur erhalten bleibt („emotionale Prototypen"; vgl. Abschnitt 4.2.5.2.). In der frühen Kindheit verfügen Kinder über ein rudimentäres Emotionsvokabular. Sie können basale Gefühle wiedererkennen bzw. einordnen und besitzen ein begrenztes Wissen über situative Auslöser für Gefühle sowie Methoden zur Kontrolle negativer Emotionen (Emotionsregulierung). Vierjährige berichten spontan lediglich über die Emotionsqualitäten „glücklich", „traurig", „ärgerlich" und „ängstlich", können aber auf Nachfrage auch über Phänomene wie „Liebe" kommunizieren. Im weiteren Entwicklungsverlauf benutzen Kinder zur Beschreibung ihrer Gefühlszustände einen wachsenden Emotionswortschatz und zunehmend subtilere und nuanciertere Begrifflichkeiten, die sowohl subkategorial-differenzierte als auch übergeordnet-abstrakte Verständnisebenen repräsentieren. Im Alter ab a acht Jahren sind sie in der Lage, Emotionen in Termini abzubilden, die allgemeingültige Bewertungen und Intensitätsdimensionen implizieren. Sie begreifen, daß spezifische emotionelle Reaktionen durch bestimmte situative Antezedenzbedingungen (emotionsspezifische äußere Auslöser) determiniert sind (Shaver et al., 1987). Emotionen werden wahrscheinlich auch über *Beobachtungslernen* erworben, d.h. Kleinkinder identifizieren zunächst die emotionalen Zustände anderer Personen über deren mimisches Ausdrucksverhalten und lernen schrittweise, sie mit auslösenden Bedingungen in Beziehung zu setzen (Reichenbach & Masters, 1983). Auf diese Weise werden Angst-Distreßreaktionen der Eltern auf Schmerzstimulation über Modellernmechanismen in das eigene Emotionsrepertoire aufgenommen (s.a. Abschnitt 4.2.5.2.).
Kleinkinder verfügen zunächst nur über gering ausgeprägte *Mechanismen* zur *Emotionsregulation.* Sie sind ihren Gefühlszuständen noch relativ hilflos ausgesetzt und nicht in der Lage, deren spontanen Ausdruck zu unterdrücken. Vor- und Grundschulkinder nutzen bereits direkte aktionale Bewältigungstechniken (Tränen abwischen, Zähne zusammenbeißen, Gefühle „herunterschlucken"). Im Alter von zehn bis zwölf Jahren werden zunehmend komplexere Emotionskontrollen wie kognitive Umbewertung der Situation und Selbstberuhigung eingesetzt.

5.3.5. Beziehung zwischen Schmerz, Angst und anderen Emotionen bei Kindern

Bei kleinen Kindern scheint es aufgrund der engen Verknüpfung von sensorischen und affektiven Schmerzäußerungen besonders schwierig bis unmöglich, auf der *Verhaltensebene* zwischen Komponenten des Angst- und Schmerzerlebens zu unterscheiden (Büttner, Breitkopf, Finke & Schwanitz, 1990; Beyer & Knapp, 1986; Lehn, 1992, 1993). Daher plädieren manche Autoren aus klinischer Forschung und Praxis dafür, beide Phänomene unter dem Begriff „*behavioral distress*" zusammenzufassen (Johnson, 1988; Katz, Kellerman & Siegel, 1980; Katz, Varni & Jay, 1984). Da alle Schmerz- und Angstmaße (Selbsteinschätzung, Fremdratings durch Eltern und Krankenschwestern, Beobachtungssysteme) hoch miteinander korrelieren, scheint es sich bei den Konstrukten antizipatorische Angst, Distreß, verbale Schmerzexpression und Schmerzverhalten tatsächlich um relativ kohärente Phänomene zu handeln (Bennett-Branson & Craig, 1993; Fradet et al., 1990). Auf der *Erlebensebene* treten Schmerz- und Angstreaktionen zwar i.d.R. gemeinsam auf, können von den Kindern aber durchaus unterschieden werden. Bereits *Kleinkinder* sind in der Lage, die *affektive Dimension* des Schmerzes (aversive Qualität) von seinen sensorischen Merkmalen (Stärke, Lokalisation, Dauer etc.) zu diskriminieren. In spontanen Schmerzbeschreibungen geben sie neben den physischen Charakteristika des Schmerzes auch den emotionalen und Leidensaspekt an. Dabei werden auch psychosoziale Belastungen dem Schmerzbegriff subsumiert: Erstklässler nennen auf die Frage nach dem schmerzhaftesten Erlebnis, das sie jemals hatten, z.B. auch kritische Lebensereignisse wie den Tod oder die Erkrankung von Angehörigen (McGrath, 1990). Kinder im Schulalter können bereits zwischen der Intensität und der Bedeutung eines Schmerzes unterscheiden: Ein Schmerz kann heftig, aber nicht schlimm sein (kleine Verletzung) oder aber weniger intensiv, aber schlimm, weil mit großer Angst verbunden, z.B. bei Operationen (Savedra, Gibbons, Tesler, Ward & Wegner, 1982; Grossmann, 1989). Die sensorischen und affektiven Dimensionen des Schmerzerlebens werden differenzierter begriffen: Die körperliche Schmerzsensation kann external (Verlet-zung, Eingriff) oder internal (Kopfschmerz, Infektionen) verursacht sein; die affektive Reaktion kann sich in allgemein erhöhtem Erregungsniveau (Aufgeregtheit) oder differentiellen Emotionen (Angst, Ärger, Niedergeschlagenheit, Apathie) manifestieren (Fernandez & Turk, 1992).

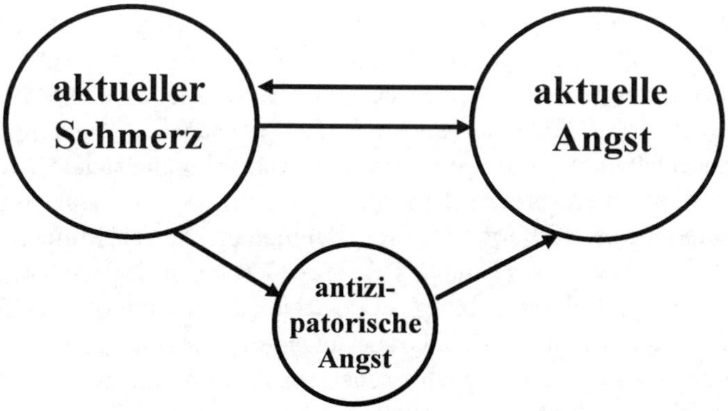

Abbildung 5-9: Schmerz-Angst-Zirkel.

In der Regel ist die primäre emotionale Reaktion, die eine Schmerzstimulation bei Kindern begleitet, eine *Angst-* oder *Furchtreaktion* (Peterson et al., 1991). Siegel (1988) postuliert eine *reziproke Beziehung zwischen Schmerz und Angst* bei Kindern: Danach verschlimmert Angst evident das Schmerzerleben, während umgekehrt wiederkehrende Schmerzereignisse antizipatorische Angst erzeugt, so daß sich eine Spirale zunehmender Schmerzempfindung entwickelt (vgl. Abbildung 5-9). Die Angstkomponente scheint bei Kindern für das Erleben von akuten Schmerzen bedeutsamer zu sein als bei chronischen Schmerzen (Varni, Jay, Masek, et al., 1986).
Die empirischen Befunde zum Angst-Schmerz-Zirkel bei Kindern sind allerdings inkonsistent. Während in zahlreichen Studien (s.o.) kein schmerzintensivierender Effekt erhöhter Ängstlichkeit festgestellt wurde, wurde in anderen Untersuchungen ein deutlicher Zusammenhang zwischen dem antizipatorischen Streßniveau und der subjektiven Schmerzintensität während des Eingriffes nachgewiesen (Fradet et al., 1990). Dies ist möglicherweise durch methodenbedingte Diskrepanzen zu erklären: Die Werte zur Schmerz- und Streßintensität aus subjektiven Selbstberichten und „objektiven" Beobachtungsmaßen divergieren z.T. erheblich voneinander (vgl. Kap. 7.). Offensichtlich besteht häufig eine gravierende Differenz zwischen subjektiv erlebtem Leiden und manifestem Streßverhalten. Auch Vorbereitungsinterventionen müssen nicht den gleichen Effekt auf subjektive Schmerz-Streß-Maße und beobachtbares Verhalten haben. Für die Kinder ist die Reduktion des subjektiven Stresses von elementarer Bedeutung. Daher kann es dazu kommen, daß (gering ausgeprägtes) äußeres Streßverhalten mit subjektiven Unterstützungsbedürfnissen interferiert. Die *antizipatorische Angst*, die aus der Stressorbewertung resultiert, kann dabei eine größere physische und emotionale Belastung erzeugen als der Schmerzreiz selbst (Williams, Murray, Lund, Harkiss & DeFranco, 1985). Der Streß unmittelbar vor der schmerzhaften Prozedur wird von Kindern meistens aversiver erlebt als der Schmerz während der Punktion (Fradet et al., 1990). Entsprechend zielen sowohl medizinische als auch psychologische Schmerzbehandlungsmaßnahmen immer auch darauf ab, das Erregungsniveau der Kinder zu senken und ihren Aufmerksamkeitsfokus von angsterzeugenden Aspekten der Schmerzsituation (Krankheit, Verletzung, Behandlung) abzulenken (Peterson et al., 1991).
Das *Ausmaß der emotionalen Reaktion* (Angst-Distreß) von Kindern auf prozedurale Schmerzen wird durch eine Reihe von Faktoren moderiert: Z.B. Alter, Geschlecht, Temperament, wahrgenommene Schmerzintensität oder die Bewertung des Schmerzstimulus (Bedrohlichkeitsgrad): Jüngere Kinder erleben bei schmerzhaften medizinischen Prozeduren generell mehr Streß als ältere (Fradet et al., 1990; Hubert, Jay, Saltoun & Hayes, 1988; Peterson & Mori, 1987). Mädchen tendieren zwar zu größerer Schmerzeinschätzung als Jungen, sind aber wahrscheinlich nicht wirklich schmerzempfindlicher, sondern entsprechend ihrem sozial definierten Geschlechtsrollenstereotyp nur eher in der Lage, Emotionen und Schmerzen zu artikulieren. In Fremdratings (Krankenschwesterneinschätzung) stellt das Geschlecht keinen Prädiktor für Schmerzverhalten oder Erholung (von postoperativen Schmerzen) dar (Bennett-Branson & Craig, 1993). Kinder mit einschlägiger *Schmerzvorerfahrungen* (z.B. zahnärztliche Prozeduren) zeigen höhere antizipatorische Angst, vermehrt negative Stimmungen, mehr Schwierigkeiten, sich an neue Situationen anzupassen und eine größere Veränderungsresistenz, aber keinen verstärkten Distreß in der Behandlungssituation (Williams et al., 1985).

Ein gewisser Grad von Furcht kann u.U. *adaptiv* sein, weil dadurch die Planung angemessenen Bewältigungsverhaltens unterstützt wird (*„work of worrying“;* Janis, 1958; vgl. Gil, 1984). Zwar setzt sich übermäßige, generalisierte Angst vor einem Schmerzereignis in erhöhten Angstwerten auch im Anschluß an die Erfahrung fort (Melamed, 1982). Dagegen kann ein *mittleres Angstniveau* positive Bewältigungseffekte haben: Kinder, die aktiv Informationen über eine bevorstehende Operation suchen und ihre Umgangsweise mit dem schmerzhaften Ereignis bewußt planen, erreichen angemessenere Bewältigungsergebnisse als Kinder, die - angstreduzierend - eine Antizipation des Ereignisses vermeiden oder Informationen ignorieren (Peterson, 1989). Eine angemessene Vorstellung über das bevorstehende Ereignis wirkt dementsprechend angstreduzierend: Kinder, die vorab eine verständliche Beschreibung des Stressors erhalten haben, geraten in der Belastungssituation weniger in Angstzustände als Kinder, die nur diffuse Erwartungen an die Situation haben, insbesondere wenn diese Beschreibung in einer kindgerechten und unbedrohlichen Weise erfolgt (Siegel & Peterson, 1980; vgl. Kap. 6.1. und 7.1.).

Über die Auswirkungen *anderer emotionale Stimmungen* auf das Schmerzerleben ist wenig bekannt: Ärger, Niedergeschlagenheit, Depression und andere negative Affekte oder Stimmungen verschlimmern offensichtlich die Schmerzerfahrungen (Kelley, Jarvie, Middlebrook, McNeer, & Drabman, 1984; Varni, 1983), während *positive Emotionen*, wie sie z.B. durch positive Imaginationen erzeugt werden können (Kuttner, Bowman & Teasdale, 1988; vgl. Kap. 7.1.), vermindertes Schmerzerleben zur Folge haben (Peterson, Harbeck, Chaney, Farmer & Thomas, 1990, Peterson, Harbeck, Farmer & Zink, 1991). *Ärger* erhöht vermutlich das autonome Arousal und damit den Muskeltonus und führt dementsprechend zu einer Intensivierung der nozizeptiven Erregung und des Schmerzempfindens (Craig, 1984).

5.3.6. Schlußfolgerungen und Implikationen für die Vorbereitungspraxis

Vorbehaltlich der erwähnten Unklarheiten bezüglich der Übertragbarkeit laborexperimenteller Befunde auf klinische Belastungssituationen bei Kindern, lassen sich einige vorläufige Schlußfolgerungen für die Vorbereitungspraxis formulieren.

Angstbedingtes *Vermeidungsverhalten* führt über die beschriebenen operanten Lernmechanismen langfristig zu einer Angstverstärkung und zu überhöhter Schmerzwahrnehmung (Übersensibilisierung). Vermeidungstendenzen der Kinder sollte grundsätzlich entgegengesteuert werden. Aufgrund der Lebenswichtigkeit der Krebsbehandlungsprozeduren wird eine vollständige Situationsvermeidung (Flucht) i.d.R. nicht zugelassen werden können. Es ist aber zu berücksichtigen, daß auch übertriebener Medikamentenkonsum oder der unangemessene Wunsch nach einer Vollnarkose eine Art von Vermeidungsverhalten darstellen kann, das sich langfristig kontraproduktiv auswirkt. Da ein hypersensibles Schmerzempfinden durch *Desynchronisation* zwischen affektiver und sensorischer Erlebenskomponente häufig schon bei der ersten massiven Konfrontation mit einem Schmerzereignis entsteht („Traumatisierung“), ist besonderes Augenmerk darauf zu legen, das Kind für die initiale prozedurale Schmerzerfahrung intensiv vorzubereiten.

Unerwartete oder unberechenbare Schmerzereignisse verursachen besonders intensive Streßzustände, die bis zu organismischen Störungen und neurotischer Verhaltensdesorganisation führen können. Dies unterstreicht die Notwendigkeit angemessener Vorbereitung auf die bevorstehenden Maßnahmen. Dabei sollte den Kindern ein altersgemäß abgestimmter Zeitraum für eine innere Einstimmung auf das Ereignis eingeräumt werden. Da insbesondere die *Unterschätzung* der Intensität eines Schmerzereignisses in der Folge zu größeren Streßreaktionen und langanhaltenden Zuständen antizipatorischer Angst und Selbstverunsicherung führt, sollte die Prozedur während der Vorbereitung nicht bagatellisiert werden. Ausgeprägte Angst bedingt zwar kein erhöhtes Schmerzempfinden während des Eingriffes, stellt aber eine größere psychische Belastung dar, deren Behandlung folglich Selbstzweck zu sein hat. Da ein hohes Angstniveau sowohl die Schmerzerwartung bezüglich zukünftiger Ereignisse als auch die retrospektive Intensitätseinschätzung bezüglich vergangener Schmerzerfahrungen erhöht, wirkt sie sich negativ auf die aktuelle Lebensqualität aus.

Ein hohes Angstniveau während des Eingriffes interferiert mit adaptiven kognitiven Verarbeitungsprozessen, verzögert die Habituation und führt zu persistierender antizipatorischer Angst. Folglich kann eine Unterstützung der Patienten bei der Reduzierung ihrer aktuellen Zustandsangst (durch Aufklärungsinformation, sozial-emotionale Unterstützung, Ablenkung etc.) entscheidend dazu beitragen, daß sich langfristig weniger antizipatorische Ängste und erhöhte Schmerzerwartungen entwickeln. Hochängstliche Personen mit überhöhten Schmerzerwartungen fallen trotz gegenteiliger Erfahrungen wieder in ihre alten Bewertungsmuster zurück, wenn sie über einen gewissen Zeitraum nicht mit konkreten Schmerzereignissen konfrontiert waren. Daher ist es für die Vorbereitungspraxis wichtig, eine wiederholte Informationsverarbeitung neuer Erfahrungen in kurzer Abfolge anzuregen, um den Zeitraum für die tendenzielle Restauration des alten kognitiven Schemas möglichst einzugrenzen.

Zusammenfassend deuten die Resultate der experimentellen Schmerz-Angstforschung darauf hin, daß Interventionen zur *Aufmerksamkeitssteuerung* in der Vorbereitung auf schmerzhafte Eingriffe größere Bedeutung zukommt als psychologischen oder pharmakologischen Maßnahmen zur Reduktion der *Zustandsangst*. Die herausragende Bedeutung von Ablenkungstechniken ist zudem dadurch begründet, daß sie zu einer *unmittelbaren* Verminderung des Schmerzerlebens führen und die Habituation unterstützen. Dennoch ist es sinnvoll, auch die aktuellen Angstzustände zu behandeln, solange Angst- und Schmerzreduktion nicht miteinander konfligieren. Da entgegen der Annahmen des Angst-Schmerz-Modells von Bolles & Fanselow (1980) eine verminderte Angst nicht zwangsläufig zu einer Erhöhung des Schmerzempfindens führt, sind zusätzliche Angstmanagementtechniken zur Linderung der affektiven Leidenskomponente indiziert. Kinder können zwar ab dem Vorschulalter zwischen sensorischen und affektiven Schmerzkomponenten unterscheiden, erleben Schmerzerfahrungen aber vornehmlich als aversiven *emotionalen* Zustand. Daher sollte die Vorbereitung stärker auf das affektiv-emotionale Geschehen fokussieren. Das heißt, die Informationsvermittlung sollte sich nicht auf sensorische Informationen über Intensität, Qualität und Dauer des Schmerzreizes beschränken, sondern die psychophysiologischen und subjektiven Aspekte der Streßreaktion (vegetative Reaktionen, Angst- oder Wuterleben) einschließen. Dabei ist die Art und Intensität der resultierenden Gefühlszustände stärker als bei Erwachsenen von internen (Interpretation) und externen (Situation, Verhalten der Erwachsenen) Kontextfaktoren bestimmt. Diesen Umstand kann man sich bei der Vorbereitung zunutze machen, indem die Kinder gezielt von Bedrohungsaspekten der Situation abgelenkt oder vorher (durch Imaginationen, Entspannung oder Hypnose) in schmerz-angst-

antagonistische emotionale Zustände gebracht werden. Da ein moderates Erregungsniveau für die Streßbewältigung der Kinder in der Situation adaptiv wirkt, ist es sinnvoll, als Ziel der Vorbereitung ein mäßiges Angstniveau und nicht einen vollständigen Entspannungszustand (z.B. hypnotische Trance) anzustreben.
Andere Emotionen wie *Wut* und *Ärger* können zwar die Schmerzsensibilität erhöhen und die technische Durchführung der Prozedur behindern, aber andererseits als aktive Bewältigungsversuche des Kindes verstanden werden, die das subjektive Erleben von Ohnmacht und Kontrollverlust zu reduzieren in der Lage sind. In diesen Fällen sollte den Kindern ihr Bewältigungsverhalten nicht ersatzlos „abtrainiert", sondern stattdessen eine konstruktivere Umsetzungsform vermittelt werden (z.B. motorisches Ausagieren vor Beginn der Prozedur; heftiges Handdrücken der Mutter oder kräftiges Schreien während des Eingriffes).

5.4. Schmerz in der kognitiven Entwicklung

Die Verarbeitung von Schmerzerfahrungen ist unmittelbar abhängig vom Entwicklungsstand der kognitiven und behavioralen Fähigkeiten eines Kindes: Die Art und Weise, wie Kinder Schmerzen begreifen, welches Verständnis sie vom Schmerzgeschehen besitzen und wie sie mit Schmerzereignissen umgehen, ist bedingt durch ihre kognitive Entwicklungsreife. Das kognitiven Entwicklungsniveau beeinflußt in mehrfacher Weise das Schmerzgeschehen bei Kindern, i.e.:

- Ihr Schmerzkonzept: Verständnis über das Wesen, die Ursachen und Behandlungsnotwendigkeiten von Schmerzen;
- ihre Wahrnehmung, Interpretation und Bewertung von Schmerzen;
- ihre Bewältigungspotentiale und -kompetenzen;
- ihre Kommunikationsmöglichkeiten über ihr Schmerzempfinden.

5.4.1. Schmerzkonzept

Die kognitive Reife eines Kindes ist eine der wichtigsten Determinanten seines Schmerz- und Angsterlebens im Kontext medizinischer Eingriffe bzw. Hospitalisierungen (Reissland, 1983). Besonders die Qualität des kindlichen *Schmerzkonzeptes* hat einen wesentlichen Einfluß auf seine Schmerzwahrnehmung und sein Schmerzerleben.
Die Entwicklung der Schmerzkonzepte, d.h. der subjektiven Vorstellungen und Verständniskategorien über Schmerz, bei Kindern wird in der empirischen Forschung als Spezialfall der Entwicklung allgemeinerer Krankheits- und Körpervorstellungen aufgefaßt, wobei Reflexionen über das nicht-gegenständliche Phänomen Schmerz gegenüber dem Verständnis von sicht- und faßbaren Objekten (Körperteile, manifeste Krankheitssymptome) einen höheren Abstraktionsgrad erfordern (Wiedebusch, 1994).
Es lassen sich einige prototypische Charakteristika der Schmerzkonzeptentstehung identifizieren, die sich in parallel zur Entwicklung kognitiver Informationsverarbeitungsstrukturen (vgl. Kap. 4.) ausbilden: Generell entwickelt sich das Schmerzverständnis von gegenwartsbezogenen, situationspezifisch-konkreten und verhaltensnahen Vorstellungen zu zeitübergreifenden, komplexeren und abstrakteren Vorstellungen, die zunehmend realistische physiologische Erklärungen und psychische Aspekte des Schmerzgeschehens und der Schmerzverursachung einschließen. Das kausale Denken bezüglich der Schmerzursachen entwickelt sich von phänomenalen über physikalische

zu physiologisch-psychologischen Erklärungsmustern (Maxin & Smith, 1990). Dabei bildet sich das Schmerzverständnis jedoch nicht als homogenes Konzept heraus, sondern als Konglomerat spezifischer Erklärungsmuster für die unterschiedlichen Aspekte des Schmerzgeschehens, dessen Zusammensetzung nach Alter, Schmerzart und individuellen Erfahrungen variiert. So begreifen Kinder bspw. die Ursachen, Funktionsweise und den Zweck von prozeduralen Schmerzen (Venenpunktionen) eher als von spontan und unkontrolliert auftretenden Kopfschmerzen (Harbeck & Peterson, 1992).

5.4.1.1. Kindliche Schmerzvorstellungen nach dem Stufenmodell der kogni tiven Entwicklung (Piaget)

Das *Modell zur kognitiven Entwicklung von Piaget* (1969) stellt den populärsten Ansatz zur Erklärung der entwicklungsspezifischen Besonderheiten der Schmerzinterpretation und -bewertung bei Kindern dar und bildet die theoretische Grundlage für die überwiegende Anzahl empirischer Untersuchungen zu diesem Thema (Bush & Harkins, 1991; Gaffney, 1988; Gaffney & Dunne, 1986, 1987; Gedaly-Duff, 1991; Harbeck & Peterson, 1992; Hurley & Whelan, 1988; Maxin & Smith, 1990; McGrath, 1990; McGrath & Craig, 1989; Pothmann, 1996). Im folgenden sollen die kognitiven Entwicklungsstufen nach Piaget bezogen auf das Schmerzphänomen kurz dargestellt werden. Die in Klammern gesetzten Altersangaben sind lediglich als grobe Richtwerte zu verstehen und können im Einzelfall stark variieren.

1) Während der *sensumotorischen Phase (ca. 0-2 Jahre)* werden die Sinnesfunktionen sowie die Fähigkeit zu koordinierten Bewegungen und zur Sprache ausgebildet. Über die kognitive Repräsentation von Schmerzereignissen im präverbalen Alter ist über die bereits beschriebenen spezifische Formen von Schmerzerinnerung und rudimentärem Schmerzbewußtsein (vgl. Kap. 3.2. und 4.) hinaus wenig bekannt.

2) In der *präoperationalen Phase (ca. 2.-7. Lebensjahr)* herrschen magisches Denken, Egozentrismus, Animismus und kausale Verknüpfung von gleichzeitig auftretenden Ereignissen vor. Das Denken ist vorwiegend an konkrete Erscheinungen gebunden (Maxin & Smith, 1990): Die kindliche Realität reduziert sich auf sinnlich-konkret und gegenwärtig wahrnehmbare Aspekte, also auf alles, was es sehen, anfassen oder direkt beeinflussen kann. Sowohl die Vorstellungen über die interne Körperstruktur als auch die Beschreibung somatosensorischer Empfindungen ist noch sehr undifferenziert. Krankheit, Gesundheit und Schmerzen werden in *globalen* und *unspezifischen Vorstellungen* repräsentiert, psychologische, affektive und soziale Aspekte körperlicher Erkrankung und Schmerzen nicht erfaßt (Burbach & Peterson 1986). Die Kinder können zwar einfache affektiv-emotionale Reaktionen (Weinen, Schreien) mit Schmerz in Verbindung bringen, verstehen aber den psychophysiologischen Zusammenhang noch nicht. Sie verfügen zunächst noch nicht über Denkkategorien, die zwischen innen und außen, lebendig und dinglich, psychisch und physisch differenzieren können (*adualistisches Weltbild*). Daher können sie nicht zwischen körperinternen Vorgängen und äußeren Ereignissen trennen. Erst im Alter zwischen vier und fünf Jahren beginnen sie, zwischen veränderlichen und unveränderlichen menschlichen Eigenschaften sowie zwischen körperlichen und geistigen Merkmalen zu unterscheiden (Inagaki & Hatano, 1993). Die Kausalität zwischen Krankheit und Schmerz wird aufgrund *fehlender Relationsbildung* (Ursache-Wirkungszusammenhänge) noch nicht verstanden, die Symptome können nicht von der Ursache unterschieden werden. Medizinische Prozeduren werden

ausschließlich nach äußerlichen Merkmalen und unmittelbaren Wirkungen beurteilt. Als *Schmerzursache* wird der reale Schmerzauslöser oder irgendein mit dem Schmerzreiz kontingent auftretender Umweltreiz interpretiert (respondente Konditionierung). Daher wird die Schmerzquelle grundsätzlich *external attribuiert*, d.h. außerhalb der eigenen Person lokalisiert („locus of control“). Daraus folgt, daß sie andere Personen als für ihren Schmerz verantwortlich betrachten und bei diesen Personen verbal und motorisch gegen ihr internes Schmerzerleben protestieren. Medizinischen Prozeduren wird häufig eine böswillige Absicht, den Behandlern feindselige *Intentionen* unterstellt. Dementsprechend werden Schmerzen häufig magisch-irrational *kausalattribuiert* oder als *Bestrafung* für vorangegangene Verfehlungen interpretiert und mit Selbstbeschuldigungen verbunden (Gaffney & Dunne, 1987). Das vorherrschende *egozentrische Denken*, d.h. die absolute Gleichsetzung der Realität mit der eigenen Wahrnehmungsperspektive (Unfähigkeit zum Perspektivenwechsel) bedingt die unumstößliche Überzeugung der Kinder, daß andere Personen ihre Schmerzen genauso wahrnähmen wie sie selbst. Die fehlende Zeitvorstellung erhöht vermutlich ihren Distreß während medizinischer Eingriffe, da subjektiv kein Ende abzusehen ist (Peterson et al., 1991). Die Kinder sind noch nicht in der Lage, mehrere Aspekte eines Sachverhaltets gleichzeitig zu berücksichtigen und logische Beziehungen zwischen ihnen herzustellen. Daher besitzt der Ablauf eines medizinischen Eingriffes einen für die Kinder ordnungsstiftenden rituellen Charakter, dessen Störung durch kleine Abweichungen zu Irritation und Verunsicherung führt (vgl. Kap. 4.2.).

Die Intentionen und Ziele der medizinischen Behandlung können noch nicht realisiert und einzelne Maßnahmen einem übergeordneten Behandlungsziel nicht zugeordnet werden. Beabsichtigte Wirkungen und unerwünschte Nebenwirkungen einer Behandlungsmaßnahme können noch nicht differenziert werden. Abstraktionsleistungen wie z.B. die Einsicht, daß ein schmerzhafter Nadelstich zu seiner Gesundung und letztlich seinem Wohlbefinden beitragen soll, ist einem Kind der prälogischen Phase fremd.

Ihre Schmerzverarbeitung ist magisch-animistisch geprägt (z.B. magischer „Wirkmechanismus“ des Pflasters oder des Pustens). Die *Schmerzbewältigung* ist noch wenig aktiv und primär auf die Hilfe und Unterstützung durch die Eltern orientiert (Maxin & Smith, 1990; Ross & Ross, 1988). Kinder der präoperationalen Entwicklungsstufe können im Vergleich zu älteren Kinder die Bedeutung oder Bedrohlichkeit eines noxischen Reizes weniger gut einzuschätzen und mit angemessenen Bewältigungsstrategien darauf reagieren (McGrath, 1990).

3) Während der *konkret-operationalen Phase (ca. 7.-10. Lebensjahr)* entwickeln Kinder neue Konzepte über die Welt und neue Verhaltensweisen, sich in ihr zu behaupten. Das Denken schließt *elementarlogische Operationen* ein: Die Kinder sind in der Lage, Dinge oder Sachverhalte aus *unterschiedlicher Perspektive* zu betrachten. Die Ausbildung *kategorialer Denkstrukturen* ermöglicht es ihnen, wahrgenommene Elemente oder Situationen in gemeinsamen Kategorien oder Klassen zusammenzufassen. Ihr Denken ist noch überwiegend *konkret-ereignisbezogen*, die *Kausalattribution* von Schmerzen noch stark von konkreten Situationen abgeleitet. Allmählich lernen sie, daß Körpervorgänge unabhängig von willentlicher Steuerung funktionieren (Inagaki & Hatano, 1993). Schmerz wird nicht mehr ausschließlich als durch äußere Ereignisse bedingt verstanden, sondern als körpereigenes Phänomen, das nach spezifischen Symptomen und Störungen, Schmerzkomponenten (sensorisch, affektiv, evaluativ) und Schmerzqualitäten (bren-

nend, stechend, drückend) beschrieben und in verschiedenen Körperzonen lokalisiert werden kann (Savedra, Tesler, Ward, Wegner & Gibbons, 1981).
Schon Kinder ab sechs Jahren können Körpervorgänge als automome Systemfunktionen begreifen, die getrennt von psychischen Vorgängen ablaufen (Inagaki & Hatano, 1993). Die *psychosoziale* und *affektive Dimension von Schmerzen* wird deutlicher erkannt (Gaffney & Dunne, 1987), wobei psychisches Leiden (z.B. Tod des Großvaters, Trennung von den Eltern, Heimweh) dem allgemeinen Schmerzkonzept subsumiert bleibt (Maxin & Smith, 1990; McGrath, 1990). Es bilden sich *relationale Denkformen* aus, die das Erkennen von *Ursache-Wirkungs-* und *Teil-Ganzes-Relationen* ermöglichen. Dadurch sind sie fortschreitend in der Lage, unterschiedliche Aspekte eines Sachverhaltes im Zusammenhang zu erfassen und sie logisch miteinander zu verknüpfen. Die Kinder fangen dementsprechend an, Beziehungen zwischen Schmerz, anderen Symptomen und Krankheit herzustellen, beginnen zwischen externen Schmerzauslösern und internen Folgen sowie zwischen verschiedenen Schmerzarten (krankheits-, verletzungs- und behandlungsbedingter Schmerz) zu unterscheiden. Es werden erste vage und diffuse Erklärungen des Schmerzprozesses ausgebildet, die aber zunächst nur unklare Vorstellungen über die Kausalzusammenhänge des Schmerzgeschehens enthalten (Bibace & Walsh, 1980). Sie entwickeln erste fiktive Erklärungsmodelle über die Schmerzübertragung (rudimentäres Nervenkonzept) und körperinterne Vorgänge (z.B. „kleine Tierchen, die an den Nerven nagen"), die sich vorwiegend an einfachen physikalischen Phänomenen orientieren. Die Ausbildung des *reversiblen Denkens* ermöglicht es den Kindern, Schmerz als vorübergehenden Zustand zu begreifen, obwohl sie dies in aktuellen Schmerzsituation nicht immer realisieren können (Alex & Ritchie, 1992). Obwohl in ihrer Wahrnehmung weiterhin die unmittelbaren Wirkungen von medizinischen Behandlungsmaßnahmen dominieren, beginnen sie, Ziele und Funktionen der Prozeduren zu verstehen und deren Zweck und Notwendigkeit differenzierter zu beurteilen. Sie lernen, intendierte und unerwünschte Wirkungen zu differenzieren und unterschiedliche Eingriffe einer übergreifenden Zielsetzung bzw. spezifische Bahandlungsmaßnahmen unterschiedlichen Schmerzarten zuzuordnen. Dabei sind sie in der Lage, Teilschritte der Behandlung zu begreifen, von den äußeren Merkmalen der Prozedursituation zu abstrahieren und sie nicht mehr nur als konstante Rituale zu erleben. Der zunächst vorherrschende kindliche Egozentrismus schwächt sich zugunsten wachsender Fähigkeiten zum *Perspektivenwechsel* und zur *internen Rollenübernahme* ab, so daß sie Kinder zwischen eigenen Wahrnehmungen und Motiven und denen anderer Personen zu differenzieren lernen. Ärzte und Schwestern können so in ihrer helfenden und unterstützenden Funktion erkannt und ihre Intentionen und Motive als positiv akzeptiert werden. Es entwickelt sich ein *empathisches Verständnis* für das (Schmerz-) Erleben anderer Menschen und differenziertere Beurteilungskategorien für deren subjektives (affektiv-emotionales) Erleben: Als äußerlich wahrnehmbare Schmerzindikatoren werden z.B. mimischer, gestischer oder paraverbaler Schmerzausdruck korrekt identifiziert (Gesicht verziehen, blaß werden, schmerzende Körperstelle halten oder reiben). Die Bedingungen von Gesundheit, Krankheit und Schmerz werden zunehmend internal attribuiert, d.h. mit eigenen Verhaltensweisen in Beziehung gesetzt (*Eigenverantwortlichkeit*). Entsprechend wächst das Bewußtsein über und die *Perzeption von Kontrolle* bzgl. Krankheit und Schmerz. Die Beziehung zwischen Gesundheitsbeeinträchtigung und vorangegangenem Fehlverhalten (i.S.v. Gesundheitsschädigung) wird zunehmend erfaßt.

Die Kinder entwickeln *aktivere Formen der Schmerzbewältigung* und -beeinflussung wie Entspannung oder Ablenkung (Ross & Ross, 1988) und können ihre Schmerzen willentlich unterdrücken oder auch übertreiben. Copingstrategien können in ihrer Effektivität und Angemessenheit beurteilt, bezüglich unterschiedlicher Schmerzarten und -intensitäten selektiv ausgewählt und relativ autonom eingesetzt werden. Im Alter von ca. *zehn bis zwölf Jahren (transitional-formale Phase)* bilden die Kinder differenziertere Vorstellung von Beziehungsrelationen (*Wenn-dann-Beziehungen*) aus. Kinder dieser Altersstufe tendieren dazu, nach außen ein angepaßtes und den Umwelterwartungen entsprechendes Bild von sich zu vermitteln und offene Schmerzäußerungen zu unterdrücken (Hände zusammenballen, Zähne zusammenbeißen, rigides Stillhalten, Anweisungen widerspruchslos gehorchen) während sie innerlich unter dem physischen Schmerz stark leiden (Lincoln, 1992; McGrath, 1990).

4) Kinder der *formal-operationalen Phase (12.-14. Lebensjahr)* sind bereits zu *formal-logischem* und *hypothetischem Denken* sowie *intellektuellen Abstraktionsleistungen* fähig, die denen Erwachsener vergleichbar sind. Sie können einen Sachverhalt rein hypothetisch reflektieren, rational analysieren, probabilistisch abschätzen und logische Schlußfolgerungen aus ihren Überlegungen ziehen. Schmerzen werden von konkreten Ereignissen entkoppelt und als vorwiegend körperinternes Geschehen begriffen. Die Kinder besitzen ein differenziertes Schmerzverständnis und Hypothesen oder Faktenwissen über die Kausalzusammenhänge zwischen externen, somatisch-organismischen und psychosozialen Faktoren. Sie erkennen die biologische Warn- und Schutzfunktion von Schmerzen und bilden pathophysiologische Erklärungsmodelle über das Schmerzgeschehen und *multikaktorielle Ätiologiekonzepte* aus, die die Wechselwirkung physischer und psychischer Faktoren berücksichtigen (Maxin & Smith, 1990).

Ziele und Intentionen des medizinischen Therapieprogrammes, der unterschiedlichen Behandlungsmaßnahmen und einzelner Prozeduren können unter Einbeziehung zu erwartender Wirkungen und Nebenwirkungen differenziert beurteilt und zwischen verschiedenen Behandlungsmaßnahmen rational abgewägt werden. Im Zuge dessen beginnen sie, die Möglichkeiten eigener Mitbestimmung über die Behandlung zunehmend zu erkennen und gemäß ihrem alterstypischen wachsenden Autonomiebedürfnis verstärkt zu nutzen. Allerdings unterscheiden sie sich in der Differenziertheit und Komplexität ihres Denkens sowie dem Stand ihrer Lebenserfahrungen noch deutlich von Erwachsenen (McGrath, 1990).

Jugendliche (ab 14 Jahren) entwickeln zunehmend aktivere und selbständigere Bewältigungsformen, können einzelne Techniken klar identifizieren und setzen diese bewußt, absichtsvoll und zielgerichtet ein. Ihre Bewältigungsstrategien bleiben über die Zeit konsistent und stabil. Sie fühlen sich dann am besten in der Lage, schmerzhafte Ereignisse zu bewältigen, wenn sie sich ihre Strategien selbst aussuchen können (Weekes & Savedra, 1988).

Das Piaget'sche Postulat einer invarianten und diskreten Abfolge der vier kognitiven Entwicklungsstufen, die von Stufe zu Stufe zu qualitativ komplexeren Denkstrukturen, einem wachsenden Repertoire kognitiver Operationen und einer höheren Abstraktionsfähigkeit führen, ist in neuerer Zeit zunehmend in Frage gestellt worden: Erstens sind heterogene Entwicklungen innerhalb einer Phase, homogene Entwicklungen über verschiedene Stufen und uneindeutige Stufenübergänge zu beobachten. Zweitens sind Kinder offensichtlich zu logischen Operationen einer höheren Entwicklungsstufe fähig, wenn sie unter optimalen Bedingungen getestet werden (Bush & Harkins, 1991) oder ein überdurchschnittliches Ausmaß spezifischen Wissens (Erfahrungen) über einen Gegenstandsbereich besitzen, z.B. im Falle chronischer Schmerzen. Die Entwicklung des kindlichen Denkens folgt nicht streng den diskreten Stufen des theoretischen Konzeptes, sondern ist bereichsspezifisch und sozialisationsbedingt graduell unterschiedlich und heterogen ausgeprägt, d.h. ein Kind kann gleichzeitig für einen Lebensbereich die konkret-operationale Stufe erreicht haben, während es in einem anderen noch präoperational denkt. Unter Streßbedingungen tendieren Kinder zu einer Regression auf eine frühere Entwicklungsstufe (McGrath & Craig, 1989). Harbeck und Peterson (1992) fanden, daß die Altersunterschiede im Schmerzkonzept außerdem nach dem jeweiligen *Schmerztyp* variierten, d.h. daß je nach Art der Schmerzen die kindlichen Erklärungskonzepte unterschiedlichen Entwicklungsstufen zugeordnet werden konnten. So können Kinder bspw. die Art und Bedeutung eines spezifischen Schmerzes (z.B. einer Injektion) vollständig erfassen, ohne daß sich dies auf ihr weniger entwickeltes allgemeines Schmerzkonzept auswirkt. Das Schmerzverständnis von Kindern scheint sich also nicht als einheitliches Konstrukt zu entwickeln. Vielmehr differenziert sich ein Verständnis der unterschiedlichen Aspekte des Schmerzgeschehens in verschiedenen Entwicklungsstufen heraus (vgl. Abbildung 5-10). Dennoch scheint das Piaget'sche Entwicklungsmodells als *Arbeitsmodell* zur Erklärung kindlicher Schmerzinterpretationen geeignet. Trotz der berechtigten Einwände läßt sich konstatieren, daß sich das kindliche Schmerzverständnis *tendenziell* nach dem postulierten Phasenverlauf der kognitiven Entwicklungsstufen entwickelt. Neuere empirische Befunde an Kindern ab fünf Jahren belegen, daß das Konzept, unter den genannten Einschränkungen, zur Abbildung des entwicklungsspezifischen kindlichen Schmerzverständnisses zweckmäßig ist (Gaffney, 1988; Gaffney & Dunne, 1986, 1987; Harbeck & Peterson, 1992; Hurley & Whelan, 1988). Der Zusammenhang zwischen kognitivem Entwicklungsniveau und Schmerzverständnis von unter fünfjährigen Kindern ist bislang wenig systematisch untersucht worden (McGrath & Craig 1989).

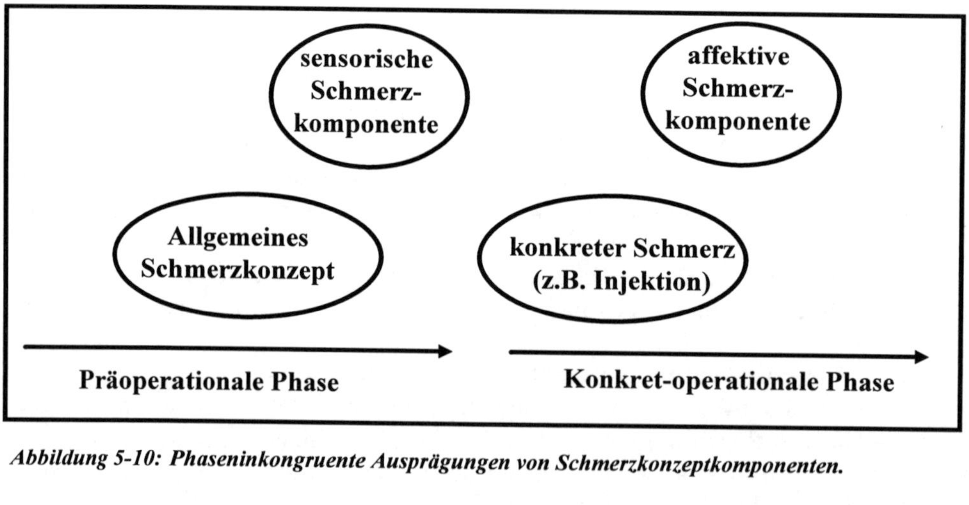

Abbildung 5-10: Phaseninkongruente Ausprägungen von Schmerzkonzeptkomponenten.

5.4.2. Schlußfolgerungen und Implikationen für die Vorbereitungspraxis

Entwicklungsspezifische Muster kindlichen Schmerzverständnisses haben wesentliche Implikationen für die klinische Praxis: Bei der Planung von Interventionsmaßnahmen zum Schmerzmanagement müssen qualitative Unterschiede der Schmerzkonzepte in verschiedenen Altersstufen angemessen berücksichtigt werden, um den intendierten Effekt zu erzielen. Sowohl die Auswahl und Zusammenstellung als auch die Art der Vermittlung muß auf das kognitive Entwicklungsniveau des Kindes abgestimmt sein (Hurley & Whelan, 1988; Hauck, 1991). Es sei in diesem Zusammenhang noch einmal ausdrücklich betont, daß Kinder unter starkem Distreß auf frühere Entwicklungsstufen regredieren können und unreifere oder phantastischere Denkprozesse zeigen als aufgrund ihres Entwicklungsalters unter normalen Umständen zu erwarten wäre (McGrath & Craig, 1989).

5.4.2.1. Sensu-motorische Phase: Neugeborene und Säuglinge (Geburt bis 2. Lebensjahr)

Die psychologischen Interventionsmöglichkeiten zur Schmerzlinderung bei Kleinstkindern reduzieren sich auf *Beruhigungs-* und *einfache Ablenkungsstrategien:* Verschiedene Formen von visuellen, auditiven oder taktilen Stimulierungen wie z.B.: monotone oder rhythmische Töne niedriger Frequenzen, Summen oder konstantes Licht, Schaukeln, Abspielen von Tonbändern mit menschlichem Herzschlag, Windeln, der Anblick und die Stimme der Mutter. Verschiedene Interventionen sind auf ihre Brauchbarkeit zur Reduzierung schmerzbezogener Distreßphänomene bei Säuglingen überprüft worden: *Mutterkontakt* (z.B. Halten des Säuglings während einer Impfung), reduzierte die Aufgeregtheit, *Schnullereinsatz* verminderte das Schreien und erhöhte die Lebhaftigkeit während und nach schmerzhafter Stimulation (Gunnar et al., 1984); *Windeln* und *Wikkeln* gelten als besonders geeignet zur Reduktion von schmerzbezogenem Distreß, weil sie eine gleichzeitige konstante Stimulierung auf mehreren sensorischen Ebenen (propriozeptiv, taktil, thermisch) erlauben und unaufwendig durchzuführen sind. Die Effekte verschiedener Beruhigungsstrategien wirken kumulativ, d.h. sie vergrößern sich bei einer Stimulierung auf mehreren Sinneskanälen (Campos, 1989). Über die relative Effektivität einzelner Beruhigungstechniken, die sich im Entwicklungsverlauf verändert, ist wenig bekannt. Campos (1989) verglich die Wirksamkeit der beiden Beruhigungsmaßnahmen „Windeln“ und „Schnullereinsatz“. Sowohl der Schnuller als auch das Wickeln zeigten deutliche, aber differentielle Beruhigungswirkung bei zwei Wochen und zwei Monate alten Säuglingen. Der Schnuller erzielte eine schnellere und komplettere Wirkung, die aber nach Beendigung seines Einsatz sofort wieder in ein erhöhtes Erregungsniveau mündete. Windeln wirkte weniger schnell, aber anhaltender.

5.4.2.2. Präoperationale Phase: Kinder im Krabbel- und Vorschulalter (3-6 Jahre)

Aufklärungsinformationen über Schmerzen, deren Ursachen (z.B. Grunderkrankung) und notwendige Behandlungsmaßnahmen müssen die kognitiven Kapazitäten der Kinder berücksichtigen (*entwicklungsspezifische Informationsvermittlung*). Es macht bspw. wenig Sinn, Kinder, die noch kein differenziertes Zeitverständnis besitzen, damit beruhigen zu wollen, daß man ihnen sagt, die Prozedur „dauere ja nur noch eine Minute“. Stattdessen ist eine Veranschaulichung des *Zeitaspekts* z.B. mittels einer durchlaufenden

Sanduhr zweckmäßig („Guck mal auf diese kleine Sanduhr und paß genau auf: Bevor der Sand ganz durchgelaufen ist, ist der Doktor schon fertig.“).

Erklärungen sollten prinzipiell a) in sehr vereinfachter verbaler Form oder b) symbolisch und spielerisch gegeben werden. Die Komplexität des Krankheitsgeschehens bzw. des Behandlungssettings sollte vermittelt werden, indem viele Hinweisreize bereitgestellt, Ereignisse in einfachen Kategorien klassifiziert und prototypische Beispiele zur Erklärung herangezogen werden. Da die Denkweise der Kleinkinder sehr auf den Moment („Hier und Jetzt“) bezogen ist und ihre Wahrnehmung sich auf das situativ Gegenwärtige begrenzt, eignet sich der Einsatz von Puppen- oder Figurenspiel zur Veranschaulichung (Pidgeon, 1985). Das vorherrschend magische Denken kann mit Hilfe von „magischen Handlungen“ (z.B. Wegpusten) oder durch den Einsatz von Märchen, Fabeln oder anderen Geschichten utilisiert werden, um Konzepte zu erklären oder Fehleinstellungen über Schmerzursachen zu korrigieren.

Kinder dieser Entwicklungsstufe interpretieren Schmerzen und Krankheit häufig als Bestrafung für vergangene „Missetaten“ oder Fehlverhaltensweisen (Gaffney & Dunne, 1987). Dies stellt zum einen einen zusätzlichen Belastungsfaktor (Schuldgefühl) für das Kind und zum anderen eine Fokussierung auf unzutreffende Schmerzursachen dar, was den Bewältigungsprozeß behindern kann. Diese *Fehleinstellungen* sollten in spielerischer Form korrigiert werden, z.B. indem man entsprechende Alternativerklärungen einführt. Kinder, die der infantilen Überzeugung anhängen, daß „nur böse Menschen Schmerzen haben“, werden möglicherweise Symptome verheimlichen und können damit den Krankheitsverlauf verkomplizieren bzw. ihre Schmerzen vergrößern (Burbach & Peterson, 1986).

Zur zielgerichteten und erfolgreichen *Interventionsplanung* ist eine genaue Kenntnis der kindlichen Konzeptualisierungen von Krankheit und Schmerz erforderlich. Wenig hilfreich dürften rationale Erklärungen über Notwendigkeit und Zweck einer invasiven Maßnahme für ein Kind sein, das noch nicht das Abstraktionsvermögen besitzt, der bedrohlichen Nadel eine positive Absicht zuzuschreiben (*kindlicher Animismus*). Andererseits sind Kinder der prälogischen Phase sofort bereit zu glauben, daß eine sinnlich wahrnehmbare Maßnahme (wie ein Verband, ein Pflaster oder ein Kuß von der Mutter) in der Lage ist, „den Schmerz wegzumachen“ (*magisches Denken*). Es ist zweckmäßig, sich in die kindliche Vorstellungswelt einzufühlen und bspw. seine animistischen Überzeugungen zu utilisieren. So wäre es z.B. möglich, ein Kind mit einzelnen schmerzenden Körperregionen oder mit bedrohlichen medizinischen Instrumenten kommunizieren zu lassen, um ihm die Angst davor zu nehmen. Ein tieferes Verständnis der kindlichen Krankheits- und Schmerzkonzepte verbessert zudem die Compliance (Burbach & Peterson, 1986).

Der *kindliche Egozentrismus*, d.h. die Unfähigkeit, sich in andere hineinzuversetzen und zu begreifen, daß andere Personen die Dinge nicht genauso wahrnehmen und interpretieren wie es selbst, bedingt diverse Verständigungsprobleme. Die subjektive Sichtweise des Kindes ist daher exakt zu ergründen, um eine Kommunikationsbasis herzustellen, auf deren Grundlage alternative Erklärungen und Hilfestellungen vermittelt werden können.

Kinder der präoperationalen Phase tendieren in Schmerzsituationen zu erhöhter Ängstlichkeit und Sensitivität (*Berücksichtigung erhöhter Angstscores*). Sie benötigen in besonderer Weise emotionale Unterstützung, verbale Versicherungen und Beruhigung, um ihren Aktivierungsgrad reduzieren zu können. Häufig herrschen Gefühle von *Resignation* und *Traurigkeit* bis hin zu *regressivem* und *Abhängigkeitsverhalten* (Anklammern, Festhalten der Mutter, Nuckeln) vor, die durch emotionale Unterstütung (z.B in-den-Arm-nehmen) oder einfache Ablenkungstätigkeiten aufgefangen werden können (Hurley & Whelan, 1988). Viele Vorschulkinder tendieren demgegenüber auch zu *aggressiven, verbal oder motorisch renitenten Verhaltensreaktionen auf Schmerzen* wie Schreien, Um-sich-schlagen, Treten, Werfen mit Gegenständen, aktivem verbalem Protest etc. (Lincoln, 1992). In diesen Fällen sollte den Kindern vor Beginn des Eingriffes Raum gegeben werden, sich motorisch „abzureagieren". Außerdem sollte in der Vorbereitungssitzung klargestellt werden, daß expressives Verhalten wie Schreien, Weinen etc. während des Eingriffes erlaubt ist, solange das Kind dabei stillsitzt und den technischen Ablauf des Eingriffes nicht behindert.

Die *psychologischen Interventionen* sollten auf die sinnlich-konkrete Art der Realitätswahrnehmung präoperationaler Kinder abgestimmt sein und z.B. Tätigkeiten in einfacher Form vorexzerzieren statt ihren rationalen Zweck zu erläutern. Vermutlich sind bei kleineren Kinder eher direktivere, strukturiertere und phantasieanregende Vorgehensweisen (wie Verhaltensmanagement, Desensibilisierung, hypnotische Suggestionen und visuelle Imagination) indiziert, da sie ihrem entwicklungsgemäßen Bedürfniss nach Orientierung und Spiel entgegenkommen. Da die Kinder in diesem Alter die Realität noch konkret-anschaulich repräsentieren und Schwierigkeiten haben, in abstrakten Begriffen zu denken, ist eine kognitive Therapie, die auf Gedanken und deren Veränderung fokussiert, bei ihnen natürlich kontraindiziert. Allerdings ist es möglich, abstrakte kognitive Therapien für jüngere Kinder zu adaptieren, indem man sie auf eine sehr anschaulich-konkrete Ebene bringt und auf das kognitive Entwicklungsniveau des Kindes abstimmt. Eine kognitive Umstrukturierung läßt sich bei Kleinkindern vornehmen, indem man mit Symbolen und Metaphern arbeitet. Z.B. kann man ihnen die differentielle Bedeutung von Schmerzphänomenen erklären, indem man sie alle Leidensaspekte der Situation in sinnlich wahrnehmbaren und handhabbaren Objekten (z.B. Spielzeugfiguren, Puppen o.ä.) symbolisieren läßt. Anschließend teilt man diese Figuren in solche, gegen die man etwas tun kann (z.B. die Angst vor der Spritze) und solche, die unvermeidlich sind (Einstichschmerz), ein. Dann werden mit dem Kind gemeinsam Möglichkeiten entwickelt, die Anteile zu bewältigen, die einer Intervention zugänglich sind, und die unbeeinflußbaren zu ignorieren (McGrath & Craig, 1989).

5.4.2.3. Konkret-operationale Phase: Grundschulkinder (7-10 Jahre)

Während der konkret-operationalen Entwicklungsstufe entwickeln Kinder neue Konzepte über die Welt (Raum-Zeit-Verständnis, Gruppierungsklassifikationen, Ordnungsschemata, kategoriale Relationen). Daher ist dieses Alter besonders geeignet, den Kindern einfache Erklärungsmodelle über Schmerzentstehung, Schmerzfunktion (als Warnsignal vor Verletzungen oder Indikator für Krankheitsprozesse), Bewältigungsmöglichkeiten sowie positives Gesundheitsverhalten zu vermitteln. Die meisten Schulkinder nehmen verständliche Erklärungen über den Eingriff dankbar auf und reagieren mit verminderter Ängstlichkeit, wenn ihnen verständlich gemacht wird, was mit ihnen passiert (Whaley & Wong, 1991, zit.n. Lincoln, 1992). Dabei können sie durchaus schon zwischen wahren und unwahren oder halbwahren Informationen unterscheiden. Es fällt Kindern der konkret-operationalen Stufe leichter, auch komplexere Schmerzzusammenhänge zu verstehen, wenn sie in Form von *Analogien* erklärt werden. Die Wirkung von Antibiotika kann ihnen z.B. erklärt werden durch die *Metapher* von „magischen Gewehrkugeln, die auf die Krankheitserreger schießen“ (McGrath & Craig, 1989).

In vergleichbarer Weise kann ihnen die Notwendigkeit und den Zweck unangenehmer oder schmerzhafter medizinischer Eingriffe vermittelt werden. Katz et al. (1980) sowie Jay, Ozolins, Elliott und Caldwell (1983) stellten in Übereinstimmung zu diesen Implikationen des Entwicklungsmodells fest, daß das Distreßverhalten von Kindern bei invasiven Prozeduren im Alter von sieben Jahren drastisch abnimmt - also zu dem Zeitpunkt, wo sie deren Notwendigkeit angemessen verstehen können. Allerdings sprechen andere Befunde dafür, daß Kinder dieser Altersstufe ihre weiterhin hohe Angst lediglich nicht mehr spontan mitteilen (Alex & Ritchie, 1992), so daß ihr aktueller emotionaler Zustand von den Erwachsenen behutsam erfragt werden sollte. *Verbal vermittelte emotionale Unterstützung* (wie sanftes, gelassenes und beruhigendes Sprechen in freundlichen Begriffen) ist bei konkret-operationalen Kindern zur Reduzierung der *affektiven* Begleitreaktionen (Angst, Wut, Traurigkeit) hilfreich (Hurley & Whelan, 1988). Da Kinder dieser Entwicklungsphase bereits zu einem *Perspektivenwechsel* fähig sind, ergeben sich erweiterte Möglichkeiten der Informationsvermittlung. Sie können an medizinischen Geräten und mit medizinischen Instrumenten spielen und sich dadurch mit dem apparativen Setting vertraut machen. Außerdem sind sie in der Lage, in *Rollenspielen* die Arzt- oder Schwesterperspektive einzunehmen und selbst Eingriffe „im Spiel“ vorzunehmen.

Kinder im *Grundschulalter* können darin angeleitet werden, die Schmerzerfahrung bzw. das Behandlungsprozedere teilweise selbst zu kontrollieren, z.B. indem sie ihre Sitzposition bei einer Punktion selbst bestimmen (*Selbstkontrollstrategien*)[11]. Schulkinder entwickeln bereits *autonome Problembewältigungsstrategien* (z.B. aktive Bitte um Unterstützung, Kontrolle über die Durchführungsbedingungen, Erfragen von Fakteninformationen etc.), die positiv aufgenommen und unterstützt werden sollten, um die Kontrollüberzeugungen und die Selbstwirksamkeit des Kindes zu stärken und seinen Bewältigungsprozeß zu fördern. Das sich entwickelnde kindliche *Zahlenverständnis* kann zur Erklärung bestimmter prozeduraler Teilschritte und für einfache Ablenkungsstrategien (vorwärts oder rückwärts zählen, Alphabet aufsagen u.ä.) genutzt werden.

Folgende *Indikation für spezifische Interventionsverfahren* lassen sich ableiten: Für ältere Kinder ab der konkret-operationalen Stufe (7-10 Jahre) sind kognitive Copingstrategien generell hilfreicher (McGrath, 1990), da sie ihren kognitiven Fähigkeiten, ihrer Tendenz zu größerer Autonomie Rechnung tragen und sie sich weniger fremdbestimmt erleben. Kognitive Techniken sind den meisten Kindern zudem in ihrer Grundstruktur vertraut (Phantasiespiele), besonders beliebt und effizient einsetzbar. In empirischen Untersuchungen wurde festgestellt, daß ein Großteil der Kinder (35 %) zwischen sechs und zwölf Jahren Imaginationen und andere kognitive Ablenkungstechniken zur Schmerzbewältigung spontan einsetzt (LeBaron, Zeltzer & Fanurik, 1989). In verschiedenen Untersuchungen zur Ansprechbarkeit auf Hypnose und Imagination wurde eine kurvilineare Beziehung zwischen Alter und Hypnotisierbarkeit/Suggestibilität festge-

[11] So ermöglicht die Patienten-kontrollierte- Analgesie (PCA), die schon bei Kindern ab sieben Jahren sicher und erfolgreich eingesetzt werden kann, eine Zunahme perzipierter Kontrollmöglichkeiten und damit eine deutliche Angst- und Streßreduktion sowie eine angemessenere Medikationsdosierung (Lehn, 1992).

stellt, wonach die maximale Suggestibilität im Alter zwischen ca. acht und zwölf Jahren erreicht wird (London & Cooper, 1969, 1971; Cooper & London, 1973; Morgan & Hilgard, 1973; vgl. Kossak, 1993). Kinder dieser Entwicklungsstufe sind also in besonderem Maße auch für imaginative und hypnotische Verfahren empfänglich.

5.4.2.4. Formal-operationale Phase: Schulkinder (11-14 Jahre)

Kinder der formal-operationalen Stufe bilden ein Verständnis für logische Kausalzusammenhänge (Wenn-Dann-Relationen) und komplexere Bedingungsgefüge aus. Daher ist es möglich, ihnen Wissen über kompliziertere Krankheits- und Schmerzzusammenhänge zu vermitteln und differenzierte Behandlungsmaßnahmen verständlich zu machen (*Wissensvermittlung*). Sie können bspw. durchaus die Wirkweise von chemotherapeutischen Medikamenten nachvollziehen und die Behandlung trotz der massiven Nebenwirkungen akzeptieren, da ihnen die langfristige Zielsetzung transparent ist. Ältere Kinder und Jugendliche zeigen im Regelfall kein aggressives oder renitentes Reaktionsverhalten mehr, außer wenn sie vollständig unvorbereitet mit dem Schmerzereignis konfrontiert werden (Lincoln, 1992). Die Zeitperspektive dehnt sich weiter in die Zukunft aus und ermöglicht die Zurückstellung kurzfristiger Ziele (Vermeidung von Nebenwirkungen) zugunsten langfristiger (Gesundung). Die Kinder besitzen ein differenziertes Schmerzkonzept und können neben somatischen auch psychosoziale Bedingungen des Schmerzgeschehens erfassen. Daher können ihnen *multikausale Erklärungsmodelle* und *differentielle Fertigkeiten* zur Gesundheitsförderung (Ernährung, Lebensweise, Bewegung/Sport, Streß etc.) vermittelt werden. Die phasenbezogene kognitive Umgangsweise mit Schmerzen wird von *Kofaktoren wie Angst- oder Streßlevel* beeinflußt. Bei verbalen Erklärungsweisen ist zu berücksichtigen, daß bestimmte Informationen (z.B. über einen medizinischen Eingriff) streßinduzierend wirken können und daher bei hochängstlichen Kindern kontraindiziert sind. Kinder in diesem Alter tendieren dazu, ihre *Schmerzen zu verleugnen* und still zu leiden, um ein idealisiertes Selbstbild aufrechtzuerhalten und zu verhindern, daß ihr Status in der Gleichaltrigengruppe bedroht wird („Heulsuse"). Daher kann es hier notwendig sein, dem Kind auf einfühlsame Weise zu ermöglichen, seine *wahren Empfindungen auszudrücken* und die dahinterstehenden irrationalen Überzeugungen zu korrigieren (Hurley & Whelan, 1988).

Für Kinder dieser Altersstufe kommen zunehmend vielschichtige *kognitive Interventions- und Bewältigungsstrategien* in Betracht. Als besonders geeignet gelten komplexe Ablenkungsstrategien (externale und internale Ablenkung durch Imaginationsübungen), Entspannungsverfahren, kognitive Umstrukturierung etc. Wie Durlak, Fuhrman und Lampman (1991) in einer Meta-Analyse zur entwicklungsspezifischen Effektivität kognitiv-behavioraler Behandlungsverfahren nachweisen, eignen sich diese Interventionen, die die Fähigkeit zur Abstraktion und hypothetischem Denken voraussetzen, erst für Kinder der formal-operationalen Entwicklungsstufe (etwa ab dem Alter von elf Jahren), während jüngere Kinder auf niedrigerem kognitiven Entwicklungsniveau davon deutlich weniger profitieren.

5.4.2.5. Jugendalter (ab 14 Jahren)

Das kognitive Entwicklungsniveau von Kindern bzw. Jugendlichen der fortgeschrittenen formal-operationalen Stufe entspricht schon etwa dem von Erwachsenen. Sie sind zu komplexen Denkakten und zur Verwendung schwieriger Problemlösestrategien fä-

hig. Der wesentliche Unterschied zur kognitiven Reife Erwachsener besteht in der vergleichsweise geringen Lebenserfahrung, also geringeren Wissensbeständen (epistemische Struktur) über die meisten Realitätsbereiche wie z.B. Schmerz - es sei denn, sie besitzen spezielle Vorerfahrungen (z.B. bei chronischen Schmerzen). Erfolgversprechend dürfte i.d.R. die *Bereitstellung präziser und wahrhaftiger Informationen über Krankheits-, Schmerz- und Behandlungszusammenhänge (sensorische und prozedurale Information)* in nicht-bedrohlicher Weise sein, um den Jugendlichen zu ermöglichen, in optimaler Weise mit ihrer Belastung umgehen zu lernen.
Die *spontanen Reaktionen* von Jugendlichen auf schmerzhafte medizinische Prozeduren umfassen ein breites Spektrum von Bewältigungsversuchen, die von passiv-resignativen (Niedergeschlagenheit, Depression, Fatalismus, Regression auf eine frühere Entwicklungsstufe) über manifest renitente (Manipulation, Flucht, Aggression) bis zu aktivbewältigenden (s.u.) Verhaltensweisen reicht. Für Jugendliche ab 14 Jahren ist der Erwerb und die Verteidigung weitgehender *Autonomie* besonders bedeutsam. Daher ist es wichtig, Jugendlichen *genügend „psychologischen Raum"* zu lassen, damit sie ohne Erniedrigung und Gesichtsverlust ihre Unterstützungs- und Hilfebedürfnisse artikulieren können (Hurley & Whelan, 1988). Jugendliche reagieren, da sie sich in der Phase intensiver Identitätsentwicklung und Individuationsprozesse (Selbstdefinition, Ablösung von den Eltern) befinden, häufig besonders sensibel auf Bevormundung, Fremdbestimmung und die Verletzung ihrer Privatsphäre. Dementsprechend fürchten sie sich häufig stärker vor einem möglichen Kontrollverlust während des Eingriffes als vor dem Schmerz (Lincoln, 1992). Außerdem sind mit Eintritt in die Pubertät vielerlei neue Belastungen (neue und anforderungsreiche Entwicklungsaufgaben wie Geschlechtsrollenidentifikation, Schule, Berufswahl etc.) zu verkraften, die nicht selten von psychischen Instabilitäten und krisenhaften Zuspitzungen begleitet werden (vgl. Oerter & Montada, 1995). Stimmungslabilität und schnelle Meinungswechsel sind bei Absprachen über Behandlungsmaßnahmen und Durchführungsbedingungen von Prozeduren zu berücksichtigen. Daher sollte bei der Auswahl und Umsetzung von Interventionen darauf geachtet werden, den Jugendlichen mit ausreichender *Akzeptanz* und *Entscheidungsspielraum* zu begegnen. Aus dem gleichen Grund sollte gerade Jugendlichen ein *Maximum an Selbstkontrollmöglichkeiten* überlassen werden. In medizinischen Behandlungssettings kann ihnen eine maximale Selbstbestimmung z.B. in Fragen der Ausführung einer Prozedur (z.B. welche Sitzposition) oder bei der Schmerzmedikation (Dosierung, Frequenz, PCA, s.o.) zugestanden werden. Jugendliche sind in der Lage, nach entsprechender Aufklärung die für sie *angemessene Copingstrategie selbst auszuwählen* und sollten dieses Entscheidungsrecht auch zugestanden bekommen. Optimierte *Mitbestimmungsmöglichkeiten* erhöhen die Selbsteffektivität und die insbesondere bei Jugendlichen leicht zu gefährdende Therapiemitarbeit
Jugendliche sind verstärkt auf die Gleichaltrigengruppe (*peer group*) orientiert und bilden *eigene Wert- und Normvorstellungen* sowie oftmals *jugendgruppenspezifische Sprachmuster* (z.B. verschiedener jugendlicher Subkulturen) heraus. Die subkulturelle Abgrenzung von der Erwachsenenwelt impliziert dabei häufig eine gegenüber Erwachsenen reservierte bis mißtrauische Grundhaltung. Die Kommunikation mit Jugendlichen sollte folglich a) die jugendlichen Sprachcharakteristika berücksichtigen und b) möglichst klar und aufrichtig gestaltet sein, um mehr Glaubwürdigkeit zu erlangen. Das bedeutet nicht, den subgruppenspezifischen Sprachstil gekünstelt zu imitieren, sondern

klare Informationen offen darzustellen und aufrichtige Antworten auch auf sensible Fragen zu geben (offene Patientenaufklärung; vgl. Petermann, Noeker & Bode, 1987). Für Jugendliche ab 14 kommt praktisch die gesamte Bandbreite *therapeutischer Interventionsmaßnahmen*, wie sie auch bei Erwachsenen eingesetzt wird, in Frage. Dabei sind Verfahren zu präferieren, die ihnen ein Maximum an Kontrollmöglichkeiten garantieren (vgl. oben), z.B.: Aufklärungsinformationen, Selbstkontrollverfahren, kognitiv-behaviorale Interventionen, Fertigkeitstrainings (Vermittlung von Bewältigungskompetenzen) etc.

5.4.3. Entwicklung der Schmerzsprache

Schmerzen sind subjektive Erfahrungen, die anderen Menschen aufgrund ihres schwer definierbaren Charakters (Schmerzqualität, -intensität, -lokalisation etc.) durch verbale Beschreibungen nur bedingt mitgeteilt werden können. Nur wenn der Kommunikationspartner einen ähnlichen Erfahrungshintergrund (gleiche oder ähnliche Schmerzen) besitzt, wird er die linguistische Beschreibung der Schmerzerfahrung einer anderen Person richtig interpretieren können. Erschwert wird die Kommunikation über Schmerzen noch dadurch, daß die in der Alltagssprache üblichen Begrifflichkeiten die Schmerzphänomene häufig nur unzureichend oder sogar verwirrend abbilden. Besonders problematisch ist die Kommunikation über Schmerzen naturgemäß für Kinder, deren allgemeines Sprachverständis sich im Entwicklungsverlauf erst allmählich ausbildet (Grimm, 1995; Szagun, 1983). Präverbale Kinder können die verschiedenen erlebten Zustände von Unwohlsein und Leiden zunächst nur sehr undifferenziert nonverbal ausdrücken (z.B. durch mehr oder minder lautes Schreien, Hindeuten etc.). Beschreibungen der spezifischen Schmerzcharakterisika (Intensität, Dauer, Frequenz, Qualität) sind ihnen noch unmöglich. Erste Schmerzbegriffe werden analog den kognitiven Schemata (vgl. Kap. 4.) situationsabhängig und verhaltensnah bzw. durch Beobachtungslernen gebildet: Einzelne Worte werden mit spezifischen Schmerzsituationen assoziiert (klassische Konditionierung). Im Krabbelalter werden einfache Schmerztermini als mehr oder weniger passende Oberbegriffe für Schmerzerlebnisse oder Zustände von Unlust und Unwohlsein gebildet (z.B. „Kopfschmerzen im Bauch“, „Bauchschmerzen“ für Übelkeit, „Kopfschmerzen“ für Schwindel). Erst im weiteren Verlauf der kognitiven Entwicklung wird das Verständnis und die Benutzung linguistischer Schmerzrepräsentationen zunehmend differenzierter und elaborierter (Peterson et al., 1991). Kinder ab dem Grundschulalter beziehen sich in spontanen Schmerzbeschreibungen zunächst auf die sensorische Schmerzqualität. Erst mit zunehmendem Alter benutzen sie vermehrt affektive und evaluative Schmerzbegriffe sowie Analogien zur Erklärung spezifischer Qualitäten der subjektiven Schmerzerlebnisse. Ab zehn Jahren beschreiben Kinder, insbesondere Mädchen, (postoperative) Schmerzen in differenzierten Begriffen unter Einschluß komplexer Details der Schmerzerfahrung bzw. des Schmerzkontextes (Bennett-Branson & Craig, 1993). Die Ausbildung des Schmerzwortschatzes ist dabei auch von den spezifischen Erfahrungen des Kindes mit Schmerzereignissen geprägt. In einer Befragung von Savedra et al. (1982) an 314 Kindern nutzten Kinder mit Krankenhauserfahrung durchschnittlich 13 unterschiedliche Begriffe zur Schmerzbeschreibung, während Kinder ohne Hospitalisierungserlebnisse nur fünf Worte auswählten.

Für die Vorbereitung von Kindern auf schmerz- und streßhafte Ereignisse ist es unabdingbar, daß diese die verbalen Beschreibungen des bevorstehenden Eingriffes korrekt aufnehmen und interpretieren. Aufgrund der entwicklungsabhängigen Unterschiede des kindlichen Sprachverständnisses, kommt es hier sehr leicht zu von Erwachsenen u.U. unbemerkten Kommunikatiionsbarrieren (Peterson et al., 1991): Geläufige Schmerzbeschreibungen beinhalten z.B. meistens Adjektive (intensiv, stark) oder Metaphern („wie Feuer"), also Sprachformen, die während der kindlichen Sprachentwicklung erst relativ spät erworben werden. Desweiteren werden zur Schmerzbeschreibung häufig allgemein tätigkeitsbeschreibende Begriffe (hämmern, stechen, brennen etc.) in einer abstrakten Weise benutzt, die kleine Kinder verwirren kann. Für Erwachsene selbstverständliche Beschreibungscharakteristika von Schmerzerfahrungen (Zeitcharakteristik, anatomische Lokalisation, differenziertes Körperschema) sind für Kleinkinder noch vollkommen unverständlich. Darüber hinaus ist zu berücksichtigen, daß Kinder Begriffe durch Imitationslernen erwerben, d.h. vorübergehend bereits Termini (z.B. medizinisches Fachvokabular im Krankenhaus) verwenden können, die sie in einem bestimmten Situationszusammenhang aufschnappen und wiedergeben, ohne ihren Sinn tatsächlich zu verstehen (Alex & Ritchie, 1992).

5.4.3.1. Schlußfolgerungen und Implikationen für die Vorbereitungspraxis

Alle linguistischen Beschreibungen sollten so konkret wie möglich gehalten, an Beispielen veranschaulicht und unter Rückgriff auf die individuellen Erfahrungen des Kindes verdeutlicht werden. Während der Vorbereitung muß sich der Erwachsene ständig vergegenwärtigen, daß alle Begriffe, die im Sprachrepertoire des Kindes noch nicht enthalten sind und sein Vorstellungsvermögen überschreiten, zu vermeiden sind. Was immer über die Verbalisierung hinaus sinnlich-konkret demonstriert werden kann (Räumlichkeit, Instrumente, Sitzhaltung, Copingverhalten), verbessert das kindliche Verstehen.
Der Praktiker sollte sich grundsätzlich nicht darauf verlassen, daß das Kind die Erklärungen und Instruktionen so versteht, wie er es beabsichtigt, sondern durch Nachfragen überprüfen, was davon wirklich bei ihm angekommen ist und seine Aussage ggfs. in einer kindgerechten Sprache nochmals veranschaulichen (McGrath & Craig, 1989). Spontane Schmerzberichte von Kindern müsen durch zielgerichtetes Nachfragen präzisiert werden, da Kinder konkrete Begriffe häufig fehlerhaft verwenden oder Zuordnen (z.B. „Kopfschmerzen im Bauch" oder „Bauchschmerzen" für Übelkeit). Die Erwachsenen sollten die Kinder über ihre Ansichten bzgl. der Ursachen ihrer Schmerzen und den Zweck der Behandlungsmaßnahme befragen und sich vergewissern, daß sie die Schmerzen nicht mythisch fehlinterpretieren (z.B. als Bestrafung für ihre „Schlechtigkeit").

6. Ergebnisse der Bewältigungsforschung

Bis vor einigen Jahren war erst wenig über die spontane Schmerzbewältigung im Kindesalter bekannt (Branson & Craig, 1988). Nachdem Kinder in der klinischen Praxis jahrelang relativ ungezielt und mit mehr oder minder großem Erfolg mit einer Vielzahl von Interventionstechniken aus unterschiedlichen psychotherapeutischen Schulrichtungen auf Schmerzen vorbereitet worden waren, richtete sich das Forschungsinteresse in den letzten Jahren zunehmend auf ihre *„natürlichen" Bewältigungsressourcen.* Die Untersuchung der originären kindlichen Bewältigungsformen verfolgt vor allem das *Ziel,* professionelle *Interventionen den Bedürfnissen und Fähigkeiten der Kinder besser anzupassen.* Solange alterscharakteristische Bewältigungsformen von Kindern nicht klar identifiziert sind, besteht die Gefahr, daß Kliniker (implizit) die bei Erwachsenen gewonnenen Erkenntnisse der Schmerzbewältigungsforschung auf das Kindesalter übertragen und damit bedeutsame entwicklungsspezifische Unterschiede übersehen (Craig, Grunau & Branson, 1988). Die für Erwachsene effektiven Copingstrategien müssen aber nicht auch für Kinder hilfreich sein. In Abhängigkeit von ihrem kognitiven Entwicklungsniveau stehen für Kinder andere Aspekte des Schmerzgeschehens (z.B. die affektive Komponente) im Vordergrund bzw. sind andere Umgangsweisen mit Streßsituationen funktional. Kinder werden möglicherweise häufig mit Interventionsstrategien behandelt, die ihre Bewältigungskompetenzen überfordern oder an ihren Unterstützungsbedürfnissen vorbeigehen. Ist der entwicklungsspezifische Stand kindlicher Bewältigungskompetenzen besser bekannt, lassen sich unterstützende Interventionen gezielter an ihr vorhandenes Verhaltensrepertoire anknüpfen und anforderungsgerecht adaptieren. Das Untersuchungsinteresse bezieht sich darüber hinaus auf die (am Bewältigungsergebnis gemessene) *Effektivität spontaner Bewältigungsanstrengungen.* Die Identifizierung von erfolgreich vs. erfolglos bewältigenden Kindern ermöglicht dabei Rückschlüsse auf relevante Moderatorvariablen des Bewältigungsprozesses. Wie neuere, mit interaktionsanalytischen Methoden gewonnene, Untersuchungsresultate eindrucksvoll belegen, kommt dabei den sozialen Umwelteinflüssen eine besondere Bedeutung zu.

6.1. Schmerz- und Angstbewältigung von Kindern bei medizinischen Stressoren

6.1.1. Spezifische Schmerzbewältigungsstrategien

6.1.1.1. Definitionen

Im wissenschaftlichen Diskurs existiert bis heute keine einheitliche und allgemeine anerkannte Definition des Bewältigungsbegriffes (vgl. Wendt, 1995). In einer verbreiteten Konzeptualisierung der Berkeley-Arbeitsgruppe um R.S. Lazarus (Lazarus & Folkman, 1987; Folkman & Lazarus, 1988) wird Bewältigung allgemein *definiert* als verhaltensmäßige oder intrapsychische Bemühungen einer Person, interne oder umweltbedingte Anforderungen, die ihre aktuellen Kompetenzen beanspruchen oder übersteigen, zu meistern, zu tolerieren oder zu minimieren. *Schmerzbewältigungsverhalten* kann dementsprechend aufgefaßt werden als Aktivität zur Eliminierung oder Reduktion des

Schmerzgeschehens, die extern (Beseitigung der Schmerzursache durch aktives und problemlösendes Handeln) oder intern (mentale Unterdrückung des Schmerzempfindens durch emotionsregulierende und kognitive Maßnahmen) orientiert sein kann. Im Falle akuter Schmerzen aufgrund medizinischer Eingriffe handelt es sich um einen Stressor, der selbst relativ schwer beeinflußbar ist, so daß der Schwerpunkt der Bewältigungsbemühungen hier zwangsläufig auf den internen Prozessen liegt („*palliatives Coping*"). Die Kompetenz der Kinder zur Bewältigung ihres Angst- und Schmerzerlebens ist dabei durch ihr kognitives Entwicklungsniveau determiniert (vgl. Kap. 5.4.). In vergleichbarer Weise werden auch die Begriffe „Distreß" und „Adaptivität" häufig unscharf verwendet. *Distreß* wird in der Bewältigungsforschung operationalisiert als eine Schmerz-Angstreaktion (vgl. Kap. 5.3.), die im beobachtbaren Verhalten durch manifeste Angst- oder Fluchttendenzen wie Schreien, Weinen, Toben auf der physiologischen Ebene durch die bekannten Streßparameter (Pulsrate, Schweißdrüsentätigkeit, Hautwiderstand, Blutdruck etc.) und im subjektiven Erleben durch hochgradige Aversivität gekennzeichnet ist. Die spezifischen Erhebungsmethoden umfassen Selbsteinschätzung, Fremdratings, systematische Verhaltensbeobachtung, standardisierte Befragungsinstrumente oder Kategoriensysteme zur Verhaltensanalyse und physiologische Messungen. Die *Adaptivität* eines Bewältigungsverhaltens ist weitaus schwieriger zu bestimmen. Allgemein werden darunter alle Verhaltensweisen des Kindes verstanden, die seinen Umgang mit der Erkrankung und deren Behandlung erleichtern, den Heilungsprozeß fördern und die Durchführung medizinischer Prozeduren unterstützen. Adaptivität kann dabei entweder über das Bewältigungsergebnis (z.B. Erholungszeit, Medikamentenbedarf oder andere medizinische Daten) oder normativ (Definition bestimmter Verhaltensweisen als funktional vs. dysfunktional) operationalisiert werden.

6.1.1.2. Entwicklungsspezifische Bewältigungskompetenzen

Die erfolgreiche Bewältigung einer streß- und schmerzhaften medizinischen Prozedur ist wesentlich davon abhängig, welche *spezifischen Bewältigungsmöglichkeiten* einem Kind zur Verfügung stehen, d.h. welchen *Umfang* (Quantität) und welche *Formen* (Qualität) von Bewältigungsstrategien es bis zu diesem Zeitpunkt entwickelt hat. Da die Fähigkeiten zur Bewältigung von Schmerzen im Entwicklungsverlauf erst erworben werden müssen, ist das entsprechende spezifische Handlungsrepertoire bei Kindern altersabhängig noch relativ begrenzt: Bei direkter Befragung geben lediglich 21 Prozent der hospitalisierten Kinder an, bewußt und intentional Bewältigungsstrategien einzusetzen (Ross & Ross, 1984a). Die Bewältigungskompetenz für streßinduzierende medizinische Prozeduren im Kindesalter unterliegt somit einer großen entwicklungsspezifischen Variationsbreite. In zahlreichen Untersuchungen wurden signifikante *Alterseffekte* festgestellt: Jüngere Kinder zeigen bei medizinischen Eingriffen generell mehr Distreßverhalten als ältere (Fradet et al., 1990; Hubert et al., 1988; Jay et al., 1983; Katz, Kellerman & Siegel, 1980; Peterson & Mori, 1987; Whitsett & Hagen, 1990), während ältere Kinder - insbesondere während der Phase des Nadeleinführens - mehr Bewältigungsverhalten einsetzen und geringeren Streß äußern (van Aken et al., 1989; Brown et al., 1986; Manne, Bakeman, Jacobsen & Redd, 1993). Wahrscheinlich vermindert die Verfügbarkeit eines breiteren Spektrums von Bewältigungsfertigkeiten bei älteren Kindern das Angstniveau, während jüngere Kinder aufgrund ihrer geringeren Bewältigungsmöglichkeiten Streßsituationen noch relativ hilflos ausgeliefert sind.

Die empirische Evidenz für *entwicklungsbedingte Unterschiede in der quantitativen wie qualitativen Verfügbarkeit von Bewältigungsstrategien* ist während der letzten Jahre beständig gewachsen (Altshuler & Ruble, 1989; Bennett-Branson & Craig, 1993; Brown et al., 1986; Branson & Craig, 1988; Branson, McGrath, Craig, Rubin & Vair, 1990; Bull & Drotar, 1991; Curry & Russ, 1985; Tyc, Mulhern, Jayawardene & Fairclough, 1995; Weekes & Savedra, 1988; Worchel, Copeland & Barker, 1987). Neben dem *Umfang* (*Quantität*) ist auch die *Art* (*Qualität*) der von Kindern zur Schmerzbewältigung eingesetzten Strategien stark *altersabhängig*: Ältere Kinder und Jugendliche setzen parallel zu ihrer kognitiven Entwicklung zunehmend komplexere und anspruchsvollere kognitive Techniken (internale oder externale Ablenkung, Selbstverbalisation) ein, während bei kleineren Kindern, deren Verhaltensrepertoire noch relativ begrenzt ist, emotionale Auseinandersetzungen, das Bedürfnis nach sozialer Unterstützung und generell einfachere Ablenkungs- oder Vermeidungsstrategien dominieren (Altshuler & Ruble, 1989; Bennett-Branson & Craig, 1993; Blount, Davis, Powers & Roberts, 1991; Branson & Craig, 1988; Branson et al., 1990; Jacobsen et al., 1990; Weekes & Savedra, 1988). Kinder ab ca. sechs Jahren verfügen vermehrt über aktive (*problem-focused*) Bewältigungsstrategien (LaMontagne, 1987). Im *Jugendalter* (inbesondere bei Mädchen) dominieren dann intrapsychische emotionsregulierende (*emotion-focused*) Maßnahmen (Bull & Drotar, 1991). Bis zum Erwachsenenalter differenziert sich das alterstypische Bewältigungsrepertoire kontinuierlich weiter aus: Ältere Kinder und Jugendliche tendieren (in bezug auf die Bewältigung von Alltagsstressoren) generell stärker zum Einsatz kognitiver Ablenkungsstrategien (Altshuler & Ruble, 1989). Weekes und Savedra (1988) untersuchten *altersspezifische Unterschiede im Bewältigungsverhalten von krebskranken Jugendlichen* dreier Altersgruppen (12-14, 15-17 und 18-21 Jahre) bei invasiven Prozeduren (an einer allerdings sehr kleinen Stichprobe von N = 10). Jugendliche präferieren vor allem Selbstverbalisation, Informationssuche und aktive Kooperation, wobei die jüngste Altersgruppe verstärkt zu affektiven Strategien (Selbstgespräche, Weinen, Lachen) und die beiden älteren eher zu aktionalen und kognitiven Bewältigungsformen (Informationssuche, aktive Kooperation, Ignorieren/Ablenkung) tendieren. Dabei setzen Jugendliche die einzelnen Strategien bewußt und gezielt ein und stufen ihre Copingbemühungen dann als besonders effektiv ein, wenn sie über deren Auswahl und Einsatz selbständig entscheiden dürfen. Die Aneignung und Ausprägung individueller Bewältigungskompetenzen ist dabei über die gesamte Lebensspanne von spezifischen Erfahrungen und Auseinandersetzungsprozessen einer Person mit konkreten Schmerzereignissen, Erkrankungen oder anderen wiederkehrenden Stressoren geprägt.

Kinder und Jugendliche *erwerben* ihr persönliches Bewältigungsrepertoire offenbar sowohl durch *Versuch-und-Irrtum-Lernen bzw. Experimentieren* als auch durch die *Modelle ihrer sozialen Umwelt* (Familie und vor allem Eltern). Während die Eltern sich selbst in der retrospektiven Einschätzung als Hauptvermittlungsinstanz für die Bewältigungskompetenz ihrer Kinder wahrnehmen, geben diese primär andere Ursprünge an. Branson et al. (1990) befragten Jugendliche nach den *Quellen ihrer Bewältigungskompetenzen* gegenüber Krankheits- und Schmerzereignissen. Danach entwickelten sie 47% der Strategien durch eigenes Probieren, 25% lernten sie von den Krankenschwestern, 20% von den Eltern und den Rest von Freunden, Geschwistern und anderen Personen. Jugendliche, deren Eltern eigene Erfahrungen im Umgang mit chronischen Schmerzen (z.B. Migräne) besitzen, entwickeln ein quantitativ und qualitativ wesentlich ausgeprägteres Bewältigungsrepertoire. Wie in Langzeiterhebungen beobachtet, verändern und entwickeln sich der Bewältigungsstil und die Bewältigungskompetenzen der Eltern im Verlauf der Auseinandersetzung mit der Krebserkrankung ihrer Kinder ebenfalls ständig weiter (Overholzer & Fritz, 1992).

6.1.1.3. „Natürliches“ Bewältigungsverhalten von Kindern bei Schmerzen: Taxonomien der Schmerzbewältigungsstrategien im Kindesalter

Während der letzten Dekade sind zahlreiche Untersuchungen zum *spontanen/natürlichen Bewältigungsverhalten* bei akuten Schmerzen sowie aversiven medizinischen Eingriffen oder Ereignissen im Kindesalter durchgeführt worden, die eine kaum noch zu überblickende Anzahl von *unterschiedlichen Copingstrategien* postulieren. Im folgenden sollen einige gebräuchliche *Klassifikationssysteme für Schmerzbewältigung* bei Kindern exemplarisch kurz dargestellt werden.
Die Klassifikationsversuche für allgemeine und spezifische *Strategien zur spontanen Schmerzbewältigung im Kindesalter* variieren bei einigen Überschneidungen insgesamt sehr stark (vgl. Tabelle 6-1): Eine frühe Taxonomie von Tesler, Wegner, Savedra, Gibbons und Ward (1981), die auf einer Umfrage an 214 Kindern im Alter von neun bis zwölf Jahren basiert, umfaßt acht Hauptkategorien. Curry und Russ (1985) stellen ein *präskriptives Klassifikationssystem von kognitiven Schmerzbewältigungsstrategien für Kinder* (bei zahnmedizinischen Eingriffen) auf der Grundlage streßtheoretischer Modelle und Konzepte auf. Dieses enthält neun Kategorien. Siegel und Smith (1989) präsentieren ein auf der Basis von Literaturauswertung erstelltes *Klassifikationssystem kindlicher Schmerzbewältigungsstrategien* bei Krankheit, Verletzungen und medizinischen Prozeduren mit insgesamt 16 Kategorien.

Die von Kindern spontan gezeigten *spezifischen* Bemühungen zur Schmerz- und Streßbewältigung bei *invasiven medizinischen Eingriffen* sind inzwischen ebenfalls in einer Anzahl von neueren Studien empirisch untersucht worden (Branson & Craig, 1988; Branson et al., 1990; Peterson, Harbeck, Chaney, Farmer & Thomas, 1990; Bennett-Branson & Craig, 1993; Curry & Russ, 1985; Compas, Malcarne & Fondacaro, 1988; Weekes & Savedra, 1988). Die am häufigsten genannten Bewältigungsmuster sind in Kasten 6-1 dargestellt.

Die Untersuchungen des „natürlichen“ Bewältigungsverhaltens der Kinder in diesem Kontext verfolgen vornehmlich folgende Zwecke:

1. Unterschiede im spezifischen Copingverhalten zwischen Kindern und Erwachsenen sowie Kindern verschiedener Altersstufen festzustellen;
2. die prozedurspezifischen Vorbereitungsinterventionen kindgerecht zu adaptieren;
3. Kinder mit möglicherweise defizientem Bewältigungsrepertoire vorab zu identifizieren;
4. Bedingungsfaktoren positiven vs. dysfunktionalen Bewältigungsverhaltens zu bestimmen.

Tabelle 6-1: ***Klassifikationssysteme von Schmerzbewältigungsstrategien im Kindesalter.***

	Tesler et al. (1981)	Curry & Russ (1985)	Siegel & Smith (1989)
	allg. Schmerzbewältigungsstrategien	**kognitive Schmerzbewältigungsstrategien**	**allg. Schmerzbewältigungsstrategien**
Datenbasis	Umfrage an 214 Kindern (9-12)	theoretische Ableitung	Literaturauswertung
Strategien	1. Medikamente; 2. Präsenz anderer Personen; 3. Essen, Trinken; 4. Zuwendung; 5. Ablenkung; 6. Ausruhen, Schlafen, Entspannen; 7. Hitze-Kälte-Behandlung; 8. Vermischtes.	1. Infomationssuche (gezieltes Fragen, aufmerksames Beobachten und sensorisches Wahrnehmen, Inspektion der Instrumente); 2. Bitte um Unterstützung (Bemühen um eine unterstützende Beziehung zum Team, einschließlich verbalen und physischen Kontaktes, Suche nach Sicherheit); 3. direkte Bemühung um Aufrechterhaltung von Kontrolle (Bemühen um Mitarbeit beim Eingriff, direktes Grenzensetzen, Problemlöseversuche); 4. realitätsorientierte Verarbeitung (Bewertung, logische Analyse, kognitive Meisterung, Bewältigungsphantasie); 5. positive kognitive Umstrukturierung (kognitive Umstrukturierung, Neubewertung, Umdefinierung, Betonung positiver Situationselemente, positive Vergleiche, selektives Ignorieren etc.); 6. defensive Neubewertung (Verleugnung, kognitive Vermeidung, kognitive Entrückung); 7. emotionsregulierende Kognitionen (beruhigende Selbstgespräche, Stärkung der Selbstsicherheit, affektive Regulation); 8. verhaltensregulierende Kognitionen (Selbstkontrolle, Handlungshemmung, Selbstinstruktion, Toleranzerhöhung, Reizunterdrückung); 9. ablenkende Gedanken (Ablenkungsimagination, angenehme Vorstellungen, Aufmerksamkeitssteuerung).	1. Ablenkung (external, internal, imaginativ); 2. Uminterpretation der Schmerzempfindung; 3. Phantasie; 4. Mentale Vorbereitung; 5. Informationssuche (prozedurbezogen, prozedurunspezifisch); 6. Positive Selbstinstruktion; 7. Negative Selbstverbalisation; 8. Katastrophisierungsgedanken; 9. Gefühlsausdruck; 10. Gefühlsunterdrückung; 11. Entspannung; 12. Suche von Hilfe und emotionaler Unterstützung; 13. Körperliche Aktivität; 14. Versuche der aktiven Beendigung des Eingriffes; 15. Passiv-resignatives Akzeptieren; 16. Keine Bewältigungsstrategie.

Jugendliche präferieren überraschenderweise häufig eine sehr einfache Form der Bewältigung durch emotionale Unterstützung (Weekes & Savedra, 1988; Weekes, 1989): *Handkontakt* hat sich in neuen Untersuchungen als simple aber wirkungsvolle Alternative zu zeit- und kostenintensiven Interventionsmaßnahmen bei Jugendlichen unter schmerzhaften medizinischen Prozeduren herausgestellt. Weekes (1989) stellte fest, daß Jugendliche unabhängig von ihrer Altersstufe (11-13, 14-16 oder 17-19), ihrem Geschlecht und ihrer ethnischen Gruppenzugehörigkeit die Strategie gleichermaßen als spontane Bewältigungsmaßnahme nutzten und sogar als *effektivste* Bewältigungsstrategie beurteilten. Weekes, Kagan, James und Seboni (1993) untersuchten das Phänomen *„Handhalten"* als Bewältigungsstrategie bei schmerzhaften medizinischen Eingriffen (u.a. Blutentnahme, Chemotherapie, Lumbal- und Knochenmarkpunktionen) an 20 Jugendlichen im Alter von elf bis 19 Jahren. Die Jugendlichen erlebten das Handhalten als sehr effektive Bewältigungsstrategie zur Verminderung von Behandlungsschmerzen. Die überwiegende Mehrzahl zog es vor, die Hand ihrer *Mutter* zu halten, sofern diese anwesend war. Ansonsten bestanden meist Präferenzen für eine bestimmte Schwester. Handhalten wirkte streßreduzierend vor bzw. ablenkend und sicherheitsgebend während der Prozedur. Sicherheitsgefühl, Ablenkung und Lockerheit während der Maßnahme hatten wiederum positive Effekte auf das subjektive Erleben des Behandlungsschmerzes und seine nachträgliche Einschätzung.

Kasten 6-1: ***Spontane Schmerzbewältigung bei Kindern und Jugendlichen (vgl. Branson et al., 1990).***

1.	Beruhigende Selbstgespräche;
2.	externale Aufmerksamkeitsablenkung;
3.	internale Aufmerksamkeitsablenkung;
4.	Gedankenstop;
5.	kognitive Neubewertung;
6.	Einnahme von Medikamenten;
7.	Entspannung;
8.	Verhaltenseinschränkungen;
9.	kalte oder heiße Umschläge;
10.	Verbale Schmerzberichte;
11.	Bitte um körperliche Unterstützung;
12.	Reiben der schmerzenden Körperstelle.

In jüngster Zeit richten sich die Forschungsbemühungen verstärkt darauf, mittels neu entwickelter standardisierter Erhebungsinstrumente, *einheitliche Kategorien für Schmerzbewältigungsstrategien* empirisch zu fundieren: Jensen, Turner, Romano und Strom (1995) stellen ein Meßinstrument zur Erhebung von Schmerzbewältigungsstrategien bei chronischen Schmerzen vor (*„Chronic Pain Coping Inventory - CPCI"*), das elf Bewältigungsdimensionen umfaßt[1]. Mittels Faktorenanalyse des *„Coping Strategies Questionnaire (CSQ)"* von Rosenstiel und Keefe (1983) ermittelten Swartzman, Gwadry, Shapiro und Teasell (1994) *fünf Hauptdimensionen*:

1. Ablenkung,
2. Ignorieren von Schmerzempfindungen,

[1] Diese Bewältigungsstrategien gliedern sich in drei Gruppen:
1. Krankheitsorientierte Bewältigung (Ausruhen, Frage nach Unterstützung, opioide Medikation, nichtsteroidale Medikation, medikamentöse Sedation); 2. Gesundheitsorientierte Bewältigung (Entspannung, Beibehaltung von Aktivitäten, Übungen); 3. andere Copingstrategien (Suche nach sozialer Unterstützung).

3. Uminterpretation von Schmerzempfindungen,
4. Katastrophisieren,
5. Beten und Hoffen.

Allerdings sind diese vielversprechenden neuen Systematisierungsversuche zunächst noch auf das Erwachsenenalter beschränkt und müssen künftig noch entwicklungs- und prozedurbezogen spezifiziert werden.

6.1.1.4. Kontextuelle Determinanten der Bewältigung

Die *Anzahl und Art* der bei medizinischen Stressoren spontan eingesetzten Bewältigungsstrategien sind durch einige *Kontextfaktoren* moderiert, z.B. von

- dem Alter der Kinder,
- ihren spezifischen Vorerfahrungen,
- Prozedurcharakteristika (Dauer, Schmerzintensität) und dem
- Krankheitskontext (Chronizitätsgrad, Hospitalisierungsdauer, Vorerfahrungen).

Der Einsatz spezifischer Bewältigungsstrategien variiert nicht nur in Abhängigkeit vom *Alter* der Kinder und Jugendlichen, sondern auch von der *Art des medizinischen Stressors*. Bull und Drotar (1991) stellten sowohl *alters-* als auch *geschlechtsspezifische Effekte* auf die Art der eingesetzten Bewältigungsstrategien im Kontext von *Krebserkrankungen* (N = 39; 7-17 Jahre) fest: Jugendliche ziehen im Vergleich zu den Grundschulkindern emotionsregulierende den problemlösenden Bewältigungstechniken vor, allerdings nur bei krebsbedingten Stressoren. Bei letzteren zeigen Mädchen wiederum eine größere Präferenz für emotionsregulierende als für problemlösende Bewältigungsformen. Bennett-Branson und Craig (1993) fanden entwicklungsabhängige Effekte im Einsatz differentieller Bewältigungsstrategien bei *postoperativen Schmerzen*. Erwartungsgemäß tendieren ältere Kinder zur Anwendung komplexerer kognitiver Selbstkontrollstrategien (beruhigende Selbstgespräche, internale Aufmerksamkeitsablenkung, Gedankenstop, kognitive Umbewertung, Beten), während jüngere Kinder einfachere Verhaltensstrategien (externale Aufmerksamkeitsablenkung, Einnahme von Medikamenten, Entspannung, Stilliegen, heiße oder kalte Umschläge, verbale Schmerzexpression etc.) präferieren. Signifikante Prädiktoren für die Schmerzintensität, den affektiven Distreß und die physische Genesung der Kinder waren a) der Grad des Einsatzes von Bewältigungsstrategien, b) die wahrgenommene Selbstwirksamkeit und c) die Frequenz katastrophisierender Gedanken.

Darüber hinaus ist das spezifische Bewältigungsverhalten durch *Situations- und Kontextvariablen der Erkrankung und der Behandlungsprozedur* determiniert. Ritchie et al. (1990) werteten mehr als 300 streßinduzierende medizinische Prozeduren (Fingerpunktionen) bei 74 Kinder im *Vorschulalter* (2-6 Jahre) aus. Dabei wurden die Kinder nach dem Chronizitätsgrad ihrer Erkrankung in drei Gruppen eingeteilt: 1) ambulante Behandlung, 2) akute Erkrankungen mit kurzfristiger Hospitalisierung und 3) chronische Erkrankung mit mehr als vierwöchigem Krankenhausaufenthalt. Mehr als 74% aller Kinder setzten folgende „Selbstschutzverhaltensweisen“ ein: Aufmerksames Beobachten des Prozedurablaufes, angespanntes Stillhalten, Spannungsreduktion durch Selbstbeschäftigung, aktiver Widerstand. Während das Alter und die Erkrankungsdauer keinen Einfluß auf die Anzahl und den Typus (Stil) der eingesetzten Bewältigungsstrategien hatte, variierte der Einsatz *spezifischer* Strategien in Abhängigkeit von der *Erkran-*

kungsart: Chronisch kranke Kinder nutzten die folgenden spezifischen Copingstrategien signifikant häufiger als Kinder mit Akuterkrankungen (vgl. Tabelle 6-2). Dieses Resultat belegt, daß Kinder mit zunehmender Krankheitserfahrung tatsächlich ein breiteres Spektrum wirksamer Bewältigungsstrategien entwickeln und einsetzen.

Tabelle 6-2: ***Copingstrategien in Abhängigkeit von der Chronizität der Erkrankung in % (Ritchie et al., 1990).***

Bewältigungsstrategie	chronisch	akut	ambulant
Fragen stellen	38	36	10
Aufpassen	34	20	10
Ereigniskontrolle	55	48	25
Aktiver Selbstschutz	90	72	60

Die *Länge der Prozedur* stellte einen signifikanten Prädiktor sowohl für die Gesamtzahl eingesetzter Copingstrategien als auch für die vermehrte Nutzung von Informationssuche und Partizipationsverhalten dar. Umgekehrt ließ sich die Punktionsdauer aus der Hospitalisierungsdauer und der Qualität der angewendeten Bewältigungsstrategien (Informationssuche und Partizipationsverhalten) vorhersagen: Kinder mit mehr Krankenhauserfahrung waren durch die Eingriffe stärker belastet und setzten häufiger Bewältigungstechniken ein, die eine schnelle Punktionsdurchführung verhinderten. Offensichtlich hatten die chronisch kranken Kinder (mit größerer Vorerfahrung) Wege gefunden, sich mehr Zeit für Informationssuche und -verarbeitung zu verschaffen, die sie für eine erhöhte Situationskontrolle benötigten. Die Resultate stehen in Übereinstimmung mit den Postulaten des transaktionalen Bewältigungsmodells von Lazarus und Folkman (1984), daß die Neuheit und Zeitcharakteristik (Plötzlichkeit und Dauer) eines Ereignisses die Belastungsbewertung und die Auswahl von spezifischem Bewältigungsverhalten bestimmen. Das *Alter* der Kinder war ausschließlich prädiktiv für den Einsatz von Informationssuche und Partizipationsverhalten, nicht aber für andere Bewältigungsstrategien. Die Befunde belegen zudem, daß auch kleine Kinder schon in der Lage sind, kognitive Bewältigungsfertigkeiten (z.B. aktive Selbstverstärkung; Informationssuche) einzusetzen.

6.1.1.5. Spezifischer Verlauf des Bewältigungsprozesses über die Prozedurphasen

Die *Distreßreaktionen* und *Bewältigungsstrategien* der Kinder verändern sich *im Verlauf der schmerzhaften Prozedur*: Kinder zeigen vor (Phase 1), während (Phase 2) und nach (Phase 3) dem Ereignis unterschiedliche Streß- und Bewältigungsreaktionen. Der *prototypische Verlauf der prozedurbedingten Belastungsreaktion* läßt sich folgendermaßen skizzieren (vgl. Tabelle 6-3): Die psychophysiologische Erregung der Kinder steigt während der ersten Phase kontinuierlich an, nimmt von der ersten zur zweiten Phase weiter zu, erreicht während Phase 2 ein Plateau (manifester Distreß) und fällt nach dem letzten schmerzhaften Abschnitt langsam wieder ab (Blount, Sturges & Powers, 1990; Elliott, Jay & Woody, 1987; Katz et al., 1980; van Aken et al., 1989). Die *Distreßreaktion* erreicht über alle Altersstufen nach nahezu allen Parametern und bei unterschiedlichen invasiven Eingriffen in der *mittleren Phase* (während der Punktion) die höchste Intensität, bis hin zu Panikreaktionen. In dieser Phase befinden sich die Kinder in einem

Zustand höchster Aufmerksamkeit und Labilität (Arntz, Dreessen & Merckelbach, 1991; Blount, Davis, Powers & Roberts, 1991; Lander, Hodgkins & Fowler-Kerry, 1992). Außerdem zeigen die Kinder im Verlauf von Phase 1 zu Phase 2 einen Anstieg im *„demonstrativen Streßverhalten"* wie Weinen, Schreien, verbaler Widerstand, Schmerz- und Gefühlsäußerung und eine Verminderung in „besorgten Streßäußerungen" wie Bitte um emotionale Unterstützung, Informationssuche, Furchtäußerung (Blount et al., 1990). Das zu beobachtende *Streßausmaß* ist in der ersten und dritten Phase weniger ausgeprägt (und etwa vergleichbar hoch) und in der Altersstufe zwischen zwei und sechs Jahren geringer als bei älteren Kindern. Die dominierenden Streßäußerungen vor und nach der Punktion sind Weinen und Bitten um emotionale Unterstützung, im postprozeduralen Abschnitt ergänzt um verbale Schmerzklagen (van Aken et al., 1989). Die *postprozeduralen Bewältigungsstrategien* beziehen sich in erster Linie auf Ablenkungs- und Beruhigungsversuche (Weekes & Savedra, 1988; Zastowny, Kirschenbaum & Meng, 1986). Diese Phasenverlaufsmuster besitzen offensichtlich hohe interindividuelle Gültigkeit und erwiesen sich auch im *interkulturellen Vergleich* (USA-Niederlande) als insgesamt stabil (van Aken et al., 1989).
Fradet et al. (1990) erhielten inkonsistente phasenspezifische Streßratings (bei Venenpunktionen an Kindern zwischen drei und 17 Jahren): Während nach den Resultaten des Beobachtungssystems der Distreß seinen Höhepunkt beim Einführen der Nadel erreichte, war das Streßniveau der Kinder nach Einschätzung sowohl der Eltern als auch der Krankenschwestern *unmittelbar vorher* am ausgeprägtesten. Möglicherweise registrierten die beteiligten Personen *subtile* Streßäußerungen sensibler als das standardisierte Beobachtungsinstrument. Unter dieser Annahme könnte das Resultat darauf hinweisen, daß Kinder bereits unmittelbar *vor* der Prozedur den Kulminationspunkt ihres subjektiven Angsterlebens erreichen, während das expressive Streßverhalten wie lautes Schreien (das durch das Beobachtungssystem abgebildet wird) bereits als *Schmerzbewältigungsversuch* betrachtet werden kann. Möglicherweise findet an diesem Punkt ein Umschalten von der Angst- zur Schmerzbewältigung statt. Während die Kinder ihrem Angsterleben und ihrer psychophysiologischen Erregung aufgrund fehlender emotionsregulierender Mechanismen relativ hilflos ausgesetzt sind, können sie auf die Schmerzsensation eher aktional (durch Schreien, Weinen, Widerstand) reagieren. Kurzes, lautes Schreien kann vom akuten Schmerzreiz ablenken und Kraftreserven mobilisieren und insofern als Ausdruck aktiver Schmerzbewältigung gelten. Die Kinder sollten folglich Hilfestellung bei ihrer Angst- und Schmerzregulation erhalten, ohne daß dabei ihre Schmerz*expressivität* (Schreien) während des Einstiches unterdrückt wird.
Die *antizipatorische Angstausprägung* (Phase 1) steht bei dieser Art von Eingriffen im Gegensatz zu den dargestellten experimentellen Befunden zum Angst-Schmerz-Zusammenhang (vgl. Kap. 5.3.) offensichtlich in positiver Beziehung zur *Schmerzintensität* bei der Prozedurdurchführung (Phase 2). Der durch Eltern- und Schwesternratings sowie das Beobachtungssystem ermittelte Grad der Aufgeregtheit der Kinder vor dem Eingriff korreliert hoch mit allen Parametern für Schmerzintensität während der Punktion, d.h. je höher der antizipatorische Streß, desto größer die erlebten Schmerzen (Fradet et al., 1990). Interventionsstrategien sollten folglich ihr Hauptaugenmerk darauf legen, Bewältigungsstrategien für die Frühphase der Prozedur zu vermitteln. Außerdem stellt ein hohes Angstniveau in der Vorphase einen deutlichen Prädiktor dafür dar, wie das Kind während des Eingriffes reagiert („Risikokinder") und bildet damit einen wich-

tigen Indikator für intensivere Vorbereitungsbemühungen (Blount et al., 1991; Hubert et al., 1988; Jacobsen et al., 1990; Peterson et al., 1990).

Tabelle 6-3: ***Phasenspezifischer Verlauf der Distreßreaktion bei Lumbalpunktionen.***

	Phase 1 kurz vorher	**Phase 2 während**	**Phase3 kurz nach**
Prozedurales Geschehen	• Warten; • Betreten des Behandlungsraumes; • Ausziehen; • Eingriffsvorbereitung.	• Sitzen im „Katzenbuckel"; • Gehalten-werden im „Polizeigriff"; • Durchführung der Punktion.	• Anziehen; • Hinlegen; • Verlassen des Behandlungsraumes; • Ruhephase.
Sensorisches und physiologisches Erleben	• Herzklopfen; • Schweißausbruch; nasse Hände; • Frieren.	• sehr hohe physiologische Erregung; • akutes Schmerzerleben; • Bewegungseinschränkung; • Beklemmungsgefühl.	• nachlassende Schmerzsensation; • langsam abflauende Aufgeregtheit; • Erschöpfung; • Zittern, Beben.
Verhalten	• verbaler Widerstand; • Forderung nach Abbruch; • Fluchttendenzen; • Bitte um Beistand der Eltern; • Renitenz.	• Protestieren; • motorischer Widerstand; • Aggression; • Weinen, Schreien, Betteln; • Schmerz- und Angstäußerung; • Resignation.	• Weinen; • Bitte um Zuwendung der Eltern; • Hinlegen; • Rückzug; • Schlafen; • Apathie.
Emotionen/Affekte	• akute Angst und Distreß; • Ärger, Wut; • Hilflosigkeit, Resignation.	• erhöhter Distreß; • verstärkte Angst bis Panik; • Angst-Schmerzreaktion; • unkontrollierte Aggression; • emotionaler Kontrollverlust.	• langsam abflauender Streß; • Beruhigung; • Traurigkeit; • Apathie.
Kognitionen	• Katastrophisieren; • externale Attribution; • geringe Kontrollüberzeugung und Selbstwirksamkeit.	• Wünschen, Beten; • Selbstabwertung; • Dramatisierung; • perzipierter Kontrollverlust; • Opferrolle.	• Übergeneralisierung • Verleugnung; • Verdrängung; • Bagatellisierung.

Die Streßintensität der Kinder ist *intra*individuell durch den beschriebenen prototypischen Verlauf charakterisiert, im *inter*individuellen Vergleich sind die Streßreaktionen hingegen relativ invariant. Sowohl das *Streß- als auch das Bewältigungsverhalten der Kinder bleibt über die Phasen relativ stabil*: Kinder, die bereits in der ersten Phase vor der Punktion besonders aufgeregt sind oder sich im Distreß befinden, bleiben in den folgenden Phasen auf einem erhöhten Streßniveau und sind weniger in der Lage, ihre Bewältigungsstrategien umzusetzen (Manne, Bakeman, Jacobsen, Gorfinkle, Bernstein & Redd, 1992; Manne et al., 1993). Das Niveau des antizipatorischen Distresses in Phase 1 erklärt 29% der Varianz des Streßausmaßes während der Prozedur (Blount et al., 1990). Kinder, die in der präprozeduralen Phase ausgeprägteres *Bewältigungsverhalten* zeigten, tendierten während des Eingriffes mit hoher Wahrscheinlichkeit zu äquivalenten Reaktionsmustern. Entsprechend setzt sich dominierendes Bewältigungs- vs. Belastungsverhalten während der Prozedur auch in der anschließenden *postprozeduralen*

Phase fort (Manne, Bakeman et al., 1992). Übereinstimmend mit diesem Resultat hatten auch Blount et al. (1990) festgestellt, daß zwar die Bewältigung*formen* (s.o.), nicht jedoch das Bewältigungs*ausmaß*, phasenspezifisch variieren.
Während das *Ausmaß der Bewältigungsbemühung* und das Distreßerleben über die Phasen hinweg relativ konsistent bleibt, verändert sich das *konkrete Bewältigungsverhalten* in Abhängigkeit von dem persönlichen Bewältigungsstil der Kinder zu den verschiedenen Phasenzeitpunkten: Blount et al. (1990) untersuchten das phasenspezifische Bewältigungsverhalten von krebskranken Kindern (5-13 Jahre) bei Knochenmarkpunktionen: In Phase 1 neigen erfolgreich bewältigende Kinder eher zu ablenkenden Gesprächen und Humor, während in der schmerzhaften Phase eher Bewältigungungsverhaltensweisen (tonhaftes tiefes Durchatmen, Imagination, Handdrücken der Mutter) dominieren (vgl. Tabelle 6-4). Diese konstruktiven Bewältigungsstrategien sind durch den Versuch einer aktiven Situationskontrolle und Emotionsregulierung (internaler Attributionsstil) gekennzeichnet, die sowohl durch gezielte Ablenkung als auch durch aufmerksames Beobachten (mit dem Fokus auf nicht-bedrohliche Situationsaspekte) erreicht werden können. Erfolglose Bewältiger tendieren demgegenüber in der präprozeduralen Phase zu streßinduzierenden Katastrophisierungen und negativen Erwartungen und fühlen sich während des Eingriffes dem Geschehen derart hilflos ausgesetzt (externale Atrribuierung), daß sie entweder mit Panik und massivem verbalen bzw. motorischen Widerstand (Fluchtverhalten) oder mit vollkommener Resignation und Apathie reagieren. Nach dem Eingriff können Kinder mit internaler Kontrollüberzeugung relativ schnell wieder „umschalten" und sich durch Spielen oder Gespräche entspannen oder ablenken, während die externalen Attribuierer eher zum Rückzug in einen resignativ-depressiven Zustand (gelernte Hilflosigkeit) tendieren und sich nur langsam wieder beruhigen (Blount et al., 1990; Blount, Davis et al., 1991; Manne et al., 1993).

Tabelle 6-4: Phasenspezifisches Bewältigungsverhalten bei Kindern (allgemein).

	Phase 1	**Phase 2**	**Phase 3**
Bewältigungsstrategien	• externale Ablenkung; • Informationssuche; • Humor; • Selbstverbalisation.	• Entspannungsübung, Atmen; • Aufmerksamkeitsdefokussierung; • internale Ablenkung (Imagination); • Selbstinstruktion.	• Entspannung; • Selbstverstärkung; • Beruhigungsversuche; • externale Ablenkung.

In ähnlicher Weise wurden von Weekes und Savedra (1988) phasenspezifische Bewältigungsstrategien für Jugendliche identifiziert (vgl. Tabelle 6-5). Die *Effektivität* der spezifischen Bewältigungsversuche ist relativ *phasenbegrenzt*: Der Einsatz einer bewältigungsförderlichen Strategie wie der Informationssuche während der Vorbereitungsphase bildet *keinen* Prädiktor für die Streßausprägung in der Punktionsphase (Manne et al., 1993). Das heißt, erfolgreiches Coping in einer Phase bildet *keine* Garantie für ein geringeres Streßausmaß in der darauffolgenden Phase. Es reicht also nicht aus, den Kindern generelle Bewältigungsfertigkeiten zu vermitteln, sondern sie müssen auf jede Phase spezifisch vorbereitet und dabei explizit im zeitlich richtigen Einsatz dieser phasenspezifischen Strategien angeleitet werden.

Tabelle 6-5: ***Phasenspezifisches Bewältigungsverhalten bei Jugendlichen (nach Weekes & Savedra, 1988).***

	Phase 1	Phase 2	Phase 3
12- 14 Jahre	• Entspannungs-aktivitäten.	• Kopf von allen Gedanken frei machen; • nicht an die Prozedur denken.	[keine spezifischen Strategien identifiziert].
15-17 Jahre	• Beschäftigungs-aktivitäten (TV, Telefonieren, Sport); • positive Gedanken; • Selbstverbalisation; • Konversation; • Schlafen.	• ablenkende Gespräche; • Selbstberuhigung; • Ablenkung; • Weinen; • positive Gedanken; • nicht an die Prozedur denken.	• Ausruhen; • ablenkende Gespräche; • Lesen; • Schlafen.
18-21 Jahre	• Unterhalten, Konversation; • positive Gedanken.	• Witzeln; • Unterhalten; • Bedeutungstransformation der Situation.	• Unterhalten; • Witzeln.

6.1.1.6. Differentielle Effektivität unterschiedlicher Bewältigungsstrategien

Entscheidender als die *Quantität*, d.h. die generelle Verfügbarkeit unterschiedlicher Bewältigungskompetenzen, für ein erfolgreiches Angst-Schmerzmanagement ist die *Qualität* der eingesetzten Strategien. Die von Kindern verwendeten Bewältigungsformen differenzieren sich zwar im Verlauf ihrer kognitiven Entwicklung zunehmend aus, jedoch läßt die Tatsache, daß Kinder eines bestimmten Alters potentiell bestimmte Bewältigungsfähigkeiten beherrschen, noch keine Rückschlüsse auf deren tatsächlichen Bewältigungserfolg („*coping-outcome*") zu.

Die *differentielle Effektivität spezifischer Bewältigungsstrategien* wurde daher in einer Reihe neuerer Studien nach unterschiedlichen Parametern (direkte Selbsteinschätzung, Fremdrating des coping-outcomes, systematische Verhaltensbeobachtung, physiologische Streßmaße) direkt bestimmt. Bei invasiven medizinischen Prozeduren wird der Bewältigungserfolg meist über die unmittelbaren Reaktionen (z.B. verbale und nonverbale Schmerzäußerungen, motorischer Widerstand vs. aktives Kooperationsverhalten, physiologische oder behaviorale Angstmaße, Fremdratings) definiert, wobei nicht-beobachtbare kognitive Bewältigungsstrategien durch unmittelbar nach der Prozedur durchgeführte offene Befragung oder standardisierte Kurzfragebögen ermittelt werden (Branson & Craig, 1988; Curry & Russ, 1985). Die Effektivitätsmessung über direkte Befragung (Selbstratings) der betroffenen Kinder kommt naturgemäß erst bei älteren Kindern in Frage. Fremdratings, systematische Verhaltensbeobachtung und physiologische Parameter sind i.d.R. auf den unmittelbaren Effekt ausgerichtet.

Die *ereignisübergreifende Wirkung* spezifischen Bewältigungsverhaltens (Harbeck & Peterson, 1992; Jacobsen et al., 1990), die nach situationsunabhängigen Außenkriterien bestimmt werden muß, kann nach unterschiedlichen *Kriterien* operationalisiert werden: McGrath, Dunn-Geier, Cunninghan, Brunette, D'Astous, Humphreys, Latter, Keene und Goodman (1985) definieren *effektives* Coping als Beibehaltung normaler Aktivitäten bei moderatem und begrenzte Aktionseinschränkungen bei starkem Schmerz. Als *ineffektive* Bewältigung wurde jegliches Vermeidungsverhalten in Erwartung möglicher Schmerz-

verursachung konzeptualisiert. In ähnlicher Weise operationalisieren Dunn-Geier, McGrath, Rourke, Latter und D'Astous (1986) ineffektives Coping über Vermeidungsverhalten aufgrund von Schmerzereignissen. Der nach diesen Kriterien definierte *mittelbare* Bewältigungsmißerfolg steht dabei in Zusammenhang mit *aktuellen* Verhaltensreaktionen: Ineffektives Coping korreliert positiv mit maladaptiven Reaktionen (Ärger, Renitenz, Entmutigung), expressivem Schmerzverhalten und Nonkooperativität während der Prozedur (Brown et al., 1986; Dunn-Geier et al., 1986). Branson und Craig (1988), die erfolgreiche Bewältigung von schmerzhaften medizinischen Eingriffen bei Kindern und Jugendlichen (N = 39) ebenfalls über die mittelfristigen Auswirkungen (über die Interferenz mit normalen Alltagsaktivitäten) operationalisierten, bestätigten diese Resultate: Ineffektives Coping ist i.d.R. mit einer höheren Frequenz von aktuellen Schmerzäußerungen und Katastrophisierungsgedanken verbunden.
Eine über *direkte Selbsteinschätzung* ermittelte Effektivität des spezifischen Bewältigungsverhaltens krebskranker Kinder bezüglich der Behandlungsbelastungen „Übelkeit" und „Erbrechen" wurde in einer neuen Studie von Tyc et al. (1995) vorgenommen. Sie befragten 75 Kinder im Alter zwischen sechs und 18 Jahren mit unterschiedlichen onkologischen Diagnosen nach ihren bevorzugten Bewältigungsstrategien sowie deren eingeschätzter Effektivität im Umgang mit den Nebenwirkungen der Krebsbehandlung. Die Ergebnisse sind in Tabelle 6-6 dargestellt. Es fällt auf, daß die Kinder den unterschiedlichen Bewältigungsstrategien eine *symptomspezifisch differentielle Wirksamkeit* zuschreiben: Schlafen wird bspw. zur Reduzierung von Übelkeit als hocheffektiv bewertet, als Strategie gegen Erbrechen jedoch nur als mäßig wirksam. Interessanterweise bestehen beim Symptom Übelkeit teilweise große Divergenzen zwischen der Anwendung eines bestimmten Bewältigungsverhaltens und seiner attribuierten Wirksamkeit. Häufigkeit und Effektivitätsurteil korrelieren nur in der Hälfte der Fälle: Für Problemlösen und soziale Unterstützung hochsignifikant ($p<0.01$), für Emotionsregulation, kognitive Umstrukturierung und Ablenkung signifikant ($p<0.05$). Anders sieht die Situation beim Erbrechen aus: Hier korrelieren Anwendung und Effektivitätsbeurteilung für alle Bewältigungstechniken mit Ausnahme von Wunschdenken, Resignation und Schlafen hochsignifikant.
Kinder entscheiden sich offensichtlich spontan nicht unbedingt für die effektivsten Bewältigungsstrategien. Nur 25% der untersuchten Kinder zeigten ein befriedigendes Bewältigungsergebnis (nach den Kriterien geringe Belastung und hohe perzipierte Effektivität). Bewältigungserfolg kovariierte vor allem mit den Strategien *Problemlösen* (Informationssuche) und *soziale Unterstützung*. Insbesondere die Problemlöser scheinen ihr Bewältigungsrepertoire mit zunehmender Erfahrung um neue Strategien zu erweitern. Desweiteren wurden Alters- und Geschlechtseffekte festgestellt: Während jüngere Kinder eher zu phantasiebezogenen Bewältigungsformen wie Wunschdenken tendieren, ziehen ältere Kinder problemorientierte und informationssuchende Strategien vor. In frühen Altersstufen neigen Jungen eher zum sozialen Rückzug als Mädchen. Unter den Jugendlichen, insbesondere den weiblichen, dominiert eine hohe Effektivitätseinschätzung bezüglich des Problemlöseverhaltens. Strategiepräferenzen und Effektivitätsurteil sind auch vom Ausmaß des erlebten Stresses beeinflußt: Kinder mit einer geringen Streßausprägung schätzen ihre Bewältigungsstrategien generell als effektiver ein.

Tabelle 6-6: ***Häufigkeit und eingeschätzte Effektivität verschiedener Bewältigungsstrategien gegenüber behandlungsbezogenen Belastungen bei krebskranken Kindern (Tyc et al., 1995).***

	Übelkeit		**Erbrechen**	
Copingstrategie	**Häufigkeit**	**Effektivität**	**Häufigkeit**	**Effektivität**
Schlafen	75,1	60,4	67,2	43,1
Soziale Unterstützung	83,1	55,0	71,9	41,1
Emotionsregulation	86,3	46,6	87,6	42,5
Ablenkung	86,3	45,9	73,6	29,6
Kognitive Umstrukturierung	75,9	40,9	70,3	31,6
Problemlösen	68,0	37,3	68,0	34,1
Resignation	66,9	29,6	56,1	18,6
Wunschdenken	86,5	24,5	82,5	19,7
Sozialer Rückzug	69,6	22,2	62,8	13,6
Fremdvorwürfe	6,4	1,6	1,6	1,6
Selbstkritik	8,4	0,0	6,7	0,0

In der *wahrgenommenen Wirksamkeit* (Selbstberichte) verschiedener Bewältigungsmöglichkeiten (vgl. Tabelle 6-7) bei *postoperativem Schmerz* (N = 18; 12 bis 17 Jahre) rangierte in der Studie von Branson et al. (1990) die Einnahme analgetischer Medikamente vor Techniken der Aufmerksamkeitsablenkung und der Unterstützung durch andere Personen. Bennett-Branson und Craig (1993) ließen 60 Kinder (7-16 Jahre) bei *kleineren operativen Eingriffen* die wahrgenommene Effektivität unterschiedlicher Bewältigungsstrategien auf einer zehnstufigen VAS-Skala einschätzen und erhielten folgende Wirsamkeitsbeurteilungen:

Tabelle 6-7: ***Eingeschätzte Effektivität unterschiedlicher Bewältigungsstrategien bei postoperativen Schmerzen (Bennett-Branson & Craig, 1993).***

Bewältigungsstrategie	**Effektivität (10-stufige VAS-Skala)**
1. heiße oder kalte Umschläge	7,69
2. Entspannungsübungen	7,63
3. Medikation	7,23
4. externale Aufmerksamkeitsablenkung	7,14
5. Ruhigstellung	7,14
6. verbales Klagen	6,92
7. beruhigende Selbstverbalisation	6,56
8. kognitive Umbewertung	6,41
9. internale Aufmerksamkeitsablenkung	6,06
10.Gedankenstop	5,14
11.Beten und Wünschen	4,79
12.Reiben	4,20

Die *differentielle Effektivität* unterschiedlicher Bewältigungsstrategien wurde neuerdings zunehmend über *„objektive" Beobachtungsmaße* (manifestes Streßverhalten) erhoben (Branson & Craig, 1988). In der Studie von Manne et al. (1993), die 45 krebskranke Kinder (3-10 Jahre) bei Venenpunktionen untersuchten, setzte nur knapp die Hälfte der Kinder (48%) *informationssuchendes Verhalten* ein, während eine *ablenkende Strategie* (nicht-prozedurbezogene Äußerungen und Verhalten) von 95% benutzt wurde, letztere allerdings nur für relativ kurze Zeiträume. Nicht-prozedurbezogenes Verhalten korrelierte konsistent mit vermindertem Distreß, was die hohe Effektivität externaler Ablenkungsstrategien (Aufmerksamkeitsdefokussierung) in der Vorbereitung auf streßhafte Eingriffe unterstreicht. Keine der Bewältigungsbemühungen wurde nach Abziehen der Kanüle vermindert. Das deutet darauf hin, daß das aversive und streßhafte Erleben der Kinder über den Zeitpunkt der Nadelentfernung hinaus anhält. Informationssuchendes Verhalten wurde nicht nur in der Vorbereitungsphase, sondern (entgegen den Untersuchungshypothesen) über alle Phasen des Eingriffes (vor, während des Nadelstiches und anschließend) eingesetzt und korrelierte in allen Phasen mit einer Distreßreduktion.

Quantität und *Qualität* der eingesetzten Verhaltensstrategien können bezüglich ihrer Bewältigungseffektivität in konverser Beziehung zueinander stehen, d.h. eine hohe Anzahl von unterschiedlichen Bewältigungsversuchen ist mit einem geringen coping-outcome verbunden. Worchel et al. (1987) verglichen die Effektivität verschiedener *kontrollbezogener Bewältigungsstrategien zur Angstreduktion* in der Behandlung bei 52 pädiatrisch-onkologischen Patienten im Alter zwischen sechs und 17 Jahren:

- *Verhaltenskontrolle* (aktionale Bewältigungsstrategien wie Atemübung, Kommandos geben);
- *kognitive Kontrolle* (Gedanken und Gespräche über die Krankheit und Behandlung);
- *Informationskontrolle* (über das Ausmaß der vermittelten Informationen bezüglich Krankheit und Behandlung);
- *Entscheidungskontrolle* (über die Behandlungsmaßnahmen, Alltagsaktivitäten und die Ernährung).

Das Ziel der Studie bestand darin, den Zusammenhang zwischen Kontrollstrategien und emotionaler Anpassung zu klären. *Verhaltenskontrolle* stellte den besten Prädiktor für die emotionale Krankheitsbewältigung dar - allerdings in unerwarteter Weise: *Hohe* Werte für Verhaltenskontrolle waren mit *schlechterer* Adaption (sowohl nach Selbsteinschätzung als auch nach Fremdratings) verbunden. Dies ist vermutlich dadurch zu erklären, daß das Maß für hohe Verhaltenskontrolle den Einsatz einer hohen Anzahl von *verschiedenen* Bewältigungsstrategien repräsentiert. Eine große *Quantität* eingesetzter Strategien ist wahrscheinlich ein Indiz für planlose und *wenig erfolgreiche* Suchprozesse, mit denen das Kind wahllos oszillierend zwischen den verschiedenen Bewältigungsmöglichkeiten ausprobiert. Bevor sich die Wirkung einer Bewältigungsstrategie voll entfalten kann, wird sie bereits aufgegeben und durch eine andere ersetzt. Einige Bewältigungsversuche werden dabei zu unpassenden Zeitpunkten (z.B. während der Punktion, wenn das Kind absolut still sitzen muß) oder mehrere Strategien mit gegensätzlicher Zielrichtung gleichzeitig ausgeführt (kompensatorischer Effekt). Eine hohe *Quantität* an Kontrollstrategien kann somit als Indikator für *ineffektives* Bewältigungsverhalten betrachtet werden. Adaptiv wirkten sich erwartungsgemäß die Entscheidungskontrolle und die Unterstützung durch die Eltern aus, während die Informationskontrolle keinen Effekt aufwies. Kognitive Kontrollstrategien, d.h. ausgeprägte gedankliche Beschäftigung mit bzw. Kommunikation über die Krankheit, war im Gegensatz zu entsprechenden Resultaten bei Erwachsenen mit höherer Non-compliance und Niedergeschlagenheit assoziiert. Schließlich waren deutliche Alterseffekte zu beobachten: Die Jugendlichen setzten mehr Entscheidungskontrolle, kognitive Kontrolle und (tendenziell) mehr Informationskontrolle ein als jüngere Kinder. Zu vergleichbaren Ergebnissen in bezug auf die *negative Korrelation zwischen Quantität und Qualität der Bewältigungsstrategien* gelangten Bennett-Branson und Craig (1993): Kinder mit höherem postoperativen Schmerzniveau berichteten von einer größeren Anzahl von Bewältigungsversuchen zur Schmerzkontrolle, mehr Katastrophisierungsgedanken und weniger Selbstwirksamkeit.

6.1.2. Habituelle personspezifische Bewältigungsstile

Neben dem Spektrum vorhandener Bewältigungsfertigkeiten im Kindesalter und der Anzahl und Effektivität spontan eingesetzter Verhaltenseinheiten ist für die verhaltensmedizinische Vorbereitungspraxis vor allem das *habituelle Bewältigungsverhalten* der Kinder interessant, d.h. ihr individueller und konsistent präferierter Stil, mit belastenden oder schmerzhaften Situationen umzugehen. Blount, Davis et al. (1991) resümieren aus den Forschungsergebnissen der letzten Dekade, daß zwei Hauptfaktoren das Bewältigungsverhalten und das Streßniveau von Kindern bei invasiven medizinischen Prozeduren determinieren: Das aktuelle Verhalten der Eltern und des medizinischen Teams in der Behandlungssituation (vgl. Kap. 6.2.) und die situationsübergreifenden habituellen Bewältigungsmuster der Kinder, d.h. ihr *Bewältigungsstil*. Dieses Konstrukt ist je nach theoretischer Einbettung unterschiedlich konzeptualisiert worden, so daß sich die empirische Forschung auf eine uneinheitliche Anzahl und unterschiedliche Formen von Bewältigungsdimensionen bezieht. Aus diesem Grund sollen die in diesem Zusammenhang wichtigsten Modelle im folgenden kurz dargestellt werden.

6.1.2.1. Bewältigungsmodelle

Transaktionale Ansätze

Nach dem *Modell der primären/sekundären Kontrolle* (Rothbaum, Weisz & Snyder, 1982; Weisz, Rothbaum & Blackburn, 1984) können Personen durch zwei unterschiedliche, aber komplementäre Prozesse Einfluß über einen Stressor gewinnen: Entweder, indem sie die äußeren Bedingungen (Stressor) zugunsten der eigenen Ziele verändern (*primäre Kontrolle*), oder indem sie die inneren Bedingungen (Erwartungen, Bewertungen, Interpretationen, Wünsche) den objektiven Gegebenheiten anpassen (*sekundäre Kontrolle*). Eine dritte Reaktionsmöglichkeit besteht darin, die Auseinandersetzung und damit die Kontrolle ganz aufzugeben (*Resignation*). Der Einsatz dieser Bewältigungsdimensionen bei Kindern (N = 73; 6-12 Jahre) in alltäglichen Streßsituationen wurde von Brotman-Band und Weisz (1988) untersucht: Lediglich in 3,5% der Fälle reagierten die Kinder mit Resignation. Die eingesetzten Copingstile varrierten allerdings stark situations- und altersspezifisch: In Situationen schulischen Versagens dominierten primäre Kontrollstrategien, während bei medizinischen Eingriffen sekundäre Bewältigungsformen überwogen. Mit zunehmendem Alter werden weniger primäre und (insbesondere bei medizinischem Streß) mehr sekundäre Kontrolltechniken berichtet.
In ähnlicher Weise werden die Bewältigungsdimensionen in dem *transaktionalen Bewältigungsmodell* von Lazarus und Folkmann (Lazarus & Folkman, 1987; Folkman &

Lazarus, 1988; Lazarus, 1991, 1993) konzeptualisiert: Die Bewältigungsbemühungen einer Person umfassen danach *aktionale* (*instrumentelles Coping*), *emotionsregulierende* (*palliatives Coping*) sowie *kognitive* Maßnahmen (*bewertungsbezogenes Coping, appraisal-focused*) und zielen auf die Adaption an die Belastungssituation bzw. die Aufrechterhaltung der individuellen Handlungsfähigkeit ab. Lazarus und Launier (1978) unterscheiden folgende prinzipielle *Bewältigungsformen*:

1. *Direkte Aktion* (Aktivitäten zur unmittelbaren Beeinflussung der äußeren Streßsituation);
2. *Aktionshemmung* (z.B. Abwarten);
3. *Informationssuche* (Analyse aller Situationsmerkmale zur besseren Einordnung der Situation bzw. zur bewältigungsbezogenen Handlungsplanung);
4. *intrapsychische bzw. kognitive Bewältigung* (Informationsvermeidung, Verleugnung, Bagatellisierung, kognitive Redefinition etc.);
5. *Bitten anderer Personen um Hilfe und soziale Unterstützung.*

Der Bewältigungsprozeß vollzieht sich dabei im wechselseitigen Aufeinanderwirken von Individuum- und Umweltvariablen (*transaktional*).

Zur Klärung der Frage, ob sich diese Bewältigungsdimensionen bereits im Kindesalter finden lassen, untersuchten Compas et al. (1988) die Kapazität zur Generierung alternativer Lösungen bei der Bewältigung streßhafter Ereignisse und die tatsächlich eingesetzten Copingsstrategien älterer Kinder und Jugendlicher (N = 130; 10-14 Jahre). Sie stellten fest, daß die von der Arbeitsgruppe Lazarus/Folkman postulierten Bewältigungsdimensionen *problemfokussiertes* (Bemühung, die äußeren Stressorbedingungen oder Belastungsquellen zu beeinflussen und zu verändern) vs. *emotionsfokussiertes Coping* (Bemühungen, die eigenen mit dem Streßereignis assoziierten emotionalen Zustände zu regulieren) von den Kindern sowohl bei theoretischen wie interpersonellen Stressoren eingesetzt werden. Dabei waren die problemfokussierten Strategien negativ und die emotionsfokussierten Strategien positiv korreliert mit emotionalen Schwierigkeiten und Verhaltensproblemen. Compas (1987) postulierte, daß die Adaptivität der beiden Bewältigungsstile durch die *Art der Streßsituation* determiniert sei. Danach ist problemfokussiertes Coping bei kontrollierbaren Stressoren angemessen, während emotionsfokussiertes Coping im Kontext unkontrollierbarer Streßauslöser angezeigt ist. Weisz, McCabe und Dennig (1994) überprüften diese These an 33 leukämiekranken Kindern (5-12 Jahre), die relativ unkontrollierbaren Stressoren (schmerzhafte medizinische Prozeduren) ausgesetzt waren, mittels Eltern- und Expertenratings sowie Selbsteinschätzungen der Kinder nach den Kriterien allgemeiner und krankheitsbezogener Anpassungsgrad. Insgesamt bestätigte sich die Hypothese, daß sekundäres Coping bezüglich der Leukämiebehandlung zu besseren Bewältigungsergebnissen führt als primäre oder resignative Bewältigungsstrategien. Hierbei ist allerdings zu berücksichtigen, daß die meisten Stressoren der Erkrankung sowie der Behandlung unterschiedlich kontrollierbare Aspekte besitzen und sekundäre Strategien somit nicht in jedem Fall die beste Bewältigungsstrategie darstellen müssen.

Differentiell-psychologische Ansätze

Als grundlegende Dimension zur Erfassung unterschiedlicher *palliativer Bewältigungsstile* hat das „*Sensitization* vs. *Repression*"-Konzept von Byrne (1964) große Verbreitung gefunden. Das Konstrukt *Sensitization* beinhaltet die Tendenz, einem potentiell streßhaften bzw. angstauslösenden Ereignis Aufmerksamkeit zuzuwenden, während *Repression* die Aufmerksamkeits*de*fokussierung gegenüber dem Stressor umschreibt[2]. Als persönlichkeitspsychologisches Konstrukt u.a. wegen seiner psychodynamischen Fundierung zunehmend in die Kritik geraten, wird es neuerdings unter dem Begriff der *Informationssuche* (Sensitivierung, Vigilanz) vs. *kognitive* bzw. *Informationsvermeidung* neu gefaßt (Krohne, 1995a). Als „Informationssucher" werden Personen definiert, die ein generalisiertes Bewältigungsmuster zeigen, welches durch eine aktive Aufmerksamkeitsfokussierung auf die angstauslösende Situation gekennzeichnet ist. „Kognitive Vermeider" tendieren demgegenüber dahin, situationsbezogene Informationen zu ignorieren und sich mit neutralen Gedanken zu beschäftigen, um ihre antizipatorische Angst zu regulieren[3].

In ähnlicher Weise postuliert die *monitoring-blunting*-Hypothese (Miller, 1989; Miller, Combs & Kruus, 1993) zwei antagonistische Angstbewältigungsstrategien: Demnach erhöhen sich in dem Maße Angst und Erregungsniveau, in dem die Person ihre Aufmerksamkeit auf bedrohliche Situationsaspekte fokussiert („*monitoring*"), während sie sich umgekehrt bei Ablenkung von bedrohungsrelevanten Situationsmerkmalen entsprechend abschwächt („*blunting*"). Die *blunting*-Strategie wird nur dann als adaptiv betrachtet, wenn der Stressor nicht kontrollierbar ist, während *monitoring* für alle übrigen Fälle als die zu präferierende Streßbewältigungsform gilt, da sie das Individuum trotz vorübergehendem Erregungsanstieg zur aktionalen Situationsveränderung motiviert bzw. befähigt. Erste empirische Überprüfungen des Monitoring-Blunting-Modells in klinischen Realsituationen, insbesondere bei der Vorbereitung auf medizinische Eingriffe (Miller, Brody & Summerton, 1988; Miller, Combs & Stoddard, 1989; Miller et al., 1993), erbrachten modellkongruente Ergebnisse: Insgesamt sind alle Patienten (nach subjektiven wie physiologischen Parametern) durch umfangreiche Informationen tendenziell stärker belastet als durch restriktive Aufkärung, wobei Monitorer aufgrund der Unkontrollierbarkeit des Eingriffes generell stärkere emotionale Reaktionen zeigen. Außerdem sprechen die Resultate für eine dem Bewältigungsstil angepaßte (*matched*) Aufklärungsstrategie: Blunter reagieren erwartungsgemäß mit geringerer Erregung, wenn sie wenig Informationen erhalten; bei Monitorern sinkt das Erregungsniveau, wenn sie ausführlicher informiert werden.

In dem *Modell der kombinierten (Angst-)Bewältigungsmodi* von Krohne (1995a) werden die Copingdimensionen äquivalent zu den genannten Konstrukten begrifflich als *Vigilanz* und *kognitive Vermeidung* gefaßt. Im Gegensatz zu früheren Ansätzen werden sie aber als *separate* Persönlichkeitsdimensionen (habituelle Verhaltensmuster) und nicht als antagonistische Pole auf einem Kontinuum konzeptualisiert: Das heißt, der habituelle Einsatz vigilanter und vermeidender Strategien schließt sich nicht gegenseitig aus. Die beiden zentralen Situationselemente *Präsenz aversiver Stimuli* und *Mehrdeu-*

[2] Krohne (1995a) verweist auf die hohe Korrelation der Repression-Sensitization-Skala mit Ängstlichkeitstest und der daraus ableitbaren Konfundierung der beiden Konstruktebenen. Daraus folgt, daß aus empirischen Daten, die auf der Verwendung nur einer Skala beruhen, nicht zwischen Repressern und Niedrigängstlichen einerseits und Sensitizern und Hochängstlichen andererseits unterschieden werden kann.

[3] Gebräuchliche Synonyme für den Sensitizer-Begriff sind: „Annäherer", „Monitorer", „Vigilante"; für Repressor: „Vermeider", „Unempfindliche" oder „Verleugner".

tigkeit der Situation lösen beim Individuum *Unsicherheitserleben* und *physiologische Erregungsprozesse* aus. Während die subjektive Unsicherheit („*fear of danger*") durch Situationsvariablen wie Vorhersagbarkeit und Kontrollierbarkeit des Stressors moderiert wird und die Aktivierung vigilanter Bewältigungsstrategien begünstigt, führt die Perzeption physiologischer Erregung tendenziell zur Angst vor Kontrollverlust („*fear of fear*") und zu vermeidendem Bewältigungsverhalten. *Vigilanz* intendiert somit eine Unbestimmtheitsreduktion (s.a. Dörner, 1989) durch Aufbau eines kognitiven Schemas der Streßsituation mittels Informationssuche und Verlaufsabschätzung. *Kognitive Vermeidung* dient in erster Linie dazu, das physiologische Aktivationsniveau zu limitieren und einen drohenden Kontrollverlust zu verhindern. Unsicherheit und Übererregung unterliegen dabei gegenläufigen Regulationsmechanismen: Unsicherheit kann nur reduziert werden durch verstärkte Beachtung des Stressors, die jedoch zwangsläufig das Erregungsniveau anhebt. Umgekehrt kann die Erregung durch Aufmerksamkeitsablenkung gedämpft werden, wodurch sich aber die Unsicherheit erhöht. Personen unterscheiden sich nun im Grad ihrer *habituellen Toleranz gegenüber Erregungszuständen bzw. Unsicherheitserleben*: Personen mit hoher habitueller Intoleranz gegenüber Unsicherheit bei niedriger Intoleranz gegenüber Erregungszuständen tendieren zu vigilantem Verhalten („*Sensitizer*"), während Personen mit der umgekehrten Merkmalskonstellation (hohe Erregungsintoleranz, niedrige Unsicherheitsintoleranz) informationsvermeidendes Bewältigungsverhalten präferieren („*Repressor*"). Sensitizer können durch Vigilanz Unbestimmtheit reduzieren und die dabei entstehende erhöhte Aktivierung aufgrund ihrer höheren Erregungstoleranz ertragen. Für Vermeider steht die Erregungsreduktion im Vordergrund, wobei sie die aus dem Vermeidungsverhalten resultierende erhöhte Unsicherheit besser tolerieren können.

Die gegenüber früheren Sensitizer-Repressor-Modellen neue Perspektive besteht darin, daß *beide habituellen Reaktionsmuster bei einer Person gleichzeitig* auftreten können: Personen, die *weder* Erregungszustände *noch* Unsicherheitserleben tolerieren können, geraten in einen Entscheidungskonflikt, da beide möglichen Bewältigungsstrategien (Vigilanz und Vermeidung) jeweils nur auf einer der beiden Zustandsebenen zu erwünschten Effekten führt, die auf der anderen aber zugleich mit intolerablen Verschlechterungen erkauft werden müssen. Aus diesem Reaktionskonflikt resultiert ein *fluktuierendes Bewältigungsverhalten*, d.h. die betroffenen Personen pendeln zwischen den Bewältigungsstrategien Vigilanz und Vermeidung hin und her. Da sie dabei den Effekt der versuchten Einzelmaßnahmen nicht abwarten, bevor sie den nächsten Strategiewechsel vollziehen, wird ein planvolles und zielgerichtetes Bewältigungsverhalten konterkariert, wodurch sich wiederum ihre Angst und *Defensivität* (Bemühungen um intrapsychische Angstkontrolle) verstärkt. Umgekehrt sind Personen, die sowohl Unsicherheit als auch Erregungszustände relativ gut ertragen können, nicht darauf angewiesen, massiv eine der beiden Bewältigungsstrategien einzusetzen, sondern können ihre Umgangsweise mit dem Stressor planvoller und flexibler handhaben (*Nicht-Defensivität*), d.h. Informationen suchen, wo es für ihre Handlungsplanung zweckmäßig ist und Informationen vermeiden, wenn die Situation nicht beeinflußbar ist.

6.1.2.2. Empirische Ergebnisse der Bewältigungsstil-Forschung

Annähernde und vermeidende Bewältigungsstile im Kindesalter

Während der letzten 15 Jahre beschäftigt sich eine wachsende Zahl von Studien mit *charakteristischen Bewältigungsstilen im Kindesalter*, d.h. mit relativ stabilen Verhaltensmustern, die Kinder im Umgang mit *Schmerzen* (Branson & Craig, 1988; Dunn-Geier et al., 1986; Fowler-Kerry & Ramsey-Lander, 1990; Siegel & Smith, 1989) sowie *streßreichen medizinischen und zahnmedizinischen Eingriffen* (Branson et al., 1990; Curry & Russ, 1985; Gil, 1984; Hubert, Jay et al., 1988; Lumley, Abeles, Melamed, Pistone & Johnson, 1990; Peterson, 1989; Peterson & Toler, 1986; Ritchie et al., 1990; Smith, Ackerson & Blotchky, 1989; Weekes & Savedra, 1988; Weisz et al., 1994) zeigen. Für die *Messung von Bewältigungsstil-Variablen im Kindesalter* wurde eine Anzahl von Instrumenten entwickelt, anhand derer die pädiatrischen Stichproben nach ihren jeweils bevorzugten Bewältigungsstilen in Untergruppen aufgeteilt und zu dem anschließenden Bewältigungsergebnis in Beziehung gesetzt wurden. Eines der bekanntesten Inventare, das Fragen zum Verhalten der Kinder in medizinischen Settings und zu Reaktionen auf medizinische Eingriffe enthält und sich sowohl auf Bewältigungsverhalten wie Streßindikatoren bezieht, ist das „*Coping Strategies Interview (CSI)*“ von Siegel und Peterson (1981).

Peterson und Toler (1986) konnten mit einer modifizierten Version des *CSI* die bei Erwachsenen identifizierten Bewältigungsstile „Informationssuche“ vs. „Informationsvermeidung“ schon bei Kindern im Alter zwischen fünf und zehn Jahren (N = 59; bei kleineren chirurgischen Eingriffen) eindeutig nachweisen (mittels Selbsteinschätzung, Eltern- und Expertenratings, Verhaltensbeobachtung). Die *informationssuchende* Bewältigungsstrategie der Kinder ist positiv korreliert mit dem Ausmaß an Vorinformation, ihres allgemeinen Interesses an und ihrer Empfänglichkeit für Informationen (nach Elterneinschätzung), der Qualität spezifischer Vorerfahrungen (positive Bewältigung vorangegangener aversiver Eingriffe) und ihrem allgemein präferierten Copingstil. Außerdem nimmt die Informationssuche mit steigendem Alter tendenziell zu, obwohl dieser Zusammenhang nicht immer positiv und linear verläuft. Informationssuche stellte einen signifikanten Prädiktor für den Bewältigungserfolg (aktives und angemessenes Bewältigungsverhalten in der Streßsituation und geringeres Streßniveau nach dem Eingriff) dar. Interessanterweise korrespondiert der von den Kindern angegebene präferierte Bewältigungsstil häufig *nicht* mit ihrem aktuellen Bewältigungsverhalten.

Hubert et al. (1988) untersuchten 43 krebskranke Kinder im Alter zwischen drei und elf Jahren vor und nach Knochenmarkpunktionen mit der „*Behavioral Approach-Avoidance and Distress Scale (BAADS)*“. Es wurden *weder Alters- noch Geschlechtsunterschiede* bezüglich vermeidender oder annähernder Bewältigungsstrategien gefunden. Demgegenüber war das beobachtete Streßverhalten (nach „*Observation Scale for behavioral Distreß (OSBD)*“) deutlich altersabhängig: Jüngere Kinder zeigen sowohl mehr Streßverhalten während der Prozedur als auch höheren antizipatorischen Streß. Die Veränderung der Herzrate (als Angstindikator) zwischen der Vorbereitung und Nachbereitung der Prozedur korrespondierte weder mit der Annäherungs-Vermeidungs- noch mit der Distreß-Skala. Die Kinder, die während der Vorbereitung größeren Distreß gezeigt hatten, gaben nach dem Eingriff an, während der Punktion größere Angst (nicht aber mehr Schmerz) erlebt zu haben. Unerwarteterweise stand das Annäherungsverhalten *weder in*

Beziehung zu den Angst- noch zu den Schmerzratings. Da in dieser Studie Copingstil-Variablen erstmals in ihrer Beziehung zu physiologischen Maßen, Selbstberichten und Beobachtungssystemen systematisch untersucht wurden, lassen sich die inkonsistenten und z.T. widersprüchlichen Befunde noch nicht hinreichend interpretieren. Möglicherweise spielen eine Reihe von Mediatorfaktoren eine Rolle, die in weiteren Forschungsvorhaben genauer zu spezifizieren sind.

Obwohl die Ergebnisse zu den Zusammenhängen zwischen *Alter* und *Vorerfahrungen* einerseits und präferiertem Bewältigungsstil andererseits nicht konsistent sind (vgl. Blount, Davis et al., 1991), sprechen die meisten Resultate für eine Beziehung zwischen Bewältigungsstil und *Entwicklungsfaktoren*: Der bevorzugte Bewältigungsstil eines Kindes ist in den meisten Studien positiv korreliert mit seinem *Alter* und *spezifischen Vorerfahrungen*, d.h. informationssuchende Strategien werden tendenziell eher praktiziert von Kindern,

- die älter sind (Melamed, 1982; Peterson & Toler, 1986; Ritchie et al., 1990);
- deren Diagnose seit längerer Zeit bekannt ist (Smith, Ackerson et al., 1989; Smith, Ackerson, Blotchky & Berkow, 1990) und
- die eine größere Zahl von medizinischen Prozeduren hinter sich haben (Smith et al., 1989, 1990).

Da ältere Kinder über ein größeres Spektrum von Bewältigungsstrategien verfügen (Reissland, 1983), profitieren sie wahrscheinlich mehr von einem informationssuchenden Vorgehen, das wichtige Hinweise für den Einsatz ihrer verfügbaren Handlungsskripte bereitstellt und ihr spezifisches Handlungsrepertoire erweitert.

Differentielle Effektivität unterschiedlicher Bewältigungsstile im Kindesalter

Die empirischen Resultate zur Bedeutung des Copingstiles für eine erfolgreiche Bewältigung invasiver Prozeduren sind teilweise inkonsistent. Während in frühen Studien (z.B. Melamed & Siegel, 1975) bspw. eine generelle Überlegenheit des sensitivierenden gegenüber dem vermeidenden Bewältigungsstil (gemessen am Effekt) gefunden worden war, stellt sich die Befundlage heute differenzierter dar: Die meisten Untersuchungen zu präferierten Bewältigungsstilen bei streßreichen medizinischen Eingriffen sind zwar mit Erwachsenen-Populationen durchgeführt worden, kommen aber zu ähnlichen Ergebnissen wie die relativ wenigen einschlägigen Studien bei Kindern. Suls und Fletcher (1985) fanden in einer Meta-Analyse über die *relative Wirksamkeit annähernder und vermeidender Copingstile* im Umgang mit Schmerz, Streß und Angst bei Erwachsenen kaum universelle Effektunterschiede. Die Effektivität spezifischer Bewältigungsstile ist vielmehr durch eine Reihe von Mediatorvariablen determiniert. Insbesondere der *Zeitpunkt* im Behandlungsverlauf spielt offensichtlich eine entscheidende Rolle für die Adaptivität der unterschiedlichen Bewältigungsstile: Einige Strategien sind offensichtlich in frühen Phasen der Streßerfahrung angemessen, während andere zu späteren Phasen effektiver sind. *Kurzfristig* sind im allgemeinen *vermeidende* Bewältigungsformen adaptiver: Da dem Individuum in der Anfangsphase der Konfrontation mit einem neuartigen Stressor (z.B. Erkrankung, Behandlungsmaßnahmen) meist noch keine wirksamen Ressourcen zu einer *aktiven* Streßbewältigung und Situationsbeeinflussung zur Verfügung stehen, läßt sich das aktuelle Streßniveau zunächst nur durch Ignorieren und Ablenken reduzieren. Attentionale Strategien erweisen sich in dieser Phase nur dann als hilfreich, wenn sie auf sensorische statt emotionale Aspekte der Schmerzwahrnehmung fokussieren.

Wahrscheinlich wirken die emotionalen Aspekte zunächst bedrohlicher, weil sie mit drohendem Kontrollverlust verbunden sind, während eine aufmerksame Beobachtung der sensorischen Schmerzkomponente eher brauchbare Hinweise für erste Bewältigungsversuche liefert. Im *langfristigen* Verlauf verliert das in der Anfangsphase (drei Tage bis zwei Wochen) zunächst funktionalere Vermeidungsverhalten zugunsten der Aufmerksamkeitsfokussierung zunehmend an Effektivität. Bei zeitlich eng befristeten Streßereignissen mit weniger ernsten Konsequenzen scheinen Vermeidungsstrategien die angemessenere Bewältigungsform zu sein. Im Gegensatz dazu erfordern länger anhaltende Streßauslöser und ernste Lebensereignisse aktivere Bewältigungsformen, Verhaltensänderungen und Einflußnahme auf die Situation (internal oder external), die durch eine Beibehaltung vermeidender Umgangsweisen behindert würden. Bei professioneller Unterstützung bewirken sowohl die Vermittlung vermeidender (Ablenkung) als auch attentionaler (Aufmerksamkeitsfokussierung) Strategien bessere Bewältigungsergebnisse, d.h. erleichtern die Anpassung an den Stressor (schmerzhafte Untersuchung oder chirurgischer Eingriff), als der Verzicht auf Bewältigungsinstruktionen oder Kontrollversuche. Zusammenfassend sind sowohl *annähernde* als auch *vermeidende* Bewältigungsstrategien in der Reduzierung von Schmerz, Distreß und Angst zweckmäßig und effektiv, wobei es von bestimmten personalen und situativen Bedingungen abhängig ist, welche Taktik vorzuziehen ist. Dieses Resultat wurde in neueren Studien an Kindern mehrfach bestätigt (z.B. Manne et al., 1993; Tyc et al., 1995).

In einer Untersuchung an 56 wegen kleiner Operationen hospitalisierten Kindern (4-10 Jahre) von Field, Alpert, Vega-Lahr, Goldstein und Perry (1988) zeigten sich Sensitizer in der Krankenhaussituation insgesamt gesprächiger, expressiver und aktiver als Repressor. Während Blutentnahmen und präoperativen Injektionen beobachteten Sensitizer genauer den Ablauf der Prozedur, stellten ergänzende Fragen und zeigten insgesamt ausgeprägteres Copingverhalten als Repressor (9,2 vs. 7,5 bei Blutentnahme; 9,3 vs. 7,8 bei Injektion) aber auch mehr aktives Protestverhalten und Distreß (6,2 vs. 5,0 bei Blutentnahme; 6,8 vs. 5,3 bei Injektion). Postoperativ benötigten sie weniger Betreuungszeit (9,9 Std.) als Repressor (17,4 Std.). Außerdem zeigten Repressor höhere antizipatorische Angst, aber keine postoperativ erhöhte Ängstlichkeit.

Smith et al. (1990) untersuchten die *präferierten Bewältigungsstile* „Informationssuche", „Informationsvermeidung" und „gemischter Copingstil" (modifiziert nach CSI) in Abhängigkeit von den Faktoren Alter, Schmerzvorerfahrungen, Zeit seit der Diagnosestellung, antizipatorischer Angst, erlebter Schmerzintensität und beobachtetem Streßverhalten an 44 leukämiekranken Kindern unter invasiven Prozeduren. Die bevorzugte Bewältigungsstrategie bildete mit 55% die *Informationsvermeidung* (u.a. operationalisiert als Beschäftigung mit nicht-prozedurbezogenen Themen, imaginative Ablenkung, externale Ablenkung, Entspannung), gefolgt von der *Informationssuche* (Suche nach prozedurbezogenen Informationen, positive Selbstinstruktion) mit 29% und der *kombinierten* Strategie (affektive Expression, emotionale Unterstützung) mit 17%. Die Gruppen mit *unterschiedlichen Bewältigungsstilen* unterschieden sich *nicht* bezüglich Geschlecht, antizipatorischer Angst, Schmerzintensität und des beobachteten Distresses. Alle drei Bewältigungsstrategien waren hinsichtlich der genannten Variablen vergleichbar funktional. Allein der *Grad der Chronizität* der Krankheit (Zeit seit der Diagnose und spezifische Vorerfahrungen) erbrachte signifikante Unterschiede: Für Kinder im *Initialstadium* der Krankheitsbehandlung (0-6 Monate seit Diagnoseeröffnung) erwiesen sich die *informationsvermeidenden* Copingstrategien als hilfreicher. Dagegen profitierten Kinder, die mehr Zeit hatten, sich an die Erkrankung zu gewöhnen und mit den Behandlungsprozeduren vertraut zu werden, stärker von der *Informationssuche*. Somit kann der präferierte Bewältigungsstil als Funktion der Auseinandersetzung mit der und der Adaption an die Erkrankung betrachtet werden. Eine Strategie, die zu einem Zeitpunkt der Behandlung hilfreich ist, mag zu einem späteren Zeitpunkt dysfunktional werden. Im Gegensatz zu früheren Studien (z.B. Peterson & Toler, 1986) wurde *kein Zusammenhang* zwischen bevorzugtem Bewältigungsstil und dem *Alter* der Kinder nachgewiesen.

Einige Forschergruppen (Blount, Davis et al., 1991; Field et al., 1988; Ludwick-Rosenthal & Neufeld, 1993; Hubert et al., 1988; Turner, 1991) kommen trotz uneinheitlicher Befunde zu dem Fazit, daß die *informationssuchende* der informationsvermeidenden Strategie *tendenziell* überlegen ist, d.h.

- mit weniger anhaltenden Störungssymptomen,
- größerer Offenheit, Expressivität und Aktivität
- und kürzerer Nachbetreuungszeit sowie
- weniger Distreßverhalten während der Prozedur korreliert und
- eher prädisponiert für besseres Bewältigungsverhalten in der Streßsituation
- und schnellere Erholung.

Diese Interpretation beruht allerdings offensichtlich auf Beobachtungen der *lang*fristigen Verläufe. Nach Blount, Davis et al. (1991) ist es in diesem Zusammenhang wichtig, bei der *Informationsvermeidung* zwischen a) einer förderlichen *aktiven Ablenkungsstrategie* (aktiver Bewältigungsversuch) und b) der *Vermeidung i.S. einer Fluchtreaktion* zu unterscheiden. Während *Ablenkung* somit einen Indikator für erfolgreiche Streßbewältigung darstellt, ist Vermeidung i.e.S. lediglich Ausdruck einer reflexhaften Angst-Fluchtreaktion, die langfristig über den lerntheoretisch hinlänglich bekannten Vermeidungsmechanismus zu einer Angststeigerung führt. Bei der Vorbereitung der Kinder muß folglich genau zwischen diesen beiden Formen von Vermeidungsverhalten differenziert werden. Wird die bewältigungskonsonante Art von Vermeidungsverhalten (Ablenkung) von den Erwachsenen fehlgedeutet, besteht die Gefahr, die Kinder in ihren konstruktiven Bewältigungsversuchen zu stören und damit ihren Streß zu vergrößern. Umgekehrt scheint es wichtig, die maladaptive Vermeidungsform frühzeitig zu erkennen, um mit zielgerichteten angstreduzierenden Interventionen gegenzusteuern und das Kind effektiv bei der Streßbewältigung zu unterstützen.

Zusammenfassend weisen neuere Resultate zunehmend darauf hin, daß der Bewältigungsstil nicht generelle, sondern *krankheits- und prozedurphasenspezifische Auswirkungen* besitzt (Smith, Ackerson & Blotchky, 1989; Ritchie et al., 1990). Danach sind vermeidende Strategien am Anfang der Erkrankung bzw. zu Beginn der Prozedur (d.h. bei den ersten Konfrontationen mit einem bis dato unbekannten Stressor) von adaptiverer Qualität, während sie im weiteren Verlauf der Auseinandersetzung (mit zunehmender Erfahrung) für die Bewältigung dysfunktional werden. Umgekehrt wirken infomationssuchende Strategien anfangs tendenziell eher angst- und streßsteigernd und verbessern die Handlungsmöglichkeiten erst in einem späteren Stadium des Bewältigungsprozesses. Diese Resultate stehen in Übereinstimmung mit dem dargestellten Bewältigungsmodell der Lazarus-Gruppe: Bei wenig beeinflußbaren Stressoren wie medizinischen Eingriffen steht sinnvollerweise zunächst die Emotionsregulierung im Vordergrund (die eher mit vermeidenden Strategien korrespondiert), während mit zunehmender Erfahrung in der Auseinandersetzung einige Einfluß- und Handlungsmöglichkeiten im Sinn einer problemorientierten Bewältigung deutlich werden (für die eine informationssuchende Strategie wertvolle Hinweise liefern kann). Personen mit rigiden Bewältigungsmustern besitzen somit phasenspezifisch Bewältigungsvor- und -nachteile. Martelli, Auerbach, Alexander und Mercuri (1987) ermittelten entsprechend (bei Erwachsenen) die besten Bewältigungsergebnisse für Personen mit dem *kombinierten Bewältigungsstil*. Allein diese zeigten genügend Flexibilität, auf differentielle Situationsanforderungen mit spezifisch abgestimmten Bewältigungsstrategien zu antworten.

6.1.2.3. Abstimmung von Interventionsstrategien auf den präferierten Bewältigungsstil

Ein Hauptziel der empirischen Bewältigungsforschung bestand darin, aus der Effektmessung über direkte Befragung der Kinder und objektive Beobachtungsmaßnahmen Konsequenzen für eine Verbesserung der Vorbereitungsinterventionen im Vorfeld abzuleiten. Daher wurden zunächst die differentiellen Effekte unterschiedlicher „natürlicher" Bewältigungsstile auf den Bewältigungserfolg im Umgang mit streßreichen medizinischen Maßnahmen untersucht. Da sich keiner der explorierten Stile als universell überlegen erwies, wurde in späteren Studien geprüft, ob eine *auf den präferierten Bewältigungsstil angepaßte Vorbereitungsintervention* einer nichtadaptierten Maßnahme überlegen ist.

In Laborexperimenten und klinischen Studien an Erwachsenen konnte mehrfach nachgewiesen werden, daß eine dem präferierten Bewältigungsmuster adaptierte Intervention gegenüber einer standardisierten Schmerzbewältigungstechnik wirksamer ist. Eine adaptierte Intervention erhöht gegenüber nichtadaptierter Vorbereitung in Laborversuchen signifikant die Schmerztoleranz (Rokke & Lall, 1992; Rokke & al'Abisi, 1992). Bei klinischen Erwachsenenpopulationen (Herzkathetrisierung) wurde ebenfalls ein deutlicher *bewältigungsförderlicher Effekt* einer dem Copingstil angepaßten Vorbereitung (Informationsvermittlung, Patientenaufklärung) festgestellt. Ludwick-Rosenthal und Neufeld (1993) verglichen eine hochinformierende vs. schwachinformierende Vorbereitung in Abhängigkeit vom informationsvermeidenden vs. informationssuchenden Bewältigungsstil. Die Personen, deren prozedurale Vorbereitung auf ihr Copingmuster abgestimmt war, zeigten geringere Angstwerte und eine höhere Kooperationsbereitschaft während des Eingriffes. Eine problemorientierte Bewältigung wird bei Informationsvermeidern durch viel Informationen behindert, während sie bei Informationssuchern durch Vorenthalten von Informationen eingeschränkt wird. Für die Parameter Schmerzmaß, Zustandsangst und physiologische Erregung war allerdings kein Effekt nachweisbar. Bezogen auf die Anpassungsfähigkeit an die Gesamtsituation brachte die erhöhte Informationsvermittlung für beide Gruppen Vorteile.

Offensichtlich sind diese Zusammenhänge bei Kindern aber weniger konsistent: Fanurik, Zeltzer, Roberts und Blount (1993) untersuchten diesen Aspekt bei Kindern im Alter zwischen acht und zehn Jahren, die sie in „Annäherer" und „Vermeider" unterteilten und einer von drei Untersuchungsgruppen zuordneten, die je eine dem Bewältigungsstil adäquate Intervention (sensorische Fokussierung, Imagination) bzw. keine Intervention (Kontrollgruppe) erhielten. Anschließend unterzogen sie die Kinder dem „Kaltwassertest". Vermeidende Kinder profitierten signifikant von der bewältigungsadaptierten

Schmerzbewältigungsintervention (Imaginationstechnik), während die nichtangepaßten Maßnahmen ihre Bewältigungsfähigkeiten sogar verminderte. Für die „Annäherer" wurde in allen drei Interventionsgruppen *kein* bewältigungsförderlicher Effekt festgestellt. Es besteht somit weiterer Forschungsbedarf über die Frage, wie bei *informationssuchenden* Kindern eine ihrem natürlichen Bewältigungsmuster entsprechende Intervention gestaltet werden sollte.
Bei krebskranken Kinder variiert die Effektivität spezifischer Bewältigungsstile in Abhängigkeit von der *Krankheits- bzw. Behandlungsphase*. Smith, Ackerson und Blotchky (1989) überprüften die differentiellen Effekte von Vorbereitungsinterventionen (Ablenkung vs. Sensorische Information), die dem Bewältigungsstil (Repression vs. Sensitization) angepaßt vs. nicht angepaßt waren, an 28 krebskranken Kindern bei invasiven medizinischen Prozeduren (Knochenmark- und Lumbalpunktionen). Die Resultate deuten darauf hin, daß die *Chronizität*, d.h. das *Ausmaß der Vorerfahrungen* mit medizinischen Prozeduren, für das Schmerzmanagement der Kinder von größerer Bedeutung ist als der präferierte Copingstil. Die Indizien für eine Überlegenheit adaptierter Interventionsstrategien blieben partikular: Lediglich der Parameter subjektive Selbsteinschätzung der Schmerzintensität korrelierte in der erwarteten Weise mit der Bewältigungsstilanpassung. Im übrigen wiesen alle Indikatoren sogar in die *entgegengesetzte* Richtung: Kinder, die bewältigungsstilkonsistente Interventionen erhalten hatten (Ablenkung für Repressor und Informationen für Sensitizer), berichteten *mehr Schmerzen* als Kinder mit der „unpassenden" Zuordnung. Generell wiesen Kinder unter der informationsvermittelnden Bedingung höhere antizipatorische Herzraten (physiologischer Angstindikator) auf als unter der Ablenkungsbedingung. Dieser Effekt war allerdings mit dem Ausmaß an spezifischen Vorerfahrungen konfundiert, d.h. je kürzer die Aufnahmedauer, desto mehr Informationen wurden vermittelt. Der Einsatz und die Effektivität spezifischer Bewältigungsstile stand in deutlichem Zusammenhang mit der Erkrankungsdauer, der Anzahl der erlebten Prozeduren und der Zeitintervalle zwischen den Eingriffen. Kinder im Initialstadium der Krankheit und Behandlung nahmen vermeidende Bewältigungsstrategien als hilfreicher wahr, während Kinder, die mehr Zeit zur Verarbeitung der Diagnose und zur Gewöhnung an die Behandlung hatten, informationsfokussierende Interventionen als effektiver erlebten.
Diese Resultate stehen in Übereinstimmung mit den referierten Ergebnissen zur Effektivität „natürlicher" Bewältigungsstile. Offensichtlich benötigen Kinder in den verschiedenen Sequenzen des Behandlungsprotokolls unterschiedliche Schmerzbewältigungsstrategien. Obwohl der präferierte Bewältigungsstil Einfluß auf die Effektivität der einzelnen Vorbereitungsmaßnahmen besitzt, ist es von größerer Bedeutung, daß Kinder flexibel die Strategie auswählen können, die ihnen aktuell am meisten nützt. Werden sie entsprechend ihres allgemein dominierenden Bewältigungsstiles auf bestimmte Maßnahmen festgelegt, hindert man sie u.U. daran, phasenspezifisch effektivere Strategien einzusetzen. Daraus folgt, daß die Interventionsmaßnahmen dem bevorzugten Bewältigungsstil der Kinder *nicht* pauschal angepaßt, sondern ihr Bewältigungsrepertoire phasenspezifisch erweitert werden sollte.

6.1.3. Schlußfolgerungen und Implikationen für die Vorbereitungspraxis

Leider basieren viele der Untersuchungen zu präferierten Bewältigungsstilen und ihren Effekten auf das Bewältigungsergebnis (im Kontext streßinduzierender medizinischer

Eingriffe) auf einer ungenügenden theoretischen Verankerung und veralteten Modellvorstellungen (z.B. dem ursprünglichen eindimensional-bipolaren Sensitization-Repression-Konzept einschließlich seiner psychodynamischen Implikationen) und vernachlässigen die in neueren Ansätzen formulierten Moderatorvariablen. Insbesondere die Beziehung zwischen charakteristischen und variablen Situationsmerkmalen bzw. -anforderungen und den eingesetzten Bewältigungsstrategien müßte stärker berücksichtigt werden, um die „Adaptivität" des Bewältigungsverhaltens beurteilen zu können. Die teilweise inkonsistenten Befunde sind wahrscheinlich darauf zurückzuführen, daß die Hypothesen häufig nicht stringent aus dem theoretischen Konstrukt abgeleitet, sondern für eine spezielle Fragestellung ad hoc und spekulativ gebildet werden (vgl. Krohne, 1995a). Außerdem besteht eine weitverbreitete *Uneinheitlichkeit in der Klassifikation* von Bewältigungsfertigkeiten. Obwohl die meisten Taxonomien viele ähnliche Bewältigungskategorien enthalten, ist die konkrete Definition und Zusammenstellung der Substrategien und Einzelverhaltensweisen so heterogen, daß eine seriöse Vergleichbarkeit unterschiedlicher Studien nicht gewährleistet ist (Branson & Craig, 1988). Ähnliches gilt für die uneinheitliche Operationalisierung und Messung des Bewältigungserfolges: Der *coping-outcome* wird nach völlig unterschiedlichen Kriterien gemessen, so daß die Ergebnisse je nach Definition und Meßinstrument erheblich variieren. Dieser Mangel an Integration der empirischen Resultate zur Schmerzbewältigung bei Kindern verursacht Inkonsistenzen in der Befundlage und erschwert bislang die Ableitung praxisrelevanter Schlußfolgerungen.

Wie aus der Darstellung der Befunde zur spontanen Bewältigung von streßreichen medizinischen Prozeduren ersichtlich, entwickeln Kinder eine große Anzahl unterschiedlicher Copingstrategien, deren Effektivität in Abhängigkeit von personalen und situativen Faktoren stark variiert. Es scheint allerdings wenig fruchtbar, immer neue Taxonomien von Einzelstrategien zu entwickeln, die sich hauptsächlich nach Auswahl, Umfang und Terminologie unterscheiden. Stattdessen sollten neue Ansätze, die grundlegende Dimensionen der Schmerzbewältigung mittels standardisierter Erhebungsinstrumente und faktorenanalytischer Auswertung empirisch zu begründen versuchen (Jensen et al., 1995), für das Kindesalter adaptiert werden. Auf diese Weise könnte ein vereinheitlichtes Kategoriensystem spezifischer kindlicher Schmerzbewältigungsformen gewonnen werden, auf dessen Basis die klinische Interventionsplanung verbessert werden könnte.

Von hoher Praxisrelevanz ist insbesondere die Bestimmung der *Bedingungsfaktoren* und der *differentiellen* Effektivität einzelner Bewältigungsverhaltensweisen. Wichtige Determinanten des Bewältigungsprozesses sind dabei:

- Das Alter bzw. kognitive Entwicklungsniveau und Geschlecht des Kindes;
- interindividuelle Unterschiede habitueller Art (präferierte Bewältigungsstile, Temperament; vgl. Krohne, 1995a; 1995b);
- Quantität und Qualität spezifischer Vorerfahrungen;
- das individuelle Repertoire an spezifischen Bewältigungsstrategien;
- die Art des Stressors/der Prozedur (Schmerzintensität, Prozedurdauer, Kontrollmöglichkeiten etc.);
- der Krankheitskontext (Chronizität der Erkrankung, Hospitalisierungsdauer);
- die Phase im Krankheitsverlauf (initiale vs. fortgeschrittene Phase);
- der Zeitpunkt im Phasenverlauf der Prozedur (vor, während, nach der Punktion).

Da die Effekte der unterschiedlichen Bewältigungsstrategien von diesem komplexen Bedingungsgefüge moderiert sind, lassen sich *keine allgemeingültigen Aussagen, sondern lediglich Anhaltspunkte zur Wirksamkeitsbeurteilung* einzelner Verhaltensweisen formulieren.

- Grundsätzlich sind, da der Streßauslöser „invasive Prozedur" selbst nicht beseitigt werden kann, eher *emotionsregulierende* als problemfokussierende Umgangsweisen angezeigt, besonders im Initialstadium der Auseinandersetzung. In späteren Phasen kann den Kindern dann vermehrte Situationskontrolle für problemorientierte Bewältigungsstrategien eingeräumt werden. Diese sollte sich aber auf Entscheidungskontrolle über periphere Situationsaspekte beschränken. Übermäßige Verhaltenskontrolle über den Ablauf der Prozedur fördert Vermeidungsverhalten und führt zu verstärktem Angst- und Distreßerleben (Worchel et al., 1987). Außerdem kann eine ausgeprägte Kontrollübergabe an das Kind während der Prozedur seine streßbedingt beeinträchtigte Informationsverarbeitung überfordern und ebenfalls eine Angststeigerung bewirken (Blount, Corbin, Sturges, Wolfe, Prater & James, 1989).
- Jüngere Kinder profitieren i.d.R. mehr von ablenkenden und phantasiebezogenen, ältere von aktiveren, problemorientierten und informationssuchenden Bewältigungsformen. Besonders Jugendliche bewerten problemfokussierende Strategien als hoch wirksam (Tyc et al., 1995), wobei ihnen aber die Entscheidung über Auswahl und Einsatz spezifischer Strategien selbst überlassen werden sollte (Weekes & Savedra, 1988).
- Interessanterweise rangieren in der Effektivitätsbeurteilung durch Kinder und Jugendliche *physikalische* (heiße oder kalte Umschläge) und *pharmakologische* (Analgetika) Schmerzbewältigungsformen meist vergleichbar hoch wie psychologische Techniken (Branson et al., 1990; Bennett-Branson & Craig, 1993). Es sollte somit im Einzelfall entschieden werden, welcher dieser Bewältigungstypen förderungswürdig erscheint.
- Unter den psychologischen Bewältigungsstrategien wird meist externaler Aufmerksamkeitsablenkung, Entspannung und sozialer/emotionaler Unterstützung eine hohe Effektivität zugeschrieben (Manne et al., 1993).

Da eine hohe *Quantität* eingesetzter Bewältigungsstrategien einen Indikator für *ineffektives Coping* darstellt (Bennett-Branson & Craig, 1993) sollten die Kinder in der Vorbereitung nicht nur nach dem Umfang ihres verfügbaren Handlungsrepertoires befragt, sondern auch deren richtiger Einsatz überprüft und ggfls. korrigiert werden. Der Fokus sollte somit nicht darauf gelegt werden, *wieviele* Bewältigungstechniken ein Kind insgesamt beherrscht, sondern ob es sie auch wirksam (zielgerichtet, systematisch und planvoll) umsetzen kann.

Es ist bislang nicht hinreichend geklärt, warum Kinder in extremen Streßsituationen häufig nicht diejenigen Bewältigungsstrategien einsetzen, die sie selbst als die wirksamsten einschätzen (vgl. Tyc et al., 1995). Möglicherweise spielen kognitive Faktoren wie Kontrollüberzeugungen, Selbstwirksamkeit und Denkstile dabei eine moderierende Rolle. Es wäre aber auch möglich, daß die Kinder ab einem bestimmten physiologischen Erregungsniveau in einen *kritischen kognitiven Zustand* geraten, in dem die Informationsverarbeitung und damit die Auswahl angemessener Handlungsstrategien beeinträchtigt sind (Harbeck & Peterson, 1992; Blount, Davis et al., 1991). Wahrscheinlich benötigen Kinder in diesen außergewöhnlichen Zuständen besondere Hilfestellung

(Erinnerungshilfe, konkrete Instruktionen), um ihre Bewältigungsressourcen mobilisieren zu können.
Ebensowenig wie für Einzelstrategien läßt sich eine *universelle Überlegenheit* eines Bewältigungs*stiles* empirisch begründen: Sowohl *Informationsvermeidung* als auch *Informationssuche* können in Abhängigkeit von situativen und personalen Faktoren funktional sein. Die Untersuchungsbefunde belegen immer deutlicher, daß sich die *Adaptivität* informationsvermeidender vs. informationssuchender Bewältigungsformen *im Zeitverlauf über die Phasen der Erkrankung bzw. der Prozedur verschiebt*: Während zu Beginn der Auseinandersetzung mit einem neuartigen Stressor (Initialstadium der Krankheit, erste Prozeduren) vermeidende Strategien hilfreicher sind, gewinnt in späteren Phasen die Informationssuche zunehmend an Bedeutung (Manne et al., 1993; Smith et al., 1990; Suls & Fletcher, 1985; Tyc et al., 1995). Daraus folgt, daß zunächst nur Kinder mit einem identifizierbaren informations*suchenden* Bewältigungsstil ausführlich mit sensorischen und prozeduralen Informationen vorbereitet werden sollten. Bei *vermeidenden* Kindern, die durch zuviel Aufklärungsinformation eher zusätzlich verängstigt werden können, sollte die aufklärende Komponente des Vorbereitungstrainings deutlich reduziert, indirekt und sehr behutsam erfolgen (z.B. mittels Bilderbuchgeschichte statt Konfrontation mit der Punktionsnadel). Der Schwerpunkt liegt bei diesen Kindern auf der Vermittlung und Einübung von Bewältigungsfertigkeiten. Außerdem sollte im Vorfeld versucht werden, die bewältigungs- von den fluchtmotivierten Vermeidern (Blount, Davis et al., 1991) zu diskriminieren und erstere ihrem präferierten Copingstil entsprechend in ihren spezifischen Bemühungen durch Ablenkungsinterventionen unterstützt werden. Dagegen ist bei den fluchtmotivierten Vermeidern zunächst eine angstreduzierende Intervention (Hilfe zur Emotionsregulation z.B. mittels Entspannungstechnik, emotionale Unterstützung) angezeigt. Außerdem ist bei diesen Kindern besonders darauf zu achten, ihr Angstverhalten durch permissiven Umgang mit ihren Vermeidungstendenzen nicht zu verstärken. Längerfristig ist für informationssuchende *und* informationsvermeidende Kinder eine ausführlichere Aufklärung indiziert. Dabei dürfen Kinder, die weiterhin einen vermeidenden Umgang mit dem Thema präferieren, nicht nach dem Prinzip der Reizüberflutung gegen ihren Willen (z.B. mit der Nadel, dem Behandlungsraum oder einem Modellvideo) konfrontiert werden. In diesen Fällen muß die Informationsvermittlung restriktiv, besonders empathisch, sukzessiv annähernd und mit dem Fokus auf die Bewältigungsaspekte erfolgen.
Die Datenlage zur *Abstimmung von Vorbereitungsmaßnahmen auf den präferierten Bewältigungsstil* des Kindes ist inkonsistent und erlaubt mehrere *Interpretationsmöglichkeiten* (vgl. Blount, Davis et al., 1991):

1. Für Kinder sind Interventionen am hilfreichsten, die ihrem präferierten Bewältigungsstil *angepaßt* sind, da sie diese am wenigsten adaptieren müssen und eine Strategie optimieren können, die ihnen schon vertraut ist. Neben einer Reihe empirischer Studien (Fanurik et al., 1993; Ludwick-Rosenthal & Neufeld, 1993; Rokke & Lall, 1992; Rokke & al'Abisi, 1992) sprechen vielfache klinische Erfahrungen für diese These.
2. Sie profitieren stärker von einer *Erweiterung* ihres Bewältigungsrepertoires, indem ihnen Strategien vermittelt werden, die *nicht* ihrem bevorzugten Copingstil entsprechen (Smith, Ackerson et al., 1989).

3. Studien an Erwachsenen zeigen, daß der Einsatz von Bewältigungsstrategien, die sowohl Elemente des Sensitizing als auch Repressing enthalten, die effektivsten Bewältigungsergebnisse erbringen, da diese Personen ihre Strategien in Abhängigkeit von den differentiellen Aspekten einer Situation variabler auswählen können (Martelli et al., 1987). Das würde bedeuten, daß Kindern ein möglichst *breites Repertoire an Bewältigungsmöglichkeiten* vermittelt werden sollte. Dieser Gedanke wird in neuerer Zeit umgesetzt durch die Planung integrierter (Jay, 1988) bzw. phasenspezifischer Interventionsprogramme (Blount et al., 1990).
4. Da sich informationssuchende gegenüber informationsvermeidenden Strategien langfristig als überlegen herausgestellt haben, sollten Kinder nach der anfänglichen Anpassungsperiode schwerpunktmäßig in der *Fähigkeit, Informationen über streßvolle Ereignisse zu suchen und umzusetzen, angeleitet* werden.

Bei der Durchführung der dargestellten Studien zu differentiellen Effekten von Aufklärungsinformation bei Personen mit unterschiedlichen habituellen Bewältigungsstilen bleibt allerdings der Einfluß von Informations*inhalt* und *Vermittlungsart* völlig unreflektiert. So ist leicht vorstellbar, daß eine Informationsvermittlung, die sehr stark auf die (bedrohlichen) medizinisch-technischen Aspekte eines medizinischen Eingriffes fokussiert, generell zu erhöhtem Angsterleben führt, während eine behutsame und empathische Patientenaufklärung mit bewältigungsorientiertem Fokus nicht zwangsläufig streßauslösend wirkt.[4]

Ein gezieltes *Training in speziellen Bewältigungsfertigkeiten* in bezug auf medizinische Eingriffe ist nach dem vorliegenden Erkenntnisstand möglich und zweckmäßig, sofern die genannten Bedingungsfaktoren ausreichend berücksichtigt werden. Dies wird durch zwei Resultate besonders unterstrichen:

1. Obwohl Kinder bei medizinischen Eingriffen spontan eine Reihe von Bewältigungsstrategien zeigen, ist nur eine Minderheit in der Lage, sie bewußt und gezielt einzusetzen (Ross & Ross, 1984a).
2. Kinder setzen nicht automatisch die Bewältigungsstrategien ein, die sie selbst als die wirksamsten beurteilen (Tyc et al., 1995).

Offensichtlich benötigen insbesondere jüngere Kinder eine spezielle Anleitung und Unterstützung, um potentiell verfügbare (weil grundsätzlich bereits vorhandene) Handlungskompetenzen gezielt und optimal einzusetzen bzw. ihr Bewältigungsrepertoire zu erweitern. Eine solche Hilfestellung wird von den „zuständigen Instanzen" der sozialen Umwelt aber nicht automatisch geleistet: Nur ein Bruchteil der Kinder wird von den Eltern auf den Krankenhausaufenthalt vorbereitet (Ross & Ross, 1984a; vgl. Kap. 6.2.). Nahezu die Hälfte der Jugendlichen geben an, spezifische Bewältigungsfertigkeiten durch eigenes Probieren erworben zu haben (Branson et al., 1990). Die Tatsache, daß Kinder einer medikamentösen Bewältigung im Vergleich zu Erwachsenen eine auffallend hohe relative Wirksamkeit zuschreiben (Branson et al., 1990; Bennett-Branson & Craig, 1993), stellt ein weiteres Indiz für die suboptimale Ausbildung ihrer autonomen Bewältigungsressourcen dar. Wahrscheinlich besteht i.d.R. ein erhebliches ungenutztes Potential für Verbesserungen der kindlichen Bewältigungskompetenzen.

[4] So sind bspw. gutgemeinte und hochinformative Aufklärungsvideos im Einsatz, die längere Filmsequenzen über operative Eingriffe (Beinamputation, „Umkehrplastik") enthalten, die (obwohl zur rationalen Entscheidungsfindung des Patienten über irreversible Therapiemaßnahmen sicherlich nützlich) sich ebensogut hervorragend zur experimentellen Streßinduktion eigneten.

In der Vorbereitung sollte zunächst eine „Bestandsaufnahme" des individuellen Bewältigungsrepertoires und der persönlich präferierten Bewältigungsstile des Kindes erfolgen. Diese sollten in einem zweiten Schritt auf ihre Angemessenheit in bezug auf die spezifischen Anforderungen der Prozedursituation überprüft werden. Anknüpfend an das bestehende Bewältigungsrepertoire können dem Kind entsprechend seinem Entwicklungsstatus dann sukzessive neue bzw. adaptivere Fertigkeiten vermittelt werden. Obwohl Vorschulkinder spontan zu einfacheren Bewältigungstechniken tendieren, sind sie prinzipiell schon in der Lage, komplexere kognitive Bewältigungsformen (aktive Selbstverstärkung, Informationssuche) einzusetzen (Ritchie et al., 1990). Bei der Vermittlung neuer Strategien ist folglich darauf zu achten, die Kinder einerseits nicht mit entwicklungsbezogen zu komplizierten Techniken kognitiv zu überfordern, andererseits bei der Auswahl aber auch nicht zu restriktiv vorzugehen und anspruchsvollere Umgangsweisen unnötigerweise auszusparen.
Es ist dabei besonders wichtig, die vermittelten Bewältigungskompetenzen *situations-* und *phasenspezifisch* abzustimmen und zu trainieren. Da die Copingstrategien nicht phasenübergreifend effektiv sind, müssen für jede Phase spezifische Fertigkeiten vermittelt und in ihrer richtigen zeitlichen Anordnung eingeübt werden (Manne et al., 1993). Das Streßniveau in *Phase 1* ist prädiktiv für das Angst- und Schmerzerleben in den späteren Phasen. Erfolgreiches Coping zu Anfang der Prozedur erzeugt Erfolgsmotivation und erhöht wiederum die Wahrscheinlichkeit für aktive Bewältigungsbemühungen in späteren Situationsstadien (Blount et al., 1990; Manne, Bakeman et al., 1992; Manne et al., 1993). Daher sollte besonderes Augenmerk darauf gelegt werden, den *antizipatorischen Streß* der Kinder zu reduzieren, also *möglichst frühzeitig zu intervenieren.* In der präprozeduralen Phase sind i.d.R. besonders Ablenkung und Humor hilfreich. Demgegenüber wirken sich Katastrophisierungen und negative Gedanken streßinduzierend aus. Dementsprechend sollten die Kinder vorab in positiven Selbstinstruktionen trainiert und in diesem Stadium external abgelenkt werden. Während des Eingriffes (*Phase 2*) stehen *konkrete Streß- und Schmerzbewältigungstechniken* im Vordergrund: Atemübung, Entspannungstechnik, Imagination und emotionale Unterstützung durch die Eltern (Hand drücken, Blickkontakt). Hilflosigkeitserleben führt zu panischen, renitenten oder apathisch-depressiven Reaktionen (Blount et al., 1990; Blount, Davis et al., 1991). Deshalb sollten während der Vorbereitung die Kontrollüberzeugungen und Selbstwirksamkeit der Kinder gestärkt werden. Nach Beendigung des Eingriffes (*Phase 3*) endet das Streßerleben des Kindes nicht abrupt, sondern flaut nur allmählich ab. Folglich muß das Kind auch während der *postprozeduralen Phase* mit seinen Bewältigungsbemühungen fortfahren (Manne et al., 1993). Besonders geeignet sind zu diesem Zeitpunkt alle Formen von Ablenkungsaktivitäten, emotionale Unterstützung, Beruhigung und Trost durch die Eltern sowie positive Verstärkungen für die erfolgreiche Situationsbewältigung.
Da Kinder im natürlichen Lebenskontext ihre Bewältigungskompetenzen durch Versuch-und-Irrtum-Lernen sowie durch soziale Modelle erwerben, scheint es sinnvoll, an diese Form des Wissenserwerbs in der Vorbereitung anzuknüpfen: Den Kindern sollte zum einen genügend „Spiel-raum" zum Ausprobieren und zur praktischen Erfahrung der Wirksamkeit unterschiedlicher Strategien eingeräumt werden. Auf diese Weise können sie herausfinden, welche der neuen Umgangsweisen ihnen am meisten liegen und wieviel Kontrolle sie dadurch tatsächlich über den Stressor gewinnen können. Zum anderen

sollten die Eltern unbedingt aktiv in das Vorbereitungstraining einbezogen und als Modelle für konstruktive Bewältigungsmöglichkeiten eingesetzt werden (Patterson & Ware, 1988; vgl. auch Kap. 6.2.).

6.2. *Umweltfaktoren und soziale Einflüsse*

Auf den Bewältigungserfolg streßvoller medizinischer Prozeduren haben Umweltfaktoren einen entscheidenden Einfluß (Blount, Davis et al., 1991; Covelman, Scott, Buchanan & Rosman, 1990; Peterson, Mori & Carter, 1985). Der allgemeine Krankheitskontext (Gesundheitszustand, psychische Belastung), die familiären Bewältigungs- und Unterstützungsressourcen, der technische Ablauf des Eingriffes und das aktuelle Verhalten der beteiligten Erwachsenen bestimmen wesentlich die Streßausprägung und Bewältigungsbemühungen der Kinder.

6.2.1. Krankheitskontext : Soziale Unterstützung, familiäre Belastung und die Rolle der Eltern bei der Krankheitsbewältigung

Kinder mit einer Krebserkrankung sind einem mehrfachen Stressor ausgesetzt: der chronischen Erkrankung selbst, der daraus resultierenden Hospitalisierung und den Belastungen der Therapie (Petermann et al., 1987). Diese Kinder benötigen in ganz besonderem Maße die emotionale und praktische Unterstützung ihrer Eltern (Gil, Keefe, Crisson & van Dalfsen, 1987). Inwieweit die Familie eines krebskranken Kindes diese Aufgabe erfolgreich bewältigt, ist unter anderem abhängig von *prämorbiden Faktoren*, wie z.B. der Familienstruktur, den intrafamiliären und sozialen Kommunikationsfähigkeiten, dem Potential an sozialer Unterstützung und den kognitiven Bewältigungskompetenzen der Familienmitglieder (Dahlquist & Taub, 1991; Petermann, 1987; Taylor, Falke, Shoptaw & Lichtman, 1986). Für die Interventionsplanung zur Vorbereitung auf medizinische Prozeduren ist es wichtig, *familiale Risikofaktoren* (z.B. schwach organisierte, überkontrollierte und abhängige Familienstruktur, hoher Konfliktgrad bei niedriger Verantwortungsbereitschaft, Verbindlichkeit und gegenseitiger Unterstützung, Neigung zu negativen und irrationalen Gedanken, gering ausgeprägte Bewältigungsaktivität) zu berücksichtigen (Tota-Faucette, Gil, Williams, Keefe & Goli, 1993).

Im Falle lebensbedrohlicher Erkrankung eines Kindes sind die Familienangehörigen selbst psychisch extrem belastet (Dahlquist, Czyzewski, Copeland, Jones, Taub & Vaughan, 1993). Längerfristig bilden die Eltern krebskranker Kinder häufig *psychopathologische Störungsbilder* (vor allem klinisch relevante Angstscores sowie Kommunikationsprobleme gegenüber dem Behandlungsteam und dem eigenen sozialen Umfeld) aus, die u.U. ihre Fähigkeit zur Unterstützung des Kindes einschränken (Holland, 1989; Hughes & Lieberman, 1990) und sich negativ auf dessen Krankheitsbewältigung auswirken (Brown, Kaslow, Madan-Swain, Doepke, Sexson & Hill, 1993). Je höher der *emotionale Streß der Eltern* und je geringer ihre wahrgenommene *Selbstwirksamkeit*, desto weniger sind sie in der Lage, ihre Kinder emotional zu unterstützen (Dumas & LaFreniere, 1993), und desto häufiger reagieren sie mit Ungeduld und Ärger (Overholzer & Fritz, 1992). Durch psychopathologische Störungen eines Elternteiles, anhaltenden familiären Streß oder einen repressiven bzw. überfordernden Erziehungsstil steigt die psychophysiologische Vulnerabilität für Schmerzbeschwerden bei den Kindern. Außerdem ist der Einsatz von repressiven Erziehungsmethoden (Zwang, Drohungen) mit erhöhten Krankheitsängsten und höherer generalisierter Ängstlichkeit des Kindes assoziiert (Dolgin & Phipps, 1989).

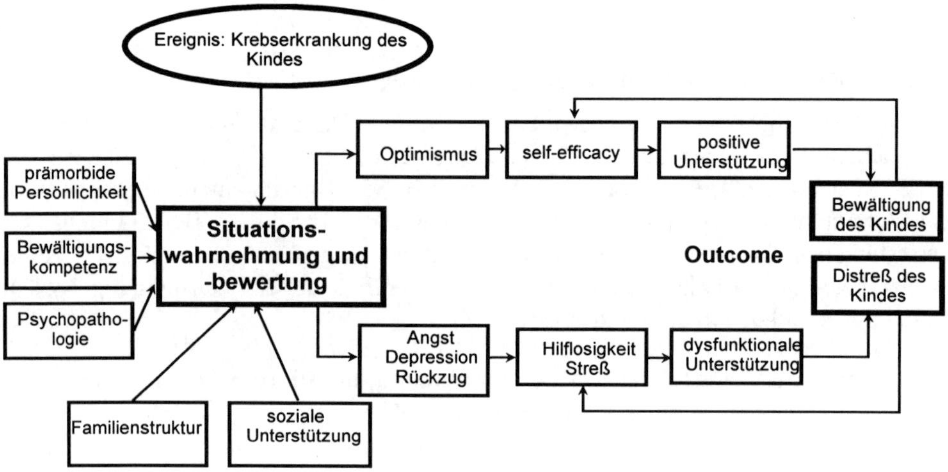

Abbildung 6-1: Biopsychozoziales Modell der Krankheitsverarbeitung am Beispiel Krebs

Während der langfristige Einfluß der Eltern auf die *Bewältigungskompetenz der Kinder* im Umgang mit chronischen Erkrankungen und Schmerzen bislang selten untersucht worden ist (Lavigne, Schulein & Hahn, 1986; Dolgin, Phipps, Harow & Zeltzer, 1990; Covelman et al., 1990), sind die *langfristigen psychosozialen Auswirkungen der Krebserkrankung eines Kindes* auf die gesamte Familie relativ gut erforscht. Diese sind vor allem abhängig von den während der Auseinandersetzung mit der Erkrankung entwickelten Bewältigungskompetenzen (Dahlquist & Taub, 1991). Auch eine maladaptive Bewältigung medizinischer Eingriffe im Rahmen der Krebsbehandlung besitzt für die Kinder längerfristig negative Konsequenzen: Eine hohe Streßausprägung während der Prozedur ist mit längeren postoperativen Krankenhausaufenthalten und einem verzögerten Genesungsprozeß verbunden (Fielding, Tam & Saing, 1992). Sowohl die Eltern-Kind-Beziehung als auch die Bezüge zum sozialen Umfeld der Familie sind noch Jahre nach Therapieende von diesen Bewältigungserfahrungen geprägt: Maladaptive Bewältigungsversuche können zu langfristigen Defiziten in der Geschlossenheit und emotionalen Unterstützung innerhalb der Familie führen, während positive Bewältigungserfahrungen die familiäre Stabilität erhöhen und auf andere Lebensbereiche generalisieren (Overholzer & Fritz, 1992). Der Grad der *wahrgenommenen sozialen Unterstützung,* der in umgekehrtem Verhältnis zum langfristigen Streßniveau der Eltern steht, spielt bei diesen langfristigen Anpassungsprozessen ebenfalls eine entscheidende Rolle (Lakey & Cassady, 1990; Speechley & Noh, 1992). Da Eltern leukämiekranker Kinder die erforderlichen invasiven Prozeduren subjektiv als besonders belastendes Moment der Krankheit erleben, ist zu vermuten, daß eine bessere Bewältigung dieser wiederkehrenden Streßereignisse und die Erfahrung angemessener Unterstützung dabei auch die mittel- und langfristigen Krankheitsauswirkungen für die Familie positiv beinflussen kann.

6.2.3. Einfluß prozeduraler Kontextfaktoren: Technischer Ablauf und Situationsmerkmale

Nach weitverbreiteter Ansicht von Praktikern hängen Verlauf und Erfolg einer invasiven Prozedur wesentlich von ihrer technischen Durchführung ab (Bode, 1994). Danach bestimmen die Erfahrung, das Wissen und das technisch-manuelle Geschick des behandelnden Arztes weitgehend die Dauer und den Ablauf des medizinischen Eingriffes. Je routinierter und schneller die Punktion durchgeführt werden kann, desto geringer ist die Belastung für das Kind. Umgekehrt können gerade Schwierigkeiten bei der technischen Durchführung (z.B. die mehrfache Wiederholung des Zustechens, weil der Duralsack nicht auf Anhieb getroffen wurde) erst eine übermäßige Distreßreaktion beim Kind auslösen. Auch durch technische Komplikationen bedingte Nervosität oder Streßverhalten des Arztes können sich auf das Kind übertragen und den Eingriff weiter verkomplizieren.

Überraschenderweise konnten diese klinischen Erfahrungen über den Einfluß technischer Faktoren auf den Distreß der Kinder bei der Durchführung invasiver Prozeduren in ersten *empirischen* Überprüfungen nicht im erwarteten Ausmaß bestätigt werden. Lander, Fowler-Kerry und Oberle (1992) gingen der Frage nach, ob sich verschiedene Ärzte in dem von ihnen während einer Venenpunktion verursachten Ausmaß an Schmerzen unterscheiden lassen, bzw. ob Punktionsdauer und abgenommene Blutmenge Einfluß auf das Schmerzerleben haben. Es wurden 27 Kliniker untersucht, die insgesamt 514 Venenpunktionen an Kindern im Alter zwischen fünf und 17 Jahren durchführten. Erhoben wurden die für den Eingriff benötigte Zeit, die abgenommene Blutmenge, die Erfahrung des Klinikers und das Schmerzerleben (VAS) der Kinder. Nach diesen Resultaten stellte weder a) die Dauer der Punktion noch b) die entnommene Blutmenge oder c) die Praxiszeit des Arztes einen sinnvollen Prädiktor für die erlebten Schmerzen während der Prozedur dar. Der letzte Punkt könnte dadurch erklärt werden, daß die technischen Fertigkeiten für einen bestimmten Eingriff in relativ kurzer Zeit ein Plateau erreichen, d.h. daß sich das Fertigkeitsniveau von Berufsanfängern in relativ kurzer Zeit dem ihrer berufserfahrenen Kollegen angleicht. Allerding war *überhaupt kein Arzteffekt* feststellbar, d.h. keine der Arzt-Variablen (z.B. manuelles Geschick, technische Routine) wirkte sich auf das Ausmaß der durch die Prozedur verursachten Beschwerden bei den Kindern (5-17 Jahre) aus. Sollte sich dieser Befund in weiteren Untersuchungen bestätigen, wäre daraus zu schlußfolgern, daß technische Faktoren entgegen bisheriger Auffassung zugunsten anderer situativer Faktoren (z.B. Elternanwesenheit, Interaktion mit dem Kind) und Kind-Variablen (Angstniveau, Coping-Stil) für die Interventionsplanung eher zu vernachlässigen wären.

Der technische Ablauf der Prozedur *korrespondiert nicht* zwangsläufig mit dem *subjektiven Schmerzerleben* der Kinder. In einer Untersuchung von Manne, Jacobsen und Redd (1992) schätzten sowohl Eltern wie Schwestern die Schmerzintensität höher ein, wenn es während der Punktion zu technischen Schwierigkeiten kam. Diese Beurteilung steht in Übereinstimmung mit der objektiv höheren Stimulation der Nozizeptoren beim komplikationsbehafteten Einführen der Kanüle. Die *Selbsteinschätzung* der Kinder war demgegenüber weitgehend *unabhängig* von diesen technischen Durchführungsschwierigkeiten. Die Schmerzbewertung der Kinder steht somit nicht in proportionaler Beziehung zur Intensität des noxischen Reizes. Wahrscheinlich sind in den Selbstberichten der Kinder die sensorische (Schmerz) und affektive (Angst) Erlebensebene miteinander konfundiert. Die *Dauer der Prozedur* steht demgegenüber aber in Beziehung zu *Anzahl und Formen von Bewältigungsstrategien* (Ritchie et al., 1990; vgl. Kap. 6.1.). Andere Kontextfaktoren der Behandlungssituation (wie die Person des durchführenden Arztes, Lokalisation der Punktion oder pharmakologische Prämedikation) scheinen ebenfalls überraschend geringen Einfluß auf das aktuelle Distreßniveau des Kindes zu haben: Van Aken et al. (1989) fanden keinerlei Korrelationen zwischen den genannten Variablen und dem Streßverhalten der Kinder.

6.2.4. Der Einfluß der sozialen Umwelt auf die Situationsbewältigung des Kindes

Das Streßerleben und die Bewältigungsbemühungen des betroffenen Kindes vor, während und nach streßreichen medizinischen Prozeduren ist in erster Linie durch die *soziale* Umwelt, d.h. die beteiligten Personen und deren Verhaltensweisen, geprägt. Folgende *soziale Einflußfaktoren* sind während der letzten Jahre systematisch untersucht worden:

- Die Auswirkungen der An- bzw. Abwesenheit der Eltern während des Eingriffes;
- die Effekte des Streßerlebens und der psychischen Belastung der Eltern auf die Kinder;
- die Wirkungen spezifischen Erwachsenen-Verhaltens;
- die differentiellen phasenspezifischen Effekte des Unterstützungsverhaltens der Erwachsenen;
- die Effektivität von Trainingsprogrammen zur Bewältigungsförderung der Kinder und Unterstützungsoptimierung der Erwachsenen.

Die dabei zum Einsatz kommenden Forschungsparadigmen reichen von quasi-experimentellen Designs (z.B. Manipulation der Elternanwesenheit) über direkte Befragungen (Selbsteinschätzung der Effektivität) und Ratings (Fremdeinschätzung der Effekte) bis zu systematischer Verhaltensbeobachtung der Bewältigungseffekte und (videogestützter) Interaktionsanalyse in klinischen Settings.

6.2.4.1. Bedingungen der Elternanwesenheit während der Prozedur

Obwohl sich die überwiegende Mehrheit der Kinder die Anwesenheit eines Elternteiles während medizinischer Eingriffe wünscht, sind die tatsächlichen Effekte auf ihr Streßerleben und Bewältigungsverhalten nicht konsistent positiv. In einer Studie über Schmerzerfahrungen an 720 Kindern im Alter zwischen neun und zwölf Jahren äußerten 99% der befragten Kinder, daß die Anwesenheit der Eltern unabhängig vom Schmerztyp die für sie wichtigste Unterstützung darstellte - ohne daß sie dabei allerdings genauer spezifizieren konnten, *wie* die Eltern ihnen konkret helfen (Ross & Ross, 1984a; vgl. auch Bennett-Branson & Craig, 1993). Selbst unter den Patienten im Jugendalter wollen annähernd 70% während schmerzhafter Eingriffe nicht auf den Beistand ihrer Eltern verzichten (Weekes & Savedra, 1988).

Die Bereitschaft oder Fähigkeit der Eltern, diesem Bedürfnis ihrer Kinder nachzukommen, ist weniger deutlich ausgeprägt. Bauchner, Waring und Vinci (1991) untersuchte die spontane *Bereitschaft der Eltern,* während invasiver Prozeduren bei ihren Kindern zu bleiben sowie die *Gründe von Eltern, Ärzten und Schwestern*, eine *Elternanwesenheit zu befürworten bzw. abzulehnen.* (N = 50; Durchschnittsalter: 38 Monate). Obwohl wiederum fast alle Kinder die Anwesenheit der Eltern erwünschten, blieben nur knapp zwei Drittel der Eltern während der medizinischen Maßnahme tatsächlich präsent. Von den abwesenden Eltern gab die Mehrheit an, sie wären lieber dabei gewesen bzw. sie hätten von dieser Möglichkeit nichts gewußt; nur gut ein Viertel wollte ausdrücklich nicht anwesend sein (vgl. Abbildung 6-2). Dies entspricht etwa den Relationen der Studie von Caty, Ritchie und Ellerton (1989), in der 86% der Eltern grundsätzlich teilnehmen wollten. Von den dabeigebliebenen Eltern gaben als Grund für ihre Anwesenheit an: 90%, daß ihr Kind dies wünschte, 81% waren überzeugt, daß ihre Anwesenheit das Kind beruhigen würde, 77% wollten wissen, was der Arzt macht und 43% waren von Ärzten oder Schwestern zum Bleiben aufgefordert worden. Obwohl nur eine kleine Minderheit aller Eltern (rund 10%) eine Partizipation ausdrücklich ablehnte, blieben nur zwei Drittel der Eltern tatsächlich präsent. Den Ergebnissen zufolge ist es wichtig, die Eltern besser über die Möglichkeit einer Teilnahme zu informieren und ihnen diese praktisch-organisatorisch auch zu ermöglichen. Parallel zu den Eltern wurden die Ärzte und Schwestern befragt: Die erwünschte *Anwesenheit* der Eltern richtete sich nach der Art der invasiven Prozedur (vgl. Abbildung 6-3):

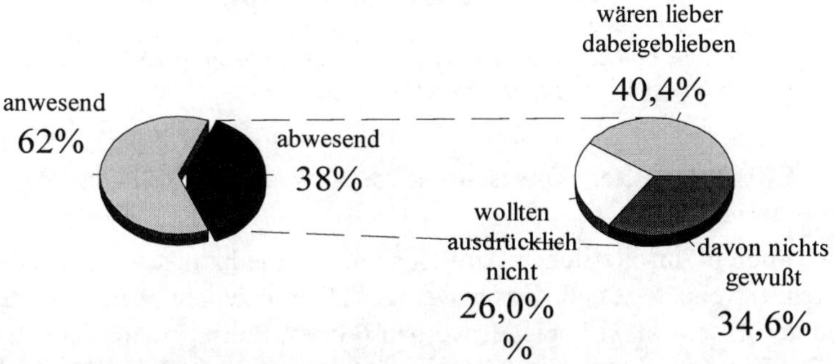

Abbildung 6-2: Relative Anteile der Elternanwesenheit (nach Bauchner et al., 1991).

Je belastender der Eingriff, desto geringer die Neigung des medizinischen Personals, die Elternpräsenz in der Situation zu unterstützen. Nach den Gründen für die Befürwortung einer *Abwesenheit* der Eltern befragt, gaben Ärzte und Schwestern an:

- die Untersuchung mache die Eltern nervös (93%),
- die Eltern verstünden nicht was passiert (60%),
- die Anwesenheit der Eltern mache den Arzt nervös (46%),
- das Kind werde unruhiger (40%),
- die Eltern seien im Weg (40%) und
- der Arzt habe keine Zeit für Erklärungen (14%).

Diese Befragungsresultate reflektieren wahrscheinlich die Generalisierung negativer Erfahrungen der medizinischen Berufsgruppen mit überängstlichen Elternteilen. Die erschreckend niedrige Befürwortungsrate für Elternpräsenz bei Lumbalpunktionen offenbart eine extreme Divergenz zwischen den Erwartungen der Behandler und den Unterstützungsbedürfnissen des Kindes und der Eltern und verdeutlicht die dringende Notwendigkeit, die interpersonelle Kommunikation und Kooperation zu verbessern. Eine Unterstützung des Kindes durch die Eltern wird von Ärzten und Schwestern auch deshalb nicht immer gewünscht, da *Unklarheiten über die Rollenverteilung zwischen Eltern und Behandlern* bestehen können bzw. das Behandlungsteam sich in seinem Rollenverständnis durch die Elternanwesenheit gestört fühlt. Häufig zeigen besonders

Mütter mehr Hilfsbereitschaft als von den Schwestern zugelassen wird (Algren, 1985; Watt-Watson, Evernden & Lawson, 1990).

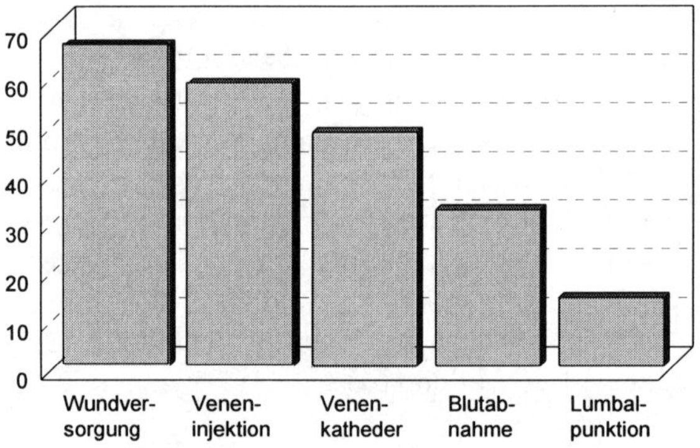

Abbildung 6-3: ***Durch Ärzte und Schwestern erwünschte Elternanwesenheit bei unterschiedlichen medizinischen Eingriffen (in Prozent).***

6.2.4.2. Effekt der Elternanwesenheit vs. -abwesenheit während der Prozedur

Verschiedene Studien zur elterlichen Anwesenheit bei medizinischen Prozeduren stellten überraschenderweise fest, daß Kinder weniger Distreß zeigen, wenn sie während der Prozedur von den Eltern *nicht* begleitet werden (Gross, Stern, Levin, Dale & Wojnilower, 1983). Die Erregungskurve der Kinder steigt zwar unmittelbar nach der Trennung rapide an, fällt aber während der schmerzhaften Phase der Prozedur wieder ab (Gonzalez, Routh, Saab, Armstrong, Shifman, Guerra & Fawcett, 1989). Shaw und Routh (1982) untersuchten die Effekte der An- bzw. Abwesenheit der Mütter bei eineinhalb- und fünfjährigen Kindern bei Routineimpfungen. Sie fanden, daß die 18 Monate alten Kinder zwar gegen das Weggehen der Mutter protestierten, aber während des Eingriffes *weniger* Distreß zeigten als die Kinder, deren Mütter anwesend blieben. Die Ergebnisse bei den fünfjährigen Kindern waren äquivalent: Bei Anwesenheit der Mütter trat höherer Distreß auf. Es ist denkbar, daß die Kinder bei Abwesenheit der Eltern weniger Streßäußerungen *zeigen* und bei ihrer Anwesenheit mehr Mut zu aktivem Protest aufbringen.

Zu übereinstimmenden Resultaten gelangten Gonzalez et al. (1989), die an 47 Kindern im Alter von 13 Monaten bis knapp acht Jahren untersuchten, ob ein *Alterseffekt bei der "Elternanwesenheit"* besteht. Das Streßniveau der Kinder wurde über unterschiedliche Parameter bestimmt: Elektrokardiogramm, Herzfrequenz, systematisches Beobachtungssystem (OSBD) und Fremdrating. Ältere Kinder (mittleres Alter = 5;6 Jahre) zeigten im Gegensatz zu den jüngeren Kindern (mittleres Alter = 4;1 Jahre) *mehr* Distreß während der Injektion, wenn die Eltern *präsent* waren. Nach den physiologischen Parametern wurde dabei allerdings *kein* Gruppenunterschied festgestellt: Kinder mit an- oder abwesendem Elternteil besitzen ein vergleichbares physiologisches Erregungsniveau. Das heißt, die älteren Kinder *zeigen* zwar in Anwesenheit ihrer Eltern mehr Distreß, dem aber keine erhöhte physiologische Erregung zugrunde liegt. Allerdings verminderte sich in beiden Altersgruppen die Herzrate bei *anwesendem* Elternteil auch nicht stärker als bei abwesendem; die Abwesenheit der Eltern führte umgekehrt nicht zu einer Erregungssteigerung. Die Herzrate stieg in beiden Gruppen an, sobald die Eltern den Raum verließen und pendelte sich dann auf vergleichbarem Niveau ein. Obwohl die physiologischen Daten somit darauf hindeuten, daß die Anwesenheit der Eltern *keinen* eindeutig positiven Effekt auf den Distreß der Kinder hat, ist sie für das subjektive Erleben dennoch sehr bedeutsam. Interessanterweise gaben gerade die ältesten Kinder (Durchschnittsalter = 5;8 Jahre), die das ausgeprägteste Distreß bei Anwesenheit ihrer Eltern gezeigt hatten, zu 86% an, daß sie deren Präsenz bei zukünftigen Injektionen bevorzugten.

Die Resultate von Shaw und Routh (1982) und Gonzalez et al. (1989) weisen darauf hin, daß die Abwesenheit der Eltern das subjektive Streßerleben des Kindes *nicht tatsächlich* reduziert, sondern der Streß nur weniger gezeigt wird. Diese Interpretation bietet eine plausible Erklärung für den beobachteten Alterseffekt: Ältere Kinder tendieren vermutlich gegenüber fremden Erwachsenen eher dazu, sich „erwachsener“ zu geben, schämen sich leichter für ihre „kindlichen“ Schwächen und setzen mehr Selbstkontrolle ein. Erst in Anwesenheit der Eltern trauen sie sich, ihre tatsächlichen Empfindungen zu artikulieren. Gerade für jüngere Kinder erzeugt das Weggehen der Eltern in einer außergewöhnlichen Situation zusätzlichen *Trennungsstreß*, insbesondere wenn die Separierung unerwartet erfolgt (Gross et al., 1983). Obwohl diese beiden Stressoren nicht notgedrungen additiv wirken, läßt sich schlußfolgern, daß dem Wunsch des Kindes nach Anwesenheit der Eltern in jedem Fall solange entsprochen werden sollte, wie es die Umstände erlauben. Außerdem ist es den Eltern, die wünschen, während des Eingriffes bei ihrem Kind zu bleiben, kaum zuzumuten, ihnen dieses Anliegen abzuschlagen (Blount, Davis et al., 1991). Die Ergebnisse können aber auch lerntheoretisch erklärt werden: Da Schmerz- und Streßverhalten durch die fürsorgliche Haltung der Eltern verstärkt und durch deren Verlassen der Situation gelöscht wird, nimmt das Streßverhalten bei Abwesenheit der Eltern ab.

Zusammenfassend läßt sich konstatieren, daß sich die An- oder Abwesenheit der Eltern bei invasiven medizinischen Prozeduren nicht generell, sondern nur bedingt durch verschiedene Einflußgrößen, positiv oder negativ auf die Situationsbewältigung ihrer Kinder auswirkt:

1. *Kleinere Kinder* sind noch stärker von der emotionalen Unterstützung durch ihre Eltern abhängig und bedürfen daher in besonderem Maße deren physischer Anwesenheit, um mit dieser außergewöhnlichen Situation fertig zu werden.
2. Der *Zeitpunkt* und die *Dauer* der Trennung moderieren den Effekt: Wenn die Eltern den Behandlungsraum *während* des Eingriffes verlassen, wirkt sich dies stärker streßinduzierend auf die Kinder aus als eine Trennung in der prä- oder postprozeduralen Phase. Kinder, die bereits *vor* dem Eingriff und über den gesamten Zeitraum der Prozedur von ihren Eltern getrennt bleiben, zeigen demgegenüber *kein* erhöhtes Streßniveau im Vergleich zu Kindern, deren Eltern durchgängig anwesend bleiben (Blount, Davis et al., 1991).
3. Der *emotionale Zustand* und das *konkrete Verhalten der Eltern* bestimmen ganz entscheidend, ob ihre Präsenz sich hilfreich oder störend auswirkt.

Eine der denkbaren Einflußgrößen (*Elternangst*) ist von Fishman, Cook, Hammock, Gregory und Thomas (1989) durch systematische *Variation der Elternanwesenheit* überprüft worden. Sie ordneten 39 Mütter, deren Kinder sich einer Zahnbehandlung unterziehen mußten, nach ihrem Angstgrad zwei Untersuchungsgruppen zu. Je die Hälfte der Mütter in beiden Gruppen blieb während der Zahnbehandlung anwesend, während die andere Hälfte den Untersuchungsraum verließ. Die Resultate waren eindeutig: Die Kinder der hochängstlichen Mütter zeigten bei deren Anwesenheit signifikant größeren Streß als bei ihrer Abwesenheit, während die Kinder der niedrigängstlichen Mütter sich in größerem Streß befanden, wenn diese den Behandlungsraum verließen. Offensichtlich kann sich die Ängstlichkeit der Eltern auf die Kinder übertragen. Diese Korrespondenz der emotionalen Zustände von Eltern und Kindern bei medizinischen Eingriffen ist empirisch inzwischen gut belegt (vgl. nächster Abschnitt).

6.2.4.3. Negative Auswirkungen der Eltern-Kind-Interaktion: „Streßansteckung" und pessimistische Erwartungen

Invasive medizinische Prozeduren werden von Eltern sowie Ärzten und Schwestern extrem belastend erlebt (Manne et al., 1990; Peterson & Shigetomi, 1982). Eltern beurteilen die durch Lumbal- oder Knochenmarkpunktionen ausgelösten Schmerzen ihrer Kinder mehrheitlich als „die schlimmsten, die sie sich vorstellen können" (McGrath et al., 1990; Watt-Watson et al., 1990). Die Anwesenheit bei der Prozedur erzeugt bei vielen Eltern Angst, da sie entweder selbst den Anblick von Blut oder des Eindringens der Nadel schwer ertragen können oder das Leiden ihres Kindes antizipieren und *korrespondierenden Streß* entwickeln (Caty et al., 1989).

Während der Prozedur besteht die Gefahr, daß überängstliche Eltern ihre Kinder mit ihrer *Angst anstecken* (Beales, 1982; Bush, 1987). Es wurde wiederholt eine ausgeprägt positive Beziehung zwischen der *Angst der Eltern* und dem *Distreß der Kinder* während Knochenmarkpunktionen gefunden (Fradet et al., 1990; Jay et al., 1983). Greenbaum, Cook, Melamed, Abeles und Bush (1988) explorierten die Interaktion zwischen 57 Kindern (4-10 Jahre) und ihren Müttern während der Wartezeit auf einen ambulanten medizinischen Eingriff. Am deutlichsten wirkte sich die *Aufgeregtheit der Mütter* sowohl während der Wartezeit als auch während der Prozedur streßinduzierend auf ihre Kinder aus. Umgekehrt reagierten Mütter auf den gezeigten Distreß ihrer Kinder *vor* dem Eingriff mit erhöhter Unruhe, die sich wiederum verstärkend auf das Streßniveau der Kinder *während* der Prozedur auswirkte. Auch bei Kindern mit *postoperativen Schmerzen* zeigte sich eine hohe positive Korrelation der Angst der Eltern zum Angstgrad der Kinder und eine negative Beziehung zu deren Selbstwirksamkeit und Bewältigungsverhalten (Bennett-Branson & Craig, 1993). Hays et al. (1992) fanden eine signifikant positive Korrelation zwischen dem *prozeduralen Distreß der Kinder* und dem Ausmaß an *Ängstlichkeit und Befürchtungen* gegenüber dem Eingriff bei ihren *Müttern*. Diese Resultate unterstützen die Hypothese der „emotionalen Ansteckung" zwischen Mutter und Kind, wobei die hohe Konkordanz im Verhalten darauf hindeutet, daß Prozesse des *Modellernens* hier die zentrale Rolle spielen. Kinder, deren Eltern nadelphobische Tendenzen aufweisen, zeigten neben erhöhten Angstwerten auch ausgeprägtes Vermeidungsverhalten, was ebenfalls auf eine modellernvermittelte Übernahme elterlicher Verhaltensmuster hindeutet (Lander, Hodgkins & Fowler-Kerry, 1992).

Nach den Ergebnissen von Jacobsen et al. (1990) stellt sich die Rolle der Elternangst jedoch differenzierter dar: In dieser Untersuchung ergab sich ein Zusammenhang nur zur *aktuellen Angst* (*state anxiety*) der Eltern, nicht aber zu ihrer generellen Ängstlichkeit (*trait anxiety*). Dieses Resultat wurde durch neue Befunde bestätigt: Frank et al.

(1995) stellten fest, daß die *trait anxiety* der Mütter von vier- bis siebenjährigen Kindern bei Routineimpfungen weder zum Streßniveau noch zum Bewältigungsverhalten der Kinder in Beziehung steht. Wenn sich vornehmlich die *Zustandsangst* negativ auf die Bewältigungsfähigkeiten des Kindes auswirkt, impliziert das für die Vorbereitungspraxis bessere kurztherapeutische Einflußmöglichkeiten (kurzfristige Erregungsverminderung, z.B. durch Entspannungsverfahren).

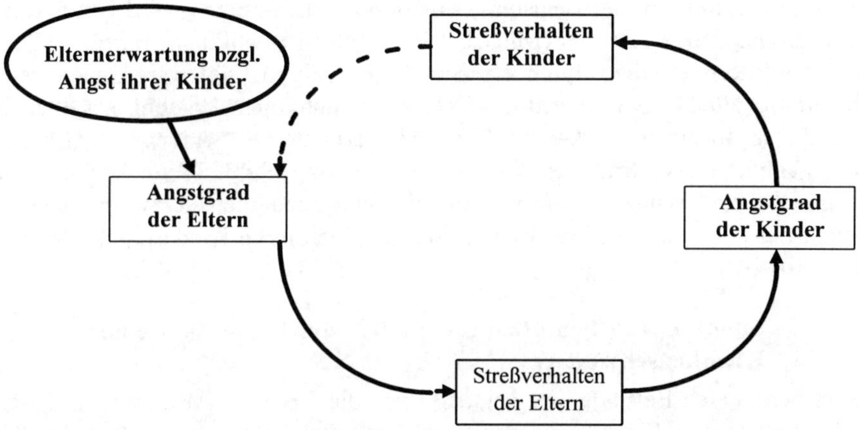

Abbildung 6-4: Circulus Vitiosus der Erwartungs-Angst-Entstehung.

Das Distreßniveau der Kinder wird nicht nur durch die aktuelle Angst ihrer Eltern verstärkt, sondern auch durch deren *pessimistische Erwartungen* bezüglich des Bewältigungsergebnisses bei der invasiven Prozedur. Broome und Endsley (1989) untersuchten 83 Kinder zwischen vier und sechs Jahren sowie deren Mütter bei Routineimpfungen. Sie fanden signifikante Korrelationen zwischen den Elternratings bezüglich der Angst der Kinder und ihrer eigenen Angst, nicht aber zwischen dem *Angst-Rating* der Kinder *durch die Mütter* und dem *beobachteten Streßverhalten* der Kinder (durch geschulte Beobachter) während der Prozedur. Offensichtlich wirkt sich die von den Eltern *antizipierte* Angstausprägung ihrer Kinder stärker auf ihr eigenes Streßniveau aus als deren tatsächlich gezeigtes Streßverhalten. Wenn Eltern *erwarten*, daß ihre Kinder sehr ängstlich reagieren werden, entwickeln sie dabei selbst hohen antizipatorischen Streß, der sich wiederum verstärkend auf das Streßverhalten ihrer Kinder während des Eingriffes auswirkt.

Auch in der Untersuchung von Manne, Jacobsen und Redd (1992) war die elterliche Wahrnehmung des Streßerlebens ihrer Kinder stärker durch ihre eigene antizipatorische Erwartungshaltung und Ängstlichkeit geprägt als durch das von den Kindern tatsächlich gezeigte Streßverhalten. In der retrospektiven Befragung der Eltern korrelierten ihre Einschätzungen zum Streßerleben der Kinder nur schwach mit deren Verhaltensäußerungen ($p<0.05$), aber sehr stark mit ihren *eigenen Erwartungen* in bezug auf die Angstausprägung bei dem Kind ($p<0.001$) und ihrer *eigenen prozedurbezogenen Ängstlichkeit* ($p<0.01$). Möglicherweise ist die Aufmerksamkeit der Eltern in der Streßsituation stärker auf ihre eigenen Befürchtungen und Affekte zentriert als auf das Verhalten ihrer Kinder. Zu vergleichbaren Resultaten gelangten Jacobsen et al. (1990), die bei 70

drei- bis zehnjährigen Kindern, die eine Venenpunktion erhielten, feststellten, daß neben dem Alter und dem technischen Ablauf vor allem die *Erwartungen der Eltern* mit dem Streßausmaß ihrer Kinder in Zusammenhang standen: Kinder, die von ihren Eltern vorher als unkooperativer eingeschätzt wurden, zeigten in der Situation deutlich größeren Distreß. Die Erwartungshaltung der Eltern beeinflußt das Streßverhalten der Kinder offensichtlich massiv i.S. einer „selbsterfüllenden Prophezeihung“.
Inwieweit eine emotionale Belastung der Eltern (Streß, Angst) ihre aktuelle Fähigkeit einschränkt, die Kinder in der Belastungssituation zu unterstützen, wird kontrovers diskutiert: Während einige Autoren (Mishel, 1983; Vulcan & Nikulich-Barret, 1988) fanden, daß das Elternverhalten durch eigenen Streß beeinträchtigt war, kamen Peterson und Shigetomi (1982) sowie Savedra (1981) zu gegenteiligen Ergebnissen. Plausiblerweise ist davon auszugehen, daß ein übermäßig erhöhtes Streßniveau der Eltern ihre Handlungsfähigkeit beeinträchtigt (Overholzer & Fritz, 1992). Wenn hochängstlichen Eltern einfache und schnell erlernbare Entspannungstechniken vermittelt werden, ist somit nicht nur den Eltern selbst, sondern indirekt auch ihren Kindern geholfen (Jay & Elliott, 1990).

6.2.4.4. Spontanes Unterstützungsverhalten der Eltern, Ärzte und Krankenschwestern

Die bisher berichteten Befunde belegen, daß nicht die An- oder Abwesenheit der Eltern per se entscheidenden Einfluß auf das Streß- und Bewältigungsverhalten der Kinder besitzt, sondern ihre in der Situation gezeigten *spezifischen Verhaltensweisen*. Das Forschungsinteresse hat sich dementsprechend in den letzten Jahren von der Untersuchung genereller Effekte der Elternanwesenheit zunehmend auf detailliertere Fragestellungen der differentiellen Wirkungen

- spezifischer streßinduzierender vs. bewältigungsförderlicher Verhaltensweisen der Erwachsenen,
- personspezifischer Auswirkungen von Interaktionsverhalten (Eltern, Ärzte, Schwestern),
- phasenspezifischen Unterstützungsverhaltens,
- spezifischer Erwachsenen-Kind- und Erwachsenen-Erwachsenen-Interaktionssequen-zen,
- der Erwartungshaltung der Eltern und den spezifischen Vorerfahrungen des Kindes verlagert (Frank et al., 1995).

Während die streßinduzierende Wirkung eines autoritären Interaktionsstiles und Disziplinierungsverhaltens der Eltern bei medizinischen Eingriffen seit längerem belegt ist (Bradford, 1990; Bush, Melamed, Sheras & Greenbaum, 1986; Jay et al., 1983), verdichten sich die Belege auch für gravierende Auswirkungen *situationsspezifischer Verhaltensweisen der Erwachsenen* auf das Streßerleben und die Bewältigungsbemühungen von Kindern bei invasiven Prozeduren. Frank et al. (1995) fanden eindeutige Zusammenhänge zwischen dem *spezifischen aktuellen Verhalten der Eltern und den Reaktionen bei ihren Kindern*: Kinder, deren Eltern dysfunktionale Verhaltensweisen zeigten, wiesen konsistent höhere Streßwerte auf als Kinder, deren Eltern bewältigungsförderndes Verhalten einsetzten. Entsprechende Zusammenhänge wurden für das Verhalten des medizinischen Teams festgestellt: Distreßverstärkendes Verhalten der Ärzte und Krankenschwestern weist eine mittlere positive Korrelation zu dem Streßniveau der Kinder auf, copingunterstützende Interaktion moderate Zusammenhänge zu deren Bewältigungsverhalten.

Die Eltern krebskranker Kinder *akzeptieren* zwar i.d.R. die Aufgabe, ihre Kinder in der Schmerz- und Angstbewältigung aktiv zu unterstützen als notwendige und schwierige *Herausforderung*, stehen der Situation aber zunächst mit beträchtlicher Ängstlichkeit und Unsicherheit gegenüber und erleben ihre Rolle als „Job ohne Tätigkeitsbeschreibung". Die meisten Eltern tendieren anfangs eher dazu, den Kindern ihre eigenen Bewältigungsideen aufzudrängen statt sie in ihren autonomen Bewältigungsstrategien zu unterstützen (Bennett-Branson & Craig, 1993). Die *Bereitschaft der Eltern*, sich in der Vorbereitung *aktiv* zu engagieren, konfligiert dabei paradoxerweise häufig mit einer *positiven Einstellung* zu den Ärzten und der medizinischen Behandlung (Peterson et al., 1985): Je mehr Vertrauen sie den „Professionellen" entgegenbringen, desto stärker delegieren sie die Verantwortung und halten sich selbst zurück (Knafl, Cavallari & Dixon, 1988). Offensichtlich besitzen Eltern in medizinischen Situationen generell ein relativ geringes Maß an Kompetenzbewußtsein und delegieren die Verantwortung daher gerne an die „Experten". Daraus ist zu folgern, die Selbstwirksamkeit und das Kontrollbewußtsein der Eltern zu stärken, z.B. indem ihnen klare Instruktionen vermittelt und Aufgaben zur Unterstützung ihres Kindes übertragen werden.

Die von den Eltern bei invasiven medizinischen Prozeduren bei ihren Kindern *spontan* am häufigsten praktizierten Hilfestellungen sind: *Aufmerksamkeitsablenkung* (aktive Ablenkungsaktivitäten), *prozedurbezogene Erklärungen* und *emotionale Unterstützung* (Bush et al., 1986; Campbell, Clark & Kirkpatrick, 1986; Jacobsen et al., 1990; Manne, Bakeman et al., 1992; Peterson, 1989; Peterson, Harbeck et al., 1990). Eltern versuchen offenbar intuitiv, ihren Kindern den Eingriff so verständlich und transparent wie möglich zu machen und sie zugleich vor den angstauslösenden und bedrohlichen Situationsaspekten zu schützen. Das *spontane Unterstützungsverhalten* und die *emotionalen Reaktionen der Mütter* bei medizinischen Eingriffen an Vorschulkindern (N = 30; 2-5 Jahre) wurden von Caty et al. (1989) analysiert. Die Mütter zeigten ein breites Spektrum an Gefühlen, die sich zum Teil mehr auf Kontextbedingungen als auf das Verhalten ihrer Kinder bezogen. Das Ausmaß ihrer eigenen Ängste und Streßgefühle war davon abhängig, wie die Kinder die Situation meisterten. Die Mütter berichteten, daß sie „hart daran gearbeitet" hätten, ihre eigenen Gefühle unter Kontrolle zu halten, um ihren Kindern beistehen zu können. Das *hauptsächliche Unterstützungsverhalten* der Mütter bestand darin, den Kindern zu *erklären*, was mit ihnen angestellt wird und ihnen die Situation angenehmer zu gestalten. Mütter, die es lieber dem medizinischen Team überlassen hatten, ihr Kind zu betreuen und sich weigerten, auf Fragen des Kindes vertrauensvoll zu antworten, waren der Meinung, daß das Kind weniger verängstigt würde, wenn es keine Erklärungen bekäme. Nur wenige Mütter unterstützten ihr Kind darin, mehr aktive Kontrolle über die Situation zu erlangen. Die Resultate dieser Studie belegen, daß Mütter zwar eine zentrale Rolle spielen, ihrem Kind bei der Bewältigung medizinischer Prozeduren zu helfen, aber auf diese Rolle vorbereitet und in konkretem Unterstützungsverhalten angeleitet werden müssen (Peterson et al., 1985): Eltern sollten

- vorab darüber informiert werden, was ihrem Kind bevorsteht und wie es möglicherweise reagieren werde;
- gefragt werden, wie sie ihrem Kind beistehen möchten und

- ggfls. praktische Hilfsmöglichkeiten vermittelt bekommen.

Das *Unterstützungsverhalten der Eltern* setzt sich auch *nach Beendigung des Eingriffes* fort. Gedaly-Duff und Ziebarth (1994) untersuchten das postprozedurale Schmerzmanagement der Mütter von vier- bis achtjährigen Kindern bei kleineren chirurgischen Eingriffen nach ihrer Rückkehr aus dem Krankenhaus. Während die Mütter große Ängstlichkeit und Vorbehalte bei der Applikation von Schmerzmedikamenten zeigten, wendeten sie spontan verschiedene psychologische Managementtechniken (Streicheln, Ablenken, Unterhalten) nach dem Versuch-und-Irrtum-Prinzip an, deren Schmerzbewältigungsfunktion sie sich erst auf Nachfrage bewußt wurden. Dabei besitzt das Interaktionsverhalten der Mütter *situationsübergreifende* Effekte auf den Umgang der Kinder mit streßhaften medizinischen Eingriffen. Lumley et al. (1990) fanden, daß das Unterstützungsverhalten der Mütter während einer Venenpunktion einen Tag vor einem chirurgischen Eingriff das Streßverhalten der Kinder bei der Narkoseeinleitung am folgenden Tag auch in ihrer Abwesenheit deutlich prägte.

Die überwiegende Mehrzahl der Eltern zeigt während invasiver Prozeduren bei ihren Kindern *positives Unterstützungsbemühen*. In einer Studie von Broome und Endsley (1989) an 83 Vorschulkindern bei Impfungen wurde das Elternverhalten zu fast 50% als sehr positiv, zu 25% als hilfreich und zu 20% als neutral eingeschätzt. Lediglich 5% der anwesenden Eltern zeigte klar dysfunktionales Verhalten (Mißbilligung, rigide Haltung, verbale Ermahnungen, Gesicht abwenden, kein Blickkontakt, Warnung vor dem Eingriff). Positive Bemühungen der Eltern, ihrem Kind bei der Bewältigung des Streßereignisses beizustehen, sind allerdings noch kein Garant für die *Effektivität der elterlichen Unterstützung*. Es scheint hier noch ein relativ *großer Spielraum für Verbesserungen* des Unterstützungsverhaltens der Erwachsenen zu bestehen: Häufig intervenieren Eltern erst während oder kurz vor dem Eingriff, wodurch die Chance eines *präventiven Effekts* vertan wird. In der Befragung von 720 hospitalisierten Kindern durch Ross und Ross (1984a) gab weniger als ein Prozent der pädiatrischen Patienten an, von ihren Eltern auf den Krankenhausaufenthalt vorbereitet worden zu sein. Auch das konkrete Unterstützungsverhalten der Erwachsenen während der Prozedur ist noch sehr verbesserungsfähig. Dahlquist, Power und Carlson (1995) stellten fest, daß sowohl Eltern als auch Ärzte bei Lumbal- und Knochenmarkpunktionen der Kinder insgesamt relativ geringe Unterstützungsaktivität zeigten und nur wenige Verhaltensweisen einsetzten, die sich zur Streßreduktion bei Kindern unter invasiven Prozeduren als hilfreich erwiesen haben. In der Studie von Blount, Powers, Cotter, Swan und Free (1994) tendierte das Unterstützungsverhalten der Eltern (N = 3) in der *base-line*-Erhebung sogar gegen Null. Das *Potential der sozialen Umwelt für eine effektive Bewältigungsunterstützung der Kinder* ist offensichtlich lange noch *nicht ausgeschöpft*.

6.2.4.5. Effekte des konkreten Unterstützungs- und Interaktionsverhaltens der Erwachsenen

Ein relativ neuer Forschungszugang besteht in der Bestimmung der Effekte, die aus den *Beziehungen der Akteure* auf die Situationsbewältigung der Kinder resultieren. Diese Untersuchung der Auswirkungen des *komplexen Interaktionsverhaltens* der Eltern, Ärzte und Schwestern auf das Kind erfordert ein vielfältiges methodisches Vorgehen: Neben Befragungsinstrumenten zur Erhebung der subjektiven Schmerz-, Angst- und Streßzustände müssen direkte und feinauflösende Verhaltensbeobachtungen (mittels systematischer Verhaltensbeobachtung oder videogestützter Sequenzanalyse) durchgeführt werden, deren komplementäre Daten zu kohärenten Schlußfolgerungen zusammenzufügen sind. Eines der am häufigsten verwendeten Verhaltensbeobachtungssysteme ist das „*Child-Adult Medical Procedure Interaction Scale (CAMPIS)*“, das 16 Verhaltenskategorien des Kindes (Indikatoren für Distreß, Bewältigung oder neutrale Zustände) und 19 Kategorien für das Verhalten der beteiligten Erwachsenen (indikativ für streß-, copingfördernd, neutral) enthält.

Einzelne Verhaltensweisen der Erwachsenen führen tendenziell zu einem Streßanstieg, während andere die individuellen Bewältigungsstrategien der Kinder unterstützen (Blount, Davis et al., 1991). Seit Mitte der achziger Jahre wurde in einer ganzen Serie von Untersuchungen versucht zu bestimmen, *welche Verhaltensweisen der Erwachsenen günstiges Bewältigungsverhalten der Kinder fördert bzw. behindert.*

Bush et al. (1986) untersuchten fünfminütige *Mutter-Kind-Interaktionen* bei 50 fünf- bis zehnjährigen Kindern und ihren Müttern kurz vor einer medizinischen Prozedur. Sie fanden heraus, daß *aktive Ablenkung* durch die Mutter und ein *geringes Ausmaß an Nichtbeachtung* des Kindes mit *geringem* Distreß und ausgeprägtem prosozialen Verhalten assoziiert war. Dieses Ergebnis spricht gegen die lerntheoretische Annahme, daß Streßverhalten durch vermehrte Beachtung und Zuwendung positiv verstärkt wird. Eine *informationsvermittelnde* Haltung der Mutter führte beim Kind zu aktiverem Explorationsverhalten und ebenfalls reduziertem Distreß. Umgekehrt *steigerten verbale Beruhigungsversuche* und *Aufgeregtheit* seitens der Mutter den Streß des Kindes. Während die angststeigernde Wirkung einer hohen Streßausprägung bei den Müttern in voller Übereinstimmung steht zu den referierten Befunden zur Angstübertragung, scheint der kontraproduktive Effekt verbaler Beruhigungsversuche zunächst überraschend. Verbale Appelle zur Beruhigung stellen im wesentlichen Aufforderungen zur Emotionsregulierung dar. Wenn Kinder aber über entsprechende emotionskontrollierende Fertigkeiten (noch) nicht verfügen oder sie oberhalb einer kritischen Erregungsschwelle nicht mehr einsetzen können, sind diesbezügliche Aufforderungen kontraproduktiv, weil sie zusätzlichen Leistungsdruck erzeugen und die Kinder von ihren autonomen Bewältigungsbemühungen abhalten können.

Blount et al. (1989) analysierten die *Interaktionssequenzen* von 23 Kindern mit ihren Eltern und dem medizinischen Team, die vorab kein Bewältigungstraining erhalten hatten, vor, während und nach Knochenmark- bzw. Lumbalpunktionen. Mittels Sequenzanalyse wurden die *antezedenten* und *konsequenten* Bedingungen kindlichen Distreß- und Bewältigungsverhaltens bestimmt. Die Analyse erbrachte einige überraschende Ergebnisse: *Verbale Beruhigungsversuche* der Erwachsenen erhöhten das Streßniveau bei den Kindern. Distreß der Kinder wurde paradoxerweise primär mit weiteren verbalen Beruhigungsversuchen beantwortet, so daß hieraus eine Eskalationsschleife resultierte. Weiter waren weder *Rechtfertigungen* noch *Empathieäußerungen* oder *vermehrte Selbstkontrolle* in der Lage, das Bewältigungsverhalten des Kindes zu unterstützen. Rechtfertigungen stellten das am häufigsten gezeigte Erwachsenenverhalten dar, waren gleichzeitig jedoch konsistent mit einer Streß*erhöhung* bei den Kindern verbunden. Entschuldigungen und ausdrückliche Empathiebekundungen der Erwachsenen könnten von den Kindern als Hinweisreize dafür interpretiert werden, ihre emotionalen Spannungen zu einem Zeitpunkt loszulassen, wo statt dessen emotionskontrollierendes Coping angezeigt wäre. Auch zuviel *Kontrollübergabe* an das Kind wirkte sich dysfunktional aus:

Offensichtlich sind Kinder angesichts bevorstehender Schmerzen leicht überfordert, wenn ihnen in großem Ausmaß die Kontrolle über ihre Streß- und Angstbewältigung selbst überlassen bleibt. Möglicherweise wird in dem kritischen Streßzustand dadurch ihre Informationsverarbeitungskapazität überschritten. Außerdem könnte ein zu großer Freiraum u.U. Aufforderungscharakter dafür besitzen, dem Streßerleben und Widerstandsverhalten freien Lauf zu lassen und damit den Ablauf der Prozedur behindern. Allein *Ablenkung*, *Humor* und *konkrete Bewältigungsinstruktionen* zeigten förderliche Effekte: Diese Verhaltensweisen der Erwachsenen waren konsistent mit einer Streß*verminderung* und einer *Steigerung der Copingbemühungen* bei den Kindern verbunden. Wahrscheinlich sind Humor und nicht-prozedurbezogene Gespräche als ablenkende Aktivitäten eher in den ersten Phasen des prozeduralen Ablaufes hilfreich, während konkrete Bewältigungsinstruktionen (z.B. Atemübung) primär während des Eingriffes effektiv sind. Die klinischen Implikationen dieser Resultate bestehen darin, den Eltern und Mitgliedern des Behandlungsteams nicht nur spezifische Bewältigungs- und Unterstützungsfertigkeiten zu vermitteln, sondern sie darüber hinaus gezielt darin anzuleiten, diese auch zum richtigen Zeitpunkt und im passenden Situationskontext einzusetzen. Wirksame Handlungsmöglichkeiten zur Streßreduzierung bei den Kindern wirken sich wiederum entspannend auf die Erwachsenen aus.

Während die meisten Studien *deutliche Auswirkungen des Verhaltens der Eltern und des Behandlungsteams auf die Bewältigung bzw. den Distreß der Kinder* vor, während und nach medizinischen Prozeduren nachwiesen, konnten Broome und Endsley (1989) keinen konsistenten Zusammenhang zwischen dem Elternverhalten und dem Distreß der Kinder feststellen. Das Elternverhalten wurde auf einer fünfstufigen Skala eingeschätzt, die sich von „sehr negativ" (Stirnrunzeln, rigide Haltung, verbale Ermahnungen), über „mäßig negativ" (angespannte Mimik, Warnungen vor der Prozedur, kein Blickkontakt während des Eingriffes), „neutral" (passiver Gesichtsausdruck, unbewegte Körperhaltung, keine verbale Interaktion), „mäßig positiv" (entspanntes Gesicht und Körperhaltung, verbale Verstärkung während des Eingriffes) bis zu „sehr positiv" (Lächeln, aufmerksame Haltung, aktive motorische und verbale Unterstützung) erstreckte. Über die Hälfte der Kinder, deren Eltern als besonders positiv unterstützend eingeschätzt wurden, manifestierte paradoxerweise *über*durchschnittliche Distreßwerte, während die andere Hälfte der Kinder dieser Gruppe neutrales oder besonders streß*vermindertes* Verhalten zeigte. Die Kinder der neutral oder mäßig positiv handelnden Eltern produzierten generell *geringe* Streßwerte. Dieses überraschende Ergebnis ist ein interessanter Hinweis darauf, daß verschiedene Kontext-, Eltern- oder Kindvariablen die Effekte des elterlichen Unterstützungsverhaltens moderieren. Einige dieser Bedingungsfaktoren sind in den letzten Jahren genauer untersucht worden und werden im folgenden diskutiert.

6.2.4.6. Determinanten effektiven Unterstützungsverhaltens

Kontextuelle Faktoren

Der *Effekt spezifischer Unterstützungsstrategien* der Eltern ist offensichtlich u.a. von *situativen Kontextfaktoren*, wie der *Art des invasiven Eingriffes*, determiniert. Jacobsen et al. (1990), die 70 Kinder (3-10 Jahre) und deren Eltern bei Venenpunktionen beobachteten, identifizierten *Aufmerksamkeitsablenkung* und *prozedurbezogene Erklärungen* als die zwei von den Eltern am häufigsten eingesetzten Unterstützungsstrategien. Allerdings besaß nur das *Erklärungsverhalten* einen reduzierenden Effekt auf den Streß der Kinder. Ablenkende Gespräche sind offensichtlich bei Venenpunktionen nicht die Strategie der Wahl, da die Kinder das Geschehen im Gegensatz zum Beispiel zu Lumbalpunktionen unmittelbar im Blickfeld haben und infolgedessen besser durch visuelle Reize abgelenkt werden sollten.

Nicht nur die Auswahl funktionaler Verhaltensstrategien an sich, sondern auch ihre *konkrete Ausgestaltung* spielen eine entscheidende Rolle dafür, ob sie für das Kind wirklich hilfreich sind. Manne, Bakeman et al. (1992) untersuchten das Interaktionsverhalten von 43 pädiatrisch-onkologischen Patienten (3-6 Jahre) und ihren Eltern bei der Bewältigung von Venenpunktionen mittels Videoanalyse. Im einzelnen wurden die Beziehungen zwischen sechs Kategorien des Erwachsenenverhaltens (Erklären, Ablenken, Bewältigungsinstruktion, Kontrollübergabe an das Kind, Loben und Kritisieren/ Drohen/ Feilschen) und drei Verhaltenskategorien der Kinder (aktueller Distreß, Schreien/ Weinen und Bewältigungsverhalten) mittels Korrelations- und Sequenzanalyse eruiert. Allein die *Ablenkungsaktivitäten* der Erwachsenen wirkten sich sowohl *bewältigungsfördernd* als auch *streßreduzierend* auf die Kinder aus. Alle anderen untersuchten Verhaltensweisen der Erwachsenen, einschließlich „Loben" und „Bewältigungsinstruktionen geben", führten unerwarteterweise zu einer *Verminderung* der kindlichen Bewältigungsbemühungen. Da die konkrete Anleitung zur Umsetzung von Bewältigungsstrategien durch die Eltern in vorangegangenen Untersuchungen konsistent coping*förderliche* Effekte gezeigt hatte, weist das abweichende Resultat dieser Studie darauf hin, daß auch die *Art der direktiven Unterstützung* eine entscheidende Rolle spielt: Vermutlich sind Bewältigungsinstruktionen in Form verbaler Kommandos weitaus weniger hilfreich für das Kind als seine aktive Einbeziehung und elterliches Modellverhalten in der Situation (z.B. gemeinsames tiefes Atmen statt des Kommandos: „tief atmen!"). Einige andere Erwachsenen-Verhaltens-weisen förderten zwar nicht die Bewältigungsaktivität des Kindes, verminderten aber seinen aktuellen Distreß: Im Gegensatz zu der Studie von Blount et al. (1989) wirkte *Kontrollübergabe* an das Kind, d.h. die Entscheidungskontrolle über einige Aspekte der Prozedurdurchführung, über alle drei Phasen *streßreduzierend.* Diese Diskrepanz ist wahrscheinlich durch die unterschiedlichen Kontrollformen in beiden Untersuchungen zu erklären: Offensichtlich ist ein hohes Maß an *Entscheidungskontrolle*, die lediglich die Wahl zwischen Scheinalternativen (z.B.: „Welche Hand möchtest Du mir zuerst zeigen?") oder das Bestimmen über situative Nebensächlichkeiten („Möchtest Du mit dem Gesicht lieber zum Fenster oder zur Tür sitzen?") erlaubt, hilfreich für das Kind, weil sie seine Kontrollwahrnehmung verstärkt, ohne daß der prozedurale Ablauf dadurch beeinträchtigt wird. Demgegenüber hat *Verhaltenskontrolle* („Sag mir, wann ich anfangen soll") tendenziell kontraproduktive Effekte, weil sie die Kinder in dem kritischen Zustand kognitiv überfordern oder zu Flucht- und Widerstandsverhalten animieren kann.

Coping und *Distreß* der Kinder unterliegen offensichtlich verschiedenen Umweltkontingenzen. Frank et al. (1995) stellten in einer Studie an 77 Kindern (4-7 Jahre) bei Routineimpfungen fest, daß das *Bewältigungsverhalten* der Kinder durch das Verhalten der Eltern und des medizinischen Teams vorhergesagt werden kann, während für die kindliche *Distreßreaktion* nur das Elternverhalten und die Qualität spezifischer Vorerfahrungen (das Streßausmaß bei vorangegangenen medizinischen Eingriffen) prädiktiv

waren. Entsprechende Ergebnisse hatten Manne, Bakeman et al. (1992) berichtet, nach denen die Erwachsenen generell größeren Einfluß auf das Coping als auf die Distreßausprägung der Kinder hatten.
Die Unterstützungsverhaltensweisen der anwesenden *Eltern* und *Ärzte* lösen keine uniformen Reaktionen bei den Kindern aus, sondern wirken *rollenspezifisch differentiell.* Dahlquist et al. (1995) verglichen die Effekte des Verhaltens von Eltern und Ärzten auf die Streßreaktion von Kindern (N = 51; 5-13 Jahre) bei Knochenmark- und Lumbalpunktionen. Die Ärzte waren sowohl vor als auch während der Prozedur verbal weniger interaktiv als die Eltern. Während eine Reihe von Elternverhaltensweisen konsistent *positiv* mit dem Distreß der Kinder korrelierte, stand das Interaktionsverhalten des Arztes in gleichförmig *negativer* Beziehung zum Streßausmaß der Kinder: Je ausgeprägter das Interaktionsverhalten der Eltern, desto höher der Distreß der Kinder. Bei der Arzt-Kind-Interaktion war das umgekehrte Muster zu beobachten, d.h. die Kinder zeigten umso *geringeren* Streß, je mehr der Arzt mit ihnen kommunizierte. Die Kausalität zwischen dem Interaktionsverhalten der Erwachsenen und den Streßreaktionen der Kinder bleibt unklar. Es bestehen daher mehrere Interpretationsmöglichkeiten:

1. Die Streßäußerungen der Kinder könnten sich unterschiedlich auf das Interaktionsverhalten der Eltern und Ärzte auswirken. In diesem Fall wäre es denkbar, daß Eltern die Streßäußerungen ihrer Kinder sensibler wahrnehmen als die Ärzte und mit Interaktion darauf reagieren. Eine alternative Erklärung wäre, daß die Ärzte sich gerade bei sehr aufgeregten Kindern besonders auf die technische Durchführung der Prozedur konzentrieren müssen und daher ihre Interaktion mit dem Kind reduzieren. Möglicherweise ist den Ärzten die Interaktion mit sehr erregten Kindern aber auch unangenehm oder zu anstrengend, so daß sie ihre Kommunikation einschränken.
2. Eltern und Ärzte üben unterschiedlichen Einfluß auf das Streßniveau der Kinder aus. Die positive Korrelation zwischen erhöhtem Distreß der Kinder und verstärktem Kommunikationsverhalten der Eltern könnte dann darauf beruhen, daß sich Eltern aufgrund eigenen Stresses agitierter verhalten oder ihre eigenen Ängste bei ausgeprägterer Interaktion für das Kind deutlicher wahrnehmbar werden. Eventuell wird das Streßverhalten der Kinder durch die vermehrte Zuwendung der Eltern (ausgeprägte Interaktion) auch lediglich positiv verstärkt. Allerdings scheint der Arzt-Kind-Interaktion eine andere Dynamik zugrunde zu liegen: Während praktisch alle Verhaltensweisen der Eltern mit erhöhtem Distreß der Kinder zusammenhingen, war deren Streßausmaß umso geringer, je aktiver die Ärzte sich verhielten. Wahrscheinlich wirkt sich eine akzeptierend-verständnisvolle, sachliche und fachkompetente Kommunikationsweise von Ärzten (wie bei erwachsenen Patienten) generell beruhigend auf die Kinder aus. Je mehr die Ärzte kommunizieren, desto mehr Sicherheit vermitteln sie.
3. Arzt- bzw. Elternverhalten und Streßverhalten des Kindes stehen in spezifischer Wechselwirkung zueinander, d.h. das Arztverhalten beeinflußt den kindlichen Distreß auf andere Weise als das Verhalten der Eltern, während die Ärzte gleichzeitig anders auf den Streß der Kinder reagieren als deren Eltern.

Situationswahrnehmung der beteiligten Personen

Die Angemessenheit des sozialen Unterstützungsverhaltens der Erwachsenen ist unter anderem davon abhängig, ob sie das Streß- und Schmerzerleben der Kinder adäquat wahrnehmen. Von den Erwachsenen (Eltern, Ärzten und Schwestern) werden nach Qualität und Intensität ähnliche *Schmerzindikatoren* bei den Kindern realisiert (Gedaly-Duff & Ziebarth, 1994). Manne, Jacobsen und Redd (1992) untersuchten die *Übereinstimmung der Schmerz- und Streßratings* von Eltern und Krankenschwestern mit den *Selbsteinschätzungen* der Kinder bei Venenpunktionen (N = 85). Sie ließen das Streßverhalten der Kinder während des Eingriffes durch trainierte Rater beurteilen und verglichen deren Urteile mit den Ratings der übrigen Beteiligten. Obwohl die unterschiedlichen Beurteilungen alle miteinander korrelierten, kristallisierten sich *unterschiedliche subjektive Beobachterperspektiven* heraus: Der Fokus der Krankenschwestern richtete sich stärker auf die offenen Verhaltensäußerungen, der der Eltern primär auf ihre subjektive Wahrnehmung des Schmerzerlebens ihres Kindes, und die Selbsteinschätzungen der Kinder stellten eine Funktion ihres chronologischen Alters dar. Interessanterweise wurden höhere Übereinstimmungen zwischen den Erwachsenen-Ratings als zwischen Selbst- und Fremdeinschätzung der Kinder festgestellt. Zu ähnlichen Resultaten gelangten Bennett-Branson und Craig (1993), in deren Studie die Krankenschwestern offensichtlich stärker auf Faktoren des physischen Wohlbefindens und der körperlichen Genesung achteten als auf subjektive Schmerz- und Streßzustände der Kinder.

Schwestern beurteilen die Schmerzintensitäten der Kinder konsistent *geringer* als diese selbst. Harrison (1993) befragte 199 Patienten nach ihren Schmerzerfahrungen und verglich diese Werte mit den *Schwestern-Einschätzungen.* Die pädiatrischen Patienten gaben sowohl für die gegenwärtigen, für den schlimmsten bislang erlebten und den letzten Schmerz höhere Werte an als die Schwestern. LaMontagne, Johnson und Hepworth (1991), die die Selbstbeurteilungen von Kindern mit postoperativen Schmerzen mit den *Einschätzungen von Ärzten und Schwestern* (N = 13, 8-18 Jahre) verglichen, kamen zu ähnlichen Resultaten. Auch hier fielen die Einschätzungen der Schwestern signifikant geringer aus als die der Kinder, wobei sie in der Schmerzunterschätzung allerdings von den Ärzten noch übertroffen wurden. Dennoch korrelierten die drei Beurteilungsmaße konsistent signifikant. Die Kind-Schwestern-Übereinstimmung lag bei .61 ($p<.03$), die Kind-Arzt-Korrelation bei .59 ($p<.04$) und der Arzt-Schwester-Zusammenhang sogar bei .90 ($p<.0001$).

Eltern können die Schmerzintensität und das Angstniveau ihrer Kinder relativ gut beurteilen und vorhersagen (hohe Korrelation zwischen Elternrating, Beobachtungsmaß und Selbsteinschätzung der Kinder; vgl. Bennett-Branson & Craig, 1993; Fradet et al., 1990; Watt-Watson et al., 1990), während ihre Angaben über ihre eigene Ängstlichkeit interessanterweise *nicht* mit ihrem tatsächlich gezeigten Distreß übereinstimmen (Broome & Endsley, 1989). Diese Diskrepanz in der Einschätzung der eigenen Angst und dem tatsächlichen Streßverhalten ist ein Indiz dafür, daß Eltern ihren Kindern häufig nicht die Unterstützung vermitteln, die sie zu vermitteln glauben. Offensichtlich kommunizieren sie häufig unbemerkt eigene Streßzustände und lösen damit bei den Kindern Verängstigung statt Beruhigung aus. Eine wichtige Diskrepanz zwischen Eltern und Kindern besteht auch in bezug auf die *perzipierte Effektivität spezifischer Bewältigungsstrategien*: In der Wahrnehmung von Eltern und Kindern werden unterschiedliche Copingstrategien als hilfreich bewertet (Branson et al., 1990). Diese Eltern-Kind-Diskonkordanz stellt vermutlich den entscheidenden Grund dafür dar, daß Eltern ihr Unterstützungsverhalten häufig an den Befürfnissen des Kindes vorbeiorientieren.

Wahrscheinlich ist die Effektivität des konkreten Unterstützungsverhaltens der Erwachsenen für eine Streßreduktion bei den Kindern und eine Förderung ihrer Bewältigungskompetenz von einer Reihe weiterer Faktoren abhängig (Blount, Davis et al., 1991), die erst zum Teil empirisch untersucht worden sind, z.B.:

- Dem Alter, kognitiven Entwicklungsniveau und Geschlecht des Kindes,
- seinem präferierten Bewältigungsstil (vgl. Kap. 6.1.),
- seinen spezifischen Vorerfahrungen (vgl. Kap. 5.2.),
- personalen Faktoren auf seiten der Eltern (Angstniveau, Bewältigungskompetenz, Erwartungen, Modellverhalten),
- dem Kommunikationsstil des Behandlungsteams,
- dem generellen Erziehungsstil der Eltern.

6.2.4.7. Phasenspezifisches Interaktionsverhalten

In den letzten Jahren setzt sich zunehmend eine *dynamische Sichtweise* der Erwachsenen-Kind-Interaktion bei der Bewältigung medizinischer Prozeduren durch, nach der alle Beteiligten ihr Verhalten den differentiellen Erfordernissen der unterschiedlichen Prozedurphasen und aktuellen Situationsbedingungen spezifisch und flexibel anpassen.
Das *Interaktionsverhalten der Erwachsenen* hat *phasenspezifisch differentielle Effekte* auf das Streßniveau der Kinder: Die Verhaltensweisen sowohl der Ärzte als auch der Eltern korrelieren in der *antizipatorischen Phase* stärker mit dem Distreß der Kinder als *während* des Eingriffes (Dahlquist et al., 1995). Das Streßniveau kleinerer Kinder korreliert hoch positiv mit den Einstellungen und dem Verhalten der Eltern *vor Beginn* der Prozedur (Dahlquist, Power, Cox & Fernbach, 1994). Die einfachste Erklärung dafür ist, daß der kindliche Distreß während der Punktion Angst *und* Schmerzen reflektiert, während der präprozedurale Streß lediglich ihre Ängstlichkeit manifestiert. Da das Verhalten der sozialen Umwelt in erster Linie die Ängstlichkeit und weniger das Schmerzerleben der Kinder beeinflußt, ist das beschriebene Interaktionsmuster in der Vorphase deutlicher ausgeprägt.
Das Streßverhalten der Kinder sowie das Unterstützungsverhalten der Erwachsenen bleiben nicht konstant, sondern variieren über die unterschiedlichen Phasen der Prozedur, wobei das *phasenspezifische Bewältigungsverhalten* der Kinder den unterstützenden Verhaltensweisen der Erwachsenen angepaßt ist (Blount et al., 1990). In der antizipatorischen Phase neigen die Kinder dazu, sich abzulenken (durch nicht-prozedurbezogene Gespräche und Humor), während sie in der schmerzhaften Phase aktionale Bewältigungsstrategien (z.B. Atemübung) einsetzen. Entsprechend tendieren Eltern vor dem Eingriff eher dazu, die Kinder in ablenkende Gespräche zu verwickeln oder die Situation mit Humor zu entschärfen. Während der Punktion geben sie vornehmlich konkrete Bewältigungsinstruktionen (z.B. Atemanleitung). Die Verhaltensweisen der Eltern in einer bestimmten Phase (Gesprächsablenkung und Humor in Phase 1; Instruktionen in Phase 2) korrelierten jeweils mit den entsprechenden Verhaltensweisen der Kinder in der gleichen Phase. Das Ausmaß des Stresses des Kindes war hoch negativ korreliert mit seinen eigenen Bewältigungsbemühungen und dem Unterstützungsverhalten der Erwachsenen in der gleichen Phase. Die positive Wirkung förderlichen Unterstützungsverhaltens der Eltern hielt allerdings nicht über eine Phase hinaus an: Hatten Väter oder Mütter ihrem Kind in der ersten Phase, zum Beispiel durch Ablenkung, geholfen, führte dies nicht automatisch zu einem verbesserten Bewältigungs-

verhalten der Kinder (Atmen) in der zweiten Phase. Dies belegt die *phasenspezifische Qualität* von Bewältigungs- und Unterstützungsstrategien. Eltern sind zudem nicht in allen Phasen gleich erfolgreich: Zeigen sie zum Beispiel in Phase 1 ein bewältigungsförderliches Verhalten (Ablenkung), so bedeutet dies nicht, daß sie sich auch in Phase 2 hilfreich (Atem-Instruktion) verhalten. Dabei wirkt sich das spezifische Interaktionsverhalten der Erwachsenen teilweise phasenübergreifend aus: Das Ausmaß streßinduzierenden Verhaltens der Erwachsenen während Phase 1 hat sowohl in dieser als auch in der folgenden Phase streßsteigernde Effekte auf das Kind.

Auch *konkrete Unterstützungsstrategien der Erwachsenen* wirken sich *phasenspezifisch differentiell* auf die Kinder aus, d.h. ihre Effektivität ist u.a. durch den *Zeitpunkt innerhalb der prozeduralen Sequenz* determiniert. Die Effekte der Erwachsenenunterstützung sind zudem abhängig vom Streßniveau der Kinder in den unterschiedlichen Phasen des Eingriffes. In der Studie von Jacobsen et al. (1990) erwiesen sich die *Wirkungen* der *elterlichen Erklärungen* als komplex und *abhängig vom Zeitpunkt und dem aktuellen Streßniveau des Kindes*: Bei Kindern, die schon *vor Beginn* der Prozedur Anzeichen hohen Stresses zeigten, hatten elterliche Erklärungen zu diesem Zeitpunkt eine beruhigende Wirkung. Demgegeüber wirkten sie bei Kindern, die sich aktuell in einem relativ gelassenen Zustand befanden, streßsteigernd. Genau umgekehrt stellte sich der Zusammenhang in der folgenden Phase dar: *Während* der Prozedur wirkten sich Erklärungen bei erregten Kindern zusätzlich streßsteigernd aus, während ruhigere Kinder davon profitierten. Das gleiche Effektmuster gilt für konkrete Bewältigungsanleitung durch die Eltern. Manne, Bakeman et al. (1992) stellten fest, daß Kinder, die bereits vor der Prozedur sehr aufgeregt sind, eher von Bewältigungsinstruktionen zu diesem Zeitpunkt profitieren, d.h. sie weisen dann während der Prozedur einen *geringeren* Streßgrad auf. Umgekehrt zeigen antizipatorisch weniger erregte Kinder durch vorangehende Instruktionen in Phase 1 später in der Prozedurphase *erhöhten* Streß.

Vermutlich werden ruhige Kinder in der Vorphase durch Informationen von außen eher von ihren förderlichen Bewältigungsbemühungen (z.B. Selbstablenkung) und aufgeregte Kinder von ihren dysfunktionalen Kognitionen abgelenkt. Daher wirkt diese Ablenkung bei letzteren adaptiv und bei ersteren kontraproduktiv. Außerdem benötigen aufgeregte Kinder zu diesem Zeitpunkt offensichtlich eine direktivere Führung, während ruhigere Kinder durch die Einmischung der Erwachsenen irritiert und in ihren eigenen Bewältigungsversuchen behindert werden. Diese Resultate verweisen auf die Notwendigkeit, die Erwachsenen für den initialen Zustand des Kindes zu sensibilisieren und ihre Unterstützung differenziert auf die aktuellen Bedürfnisse des Kindes abzustimmen. Kinder müssen Informationen zu dem Zeitpunkt vermittelt bekommen, in dem sie dafür optimal aufnahmefähig sind. Ist erst ein bestimmtes Erregungsniveau erreicht, wirken weitere Erklärungen eher irritierend und angststeigernd. Kinder, die bereits vor oder zu Beginn des Eingriffes Anzeichen von Distreß zeigen, sollten folglich möglichst *vorher* (und nicht während der Prozedur) prozedurale Erklärungen bekommen.

Im Gegensatz zu den Kindern, deren Bewältigungs- und Streßverhalten über die Phasen hinweg relativ stabil bleibt, weist das *Erwachsenen-Verhalten* weitaus *geringere interphasische Stabilität* auf (Manne, Bakeman et al., 1992): Über alle drei Phasen blieb lediglich das Erklärungsverhalten konstant ausgeprägt. Von Phase 1 (vor der Prozedur) zu Phase 2 (Punktion) blieben kritisierend-drohende Verhaltensweisen stabil, verloren sich jedoch in der dritten Phase. Neigten die Eltern aber während der Punktion zu kritischdrohenden Äußerungen, setzte sich dies Verhalten in der postprozeduralen Phase fort. Von Phase 2 zu Phase 3 blieben die Eltern dabei, Bewältigungsinstruktionen zu geben oder dem Kind Kontrolle zu überlassen. Demgegenüber fanden Blount et al. (1990), daß zwar das copingförderliche Verhalten der Erwachsenen (und das Bewältigungsverhalten der Kinder) phasenspezifisch variierte, aber ihre *streßverstärkenden* Verhaltensweisen persistierten, d.h. in der Vorphase hoch mit entsprechendem Verhalten in späteren Phasen (sowie mit einem erhöhten Streßniveau der Kinder) korreliert waren.

6.2.4.8. Interdependenzen zwischen dem Verhalten von Eltern, Ärzten, Krankenschwestern und Kindern

Die Reaktionen der Kinder während invasiver Eingriffe sind nicht nur von dem Verhalten der sozialen Umwelt beeinflußt, sondern *wirken in interdependenter Weise auch auf diese zurück* (Blount et al., 1994). Kinder, die schmerzhaften medizinischen Prozeduren ausgesetzt sind, lassen sich nach dem Ausmaß ihres gezeigten Bewältigungsverhaltens einteilen in *„gute"* und *„schwache" Bewältiger*. Die bisherigen Studien klären nicht, inwieweit sich das *Verhalten der Erwachsenen im Umgang mit den guten vs. den schwachen Bewältigern unterscheidet*, und ob die Kinder auf dieses Erwachsenen-Verhalten unterschiedlich ansprechen. Unklar blieb auch, ob sich die Erwachsenen-Kind-Interaktionen zwischen beiden Gruppen unterscheiden. Blount, Landolf-Fritsche, Powers und Sturges (1991) untersuchten 22 fünf- bis dreizehnjährige leukämiekranke Kinder, die sich einer Knochenmark- bzw. Lumbalpunktion unterziehen mußten. Es wurde eine *wechselseitige Beeinflussung zwischen dem Bewältigungsverhalten der Kinder und dem Unterstützungsverhalten der Erwachsenen* gefunden. Erwachsene zeigten unterschiedliche Verhaltensweisen, je nachdem, ob sie mit guten oder schwachen Bewältigern interagierten:

- Zwischen dysfunktionalem Erwachsenenverhalten und kindlichem Distreß bestand ein genereller Zusammenhang: Sowohl gute als auch schwache Bewältiger reagierten auf inadäquates Erwachsenenverhalten gleichermaßen mit Distreß. Streßverstärkendes Verhalten der Erwachsenen war bei allen Kindern der Hauptauslöser für Distreß.
- In beiden Gruppen erfolgte Bewältigungsverhalten eher auf bewältigungsinstruierendes als auf irgendein anderes Erwachsenenverhalten. Gute Bewältiger zeigten auf entsprechende Anregungen der Erwachsenen aber häufiger positives Bewältigungsverhalten (Ablenkungsgespräche und tiefes Atmen) als schwache.
- Die guten Bewältiger wurden gezielter abgelenkt und angeleitet, Bewältigungsfertigkeiten einzusetzen, während die Erwachsenen bei den schwachen Bewältigern mehr streßinduzierendes Verhalten zeigten.
- Das Behandlungsteam neigte stärker dazu, Handlungen zu rechtfertigen und dem Kind mehr Kontrolle zu überlassen. Die Reaktionen der Kinder waren dabei unabhängig davon, ob das Bewältigungsverhalten vom Behandlungsteam oder von den Eltern initiiert wurde.

Die Kausalität zwischen Bewältigungseffektivität des Kindes und dem supportiven Erwachsenenverhalten bleibt jedoch ungeklärt: Der Grund für den mangelnden Bewältigungserfolg der schwachen Bewältiger könnte in der unzureichenden oder unangepaßten Hilfestellung durch die Erwachsenen bestehen. Umgekehrt könnten mißlungene Copingbemühungen und unerwünschte Verhaltensäußerungen des Kindes bei den Erwachsenen Ungeduldes- und Unmutsreaktionen hervorrufen. Vermutlich werden in den Interaktionsschleifen beide Effekte wirksam. In jedem Fall ist streßverstärkendes Verhalten von allen erwachsenen Beteiligten zu vermeiden und eine möglichst konkrete instruktive Unterstützung zu vermitteln. Insbesondere das Behandlungsteam scheint zwei kontraproduktive Strategien zu präferieren (Rechtfertigung und Kontrollübergabe), auf deren streßsteigernde Effekte es hingewiesen werden sollte. Sind die Eltern nicht bereit oder in der Lage, das Kind während der Punktion mit konkreten Anweisungen unterstützend zu begleiten, kann dieser Part mit vergleichbarem Erfolg auch von Mitgliedern des Behandlungsteams übernommen werden. Schwache Bewältiger sollten nach Möglichkeit bereits im Vorfeld identifiziert werden und eine besondere Hilfestellung erhalten.

Lumley et al. (1990) stellten ebenfalls *differentielle Effekte des elterlichen Unterstützungsverhaltens* in Abhängigkeit von der bestehenden Bewältigungskompetenz ihrer Kinder fest. Untersucht wurden die Interaktionen zwischen 71 Kindern und deren Müttern vor einer Anästhesieeinleitung. Mütterliche Verhaltensweisen wie Nichtbeachtung, Aufgeregtheit und emotionale Teilnahmslosigkeit standen mit erhöhten Streßwerten der Kinder in Zusammenhang. Mütter von „schwachen Bewältigern" konnten durch förderliche Verhaltensweisen (ruhiges Verhalten, klare Instruktionen) eine Streßreduktion bei den Kindern erreichen; bei den „guten Bewältigern" wurde keine Bewältigungssteigerung aufgrund mütterlicher Interventionen festgestellt. Auch hier bestanden die beiden hauptsächlichen Unterstützungstypen in Ablenkung und Informationsvermittlung. Kinder, die den Bewältigungsstil „Informationsvermeidung" bevorzugten, profitierten von der Ablenkungsstrategie, während diese bei den „Informationssuchern" den Streß eher steigerte. Entsprechend ihrem präferierten Bewältigungsstil reduzierten Erklärungen der Mutter den Distreß bei Informationssuchern und steigerten ihn bei Informationsvermeidern. Beide Unterstützungsformen sind nicht an sich, sondern nur bezogen auf spezifische Eigenschaften des Kindes wirksam bzw. hinderlich. Folglich können Mütter ihren Kindern dann bei der Bewältigung helfen, wenn ihre unterstützenden Verhaltensweisen an deren individuelle Bewältigungsstile angepaßt sind. Offensichtlich bewältigen informationsvermeidende Kinder die Streßsituation am besten, wenn sie abgelenkt werden, während Informationssucher positiv auf Erklärungen und Informationsvermittlung ansprechen.

Die Analyse der Eltern-Kind-Interaktionen in der Studie von Manne, Bakeman et al. (1992) erbrachte überraschende Resultate: Nur zwei Verhaltensmuster der Erwachsenen traten kontingent zum Verhalten der Kinder auf: Sie reagierten auf die Bewältigungsbemühungen der Kinder vermehrt mit Ablenkungstechniken sowie einer Verminderung aller anderen Verhaltensweisen und auf Streßäußerungen verstärkt mit Erklärungen. Letztere wurden zu einem Zeitpunkt eingesetzt, wo die Kinder bereits sehr erregt und für prozedurale Informationen relativ unempfänglich waren. Auf die Bewältigungsbemühungen der Kinder reagierten die Eltern interessanterweise weder mit Lob noch mit anleitender Unterstützung. Es ist zu erwarten, daß sich die Effektivität des Elternverhaltens noch erheblich steigern läßt, wenn sie systematisch darin trainiert werden, ihre Handlungsmöglichkeiten zielgerichteter und sinnvoller einzusetzen, z.B: Erklärungen zu einem früheren Zeitpunkt der Streßentstehung zu geben, die Kinder für gezeigtes Bewältigungsverhalten positiv zu verstärken und sie durch konkrete Anleitung bei der Durchführung zu unterstützen.

Neue Untersuchungsergebnisse (Frank et al., 1995) belegen, daß interessanterweise auch die *Verhaltensweisen der Erwachsenen untereinander in interdependenter Beziehung* stehen: Wenn die Eltern streß- oder copingförderndes bzw. neutrales Verhalten zeigen, finden sich äquivalente Verhaltensmuster bei Ärzten und Schwestern, wobei die Richtung der Beeinflussung Erwachsene-Erwachsene allerdings nicht eindeutig beantwortet werden kann. Unabhängig davon wären vor dem Hintergrund dieses Ergebnisses gewisse *Synergie-Effekte* durch ein spezifisches Unterstützungstraining für die Erwachsenen zu erwarten, d.h. ein durch intensive Elternvorbereitung verbessertes Unterstützungsverhalten könnte auch die übrigen Beteiligten zu verstärktem Engagement anregen. Neben diesem Motivationsfaktor stellen vorbereitete Erwachsene möglicherweise für die übrigen Teilnehmer auch ein attraktives Handlungsmodell dar, auf konstruktivere Weise mit der belastenden Situation fertig zu werden.

6.2.5. Schlußfolgerungen und Implikationen für die Vorbereitungspraxis

Die Meisterung der Grunderkrankung und ihrer Behandlungserfordernisse durch die Eltern bestimmt sowohl ihre eigene langfristige psychosoziale Anpassung und Gesundheit als auch die ihrer Kinder (Overholzer & Fritz, 1992). Dies unterstreicht die Wichtigkeit und Notwendigkeit, die Eltern von Beginn an bei der Bewältigung dieser Lebenskrise zu unterstützen (Petermann, 1987; 1990). Da die für die wirksame Krebsbehandlung erforderlichen invasiven Prozeduren von Eltern und Kindern als ganz besonders belastende Aspekte der Krankheit erlebt werden (McGrath et al., 1990; Watt-Wattson et al., 1990), stellt eine wirksame Hilfestellung zu deren Bewältigung zugleich einen *primärpräventiven* Beitrag für das langfristige psychosoziale Wohlbefinden der Familie dar. In Abhängigkeit von einer Reihe prämorbider Faktoren (z.B. Bewältigungskompetenzen, intrafamiliäres Kommunikationsklima, soziales Unterstützungspotential) bewältigen Familien diese kritische Lebensphase unterschiedlich erfolgreich (Dolgin et al., 1990). Für eine effektive Vorbereitungsintervention ist es wichtig, vorab neben anderen Risikofaktoren auch *familiäre Vulnerabilitätsmomente* (Tota-Faucette et al., 1993) zu erfassen (*screening*) und Risikofamilien besonders intensiv zu betreuen.

Von herausragender Relevanz ist die *Identifizierung erhöhter Ängstlichkeit auf seiten der Eltern*, da diese einen *fatalen Teufelskreis* auslösen kann: Angstmanifestationen der Eltern beeinträchtigen sowohl die allgemeine Krankheitsbewältigungskompetenz der Kinder (Brown et al., 1993) als auch deren Bewältigung invasiver medizinischer Eingriffe (Vulcan & Nikulich-Barret, 1988) und erhöhen ihren aktuellen Distreß („Streßansteckung"). Ein ausgeprägtes Streßverhalten der Kinder löst umgekehrt kurzfristig verstärkte Angstreaktionen bei den Eltern aus und kann bei ihnen im Zusammenspiel mit der gesamten Krankheitsbelastung langfristig zur Ausbildung psychopathologischer Störungen führen, die wiederum den Heilungsprozeß der Kinder beeinträchtigen (Hughes & Lieberman, 1990).

Das Streßausmaß der Kinder ist in erster Linie durch die *Zustandsangst* der Eltern, weniger durch ihre habituelle Ängstlichkeit geprägt (Jacobsen et al., 1990,; Frank et al., 1995). Möglicherweise stellt diese aktuelle Angst eine unmittelbare Reaktion auf die Behandlungssituation dar, die dementsprechend nach wechselnden situativen Umständen oder Behandlungssettings variieren kann (Blount, Davis et al., 1991). Da bei prozeduralen Stressoren offenbar also die *situative Angst* der Eltern (gegenüber der generalisierten Ängstlichkeit) eine dominierende Rolle spielt, läßt eine *Kurzintervention,* in

Form einer Vermittlung leicht erlernbarer Entspannungs- und Streßreduktionstechniken, gute Erfolge erwarten. Gelingt den Eltern damit eine deutliche Verminderung ihres Situationsstresses, verbessert sich ihre aktuelle Handlungsfähigkeit, die wiederum der Unterstützung des Kindes und letztlich dessen Bewältigungsanstrengungen zugute kommt.
Eltern werden häufig mehr durch ihre eigenen *Erwartungen, Befürchtungen* und *Einstellungen* (antizipierte Angst ihrer Kinder, Katastrophisierung, Mißerfolgserwartung, mangelnde Kontrollerwartung) als durch die tatsächliche Angst-Schmerz-Reaktion ihrer Kinder in Streß versetzt. Dieser *selbstinduzierte Streßzustand* wirkt sich dann wieder verunsichernd und beängstigend auf die Kinder aus (Broome & Endsley, 1989; Dahlquist et al., 1994; Manne, Bakeman et al., 1992). Daraus folgt, daß während der psychologischen Prozedurvorbereitung unbedingt die Einstellungs- und Erwartungshaltungen der Eltern thematisiert und gegebenenfalls modifiziert werden sollten. Pessimistische Erwartungen sollten behutsam korrigiert und den Eltern größeres Vertrauen in die Bewältigungskompetenz ihrer Kinder vermittelt werden (z.B. anhand von Beispielen anderer Kinder des gleichen Alters, die die Prozedur bereits erfolgreich bewältigt haben).
Da fast alle Kinder (und die meisten Jugendlichen) sowie die überwiegende Mehrheit der Eltern selbst eine *Elternanwesenheit* während der Prozedur befürworten, dürfte dieses Anliegen nur mit sehr guten Gründen abgelehnt werden. Obwohl sich die Anwesenheit der Eltern bei invasiven Prozeduren nicht immer positiv auf die Situationsbewältigung der Kinder auswirkt, ist ein Ausschluß der Eltern von der Punktionssituation nach der Befundlage keineswegs gerechtfertigt. Die meisten Untersuchungsresultate und klinischen Erfahrungen sprechen, im Gegenteil, *für* eine Partizipation der Eltern am Bewältigungsgeschehen. Abgesehen von den eindeutig artikulierten Bedürfnissen ihrer Kinder, können Eltern potentiell eine wichtige Rolle in der Unterstützung ihrer Kinder übernehmen (Peterson, 1989): Sie vermitteln ihnen nicht nur soziale Unterstützung und emotionale Sicherheit, sondern können ihnen bei der Bewältigung auch ganz konkrete Hilfestellung leisten. Insbesondere kleinere Kinder im Kindergarten- bis Vorschulalter sollten nach Möglichkeit von ihren Eltern begleitet werden. Wenn eine Trennung von den Eltern unvermeidlich ist (z.B. weil diese selbst oder das Kind es wünschen), sollte sie unbedingt schon früher in der Vorphase des Eingriffes erfolgen und nicht erst unmittelbar vor der Prozedur oder im Behandlungsraum, da sich der Trennungsstreß der Kinder dann bis zum Beginn der Prozedur abbauen kann und Mitglieder des Behandlungsteams genügend Zeit haben, ersatzweise die Elternrolle zu übernehmen. Außerdem sollte dem Kind der Grund für die Abwesenheit der Eltern verständlich erklärt und ihm ihr momentaner Aufenthaltsort mitgeteilt werden. Sofern möglich, sollten die Eltern sich wenigstens in Sicht- oder Hörweite (z.B. vor der Tür des Behandlungsraumes oder an einem dem Kind bekannten Ort) aufhalten.
Eine wirksame Einbeziehung der Eltern setzt natürlich voraus, daß das *medizinische Team* auch *willens und in der Lage* ist, mit ihnen *zu kooperieren.* Die empirischen Studien offenbaren hier *informationelle* und *organisatorische Defizite*, die eine Elternpartizipation teilweise verunmöglichen. Da es nicht akzeptabel erscheint, daß Eltern aufgrund institutioneller Unzulänglichkeiten ihrer Unterstützungsfunktion für die Kinder nicht nachkommen können, müssen hier gegebenenfalls etablierte Klinikroutinen zugunsten der Patientenbedürfnisse modifiziert werden. Außerdem scheinen Ärzte und Krankenschwestern der Elternanwesenheit oft nicht positiv gegenüberzustehen. Daraus

folgt, daß u.U. neben den Betroffenen auch das Krankenhauspersonal über den potentiellen Nutzen einer Unterstützung durch die Eltern aufgeklärt und eine *klare Rollenverteilung* vorgenommen werden muß.
Trotz der meist vorhandenen grundsätzlichen Teilnahmebereitschaft sollten die Eltern zu Beginn der Vorbereitung zunächst für eine verstärkte Partizipation zusätzlich *motiviert* werden: Vor allem ihr *Kompetenz- und Kontrollbewußtsein*, d.h. ihre Überzeugung, wirksam zu einer erfolgreichen Streßbewältigung ihres Kindes beitragen zu können (vgl. Kap. 5.2.), muß häufig mit dem Ziel gestärkt werden, daß sie sich als „Experten in eigener Sache" betrachten lernen und das Feld nicht von vorneherein den „Professionellen" überlassen. Wünschenswertes Vertrauen zu Ärzten und Schwestern (hohe Compliance) darf nicht dazu führen, daß die Eltern sich als vermeintliche Laien aus dem Bewältigungsprozeß ihres Kindes heraushalten. Dementsprechend sollte ihnen zunächst die Bedeutung ihrer Unterstützungsrolle im Behandlungsgeschehen verdeutlicht werden. Um diese Rolle angemessen ausfüllen zu können, müssen die Eltern selbst vorab genau über die bevorstehende Prozedur informiert werden.
Das *spezifische Erwachsenenverhalten* hat gravierenden Einfluß auf den Umgang des Kindes mit schmerzhaften medizinischen Eingriffen, kann sich aber sowohl *bewältigungsfördernd* als auch *streßsteigernd* auswirken. Eltern ohne einschlägige Vorerfahrungen stehen den medizinischen Streßsituationen ihrer Kinder zunächst meist hilf- und ratlos gegenüber. Das spontane Unterstützungsverhalten der Erwachsenen ist dementsprechend zwar wohlmeinend intendiert, aber oft nicht sehr hilfreich (und manchmal sogar hinderlich) für das Kind. Die Erwachsenen tendieren häufig dazu, den Kindern ihre eigenen Bewältigungsstrategien aufzudrängen bzw. an sich funktionales Unterstützungsverhalten auf unrichtige Weise oder zu unpassenden Zeitpunkten einzusetzen. Die erläuterten Untersuchungsergebnisse unterstreichen, wie gewinnbringend (aber auch notwendig) es ist, den Bezugspersonen Kompetenzen zu vermitteln, mit denen sie das Bewältigungsverhalten der Kinder effektiver fördern können. Um ihren Kindern tatkräftig beistehen zu können, brauchen sie i.d.R. *klare Instruktionen und Handlungsanweisungen („Tätigkeitsbeschreibung")*. In der Regel sollte dabei das Augenmerk darauf gelegt werden, positives Erwachsenenverhalten zu verstärken, statt unangemessenes „abzutrainieren". Mit dem Repertoire an konkreten Handlungsmöglichkeiten wachsen schließlich ihr Selbstbewußtsein und ihre Kontrollüberzeugung bezüglich einer aktiven Teilnahme am Bewältigungsprozeß.
Vor Beginn des eigentlichen Trainings der Eltern ist es ratsam, sich über ihr vorhandenes Bewältigungsrepertoire zu orientieren und sie danach zu fragen, wie sie ihrem Kind beistehen möchten (Peterson et al., 1985), bevor ihnen konkrete Handlungsstrategien vermittelt werden. Aus den dargestellten empirischen Befunden lassen sich aufgrund der komplexen Moderatoreinflüsse zwar keine „Patentrezepte" für ein optimales Unterstützungsverhalten der Erwachsenen ableiten, aber doch einige Maximen für tendenziell förderliche vs. hinderliche Handlungsweisen:

- Eindeutig *negative* und *streßinduzierende* Verhaltensweisen (anschreien, drohen, kritisieren, abwerten, bedrohliche Mimik, Nichtbeachtung, abgewandte oder starre Körperhaltung etc.) sollten grundsätzlich vermieden werden.
- Die Erwachsenen sollten sich bemühen, sich selbst zu beruhigen und möglichst *wenig Aufgeregtheit, Hektik und Nervosität* zeigen.

- Auch *verbale Beruhigungsversuche, Rechtfertigungen, übertriebene Empathiebekundungen* und *überbehütende Interaktionsmuster* sollten während des Eingriffes nach Möglichkeit vermieden werden.
- Über den gesamten Prozedurzeitraum sollten die Eltern den Kindern eine *emotional unterstützende und akzeptierende Haltung* vermitteln (d.h. Blickkontakt und körperliche Zugewandtheit; Körperkontakt, aufmerksames Zuhören und Beantworten von Fragen etc.).
- *Informationsvermittlung* und *prozedurale Erklärungen* sollten bei aufgeregten Kindern *vor* dem eigentlichen Eingriff (bis spätestens Phase 1) erfolgen, nicht während der Prozedur. Bei zu Beginn gelasseneren Kindern sind viele prozedurale Informationen in Phase 1 kontraindiziert, können ihnen aber während der Punktion helfen.
- Die Erwachsenen untereinander sollten sich in einer für das Kind *verständlichen Sprache und Lautstärke* unterhalten und nicht flüstern, tuscheln, heimlich gestikulieren oder mit Fremdworten (Fachjargon) kommunizieren.
- *Kontrollübergabe an das Kind* ist nur bedingt indiziert (z.B. in Form von Mitbestimmung über situative Teilaspekte, die den prozeduralen Ablauf nicht behindert); *zuviel* Kontrollübernahme durch das Kind (z.B. über den Ablauf der Prozedur), die das Risiko negativer Verstärkung durch Vermeidung und Flucht beinhaltet, sollte vermieden werden. Dies gilt nicht mehr für Jugendliche, deren Bewältigungsfähigkeiten durch ein Maximum an Kontrollmöglichkeiten optimiert werden.
- Primär in Phase 1 und Phase 3 ist ein *dialogischer Einsatz von Humor* spannungslösend und streßvermindernd. Ein humorvoller Umgang mit dem Kind setzt allerdings Fingerspitzengefühl voraus (insbesondere während des Eingriffes): Das Kind muß grundsätzlich einbezogen werden und darf niemals den Eindruck bekommen, daß sich die Erwachsenen über es lustig machen.
- *Konkrete Bewältigungsinstruktionen* (z.B. Atemanleitung, „*party-blower*") sollten in erster Linie während des Eingriffes (Phase 2) angewendet und nicht nur verbal („Kommandos"), sondern dialogisch und durch Modellverhalten vermittelt werden. Sehr aufgeregte Kinder profitieren allerdings mehr von einer Bewältigungsanleitung schon zu Phase 1.
- *Aktive Aufmerksamkeitsablenkung* eignet sich in allen Phasen des Eingriffes zur Streßreduktion. Sie sollte allerdings prozedur- und phasenspezifisch (z.B. ablenkende Gespräche vor, visuelle Ablenkung während und Vorlesen nach der Prozedur) abgestimmt werden.

Erwachsene tendieren dazu, auf bereits *erfolgreich* bewältigende Kinder mit *copingförderlichem* und auf *weniger erfolgreiche* mit *streßinduzierendem* Verhalten zu reagieren (Blount et al., 1994; Lumley et al., 1990). Diese scheinbar paradoxe Umgangsweise mit unterschiedlich guten Bewältigern legt nahe, Eltern, Ärzte und Schwestern gezielter im Umgang mit dysfunktionalen Verhaltensweisen des Kindes zu trainieren bzw. auf erfolglose Bewältigungsstrategien vorzubereiten. Da gerade die weniger erfolgreichen Kinder besonderer Unterstützung bedürfen, sollten die Erwachsenen speziell für diese Problemfälle sensibilisiert und zu deren Unterstützung angeleitet werden (Siegel & Smith, 1991).

Die Vorbereitung sollte die Kinder darüber hinaus mit dem für sie vielleicht ungewohnten Unterstützungsverhalten ihrer Eltern vertraut machen (z.B. durch gemeinsames Üben im Rollenspiel). Dabei sollte an das bestehende Bewältigungsrepertoire des Kin-

des angeknüpft und dieses darin angeleitet werden, wie es das unterstützende Erwachsenenverhalten am besten nutzen und Hilfestellungen nutzen kann.
Da sowohl Eltern als auch das *Behandlungsteam* die Kinder in vergleichbarer Weise und mit ähnlichem Erfolg unterstützen können, ist es möglich, daß Ärzte und Schwestern die supportive Rolle der Eltern übernehmen, wenn diese dazu nicht bereit oder in der Lage sind. Ideal wäre es, beide Personengruppen gemeinsam in die Vorbereitung einzubeziehen, zumal sie sich in ihrem Unterstützungspotential gegenseitig befruchten können (synergetische Effekte; vgl. Frank et al., 1995). Kinder stellen dabei aber andere Anforderungen an das Verhalten des Arztes als an das ihrer Eltern (Dahlquist et al., 1995). Der Arzt und die Schwestern sollten vor allem eine ruhige, verständnisvoll-akzeptierende und fachlich-technisch kompetente Haltung vermitteln. Während eines kombinierten Vorbereitungstrainings für Eltern bzw. Behandlungsteam und Kinder sollte regelmäßig überprüft werden, inwieweit die vermittelten Bewältigungs- und Unterstützungsfertigkeiten wirklich rezipiert worden sind und angewendet werden können.

7. Vorbereitung von Kindern auf invasive medizinische Prozeduren

Das *Hauptziel* der Vorbereitungsbemühungen und Interventionen für Kinder bei streßhaften medizinischen Eingriffen besteht darin, die Prozedur für das Kind und seine Eltern möglichst wenig unangenehm zu gestalten. Im einzelnen sollen

- das Schmerzempfinden des Kindes reduziert,
- sein Angst- und Streßniveau herabgesetzt,
- dadurch Traumatisierungen (Angst vor dem nächsten Eingriff)
- und psychische (Spät-)beeinträchtigungen (z.B. generalisierte Ängste) verhindert,
- das Komplikationsrisiko bei der technischen Durchführung der Prozedur (aufgrund von motorischem Widerstand, Zappeln etc.) vermindert
- und eine Verängstigung bzw. Verunsicherung der anwesenden Eltern verhindert und deren weitere Kooperationsbereitschaft (Compliance) erhalten werden.

Zur Erreichung dieser Ziele bieten sich zwei prinzipielle Zugänge an: P*sychologische* oder *pharmakologische Vorbereitungsmaßnahmen.* Die Frage der *differentiellen Indikation* (psychologische vs. medikamentöse Intervention) wird kontrovers diskutiert, klare Entscheidungskriterien liegen bislang nicht vor. Zur genaueren Klärung des Indikationsproblems sollen im folgenden die gebräuchlichen pharmakologischen Behandlungsmethoden kurz zusammengefaßt werden, bevor die verhaltensmedizinischen Interventionsverfahren einschließlich der vorliegenden Evaluationsresultate dargestellt werden. Auf dieser Grundlage werden Vor- und Nachteile der verschiedenen Verfahren diskutiert.

7.1. *Medizinisch-pharmakologische Vorbereitungsmaßnahmen*

Die *pharmakologischen Interventionsmöglichkeiten* umfassen Maßnahmen zur Analgesie, (Lokal-)Anästhesie, Sedierung und in Einzelfällen Vollnarkose (vgl. z.B. Berde, Sethna, Masek, Fosburg & Rocklin, 1989, Bogetz, 1989; Klein, 1992; Richtsmeier, Barkin & Alexander, 1992; Schechter et al., 1986; Zeltzer, Jay & Fisher, 1989), die in der Regel den Einsatz folgender Medikationen beinhalten[1]:

- Zentral wirkenden Analgetika (Opioide, z.B. Pethidin = *Dolantin*®),
- Hypnotika/Sedativa (Benzodizepine, z.B. Midazolam = *Dormicum*®),
- Transkutane (invasive) Lokalanästhesie (z.B. *Lidocain, Xilocain, Scandicain*),
- Perkutane (noninvasive) Lokalanästhesie (z.B. Lidocain-Prilocain-Emulsion = *EMLA*®).

Pädiatrische Kliniken oder Abteilungen in Deutschland kombinieren bei invasiven medizinischen Prozeduren häufig Hypnotika (Midazolam = *Dormicum*®) mit starken zentralen Analgetika (Opioide, z.B. Pethidin = *Dolantin*®) und/oder Lokalanästhetika

[1] Zu den biochemisch-physiologischen Wirkmechanismen vgl. Kap. 3.1.

(Lidocain-Injektion; Lidocain-Salbe, z.B. *EMLA*®). In manchen Kliniken werden die initiale diagnostische Lumbal- und Knochenmarkpunktion gemeinsam unter Vollnarkose durchgeführt.

7.1.1. Midazolam (*Dormicum*®)

Midazolam ist ein Benzodiazepinderivat (Imidazobenzodiazepin) aus der Stoff- und Indikationsgruppe der Hypnotika/Sedativa und wird vornehmlich zur Sedation in der Prämedikation bei diagnostischen und operativen Eingriffen angewandt. Der biochemische Wirkmechanismus basiert auf einer Verstärkung prä- und postsynaptischer inhibitorischer Übertragungsmechanismen. Die pharmakologische Wirkung ist nach Herstellerangaben schlafanstoßend, anxiolytisch, muskelrelaxierend und antikonvulsiv. Zudem soll durch Midazolam die streßbedingte Ausschüttung von Katecholaminen (Noradrenalin und Adrenalin) verhindert werden. Aufgrund dieses Wirkprofiles ist eine Midazolam-Applikation (meist als intravenöse Injektion) insbesondere zur pharmakologischen Vorbereitung auf invasive medizinische Prozeduren bei Kindern weit verbreitet. Der Hersteller von *Dormicum*®(*Hoffmann-La-Roche*) weist darauf hin, daß die Wirksamkeit und Unbedenklichkeit bei Kindern unter 18 Jahren bisher bei parenteraler Verabreichung nicht ausreichend untersucht worden ist. Nach intravenöser Applikation wurden (bei Erwachsenen) folgende *Nebenwirkungen* beobachtet (vgl. Kasten 7-1):

Kasten 7-1: ***Nebenwirkungen von Midazolam nach Herstellerangaben.***

- Fluktuation in den Vitalfunktionen (Abnahme des Atemzugsvolumens und/oder der Atemfrequenz: 23,3 %, Atemstillstand: 15,4%), Blutdruckschwankungen und Pulsveränderung,
- Vegetative Reaktionen (Übelkeit: 2,8%, Erbrechen: 2,6%, Hustenreiz: 1,3%, starke Sedation: 1,6%, Kopfschmerzen: 1,5%, Schläfrigkeit: 1,2%),
- lokale Begleiterscheinungen (Empfindlichkeit, Rötung, Verhärtung, Venenentzündung),
- paradoxe Reaktionen (Erregung statt Beruhigung, Hyperventilation, manische Reaktionen, Schlaflosigkeit, Angst- und Unruhezustände, Muskelkrämpfe und Bronchospasmen, Schluckauf, Somnambulismus).

Das schon in Durchschnittsdosierung bei Erwachsenen relativ hohe Risiko einer *Atemdepression* (15,4%) und daraus resultierendem Herzstillstand (vgl. Forster, 1979) steigt bei hochdosierter Anwendung (> 0,1 mg/kg), wie sie zur Erreichung des amnestischen Effektes notwendig ist (0,15-0,2 mg/kg), noch einmal erheblich an. Der Hersteller warnt zudem ausdrücklich davor, daß bei gleichzeitiger Verabreichung von Opioid-Analgetika das Risiko einer Atemdepression besonders hoch ist und fordert eine postprozedurale Überwachung der Patienten und die Bereitstellung einer Notfallbereitschaft.

Benzodiazepine im allgemeinen und Midazolam im besonderen (vgl. Forrest, Galletly & Yee, 1987; Lanz, Schäfer & Brünisholz, 1987; Hennessy, Kirkby & Montgomery, 1991) besitzen einen wirkstoffimmanenten Begleiteffekt, der für die Prämedikation bei streß- oder schmerzhaften Eingriffen gezielt genutzt wird: Die Erzeugung einer *anterograden Amnesie*, die nach Intensität und Dauer dosisabhängig zunimmt. Dabei wird intendiert, daß der Patient den Eingriff zwar bei vollem Bewußtsein erlebt und dabei ggfs. (z.B. nach Rückmeldung über den Verlauf, hinweisgebende besondere Sensationen etc.) befragt oder instruiert werden kann, sich hinterher aber nicht an das beängstigende Ereignis erinnert. Insbesondere beim Einsatz in der Pädiatrie soll dadurch eine Traumatisierung der Patienten verhindert und sichergestellt werden, daß sie vor der darauffolgenden

Prozedur nicht mit Panik reagieren. Der psychophysiologische Wirkmechanismus der anterograden Amnesie besteht vermutlich darin, daß die Übernahme von Speicherinhalten vom Kurzzeit- auf das Langzeitgedächtnis gestört wird (vgl. Abschnitt 4.2.7.).
Die *amnestische Wirkung* von Midazolam wurde in einer Anzahl von kontrollierten Doppelblindstudien an Erwachsenen überprüft. Dosisabhängig wurde bei intravenöser Applikation eine anterograde Amnesie bei 20% (7,5 mg) bis 80 % (15 mg) der Patienten festgestellt (Lanz, Schäfer & Brünisholz, 1987; Luyk, Boyle & Ward-Booth, 1987; Reitan, Porter & Braunstein, 1986; Forrest et al., 1987). Der amnestische Haupteffekt tritt nach einer Latenzzeit von zwei bis drei Minuten ein, erreicht nach drei bis fünf Minuten sein Maximum (Dundee & Wilson, 1980) und klingt nach 20-90 Minuten wieder ab (Miller, Bullard & Patrissi, 1989; Persson, Nilsson & Hartwig, 1988). Die pharmakokinetische Halbwertszeit von Midazolam und seiner Metaboliten beträgt zwei bis fünf Stunden. Amnestische Ausfälle sind aber noch ein bis zehn zehn Stunden später nachweisbar (Khanderia & Pandit, 1987). Entsprechende kontrollierte Studien an Kindern liegen noch nicht vor. Erste klinische Beobachtungen deuten aber darauf hin, daß die dosisbezogene amnestische Reaktion bei Kindern eine besonders große Variationsbreite aufweist (Bianchine, Tuzel & Miller, 1985). Der amnestische Effekt fällt interindividuell, inhalts- und situationsbezogen sehr differentiell aus:

- Die Reproduktionsleistungen sind durchgängig durch eine *hohe interindividuelle Schwankungsbreite* gekennzeichnet (Borbély, Schläpfer & Trachsel, 1988; Hennessy et al., 1991);
- für einige *spezifische Gedächtnisleistungen* (taktiles Erinnern, Wortassoziation, mentale Kontrolle, logisches Gedächtnis, visuelle Reproduktion, modalitätsbezogene selektive Beeinträchtigungen) sind *keine* signifikanten Effekte nachzuweisen (Hennessy et al., 1991);
- *reale Ereignisse* können signifikant besser erinnert werden als artifizielle Gedächtnisaufgaben (O'Boyle et al.,1987);
- die Erinnerungsfähigkeit für Speicherinhalte, die *vor* der Midazolameinnahme gelernt worden waren, sind nicht beeinträchtigt (kein retrograder amnestischer Effekt), bei höherer Dosierung sogar tendenziell verbessert (Borbély et al., 1988);
- ein signifikanter amnestischer Effekt im direkten Anschluß an die Lernaufgabe tritt vor allem bei *hoher Dosierung* (15mg) auf, der sich nach einigen Stunden sogar noch verstärkt (Borbély et al., 1988).

7.1.2. Opioide (Pethidin = *Dolantin*®)

Zur Schmerzreduktion bei invasiven medizinischen Prozeduren wie Lumbalpunktionen werden häufig zentral wirkende Analgetika, d.h. Opioide (z.B. Pethidin = *Dolantin*®), verabreicht. Die analgetische Wirkung der opioiden Substanzen basiert auf ihrer Bindung an spezifische Opiatrezeptoren, die in unterschiedlicher Dichte im gesamten Zentralnervensystem sowie in der Körperperipherie lokalisiert sind. Dadurch wird die Schmerzleitung beeinflußt und die Schmerzschwelle angehoben (vgl. Abschnitt 3.1.6.). Weiterte zentralnervöse Wirkungen sind: Sedierung und herabgesetzte Vigilanz, Euphorie oder dysphorische Zustände und Müdigkeit bis Lethargie.
Pethidin gehört zu der Gruppe der gering potenten Opioidagonisten (Wirkungsstärke 1/8 in bezug auf die konventionelle Referenzgröße Morphium). Eine *Indikation* für Opioide

besteht prinzipiell bei allen Schmerzzuständen, die mit schwächeren Analgetika nicht ausreichend zu behandeln sind (vgl. WHO-Stufenschema; Strumpf & Zenz, 1993). Im Falle akuter Schmerzen gelten vor allem parenteral zu applizierende Präparate mit mäßig langer Wirkdauer (2-3 Std.) als indiziert (vgl. Sorge, 1993). Eine eindeutige *Kontraindikation* besteht für Neugeborene und Säuglinge, deren entwicklungsneurophysiologischer Reifezustand ein zu hohes Komlikationsrisiko bedingt.
Dosisabhängig können folgende *Nebenwirkungen* auftreten: Tachykardie, Sehstörungen, Übelkeit und Erbrechen, Müdigkeit, Verwirrtheitszustände, Lethargie, Mundtrockenheit, Schwitzen, Schwindel, Juckreiz. Besonders bedeutsam ist die erhöhte Gefahr einer starken und u.U. letalen *Atemdepression*, wie sie regelmäßig bei allen Opioiden in äquianalgetischen Dosen vorkommen können. Rhythmus und Periodizität der Spontanatmung werden durch das zentrale Atemregulationszentrum gesteuert, dessen Aktivität wiederum vornehmlich durch biochemische Mediatoren bestimmt wird. Opioide setzen die Reagibilität der durch diese Transmitter erregbaren Chemorezeptoren herab („*down-regulation*“) und bewirken dadurch eine Reduktion der Atemfrequenz und des Atemzugsvolumens. Ein besonderes Risiko für Atemdepression bis hin zum Atemstillstand besteht bei der zusätzlichen Anwendung sedierender Maßnahmen (Lehmann, 1994). Die potentielle Gefahr einer *psychischen Abhängigkeit* nach wiederholter Gabe von Opioiden bei Schmerzpatienten wird im allgemeinen als gering angesehen. Die Dauertherapie bei chronischen Schmerzzuständen erfolgt nach festen Zeittakten (konstanter Plasmaspiegel), die eine schmerzbedingte Appetenzentwicklung verhindern sollen. Vor allem bei oral applizierten Opioiden mit langer Wirkdauer wird nicht der schnelle Konzentrationsanstieg im Gehirn erreicht, der für den suchterzeugenden psychotropen Effekt verantwortlich gemacht wird (Sorge, 1993). Im Fall parenteral verabreichter Opioide kurzzeitiger Wirkdauer im Rahmen der Schmerzbehandlung bei invasiven Eingriffen ist ein solcher Effekt allerdings nicht auszuschließen.

7.1.3. Transkutane Lokalanästhesie (Infiltrationsanästhesie)

Lokalanästhesie ist die reversible, auf begrenzte Körperbezirke beschränkte Ausschaltung der Schmerzsensibilität mittels pharmakologischer Blockierung der nervalen Impulsübertragung bei vollständiger Erhaltung des Wachbewußtseins. Bei der transkutanen Infiltrationsanästhesie wird die lokalanästhetische Substanz durch die Epidermis in das subkutane Gewebe injiziert (*invasive* Applikation). Dabei werden in Abhängigkeit von der Injektionstiefe die Nozizeptoren bzw. Nervenfasern in Haut-, Binde- und Muskelgewebe erreicht und die lokale peripher-nervöse Reizleitung durch den Wirkstoff blockiert (Lehmann, 1994; Hellenbrecht, 1991). Nach der transkutanen Injektion wird das Lokalanästhetikum in den systemischen Kreislauf des Organismus resorbiert, wo die Konzentration im Plasmaspiegel je nach Applikationsort nach fünf bis 25 Minuten einen Höhepunkt erreicht und in der Folge schrittweise metabolisiert wird.
Die pharmakologischen *Nebenwirkungen* beziehen sich auf: Überempfindlichkeitsreaktionen, das Überschreiten eines kritischen Grenzwertes im Blutplasmaspiegel (systemische Intoxikation) und lokale Irritationen am Applikationsort. Die Lokalanästhetika-Konzentration im Blut und damit das Risiko einer systemischen Intoxikation ist abhängig von der Potenz der pharmakologischen Substanz, der Dosierung, dem Applikationsort und der Resorptionsgeschwindigkeit. Die Gefahr einer toxischen Konzentration im Plasma besteht vor allem, wenn die Substanz versehentlich direkt in das venöse oder

aterielle System appliziert oder erheblich überdosiert verabreicht wird. Ein Überdosierungsrisiko besteht darüber hinaus bei Funktionsbeeinträchtigung der Abbauwege (Nieren- und Leberinsuffizienz) sowie bei erheblich reduziertem Allgemeinstatus, wie bei Leukämieerkrankungen nicht selten zu beobachten. Die Symptome einer Überdosierung oder Überempfindlichkeitsreaktion beginnen zunächst unspezifisch (Herzklopfen, Pulsanstieg, Blutdruckveränderung, metallischer Geschmack im Mund), gehen über zu vegetativen (Übelkeit, Schwindel, Sedierung) und zentralnervösen Störungen (Seh- und Hörstörungen, Taubheitsgefühl und Parästhesie, Aphasie) bis hin zu kardiovaskulären und vitalen Ausfällen (Bewußtlosigkeit, Atem- und Herzstillstand). Dabei ist zu beachten, daß präverbale bzw. stark sedierte Kinder nicht hinreichend über die Symptome auftretender Komplikationen kommunizieren können. Bei Säuglingen und Kleinkindern können zentralnervöse Ausfälle mit Schmerz- oder Angstäußerungen interferieren und somit unerkannt bleiben (Berde, 1993). Zur Beherrschung ernsterer Komplikationen sind notfallmedizinische Voraussetzungen bis hin zur Reanimationsmöglichkeit zu gewährleisten. „*Die Applikation einer Lokalanästhesie ist deshalb - sofern sie über eine topische Anwendung hinausgeht - kein Verfahren für die periphere Station, sondern setzt einige Übung und Erfahrung voraus, und kann nicht mit der enteralen oder parenteralen Analgetikagabe gleichgesetzt werden*“ (Reinhold & Zander, 1993, S. 175).

7.1.4. Perkutane Lokalanästhesie (*Lidocain-Prilokain-Salbe = EMLA®*)

Die perkutane Anästhesie mittels lokalanästhetischer Salbe stellt eine Sonderform der Lokalanästhesie dar, da sie im Gegensatz zur einfachen Oberflächenanästhesie tiefenwirksam ist, aber im Vergleich zur bisherigen Verfahren der Infiltrationsanästhesie noninvasiv erfolgt. Für eine klinisch wirksame Anästhesie muß das Lokalanästhetikum in ausreichender Konzentration durch die intakte Epidermis diffundieren, darf aber gleichzeitig nicht so hoch konzentriert sein, daß lokale Irritationen entstehen. Eine reine Lidocain-Emulsion erreicht höchstens eine tiefenwirksame Basenkonzentration von 20%. Durch die Kombination von Lidocain mit Prilocain in einer Öl-in-Wasser-Emulsion konnte erstmals eine eutektische Mischung (*EMLA®*-Salbe = „*Eutectic Mixture of Local Anesthetics*“) mit basischem ph-Wert und niedrigem Schmelzpunkt (18°) hergestellt werden, deren zur perkutanen Diffusion notwendige hohe Basenkonzentration mit 80% für eine klinisch suffiziente Lokalanästhesie ausreicht. Die *EMLA®*-Creme wird nach dem Aufstreichen mit einem Okklusionspflaster abgeklebt. Die Applikationszeit beträgt je nach Indikation und Lokalisation zwischen 30 min und mehreren Stunden, zur Vorbereitung auf Lumbalpunktionen ca. eine Stunde, die Wirkdauer beträgt vier bis fünf Stunden. Die Absorption der beiden Wirstoffe ist bedingt durch Wirkstoffmenge, Applikationszeit und Applikationsort. Die nach dem Wirkzeitraum gemessene Konzentration der lokalanästhetischen Substanzen im Blutplasma liegt sowohl bei Erwachsenen (Evers, Dardel, Juhlin, Ohlson & Vinnars, 1985; Ohlson, Engelsson & Evers, 1985) als auch bei Säuglingen (Engberg, Danielson, Henneberg & Nielson, 1987) und Kleinkindern (vgl. Steward, 1993) weit unterhalb der Toxizitätsschwelle. Auch die lokalen Nebenwirkungen bleiben banal (vgl. Wagner, 1993; Buckley & Benfield, 1993).

In placebo-kontrollierten, randomisierten Doppelblindstudien konnte die *anästhetische Effektivität* von *EMLA®* bei Kindern aller Altersstufen im Kontext verschiedener Eingriffe (vor allem bei Venenpunktionen) und Erkrankungen nachgewiesen werden (Buckley & Benfield, 1993; Joyce,1993; Koren, 1993; Lee & Forrester, 1992; Miser,

Goh, Dose, O'Fallon, Niedringhaus, Betcher, Simmons, MacKellar, Arnold & Loprinzi, 1994; Steward, 1993; Wagner & Mensing, 1989). Halperin, Koren und Attias (1989) untersuchten die anästhetische Effektivität von *EMLA*® an über fünfjährigen krebskranken Kindern bei *Venen- und Lumbalpunktionen*. Die Kinder schätzten ihre Schmerzen anhand einer zehnstufigen visuellen Analogskala (VAS) ein. Bei Lumbalpunktionen lag der Mittelwert für die *EMLA*®-Gruppe bei 1.9 (± 1.9; $p<.01$) im Vergleich zur Placebogruppe, die Schmerzintensitäten von 5.6 (± 3.0; $p<.01$) angaben. Kapelushnik, Koren, Solh, Greenberg, DeVeber et al. (1990) untersuchten ebenfalls die schmerzstillende Wirkung von *EMLA*® bei Lumbalpunktionen an fünf bis 15-jährigen Kindern. Die mittleren Schmerzintensitäten auf einer 5-Punkte-Analogskala lagen für die *EMLA*®-Gruppe bei 1.66 und für die Kontrollgruppe bei 2.55 ($p<.0005$). Eine weitere Doppelblindstudie der gleichen Forschergruppe an vier- bis elfjährigen Kindern unter *Lumbalpunktionen* brachte ähnliche Ergebnisse mittels drei unabhängiger Erhebungsmaße: Bei der Selbsteinschätzung der Kinder (Visuelle Analogskala) lagen die Schmerzintensitäten der Experimentalgruppe bei 2.0, die der Kontrollgruppe bei 3.1 ($p = .05$); das Rating durch die Krankenschwestern erbrachte ein Verhältnis von 2.7 zu 3.7 ($p<.05$); die Analyse des nonverbalen Ausdrucks mittlere Schmerzintensitäten von 2.9 zu 3.8 (nichtsignifikant).

7.1.5. Diskussion

Im Verhältnis zum Schweregrad und der Dauer des Eingriffes scheint das generelle Komplikations- und Nebenwirkungsrisiko der zur Vorbereitung eingesetzten Analgetika und Sedativa z.T. unvertretbar hoch. In der klinisch-pädiatrischen Praxis wird zur Prämedikation bei invasiven Eingriffen sehr häufig gerade die besonders risikobehaftete Kombination von Midazolam in hochdosierter Form und dem zentral-analgetischen Opioid Pethidin (*Dolantin*®) verabreicht, obwohl die pädiatrisch-onkologischen Abteilungen in der Regel für notfallmedizinische Gegenmaßnahmen bei lebensdrohlichen Atmungskomplikation apparativ nicht ausreichend ausgestattet sind.

Das *Mißbrauchs- und Abhängigkeitsrisiko bei dem Einsatz von Opioiden* in der Schmerztherapie wird allgemein als gering erachtet. Nach vorherrschender medizinischer Auffassung hat eine effiziente Schmerztherapie, insbesondere bei kurzzeitigen akuten Schmerzzuständen (wie postoperativen Schmerzen, akuten Traumen), Priorität vor der Sorge einer *Abhängigkeitsentwicklung* (Keup, 1988). Andererseits ist aus psychologischer Sicht auf die potentielle Gefahr einer Mißbrauchsentwicklung gerade bei älteren Kindern und Jugendlichen hinzuweisen. Erfahrungen mit euphorisierenden Substanzen könnte zur Entwicklung von Einstellungsmustern beitragen, die in späteren Lebenssituationen die Hemmschwelle zum Substanzmißbrauch herabsetzen. Kasuistische Beobachtungen deuten durchaus darauf hin, daß Kinder ab etwa zwölf Jahren und Jugendliche wegen der euphorisierenden Wirkung nach Pethidin verlangen, obwohl sie die Lumbalpunktion auch ohne besondere Angst- oder Streßzustände überstanden hatten. In Einzelfällen formulieren ältere Kinder explizit ihren Wunsch nach dem psychotropen Zustand im Zusammenhang mit der „Traumspritze" oder sehen der nächsten Lumbalpunktion deswegen sogar mit Vorfreude entgegen. Daher wäre zu fordern, daß unter Berücksichtigung der erwarteten Schmerzintensität und individuellen Schmerztoleranz (bzw. weiterer Risikofaktoren für ein Abhängigkeitsproblem), Opioide möglichst restriktiv und nur unter sorgfältiger Abwägung des Nutzen-Risiko-Verhältnisses zu verwenden.

Die Resultate zum *amnestischen Effekt von Midazolam* legen folgende Schlußfolgerungen nahe:

1. Die anterograd-amnestische Wirkung von Midazolam unterliegt großen interindividuellen Schwankungen und ist somit nicht sicher vorhersagbar. Offensichtlich wird bei einigen Personen überhaupt keine bzw. nur eine sehr begrenzte anterograde Amnesie hervorgerufen. Welche intrapersonalen Faktoren für diese interindividuelle Differentialität verantwortlich sind, ist bislang ungeklärt. Über (entwicklungs-)spezifische amnestische Wirkweisen bei Kindern liegen überhaupt keine Untersuchungen vor.
2. Die Erinnerungsfähigkeit für Erlebnisse *direkt vor* der Medikation ist unbeeinträchtigt oder sogar gesteigert. Dies bedeutet für die Prämedikation vor streßhaften medizinischen Eingriffen, daß die eigentliche Durchführung der Prozedur nicht mehr reproduzierbar ist (keine Erinnerung an Details der Situation), der angst- und streßgeprägte psychophysiologische Zustand unmittelbar vor dem Eingriff (bis 2-3 Minuten nach der intravenösen Applikation) aber im Gedächtnis besonders deutlich haften bleibt. Dies könnte eine Erklärung für die paradox scheinende klinische Beobachtung sein, daß Kinder auf retrospektive Fragen meistens keine konkreten Situationselemente des medizinischen Eingriffes (einschließlich des Schmerzerlebens) reproduzieren können, dennoch aber entgegen der logischen Erwartung vor der nächsten Punktion vergleichbar hohe Angstwerte aufweisen wie Kinder, die kein gedächtnisblokkierendes Medikament erhalten hatten (vgl. Hildebrand, 1994).

Der Gebrauch von *Dormicum*® hat aus psychologischer Perspektive einige zusätzliche gravierende *Nachteile*:

- Es können eine Reihe von *Nebenwirkungen* und *paradoxen Effekten* auftreten, die dem intendierten Ziel (Sedierung und Anxiolyse) zuwiderlaufen. Statt einer beruhigenden Wirkung kann eine Erregungssteigerung bewirkt werden (*paradoxe Reaktion*). Unbekannte oder unerwartete vegetative oder kardiovaskuläre Nebenwirkungen (z.B. Übelkeit, Schläfrigkeit, Herzklopfen) können die Kinder zusätzlich verängstigen.
- Das Eintreten einer anterograden Amnesie ist *nicht garantiert* und zeitlich schwer steuerbar. Wird der Kliniker durch die erwartete Medikamentenwirkung dazu verleitet, dem Kind vermehrt Streß zuzumuten, „weil es anschließend ja sowieso nichts mehr davon weiß", kann eine besonders starke Traumatisierung entstehen, wenn das Medikament wider Erwarten nicht oder nur unzureichend wirkt.
- Umgekehrt kann auch das Eintreten einer vollständigen amnestischen Wirkung in bezug auf die Behandlungssituation für das Kind sehr unangenehm sein, weil es einen eklatanten kognitiven *Kontrollverlust* bedeutet. Besteht für einen bestimmten Zeitraum eine bleibende Gedächtnislücke, kann dies das Kind verunsichern („die haben mir was aus dem Kopf geklaut") oder infantile Befürchtungen wecken („was haben die da mit mir gemacht, das muß etwas ganz Furchtbares gewesen sein").
- Dem Kind wird u.U. die Erfahrung einer *positiven Streßbewältigung vorenthalten*, die seine Selbstwirksamkeit, seine Therapiemotivation und seine Compliance zu stärken in der Lage wäre.
- Der Einsatz von Midazolam in amnestisch wirksamer Dosierung bedingt eine relativ *lange Erholungszeit* von ca. zwei bis vier Stunden nach der Medikation bis das Kind

wieder ein normales Vigilanzniveau erreicht. Dies steht in keinem Verhältnis zur Dauer der Lumbalpunktion (5-15 Minuten), auf die mit der Sedierung vorbereitet werden soll.

Abgesehen von den beschriebenen Nebenwirkungs- und Komplikationsrisiken besitzt eine *transkutane Lokalanästhesie* („Zwei-Pieks-Verfahren“) durch Injektion von Lidocain durch die Haut („Quaddel“-Technik) zur Vorbereitung auf Lumbalpunktionen zwei wesentliche *Nachteile*:

1. Sie stellt ihrerseits eine invasive Prozedur dar und evoziert verschiedene Schmerzsensationen: Zum einen entsteht ein mehrfacher Einstichschmerz bei der Quaddel-Injektion und dem Verschieben der Nadel innerhalb eines begrenzten Gewebebezirks, zum anderen wird im subkutanen Gewebe während der Injektion zunächst ein *brennender Schmerz* aufgrund des sauren PH-Wertes der Injektionslösung sowie ein *Druckschmerz* durch das injizierte Flüssigkeitsvolumen verursacht.
2. In der pädiatrisch-onkologischen Behandlung dienen Lumbalpunktion (neben der Entnahme von liquor cerebrospinalis zu diagnostischen Zwecken) der intrathekalen Applikation von Zytostatika. Da diese Substanzen nicht nur die entarteten, sondern auch gesunde Zellen angreifen, dürfen sie nicht in gesundes Gewebe injiziert werden. Wird das Zytostatikum dennoch versehentlich fehlappliziert, werden normalerweise brennende Schmerzreize ausgelöst, die das Kind dem Arzt sofort anzeigt. Unter vollständiger Anästhesie dieses Bereiches werden die entsprechenden Warnsignale ausgeschaltet und Fehlapplikationen unter Umständen nicht bemerkt.

Die *perkutane Anästhesie mittels topisch applizierter lokalanästhesierender Salbe* stellt eine wirksame und vollkommen schmerzfreie Alternative zum Zweck der Betäubung einer begrenzten Hautfläche dar, um den Einstichschmerz bei Lumbalpunktionen zu mildern. Lediglich die relativ lange Applikationszeit von einer Stunde scheint von Nachteil. Anderseits erfordert die Klinikroutine in der Regel längere Wartezeiten von der Anmeldung bis zur Durchführung der Punktion während der sich das *EMLA*®-Pflaster problemlos kleben läßt. Treten keine utilisierbaren Wartezeiten auf, läßt sich das Prozedere normalerweise durch kleine Veränderungen der Stationsroutine leicht integrieren (vgl. Koren, 1993). Notfalls können kürzere Applikationszeiten in Kauf genommen werden, da eine wirksame Anästhesie u.U. schon nach wesentlich kürzerer Einwirkungszeit (ca. 20 min) eintritt (Dohlwitz & Uppfeldt, 1985). Die relativ lange Wirkdauer von drei bis vier Stunden läßt umgekehrt problemlos eine zeitliche Verschiebung des Eingriffes zu, ohne daß zwischendurch nachdosiert werden müßte.

7.2. *Verhaltensmedizinische Interventionen zur Angst- und Schmerzreduktion bei invasiven medizinischen Prozeduren*

Während der letzten 20 Jahre wurde eine Vielzahl von verhaltensmedizinischen Interventionsverfahren zur Angst- und Schmerzbehandlung von Kindern bei *invasiven* oder anderweitig *belastenden medizinischen Eingriffen und Behandlungsmaßnahmen* entwickelt. Da eine ausführliche Darstellung des Spektrums der in diesem Kontext eingesetzten verhaltensmedizinischen Interventionsverfahren bereits an anderer Stelle erfolgt ist (vgl. Mühlig & Petermann, 1994; Petermann et al., 1994), sollen sie hier im folgenden zum besseren Verständnis nur kurz skizziert werden. Anschließend sollen die Ergebnisse der empirischen Evaluationsforschung zur psychologischen Vorbereitung auf medizinische Stressoren (Operationen, invasive Prozeduren, Zahnbehandlungen etc.) bei Kindern zunächst in einer *narrativen Übersicht* dargestellt, *tabellarisch* zusammengefaßt und schließlich durch die Heranziehung einschlägiger *meta-analytischer Auswertungen* genauer analysiert werden. Um die empirischen Resultate stringenter auf den Anwendungsbereich „invasiver Prozeduren" beziehen zu können, soll die relativ geringe Anzahl themenspezifischer Evaluationsstudien in einer *eigenen Meta-Analyse* noch einmal separat ausgewertet werden. Abschließend werden aus dem Gesamt des empirischen Erkenntnisstandes relevante Schlußfolgerungen für die klinische Vorbereitungspraxis abgeleitet.

7.2.1. Verhaltensmedizinische Interventionsverfahren zur Vorbereitung von Kindern auf invasive Prozeduren in der Übersicht

Die in der pädiatrischen Praxis für die Vorbereitung auf medizinische Eingriffe zum Einsatz kommenden verhaltensmedizinischen Interventionstechniken lassen sich nach folgenden *Dimensionen* gruppieren:

Kasten 7-2: ***Dimensionen verhaltensmedizinischer Interventionsverfahren.***

1. *Aufklärung* (prozedurale und sensorische Information, Modeling);
2. *Emotionale Unterstützung* (Anwesenheit der Eltern, Handhalten etc.);
3. *Vermittlung von Bewältigungsfertigkeiten* (Modeling, Entspannungstrainings, Atemübung, Selbstkontrolle, Verhaltensübung);
4. *Aufmerksamkeitssteuerung* (internal: Hypnose, Imagination; externale Ablenkung);
5. *Kognitive Umbewertung* (kognitive Umstrukturierung, Gedankenstop, Reframings);
6. *Kontrolle von Verstärkerkontingenzen* (respondente, operante Konditionierung).

7.2.1.1. Vorbereitung durch Informationsvermittlung

Die informierende Vorbereitung ist die am häufigsten verwendete Interventionsmethode bei invasiven oder belastenden medizinischen Eingriffen und oft schon hinreichend für deren erfolgreiche Bewältigung (Bush et al., 1986; LaMontagne, 1987; Jay & Elliott, 1990). Sie besteht im wesentlichen in der *Bereitstellung von detaillierten Informationen über alle Aspekte der bevorstehenden Prozedur*. Das Prinzip dieser informationsvermittelnden Vorgehensweise basiert auf der Erkenntnis, daß ein hoher *Unbestimmtheitsgrad* eines aversiven Ereignisses (unerwartet, unvorhersehbar, unberechenbar) zusätzlichen Streß erzeugen kann (Zeltzer et al., 1989). Je berechenbarer und vorhersehbarer der Stressor ist, desto weniger bedrohlich und angstauslösend wird er erlebt und desto höher die Bewältigungsmotivation (vgl. Kap. 5.2.).

Aufklärende Vorbereitungsmaßnahmen beziehen sich auf drei Inhaltsbereiche:

1. Informationen über Zweck und Ziel des Eingriffes,
2. sensorische Information und
3. prozedurale Information.

1) *Aufklärungsinformation* umfaßt die entwicklungsgerechte Aufklärung über die Notwendigkeit, den Zweck, das Ziel und mögliche Nebeneffekte der vorgesehenen Prozedur. Diese Informationen müssen auf den kognitiven Entwicklungsstand und das individuelle Schmerzkonzept des Kindes abgestimmt sein (vgl. Kap. 5.4.), wobei insbesonde-

re anschauliche Metaphern, Symbole oder die Aktualisierung konkreter Vorerfahrungen des Kindes eingesetzt werden sollten.
2) *Sensorische Information* bezieht sich auf die verschiedenen sensorischen Wahrnehmungen während der einzelnen Phasen des Eingriffes. Diese werden bei Kindern nach Möglichkeit über direkte Veranschaulichung in den jeweils beteiligten Sinnesmodalitäten durch Exposition der entsprechenden Reize vermittelt:

- Visuell (Besichtigung des Behandlungsraumes und der Instrumente sowie Vorstellen der Ärzte und Schwestern des Behandlungsteams),
- taktil (Ausprobieren der Wirkung des Lokalanästhetikums oder des Desinfektionsmittels auf der Haut),
- kinästhetisch (Liegen oder Hocken mit gekrümmtem Rücken auf dem Behandlungstisch; probehaftes Festhalten mit dem üblichen „Polizeigriff"),
- viszeral (Einstichschmerz, Aspirationsschmerz),
- auditiv (Geräusche, z.B. Klappern von Instrumenten),
- olfaktorisch (Gerüche, z.B. Schnuppern lassen am Desinfektionsmittel) etc.

Über die rein sensorischen Empfindungen hinaus wird häufig versucht, die Kinder auf das möglicherweise auftretende *emotionale und physiologische Erleben* vorzubereiten: Autonome vegetative Streßreaktionen (Herzklopfen, Schwindel, Übelkeit, Schwitzen), Angsterleben, Aggressionen. Dabei besteht das Ziel darin, derartigen Reaktionen den Bedrohlichkeitscharakter zu nehmen, z.B. indem dem Kind vermittelt wird, daß es „ganz normal" und kein Grund zur Beunruhigung ist, wenn das Herz anfängt zu klopfen oder ein Schwindelgefühl auftritt. Auch solche emotionalen oder physiologischen Zustände können Kindern am besten durch konkrete Demonstration verständlich gemacht werden: entweder durch Aktualisierung vergangener Erlebnisse oder durch (vorsichtige) Induktion in der aktuellen Situation (z.B. Schwindel durch Drehen um die eigene Körperachse). Je vertrauter das Kind vorab mit den einzelnen Aspekten des eigenen Erlebens ist, desto weniger Angst wird durch diese situativen Zusatzfaktoren verursacht.
3) *Prozedurale Information* beinhaltet die detaillierte Beschreibung des gesamten Prozeßablaufes der Behandlungsprozedur. Die Informationsvermittlung sollte entwicklungsspezifisch auf unterschiedliche Weise erfolgen: Verbal, über Life- oder Video-Modelle oder mit Hilfe kindgerechter Medien (Bilderbücher, Zeichentrickfilm, Comics, Audio-Hörspielcassetten und Spielmaterial wie Arztkoffer, Puppen etc.).

7.2.1.2. Modeling

Die informationsvermittelnde Vorbereitung auf medizinische Prozeduren erfolgt häufig mit Hilfe von Modellen (Melamed & Ridley-Johnson, 1988). Das *modeling* basiert auf der Theorie des stellvertretenden Lernens bzw. Modellernens, nach der komplexe Verhaltensweisen durch Beobachtung und Nachahmung auf höchst effiziente Weise erlernt werden können. Gegenüber der Informationsvermittlung ohne Modell können bei der Modellvorbereitung die Informationsinhalte (z.B. konstruktives Bewältigungsverhalten) zusätzlich *praktisch demonstriert* werden (Blythe & Erdahl, 1986). Die Modellpräsentation kann auf folgende Arten erfolgen:

- *In-vivo-Modell* (Beobachtung einer Prozedur an einem anderen Kind);
- *interaktives Modell* (ein Kind, das die Prozedur bereits erfolgreich bewältigt hat, berichtet in Form von Gesprächen oder Diskussionen von seinen Erfahrungen);

- *medien-vermitteltes Modell* (Video-Aufzeichnung, Dia-Show, Bilderbücher einer gut bewältigten Maßnahme oder Modelldemonstration mit kindgerechten Materialien wie Puppen, Kasperletheater o.ä.);
- *imaginatives Modell* (in Form einer Imaginationsübung, in der ein fiktives Modell das positive Verhalten demonstriert).

Aufgrund seiner effizienten Einsatzmöglichkeiten hat sich das Modellernen mittels *Videos* weit verbreitet. Ein solches Modellvideo beinhaltet meist die Darstellung einer Punktionsdurchführung, bei der ein erfolgreich bewältigendes Kind gezeigt wird, das mit unterlegter Stimme über seine Gedanken und Gefühle bei jedem Schritt der medizinischen Prozedur berichtet und dabei aktives Bewältigungsverhalten und positive Selbstgespräche demonstriert (Jay, Elliott, Ozolins, Olson & Pruitt, 1985; Jay, Katz, Elliott & Siegel, 1987).

7.2.1.3. Verhaltenstherapeutische Verfahren

Verhaltenstherapeutische Verfahren, die nur selten als eigenständige Maßnahmen zur Vorbereitung auf medizinische Eingriffe, aber häufig als Komponenten eines integrierten Vorgehens eingesetzt werden, umfassen:

- *Klassische Konditionierungen* (wie systematische Desensibilisierung, Löschung u.ä.),
- *operante Verfahren* (positive und negative Verstärkung, token, time out),
- *Verhaltensübungen* und *Rollenspiele.*

Kasten 7-3: ***Beispiel für eine desensibilisierende Vorbereitung.***

1. Das Kind stellt sich vor, eine Knochenmarkpunktion zu bekommen;
2. die einzelnen Schritte der Prozedur werden gedanklich durchgespielt und mit Entspannungszuständen gekoppelt („während ich mir vorstelle, den Behandlungsraum zu betreten, bleibe ich ganz ruhig und entspannt“);
3. der Ablauf der Prozedur wird im Behandlungsraum noch einmal durchgespielt (Demonstration an einer Puppe);
4. das Kind bekommt die Möglichkeit, sich mit den medizinischen Geräten und Instrumenten vertraut zu machen und damit zu spielen;
5. während der Konfrontation mit der realen Prozedur wird das Kind angehalten, den eingeübten Entspannungszustand beizubehalten.

Owohl sie gerade bei konditionierten Angstreaktionen (Injektionsphobie, weißer Kittel etc.) besonders indiziert ist, wird die *systematische Desensibilisierung (SD)* aufgrund des relativ großen Zeitaufwandes als Interventionsmaßnahme in medizinischen Behandlungskontexten nur selten eingesetzt (Zeltzer et al., 1989). Bei der desensibilisierenden Vorbereitung werden die angstauslösenden Aspekte der Prozedur schrittweise mit dem Kind durchgegangen und auftretende Ängste mit Entspannungsinduktionen beantwortet (Zeltzer, Altman, Cohen, LeBaron, Munuksela & Schechter, 1990). Poster und Betz (1983) behandelten bspw. ein siebenjähriges Kind, das einer Reihe von intramuskulären Injektionen ausgesetzt war, erfolgreich mit SD. Die Krankenschwester las dem Kind zunächst eine Modell-Geschichte vor. Dann folgte eine in-vivo-Exposition einer Spritze und die Demonstration des Eingriffes an einer Puppe. Anschließend wurde das Kind ermuntert, mit der Spritze zu spielen und erst der Puppe und danach der Schwester eine imaginäre Injektion zu verabreichen. Desensibilisierungen gegenüber medizinischen

Stressoren werden auch in der *Vorstellung* praktiziert: Friedman, Campbell und Evans (1993) setzten *verdeckte Desensibilisierung* im Rahmen eines vierstufigen verhaltenstherapeutischen Eltern-Kind-Trainings zur Operationsvorbereitung ein. In diesem Programm werden dem Kind nach der Erstellung einer Angsthierarchie Bewältigungsfertigkeiten vermittelt (emotive Imagination, PMR) und in einer positiven Bewältigungsimagination (Drehbuch mit positiver Bewältigungsimagination, z.B. Identifikation mit Comic-Held) durchgespielt, während die Eltern konkrete Unterstützungsinstruktionen erhalten. Ähnliche Verfahren eignen sich auch zur Behandlung von spezifischen Nadelphobien bei Kindern (Fassler, 1985).

Zur Beeinflussung der Schmerz-, Angst- und Streßreaktionen bei medizinischen Eingriffen werden häufig *operante Verfahren* eingesetzt. Dabei wird adaptives Bewältigungsverhalten zu allen Phasenzeitpunkten positiv verstärkt und dysfunktionales Verhalten (Angst, Streß, Widerstand) abgeschwächt oder gelöscht. In fast allen Vorbereitungsprogrammen werden die betroffenen Kinder für gezeigtes positives Bewältigungsverhalten sozial (z.B. durch Lob) oder materiell (z.B. mit Stickern; vgl. Manne et al., 1990) verstärkt. Jay et al. (1985, 1987; Jay, Elliott, Woody & Siegel, 1991) setzen bspw. regelmäßig eine *kleine „Trophäe"* (z.B. die Punktionsnadel, ein anderes medizinisches Utensil o.ä.) als Verstärker ein. Positive Verstärkung ist am effektivsten, wenn sie mit der Vermittlung spezifischer Bewältigungsfertigkeiten verknüpft und auf die subjektiven Erfahrungen, Kognitionen und Verhaltensweisen des Kindes abgestimmt wird (Zeltzer et al., 1989).

Verhaltensübungen und *Rollenspiele* kommen bei psychologischen Vorbereitungsmaßnahmen mit drei Zielsetzungen zum Einsatz: 1. Zu diagnostischen Zwecken, um das vorhandene Bewältigungsrepertoire der Kinder zu eruieren; 2. zur Vermittlung prozeduraler und sensorischer Informationen und 3. zur Vermittlung und spielerischen Einübung neuer Bewältigungsfertigkeiten. In dem Interventionsprogramm von Jay und Kollegen (Jay et al., 1987; Jay & Elliott, 1990) werden Verhaltensübungen („Doktor spielen") als integrale Komponenten der Vorbereitung eingesetzt. Dabei werden die zu präparierenden Kinder ermuntert, an einer Puppe mit realen medizinischen Instrumenten eine „Punktion" durchzuführen. Schon allein die Erläuterung und das *Spielen* mit der Injektionsnadel (*„needle play"*) wirkt bei Kleinkindern (4-8 Jahre) streßreduzierend (Bolig, Yolton & Nissen, 1991). Häufig wird die Prozedur mit dem Behandlungspersonal auch im Rollentausch durchgespielt (Poster & Betz, 1983), wodurch sich das Kontrollerleben des Kindes steigern und die Vertrauensbeziehung zur Schwester bzw. zum Arzt verbessern läßt.

Kasten 7-4: ***Beispiele für Verstärker in medizinischen Settings.***

- *Soziale Verstärker* durch Eltern und Team: Verbales Lob, Anerkennung, Aufmerksamkeit, Zuwendung, Beifall, Zulachen, Ermunterung, Körperkontakt;
- *Handlungsverstärker*: Dem Kind zur Belohnung eine Aktivität bieten oder erlauben (Zoobesuch, Kino, Lesen, Basteln, Musikhören, Fernsehen);
- *materielle Verstärker*: Kleine Geschenke (Spielsachen, Süßigkeiten, Eis essen, Schallplatten, Geld);
- *behandlungsspezifische Verstärker* sollten einen Bezug zur positiv überstandenen Prozedur haben und die positive Bewältigung symbolisieren (z.B. Punktionsnadel).

7.2.1.4. Entspannungsverfahren

Entspannungsverfahren zählen zu den in der allgemeinen psychologischen Streß- und Schmerzbehandlung am häufigsten verwendeten und effektivsten Techniken (Rehfisch & Basler, 1989), deren analgetischer Wirkmechanismus darauf basiert, daß das physiologische Erregungsniveau gesenkt, ein schmerzinkompatibler Zustand (Ruhe, Wohlbefinden) erzeugt und ein kognitiver Ablenkungseffekt erzielt wird (Fokussierung der Aufmerksamkeit auf angenehme interne Prozesse). Bei der Vorbereitung auf schmerzhafte medizinische Eingriffe kann durch gegenregulative Entspannungsprozesse zudem die *antizipatorische* Angst und der Distreß vor Beginn des Eingriffes vermindert werden. Ein entspannter psychophysiologischer Zustand erleichtert die technische Durchführung des medizinischen Eingriffes und reduziert das Komplikationsrisiko.
Entspannungstrainings und Atemübungen finden meist im Kontext eines umfassenderen therapeutischen Vorgehens Verwendung (Dahlquist, Gil, Armstrong, Ginsberg & Jones, 1985). Für die meisten kognitiv-behavioralen Interventionsprogramme bilden sie einen elementaren Baustein (z.B. Jay et al., 1985), werden gelegentlich aber auch als eigenständige Interventionsmaßnahme eingesetzt (Dolan, Allen & Sawyer, 1982; Lyles, Burish, Krozeli & Oldham, 1982; McDonnell & Bowden, 1989; Pfaff, Smith & Gowan, 1989). Zu den bei Vorbereitungsmaßnahmen verwendeten Entspannungstechniken zählen vor allem die *Progressive Muskelrelaxation (PMR)*, das *Autogene Training* und entspannungsinduzierende *Atemübungen*. Die Gestaltung der Entspannungsverfahren kann entwicklungsspezifisch erfolgen, z.B. indem die *Entspannungsinstruktionen in einen altersgemäßen semantischen Kontext* (Geschichte oder Märchen) eingekleidet werden. Bei sehr kleine Kindern lassen sich *einfache Atemübungen* einsetzen (z.B. mit Hilfe eines „*party-blowers*" oder mit der Vorstellung, eine Kerze auszublasen).

7.2.1.5. Kognitiv-behaviorale Interventionen

Nach dem kognitiv-verhaltenstherapeutischen Paradigma ist das subjektive Schmerzerleben und -verhalten wesentlich durch *kognitive Variablen* moderiert (vgl. Kap. 5.2.): Der subjektiven Wahrnehmung, Interpretation und Bewertung der Situation, der Einschätzung eigener Einfluß- und Handlungsmöglichkeiten (Kontrollüberzeugungen, Selbstwirksamkeit) sowie generellen Einstellungen, Erwartungen, Vorstellungen. Distreß entsteht demgemäß nicht als automatische Reaktion auf das Schmerzereignis, sondern erst dann, wenn die Situation als besonders aversiv interpretiert und die eigenen Bewältigungsmöglichkeiten als ungenügend eingeschätzt werden. Ziel der kognitiven Verhaltenstherapie ist daher, durch eine Modifizierung negativer und dysfunktionaler Gedanken, Erwartungshaltungen und Selbsteinstellungen die interne Kontrolle über die aversive Situation zu erhöhen und damit die wahrgenommene Hilflosigkeit, subjektive Belastung und Streßreaktion zu reduzieren. Dies kann geschehen, indem

1. die negativen Gedanken direkt durch positive Alternativen ersetzt werden (Gedanken-stop),
2. die subjektive Bedeutung der Situation verändert wird (kognitive Umstrukturierung/Reframing),
3. das Bewußtsein mit neutralen (externale Ablenkung) oder
4. positiven Vorstellungsinhalten (Imagination) gebunden wird oder
5. das Kind sich intern selbst anleitet, die Situation aktiv zu bewältigen (Selbstverbalisation, Selbstinstruktion).

Gedankenstop wird zur Selbstkontrolle eingesetzt (Wolpe, 1969) und beinhaltet eine bewußte Unterbrechung dysfunktionaler Gedanken und deren Ersetzung durch positive Alternativen. Dieses Verfahren eignet sich besonders, um streßinduzierende Kognitionen (z.B. Katastrophisierungen) in der präprozeduralen Phase durch zuversichtlichere Sichtweisen und Selbstbestärkungen zu ersetzen und damit den antizipatorischen Streß zu reduzieren.

Abbildung 7-1: Gedankenstop-Technik.

Die *kognitive Umstrukturierung* besteht darin, einen Sachverhalt (z.B. die bevorstehende Prozedur) umzuinterpretieren, indem man

- ihn in seiner persönlichen Bedeutsamkeit verändert oder relativiert (*Bedeutungsreframing*);
- ihn umbewertet (*Inhaltsreframing*), z.B. indem positive Elemente, Folgen oder Funktionen ermittelt oder hervorgehoben werden;
- ihn in einen anderen Kontext stellt (*Kontextreframing*), wo er einen positiven oder akzeptierbaren Sinn erhält.

Ziel dieser *Reframings* („*frame*" = Rahmen) ist es, das Ereignis durch Umbewertungsprozesse in seiner aversiven Qualität zu verändern (weniger bedrohlich, weniger gefährlich, erträglicher) und auf diese Weise das Streßerleben zu vermindern.

Tabelle 7-1: Beispiele für altersspezifische externale Ablenkungstechniken (vgl. Blount et al., 1990, 1991; Campos, 1989; Jay et al., 1985).

Säuglingsalter	Kindergartenalter	Grundschulalter	Schulalter	Jugendalter
• Schnuller, • Wickeln und Windeln, • monotone und rhythmische Töne niedriger Frequenz, • menschlicher Herzschlag (Tonband), • konstantes und gedämpftes Licht, • Anblick und Stimme der Mutter.	• einfache Atemübungen, • Einbeziehung von Objekten (Handpuppen, Quietschspielzeug, Bilderbüchern, Mobile), • Geschichten- und Märchen-erzäh-len, • physische Aktivitäten (Seifenblasen, Hand der Mutter drücken, mit dem Therapeuten synchron atmen; Anspannung nicht beteiligter Muskelgruppen).	• Vorlesen, • fernsehen, • Hörspielcassetten, • Konzentration auf Umgebungsreize (z.B. Fliesen im Behandlungszimmer zählen; „Ich sehe was, was Du nicht siehst"), • Ablenkungsfragen (z.B. „wie viele Finger hat ...?") • Wort- und Assoziations-Spiele.	• Einsatz elektronischer Medien, z.B. Cassetten, Video, Game-boy, • humorvolles Scherzen, • ablenkende Gespräche (über Interessen, Hobbies, Urlaub etc.); • einfache Denkaufgaben (Zählen, Alphabet aufsagen) • Humor („Blödeln", Witze erzählen).	• ablenkende Gespräche, • Musikhören, • Denkaufgaben (z.B. Rätsel oder Mathematikaufgaben lösen, „Koans"), • rezitieren, • Humor.

Techniken der *externalen Aufmerksamkeitsablenkung* zielen darauf ab, die bewußte Aufmerksamkeit des Patienten auf externe Reize zu fokussieren. Damit soll sowohl von der Wahrnehmung aversiver Außenreize und internaler Körpersignale (Schmerz, vegetative Symptome) als auch von angst-, streß- und schmerzevozierenden Gedanken abgelenkt werden. Kognitive Ablenkungsstrategien eignen sich hervorragend für den Einsatz durch alle vor und während der Prozedur beteiligten Erwachsenen, da sie leicht erlernt, einfach durchgeführt und sicher gehandhabt werden können. Sie gehören zudem zu den *effizientesten* Vorbereitungsmethoden: Ihr Einsatz in der Klinik erfordert nur minimalen Trainings- und Zeitaufwand für das Behandlungspersonal, kurze Erklärungszeit für das Kind, wenig Ausstattung und ist insgesamt sehr kostengünstig.
Auch *Humor* wird bei der Bewältigung medizinischer Eingriffe zur Aufmerksamkeitsablenkung (Blount et al., 1990, 1991) oder als Reframing erfolgreich eingesetzt (Ruxton, 1988). Humor kann die Fähigkeit zur kognitiven Uminterpretation eines Ereignisses erhöhen, indem das Kind die Situation durch Perspektivenwechsel neu betrachtet und dadurch zu einer alternativen Bewertung gelangt. Außerdem wirkt Lachen entspannend und angstlösend (Fry & Rader, 1977). Humor kann spontan (Erzählung, Witze, „Clownerei") oder mittels humoristischer Medien (Cartoons, Comic-Hefte, Witzbücher, Hörspielcassetten oder Puppen) eingesetzt werden, wobei seine Wirkung in der sozialen Interaktion gesteigert ist (Brown, Wheeler & Cash, 1980).
Verfahren der *internalen Aufmerksamkeitsablenkung* basieren darauf, daß durch das Fokussieren auf angenehme Vorstellungen und Phantasien die Aufmerksamkeit von der Angst- und Schmerzwahrnehmung abgelenkt und ein angstinkompatibler Entspannungszustand erzeugt wird. *Imagination* umschreibt die absichtliche internale Erzeugung von Phantasien, d.h. sensorischer Vorstellungen über Dinge oder Ereignisse jenseits der aktuellen Situation. Sie kann selbständig oder unter Anleitung (*geleitete Imagination*) durchgeführt werden. Das Vorgehen ist umso effektiver, je größer die persönliche Bedeutsamkeit, Attraktivität und der Aufmerksamkeitswert der benutzten Inhalte ist. Die inhaltliche Ausgestaltung der Imaginationen sollte individuell auf den Entwicklungsstand, die Erfahrungen und die besonderen Interessen des Kindes abgestimmt werden. Dabei können praktisch alle Sinnesmodalitäten einbezogen werden (Vorstellungen von Bildern, Stimmen, Melodien, Gerüchen sowie Geschehensabläufen in Vergangenheit, Zukunft oder in der Phantasie).
Bei *Hypnose* und *Selbsthypnose* treten direkte Beeinflussungen der Schmerz-/ Angstsymptome durch *gezielte Suggestionen* hinzu. Hypnose ruft einen subjektiv angenehmen Zustand von psychophysiologischer Entspanntheit, eingeengter Aufmerksamkeit, erhöhter Aufnahmebereitschaft und Beeinflußbarkeit sowie verringerter Kritikfähigkeit hervor (Kossak, 1993). Dieser besondere Bewußtseinszustand wird bei *Hypnoseverfahren* genutzt, um die Schmerz- und Angstwahrnehmung der Kinder durch spezifische (schmerzbezogene) *Suggestionen* direkt und gezielt zu beeinflussen. Da Kinder eine im Vergleich zu Erwachsenen erheblich höhere Suggestibilität aufweisen, die in Zuständen akuter Angst und Schmerzen sogar noch steigt, werden hypnotische Vorgehensweisen in der pädiatrischen Vorbereitung auf invasive Prozeduren häufig und erfolgreich eingesetzt. Bei der *Selbsthypnose* werden die beschriebenen Bewußtseinszustände selbst induziert und die Beeinflussung des Angst-Schmerz-Geschehens durch vorher eingeübte *Autosuggestionen* vorgenommen.

Selbstverbalisation ist das gebräuchliste Selbstkontrollverfahren und beinhaltet „innere Monologe“, die besonders Kinder zur Verhaltenssteuerung und Emotionsregulierung in Angst- und Streßsituationen häufig spontan einsetzen (Meichenbaum, 1977). Meichenbaum und Goodman (1969, 1971) leiteten daraus ein systematisches *Selbstinstruktionstraining* für Kinder ab, das zur Verbesserung ihrer allgemeinen Problemlösekompetenzen dient, aber auch zur Angst- und Streßbewältigung bei medizinischen Eingriffen erfolgreich eingesetzt wird. Durch positive Selbstanleitungen kann das Kind bspw. lernen, eine komplexe Streßsituation zu strukturieren, sich selbst zu beruhigen und das eigene Bewältigungsverhalten systematisch, planmäßig und zielgerichtet zu organisieren.

7.2.1.6. Interventionspakete

Obwohl in der klinischen Vorbereitungsraxis meistens verschiedene Interventionstechniken zusammen eingesetzt werden, existieren über unsystematische Kombinationen hinaus kaum integrierte Programme, die eine mehrdimensionale Vorbereitung der Kinder realisieren. Erst in den letzten Jahren wird versucht, aus empirisch evaluierten Einzelkomponenten systematisch komplexe *Vorbereitungsprogramme* zu entwickeln. Diese umfassenderen *Interventionspakete* ermöglichen eine gleichzeitige Ausrichtung auf mehrere differenzierte Vorbereitungsziele, eine systematische Kombination unterschiedlicher Maßnahmen mit differentieller Gewichtung und eine systematische Integration der Eltern und des Behandlungsteams in das Vorbereitungsgeschehen.
Ross und Ross (1984) entwickelten ein zweistufiges Vorgehen zur Vermittlung von *kognitiven Copingstrategien*, die die Selbsteffektivität und Bewältigungskompetenz von hospitalisierten Kindern vor schmerzhaften invasiven Prozeduren erhöhen sollen. Im *ersten Trainingsteil* wird das Kind durch die kognitive Strategie *Gedankenstop* in die Lage versetzt, seine antizipatorische Angst zu reduzieren. Die Krankenschwester leitet das Kind zunächst an, einige positive Gedanken über die Blutentnahme und einige beruhigende Kognitionen zu entwickeln. Diese werden anschließend zu vier einfachen Merksätzen zusammengefaßt, die das Kind auswendig lernen soll. Danach wird es instruiert, die Gedankenstop-Technik selbständig auszuführen. Parallel dazu werden bedarfsorientiert *prozedurale Information* vermittelt.
Im zweiten Trainingsteil erlernt das Kind kognitive Bewältigungsstrategien, die seine Aufmerksamkeit vom Schmerz ablenken und dessen Bedeutung verändern sollen. Dabei werden anknüpfend an das spontan gezeigte Bewältigungsverhalten die individuell passenden Copingstrategien ausgewählt.

1. *Ablenkungsstrategien,* deren Wirkweise man dem Kind zunächst möglichst anschaulich erklärt. Anschließend werden ihm konkrete externe und internale Ablenkungstechniken beigebracht und eingeübt.
2. Bei der *kognitiven Umstrukturierung* soll das Kind seine Aufmerksamkeit auf das schmerzvolle Ereignis lenken, dessen Bedeutung aber möglichst phantasievoll und detailliert uminterpretieren.
3. *Inkompatible Vorstellungen*: Das Kind wird gebeten, die Augen zu schließen, sich an ein schönes Erlebnis zu erinnern und möglichst viele Details zu imaginieren.

Jay et al. (1987, 1985) entwickelten ein solches *komplexes Interventionspaket kognitiv-behavioraler Techniken* zur Vermittlung effektiver Copingstrategien und zur Distreßreduktion bei Lumbal- und Knochenmarkpunktionen an Kindern, das aus *fünf Hauptkomponenten* besteht (Video-Modell, Atemübungen zur Entspannungsinduktion, Imagination/Ablenkung, Rollenspiel/Verhaltensübung und positive Verstärkung). Die Kinder erhalten zunächst ein *Modellvideo* zur Vermittlung sensorischer und prozeduraler Informationen sowie zur Demonstration positiven Bewältigungsverhaltens vorgeführt. Anschließend wird ihnen eine einfache *Atemübung* beigebracht, die als aktive *Ablenkungs- und Entspannungsstrategie* dient und sie in die Lage versetzen soll, während der Prozedur aktionales Bewältigungsverhalten auszuführen. Für die *Imaginationsübung* wird eine vorbildhafte Phantasiefigur des Kindes (z.B. ein Superheld) ermittelt und in die gegebene medizinische Situation eingeflochten. Damit soll zusätzliche Bewältigungsmotivation angeregt werden, indem die Kinder lernen, die Prozedur als Herausforderung und als Möglichkeit zu interpretieren, eine schwierige Situation aktiv zu meistern. Da die Phantasie der Kinder individuell sehr verschieden ist, werden die Imaginationsinhalte flexibel bestimmt. Das anschließende *Rollenspiel* erlaubt den Kindern, sich mental und emotional auf die bevorstehende medizinische Prozedur vorzubereiten und die vermittelten Bewältigungsstrategien praktisch zu trainieren. Während der Prozedur werden die Kinder *instruiert*, stillzuliegen und die gelernten Bewältigungsfertigkeiten (Atemübung) durchzuführen. Als *positiver Verstärker* nach erfolgreich überstandener Prozedur fungiert eine kleine Trophäe (medizinisches Instrumentarium). Dieser Verstärker wird im Rahmen eines kleinen „Sieger“-Rituals überreicht, das die Selbsteffektivität, Kontrollüberzeugung und Handlungsmotivation der Kinder stärken soll.

7.2.1.7. Eltern-Kind- Programme zur Vorbereitung auf invasive medizinische Prozeduren

Die Relevanz und Notwendigkeit, Eltern in Vorbereitungsmaßnahmen einzubeziehen, ist durch die erläuterten Forschungsergebnisse hinreichend belegt (s.a. Dolgin & Phipps, 1989; Whitsett & Hagen, 1990). Die Integration der Eltern in den Vorbereitungsprozeß auf invasive medizinische Eingriffe bei ihren Kindern kann dabei auf vier Ebenen erfolgen:

1. Spezifische Interventionen zur Angst- und Streßreduktion bei den Eltern (Vermittlung von Entspannungstechniken, Streßimmunisierung, Selbstinstruktion);
2. Einbeziehung der Eltern in die Vorbereitung des Kindes (passive Teilnahme an der Vorbereitungssitzung ohne spezielle Elterninstruktion, aber mit Lernen am Modell des Therapeuten);
3. Optimierung des elterlichen Unterstützungsverhaltens durch konkretes Instruktionstraining (für bewältigungsförderndes und streßreduzierendes Verhalten während der Prozedur);
4. kombinierte Eltern-Kind-Programme, in denen Eltern und ihre Kinder in gemeinsamen (oder getrennten) Sitzungen auf ihre spezielle Rolle bei der Bewältigung der Prozedur vorbereitet werden und spezifische Bewältigungs- bzw. Unterstützungsinstruktionen erhalten .

Separate Elternvorbereitung

Vor dem Hintergrund der Erkenntnis, daß Eltern nicht nur unter eigenen Streß- und Angstzuständen leiden, sondern dadurch das Streßerleben ihrer Kinder verstärken („Streßansteckung“) und deren Bewältigungsbemühungen stören können sowie in ihrer Unterstützungsfunktion für die Kinder beeinträchtigt sind (vgl. Kap. 6.2.), ist versucht worden, ängstliche Eltern separat auf derartige Eingriffe bei ihren Kindern vorzubereiten.

Jay und Elliott (1990) entwickelten in Anlehnung an das Vorgehen von Meichenbaum (1985) ein *Kurzinterventionsprogramm zur Streßimmunisierung für Eltern*, mit dessen Hilfe sie ihren eigenen Streß während der Prozedur (Lumbal- oder Knochenmarkpunktion bei ihren Kindern) reduzieren sollten. Das Programm besteht aus:

- Einsatz eines *Filmmodells* zur *Aufklärung*, in dem eine Mutter als positives Video-Modell fungiert, das in einem 15minütigen Film sensorische und prozedurale Informationen vermittelt;
- *Selbstverbalisationstraining*, das die Identifikation von dysfunktionalen Gedanken, und deren Ersatz durch konstruktive Alternativen sowie die Entwicklung individuell hilfreicher Selbstverbalisationen umfaßt (15 min);
- *Vermittlung von Entspannungsverfahren* kombiniert mit *Imagination* mittels progressiver Muskelrelaxation, geleiteter Imagination, Entspannungs- und Bewältigungssuggestionen (15 min). Die Instruktionen werden auf Band aufgezeichnet und den Eltern als Übungsmaterial zur Verfügung gestellt.

Einbeziehung der Eltern in die Vorbereitung des Kindes

Jay und Elliott (1990) sowie Jay et al. (1991) stellten fest, daß sich die bloße *Anwesenheit der Eltern* bei der kognitiv-behavioralen Vorbereitung ihrer Kinder positiv auswirkte. So unterstützen die Eltern, die lediglich bei Kind-Intervention zugeschaut hatten, ihr Kind während des medizinischen Eingriffes genauso effektiv (Atem- und Imaginationsübung) wie die gesondert vorbereiteten Eltern. Auch die Kinder, deren Eltern der Vorbereitung lediglich passiv beigewohnt hatten, zeigten geringere Streßreaktionen während des Eingriffes.

Programme zur Optimierung des Unterstützungsverhaltens der Eltern

Obwohl die Evidenz für eine zentrale Bedeutung des Einflusses der Erwachsenen auf die Bewältigungsbemühungen der Kinder bei der prozeduralen Streßbewältigung kontinuierlich wächst (vgl. Kap. 6.2.), sind die Ergebnisse zu den Effekten der Eltern-Kind-Interaktionen erst in wenigen Studien in *präskriptive Modelle der Bewältigungsunterstützung durch die Eltern* umgesetzt worden.

Patterson und Ware (1988) stellten *allgemeine Richtlinien für die Unterstützung in der phasenspezifischen Bewältigung des medizinischen Eingriffes durch die Eltern* auf. *Präprozedurale Phase*: Da die meisten Kinder ausreichend Zeit für die emotionale Einstimmung auf einen medizinischen Eingriff benötigen, sollte die Vorbereitung bei kleineren Kindern (<6 Jahre) mindestens eine Stunde, bei größeren Kindern einen Tag vor der Prozedur erfolgen. Prozedurale, sensorische und Bewältigungsinformationen sowie Erklärungen sollten zu diesem Zeitpunkt vornehmlich durch die Eltern selbst, u.U. mit Unterstützung durch den Arzt oder die Krankenschwester, vorgenommen werden. *Prozedurphase*: Die Eltern sollten, sofern sie sich den Anblick des Eingriffes zutrauen und die Kinder nicht mit eigenem Streßerleben verunsichern, an der Prozedur teilnehmen. Falls sie sich dazu nicht in der Lage fühlen, sollten sie ihrem Kind die Gründe dafür verständlich machen und ihm erklären, wo sie sich während des Eingriffes aufhalten, um (besonders bei Kleinkindern) aufkommende Trennungsängste, zu minimieren. Sie können ihr Kind während der Punktion auf vielfältige Weise unterstützen, z.B. durch Handhalten, emotionalen Beistand, Erklärungen zum Ablauf der Prozedur (was hinter dem Rücken des Kindes vor sich geht) und Bewältigungsinstruktionen (z.B. Entspannung, Imagination, Selbstverbalisation). *Postprozedurale Phase*: Nach der überstandenen Punktion sollte das Kind gelobt und belohnt werden (positive Verstärkung), z.B. durch eine liebevolle Umarmung, einen Kuß oder die Ankündigung einer attraktiven Unternehmung (Eis essen o.ä.). Etwas später sollte auf die Bedürfnisse des Kindes eingegangen werden: Manche Kinder ziehen es vor, allein zu spielen, um sich von der aversiven Erfahrung abzulenken, andere möchten noch über das Ereignis sprechen. Eine anschließende Beschäftigung mit der Situation durch Vorlesen des Vorbereitungsbilderbuches ist in vielen Fällen sinnvoll. Scheinbar aggressive Verhaltensweisen (wie das Traktieren einer Puppe mit einem nadelähnlichen Gegenstand) sollten nicht beunruhigen, sondern als kontrollinduzierende Bewältigungsstrategie akzeptiert werden.

Kombinierte Eltern-Kind-Programme: Bewältigungshilfe für die Kinder und Unterstützungsinstruktionen für die Eltern

Erste systematische *Eltern-Kind-Programme* lieferten zwar wichtige Anregungen für die Vorbereitungspraxis, ihre Wirksamkeit blieb aufgrund fehlender empirischer Evaluation aber umstritten: Wolfer und Visingtainer (1979) stellten ein Vorbereitungsprogramm für Eltern und Kinder bei kleinen Operationen vor, das aus Informationsvermittlung, Verhaltensübung und Kontaktaufnahme mit dem medizinischen Personal besteht. Campbell et al. (1986) berichteten über ein Programm zur gemeinsamen Eltern-Kind-Vorbereitung auf eine Herzkatheterisierung. Die Interventionen umfaßten Informationsvermittlung und den Aufbau von Streßbewältigungsverhalten: Tiefes Atmen, Progressive Muskelentspannung, Vorstellungen/Metaphern, Biofeedback, Selbsthypnose und kognitives Umdeuten.

Während diese frühen *Eltern-Kind-Programme* zunächst primär auf klinischen Erfahrungen und der Übertragung psychotherapeutischer Interventionstechniken auf den Vorbereitungskontext basierten, wird in den letzten Jahren verstärkt versucht, die neueren empirischen Befunde der Forschung zur differentiellen Effektivität spezifischen Bewältigungsverhaltens (vgl. Kap. 6.1.) in *konkrete Anleitungen zur Bewältigungsoptimierung für Kind und Eltern* umzusetzen. Diese Interventionen intendieren, den Kindern *und* Eltern in *gemeinsamen Trainings* konkrete Bewältigungsfertigkeiten zu vermitteln. Zusätzlich zu den in separaten Kind- oder Elternvorbereitungen vermittelten Informationen und Bewältigungsfertigkeiten werden die Eltern in diesen integrierten Trainings darauf vorbereitet, ihre Kinder bei der Bewältigung der Prozedur optimal zu unterstützen (konkrete Unterstützungsinstruktionen und -übungen). Auf diese Weise können die in der Bewältigungsforschung (vgl. Kap. 6.) gewonnenen Erkenntnisse zu kontext-, phasen- und bewältigungsstilspezifischen Effektivität von supportiven Bemühungen der Erwachsenen praktisch umgesetzt werden.

Powers, Blount, Bachanas, Cotter und Swan (1993) trainierten vier leukämiekranke Vorschulkinder (3-5 Jahre) und ihre Eltern gemeinsam in *phasenspezifischem Bewältigungsfertigkeiten bzw. Unterstützungsverhalten* bei *intramuskulären und intravenösen Injektionen*. Den Kindern wurden konkrete Bewältigungsstrategien (Ablenkungs- und Atemtechniken) vermittelt, während die Eltern darin angeleitet wurden, ihre Kinder vor und während des Eingriffes aktiv und zielgerichtet zu unterstützen. Für die der präprozedurale Phase wurde der Fokus auf Ablenkungsstrategien gelegt, während des Eingriffes auf die Atemübung (bei kleinen Kindern mittels „*party-blower*"). Die Eltern wurden nach den in Kap. 6 referierten Resultaten zum differentiell effektiven Unterstützungsverhalten in optimiertem supportiven Handeln (phasen-, kontext-, kindspezifisch) trainiert.

7.2.2. Analyse des empirischen Forschungsstandes

In zahlreichen Evaluationsstudien ist in den letzten 20 Jahren versucht worden, die Effektivität psychologischer Interventionsverfahren zur Vorbereitung von Kindern auf medizinische Eingriffe überzeugend zu belegen. Da die Resultate nicht so eindeutig und konsistent positiv ausgefallen sind wie man erhofft hatte, ist eine detailliertere Analyse erforderlich, um zu fundierten Aussagen über die Effektivität unterschiedlicher Vorgehensweisen zu gelangen.

7.2.2.1. Ergebnisse der Evaluationsforschung: Narrative Übersicht

Informationsvermittlung

Empirische Überprüfungen der *informationsvermittelnden Vorbereitungsverfahren* erbrachten inkonsistente Ergebnisse: Obwohl die meisten Untersuchungen von positiven Effekten der Aufklärung berichten (Grundner, Götz-Frei, Huber, Kurz & Sauer, 1988; Harrison, 1991; Taylor & Clarke, 1986), sind prozedurale und sensorische Informationen zur Vorbereitung auf streßreiche medizinische Eingriffe *nicht in jedem Fall hilfreich,* sondern können sogar streß*verstärkend* wirken (Eland, 1981; Harrison, 1991; Miller & Mangan, 1983; Thompson, 1981). In neueren Studien zeigten sich *differentielle Effekte* in Abhängigkeit vom Alter der Kinder, ihren Schmerzvorerfahrungen, ihrer Grundängstlichkeit und der Anwesenheit ihrer Eltern. Eine psychologische Vorbereitung auf invasive Prozeduren mittels Modellvideo bei *Kindern der präoperationalen Phase* hat sich als unwirksam herausgestellt, da situationale Merkmale offensichtlich den Effekt der kognitiven Methoden überlagern (Gedaly-Duff, 1987). Es konnte nachgewiesen werden, daß eine kognitive Vorbereitung (prozedurale Information) verbunden mit emotionaler Unterstützung wirksamer ist als eine rein medikamentöse Vorgehensweise (Grundner et al., 1988; Gramer, Grundner & Huber, 1988). Einige Vorbereitungsstrategien zeigten *sensitivierende Effekte* (Erregungsanstieg, stärkere Beunruhigung) bei *vorerfahrenen* Kindern (Faust & Melamed, 1984; Grundner et al., 1988; Melamed, Dearborn & Hermecz, 1983). Bei Kindern mit *negativen Vorerfahrungen* und bei *hochängstlichen* Kindern scheint die Vermittlung von prozeduralen Informationen also kontraindiziert, weil sie deren Angstwerte sogar noch erhöhen. Nicht-ängstliche Kinder profitieren demgegenüber stärker von der aufklärenden Vorbereitungsmethode (Grundner et al. 1988; Klorman, Hilpert, Michael, LaGana & Sveen, 1980). Die Befunde der Untersuchung von Grundner et al. (1988) konnten allerdings in einer Replikationsstudie von Gramer et al. (1988) nicht bestätigt werden, so daß die Frage sensibilisierender Effekte Aufklärungsvorbereitung bei Kindern mit negativen Vorerfahrungen in weiteren Studien abzuklären ist.

Harrison (1991) untersuchte die Wirksamkeit *prozeduraler Informationen* an 99 Kindern (6-12 Jahre) bei ambulanter Blutentnahme. Die Experimentalgruppe wurde kurz vor dem Eingriff mit Hilfe einer *Fotogeschichte,* die die chronologische Abfolge des Untersuchungsprozesses vom Erstbesuch beim Arzt bis zu dem Eingriff in sechs Fotos

abbildete, vorbereitet. Zusätzlich wurde die medizinische Notwendigkeit, der Ablauf der Punktion und der Zweck der Blutuntersuchung erläutert. Die Kinder wurden darauf hingewiesen, daß der Eingriff zwar schmerzhaft, aber auszuhalten und um so weniger unangenehm sei, je ruhiger sie ihren Arm hielten. Die Intervention sollte prozedurale Informationen vermitteln, dysfunktionale Schmerzkonzepte korrigieren (z.B. Schmerz als Bestrafung für vorangegangenes Fehlverhalten), die Kooperationsbereitschaft der Kinder und ihr Vertrauen in das Behandlungsteam erhöhen und ein Modell für positives Coping (entspannen und stillhalten) bieten. Die Kontrollgruppe erhielt keine Vorbereitung. Die Angst- bzw. Schmerzwerte der Kinder wurden über ihre Pulsrate, Verhaltensbeobachtung, Selbsteinschätzung (VAS) und Elternratings erhoben. Die nicht-vorbereiteten Kinder zeigten eine sigifikant größere physiologische Erregung, berichteten von stärkeren Schmerzen, schätzten sich selbst ängstlicher ein und wehrten sich stärker. Die vorbereiteten Kinder konnten häufiger den Grund der Behandlung erklären und wurden von ihren Eltern als weniger ängstlich, aber von den Fremdbeurteilern als ängstlicher eingeschätzt. 80 % der befragten Eltern erlebten die Vorbereitung als hilfreich. Dennoch reagierten nicht alle Kinder positiv auf die Vorbereitung, was möglicherweise darauf zurückzuführen ist, daß die Informationen nicht genügend auf die interindividuell unterschiedlichen Ängste und Einstellungen der Kinder abgestimmt waren bzw. zu wenig praktikable Bewältigungsstrategien vermittelt wurden.
Young und Fu (1988) gingen der Frage nach, ob sich der *Zeitpunkt der Informationsvermittlung* auf ihre Effektivität zur Streßreduktion bei wiederholten Venenpunktionen auswirkt. Sie kombinierten sensorische und prozedurale Informationen anhand von Demonstrationen an einer Puppe und anschließendes freies Spielen mit den medizinischen Instrumenten („*needle play*“). Die Intervention wurde unter drei Bedingungen durchgeführt (nur präprozedural, nur postprozedural, prä- und postprozedural) und mit einer Kontrollgruppe verglichen. Alle drei Vorbereitungsformen zeigten gegenüber der Kontrollgruppe signifikant streßreduzierende Wirkung, unterschieden sich aber in ihrer Effektivität untereinander nicht. Die Wirksamkeit prozeduraler Informationsvermittlung läßt sich also durch mehrmalige Wiederholung *nicht* signifikant steigern (Månsson, Björkhem & Wiebe, 1993).
Suls und Wan (1989) überprüften die *relative Wirksamkeit von sensorischer, prozeduraler und kombiniert sensorisch-prozeduraler Information* anhand einer Meta-Analyse kontrollierter Studien zur Vorbereitung auf medizinische Maßnahmen für alle Altersstufen (1967-1984). Die Auswertung erbrachte, daß eine ausschließliche prozedurale Information verglichen mit einer Kontrollbedingung nur geringe und nicht-signifikante Auswirkungen hat. Sensorische Information hingegen bewirkt einige positive Effekte (wenn auch mit heterogenen Effektstärken) und führte zu einer stärkeren Verminderung des selbstberichteten Schmerzes als prozedurale Information. Die Meta-Analyse erbrachte bei Labor- wie Feldstudien, bei Operationsvorbereitung wie schmerzhaften Untersuchungsprozeduren und bezüglich unterschiedlicher Parameter (Selbstberichte, Fremdeinschätzungen) die stärksten und konsistentesten Effekte beim *kombinierten Vorgehen*. Da die Befürchtung, die (insbesondere kindlichen) Patienten durch zuviel und zu detaillierte Informationen zu überfordern, nicht bestätigt wurde, konstatieren die Autoren, daß ein prozedural-sensorisches Vorbereitungsvorgehen als optimale Intervention zu betrachten ist.

Modeling

Eine Vorbereitungsstrategie auf invasive Prozeduren mittels *Modeling* hat sich vielfach als erfolgreich erwiesen. Dennoch ist eine Informationsvermittlung durch Modelle nicht immer hilfreich: Einflußfaktoren wie individuelle Charakteristika des Kindes und der Behandlungssituation, Zeitraum der Hospitalisierung und der zeitliche Abstand zwischen Vorbereitung und Eingriff moderieren die Effektivität (Faust, Olson & Rodriguez, 1991).

Pinto und Hollandsworth (1989) verglichen die Wirksamkeit unterschiedlicher Modelle (erwachsenes vs. gleichaltriges Modell) und den Effekt der Elternanwesenheit bei der Vorbereitung von Schulkindern (6-12 Jahre) auf Operationen. Alle Vorbereitungsgruppen wiesen gegenüber der Kontrollgruppe signifikante Angst- und Streßreduzierungen auf. Im Gegensatz zu früheren Befunden hatte die *Modellähnlichkeit* dabei keinen Einfluß auf den Lernerfolg: Kinder, denen ein gleichaltriges Modell präsentiert wurde, wiesen keine größere Streßverminderung auf als Kinder mit dem erwachsenen Film-Modell. Faust et al. (1991) untersuchten die Effektivität des *partizipierenden Modelings* an 26 Kindern zwischen vier und zehn Jahren, die sich einer ambulanten Ohrenoperation unter Vollnarkose unterziehen mußten („*same-day-preparation*"). In den beiden Experimentalgruppen wurde den Kindern eine Diashow (Gruppe 1 im Beisein, Gruppe 2 in Abwesenheit der Mutter) gezeigt und zusätzliche prozedurale und sensorische Informationen gegeben. Als Modell diente ein fünfjähriges Mädchen („*Coping*-Modell"), das seine Ängste mit Strategien „tiefes Atmen" und „sanft auf einer Wolke schweben" bewältigte. Die Kontrollgruppe erhielt nur prozedurale Informationen. Vor dem Eingriff zeigten sich keine signifikanten Unterschiede zwischen den Gruppen. Die Kinder der Gruppen 1 und 2 zeigten nach dem Erwachen signifikant weniger Distreß. Die Ängstlichkeitswerte (operationalisiert über Herzrate und Schweißdrüsentätigkeit) waren nach dem Erwachen nur in Gruppe 2 (Mutterabwesenheit) verringert. Die Autoren interpretieren letzteren Befund dahingehend, daß die Kinder in der Gruppe 1 (Mutteranwesenheit) möglicherweise durch ihre Mütter zu stark von der Modelldarbietung abgelenkt worden waren, sich bei der Reproduktion des Copingverhaltens stärker am Mutter- als am Verhalten des Video-Modells orientierten oder die Mütter während der Vorführung selbst ein konkurrierendes Negativmodell (Ängstlichkeit, Distreß) bildeten. Demgegenüber fanden Pinto und Hollandsworth (1989) *positive* Effekte der Elternanwesenheit bei der Modellvorbereitung (schnellere Erholung nach dem Eingriff). Es hängt offensichtlich von den konkreten Verhaltensweisen der Eltern ab, wie sich ihre Anwesenheit auf das Kind auswirkt (vgl. Kap. 6.2.).

Kinder werden sehr häufig mit Hilfe von *Modell*-Videos, in denen ein gleichaltriges Kind (Modell) eine erfolgreiche Bewältigung demonstriert, auf eine schmerzhafte Prozedur vorbereitet. Die Befunde zu den Auswirkungen der Elternanwesenheit bei dieser Art der Vorbereitung sind widersprüchlich: Manche Studien erbrachten, daß die Bewältigungsfähigkeiten, insbesondere kleinerer Kinder, durch die Anwesenheit eines Elternteiles *verstärkt* werden (z.B. Reissland, 1983). Zu ähnlichen Ergebnissen kamen Pinto und Hollandsworth (1989), die die Wirkung der Elternanwesenheit beim Einsatz eines Video-Modells im Rahmen einer Operationsvorbereitung analysierten: Die Anwesenheit der Eltern reduzierte nicht nur das Erregungsniveau der Kinder (im Vergleich zu Kindern, die das Video allein ansahen), sondern auch das der Eltern selbst. Andere Untersuchungen belegen, daß die Anwesenheit eines Elternteiles den Modellerneffekt eher *be-*

hinderte (z.B. Bush et al., 1986; Faust et al., 1991). Möglicherweise kann die Anwesenheit der Eltern (als primäre soziale Modelle) dazu führen, daß die Kinder sich nur unzureichend auf fremde Modellpersonen konzentrieren können. Wahrscheinlich ist aber der Effekt der Elternanwesenheit in diesem Zusammenhang von derem konkreten Verhalten in der Vorbereitungssituation abhängig, d.h. davon, ob sie aktuell ein modellkongruentes oder -divergentes Verhalten zeigen. In letzterem Fall würde das Verhalten des Alltags-Modells Eltern mit dem des Videomodells interferieren und die Rezeption der Aufklärungsinhalte durch das Kind in Anwesenheit der Eltern behindern.

Verhaltenstherapeutische Interventionen

Über ausschließlich verhaltenstherapeutische Vorgehensweisen wie der systematischen Desensibilisierung bei der Vorbereitung von Kindern auf medizinische Eingriffe liegen kaum kontrollierte Studien, sondern lediglich Einzelfallberichte vor (Friedman et al., 1993; Poster & Betz, 1983). Verhaltensübungen und Rollenspiele sowie operante Verfahren werden i.d.R. als Komponente komplexerer Programme eingesetzt und nur in diesem Zusammenhang evaluiert. Die Intervention *„medical play"*, also das Spielen mit medizinischen Instrumenten und Geräten, die gelegentlich auch als eigenständige Intervention verwendet wird, wurde von Young und Fu (1988) an acht Kindern überprüftt, die einer Blutabnahme unterzogen werden mußten. Die Kinder wurden zufallsmäßig drei Gruppen zugeordnet: Eine Gruppe durfte vor dem Eingriff mit der Nadel spielen, eine unmittelbar danach und eine sowohl als auch. In allen drei Gruppen reduzierte sich die Pulsrate fünf Minuten nach dem Eingriff im Vergleich zur Kontrollgruppe signifikant.

Hypnose, Autosuggestion, Imagination

Hypnose wird in der pädiatrischen Praxis bei unterschiedlichen Erkrankungen erfolgreich zur Schmerz- und Angstreduktion eingesetzt. Kohen, Olness, Colwell und Heimel (1984) untersuchten den Effekt hypnotherapeutischer Intervention (Anleitung zur Selbsthypnose, Entspannung und Imagination) bei 505 Kindern und Jugendlichen (3-20 Jahre) mit unterschiedlichen Erkrankungen und Störungen über einen Zeitraum von zwei Jahren. Sie stellten fest, daß über die Hälfte der Kinder vollständige oder überwiegende Beschwerdefreiheit erlangt hatte, ein weiteres Drittel deutliche oder ansatzweise Verbesserungen und nur ein Zehntel keine Veränderungen aufwies.

Hilgard und LeBaron (1982) untersuchten in einer anspruchsvoll angelegten Studie 63 Patienten im Alter zwischen sechs und 19 Jahren, die sich einer Knochenmarkpunktion unterziehen mußten. Zunächst wurde in einer Baseline-Erhebung das Schmerzverhalten (systematische Verhaltensbeobachtung und Fremdbeurteilungen), das Schmerzerleben (Selbsteinschätzung mittels Analogskalen) während jedes Stadiums des Eingriffes und der Ausprägungsgrad der Angst zu drei festgelegten Zeitpunkten (Fremdbeurteilungen) erhoben. Außerdem wurden die Patienten anschließend zu ihren internen Bewältigungsstrategien befragt. Von den 63 Patienten nahmen 24 freiwillig an der anschließenden Hypnosebehandlung teil, die i.d.R. zwei, in Ausnahmefällen bis zu zehn Sitzungen umfaßte. In der Interventionsphase wurden die Kinder mittels individuell abgestimmter *hypnotischer* Vorgehensweisen auf die folgende Knochenmarkpunktion vorbereitet. Nach der Durchführung der medizinischen Prozedur beurteilten zwei Beobachter nacheinander das Schmerz- und Angstverhalten auf derselben Skala wie in der Grunderhebung. Die Patienten wurden wiederum nach ihrem Schmerzerleben befragt. In der Selbsteinschätzung war die Schmerzreduktion im Vergleich zur Baseline nach der ersten Sitzung signifikant (im ersten Durchgang bis 30% Schmerzreduktion; $p<.01$), stieg jedoch nach weiteren Behandlungseinheiten nur noch unwesentlich an. Die Beobachtereinstufungen bzgl. des Schmerzes ($p<.001$) und der Angst ($p<.05$) erbrachten entsprechende Ergebnisse. Die hypnotische Intervention erwies sich somit als moderat (statistisch signifikant) erfolgreich. Zu ähnlichen Ergebnissen kamen Kellerman, Zeltzer, Ellenberg und Dash (1983), die die Wirksamkeit von *Hypnose* zur Angst- und Schmerzverminderung bei Lumbal-, Knochenmarkpunktion und chemotherapeutischer Injektionen bei 16 krebskranken Jugendlichen untersuchten. Diese wurden angeleitet, während der Prozedur einen schönen oder persönlich bedeutsamen Platz zu visualisieren (Imagination). Einige Patienten erreichten eine beobachtbare Tiefenentspannung (langsame, gleichmäßige Atmung, Unbeweglichkeit, eingeengte Aufmerksamkeit). *Posthypnotische Suggestionen* für verstärktes Wohlbefinden reduzierten das Unwohlsein und verbesserten die Bewältigung während der Prozedur. Neuere Studien zur Effektivitätsprüfung hypnotischer Distreß-, Angst- und Schmerzreduktion werden im Abschnitt „Studien zum Effektivitätsvergleich" referiert.

Kognitiv-behaviorale Verfahren und Interventionspakete

Kognitiv-behaviorale Vorbereitungsverfahren kombinieren i.d.R. mehrere Interventionen, die eine der folgenden Komponenten umfassen: Aufklärung, Entspannungsübungen, externale Ablenkung, Selbstkontrolle und operante Verstärkung. Diese Verfahren wurden in jeweils heterogener Zusammensetzung empirisch geprüft.

Dahlquist et al. (1985) evaluierten eine Vorbereitungsintervention, die sich aus Progressiver Muskelrelaxation, Atemübungen (zur Entspannung und Ablenkung), angenehmen Imaginationen und positiver Selbstverbalisation zusammensetzte, bei Kindern unter Venenpunktionen und erhielten angstreduzierende Effekte in drei von vier Angstmaßen (Beobachtungssystem, Selbsteinschätzung, Team-Rating; nicht aber im Eltern-Rating). Das komplexe Vorbereitungsprogramm von Jay et al. (1985), das Modeling, Atemübung, Imagination, Ablenkung, aktive Elterninstruktion und Verstärkung umfaßt, wurde von Jay et al. (1987) in einer Vergleichsstudie (kognitiv-behaviorales Training vs. Valium-Prämedikation) erfolgreich getestet. Das verhaltensmedizinische Training bewirkte eine signifikante Verminderung der physiologischen Erregung, des Streßverhaltens und der Schmerzintensität und erwies sich der pharmakologischen Methode als überlegen. Dieser Befund wurde in einer Pilotstudie an zehn krebskranken Kindern sowie einer Drei-Jahres-Behandlungsergebnis-Studie an 55 Kindern mit Knochenmarkpunktionen bestätigt (Jay et al., 1987). Manne et al. (1990) untersuchten eine *kognitiv-verhaltenstherapeutische Interventionsstrategie* zur Distreßreduktion bei Venenpunktionen an 23 Kindern mit folgenden Komponenten:

- Aufmerksamkeitsablenkung (Seifenblasen pusten während der Prozedur),
- Atemübung (tiefes Ein- und Ausatmen, während die Eltern laut mitzählten),
- positive Verstärkung (zwei begehrte Sticker) nach erfolgreicher Bewältigung,
- elterliche Unterstützung.

In der Kontrollgruppe wurden die Eltern instruiert, ihre Kindern mit allem, was ihnen einfalle, während der Punktion zu unterstützen. Eine Reduktion der beobachteten Distreßreaktion und der durch die Eltern gerateten Schmerzintensität der Kinder ergab sich

ausschließlich in der Experimentalgruppe. Ebenso nahm die Angst der Eltern nur unter der Experimentalbedingung ab. Der Angstgrad der Krankenschwestern verringerte sich durch die Verhaltensintervention allerdings nicht signifikant.
Diverse *Ablenkungsstrategien* sind in empirischen Studien vielfach auf ihre Wirksamkeit geprüft worden und haben sich beim Schmerzmanagement im Kontext medizinischer Eingriffe als vergleichsweise besonders effektiv herausgestellt (z.B. Kuttner et al., 1988; Wall & Womack, 1989). Fowler-Kerry und Lander (1987) ermittelten bei einer einfachen Ablenkungsstrategie durch über Kopfhörer dargebotene Musik im Kontrollgruppenvergleich deutliche Schmerzreduktion schon bei vier bis siebenjährigen Kindern (unter Routineimpfungen). Bei ernsthafteren Eingriffen (Knochenmarkpunktionen, 6-15 Jahre) besitzt die musik-gestützte Ablenkung allerdings weitaus geringere Wirksamkeit: Pfaff et al. (1989) stellten für die antizipatorische Angst sowie für die Angst- und Schmerzintensität während des Eingriffes lediglich positive Trends fest. Allein das Streßverhalten vor dem Eingriff reduzierte sich signifikant.
Obwohl bislang keine kontrollierten *empirischen* Studien zur Wirksamkeit des Einsatzes von Humor zur Schmerzkontrolle vorliegen, weisen klinische Berichte auf seinen *analgetischen Effekt* hin (Cousins, 1976). Insbesondere bei *Kindern* mit Schmerzen scheint Humor eine wirksame *Bewältigungsstrategie* zu sein (Tesler et al., 1981), die auch häufig im Kontext medizinischer Prozeduren spontan eingesetzt wird und mit einer Verminderung des Streßniveaus verbunden ist (Blount et al., 1989; Blount et al., 1990; Blount, Davis et al., 1991). Allerdings muß mit Humor in kritischen Streßsituationen besonders sensibel umgegangen werden: Auf keinen Fall darf bei dem Kind der Eindruck entstehen, daß man sein Leiden nicht ernst nimmt oder sich über es lustig macht. Außerdem müssen die Inhalte der humorvollen Kommunikation entwicklungsgerecht gestaltet und für das Kind uneingeschränkt verständlich sein. *Kontraindiziert* ist humorvolles Verhalten bei sehr starken Schmerzen, bei hochbelasteten, hochängstlichen, sorgenvollen oder depressiven Kindern und Eltern. Zur Klärung der Frage, mit welchen Kindern und wie Humor am besten zur Schmerzlinderung eingesetzt werden kann, sind weitere Forschungen erforderlich (vgl. Smith, 1986).

Studien zum Effektivitätsvergleich

Aufgrund der zahlreichen Einflußfaktoren, die die Effektivität der zu evaluierenden Interventionen moderieren (z.B. Variablen der Erkrankung, der Prozedur, des Behandlungssettings und der therapeutischen Durchführung), ist man während der letzten Dekade dazu übergegangen, die *relative Effektivität* unterschiedlicher Vorgehensweisen in *komparativen Evaluationsstudien* unter vergleichbaren Bedingungen zu bestimmen. Insbesondere *hypnotisch-imaginative* und *kognitiv-behaviorale Interventionsstrategien* (in erster Linie *Ablenkungstechniken*), sind in diversen Untersuchungen miteinander verglichen worden.
In einer der ersten Vergleichsstudien (Zeltzer & LeBaron, 1982) wurde ein *hypnotisches* Verfahren mit einem *kognitiv-behavioralen* Vorgehen an insgesamt 45 Kindern (6-17 Jahre) bei Lumbal- und Knochenmarkpunktionen verglichen. Die Hypnoseintervention bestand aus geleiteter Imagination (spannende oder angenehme Geschichte), Atemübung (tiefes Ein- und Ausatmen) und Verhaltensübung (Probedurchlauf der Prozedur). Das kognitiv-behaviorale Vorgehen umfaßte externale Ablenkung (Fokus auf Objekte im Raum: Fliesen zählen, Hand der Mutter drücken) sowie Atemübung und Verhaltens-

übung analog der ersten Bedingung. Das Schmerz- und Angstempfinden wurde durch Selbsteinschätzung und Beobachter-Ratings (5-stufige Intensitätsskalen) für Knochenmark- und Lumbalpunktionen separat erhoben. Im Prä-Post-Vergleich war ein genereller Interventionseffekt für beide Prozeduren festzustellen, d.h. alle Interventionen führten zu einer signifikanten Schmerzreduktion. Entsprechend verminderte sich auch das Angstniveau generell bei beiden Eingriffen. In allen Fällen zeigte sich jedoch das hypnotische Vorgehen überlegen: Sowohl bei Knochenmark- als auch bei Lumbalpunktionen führte sie zu signifikant ausgeprägterer Schmerzreduktion. Auch in bezug auf die Angstverminderung war Hypnose in beiden Fällen effektiver. Auch für die Reduzierung *chemotherapiebedingten Distresses* wurde von Zeltzer, Dolgin, LeBaron und LeBaron (1991) eine Überlegenheit der Hypnose gegenüber externalen Ablenkungstechniken festgestellt. Sie untersuchten die relative Effektivität zur Reduktion chemotherapeutischer Nebenwirkung bei 54 krebskranken Kindern (5-17 Jahre) im direkten Vergleich zwischen: 1) *Geleiteter Imagination/Hypnose* (*Suggestionen* der Sicherheit und des Wohlbefindens, *Imagination* an einen anderen Ort oder einer angenehmen Tätigkeit), 2) *externaler Ablenkung* (Objekte im Behandlungsraum zählen) und *Entspannung* (tiefes Ein- und Ausatmen) und 3) einer Kontrollgruppe. Ingesamt verbesserte sich die Symptomatik im Prä-Post-Vergleich in der Hypnosegruppe deutlich (31%) und in der Ablenkungsgruppe mäßig (13%), während sie sich in der Kontrollgruppe erheblich verschlimmerte (50%).

Kuttner et al. (1988) untersuchten die differentielle Effektivität von *Hypnose* und *kognitiv-behavioraler* Intervention an 48 Kindern (3-10) bei Knochenmarkpunktionen: 1) Die verhaltenstherapeutische Intervention bestand aus prä- und periprozeduraler externaler Ablenkung (Puppen, Spielzeug, Bilderbücher), Atemübung und Verstärkung; 2) Hypnose umfaßte präprozedurale Tranceinduktion und indirekte Suggestionen in spielerischer Atmosphäre, direkte Analgesie-Suggestionen und eine Imaginationsgeschichte (incl. streßreduzierender und bewältigungsanregender Suggestionen) während der Prozedur und 3) Kontrollgruppe (übliche Erläuterungen und Unterstützung während des Eingriffes). Die Resultate fielen differenzierter aus: Eine Überlegenheit der Hypnose war lediglich in bezug auf die Verminderung des Streßverhaltens (Fremd-Ratings) bei jüngeren Kindern zu beobachten. Für ältere Kinder waren beide Interventionsformen in der Angst- und Schmerzreduktion gleich effektiv (und der Kontrollbedingung signifikant überlegen). Auch in der Selbstbeurteilung ergaben sich keine Gruppenunterschiede zwischen Ablenkung und Hypnose. Dieses Resultat blieb nach einer weiteren Trainingssitzung stabil, d.h. beide Interventionen blieben vergleichbar wirksam. Zu ähnlichen Resultaten gelangten Wall und Womack (1989), die ebenfalls ein kognitiv-behaviorales Vorbereitungstraining (prozedurale Information und externale Ablenkung) und ein hypnotisches Vorgehen (prozedurale Information und Hypnoseinduktion, incl. Entspannung und Armlevitation) bei 20 Kindern (5-18) unter Knochenmark- und Lumbalpunktionen miteinander verglichen. In dieser Studie gaben die Kinder für beide Interventionen signifikante Schmerzverminderung, aber keine Verringerung ihrer Angstausprägung an. Lediglich nach Beobachtereinschätzung reduzierte sich das Angstverhalten nach dem Training. Zwischen den beiden Interventionsformen ließen sich keinerlei Gruppenunterschiede hinsichtlich ihrer Effektivität zur Schmerz- und Angstreduktion bei den Kindern feststellen.

Fowler-Kerry und Lander (1987) stellten einen Vergleich zwischen zwei Minimalformen kognitiver und hypnotischer Vorgehensweisen mit 200 Kindern (4-7) bei Routineimpfungen an: Nach einer Aufklärung durch die Krankenschwester erhielten die Kinder 1) *Ablenkung durch Musik* über Kopfhörer, 2) eine *einfache indirekte Suggestion* (mit dem Inhalt, daß die Schwester während des Eingriffes irgendetwas Geheimnisvolles tun werde, um den Kindern zu helfen), 3) Ablenkung und Suggestion und 4) keine Intervention (Kontrollgruppe). Gegenüber der Kontrollbedingung waren die mittleren von den Kindern angegebenen Schmerzwerte (4-stufige VAS) differentiell reduziert: Die niedrigste Schmerzintensität wurde für die Kombinationsbedingung ermittelt (1,05), gefolgt von Ablenkung (1,34) und Suggestion (1,59). Die Kontrollgruppe schnitt deutlich schlechter ab (1,78). Ein statistisch signifikanter Interventionseffekt gegenüber der Kontrollbedingung konnte allerdings ausschließlich für externale Ablenkung ermittelt werden, wobei ältere Kinder stärker von der externalen Ablenkung profitierten als jüngere.

Dahlquist et al. (1986) verglichen vier Interventionen bei unterschiedlichen medizinischen Prozeduren (N = 79, 3-12 Jahre) in Abhängigkeit von der Qualität der spezifischen Vorerfahrungen der Kinder: 1) *Informationsvermittlung* (sensorische und prozedurale Information), 2) *kognitiv-verhaltenstherapeutisches* Vorgehen (Vermittlung von Entspannungstechnik, Atemübung und positiver Selbstinstruktion), 3) ein *kombiniertes* Vorgehen (der ersten beiden Interventionen) und 4) *Aufmerksamkeitskontrolle* (Geschichtenvorlesen und ablenkende Gespräche). Entgegen den Untersuchungshypothesen wurde *kein genereller Effektivitätsunterschied* zwischen den Vorbereitungsmaßnahmen festgestellt, aber ein signifikanter Haupteffekt der Vorbereitung an sich und ein *Interaktionseffekt* zwischen Vorbereitungsintervention und Vorerfahrungsqualität: Bei Kindern mit positiven oder neutralen Vorerfahrungen wirkten sich die unterschiedlichen Interventionen gleich positiv aus. Kinder mit negativen Vorerfahrungen zeigten dagegen einen gegenüber der Kontrollgruppe drastischen *Anstieg* ihres Streßverhaltens nach der *Ablenkungsintervention.* Die Autoren vermuten, daß diese Experimentalbedingung angstauslösende Elemente enthielt. Möglicherweise wirkte sich in dieser Gruppe die Trennung von den Eltern streßinduzierend aus, da die Kinder im Gegensatz zu denen der anderen Konditionen hier keine kompensatorische Interaktion mit anderen Erwachsenen unterhielten. In dieser Studie wurde erstmals die Compliance der Kinder bezüglich der Vorbereitung überprüft: Lediglich ein Drittel der in Bewältigungsfertigkeiten trainierten Kinder gaben auf nachträgliche Befragung an, diese in der Streßsituation auch eingesetzt zu haben. Die Kinder, die die vermittelten Bewältigungsstrategien gezielt nutzten, zeigten aber signifikant geringere Streßwerte (nach OSBD) als spontane Bewältiger.

Diese Resultate belegen, daß sich Vorbereitungsinterventionen in Abhängigkeit von Kontextfaktoren wie der Vorerfahrungsqualität differentiell und u.U. sogar negativ auf die Kinder auswirken können. Entgegen der Vermutung, daß negativ vorgeprägte Kinder eher durch sensorische Informationen verängstigt werden könnten, wirkte sich hier die Aufmerksamkeitskontrolle in Abwesenheit der Eltern offensichtlich streßinduzierend aus. Zur Klärung dieses Teilbefundes besteht weiterer Untersuchungsbedarf. Das ernüchternde Resultat zur Anwendungshäufigkeit vermittelter Bewältigungsstrategien verweist darauf, die Rezeption der Trainingsinhalte durch die Kinder nach Trainingsende zu kontrollieren.

Vergleichsstudien: Verhaltensmedizinische vs. pharmakologische Vorbereitung

Ob bei schmerzhaften medizinischen Maßnahmen eher eine psychologische oder pharmakologische Behandlung indiziert ist, wird bis heute kontrovers diskutiert, komparative empirische Untersuchungen fehlen weitgehend (Jay et al., 1987, 1991; Zeltzer et al., 1989). In lediglich zwei kontrollierten Vergleichsstudien wurde die Effektivität verhaltensmedizinischer und pharmakologischer Maßnahmen direkt miteinander verglichen:
Jay et al. (1987) untersuchten ein psychologisches Vorbereitungsprogramm im Vergleich zu niedriger Valiumdosierung an 56 leukämiekranken Kindern (36 Jungen, 20 Mädchen) im Alter zwischen dreieinhalb und 13 Jahren bei Knochenmarkpunktionen. Drei unterschiedliche Vorbereitungsinterventionen (Drei-Treatment-Vergleich), die alle eine halbe Stunde vor der Prozedur durchgefürt wurden, wurden hinsichtlich ihres streßreduzierenden Effektes verglichen: 1) Niedrigdosierte orale Valiumapplikation (0,3 mg/kg); 2) Minimalvorbereitung mittels einer einfachen Ablenkung durch das Anschauen von Cartoons; 3) kognitiv-behaviorale Vorbereitung (bestehend aus der Darbietung eines Film-Modells, der Vermittlung einer Atem-Entspannungstechnik, einer Imaginations-/Ablenkungsübung, einer Verhaltensübung mit Rollenspiel und einem Verstärker). Die kognitiv-behaviorale Vorbereitung zeigte sich in allen erhobenen Parametern (beobachtetes Streßverhalten, selbstberichtete Schmerzintensität und Pulsrate) den beiden anderen Vorgehensweisen überlegen. Die Werte der Valium-Gruppe unterschieden sich nicht wesentlich von denen der Minimalvorbereitung. Die Autoren konnten zwar eine Überlegenheit des verhaltensmedizinischen Programms nachweisen, räumten aber später (Zeltzer et al., 1989) ein, daß damit nicht eine generelle Unterlegenheit pharmakologischer Intervention bewiesen worden sei. *Erstens* wurde ausschließlich das Benzodiazepin Valium in den Vergleich einbezogen. Andere gebräuchliche sedierende oder analgetische Substanzen wurden nicht überprüft. *Zweitens* wurde die Dosierung, wie in klinischen Studien zur Wirksamkeitsprüfung von pharmakologischen Substanzen erforderlich, nicht variiert. *Drittens* wurde keine Kombination von Medikamenten (z.B. Sedativa plus Analgetika oder lokalanästhesierende Substanzen) getestet. Die Aussagekraft dieser Vergleichsuntersuchung bleibt also begrenzt.
In einer neuen Untersuchung von Jay, Elliott, Fitzgibbons, Woody und Siegel (1995) wurde das *kognitiv-behaviorale Training* (Modellfilm, Atemübung, Imagination, Ablenkung, positive Instruktion und Verstärkung) mit einer *Kurznarkose* (Nitrooxid 60-70% und Halothan) zur Vorbereitung auf Knochenmarkpunktionen verglichen (N = 18; 3-12 Jahre). Die Effekte wurden aufwendig mittels unterschiedlicher Parameter und Meßinstrumente erhoben. Die Eltern äußerten im Vorfeld höhere Erwartungen an die Wirksamkeit der Kurznarkose als an die des psychologischen Trainings. Weder nach der Selbsteinschätzung der Kinder, ihrem beobachteten Verhalten (OSBD), physiologischen Parametern oder Fremdratings unterschieden sich die beiden Verfahren in bezug auf eine Streßreduktion bei den Kindern. Lediglich unmittelbar vor dem Eingriff (in der ersten Minute auf dem Behandlungstisch) zeigten die Kinder der kognitiv-behavioralen Bedingung leicht *höhere* Streßwerte. Auch 24 Stunden später schätzten die Eltern die Anpassung ihrer Kinder unter der Narkosebedingung *höher* ein. Die Streßausprägung der Eltern vor, während und nach der Prozedur unterschied sich unter beiden Vorbereitungsbedingungen nicht signifikant. Demgegenüber war der antizipatorische Streß des *medizinischen Teams* bei der Kurznarkose signifikant erhöht. In der Nachbefragung wurde weder bei den Kindern noch bei ihren Eltern eine Präferenz für eines der Verfah-

ren festgestellt. Die Resultate deuten auf eine ähnliche Wirksamkeit der beiden Vorgehensweisen hin. Die pharmakologische Maßnahme zeigte sich zwar in einigen Randaspekten leicht überlegen, ist aber mit einem höheren Nebenwirkungsrisiko behaftet, das sich in der erhöhten Streßrate des medizinischen Teams deutlich manifestiert. Unter ökonomischen Gesichtspunkten betrachtet, ist die Verabreichung der Kurznarkose andererseits mit erheblich geringerem zeitlichen und personellen Aufwand verbunden. Beide Verfahren stellen wirksame Methoden zur Streßreduktion bei den Kindern dar und sollten den Patienten unter Berücksichtigung individueller und situativer Bedingungen zur Vorbereitung auf aversive Eingriffe angeboten werden.

Eltern-Kind-Vorbereitung

Die meisten empirischen Arbeiten beziehen sich auf gemeinsame Interventionen für das betroffene Kind und seine Familie; eine *isolierte Elternvorbereitung* ist vergleichsweise selten untersucht worden. Es fehlt insbesondere an Studien, bei denen Eltern von Kindern, die für eine direkte Intervention noch zu klein sind, allein vorbereitet werden (Campbell, Kirkpatrick, Berry, Penn, Waldman & Mathewson, 1992).

Separate Elternvorbereitung

Mit dem Streßimmunisierungstraining von Jay und Elliott (1990) läßt sich die Angst der Eltern nachhaltig reduzieren und eine positive Selbstverbalisation stärken. 72 Eltern krebskranker Kinder wurden zwei Untersuchungsgruppen zugeordnet: Gruppe 1 erhielt ein separates Streßimpfungstraining. Gruppe 2 war lediglich bei der kognitiv-behavioralen bzw. kombiniert psychologisch-pharmakologischen Vorbereitung ihrer Kinder (vgl. Jay et al., 1985, 1987, 1991) anwesend. Zur Datenerhebung wurden Verhaltensbeobachtung („*Parent Behavior Scale*"), Selbsteinschätzung bzgl. erlebter Angst und Copingschwierigkeiten während der Prozedur (Likertskala) und das „*Self Statement Inventory for Medical Procedures*" eingesetzt. Die Autoren ermittelten *durchschlagend positive Effekte* des Programms zur *Reduktion elterlicher Angst* und der *Verstärkung positiver Selbstverbalisation*. Interessanterweise fanden sie außerdem, daß Eltern, die kein Streßimmunisierungstraining erhielten, sondern lediglich bei der kognitiv-behavioralen Intervention ihrer Kinder zugeschaut hatten, während der Prozedur genauso aktiv beteiligt waren und das Kind genauso intensiv bei der Ausführung der Copingstrategien (Atmung und Imaginationsübungen) unterstützten wie die Eltern im Streßinokulationsprogramm.

Campbell et al. (1992) untersuchten die Effekte einer *isolierten Vorbereitung von Müttern* auf eine invasive medizinische Prozedur (Herzkatheterisierung, Venenpunktion) ihrer ein- bis sechsjährigen Kinder. Sie verglichen drei Vorbereitungsmaßnahmen miteinander:

- *Aufklärungsintervention (Informationsvermittlung)* und Vertrautmachen mit den Behandlungsbedingungen: Die Mütter erhielten Informationen über die Krankheit, den Entwicklungsstand ihres Kindes und die Prozedur, besichtigten die Behandlungsräumlichkeiten und hatten ein kurzes Gespräch mit dem Psychologen.
- Das *Streßmanagement-Training* umfaßte kontrolliertes tiefes Atmen, Progressive Muskelentspannung oder eine andere Form der Selbstregulation, ge-

leitete Imagination (Visualisierung einer positiven Szene) und positive Selbstverbalisation.

- *Unterstützende Kurztherapie*: Die Mütter erhielten emotionale Unterstützung und konnten über ihre Gefühle und Probleme diskutieren. Sie wurden ermutigt, die früher erfolgreich praktizierten Bewältigungsfertigkeiten einzusetzen.

Nach dem *Streßmanagement-Training* zeigten sowohl die Mütter als auch die Kinder positiveres Bewältigungsverhalten. Obwohl nur die Mütter vorbereitet worden waren, war ein meßbarer Effekt auf die kindliche Streßbewältigung nachweisbar. Vermutlich erlangten die Mütter durch das Training den Eindruck, die Situation besser beeinflussen zu können. Diese erhöhte Kontrollerwartung und Selbstwirksamkeitsüberzeugung ist von den Kindern wahrscheinlich als sicherheitsgebend und angstreduzierend sowie bewältigungsmotivierend (Modell) wahrgenommen worden. Die Mütter wiesen niedrigere Ängste auf und berichteten über einen positiveren Genesungsverlauf ihrer Kinder nach der Entlassung aus dem Krankenhaus. Diejenigen Mütter, die nur an einer *Aufklärungsintervention* teilgenommen hatten, berichteten zwar, daß sich ihre eigenen Ängste sowie Anspannung verringert hatten und sie sich besser in der Lage fühlten, ihre Kinder angemessen zu unterstützen. Andererseits zeigte sich aber *kein positiver Effekt auf das Bewältigungsverhalten der Kinder*. Die unterstützende *Kurztherapie* wies überhaupt keine signifikanten Effekte auf.

Einbeziehung der Eltern in die Vorbereitung des Kindes

Whitsett und Hagen (1990) replizierten die Untersuchung von Jay und Elliott (1990): Sie bereiteten acht leukämiekranke Kinder (Durchschnittsalter: 5;9 Jahre) mit dem beschriebenen Programm vor. Bei der einen Hälfte der Stichprobe waren die Eltern anwesend, bei der anderen nicht. Die Autoren wollten prüfen, ob sich der Distreß der Kinder stärker reduzieren läßt, wenn die Eltern bei der Vorbereitungsintervention anwesend sind. Das Distreßverhalten (erfaßt mit der OSBD-Skala) verringerte sich tatsächlich deutlicher bei Anwesenheit der Eltern. Allerdings änderten sich im Gegensatz zu der Originalstudie die Angstwerte der Eltern selbst durch eine bloße Teilnahme an der Vorbereitung *nicht*. Da es sich in dieser Studie um eine sehr kleine Stichprobe handelt, ist nicht auszuschließen, daß sich darunter überdurchschnittlich viele hochängstliche Eltern befanden, für die ein separates Streßbewältigungstraining indiziert gewesen wäre. Es bestand auch *kein* Zusammenhang zwischen den Angstwerten der Eltern und dem gezeigten Distreß der Kinder. Dies steht in Widerspruch zu Resultaten von Jay et al. (1983), wonach hohe Elternangst den Distreß ihrer Kinder verstärkt („Angstansteckung"). Vermutlich waren die Eltern nach der passiven Sitzungsteilnahme zwar noch nicht in der Lage, ihren Streß wirksam zu kontrollieren, hatten aber durch das Video-Modell gelernt, ihre Angst weniger deutlich zu zeigen. Jüngere Kinder zeigten generell mehr Distreßverhalten und profitierten in geringerem Ausmaß von der Intervention als ältere, obwohl immerhin vier von sechs Kindern unter sechs Jahren ihren Streß vermindern konnten. In einer Nachbefragung zog es die überwiegende Mehrheit sowohl der Eltern als auch der Kinder vor, die Eltern in das Vorbereitungstraining einzubeziehen.

Programme zur Optimierung des Unterstützungsverhaltens der Eltern

Pinto und Hollandsworth (1989), die in ihrer bereits erwähnten Untersuchung u.a. der Frage nachgingen, ob ein spezielles Elterninstruktionstraining im Vergleich zu einer ausschließlich mit den Kindern durchgeführten Vorbereitung überhaupt einen zusätzlichen Effekt auf deren Bewältigungserfolg hat, führten eine Vorbereitung mittels Modellvideo einmal in Anwesenheit und einmal in Abwesenheit der Eltern durch. Die Kinder mit anwesenden Eltern zeigten zwar weniger Distreß nach dem „*Palmer Sweat Index*“ (Schweißdrüsenaktivität), nicht aber weniger selbstberichtete Ängstlichkeit und Streßverhalten. Es muß allerdings berücksichtigt werden, daß dieses Untersuchungsparadigma nur begrenzt aussagekräftig ist, da es sich lediglich auf eine beschränkte Vorbereitungsform bezieht (ohne konkrete Elterninstruktion und systematisches Elterntraining). Die Umsetzung dieser Elternvorbereitung stellt wahrscheinlich noch lange nicht die optimale Form der Einbeziehung der Erwachsenen dar: Die Eltern erhielten weder Gelegenheit zum Üben, noch wurde die Rezeption der vermittelten Modellfertigkeiten anschließend überprüft (Blount, Davis et al., 1991). Außerdem kann nicht ausgeschlossen werden, daß die Anwesenheit des „Standardmodells“ Mutter oder Vater mit dem fremden Modell im Video interferiert.
Eine systematischeres Elterninstruktionstraining wurde von Zastowny et al. (1986) evaluiert. Sie trainierten 33 Eltern-Kind-Dyaden für die Vorbereitung auf chirurgische Eingriffe bei den Kindern (Alter: 6-10 Jahre) und bildeten drei randomisierte Gruppen: 1) Die *Informationsgruppe* erhielt (wie alle anderen Gruppen) lediglich Aufklärungsinformationen mittels eines speziellen Puppenfilmes (Kontrollgruppe); 2) die Eltern der *Angstreduktionsgruppe* erlernten darüber hinaus eine Entspannungstechnik, um ihren eigenen Distreß zu reduzieren; 3) in der *Bewältigungsgruppe* erhielten die Eltern konkrete Instruktionen, ihre Kinder bei der Bewältigung aktiv zu unterstützen (u.a. durch Selbstverbalisation, Entspannung, Atemtechniken, Verstärkung). Erwartungsgemäß zeigte sich die Bewältigungsunterstützung den beiden anderen Interventionen überlegen: Die Kinder der Eltern aus der Bewältigungsgruppe gewöhnten sich besser an die Krankenhaussituation, zeigten weniger Problemverhalten bei streßreichen medizinischen Eingriffen und waren vor und nach der Hospitalisierung weniger belastet. Sowohl in der Bewältigungs- als auch in der Angstreduktionsgruppe fielen die Selbsteinschätzungen bezüglich des antizipatorischen und retrospektiven Angst- und Distreßerlebens bei Kindern *und* Eltern geringer aus. Mit dieser Studie konnten frühere Befunde von Peterson und Shigetomi (1981; 1982) bestätigt werden, die ebenfalls eine Überlegenheit eines gezielten Bewältigungstrainings für Kinder und Eltern gegenüber reiner Informationsvermittlung oder Modeling bei der Operationsvorbereitung zwei- bis zehnjähriger Kinder konstatiert hatten, die sogar nach einem Jahr (follow-up) noch feststellbar war.

Kombinierte Eltern-Kind-Programme: Bewältigungshilfe für die Kinder und Unterstützungsinstruktionen für die Eltern

Die Effektivität von Interventionen, die Eltern und Kindern in *gemeinsamen Trainings* konkrete Bewältigungsfertigkeiten vermitteln, ist in den letzten Jahren mehrfach untersucht worden (Campbell et al., 1986; Hunsberger, Love & Byrne, 1984). Neuere Evaluationsstudien zu kombinierten Eltern-Kind-Vorbereitungen kommen zu überzeugenden Ergebnissen. In zwei *klinischen Studien* überprüfte die Arbeitsgruppe um R.L. Blo-

unt die Effektivität eines *phasenspezifischen Bewältigungstrainings für Kinder und Eltern* bei verschiedenen medizinischen Prozeduren.
Der Versuch von Powers et al. (1993), Eltern und Kinder in spezifischen Bewältigungsfertigkeiten zu trainieren, erbrachte sehr emutigende Resultate: Sowohl Eltern als auch Kinder hatten sich vor der Intervention als unfähig erwiesen, Angst, Schmerz und Streß im Kontext invasiver medizinischer Prozeduren wirksam zu kontrollieren (sehr niedrige Raten im Unterstützungsverhalten der Eltern bzw. im Bewältigungsverhalten der Kinder). Nach der Intervention zeigten die Eltern im intra- und interindividuellen Vergleich (zur eigenen Baseline bzw. zur Kontrollgruppe) interaktiveres Ablenkungsverhalten (z.B. Spielen, ablenkende Gespräche) und unterstützende Bewältigungsinstruktionen (z.B. Atemübung, lautes Zählen). Die Kinder reagierten durchweg positiv mit verstärkten Bewältigungsbemühungen und verringertem Distreß auf das supportive Engagement ihrer Eltern: Das Streßniveau der Kinder reduzierte sich nach der Intervention in allen Parametern signifikant (OSBD, CAMIS-R, VAS-Streß-Ratings durch die Krankenschwestern, VAS-Ratings der antizipatorischen Angst und des prozeduralen Schmerzes durch die Eltern). Die Ergebnisse bestätigen die Hypothese, daß Kinder durch den Einsatz gezielter Copingstrategien ihren Streß deutlich reduzieren und Eltern als natürliche Vermittler und „Trainer“ eine wichtige Funktion für die Aneignung und Umsetzung von Bewältigungskompetenzen ihrer Kinder bei invasiven medizinischen Prozeduren erfüllen können. Blount et al. (1994) trainierten in entsprechender Weise drei Elternpaare und ihre krebskranken Kinder (4-7 Jahre) bei schmerzhaften *Knochenmark- und Lumbalpunktionen.* Schon nach der ersten Trainingssitzung zeigten alle Kinder signifikant gesteigertes Bewältigungsverhalten sowie verminderten Distreß und die Eltern erhöhte Unterstützungsraten. Dieser Effekt blieb bei zwei Kindern im weiteren Verlauf stabil, während das dritte auf den Ausgangswert zurückfiel. Das Unterstützungsverhalten aller Elternteile stabilisierte sich auf dem hohen Niveau.
In einer kontrollierten Studie an 30 Vorschulkindern (3-7 Jahre) testeten Blount, Bachanas, Powers, Cotter, Franklin, Chaplin, Mayfield, Henderson und Blount (1992) ein äquivalentes Vorgehen bei *Routineimpfungen.* Im Vergleich zu der untrainierten Kontrollgruppe zeigten die vorbereiteten Kinder und Eltern signifikant höhere Raten an Bewältigungs- bzw. Unterstützungsverhalten. In zwei von drei Beobachtungsmaßen war der prozedurale Distreß der Kinder deutlich verringert. Die trainierten Eltern schätzten sowohl den eigenen als auch den Streß ihrer Kinder geringer ein als vor dem Training. Interessanterweise war auch das medizinische Team in der Unterstützung der trainierten Kinder engagierter als bei den unvorbereiteten Eltern-Kind-Dyaden, wobei die zeitliche Interaktionsabfolge dafür spricht, daß das gesteigerte supportive Verhalten von Ärzten und Schwestern durch das Vorbild der Eltern angeregt wurde. Der größte therapeutische Effekt ist nach Ansicht der Autoren von einem gezielten Training aller beteiligten Personen (Kind, Eltern, Ärzte und Schwestern) zu erwarten.

7.2.2.2. Meta-analytische Auswertungen

Die Beurteilung der Resultate der referierten Evaluationsstudien wird dadurch erschwert, daß der Untersuchungsgegenstand „Interventionsmaßnahme“ nach einer ganzen Reihe von Merkmalen variiert, z.B.:

- Art des Stressors (Behandlung, Prozedur, Krankheitskontext);

- spezifischer Zielsetzung (kurz-, mittel-, langfristig; streß- vs. bewältigungsfokussiert);
- Zielgruppe (Kind, Eltern, Behandlungspersonal);
- Alter der Kinder (Spektrum zwischen 2 und 18 Jahren);
- Interventionsfrequenz (ein-, zwei- oder mehrmalig);
- Interventionsumfang und -dauer (10 min bis 2 Stunden);
- Zeitpunkt der Intervention (vor, während, nach der Prozedur);
- Vorbereitungskontext (stationär, ambulant, häuslich);
- Indikationsstellung (pauschales Standardangebot vs. differentielle Diagnostik);
- Art, Anzahl und Zusammensetzung der verwendeten Interventionstechniken (Einzel- oder kombinierte Verfahren bzw. Programme).

Das Spektrum medizinischer Stressoren, auf die Kinder mit verhaltensmedizinischen Methoden vorbereitet werden, umfaßt beispielsweise:

- Operationsvorbereitung;
- Lumbal- und Knochenmarkpunktionen;
- Venenpunktionen zur Blutabnahme oder Injektion;
- intramuskuläre oder subkutane Injektionen z.B. bei Routineimpfungen;
- zahnmedizinische Prozeduren.

Das Streß- und Angstniveau einerseits und das konkrete Bewältigungsverhalten der Kinder andererseits ist, wie die Bewältigungsforschung belegt (vgl. Kap. 6.2.), erheblich von den *Kontextfaktoren* (Art und Dauer des Eingriffes, Schmerzintensität und -dauer, Anwesenheit und Verhalten anderer Personen, Medikation etc.) beeinflußt. Es ist offensichtlich, daß die Effektivität unterschiedlicher Interventionsverfahren (wie die der verschiedenen „natürlichen" Bewältigungsstrategien) ebenfalls *differentieller Natur* und nicht auf alle medizinischen Prozeduren generalisierbar ist. Daraus folgt, daß verhaltensmedizinische Interventionsverfahren *prozedurspezifisch* evaluiert werden müßten. Während der letzten Dekade hat sich die Evidenz dafür, daß die Effektivität verhaltensmedizinischer Interventionen erheblich von diesen Einflußfaktoren moderiert wird, ständig verdichtet. Um die Determinanten der differentiellen Effektivität genauer bestimmen zu können, sind in neuerer Zeit einige Meta-Analysen durchgeführt worden. Diese meta-analytischen Auswertungen erlauben es, eine größere Anzahl von kontrollierten Evaluationsstudien, die nach definierten Kriterien ausgewählt werden, systematisch auf relevante Einflußfaktoren und differentielle Effekte zu überprüfen. Da Schlußfolgerungen allein auf der Basis narrativer Übersichten zu Verzerrungen führen können, sollen die Resultate der einschlägigen Meta-Analysen in die Diskussion einbezogen und im folgenden kurz zusammengefaßt werden. Bislang liegen drei Meta-Analysen zur empirischen Evaluationsforschung verhaltensmedizinischer Vorbereitungsinterventionen für Kinder bei medizinischen Stressoren vor, die zum Teil zu divergierenden Resultaten gelangen.

Evaluationsstudien zur Vorbereitung von Kindern auf schmerzhafte medizinische Eingriffe (1962-1987)

Broome, Lillis und Smith (1989) analysierten 27 Evaluationsstudien zum Schmerzmanagement bei Kindern im Kontext medizinischer Eingriffe. Die meisten der vorbereiteten Kinder waren im Alter zwischen drei und zwölf Jahren. Die Vorbereitungen bezogen sich i.d.R. auf schmerzhafte *diagnostische* oder *medizinische Prozeduren*, etwa ein Drittel auf Zahnbehandlungen. Die verhaltensmedizinische Intervention wurde in knapp der Hälfte der Fälle in *Abwesenheit der Eltern* und überwiegend (70%) *unmittelbar vor* dem medizinischen Eingriff durchgeführt. In 19% der Studien erfolgte diese Vorbereitung durch den Arzt. Die Angaben der Autoren zu den eingesetzten *Interventionsverfahren* sind äußerst dürftig: In 40% der Studien sei eine „Kombination aus kognitivem und affektivem Schmerzmanagement" eingesetzt worden. Die zur Effektbestimmung herangezogenen Parameter umfaßten Verhaltensäußerungen (44%), Selbstberichte (11%), physiologische Daten (4%) oder eine Kombination aus mehreren Datenquellen (41%). Die *Effektstärken* wurden über die zusammengefaßten Signifikanzniveaus gebildet und für die drei Parameter physiologische Reaktion, Verhaltensreaktion und Selbstberichte separat errechnet (vgl. Tabelle 7-2). Die generellen Effektstärken waren nach allen Parametern hochsignifikant, am ausgeprägtesten für die Verhaltensbeobachtung, gefolgt von den Selbsteinschätzungen und physiologischen Messungen. Die verhaltensmedizinischen Vorbereitungsprogramme erklärten 40% der Reduktion des Verhaltensstresses, 34% der subjektiven Schmerzwahrnehmung und 30% der physiologischen Streßreaktion. Die drei Erfolgskategorien korrelierten untereinander allerdings nicht signifikant ($p>.05$). Die ermittelten Effektstärken unterschieden sich nicht signifikant hinsichtlich verschiedener Kontextvariablen wie: Art der medizinischen Prozedur bzw. des Schmerzreizes, der eingesetzten Informationsmedien (Video, Bilderbücher, Life-Modell, Spielen), dem Interventionsobjekt (Kind oder andere Erwachsene) oder Interventionsstrategie (kognitiv, physiologisch oder emotiv orientiert).

Tabelle 7-2: Mittlere Effektstärken nach unterschiedlichen Parametern.

	Anzahl der Studien	Kombinierter Signifikanztest (chi-Quadrat)	Kombinierte Effektstärke (r)	Variation der Erfolgsrate BESD)
Verhalten	21	181,97*	.41	.30-70
Selbstberichte	9	122.06*	.34	.33-67
Physiologie	11	88.29*	.30	.35-65
Summe	41	--	--	--

*p<.000001

Evaluationsstudien zu Vorbereitungsinterventionen bei Kindern auf medizinische Eingriffe (1953-1986)

Saile, Burgmeister und Schmidt (1988) führten eine Meta-Analyse über 75 im Zeitraum von 1953 bis 1986 publizierte kontrollierte Studien zu psychologischen Vorbereitungsmaßnahmen an Kindern im Kontext verschiedener medizinischer Eingriffe (kleinere Operationen, Blutentnahmen, Injektionen, Punktionen, Zahnerhaltung) durch. Es wurden insgesamt 125 Vergleiche verhaltensmedizinischer Interventionsmethoden zur Vorbereitung auf umschriebene medizinische Ereignisse vorgenommen. Davon bezogen sich jedoch lediglich fünf Studien (3,9%) auf die Vorbereitung auf stark schmerz- oder streßinduzierende medizinische Prozeduren (wie Lumbal- oder Knochenmarkpunktionen), während 39,8% mittlere, 10,7% kleinere Eingriffe bei Bewußtsein sowie 45,6% kleine Operationen unter Narkose untersuchten. Die *Interventionsmaßnahmen* fanden durchschnittlich 45 Minuten vor dem Eingriff statt und dauerten im Mittel 19 Minuten. In etwa der Hälfte der Vergleiche wurde Modellernen eingesetzt, Weit weniger häufig kognitiv-behaviorale Verfahren und, komplexe kognitiv-behaviorale Behandlungspakete sogar nur in knapp 8%. Eigenartigerweise sind ausgerechnet Informationsvermittlung und Entspannungsverfahren in dieser Studienauswahl auffällig unterrepräsentiert (vgl. Abbildung 7-2). *Methodisch* wiesen die analysierten Evaluationsstudien eine Reihe von Mängeln auf: Zwar wurden i.d.R. mindestens zwei unabhängige Datenquellen herangezogen, aber die Reliabilität und Validität der eingesetzten Meßinstrumente war größtenteils unzulänglich. In über 60% der Studien wurde lediglich ein Meßzeitpunkt (unmittelbar nach der Prozedur) festgelegt. In 39% der Fälle waren Untersucher und Trainer identisch, nur 10% der datenerhebenden Personen waren interventions- bzw. untersuchungsblind.

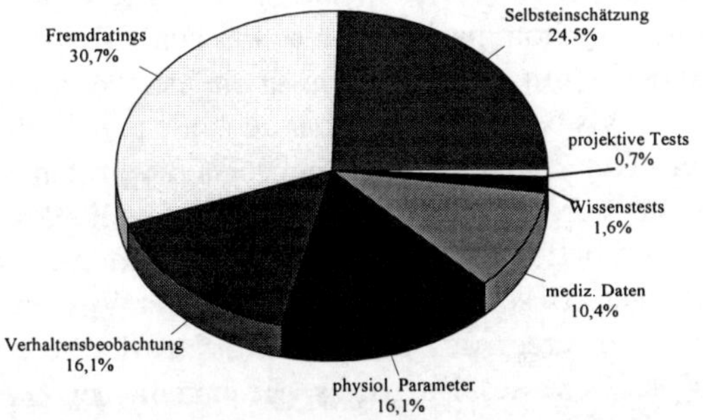

Abbildung 7-2: ***Relativer Einsatz unterschiedlicher Meßmethoden zur Effektbestimmung (nach Saile et al., 1988).***

Es wurden die *differentiellen Effektstärken* ausgewählter Vorbereitungsmethoden ermittelt (vgl. Tabelle 7-3). Die *durchschnittliche statistische Effektstärke* lag bei *0.44* (SD = 0.48). Dieser statistisch hochsignifikante Effekt wird von den Autoren allerdings in seiner klinischen Bedeutung relativiert.

Tabelle 7-3: ***Effektstärken für unterschiedliche Vorbereitungsmethoden in der Reihenfolge der Häufigkeit, in der sie eingesetzt wurden.***

Vorbereitungsmethode	Anzahl der Vergleiche	Mittlere Effektstärke
Modellernen	56 (49,1%)	0.35
Kognitiv-behaviorale Interventionen	20 (17,5%	0.51
Unterstützende Verfahren	14 (12,3%)	0.61
Kognitiv-behaviorale Behandlungspakete	9 (7,9%)	0.29
Expressive Techniken	8 (7,0%)	0.40
Informationsvermittlung	6 (5,3%)	0.69
Entspannung	1 (0,9%)	0.88

Es fällt auf, daß die mit Abstand am häufigsten verwendete Intervention (Modellernen) eine unterdurchschnittliche Effektstärke aufweist, während die besonders selten eingesetzten Verfahren (Informationsvermittlung und Entspannung) die höchste Effektivität

zeigen. Eigenartigerweise schneiden hier die komplexen kognitiv-behavioralen Behandlungspakete relativ am schlechtesten ab. Diese Ergebnisse lassen sich jedoch nicht unmittelbar für den Bereich der invasiven Prozeduren generalisieren, denn erstens wurden nur fünf Studien zu stark aversiven diagnostischen oder therapeutischen Maßnahmen an chronisch kranken Kindern (u.a. Punktionen) einbezogen und zweitens ist die Auswahl der Vorbereitungsmaßnahmen für diesen Bereich nicht repräsentativ.
In dieser Studienauswahl erwiesen sich verhaltensmedizinische Interventionen als erheblich effektiver zur Vorbereitung auf medizinische *Behandlungsserien* (z.B. Punktionssequenzen) als auf einmalige Eingriffe oder Operationen. Plausiblerweise profitieren Kinder durch Hilfestellung bei wiederholten Eingriffen stärker als bei einmaligen Ereignissen. Letztere erfordern nur eine kurzfristige Mobilisierung von Bewältigungsressourcen, die ausreichen, eine aktuelle Streßsituation zu überstehen. Bei wiederholten Eingriffen müssen die Kinder sich mental auf die folgenden Prozeduren einstellen und zusätzlich ihre antizipatorische Angst meistern. Für diese umfangreichere Bewältigungsanforderung sind psychologische Hilfestellungen offensichtlich wirkungsvoller. Bei *akutkranken* Kindern (mit aktuellen Gesundheitsbeeinträchtigungen) zeigten sie eine höhere Wirksamkeit als bei gesunden, aber auch als bei chronisch kranken Kindern. Vermutlich profitieren akut kranke Kinder am meisten von den Vorbereitungsmaßnahmen, da sie einerseits im Vergleich zu den Gesunden aktuell stärker belastet sind, andererseits aber weniger Zeit hatten als die chronisch erkrankten Kinder, sich an die Belastungssituation anzupassen. Besonders interessant ist der Vergleich zwischen Prozeduren unterschiedlichen Schweregrades: Die Effektivität der Interventionen steigt hier überproportional zur Schwere des Eingriffes. Besonders bei *hochaversiven* medizinischen Prozeduren bei Bewußtsein weisen psychologische Vorbereitungen eine herausragende Wirksamkeit gegenüber mittel- bis leichtgradigen Eingriffen auf. Je unangenehmer die Belastung, desto größer offensichtlich der Gewinn durch eine systematischen Hilfestellung. Kleinere bis mittlere Eingriffe dagegen können von Kindern und Eltern wahrscheinlich häufig auch selbständig noch relativ gut bewältigt werden.

Evaluationsstudien zu Vorbereitungsinterventionen auf medizinische Eingriffe (1987-1991)

Saile und Krause (1994) replizierten diese Meta-Analyse von Saile et al. (1988) mit 24 neueren Studien, die 49 Behandlungsvergleiche an insgesamt 864 vorbereiteten (und 921 Kindern in Kontrollgruppen) umfaßten. Die Vorbereitungsmaßnahmen bezogen sich zu 35% auf Maßnahmen unter Vollnarkose (Operationen u.ä.), zahnärztliche Eingriffe (13%) sowie auf leichtere (Injektionen, Blutentnahmen; 30%) und schwere Prozeduren bei Bewußtsein (Knochenmark- und Lumbalpunktionen, Herzkatheterisierung; 22%). Die *medizinische Prozedur* wurde in zehn der einbezogenen Studien stationär und in 14 ambulant vorgenommen. Die Angaben zur vorausgegangenen *Hospitalisierungsdauer* oder *spezifischen Vorerfahrungen* mit medizinischen Eingriffen sind in den meisten Fällen sehr dürftig. Der *allgemeine Gesundheitszustand* der Kinder ist durch die jeweilige Grunderkrankung bedingt sehr heterogen. In sechs der 24 Studien wurden chronisch kranke Kinder behandelt. Die *relative Anwendungshäufigkeit unterschiedlicher Interventionsmaßnahmen* ist in Abbildung 7-3 dargestellt.
Aus den 49 Interventionsvergleichen wurden 219 Einzeleffektstärken berechnet (vgl. Tabelle 7-4). Es wurde eine *mittlere Effektstärke* von *0.36* (SD = 0.36; SE = 0.05) ermit-

telt, wobei die Effektstärken zwischen -0.23 und 1.82 variierten. Bei vier Vergleichen schnitt die Interventionsgruppe schlechter ab als die Kontrollgruppe (negatives Vorzeichen). Nach den Resultaten zu den *bedingten Effektstärken* in bezug auf die Elternrolle ist eine systematische *Einbeziehung* bzw. *parallele Vorbereitung der Eltern* erheblich effektiver als eine ausschließlich auf das Kind fokussierte Intervention. Sowohl bei Einzel- wie Gruppenvorbereitungen zeigt sich die Elternintegration weit überlegen. Interessanterweise unterscheidet sich die bloße An- oder Abwesenheit der Eltern während der Vorbereitung in ihrer streßreduzierenden Wirkung auf das Kind kaum. Erst wenn die Eltern systematisch in die Vorbereitungsmaßnahme integriert werden (in Einzel- oder Gruppensitzungen), steigt die Wirksamkeit rapide an.

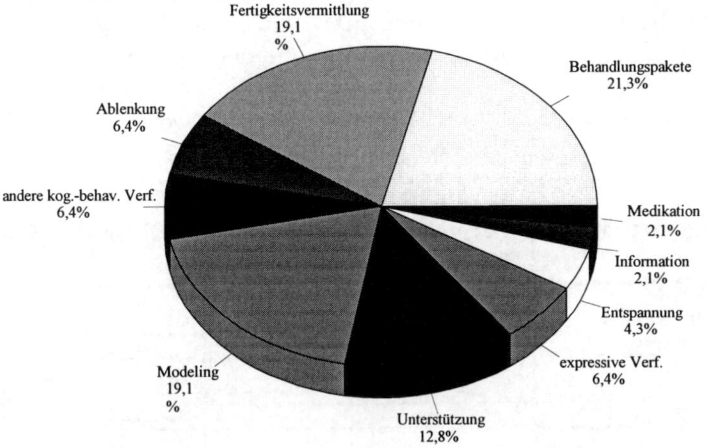

Abbildung 7-3: ***Anwendungshäufigkeit verhaltensmedizinischer Verfahren.***

Die *Frequenz* der Vorbereitungsmaßnahmen wirkt sich nach den vorliegenden Ergebnissen nicht wesentlich auf das Interventionsergebnis aus: Mehrmalig durchgeführte Trainingssitzungen sind der einmaligen Vorbereitung nur leicht überlegen. Dies entspricht den Resultaten der Studien, die die Anzahl der Vorbereitungssitzungen systematisch variierten (Young & Fu, 1988; Manson et al., 1993). Die *Dauer* der Vorbereitungsintervention zeigt keinen *linearen* Zusammenhang zum Effekt: Sehr kurze Vorbereitungen (<10 Minuten) erweisen sich Kurzinterventionen (bis 25 Minuten) interessanterweise überlegen. Die Wirksamkeit längerer Trainings (25-45 Minuten) liegt über der sehr kurzen Intervention und nimmt dann leicht, aber kontinuierlich zu. Ohne Kenntnis der Vorbereitungsform und des genauen Vorbereitungsinhaltes ist dieser Befund schwer zu interpretieren. Bei der ultrakurzen Vorbereitung kann es sich plausiblerweise eigentlich nur um informationsvermittelnde Strategien handeln, während Interventionen von mehr als 25 Minuten Dauer vermutlich darüber hinaus die Vermittlung von Bewältigungsstrategien einschließen. Bei Vorbereitungen in einer Länge zwischen zehn und 25 Minuten könnte es sich um ausführlichere Aufklärung *ohne* Bewältigungstraining handeln. Dies würde bedeuten, daß Aufklärungsmaßnahmen wirksamer sind, wenn sie in knapper Form oder in Kombination mit der Vermittlung von Bewältigungsressourcen dargeboten werden, während ausführlichere Informationen ohne Unterstützungstraining weniger hilfreich sind. Möglicherweise löst letztere Vorgehensweise bei einigen Kindern sogar verstärkte Angst aus, so daß sich die mittlere Effektstärke reduziert (kompensatorischer Effekt).

Die Befunde zur bedingten *Effektivität in Abhängigkeit vom zeitlichen Abstand zwischen Vorbereitung und Prozedur* sind inkonsistent: Am wirksamsten stellen sich Vorbereitungen während des Eingriffes heraus, gefolgt von kurz vor dem Eingriff durchgeführte Trainings. Die geringsten Effekte bestehen merkwürdigerweise für Vorbereitungen, die einen Tag vorher erfolgen, während einige Tage bis über eine Woche zurückliegende Trainings wieder ansteigende Wirksamkeit aufweisen. Dies steht in klarem Widerspruch zu Studien, die diese Variable systematisch variierten. Wahrscheinlich bildet dieses meta-analytische Resultat die differentielle Effektivität des Vorbereitungszeitpunktes von personalen Faktoren (Alter, Vorerfahrung, Bewältigungsstil) ab.

Tabelle 7-4: ***Errechnete durchschnittliche Effektstärken unterschiedlicher Vorbereitungsinterventionen.***

Vorbereitungsmethode	Anzahl der Vergleiche (N)	Mittlere Effektstärke (M)	Standardabweichung (SD)	Standardfehler (SE)
Kognitiv-behaviorale Interventionen insgesamt	25	0.54	0.38	0.08
• Behandlungspakete	10	0.68	0.45	0.14
• Vermittlung von Fertigkeiten	9	0.53	0.31	0.11
• Ablenkungsstrategien	3	0.26	0.44	0.25
Modellernen	9	0.14	0.21	0.07
Unterstützende Verfahren	6	0.24	0.10	0.04
Expressive Techniken	3	0.13	0.18	0.10
Entspannung	2	0.05	0.06	0.04
Informationsvermittlung	1	0.05	--	--
Medikation	1	0.26	--	--

Die bedingten Effektstärken in bezug auf *Merkmale der Prozedur* belegen im Gegensatz zu den Befunden von Saile et al. (1988), daß verhaltensmedizinische Interventionen zur Vorbereitung auf *leichtere Eingriffe* (Venenpunktionen, Injektionen, zahnärztliche Behandlung) wirksamer sind als zur Präparation auf hochaversive Prozeduren bei Bewußtsein (Knochenmark- und Lumbalpunktion) oder zur Operationsvorbereitung. Die Wirksamkeit der verhaltensmedizinischen Interventionen steht in proportionaler Beziehung zum *Chronizitätsgrad der Behandlung*, d.h. je häufiger die Prozeduren durchgeführt werden müssen, desto effektiver die Vorbereitung, wobei hospitalisierte Kinder am meisten davon profitieren.

Die in den untersuchten Evaluationsstudien ermittelten Effektstärken sind zudem bedingt durch *methodische Variablen* wie:

1. Die unterschiedlichen *Meßinstrumente*: Während subjektive Tests, Ratingverfahren und physiologische Parameter zu überzeugenden Resultaten gelangen, ist in dieser Studienauswahl durch Verhaltensbeobachtungssysteme *kein* Effekt der Interventionsmaßnahmen nachzuweisen.

2. Die *Datenquelle*: Selbsteinschätzung des Kindes, standardisierte Beobachtungsinstrumente sowie Fremdratings durch Eltern, andere soziale Bezugspersonen und die Therapeuten erbringen deutliche Effektstärken. Demgegenüber zeigen die Resultate der Ratings durch unabhängige Beobachter keinen Effekt auf.
3. Den *Meßzeitpunkt*: Kurz vor, während und nach der medizinischen Prozedur können positive Effekte der Interventionsmaßnahmen festgestellt werden, die sich in follow-up-Erhebungen als stabil erweisen. Katamnese-Daten, die Aussagen über den langfristigen Erfolg der Vorbereitungsmaßnahmen erlauben, wurden allerdings nur in fünf Studien erhoben, 15 Studien reduzierten die Datenerhebung auf Prä-post-Vergleiche oder Messungen während des Eingriffes. Kurz nach dem *Vorbereitungstraining* weisen Kinder *höhere* Angst- und Streßwerte auf als die Kontrollgruppe.

Kinder werden in der Vorbereitung durch die Konfrontation mit dem bevorstehenden Streßereignis offensichtlich zunächst beunruhigt. Diese interventionsinduzierte Streßerhöhung wirkt aber adaptiv und reflektiert wahrscheinlich interne antizipatorische Auseinandersetzungsprozesse des Kindes mit der Prozedur, durch die es seine Bewältigungsmöglichkeiten in der medizinischen Streßsituation verbessert.

Eigene Meta-Analyse

Die eigene ausführliche Literaturrecherche, die kombiniert datenbankgestützt (MEDLINE, PSYCHLIT, PSYNDEX) und manuell (Auswertung einschlägiger Fachbuchkapitel und Übersichtsartikel) durchgeführt wurde, erbrachte insgesamt 29 systematische Evaluationsstudien zur verhaltensmedizinischen Vorbereitung von Kindern und Jugendlichen (bzw. ihren Eltern) auf invasive medizinische Prozeduren aus den Jahren 1982 bis 1995, darunter drei auf der Basis von Einzelfallanalysen. Es wurden 84 Interventionsvergleiche (aus 74 Einzelinterventionen) untersucht. Die Evaluationen bezogen sich auf Vorbereitungsmaßnahmen für unterschiedliche Prozeduren: Chirurgische Operationen sowie schwere invasive Prozeduren bei Bewußtsein wie Knochenmark- und Lumbalpunktionen, oder Herzkatheterisierungen (46,4%), mittlere wie Venenpunktionen, intravenöse Chemotherapie (14,3%) und leichte wie Routineimpfung, Injektionen (14,3%). Insgesamt waren 1.299 Kinder an diesen Untersuchungen beteiligt. Die Altersverteilung ist in Abbildung 7-4 dargestellt.

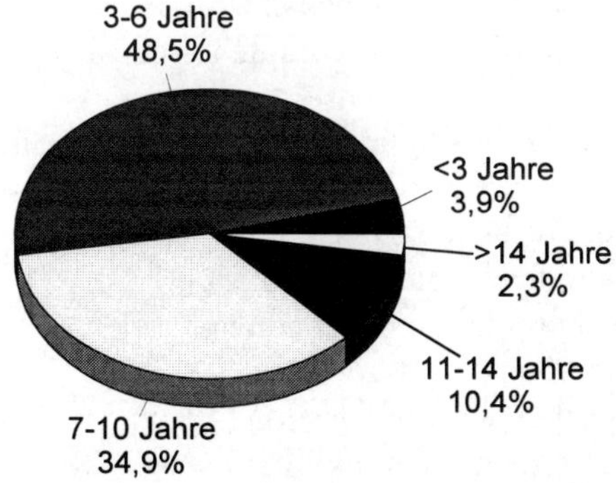

Abbildung 7-4: Altersverteilung der Stichprobenpopulationen.

Etwa 80% der Evaluationsstudien beschäftigen sich mit Kindern bis zum Grundschulalter. Über die Hälfte der untersuchten Kinder befindet sich sogar im Vorschul- oder Kindergartenalter. Damit ist die Altersgruppe der am häufigsten von Leukämien betroffenen und durch invasive Prozeduren besonders belasteten Kinder überproportional vertreten. Die problematische Gruppe der unter Dreijährigen ist erwartungsgemäß nur selten mit verhaltensmedizinischen Methoden vorbereitet worden. Der Anteil der älteren Kinder und Jugendlichen ist erstaunlich gering. Diese sind zwar durch medizinische Eingriffe nicht mehr so belastet wie jüngere Kinder, aber für verhaltensmedizinische Vorbereitungsmethoden stärker ansprechbar. Die eingesetzten *Erhebungsmethoden* umfassen (vgl. Abbildung 7-5): Selbsteinschätzung, Fremdratings durch Eltern, Schwestern, Ärzte oder neutrale (geschulte) Beobachter (zusammen 21,8%), standardisierte Beobachtungs- oder Befragungsinstrumente, physiologische Streßparameter (Puls, Schweißdrüsenaktivität) und medizinische Außenkriterien (Erholungszeit, physischer Gesundheitszustand, Medikamentenbedarf).

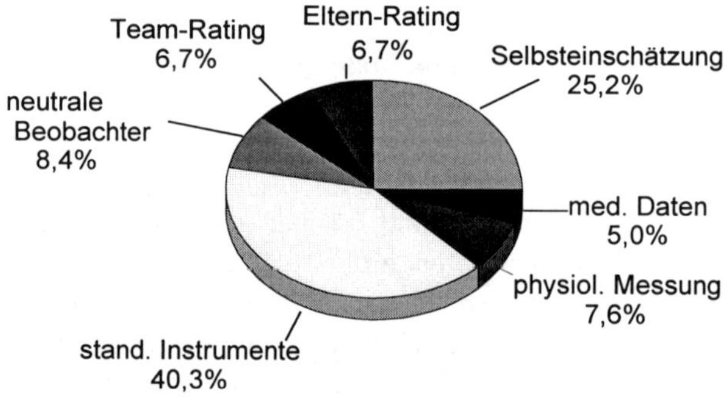

Abbildung 7-5: ***Verteilung der eingesetzten Meßmethoden zur Erhebung von Streß, Angst, Schmerz und Kooperationsverhalten.***

Folgende Interventionen kamen in den dargestellten Evaluationsstudien einzeln oder in verschiedenen Kombinationen zum Einsatz:

- Entspannung/Atemübung (18,3%);
- Modeling: mittels Video, Puppen etc.(16,3%);
- Informationsvermittlung: prozedurale u. sensorische Informationen, Bilderbücher (16,3%);
- Vermittlung von Bewältigungsfertigkeiten: Verhaltensübungen, Rollenspiele (11,1%);
- externale Aufmerksamkeitsablenkung (9,2%);
- Imagination/internale Ablenkung (6,5%);
- emotionale und praktische Unterstützung (7,8%);
- Verstärkung (5,9%);
- Hypnose, Selbsthypnose, Suggestion (4,6%);
- Selbstverbalisation und -instruktion (3,9%).

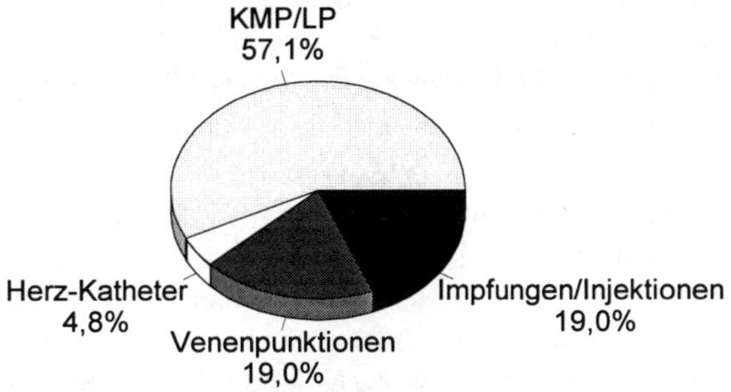

Abbildung 7-6: ***Relative Verteilung unterschiedlicher Punktionsprozeduren.***

Spezifische Studien

Da im Zusammenhang dieser Arbeit primär die Studien zur Vorbereitung auf invasive medizinische Prozeduren *bei Bewußtsein* (d.h. in erster Linie *Punktionsprozeduren*) interessieren, sollen diese noch einmal gesondert betrachtet werden. Von den genannten 29 Evaluationsstudien beziehen sich 22 auf unterschiedliche Punktionsmaßnahmen (vgl. Abbildung 7-6). Insgesamt wurden 967 Kinder (Altersmittel: 6,42 Jahre) behandelt, davon 37,8% mit einer onkologischen, 5,2% mit einer Herz- und 26,8% mit einer anderen Erkrankung sowie 30,2% gesunde Kinder. Das Spektrum der Interventionsstrategien deckt sich etwa mit dem der zur Vorbereitung auf allgemeine medizinische Stressoren eingesetzten Verfahren (vgl. Abbildung 7-7).

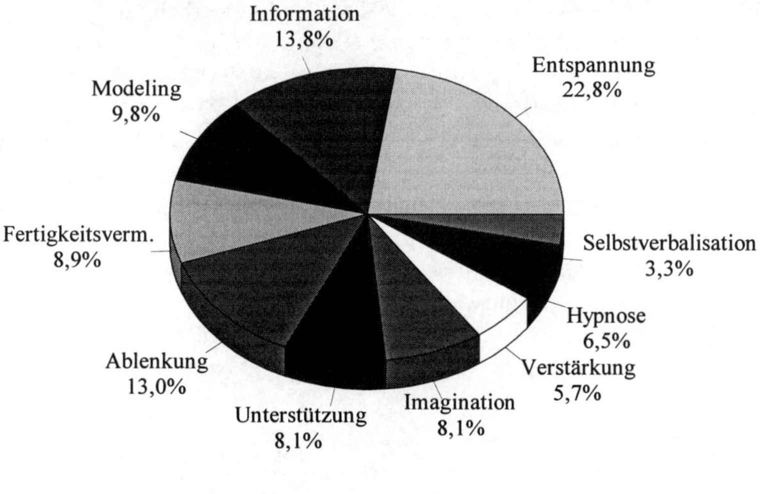

Abbildung 7-7: ***Relative Anwendungshäufigkeit unterschiedlicher Einzelinterventionen bei Punktionsprozeduren.***

In Kontrast zu den Resultaten von Saile et al. (1988) und Saile und Krause (1994) werden die meisten Interventionsverfahren dieser Studienauswahl (55,3%) in integrierten *Programmpaketen* eingesetzt, d.h. in der Kombination von mehr als drei unterschiedlichen Komponenten (die meistens Aufklärungs-, Entspannungs- und Ablenkungselemen-

te enthalten). Dies ist als deutlicher Fortschritt gegenüber früheren Behandlungsparadigmen, die sich auf schulenbezogene Einzelverfahren beschränkten, zu begreifen.
Eine systematische *Einbeziehung der Eltern* in das Vorbereitungstraining und die Prozedurdurchführung findet noch immer nur bei 30% der Fälle statt. In über der Hälfte der Studien (55%) konzentriert sich die Vorbereitung weiterhin auf ein separates Training des Kindes, das in einigen weiteren Fällen (5%) lediglich in Anwesenheit der Eltern durchgeführt wird. Immerhin bei 10% der untersuchten Vorbereitungen wurden die Eltern separat trainiert. Hier besteht angesichts der überzeugenden Befunde zur Elternrolle offensichtlich noch erheblicher Verbesserungsbedarf.
Die Berechnung einer *mittleren Effektstärke* aus den Resultaten des gesamten Studiensamples ist aufgrund ihrer ausgeprägten methodischen Heterogenität (teilweise fehlende Kontrollgruppe, uneinheitliche Meßdimensionen und Erfolgskriterien, differierende Datenquellen und Anzahl von Treatmentvergleichen, unterschiedliche Effektgrößen und -parameter, unvergleichbare statistische Auswertungsverfahren etc.) strenggenommen nicht vertretbar. Eine Mittelung derart unterschiedlich strukturierter Effektstärken erscheint somit nicht legitim, da unterschiedliche Untersuchungsgegenstände unzulässig miteinander vermischt und aussagefähige Ausprägungsunterschiede nivelliert werden würden[2]. Demgegenüber lassen sich zur besseren Vergleichbarbeit unterschiedliche Effektstärken auf eine gemeinsame Maßeinheit (*d*) transformieren[3]. Diese Transformation in ein vergleichbares dimensionsloses Maß ist sinnvoll, da *d* als in der Meta-Analyse anerkannte Einheit im Gegensatz zu den Ursprungswerten gegenüber *allen* Parametern der Signifikanzprüfung (Stichprobengröße, Freiheitsgrade) sensibel ist und eine Relativierung der Effektstärke in Abhängigkeit von Verteilungsmerkmalen (z.B. gegenüber verteilungsschlanken Resultaten) erlaubt. Damit wiederum erhöht sich die Vergleichbarkeit gegenüber der bloßen Angabe von *F*-Effektstärken erheblich.
Zusammenfassend schneiden insbesondere kognitiv-behaviorale Interventionspakete (z.B. Jay et al., 1987: d = 0.885, p<.005) und kognitive Verfahren/Hypnose (z.B. Zeltzer & LeBaron: d = 1.269, p<.001 im Selbstbericht Schmerz; d = 0.912, p<.001 im Selbstbericht Schmerz; Wall & Womack: d = 1.560, p<.003 in der Selbsteinschätzung Schmerz; d = 1.330, p<.009 im Schmerzrating) nach einigen Parametern überdurchschnittlich gut ab, während verhaltenstherapeutische Pakete mittlere (z.B. Manne et al., 1990: d = 0.723, p<.01 im Schmerzrating; d = 0.400 im Streßrating) und reine Informationsvermittlung unterdurchschnittliche (z.B. Gedaly-duff, 1987: d = 0,101 nach Beobachtungssystem) Effektstärken aufweisen.

---

[2] Faßt man gegen alle Bedenken lediglich die über vergleichbare Verfahren ermittelten Effektstärken (transformierte *F*- und *t*-Werte) zusammen, ergibt sich eine mittlere Effektstärke von $d = 0.819$.
[3] Die entsprechenden Konvertierungsformeln für *F*- und *t*-Werte nach Wolf (1986) lauten:

$$t: \quad d = \frac{2t}{\sqrt{df}}$$

$$F: \quad d = \frac{2\sqrt{F}}{\sqrt{df}}$$

7.3. Diskussion und Schlußfolgerungen für die Vorbereitungspraxis

7.3.1. Methodische Probleme

Die Vergleichbarkeit der referierten Untersuchungsbefunde ist durch einige methodische Inkonsistenzen beeinträchtigt. Die *Erfolgskriterien* für eine gelungene Vorbereitung werden in den genannten Evaluationsstudien uneinheitlich definiert. Als Merkmale für einen Bewältigungserfolg und damit für die Effektivität der zu überprüfenden Interventionsmaßnahmen gelten u.a.:

- Ein geringes Ausmaß an antizipatorischer Angst und Aufgeregtheit;
- wenig Angst während der Prozedur;
- relativ geringe subjektive Schmerzintensität;
- geringes Distreßverhalten;
- hohe Kooperativität;
- aktives Coping;
- schnelle Erholungszeit nach der Prozedur;
- wenig Angst vor dem folgenden Eingriff;
- keine langfristige Traumatisierung, generalisierte Ängstlichkeit oder psychopathologische Auffälligkeiten;
- positive medizinische Daten (Gesundheitsstatus, geringer Medikamentenbedarf etc.).

Diese verschiedenen Erfolgsmaße werden wiederum mit unterschiedlichen *Meßinstrumenten* und von unterschiedlichen *Datenquellen* erhoben:

- *Selbsteinschätzungen* und *Selbstberichte* der Kinder bringen naturgemäß meist erst ab dem Schulalter valide Resultate. Durch den Einsatz von kindgerechten Visuell-Analog- oder Smiley-Skalen lassen sich zwar relativ differenzierte Angst- und Schmerzurteile ermitteln, die aber bei jüngeren Kindern leicht kognitiven Verzerrungen unterliegen. Außerdem ist der Meßzeitpunkt problematisch: Unmittelbar nach der Punktion sind viele Kinder noch zu aufgeregt, erschöpft oder einfach nur unwillig, sich zu dem Ereignis befragen zu lassen. Außerdem wird das Ziel der Intervention, die Kinder nach dem Eingriff möglichst schnell „umschalten" zu lassen und ihre Aufmerksamkeit und Aktivitäten auf andere Dinge zu lenken, durch anhaltende prozedurbezogene Fragen konterkariert. Andererseits ist die Gedächtnisleistung kleinerer Kinder nicht ausreichend für eine retrospektive Befragung nach einem oder mehreren Tagen.
- Ethisch und therapeutisch unproblematischer sind *Fremdeinschätzungen* durch andere beteiligte Personen (Eltern, Ärzte, Schwestern). Diese können jedoch nur das äußerlich beobachtbare Streß- und Schmerz*verhalten*, nicht das tatsächliche Empfinden der Kinder beurteilen. Daraus können sich fehlerhafte Resultate ergeben: Ältere Kinder tendieren z.B. nachgewiesenermaßen dazu, ihr Schmerzempfinden nach außen zu kaschieren. Außerdem ist von Beobachtertendenzen auszugehen: Eltern tendieren im Vergleich zu Ärzten und Schwestern (und z.T. zu den Kindern selbst) zu höheren Intensitätseinschätzungen. Obwohl Eltern sehr sensibel für die Äußerungen ihrer Kinder sind, bleiben ihre individuellen Bezugssysteme zur Urteilsbildung bei Elternbefragungen meist unreflektiert.
- *Expertenratings* (durch die Trainer oder geschulte Beobachter): Das Training und dessen Effektivitätsbeurteilung in Personalunion durchzuführen ist zwar methodisch hochproblematisch, wird aber in vielen Studien (bei 39% in der Analyse von Saile et

al., 1988) praktiziert. Die Qualität der Ratings durch unabhängige Beobachter ist von deren Schulung abhängig. Trotz ausreichender Inter-Rater-Reliabilität weichen die Urteile der neutralen Beobachter häufig stark von denen der anderen Personen ab.

- *Standardisierte Verhaltensbeobachtungssysteme* (in vivo oder per Videoanalyse) basieren auf relativ eindeutigen, reliablen und objektivierbaren Beurteilungskriterien. Sie haben gleichzeitig aber den Nachteil, daß sie nur die Verhaltensäußerungen erfassen, für die eine Observationskategorie definiert wurde. Über diese instrumentbedingte Restringiertheit und Inflexibilität in der Datenerfassung hinaus ergeben sich Probleme bei der Gewichtung der registrierten Verhaltenseinheiten. Streß- und Schmerzäußerungen müßten mindestens nach den Merkmalen Dauer und Intensität erfaßt werden. Eine bloße Registrierung der Auftretenshäufigkeit einer Verhaltensweise pro definierter Zeiteinheit kann kein angemessener Maßstab sein.
- *„Objektive" Parameter* (physiologische Messung der Herzrate, des Hautwiderstandes, des Speichelcortisols) könnten zwar reliable Daten zur Verfügung stellen, die aber für das subjektive Erleben der Kinder nicht sehr aussagekräftig sind: Zur Schmerzmessung gelten physiologische Parameter als die Methode von der geringsten Validität, da sie mit vielerlei unspezifischen Erregungsprozessen konfundiert sind (vgl. Kroll, 1994). Die vegetativen Reaktionen können Indiz sowohl für eine Angst- wie Schmerzreaktion sein, differenzieren also nicht zwischen allgemeiner Erregung und Schmerzempfinden (Trennschärfeproblem). Als Maß für eine generelle Distreßreaktion sind sie ebenfalls nur bedingt geeignet, da sie nur mäßig mit den Selbsteinschätzungswerten korrespondieren.
- *Medizinische Daten/Außenkriterien* (Erholungszeit, Medikamentenbedarf, längerfristige psychische Beeinträchtigungen) wiederum bilden nur sehr indirekte Erfolgsmaße für eine Vorbereitungsintervention, da sie mit zunehmender Zeitspanne mit zahlreichen Störgrößen interferieren.

Die dargestellten meta-analytischen Auswertungen kommen zu sehr unterschiedlichen *Verwendungshäufigkeiten* verschiedener Erhebungsinstrumente. Die Auswertung spezifisch auf invasive Prozeduren bezogener Studien erbrachte für den Einsatz standardisierter Verfahren einen erfreulich großen Anteil von über 40%, sowie einen Selbsteinschätzungsanteil von 25%. Damit werden in zwei Drittel der Fälle verhältnismäßig valide Erhebungsmaße eingesetzt. Die verschiedenen Meßinstrumente erbringen allerdings inkonsistente Resultate: Diskrepanzen bestehen häufig zwischen den Schmerz- und Streßeinschätzungen der Kinder selbst und der Fremdbeobachter, zwischen denen der Erwachsenen oder zwischen den Beobachterurteilen und dem Beobachtungssystem. Insgesamt sind die Effektstärken deutlich durch das eingesetzte Meßinstrument bestimmt (vgl. Kap. 7.2.3.): In der Meta-Analyse von Saile und Krause (1994) wurden die höchsten mittleren Effektstärken bei der Heranziehung von Wissenstests (M = 1.96) und objektiven medizinischen Daten (M = 1.94) ermittelt. Selbstberichte (M = 0.44), standardisierte Ratingverfahren (M = 0.46) und physiologische Parameter (M = 0.38) waren mit mittleren durchschnittlichen Effektwerten verbunden, während die Ratings durch unabhängige Beobachter keinen Effektivitätsnachweis (M = -0.07) für die evaluierten Interventionen erbrachten. Desweiteren sind die Resultate abhängig von der *Datenquelle* und dem *Meßzeitpunkt*: Nach den Resultaten der Selbsteinschätzung, standardisierter Verhaltensbeobachtungssysteme und Fremdratings durch soziale Bezugspersonen oder Therapeuten lassen sich mittlere bis hohe Effektstärken feststellen. Demgegenüber läßt sich nach den Urteilen unabhängiger Beobachter *keinerlei Wirksamkeit* nachweisen. Alle Erhebungen in zeitlicher Nähe zur Durchführung der Prozedur erbrachten ebenfalls mittlere bis hohe Effektivitätsnachweise, während eine Messung unmittelbar nach der Vorbereitung mit ausgeprägt *negativen* Effekten verbunden war. Da sich diese methodischen Schwierigkeiten nicht grundsätzlich auflösen lassen, werden in den meisten Evaluationsstudien mehrere Erfolgsparameter mit unterschiedlichen Erhebungsinstrumenten zu verschiedenen Meßzeitpunkten parallel erhoben. Bei der Beurteilung der Effektivität einzelner Interventionsverfahren ist es daher unumgänglich, die z.T. inkonsistenten Resultate unter methodischen Gesichtspunkten differenziert zu betrachten und diese Aspekte in die Schlußfolgerungen einzubeziehen.

7.3.2. Resultate zur Effektivität unterschiedlicher Interventionsverfahren

Verhaltensmedizinische vs. pharmakologische Vorbereitungsmethoden

Die Resultate der wenigen direkten Vergleichsstudien belegen die Effektivität sowohl der medikamentösen als auch der psychologischen Vorbereitungsmethoden. Eine eindeutige und allgemeingültige spezielle Indikation läßt sich aus der Befundlage nicht ableiten. Dennoch lassen sich Überlegungen zu *allgemeinen Vor- und Nachteilen* eines psychologischen Schmerz- und Angstmanagements bei invasiven Prozeduren anstellen. In der folgenden Tabelle (7-5) sind die wichtigsten Aspekte im Überblick aufgelistet.

Leukämiekranke Kinder erhalten Zytostatika in extrem hohen Dosen (mit gravierenden Nebenwirkungen und immunsuppressiven Auswirkungen) und andere starke und nebenwirkungsintensive Medikamente (z.B. Antibiotika, Kortikoide). Aufgrund ihrer Grunderkrankung, der intensiven Chemotherapie, der übrigen pharmakologischen Behandlung und weiteren belastenden Maßnahmen (z.T. Strahlentherapie, operative Eingriffe etc.) ist der Organismus der betroffenen Kinder ohnehin schon äußerst belastet bzw. in einem schlechten Allgemeinzustand. Potentielle Nebenwirkungen und Unverträglichkeiten wirken sich vor diesem Hintergrund besonders intensiv aus. Jede weitere Medikation mit potenten Substanzen muß aufgrund der möglichen kumulativen und synergetischen Effekte kritisch überdacht werden. Andererseits darf den Kindern das *Recht auf ausreichende Analgesie* selbstverständlich nicht verweigert werden. Gerade vor dem Hintergrund der insgesamt prekären schmerz-therapeutischen Lage in der Bundesrepublik Deutschland (Zenz, Zenz, Tryba & Strumpf, 1995), wäre eine analgetische Unterversorgung bei hoch krankheitsbelasteten Kindern durch nichts zu rechtfertigen[4].

Es bleibt letztlich im Einzelfall abzuwägen und zu entscheiden, ob für ein konkretes Kind eher verhaltensmedizinische oder medikamentöse Interventionsmethoden vorzuziehen sind, wobei sich in der Praxis häufig ein *kombiniertes Vorgehen* anbieten wird. In Anlehnung an das o.g. Schmerzbehandlungsprotokoll lassen sich folgende Empfehlungen formulieren:

[4] In den USA unternahm das „*Subcommittee of the management of pain associated with procedures in children with cancer*“ (Zeltzer et al., 1990) der dortigen schmerztherapeutischen Gesellschaft einen ersten Versuch, ein *definiertes Schmerzbehandlungsprotokoll* für invasive Prozeduren bei Kindern zu entwikkeln und einige dezidierte *prozedur- und altersspezifische Empfehlungen zum Schmerzmanagement bei medizinischen Eingriffen* zu erarbeiten.

Tabelle 7-5: ***Allgemeine Vor- und Nachteile psychologischer und verschiedener pharmakologischer Vorbereitungsmethoden.***

Wirkstoff	Vorteile	Nachteile
Midazolam	• stark sedierende, streßantagonistische und anxiolytische Wirkung; • anterograd-amnestischer Nebeneffekt; • schnell und unkompliziert zu verabreichen (wenn Kind venösen Zugang besitzt).	• u.U. lebensbedrohliche Komplikationen; • zahlreiche und z.T. gravierende Nebenwirkungen; • Wirksamkeit und Unbedenklichkeit für Kinder nicht hinreichend überprüft; • Vorkommen paradoxer Reaktionen; • amnestischer Effekt nicht sicher, schwer vorherzusagen und kaum steuerbar; • Amnesie kann ihrerseits psychische Irritation und Ängste induzieren; • u.U. wird positive Bewältigungserfahrung verhindert; • lange Erholungszeit (2-3 Stunden).
Pethidin	• stark analgetische Wirkung; • schnell und unkompliziert zu verabreichen (wenn Kind venösen Zugang besitzt).	• u.U. lebensbedrohliches Komplikationsrisiko; • z.T. gravierende Nebenwirkungen; • Abhängigkeitspotential; • psychotrope Wirkung kann ängstigend sein.
Transkutane Lokalanästhesie	• totale Schmerzfreiheit nach der Applikation.	• lokale und systemische Nebenwirkungen; • ihrerseits invasive Prozedur, die Streß- und Angst evoziert; • zunächst schmerzauslösend; • technisch schwierig durchzuführen; • verhindert evtl. bedeutsame Rückmeldung des Kindes bei der Zytostatika-Gabe.
Perkutane Lokalanästhesie	• suffiziente Anästhesie für den tangierten Haut- und Unterhautbezirk; • kein Komplikationsrisiko; • kaum oder nur banale Nebenwirkungen, gute Verträglichkeit; • noninvasiv und technisch unkompliziert zu verabreichen; • lange Wirkdauer; • Feedback über Zytostatika-Gabe bleibt erhalten.	• tiefere Gewebeschichten (Duralsack, Knochenhaut) werden nicht erreicht; • lange Applikationszeit (= Wartezeit); • daher sehr kurzfristig nicht nicht einsetzbar.
Verhaltensmedizinische Vorbereitung	• Keine ernsthaften Komplikationen; • keine unvorhergesehenen und unerwünschten Nebenwirkungen; • keine (über-)additiven Wechselwirkungen mit anderen Substanzen; • keine Gefahr paradoxer Reaktionen; • kein Abhängigkeits- oder Mißbrauchsrisiko; • erhöhte perzipierte Kontrolle, erhöhte Selbstwirksamkeit bei erfolgreicher Bewältigung der Situation; • Behandlungsoptimismus, Therapiemotivation und Therapiemitarbeit (Compliance) gesteigert; • Generalisierungseffekte auf den Umgang mit der Grunderkrankung und anderen Streßsituationen; • Erwerb genereller und langfristiger Bewältigungs- und Problemlösekompetenzen (Transfer auf andere Lebensbereiche); • aktive Einbeziehung der Eltern.	• Bei Kindern unter 3-4 Jahren oder retardierten Kindern nicht oder nur sehr bedingt anwendbar; • z.T. hohe interindividuelle Unterschiede in der Ansprechbarkeit für bestimmte Einzelmaßnahmen; • setzt Kommunikationsfähigkeit, Motivation und Aktivitätsbereitschaft des Kindes voraus; • setzt Elternmotivation und -mitarbeit voraus; • Gefahr einer anhaltenden Traumatisierung bei fehlgeschlagener Vorbereitung; • vergleichsweise hoher personeller und zeitlicher Aufwand; • organisatorische Schwierigkeiten bei der Integration in die Stationsroutine.

- Für Kinder aller Altersstufen ist die Verabreichung einer perkutanen Lokalanästhesie (Salbe) zur Verminderung des Schmerzempfindens indiziert.
- Kinder unter vier Jahren sind für psychologische Vorbereitungsmaßnahmen nicht ausreichend empfänglich und sollten daher generell eine Lokalanästhesie (Quaddel oder perkutan wirksame Salbe), Analgesie, Sedierung oder sogar Kurznarkose erhalten. Grundsätzlich sollten die Eltern das Kind während der Prozedur begleiten und es emotional unterstützen und beruhigen. Die initiale Prozedur sollte dabei nach Möglichkeit unter starker Sedierung oder Vollnarkose vorgenommen werden, um eine anhaltende Traumatisierung zu verhindern.
- Bei Kindern zwischen vier und sechs Jahren eignet sich der Einsatz von verhaltensmedizinischen Vorbereitungsmethoden (Aufklärung mittels Puppenmodellen, Stofftieren, Bilderbüchern, spielerische Ablenkung, Imagination), der lediglich nach Bedarf um medikamentöse Maßnahmen ergänzt werden sollte. Die Eltern sollten in die Vorbereitung einbezogen und instruiert werden, während des Eingriffes eine aktive Rolle zu übernehmen.
- Im Alter von sieben bis zwölf Jahren sollten sedierende oder hochpotente analgetische Medikamente nur noch in Ausnahmefällen (extreme Angst- und Panikreaktion, Hyperalgesie, psychopathologische Störungen) verabreicht werden.
- Ältere Kinder und Jugendliche sollten zunehmend selbst über die für sie effektivsten Vorbereitungsmaßnahmen entscheiden dürfen.

7.3.3. Verhaltensmedizinische Interventionsverfahren

Verhaltensmedizinische Interventionen haben sich generell als wirksam erwiesen. Neben den referierten Einzelstudien kommen auch alle bislang durchgeführten Meta-Analysen in diesem Bereich zu überzeugenden Befunden (mittlere Effektstärken zwischen 0.30 bis 0.44).

Die *Vermittlung von prozeduralen und sensorischen Informationen*, die in der Vorbereitungspraxis (meist in Kombination mit anderen Verfahren) weit verbreitet ist, ist nur unter bestimmten Bedingungen sinnvoll. Prozedurale Informationen wirken bei kleineren (bis Vorschulalter), hochängstlichen und negativ vorerfahrenen Kindern teilweise streßinduzierend (Gedaly-Duff, 1987; Grundner et al., 1988). In diesen Fällen sollte auf prozedurale Informationen zwar nicht verzichtet, diese aber in reduzierter, sehr behutsamer und spielerischer Weise dargeboten werden. Kinder ab etwa sechs Jahren, die weniger ängstlich sind und keine negativen (traumatisierenden) Vorerfahrungen mit medizinischen Eingriffen besitzen, profitieren deutlich von einer Aufklärungsintervention (Harrison, 1991; Young & Fu, 1988). Dabei sollten prozedurale und sensorische Informationen kombiniert vermittelt werden (Suls & Wan, 1989). Die meta-analytischen Auswertungen kommen zu gegensätzlichen Effektivitätsbeurteilungen der Informationsvermittlung: Während Saile et al. (1988) eine überdurchschnittliche mittlere Effektstärke (0.69) ermittelten, ist die Informationsvermittlung nach Saile und Krause (1994) nahezu wirkungslos (0.05). Allerdings ist bei letztgenannter Untersuchung nur eine einzige Evaluationsstudie zur Informationsvorbereitung einbezogen worden. Wahrscheinlich wurden diese Strategien, sofern sie durch den Einsatz kindgerechter Medien (Puppenspiel, Video) vermittelt wurden, den modellierenden Verfahren subsumiert.

Modeling gehört zu den meist verbreiteten Vorbereitungsmethoden. In der Meta-Analyse von Saile et al. (1988) machten sie fast die Hälfte aller Interventionsverfahren aus, bei Saile und Krause (1994) noch über ein Fünftel. Berücksichtigt man, daß sie meist auch einen Grundbaustein der komplexen kognitiv-behavioralen Programme bilden, ist davon auszugehen, daß die Mehrzahl verhaltensmedizinischer Vorbereitungen mit Modeling arbeiten. Dem steht eine relativ geringe allgemeine Wirksamkeit gegenüber: Sowohl bei Saile et al. (1988) als auch bei Saile und Krause (1994) erreichten Modellerninterventionen nur unterdurchschnittliche Effektstärken (0.35 bzw. 0.14). Diese geringe Effektivität ist wahrscheinlich durch einen undifferenzierten Einsatz zu erklären. Auch der Einsatz von Modellen kann sich in Abhängigkeit von intra- und extrapersonalen Kontextbedingungen sowohl hilfreich als auch angstverstärkend auswirken. Im wesentlichen gelten hier die gleichen Einschränkungen wie für die verbale Informationsvermittlung. Insbesondere der Einsatz von Video-Modellen scheint bei Kleinkindern unter sechs Jahren nicht zweckmäßig (Gedaly-Duff, 1987). Die Übernahme des Modellverhaltens ist dann besonders effektiv, wenn dieses nicht nur demonstriert, sondern anschließend praktisch geübt wird („partizipierendes Modeling"; Faust et al., 1991). Dabei ist es offensichtlich von geringer Bedeutung, ob es sich bei dem demonstrierenden Modell um eine gleichaltrige oder erwachsene Person handelt (Pinto & Hollandsworth, 1989). Die Anwesenheit eines Elternteiles bei der Modelldarbietung wirkt sich unterschiedlich aus: Während sich der Streß von Kindern und Eltern beim gemeinsamen Anschauen des Modellvideos in einigen Studien verminderte (Pinto & Hollandsworth, 1989; Reissland, 1983), wurde der Lerneffekt in anderen Untersuchungen dadurch offensichtlich behindert (Faust et al., 1991; Bush et al., 1986). Es ist bei der gemeinsamen Eltern-Kind-Vorbereitung mittels Modeling folglich unbedingt darauf zu achten, daß das Modellverhalten des Videomodells und der Eltern nicht miteinander interferieren. Tendieren die Eltern zu modell*inkongruentem* Verhalten, sollten sie von der Modellsitzung ausgeschlossen oder vorab speziell instruiert werden, wie sie den Lerneffekt für ihr Kind am besten unterstützen können.

Verhaltenstherapeutische Interventionen sind in isolierter Form bislang kaum evaluiert worden. Als Komponenten eines komplexeren Vorgehens scheinen sie zur Vorbereitung von Kindern auf invasive Prozeduren dennoch unverzichtbar: Desensibilisierende Elemente innerhalb des Vorbereitungstrainings und operante Verstärkung für erfolgreiche Bewältigungsbemühungen sollten aufgrund ihres geringen Aufwandes Grundbestandteil jeder Präparationsmaßnahme sein. Verhaltensübungen und Rollenspiele („medical play") wirken auch für sich genommen angst- und streßreduzierend (Young & Fu, 1988). Die *Vermittlung von konkreten Bewältigungsfertigkeiten* wird dagegen vergleichsweise sehr häufig eingesetzt und zeigt sogar weit überdurchschnittliche mittlere Effektstärken (0.53; vgl. Saile & Krause, 1994). Daher sollten diese Interventionsansätze unter Berücksichtigung der in Kap. 6 referierten Ergebnisse der Bewältigungsforschung verstärkte Berücksichtigung finden.

Die Resultate zur Verbreitung und Effektivität von *Entspannungsverfahren* sind extrem widersprüchlich: Während sie in den beiden Meta-Analysen von Saile et al. (1988) und Saile und Krause (1994) nur eine marginale Rolle spielten (0,9% bzw. 4,3% aller eingesetzten Interventionsverfahren), stellen sie in der eigenen Sichtung der Evaluationsstudien im Kontext invasiver Prozeduren die am häufigsten angewandte Einzelintervention dar (18,3%). Noch verwirrender ist die Befundlage in bezug auf ihre relative Effektivität: Saile et al. (1988) einerseits und Saile und Krause andererseits stellten diametral gegensätzliche mittlere Effektstärken fest: In erster Untersuchung bildeten die Entspannungsverfahren die wirksamsten Interventionen überhaupt (0.88), während sie sich bei letzterer als völlig wirkungslos herausstellten (0.05). Interessanterweise schnitten aber bei Saile und Krause (1994) die kognitiv-behavioralen Behandlungspakete, für die Entspannungstechniken einen elementaren Baustein bilden, am besten ab. In den wenigen Evaluationsstudien, in denen Entspannungsverfahren isoliert geprüft wurden (z.B. Pfaff et al., 1989), bewegten sich die Effekte nur auf mäßigem Niveau. Die Befunde scheinen darauf hinzudeuten, daß Entspannungstechniken vor allem in Kombination mit anderen Vorgehensweisen (Aufklärung, Ablenkung, Verstärkung) ihre Effektivität entfalten.

Hypnotische Verfahren erbrachten in den wenigen durchgeführten Evaluationsstudien überdurchschnittlich gute Ergebnisse (Hilgard & LeBaron, 1982; Kuttner et al., 1988; Zeltzer & LeBaron, 1982). Allerdings scheinen die konkreten Vorgehensweisen, die sich hinter den Begriffen „Hypnose“, „Suggestion“, „Autohypnose“ und „Imagination“ verbergen, äußerst heterogen zu sein. Während in manchen Studien lediglich der Effekt eines hypnotischen Zustandes (Trance, Entspannung) erhoben wird, verstehen andere Autoren unter demselben Begriff eine ausführliche Instruktion und kognitive Einflußnahme mittels gezielter schmerz- oder angstreduzierender Suggestionen (vgl. Kossak, 1993b). Merkwürdigerweise tauchen hypnotherapeutische Vorgehensweisen als eigenständige Interventionsmaßnahmen in den genannten Meta-Analysen überhaupt nicht auf. In der eigenen Analyse machen sie immerhin 4,6% aller im Kontext medizinischer Stressoren eingesetzten Interventionen und sogar 6,5% der speziell bei invasiven Prozeduren verwendeten Maßnahmen aus. In direkten Vergleichsstudien zeigte sich Hypnose anderen Verfahren (Ablenkungsintervention) teilweise geringfügig überlegen (Zeltzer & LeBaron, 1982; Kuttner et al., 1988), teilweise wirkungsäquivalent (Wall & Womack, 1989). In der Regel erfordern sie allerdings erheblichen zeitlichen und personellen Mehraufwand (Interventionswiederholung, größere Interventionsdauer, nur durch Experten durchzuführen), der ihre relative Effizienz für den Einsatz in der klinischen Praxis in Frage stellt.

Die Verbreitung *kognitiv-behavioraler Verfahren* und insbesondere der kognitiv-behavioralen *Interventionspakete* hat während der letzten Jahre kontinuierlich zugenommen. Beschränkten sich die kognitiv-behavioralen Verfahren bei Saile et al. (1988) noch auf 17,5% und die der Behandlungspakete sogar nur auf 7,9%, nehmen sie in der Analyse von Saile und Krause mit ingesamt 53,2% die dominierende Position ein. Darunter befinden sich bereits 21,3% Behandlungspakete. In der eigenen Auswertung spezieller Interventionsstudien zur Vorbereitung auf invasive Prozeduren machen die Behandlungspakete sogar einen Hauptanteil von 55,3% aus (vgl. Abbildung 7-8).

Ablenkungsstrategien sind in mehreren Studien separat evaluiert worden. Bei Saile et al. (1988) tauchen sie noch nicht als eigene Kategorie auf, und auch in der späteren Analyse von Saile und Krause (1994) machen sie nur einen Anteil von 6,4% aus. Die Auswertung der Studien im Kontext ausschließlich invasiver Eingriffe erbrachte hingegen einen relativ großen Anteil von 13%. Schon einfachste Ablenkungstechniken wie Musikhören können das Streßerleben von Kindern bei leichteren Eingriffen signifikant reduzieren (Fowler-Kerry & Lander, 1987), während sie bei aversiveren Prozeduren wie Knochenmarkpunktionen nicht hinreichend sind (Pfaff et al., 1989). Komplexe Strategien der Aufmerksamkeitssteuerung erwiesen sich fast durchgängig als hilfreich (Dahlquist et al., 1986; Kuttner et al., 1988; Wall & Womack, 1989), aber im isolierten Einsatz nur als moderat effektiv und u.U. sogar kontraproduktiv (Dahlquist et al., 1985). Die mittlere Effektstärke der Ablenkungstechniken war in der Untersuchung von Saile und Krause weit unterdurchschnittlich (0.26).

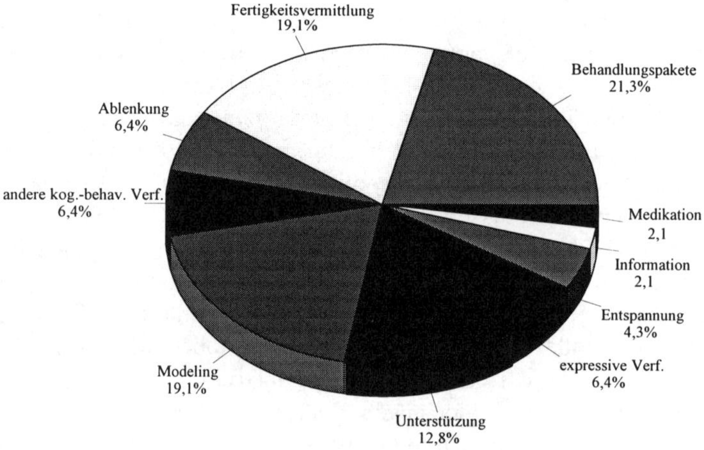

Abbildung 7-8: ***Relative Anwendungshäufigkeit verhaltensmedizinischer Interventionsverfahren zurVorbereitung von Kindern auf invasive Prozeduren.***

Die Evaluationsergebnisse der *kognitiv-behavioralen Behandlungspakete* sind durchweg zufriedenstellend bis gut. Die Kombination verschiedener Interventionstechniken (meistens unter Einschluß von Informationsvermittlung, Entspannung, internaler oder externaler Ablenkung und Verstärkung) erbrachten fast ausschließlich signifikante Effekte (Dahlquist et al., 1985, 1986; Jay et al., 1985, 1987; Manne et al., 1990). Auswahl und Umsetzung dieser Vorgehensweisen scheinen sich im letzten Jahrzehnt erheblich verbessert zu haben: Lag die mittlere Effektstärke für die Studien bis 1986 (Saile et al., 1988) noch bei dem unterdurchschnittlichen Wert von 0.29, stellten sie sich für die Untersuchungen von 1987-1991 (Saile & Krause) mit 0.68 als die mit Abstand wirksamste Methode heraus. Nach den dargestellten Forschungsbefunden wird dabei die *Aufmerksamkeitsablenkung* als Komponente der kognitiv-behavioralen Verfahren im Zusammenspiel mit Entspannungs- und Aufklärungselementen als *Hauptwirkfaktor* zur Symptomkontrolle angesehen (McCaul & Malott, 1984; Kolko & Rickard-Figuera, 1985; Redd et al. 1987; Manne et al., 1990). Blount et al. (1994) kommen zu dem Schluß, daß tiefes tonhaftes Durchatmen für ältere Kinder und die Benutzung eines „*party-blowers*“ für jüngere Kinder die angemessenste Interventionsform während der Durchführung einer invasiven Prozedur darstellt.

Die Bestimmung der *relativen Effektivität der Einzelkomponenten* der Behandlungspakete ist naturgemäß problematisch, da sie ausschließlich en bloc untersucht werden können. Die Arbeitsgruppe um Jay befragte die an den komplexen Vorbereitungsinterventionen beteiligten Eltern, für wie hilfreich sie die einzelnen Komponenten empfunden hatten (vgl. Tabelle 7-6).

Eine gezielte *Vorbereitung der Eltern* auf invasive Prozeduren bei ihren Kindern und ihre systematische Einbeziehung in den Vorbereitungsprozeß wirkt sich, wie in verschiedenen Evaluationsstudien nachgewiesen, i.d.R. positiv auf den Bewältigungserfolg von Kindern und Eltern aus. Dennoch wird in der Mehrzahl der Fälle das Training ausschließlich mit dem Kind durchgeführt. Die Sichtung der speziell auf invasive Prozeduren bezogenen Evaluationsstudien erbrachte, daß 55% der Vorbereitungen mit dem Kind allein, 10% mit den Eltern allein, 5% in Anwesenheit und 30% unter aktiver Einbeziehung der Eltern praktiziert wurden.

Tabelle 7-6: ***Effektivitätseinschätzung der Interventionskomponenten durch die Eltern (5-stufige Skala).***

	Interventionsvergleich Kognitiv-behaviorales Programm contra Valium (Jay et al., 1987)	**Streßimpfungstraining für Eltern (Jay & Elliott, 1990)**
Modellvideo	3.3	3.6
Selbstverbalisation	--	3.3
Entspannungstraining	--	3.8
Atemübung	3.3	--
Trophäe	3.5	--
Ablenkung/Imagination	2.7	--
Verstärkung	2.6	--
Valium	3.3	--
Programm insgesamt	4.1	3.6

Die empirischen Resultate belegen die Effektivität einer *separaten Elternintervention*, weisen aber auch auf *synergetische Effekte zwischen Eltern- und Kind-Interventionen* hin: Erstens kann schon die bloße Anwesenheit der Eltern bei der Kind-Intervention therapeutische Effekte auf die Elternangst haben. Zweitens wirkt sich eine separate Vorbereitung der Eltern positiv auf das Streß- und Bewältigungsverhalten der Kinder aus. Daraus läßt sich ableiten, daß im Regelfall die besten Erfolge für ein kombiniertes Eltern-Kind-Training zu erwarten sind. In Ausnahmefällen, z.B. bei sehr ängstlichen und streßsensiblen Eltern, kann aber auch eine separate Vorbereitung sinnvoll und effektiv sein. Dabei sind direktive verhaltenstherapeutische Interventionen unter Einschluß konkreter Verhaltensinstruktionen hilfreicher als ein nondirektiv-erlebnisorientiertes (emotionsexpressives) Vorgehen. Die meta-analytischen Auswertungen belegen eindeutig, daß eine *kombinierte Eltern-Kind-Vorbereitung* einem ausschließlich auf das Kind fokussierten Training deutlich überlegen ist (Saile & Krause, 1994). Die Wirksamkeit nimmt offensichtlich in dem Maß zu, wie die Eltern systematisch und aktiv in die Vorbereitung integriert werden. Dabei ist die Effektivität einer *Elternpartizipation in der Vorbereitung*, genauso wie die Wirkung ihrer Teilnahme an der Prozedur (vgl. Kap. 6.3.), davon abhängig, ob diese in ihrem konkreten Verhalten ein bewältigungsförderndes oder streßinduzierendes Bewältigungsverhalten (z.B. Aufgeregtheit) zeigen. Da positivere Effekte der Elternanwesenheit zu verzeichnen sind, wenn diese vorher instruiert oder trainiert worden waren, wie sie ihren Kindern während des Präparationstrainings helfen können (McGrath & Craig, 1989), sollte bei kombinierten Vorbereitungen darauf geachtet werden, den Eltern konkrete Instruktionen zur Hilfestellung für ihre Kinder zu vermitteln. Außerdem scheint es nach den Resultaten von Whitsett und Hagen (1990) sinnvoll, das subjektive Angstniveau der Eltern genauer zu überprüfen und diese gegebenenfalls intensiver vorzubereiten.

Obwohl sich die beschriebenen neueren *Eltern-Kind-Programme* zur Bewältigung medizinischer Stressoren sehr stark an den natürlichen Copingressourcen und spontan eingesetzten Bewältigungsbemühungen (statt an klinisch bewährten Verfahren) orientieren, bestehen hier naturgemäß fließende Übergänge zu den therapeutisch fundierten Vorbereitungsinterventionen. Künftige Interventionsprogramme werden sich stärker um eine Synthese beider Zugangsweisen bemühen müssen, um die psychologische Vorbereitung zu optimieren. Insbesondere die Ergebnisse der Bewältigungs- und Unterstützungsforschung (vgl. Kap. 6.1. und Kap. 6.3.) werden für die inhaltliche Konzeption von Bewältigungsprogrammen stärker rezipiert werden müssen. Ein solches Vorbereitungstraining muß auf die *personalen Voraussetzungen der Eltern* (Angstniveau, Bewältigungskompetenz), die *spezifischen Belange der Situation* (z.B. unterschiedliche Phasen) und die *individuellen Bedürfnisse des Kindes* (z.B. Bewältigungsstil) abgestimmt sein (Bush, 1987; Jay & Elliott, 1990) und *konkrete Verhaltensinstruktionen* beinhalten (Blount et al., 1991). Die Studienbefunde weisen darauf hin, daß es dabei sinnvoller ist, *Eltern bewältigungsunterstützendes Verhalten zu vermitteln,* als ihnen streßerzeugende Verhaltensweisen abzutrainieren (Blount et al., 1994; Manne et al., 1990; Manne et al., 1992; Powers et al., 1993).
Aus der Gesamtheit der dargestellten Untersuchungsbefunde läßt sich *zusammengefaßt* bilanzieren, daß integrierte Vorbereitungsprogramme, die unterschiedliche Interventionstechniken systematisch kombinieren, jeder der dargestellten Einzelverfahren eindeutig überlegen ist. Die Effektivität erhöht sich dabei noch einmal, wenn die Eltern in die Vorbereitung einbezogen sowie konkret instruiert werden und während des Eingriffes eine aktive Rolle übernehmen.

7.3.4. Durchführungsbedingungen des Vorbereitungstrainings

Neben der Effektivität unterschiedlicher Interventionsverfahren an sich lassen sich aus den vorliegenden Untersuchungen Aussagen über förderliche bzw. hinderliche Auswirkungen differentieller Durchführungsbedingungen ableiten, die im folgenden kurz zusammengefaßt werden.

Alter der Kinder

Das Alterspektrum der in die Evaluationsstudien einbezogenen Kinder reicht von unter zwei bis 18 Jahren. In der Meta-Analyse von Broome et al. (1989) lag die Altersspanne schwerpunktmäßig zwischen zwei und zwölf Jahren. In der Untersuchung von Saile et al. (1988) lag das Durchschnittsalter bei rund sechs Jahren, bei Saile und Krause (1994) bei 7;6 Jahren, wobei die Altersstreuung sehr hoch ausfiel (unter zwei bis elf Jahre). Knapp die Hälfte der in die eigene Auswertung einbezogenen Studien bezog sich auf Kinder im Vorschulalter, ein weiteres Drittel auf Kinder im Grundschulalter. Da somit die von Leukämien am häufigsten betroffene Altersgruppe überdurchschnittlich vertreten ist, scheint die altersspezifische Übertragbarkeit der Untersuchungsbefunde gewährleistet. Die altersspezifisch bedingten Effektstärken (Saile & Krause, 1994) zeigen ein interessantes Verteilungsmuster (vgl. Abbildung 7-9): Mit Abstand am wirkungsvollsten sind die Interventionen danach bei den zwölf bis 14jährigen. Die vier- bis sechsjährigen Kinder profitieren etwas stärker von der Vorbereitung als die Kinder zwischen sechs und zwölf Jahren. Dieses Resultat spricht dafür, daß die eingesetzten Informationsstrategien entwicklungsspezifisch nicht hinreichend adaptiert wurden. Der größte

Effektivitätssprung besteht bei der Altersgruppe, deren Bewältigungsstrategien denen der Erwachsenen stark zu ähneln beginnen. Wäre allein das wachsende Bewältigungsrepertoire für dieses Verteilungsmuster verantwortlich, müßten die Effektstärken über die Altersgruppen kontinuierlich zunehmen. Die besondere Risikogruppe der unter Dreijährigen ist mit weniger als vier Prozent stark unterrepräsentiert. Obwohl Kinder dieses Alters mit verhaltensmedizinischen Methoden nur sehr schwierig zu behandeln sind, benötigen sie am dringendsten wirksame Unterstützung. Gerade für diese Gruppe müßten verstärkt altersspezifische Interventionsverfahren entwickelt und evaluiert werden.

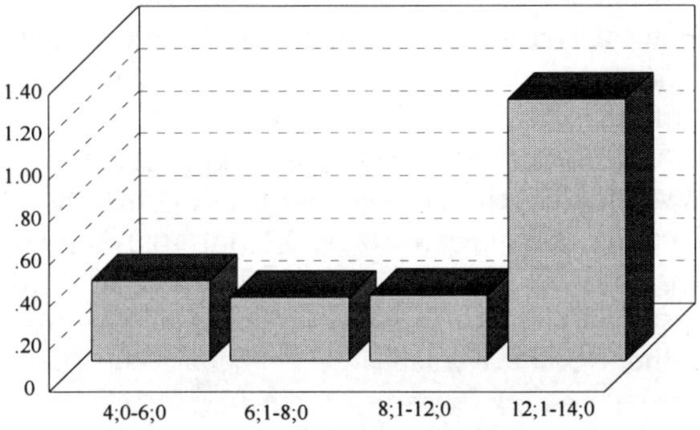

Abbildung 7-9: Bedingte Effektstärken bezüglich des Alters der Kinder.

Krankheits- und Behandlungskontext

Die referierten Meta-Analysen geben Auskunft über die differentielle Wirksamkeit der Interventionen in Abhängigkeit von Krankheitsmerkmalen und Bedingungen der Prozedur. Im Durchschnitt profitieren *akutkranke Kinder mit aktuellen Gesundheitsbeeinträchtigung* stärker von einem verhaltensmedizinischen Training als chronisch kranke oder gesunde Kinder (Saile et al., 1988). Dieses Resultat spricht dafür, die leukämiekranken Kinder so früh wie möglich (in der initialen Akutphase der Erkrankung) vorzubereiten. Da sich verhaltensmedizinische Interventionen erheblich wirksamer erwiesen haben bei medizinischen Behandlungs*serien* wie z.B. Punktionssequenzen (als bei singulären Ereignissen) und schwereren Eingriffen bei Bewußtsein (als bei leichteren Eingriffen oder zur Oprationsvorbereitung), scheinen sie zur Vorbereitung auf Lumbal- und Knochenmarkpunktionen besonders geeignet (Saile et al., 1988). Zu abweichenden Resultaten kommt allerdings die Auswertung von Saile und Krause (1994), die eine etwas höhere Effektivität für leichtere invasive und zahnmedizinische als hochaversive Prozeduren bei Bewußtsein konstatiert. Auch in dieser Untersuchung ist die Wirksamkeit bei Behandlungssequenzen oder Hospitalisierung ausgeprägter als bei einmaligen Eingriffen. Ingesamt kann aus den Resultaten bilanziert werden, daß verhaltensmedizinische Vorbereitungsmethoden bei wiederholten invasiven medizinischen Prozeduren besonders indiziert sind.

Interventionsfrequenz und -dauer

Die meisten der evaluierten Interventionsmaßnahmen umfassen lediglich ein oder zwei Vorbereitungssitzungen: Reine Informationsvermittlungsmaßnahmen (prozedurale und sensorische Informationen) können naturgemäß nur *vor* dem bevorstehenden Eingriff sinnvoll eingesetzt werden. Aber auch viele Streßbewältigungsinterventionen und Fertigkeitsvermittlungen werden in einem ein- oder zweimaligen Training absolviert (z.B. Jay et al., 1987; Wall & Womack, 1989). Andere Vorbereitungsprogramme erreichen den Umfang von Kurztherapien, die sich über eine ganze Sequenz von Sitzungen erstrecken (Hilgard & LeBaron, 1982; Kuttner et al., 1988; McGrath & DeVeber, 1986; Zeltzer & LeBaron, 1982). Unter 125 Interventionsvergleichen im Rahmen einer Meta-Analyse waren 104 einmalige Vorbereitungen und lediglich sieben Behandlungsserien (Saile et al., 1988). Der Effekt unterschiedlicher Vorbereitungsfrequenzen ist noch kaum untersucht worden. In einer neuen Studie von Mansson, Björkhem und Wiebe wurden keine signifikanten Effektunterschiede zwischen ein- und mehrmaligen Trainingswiederholungen festgestellt. In der Meta-Analyse von Saile und Krause (1994) erwies sich die Anzahl der Vorbereitungssitzungen ebenfalls als wenig bedeutsam für deren Wirksamkeit: Mehrmalige Wiederholungen korrelierten nur mit geringfügig höheren mittleren Effektstärken als einmalige Trainings (0.40 vs. 0.32). Daraus folgt, daß ein einmaliges Vorbereitungstraining im Regelfall als hinreichend betrachtet werden kann. Allerdings sollte der Trainingseffekt bei der folgenden Prozedur generell überprüft und ggfs. eine Ergänzungssitzung durchgeführt werden.

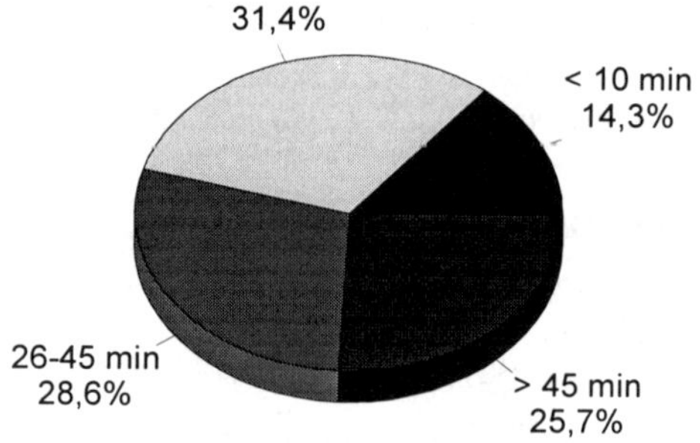

Abbildung 7-10: Verteilung der Sitzungsdauer bei der Vorbereitung.

Die *Dauer der einzelnen Trainingssitzungen* variiert je nach Art und Inhalt der Vorbereitung von wenigen Minuten (z.B. Modell-Video) bis zu ein- oder zweistündigen Therapiesitzungen (komplexe Vorbereitungsprogramme). In der Meta-Analyse von Saile und Krause ist der Anteil der Studien, deren Interventionen zwischen elf und 25 Minuten, 26 bis 45 Minuten und mehr als 45 Minuten dauerten, etwa gleich groß. Die bedingte Effektivität stieg hier mit der Trainingslänge kontinuierlich leicht an (vgl. Abbildung 7-10). Wahrscheinlich liegt die optimale Sitzungslänge bei Kleinkindern im Vorschulalter bei maximal 25 bis 45 Minuten, da sie sich nur schlecht länger auf das Thema konzentrieren können. Selbst bei einer sehr spielerisch gestalteten Trainingsatmosphäre nimmt ihre Aufnahmebereitschaft und Aufmerksamkeit nach dieser Zeitspanne i.d.R. rapide ab. Kinder im Grundschulalter können sich bei entsprechend interessanter und ansprechender Vermittlungsweise länger konzentriert mit der Thematik beschäftigen und profitieren wahrscheinlich am meisten von einer Trainingslänge zwischen 45 und 60 Minuten. Neben der Altersspezifität ist hier der präferierte Bewältigungsstil zu berücksichtigen: Informationsvermeidende Kinder werden durch längere Vorbereitungssitzungen eher überfordert und reagieren u.U. mit Streßerhöhung, während informationssuchende eine ausführliche Vermittlungsform benötigen, um den maximalen Nutzen aus der Vorbereitung ziehen zu können.

Vorbereitungszeitpunkt

In der klinischen Praxis ist der Vorbereitungszeitpunkt auf medizinische Eingriffe bislang nicht standardisiert, sondern wird meist von den institutionellen Rahmenbedingungen diktiert. Die Vorbereitung wird manchmal mehr als eine Woche, einige Tage vorher, am gleichen Tag oder sogar erst unmittelbar vor dem Eingriff durchgeführt. Saile et al. (1988) stellten fest, daß die Interventionen i.d.R. im Zeitraum einer Stunde vor dem Eingriff stattfinden. In der Studienauswahl von Saile und Krause (1994) wurden über 25% der Vorbereitungen mehr als eine Woche vor dem Eingriff durchgeführt, fast 29% zwischen einem und sieben Tagen, 13% in den letzten 24 Stunden, 16% bis zwei Stunden vor und 16% während der Prozedur (vgl. Abbildung 7-11).
Der Zeitpunkt, zu dem psychologische Vorbereitungsmaßnahmen durchgeführt werden, hat *altersabhängig* unterschiedliche Effekte (Faust & Melamed, 1984). Daher sollte das richtige *Timing* bei der Interventionsplanung gebührend berücksichtigt werden, um unerwünschte Angstinduzierungen zu vermeiden. Saile und Krause (1994) ermittelten die höchste durchschnittliche Wirksamkeit für Interventionen, die in zeitlicher Nähe zum Eingriff durchgeführt wurden, wobei ein prozedurbegleitendes Training sogar die höchsten mittleren Effekte erzielte. Letzteres reflektiert wahrscheinlich eine aktive Teilnahme des Trainers während der Prozedurdurchführung. Dabei ist zu berücksichtigen, daß sich die meisten Vorbereitungen auf ein präprozedurales Training des Kindes bzw. der Eltern beschränken, welches während des medizinischen Eingriffes von diesen selbständig umgesetzt wird, andere Interventionen aber die Anwesenheit des Therapeuten in der Situation erfordern. Insbesondere bei hypnotischen Verfahren wird das Kind meist während der Prozedur von dem Therapeuten begleitet (z.B. Kuttner et al., 1988). Wird der Zeitfaktor altersspezifisch differenziert betrachtet, beträgt der *optimale Zeitraum zwischen Vorbereitungsintervention und Durchführung der medizinischen* Maßnahme bei Kindern über sieben Jahren etwa eine Woche, während kleinere Kinder mehr von einer der Prozedur unmittelbar vorgeschalteten psychologischen Vorbereitung („*same-say-preparation*") profitieren (Melamed et al., 1976; Faust et al., 1991).

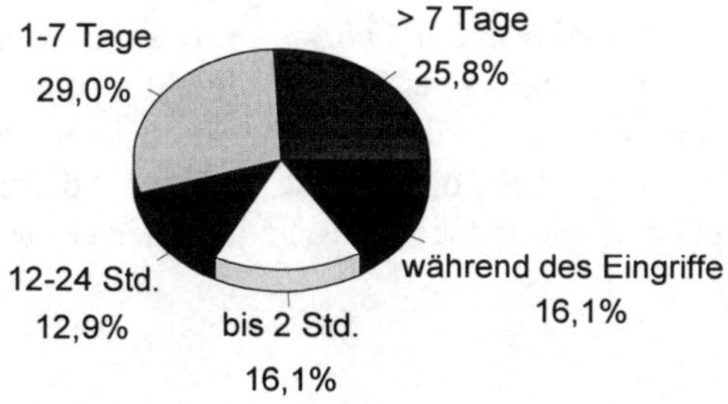

Abbildung 7-11: Verteilung der Vorbereitungszeitpunkte (Abstand zur Prozedur).

Indikationsstellung

Nahezu alle der in der Literatur beschriebenen Programme bestehen in einem therapeutischen *Standardangebot*. Nur in Ausnahmefällen (Dahlquist et al., 1985; Hilgard & LeBaron, 1982; McGrath & DeVeber, 1986) wird eine präprozedurale Diagnostik zur Identifizierung der individuellen Bedingungen und Bedürfnisse des Kindes durchgeführt, die eine spezielle Indikation und individualisierte Therapieplanung erlaubt. Vor dem Hintergrund der referierten Befunde zu interindividuell stark differierenden Bewältigungsbedingungen (präferierter Bewältigungsstil, spezifische Vorerfahrungen, kognitives Entwicklungsniveau, Unterstützungspotential der Eltern etc.) scheint eine schematische Vorgehensweise nicht gerechtfertigt und dürfte in erheblichem Maß für die häufig mäßigen Erfolge der Vorbereitungen verantwortlich sein.

Spezifische Zielsetzung

Psychologische Vorbereitungsmethoden beziehen sich i.d.R. auf den unmittelbaren Effekt einer erfolgreichen Situationsbewältigung. Mittel- und langfristige Auswirkungen (z.B. Erweiterung des Bewältigungsrepertoires, Stärkung von Kontroll- und Selbstwirksamkeitsüberzeugungen, Verbesserung der Problemlösekompetenzen) werden eher als erwünschte Nebenwirkungen betrachtet denn gezielt angestrebt.

Zielgruppe

Die überwiegende Mehrzahl der Vorbereitungsstrategien auf medizinische Maßnahmen bezieht sich auf die *betroffenen Kinder* bzw. ihre Eltern. Eine aktive Einbeziehung des *Krankenhauspflegepersonals* bzw. des *Behandlungsteams* (Ärzte und Schwestern) in eine Vorbereitungsintervention ist bislang selten vorgenommen und wenig systematisch erforscht worden. Zwar werden insbesondere Krankenschwestern gelegentlich unsystematisch zur intermediären Angst- und Schmerzbehandlung der Kinder mit herangezogen (z.B. Eland, 1981; Jay et al., 1985, 1987, 1990; Ross et al., 1984b), ein explizites Training bzw. eine separate Unterstützung des häufig ebenfalls streßbelasteten medizinischen Teams (Manne et al., 1990) fehlt jedoch weitgehend. Obwohl bislang wenig beforscht, sprechen neue Resultate dafür, daß Kinder auch von einer systematischen *Einbeziehung des medizinischen Teams* bei der Bewältigungsunterstützung ähnlich deutlich profitieren wie von einem Elterntraining (Frank et al., 1995). Die Kinder äußern dabei auf Nachfrage konkrete *Bedürfnisse an das Verhalten des Arztes*: Er solle nicht unfreundlich sein, erklären, was er bei der Durchführung der Prozedur tut, weder die Dauer noch die Intensität des Schmerzes bagatellisieren, während des Eingriffes nicht mit anderen flüstern, tuscheln oder Witze machen und dem Kind begrenzte Mitsprachemöglichkeiten (Entscheidungskontrolle) einräumen (Ross & Ross, 1988).

8. Ableitung und Darstellung des Interventionsprogrammes

8.1. Ableitung des Interventionsprogrammes

Für die Konzeption, Zusammenstellung, Ausgestaltung und Umsetzung des hier vorgestellten komplexen Interventionsprogrammes zur Vorbereitung krebskranker Kinder auf invasive medizinische Prozeduren wurden themenrelevante Ergebnisse der Grundlagen-, psychologischen Schmerz-, Bewältigungs- und Interventionsevaluationsforschung berücksichtigt, die im folgenden der Übersichtlichkeit halber noch einmal kurz zusammengefaßt werden (vgl. Kap. 1).

8.1.1. Durchführungsprozedere

Verhaltensmedizinische Interventionsmaßnahmen zur Vorbereitung auf invasive medizinische Prozeduren reduzieren nicht nur das Streß- und Angsterleben der Kinder, sondern vermindern auch die Intensität der physiologischen Schmerzreaktion (vgl. Kap. 3.1.5. und 3.1.6.). Vor allem für Prozedur*sequenzen* mittlerer bis *hoher Aversivität* stellen sie wirksame Behandlungsmaßnahmen dar (vgl. Kap. 7.). Dennoch sollte bei invasiven Prozeduren zusätzlich eine nebenwirkungsarme lokalanästhetische Salbe eingesetzt werden, um den analgetischen Effekt zu optimieren und neuronale Sensibilisierungen zu verhindern (vgl. Kap. 3.1.4.). Da ein überzeugender Wirksamkeitsnachweis für Kinder unter drei Jahren (zumindest in bezug auf hochaversive Maßnahmen bei Bewußtsein) noch aussteht (vgl. Kap. 7.), wurde das vorgestellte Programm auf Kinder *ab dem Vorschulalter* ausgerichtet.

Nach allen vorliegenden Resultaten sollte die Auswahl und praktische Ausgestaltung der Interventionen *individuell abgestimmt* werden, um optimale Wirksamkeit zu erreichen (vgl. Kap. 6. und 7.). Zu diesem Zweck müssen eine Reihe von Vorinformationen verfügbar sein, auf deren Grundlage ein individueller Therapieplan erstellt werden kann. Diese Informationen werden im Rahmen einer *interventionsorientierten Diagnostik* vor Beginn des Trainings erhoben. Der Interventionsplan sollte auf *kurz- und mittelfristige Ziele* ausgerichtet werden. Neben der unmittelbaren Zielsetzung der Streßbewältigung in der aktuellen Prozedursituation werden dem Kind langfristig wirksame Bewältigungskompetenzen vermittelt. Damit diese über längere Zeiträume erinnert und trainiert werden können, werden die Eltern angeleitet, in regelmäßigen Abständen mit ihren Kindern spielerisch zu üben (z.B. Entspannungsverfahren, internale Imagination). Zu diesem Zweck werden ihnen entsprechende Praxismaterialien (Bewältigungsgeschichten, Imaginationsanleitungen und Entspannungsübungen) an die Hand gegeben.

Das Vorbereitungstraining wurde auf eine *einmalige Durchführung* beschränkt, da mehrmalige Wiederholungen der Intervention kaum höhere Wirkungen erwarten lassen (vgl. Kap. 7). Bei Kindern bis zum Vorschulalter ist die langfristige Behaltensrate (für die Trainingsinhalte) noch relativ instabil, so daß die Vorbereitung u.U. zwischenzeitlich aufgefrischt werden muß (vgl. Kap.4.). Daher enthält das Trainingsangebot eine optionale „*booster-session*“. Die *Trainingsdauer* wird entwicklungsspezifisch und individuell abgestimmt und flexibel gehandhabt: Bei kleineren Kindern sollte die Sit-

zungslänge ca. 30 Minuten, bei Kindern der mittleren Altersgruppe (7-10 Jahre) ca. 45-60 Minuten und bei Jugendlichen 90 Minuten nicht überschreiten.
Der *Vorbereitungszeitpunkt* wurde altersspezifisch differenziert: Bei Kindern ab dem Grundschulalter sollte der zeitliche Abstand zwischen Vorbereitung und Eingriff ca. eine Woche betragen, bei jüngeren Kindern ein bis zwei Tage. Besonderes Augenmerk ist darauf zu legen, die verhaltensmedizinische Vorbereitung frühzeitig, d.h. nach Möglichkeit *vor der initialen prozeduralen Schmerzerfahrung bei Bewußtsein,* durchzuführen, um:

- Neuronale Konditionierungsprozesse (Sensibilisierung aufgrund heterosynaptischer Fazilitation, Habituationsverzögerung), die später nur noch schwer zu verändern sind und (vgl. Kap. 5.1.);
- hyperalgetisierende Lerneffekte aufgrund einer Desynchronisation zwischen affektiver (extremer Angst bis Panik bei der Erstkonfrontation) und sensorischer (mittelmäßige objektive Schmerzintensität) Erlebenskomponente zu vermeiden (vgl. Kap. 5.3.);
- neuronale Sensibilisierungen an verschiedenen Wirkorten im nozizeptiven System (ZNS, Rückenmark, sympathisches und motorisches Reflexsystem, molekularbiologische Ebene) zu verhindern (vgl. Kap. 3.1.);
- den Aufbau eines maladaptiven Ereignisskriptes im episodischen Gedächtnis (aufgrund frühzeitiger Traumatisierung) zu verhindern, das eine negativen Verzerrung der Repräsentation aller folgenden Prozeduren zur Folge haben könnte (vgl. Kap. 4.2.);
- keine überzogenen Schmerzerwartungen in bezug auf künftige Eingriffe entstehen zu lassen (vgl. Kap. 5.2.);

Die Vorbereitung erfolgt *stationär* und durch qualifizierte Mitarbeiter (Psychologen, Sozialarbeiter, Erzieher, Ärzte oder Pflegepersonal). Eine ausschließlich von der Mutter zu Hause durchgeführte Aufklärung hat sich als nicht hilfreich erwiesen (Grundner et al., 1988). Zwar können Vorabinformationen durch die Eltern als unterstützende Begleitmaßnahmen eines systematischen Vorbereitungstrainings nützlich sein (z.B. Vorlesen von Entspannungsgeschichten, Bilderbuch zum Krankenhausalltag, Einüben allgemeiner Bewältigungsfertigkeiten), die eigentliche Vorbereitung sollte aber in der Klinik stattfinden (vgl. Kap. 6.3.). Abgesehen davon, daß sensorische und prozedurale Informationen am besten vor Ort veranschaulicht werden können, läßt sich das Expertenwissen und die Erfahrungen der Klinikmitarbeiter auf diese Weise optimal nutzen. Die Trainingssitzung findet möglichst nicht im Krankenzimmer des Kindes, sondern in einem ruhig gelegenen Extraraum statt. Der Raum, in dem das Kind über längere Behandlungszeiträume leben muß, sollte sowohl für invasive Eingriffe als auch für diesbezügliche Vorbereitungsinterventionen tabu sein („Pieks-freie Zone“). Außerdem wird der Termin für das Training so geplant, daß genügend Zeit zur Verfügung steht und die Sitzung wegen medizinischer Maßnahmen nicht unter- oder abgebrochen werden muß. Grundsätzlich sollte das Vorbereitungstraining an einem Tag durchgeführt, an dem keine anderen invasiven Prozeduren oder belastende Eingriffe erfolgen und das Befinden des Kindes relativ zufriedenstellend ist (Zeltzer et al., 1990). Ist das Kind aktuell zu krank für eine psychologische Intervention, muß es eine äquivalente Prämedikation erhalten.

8.1.2. Auswahl und Zusammenstellung der Interventionsverfahren

Es wurden nur Interventionsmaßnahmen ausgewählt, für die die Evaluationsforschung ausreichende Effektivitätsnachweise erbracht hat. Damit blieben tiefen-, spiel- und familientherapeutische Verfahren zunächst ausgespart.

8.1.2.1. Aufklärungsintervention

Obwohl sich Informationsvermittlung nach den Resultaten der Evaluationsforschung nicht in jedem Fall als hilfreich herausgestellt hat, gibt es grundlagenwissenschaftlich gut begründete Argumente dafür, dennoch nicht auf eine angemessene Aufklärung zu verzichten: Jede neue Reizdarbietung löst eine Orientierungsreaktion mit erhöhter physiologischer Erregung aus, welche wiederum schmerzsensitivierend wirkt (vgl. Kap. 4.1.). Unerwartete und unberechenbare Schmerzereignisse rufen besonders heftige Angst- und Streßzustände hervor. Daher sollte jedes Kind vor dem Eingriff angemessen und rechtzeitig über das bevorstehende Ereignis aufgeklärt werden (vgl. Kap. 5.2. und 5.3.). Dabei ist es wichtig, eine *realistische* Einschätzung zu vermitteln und die Schmerzintensität nicht zu bagatellisieren, da sich Schmerzunterschätzungen langfristig negativ auswirken (vgl. Kap. 5.2.). Schmerzintensitätsschwankungen (aufgrund technischer Komplikationen) nach einer Phase berechenbarer Ereignisse haben besonders belastende Effekte. Daher ist prinzipiell eine „Notfallprophylaxe" angezeigt: Kind und Eltern müssen über mögliche Komplikationen aufgeklärt werden und spezielle Auffangstrategien vermittelt bekommen (vgl. Kap. 5.2.). Bei näherer Betrachtung der empirischen Evaluationsbefunde (vgl. Kap. 7.) stellt sich das Problem weniger als Frage nach dem „ob" statt vielmehr nach dem „wie" der Informationsvermittlung dar. Selbst informationsvermeidende und hochängstliche Kinder profitieren von einer ausführlichen Aufklärung, wenn diese zum richtigen Zeitpunkt und in einer angemessenen Form erfolgt (vgl Kap. 6.2.). Bei diesen Kindern wird das Vorgehen entsprechend adaptiert.

Die Aufklärung sollte unbedingt prozedurale *und* sensorische Information einschließen. Da die beiden Informationsebenen in unterschiedlichen Gedächtnissystemen repräsentiert sind (vgl. Kap. 4.2.), sollten sie separat vermittelt werden, um möglichst stabile Speicherstrukturen aufzubauen. Insbesondere der sensorischen Informierung, die sowohl sinnliche Wahrnehmungsaspekte, psychophysiologische Reaktionen und emotionales Erleben umfassen sollte, kommt eine große Bedeutung zu, da Kinder die Prozedursituation vornehmlich als aversives *emotionales* Ereignis erleben (vgl. Kap. 5.3.). Ziel der Informationsvermittlung ist dabei, den Kindern beim Aufbau eines adäquaten kognitiven Schemas über die bevorstehende Prozedur zu helfen, das die externen Situationsbedingungen, die internen Reaktionen sowie ereignisspezifische Handlungspläne einschließt (vgl. Kap. 4.2.).

Jede Informierung muß auf das kognitive Entwicklungsniveau und altersspezifische Schmerzkonzept der Kinder abgestimmt sein (vgl. Kap. 5.4.). Die Vermittlung erfolgt grundsätzlich in einer altersgerechten, konkreten und anschaulichen Sprache (vgl. Kap. 5.4.2.). Bei präoperationalen Kindern eignet sich der Einsatz von Puppen oder Figuren als Kommunikationsmedium, um ihre Aufmerksamkeit für einen ausreichend langen Zeitraum zu gewinnen. Für Kinder bis zum Grundschulalter, deren deklaratives Gedächtnis noch nicht voll funktionsfähig ist, sind rein verbale Vermittlungsformen wirkungslos. Aus diesem Grund ist der Einsatz nicht-sprachlicher Erinnerungshilfen sowohl bei der Vorbereitung als auch in der Prozedursituation unverzichtbar (vgl. Kap.

4.2.). Zur Etablierung eines möglichst funktionalen Skriptes über die Vorbereitungsinhalte müssen diese grundsätzlich

- in der Form möglichst anregend (spannend, neu, mit persönlichem Bezug zur Erlebniswelt des Kindes) gestaltet sein;
- auf dem individuellen Erfahrungshintergrund des Kindes (vorhandene Ereignisskripte) aufbauen;
- Vorerfahrungen und Erlebnisse sowie Beispiele, Analogien und Metaphern einbeziehen;
- ausgehend von bekannten Situationselementen sukzessive neue Aspekte einführen;
- zentrale Aussagen mit prägnanten Hinweisreizen verknüpfen;
- in der chronologischen Abfolge der tatsächlichen Prozedurdurchführung dargeboten werden;
- möglichst situations- und verhaltensnah vermittelt werden (maximale Reizähnlichkeit mit der Eingriffssituation).

Der Einsatz von *Modeling-Verfahren* erscheint vor dem Hintergrund der herausragenden Bedeutung des Modellernens beim Erwerb von Schmerz- und Bewältigungsverhalten besonders sinnvoll (vgl. Kap. 5.1. und Kap. 6.1.). Modelle sollten aber differenziert zum Einsatz kommen: Da für Kinder unter sechs Jahren Modellvideos unangebracht sind, werden sie mit Puppenspiel und Bilderbüchern vorbereitet. Das Modellverhalten wird dabei nicht nur demonstriert, sondern mittels Verhaltensübungen praktisch angeeignet. Die Eltern können den Lerneffekt ihrer Kinder unterstützen, wenn sie sich modellkongruent verhalten bzw. in diese Richtung instruiert werden (vgl. Kap. 7.).
Im Anschluß an die Trainingssitzung wird obligatorisch überprüft, ob das Kind die Vorbereitungsinhalte richtig rezipiert hat (Rückfragen, wiederholen oder vorspielen lassen), wobei darauf zu achten ist, daß es die Aussagen nicht nur sprachlich reproduziert (Imitationssprache), sondern inhaltlich wirklich begriffen hat (vgl. Kap. 5.4.3.).

8.1.2.2. Vermittlung von Bewältigungsfertigkeiten

Die Vermittlung konkreter Bewältigungsfertigkeiten ist besonders effektiv zur Vorbereitung von Kindern auf streßreiche Prozeduren (vgl. Kap. 7). Die vermittelten Kompetenzen müssen aber auf die individuellen Bedingungen des Kindes abgestimmt sein, um ausreichende Wirksamkeit zu entfalten: Das kognitive Entwicklungsniveau, die Qualität spezifischer Vorerfahrungen, das vorhandene Bewältigungsrepertoire, den präferierten Bewältigungsstil, den Krankheitskontext und den Phasenverlauf der medizinischen Prozedur (vgl. Kap. 6.1.). Zu diesem Zweck sind Vorinformationen erforderlich, die in einer vorgeschalteten psychologischen Diagnostiksitzung erhoben werden.
Zur Bewältigung unumgänglicher Stressoren (invasive Eingriffe) eignen sich generell eher emotionsregulierende als problemorientierte Strategien. Jüngere Kinder profitieren stärker von externaler und internaler Ablenkung, ältere von aktiven, problemfokussierten und informationssuchenden Umgangsweisen. Beim Beginn der medizinischen Krebsbehandlung sind vermeidende Bewältigungsstrategien hilfreicher, während mit zunehmender Erfahrung im Umgang mit der Erkrankung und deren Behandlung informationssuchende und aktive Bewältigungsformen effektiver sind. Kinder im Initialstadium der Erkrankung werden entsprechend in erster Linie mit Ablenkungsaktivitäten unterstützt, bekommen in späteren Phasen aber verstärkt aktive Bewältigungsstrategien

vermittelt. Es ist nicht sinnvoll, die Interventionsmaßnahmen generell auf den bevorzugten Stil abzustimmen (vgl. Kap. 6.1.2.), wird dieses Vorgehen unabhängig von ihrem präferierten Bewältigungsstil durchgefürt. Damit die vermittelten Bewältigungsstrategien eine optimale Effektivität entfalten können, ist es wesentlich, an das vorhandene Bewältigungsrepertoire und den präferierten Bewältigungsstil der Kinder anzuknüpfen, wobei die Vermittlung aber eine sukzessive Erweiterung ihrer Copingkompetenzen umfassen sollte. Wichtiger als ein breites Spektrum (große Anzahl) unterschiedlicher Bewältigungsstrategien ist das heuristische Wissen um deren effektiven Einsatz. Statt einer oberflächlichen Vermittlung vieler Bewältigungsformen wird eine begrenzte Anzahl zentraler Bewältigungsfertigkeiten intensiv eingeübt. Da die vermittelten Bewältigungskompetenzen nur phasenspezifisch effektiv sind, werden Kinder und Eltern in derem richtigen „Timing“ angeleitet. Besonders wichtig für den weiteren Verlauf der Prozedur ist die Bewältigung der ersten Phase. Daher wird möglichst frühzeitig interveniert und das Hauptaugenmerk auf eine Reduktion des antizipatorischen Angst- und Streßniveaus gelegt. Während des Eingriffes dominieren konkrete Schmerz- und Streßbewältigungstechniken, während hinterher Ablenkung, Beruhigung, Trost und Verstärkung im Vordergrund stehen (vgl. Kap. 6.1.).
Bei Kleinkindern kann es erforderlich sein, während der Vorbereitung einen geringgradigen Streßzustand zu induzieren, um die episodisch-prozedural gespeicherten und willentlich nicht reprozierbaren Gedächtnisinhalte zu reaktivieren. Zumindest sollte (aufgrund ihres erheblich besser ausgeprägten Wiedererkennungsgedächtnisses) zu diesem Zweck auf prozedurbezogene Reize zurückgegriffen werden, indem die Kinder behutsam mit einzelnen Situationselementen konfrontiert werden, damit sie die entsprechenden Speicherinhalte aktualisieren und eine angemessene kognitiv-emotionale Repräsentation der Vorbereitungsintervention aufbauen können (vgl. Kap. 4.2.). Bei Kindern dieser Altersstufe ist es zudem angezeigt, sie in der kritischen Situation der Punktionsdurchführung mittels Erinnerungshilfen und konkreter Instruktionen an die eingeübten Bewältigungsstrategien zu erinnern (vgl. Kap. 4.2. und 6.1.).
Die vermittelten Techniken werden nach Möglichkeit konkret demonstriert und eingeübt, um die internalen Kontrollüberzeugungen das Kompetenzbewußtsein der Kinder zu stärken (vgl. Kap. 5.2.) sowie prozedurale Gedächtnisinhalte (Handlungsabläufe) zu etablieren, die in der Abrufsituation (Prozedur) spontan-reflexiv abgerufen werden können (vgl. Kap. 4.2.). Kinder der präoperationalen Entwicklungsstufe können mit magischen Handlungen (pusten, Pflaster kleben, Umschläge) wirksam „behandelt“ werden.
Da Kinder ihr natürliches Bewältigungsverhalten durch Versuch-und-Irrtum-Lernen erwerben und festigen, wird ihnen nach der Vorbereitung genügend Zeit zum spielerischen Ausprobieren eingeräumt.

Entspannung und Angstreduktion

Entspannungsverfahren sind vor allem in Kombination mit weiteren Interventionen effektiv (vgl. Kap. 7.) und eignen sich im besonderen Maße zur Schmerz-Angst-Behandlung, da sie

- das psychophysiologische Erregungsniveau senken und damit die Schmerzsensibilität reduzieren (vgl. Kap. 3.1.);
- den Muskeltonus und damit den afferenten Impulsstrom aus der Stützmotorik vermindern (vgl. Kap. 3.1.);

- einen angenehmen und Schmerz/Angst-inkompatiblen Bewußtseinszustand hervorrufen;
- die affektiv-emotionale Reagibilität herabsetzen;
- die Aufmerksamkeit durch die interozeptive Fokussierung auf nichtschmerzbezogene Körpervorgänge ablenken (vgl. Kap. 4.1.);
- die Kontrollüberzeugung durch das Erlebnis der Einflußnahme auf autonome Körperprozesse verstärken (vgl. Kap. 5.2.).

Bereits *vor dem Eingriff* sollte das Streß- und Angstniveau der Kinder durch emotionsregulierende Maßnahmen gesenkt werden, da bei Kindern mit spezifischen Vorerfahrungen ein der Eingriffssituation psychophysiologisch ähnlicher Zustand die Aktualisierung aversiver Gedächtnisinhalte begünstigt (vgl. Kap. 4.2.) und damit ihr antizipatorisches Streßniveau weiter gesteigert sowie ihre Schmerzsensibilität erhöht wird. Dabei ist zu berücksichtigen, daß Emotionsäußerungen (z.B. Wut) während des Eingriffes nicht immer Ausdruck dysfunktionalen Distresses sind, sondern aktive Bewältigungsversuche des Kindes darstellen können, die von den Erwachsenen für eine konstruktive Meisterung der Situation aufgegriffen und kanalisiert werden sollten. Obwohl sich das Schmerzempfinden durch erhöhte Angstzustände nicht verstärkt, wird die *Zustandsangst* während des Eingriffes mittels Entspannungsverfahren in jedem Fall mitbehandelt (Angstmanagement), weil ein hohes aktuelles Angstniveau:

- mit kognitiven Verarbeitungsprozessen interferiert und dadurch die Bewältigungskompetenz des Kindes akut behindert (vgl. Kap. 5.3.);
- die Habituation an den Schmerzreiz verzögert;
- zu einer Persistierung der antizipatorischen Angst und negativen Schmerzerwartung gegenüber künftigen Eingriffen führt;
- die Speicherung aversiver Erlebnisinhalte im LZG begünstigt.

Es wird grundsätzlich ein *moderates Erregungsniveau* angestrebt, das sich zur Streßbewältigung als besonders adaptiv herausgestellt hat. Bei der Vorbereitung sollte ein mäßiges Aktivationsniveau aber keinesfalls überschritten werden, da dies eine unangemessene antizipatorische Schmerzüberschätzung induzieren kann. Die Vorbereitungssitzung sollte mit einem reduzierten Angstgrad und einem optimistischen Ausblick abgeschlossen werden (vgl. Kap. 5.2.).

Aufmerksamkeitssteuerung

Aufmerksamkeitsprozesse bestimmen das subjektive Schmerzerleben stärker als aktuelle Streß- und Angstzustände (vgl. Kap. 5.2. und 5.3.). Eine wirksame Aufmerksamkeitsdefokussierung kann sowohl durch externale wie internale Ablenkungstechniken erzielt werden. Diese müssen allerdings altersgemäß abgestimmt sein und wirken vor allem in Kombination mit anderen Interventionen schmerz- und angstreduzierend (vgl. Kap. 7.). Ablenkungstechniken können die kognitiven Verarbeitungsprozesse nozizeptiver Reize stören oder sogar unterbrechen und auf diese Weise die bewußte Schmerzwahrnehmung blockieren. Die eingesetzten Ablenkungsreize sollten persönlich bedeutsam oder neu sein und die gleiche sensorische Modalität beanspruchen wie der Angst-Schmerz-Reiz. Inbesondere im Moment der eigentlichen Schmerzstimulation, d.h. des Nadeleinführens und Abziehens, sollte ein attraktiver (taktiler) Ablenkungsreiz ausreichender Intensität eingesetzt werden, um die nozizeptive Informationsverarbeitung maximal zu beeinträchtigen. Für unterschiedliche Bedrohungsaspekte der Situation werden vorab Konkurrenzstimuli von optimaler Interferenzwirkung zusammengestellt (vgl. Kap. 4.1.). Das kontextuale Speicherprinzip des LZG impliziert, die Kinder während aller bedrohlichen Ereignisphasen maximal abzulenken, um die Speicherung unangenehmer Situationsaspekte zu minimieren.

Kognitive Verfahren

Negative Kognitionsmuster mindern nicht nur die Lebensqualität und erzeugen erhöhte Ängstlichkeit, sondern wirken sich deutlich schmerzintensivierend aus (vgl. Kap. 5.2.). Positive Kognitionen besitzen umgekehrt direkte Effekte auf die physiologische Schmerzregulation: Sie reduzieren bspw. die Freisetzung von Streßhormonen, erhöhen die Ausschüttung von Endorphinen und senken den Muskeltonus in der schmerzspezifischen Körperregion (vgl. Kap. 3.1.). Daher ist es für die Vorbereitung dringend angezeigt, irrationale Denkmuster und Ohnmachtserleben bei Kindern und Eltern zu identifizieren und durch kognitiv-therapeutische Maßnahmen zu verändern. Bei Kleinkindern beziehen sich irrationale Überzeugungen häufig auf skurrile Kausalattributionen oder magische Schmerzmodelle. Sofern diese für die Bewältigung utilisiert werden können („magische Handlungen"), besteht kein Modifikationserfordernis. Wird der Bewältigungsprozeß allerdings durch die Fehlanschauungen behindert (z.B. Schmerz als Bestrafung), sollten sie in kindgerechter Weise korrigiert werden (vgl. Kap. 5.4.). Obwohl in erster Linie bei Kindern ab dem Grundschulalter indiziert, können kognitive Verfahren in adaptierter Form bereits bei Vorschulkindern eingesetzt werden (vgl. Kap. 5.4.).
Die *hypnotische Analgesie* besitzt nachweisbar einen multifaktoriellen physiologischen Wirkmechanismus, der auf einer intentionalen Aktivierung des endogenen physiologischen Schmerzkontrollsystems beruht und daher ähnliche Wirkstärken erreichen kann wie eine pharmakologische Analgesie (vgl. Kap. 3.1.). Besonders im Alter zwischen acht und zwölf Jahren, wenn die entwicklungsspezifische Suggestibilität ihren Höhepunkt erreicht, lassen sich hypnotische Verfahren zur Schmerzreduktion effektiv einsetzen (vgl. Kap. 5.4.). Obwohl ihre Wirksamkeit durchschnittlich über der anderer Verfahren liegt, ist ihr Einsatz mit weit höherem Aufwand verbunden und nach Effizienzkriterien abzuwägen.

Verhaltenstherapeutische Verfahren, Verstärkung und Selbstkontrolle

Es sollten nach Möglichkeit keine für das Kind persönlich bedeutsamen Objekte (z.B. Teddy, Lieblingspuppe) als prägnante Reize kontingent zum Schmerzreiz präsentiert werden, um eine respondente Konditionierung zu verhindern (vgl. Kap. 5.1.). Reize mit besonders angstauslösendem Charakter (Anblick der Nadel) oder bedrohlicher bzw. erschreckender Qualität (plötzliche laute Geräusche) sind nach Möglichkeit zu vermeiden. Hat sich bereits eine klassisch konditionierte Angstreaktion etabliert (z.B. Nadelphobie), muß die angstauslösende Bedingung während der Vorbereitung identifiziert und mittels verhaltenstherapeutischer Verfahren (z.B. „needle play") gelöscht werden (vgl. Kap. 7.1.). Während der gemeinsamen Vorbereitungssitzung mit Kind und Eltern wird darauf geachtet, ungünstiges *Verstärkungsverhalten* zu erkennen, deutlich zu machen und durch funktionalere Alternativen zu ersetzen. Für die positive Verstärkung von konstruktivem Bewältigungsverhalten eignen sich Lob, die Ankündigung angenehmer Aktivitäten oder materielle Belohnungen. Da angstbedingtes Vermeidungsverhalten letztlich zu Angstverstärkung und Schmerzsensibilisierung führt (Kap 5.3.), wird diesem vorsichtig entgegengesteuert. Aus diesem Grund ist es lernpsychologisch nicht sinnvoll, einer Verschiebung der Prozedur auf Drängen des Kindes zuzustimmen oder auf übertriebene Medikationswünsche einzugehen. *Selbstkontrollverfahren* wie Selbstverbalisation und Gedankenstop erhöhen die Kontrollüberzeugungen und Selbstwirksamkeit der Kinder (vgl. Kap. 5.2.), wirken handlungsleitend (vgl. Kap. 4.2.) sowie angstreduzierend (vgl. Kap. 3.1.) und werden als Begleitmaßnahme des Fertigkeitstrainings eingesetzt.

8.1.2.3. Soziale und emotionale Unterstützung und systematische Einbeziehung der sozialen Umwelt

Besonders Kleinkinder tendieren in Streßsituationen zu erhöhter Ängstlichkeit, regressivem und abhängigem Verhalten und benötigen in besonderem Maß die emotionale Unterstützung ihrer Eltern. Blick- und Körperkontakt (Streicheln, In-den-Arm-nehmen, Drücken) stellen wichtige Elemente zur Emotionsregulierung dar. Selbst für Jugendliche bildet eine einfache emotionale Unterstützung wie Handhalten eine hochwirksame Bewältigungsstrategie. Wenn möglich, sollten die Eltern ihr Kind während der Prozedur unbedingt begleiten. Dafür ist es allerdings in vielen Fällen erforderlich, auch sie gezielt auf ihre Rolle zur Unterstützung des Kindes vorzubereiten. Von besonderer Bedeutung ist das Modellverhalten der Eltern im Kontext der Vorbereitung sowie während der Prozedur (vgl. Kap. 5.1.). Sofern die Eltern ein klar dysfunktionales Modellverhalten zeigen, kann es notwendig werden, sie vorübergehend vom Vorbereitungsprozeß auszuschließen (vgl. Kap. 6.2.). Vorzuziehen ist allerdings, sie über die sozialen Lernmechanismen aufzuklären und ihnen konkrete Instruktionen für positive Modellverhaltensweisen zu vermitteln.

Da sich ausgeprägter Streß eines partizipierenden Elternteiles sowohl auf die Eltern selbst als auch auf die Kinder (und vermutlich sogar auf das medizinische Team) negativ auswirkt (vgl. Kap. 6.2.), ist bei hochängstlichen Eltern eine separate Streßbewältigungsmaßnahme (Kurzintervention zur Entspannung und Selbstinstruktion) angezeigt (vgl. Kap. 7.). Schon negative Erwartungen, irrationale Befürchtungen und antizipatorische Angst der Eltern sollten im Vorfeld korrigiert werden. Mittels kognitivtherapeutischer Interventionen werden pessimistische Erwartungen und negative Kognitionen durch erhöhte Kontrollüberzeugungen und verstärktes Kompetenzbewußtsein ersetzt (vgl. Kap. 5.2.).

Die Eltern werden angehalten, sich so aktiv wie möglich zu engagieren, da sich eine systematische Einbeziehung durchgängig als besonders hilfreich erwiesen hat (vgl. Kap. 6. und Kap. 7.). Um ihren Kindern wirkungsvoll beistehen zu können, benötigen Eltern klare Instruktionen und Handlungsanweisungen: Vermeiden streßinduzierenden Verhaltens, verbaler Beruhigungsversuche, Rechtfertigungen und übertriebener Empathiebekundungen; stattdessen emotionale Unterstüzung, konkrete praktische Hilfestellung, Ablenkung und positive Verstärkung.

Krankenschwestern und Ärzte können die supportive Rolle der Eltern ebenfalls erfolgreich übernehmen und sollten nach Möglichkeit aktiv in den Vorbereitungsprozeß einbezogen werden.

Integrierte Behandlungspakete

Alle Resultate sprechen für eine Überlegenheit komplexer Interventionsprogramme unter aktiver Beteiligung der Eltern. Aus diesem Grund wurde das vorgestellte Programm als komplexe Kombination verschiedener erfolgreich evaluierter Interventionsverfahren, die eine optimale Effektivität erwarten läßt, konzipiert.

8.2. Beschreibung des Interventionsprogramms

Auf der Grundlage der beschriebenen Auswertung des empirischen Forschungsstandes wurde ein umfassender *Katalog von verhaltensmedizinischen Techniken* zur Vorbereitung von Kindern auf invasive Prozeduren zusammengestellt, der sich in vier Blöcke gliedern läßt (vgl. Manuale):

1) *Aufklärung / Informationsvermittlung*
   - Erklärung des Zwecks der Maßnahme;
   - prozedurale Informationen (Erklärung des genauen Ablaufes der Lumbalpunktion, z.B. mittels Bilderbuch, Zeichentrickfilm oder Modellvideo);
   - sensorische Informationen (Beschreibung oder Veranschaulichung der während der Prozedur auftretenden sensorischen Empfindungen);
   - Verhaltensübungen (Probedurchlauf, Rollenspiele, Modeling, LP-Simulation etc.);
2) *Vermittlung von Bewältigungsfertigkeiten*
   - Entspannungsverfahren (Progressive Muskelrelaxation, Autogenes Training, Atemübungen);
   - externale Ablenkungstechniken (Aufmerksamkeitsfokussierung auf Außenreize);
   - internale Ablenkungstechniken (Imaginationen, Phantasien etc.);
   - (auto-)hypnotische Techniken (z.B. partielle Dissoziation, Analgesieinduktion, Substitution des Schmerzempfindens);
   - kognitive Verfahren (kognitive Umstrukturierung, Reframing etc.);
   - Selbstkontrolltechniken (Selbstverbalisation, Gedankenstop);
3) *Soziale/emotionale Unterstützung*
   - gezielte Hilfestellung durch die Eltern (Bewältigungsinstruktionen, „*Coachen*");
   - emotionale Unterstützung (Körperkontakt, verbales Bestärken etc.);
   - systematische Verstärkung (verbales Lob, materielle Verstärker, „Trophäen" etc.);
4) *Systematische Einbeziehung der Eltern/Elterntraining*
   - Elternaufklärung (Information über Bedeutung und Möglichkeiten des Elternverhaltens);
   - Vermittlung von Unterstützungsfertigkeiten (phasenspezifisch optimale Hilfestellungen für das Kind);
   - Vermittlung von Bewältigungsfertigkeiten zur Regulation eigener Streßzustände (Selbstkontrolltechniken, Entspannungsverfahren).

Jedes Kind wird mit den ersten drei Interventionsblöcken behandelt, bekommt also Aufklärungsinformationen und Bewältigungsfertigkeiten vermittelt und erhält emotionale und soziale Unterstützung durch seine vorab instruierten Eltern. Diese werden bei Bedarf zusätzlich trainiert (Block 4). Die konkrete Auswahl, Ausgestaltung und Kombination der einzelnen Interventionstechniken geschieht dabei individuell und situativ abgestimmt. Die Besonderheit des individualisierten Trainings besteht also in seiner entwicklungs-, person- und phasenspezifischen Orientierung sowie der systematischen Elternintegration:

- *Entwicklungsspezifität:* Für jede der drei Altersgruppen (3-6, 7-10, 11-16 Jahre) wurde je eine Version des Trainingsmanuals erstellt. Diese beinhalten jeweils den kompletten Katalog der für diese Entwicklungsstufe zur Verfügung stehenden Interventionsmaßnahmen sowie heuristische Regeln zur personspezifischen Auswahl und Zuordnung. Anzahl, Dauer, Inhalt und Form der Interventionen sowie die benutzten Materialen sind genau auf die jeweilige Altersstufe abgestimmt. Die Aufklärungsinformationen z.B. werden je nach Entwicklungsstand des Kindes u.a. mittels eines Bilderbuches, eines Zeichentrickfilms oder eines realitätsgerechten Modellvideos vermittelt.
- *Personspezifität:* Die Kinder bzw. ihre Eltern werden mit Hilfe der eigens hierfür entwickelten Instrumente in einer etwa einstündigen Diagnostiksitzung eingehend zu ihren allgemeinen und spezifischen Vorerfahrungen mit Schmerz und Streßsituationen, ihren bisherigen Bewältigungsversuchen und -kompetenzen sowie zu besonderen Risikofaktoren und Unterstützungsbedürfnissen befragt. Auf dieser Datengrundlage erfolgt die allgemeine und spezielle Indikation: Je nach den individuellen Bedingungen werden aus den einzelnen Bausteinen diejenigen Interventionselemente ausgesucht, die für dieses Kind eine optimale Effizienz erwarten lassen (z.B. konkretere Informationen für Informationssucher und allgemeinere Aufklärung für Informationsvermeider; Imaginationsübungen für Visualisierer; Fremd- und Autosuggestionen für hochsuggestible Kinder etc.).
- *Phasenspezifität:* Die Gesamtsituation einer Lumbalpunktion läßt sich in unterschiedliche zeitliche Phasen einteilen: Wartezeit vorher, Phase vom Betreten des Behandlungsraumes bis zur Punktion, Punktionsphase vom Einstechen bis Ziehen der Nadel, Beruhigungsphase unmittelbar anschließend, Erholungsphase nach Verlassen des Behandlungsraumes (Blount et al., 1990). Entsprechend dieser Phasen unterliegt das Angst- und Streßerleben des Kindes einem interindividuell variierenden Verlauf, während dem sich auch die Unterstützungsbedürfnisse des Kindes verändern. Die jeweilige Interventionsmaßnahme muß daher nicht nur auf zeitstabile Personmerkmale (Entwicklungsniveau und Erfahrungshintergrund), sondern auch auf aktuelle und situativ bedingte Zustände des Kindes abgestimmt werden.
- *Elterntraining:* Die Eltern werden grundsätzlich aktiv in den Vorbereitungsprozeß einbezogen. Dabei können sie allein durch die Teilnahme an der Vorbereitung des Kindes am Modell des Therapeuten neue Strategien im Umgang mit Streßzuständen ihres Kindes erlernen. Darüber hinaus erhalten sie konkrete und verhaltensnahe Instruktionen für eine optimierte Unterstützung ihres Kindes während der Prozedur. Hochängstlichen Eltern wird eine separate Sitzung zur eigenen Streßbewältigung angeboten. Dieses umfaßt die Vermittlung von Selbstkontrolltechniken (Gedankenstop, Selbstinstruktionen), Entspannungsverfahren (Progressive Muskelrelaxation, Autogenes Training) und kognitiver Umstrukturierung (z.B. Bedeutungsreframing, Umbewertung). Außerdem wird ihnen Raum für ein entlastendes Gespräch geboten, in

welchem sie (irrationale) Ängste, Vorstellungen und Erwartungen artikulieren können.

Die Interventionsmanuale sind nach dem *Modulprinzip* aufgebaut: Jede Version enthält einen umfangreichen Katalog unterschiedlicher Interventionsmaßnahmen, die auf der Grundlage der vorgeschalteten Diagnostik individuell ausgewählt und zusammengestellt werden können. Je nach persönlichen Bedürfnissen des Kindes oder institutionellen Rahmenbedingungen (Zeitbudget, personelle Kapazitäten) kann das resultierende individuelle Trainingsprogramm einen unterschiedlichen Umfang und eine sehr heterogene Zusammensetzung aufweisen. Als Orientierungshilfe und Benutzeranleitung für das modulare Trainingsprogramm wurde ein *Auswahl- und Entscheidungsheuristik* entwikkelt, das im Anschluß an die Beschreibung der Manuale referiert wird. Mit Hilfe dieses *differentiellen Indikationsschemas*, das in Form eines Entscheidungsbaum-Diagramms vorgelegt wird, soll das Vorgehen so präzise auf die indviduellen Bedingungen des Kindes und seiner Eltern abgestimmt werden, daß die Interventionen keine kontraproduktiven Effekte bewirken und ihre Wirksamkeit optimal entfalten können. Aus Platzgründen soll das Interventionsprogramm expemplarisch an einem Manual für die Alterstufe der sieben- bis elfjährigen komplett dargestellt werden.

8.2.1. Interventionsorientierte präprozedurale Diagnostik

Die präprozedurale Befragung erfolgt in Form eines Fragebogens für die Eltern bzw. eines halbstrukturierten Interviews mit dem Kind ca. eine Woche vor der ersten bewußt erlebten Lumbalpunktion. Das Interview wird in einem ruhigen Raum in Stationsnähe mit Kind und Eltern gemeinsam absolviert. Alle Kinder werden altersgemäß direkt befragt, wobei bei jüngeren Kindern die Informationserhebung stärker durch die Eltern ergänzt wird. Der Elternfragebogen und das Kinderinterview dienen der Informationsgenerierung und der allgemeinen und speziellen Indikationsstellung für die Interventionsplanung.

1) *Allgemeine Indikationsstellung*. Die Instrumente sollen vorab diskriminieren
   1. für welche Kinder eine psychologische Vorbereitung indiziert resp. für welche Kinder weniger geeignet oder sogar kontraindiziert ist und
   2. welche Kinder aufgrund bestimmter Merkmale (wie allgemeines Angstniveau, negative Vorerfahrungen, mangelnde Bewältigungskompetenz) als „Risikokinder“ einzustufen sind.

2) *Spezielle Indikation (Interventionsplanung)*. Es soll festgestellt werden, welche speziellen Interventionsmaßnahmen für ein bestimmtes Kind einen maximalen Effekt erwarten lassen. Zu diesem Zweck sollen Informationen erhoben werden, die es erlauben, die individuell effizientesten Einzelinterventionen zu identifizieren. Die Fragen beziehen sich auf
   - das Entwicklungsalter / kognitive Entwicklungsniveau,
   - allgemeine und spezifische Vorerfahrungen mit Schmerzen bzw. schmerzhaften Eingriffen (z.B. Traumatisierungen),
   - Bewältigungskompetenzen, -stile und -erfahrungen,
   - supportive Ressourcen (Elternunterstützung, Hilfestellungen),
   - prozedurbezogene Vorstellungen, Ängste oder Erwartungen sowie
   - spezifische Interessen, Hobby etc.

Auf dieser Datengrundlage wird die Interventionsplanung durchgeführt.

8.2.2. Entwicklung neuer diagnostischer und therapeutischer Materialien

Für kleinere Kinder ist ein Großteil der vorliegenden Materialien zur Diagnostik (Schmerz- und Angstskalen) und Vorbereitung nicht oder nur bedingt geeignet. Die bislang in der klinischen Praxis verwendeten Schmerzthermometer z.B. sind graphisch wenig ansprechend und nicht kindgerecht gestaltet (Schwarz-Weiß-Abbildung auf Papier), so daß sie nur schwer die Aufmerksamkeit kleiner Kinder erregen und ausreichend lange fesseln können. Ähnliches gilt für die Smiley-Analog-Skalen. Spezielle Vorbereitungsbilderbücher für Lumbal- oder Knochenmarkpunktionen existieren überhaupt noch nicht. Vorliegende Bilderbücher beziehen sich auf die Krebserkrankung im allgemeinen bzw. auf die Notwendigkeit und Wirkweise der Chemotherapie. Modellvideos zur Vorbereitung auf invasive Prozeduren stehen im deutschen Sprachraum ebenfalls noch nicht zur Verfügung. Vorlagen aus den USA (z.B. Jay & Elliott, 1984) lassen sich nicht ohne weiteres auf hiesige Verhältnisse übertragen (Unterschiede im Setting und in der Durchführung der Prozedur). Daher ergab sich die Notwendigkeit, eigene Materialien zu entwickeln und herzustellen.

In Zusammenarbeit mit dem „*Freitagsatelier*" der Hochschule für bildene Künste Bremen wurde eine achtköpfige Arbeitsgruppe gebildet, die eine Serie kindgerechter *Materialien zur Diagnostik und Vorbereitungsintervention* entwickelt und produziert hat:

- Ein spielzeugartig gestaltetes *Schmerzthermometer* in Form eines dreidimensionalen magnetisierten Objektes mit farblich abgestufter Intensitätsskala und Schiebemechanismus;
- eine „*Schmerzuhr*" mit großen, verstellbarem Zeiger (leichtgängiger Dreh-Rast-Mechanismus mit leisen Klick-Geräuschen beim Drehen) und einer nach Intensität und Masse abgestuften Schmerzintensitätseinteilung;
- eine *Smiley-Analog-Skala* zur Angst- und Distreßbestimmung, ebenfalls in Form eines spielzeugähnlichen Objektes („*Gesichter-Uhr*"), konzipiert analog der Schmerzuhr;
- *Angst- und Schmerzerfassungsbögen*, die in kindgerechter Weise graphisch gestaltet sind;
- ein entwicklungsgerecht gestaltetes Vorbereitungs-*Bilderbuch* für Kinder der Altersstufe drei bis sechs Jahren: In einer anschaulichen Bildergeschichte werden den Kleinkindern prozedurale Informationen und Bewältigungsstrategien vermittelt[1].

In einem weiteren Kooperationsprojekt mit der Hochschule für bildende Künste Bremen und dem „Studio Hamburg" wurde

- ein *Modellvideo in zwei Versionen* produziert, in welchem ein Kind während einer Lumbalpunktion gezeigt wird, das die Prozedur gut bewältigt (Bewältigungs-Modell); mit einer dem Bildmaterial unterlegten Stimme beschreibt das Kind seine aktuellen sensorischen Empfindungen, Emotionen und Bewältigungsstrategien (12 bzw. 15 Min).

In der *Projektierungsphase* befinden sich z.Zt.:

- Ein mit einem aufwendigen neuen Computerprogramm nach der Schablonentechnik erstellter *Zeichentrickfilm*, in dem ebenfalls prozedurale Informationen und Bewältigungsfertigkeiten kindgerecht und ansprechend vermittelt werden;

[1] Dieses Bilderbuch wird inzwischen durch Sponsoring einiger Pharma-Unternehmen in größerer Stückzahl aufgelegt und soll kostenlos an krebskranke Kinder in deutschen Kliniken verteilt werden.

- für ältere Kinder ist die Entwicklung eines *interaktiven Computerprogrammes* zu Aufklärungszwecken geplant; die Kinder würden damit in die Lage versetzt, sich mittels eines entsprechenden Lernprogrammes am Computer spielerisch und visuell anschaulich mit prozeduralen und Bewältigungsinformationen zu versorgen; die Umsetzung dieser Idee ist bislang zurückgestellt worden, da sie eine Ausstattung der Stationen mit Kleincomputern (Notebooks) voraussetzt.

Alle neuentwickelten Materialien sind inhaltlich und graphisch aufeinander abgestimmt, d.h. die gleichen Figuren (wie bspw. der kleine Bär) finden sich als Gestaltungselemente sowohl in den diagnostischen Instrumenten (Thermometer, Uhr, Erfassungsbögen) als auch im Aufklärungsmaterial (z.B. Bilderbuch oder Zeichentrickfilm) wieder. Die Kinder können diese Figuren somit in verschiedenen Kontexten wiedererkennen und eine Vertrautheit im Umgang mit den Materialien entwickeln.

Befragungs- und Aufklärungsmaterialien in Form eines Gesamtpaketes (Bilderbuch, Zeichentrickfilm, Aufklärungsvideo, Schmerzthermometer, Angst-Analog-Skala) und von vergleichbarer professioneller Qualität sind unseres Wissens bislang in diesem Bereich noch nicht entwickelt worden. Diese Geschichten und Materialien lassen sich zu einem späteren Zeitpunkt für ein breites Spektrum von angsterzeugenden oder schmerzhaften medizinischen Prozeduren adaptieren (z.B. für Computertomographie, Hydrotherapie bei Brandverletzungen, Operationen, zahnärztliche Eingriffe etc.), so daß für eine größere Anzahl von hospitalisierten Kindern entwicklungsgerecht gestaltete und krankheits- oder prozedurspezifische Instrumente zur Verfügung gestellt werden könnten.

8.2.3. Praktisches Vorgehen

Bei einer Neuaufnahme eines pädiatrischen Patienten mit einer Leukämie-Diagnose werden die Trainer von der Station umgehend benachrichtigt. Die initiale Lumbalpunktion wird i.d.R. bereits am Tag der Aufnahme durchgeführt. Zu diesem Zeitpunkt ist eine psychologische Vorbereitung aus verschiedenen Gründen noch nicht durchführbar:

- Die Kinder sind zum Zeitpunkt der Einlieferung häufig in einem schlechten Gesundheitszustand;
- sie sind am ersten Tag einer Fülle von medizinischen Untersuchungsprozeduren ausgesetzt, die keinen zeitlichen Raum für ein psychologisches Gespräch lassen;
- die medizinischen Behandlungsmaßnahmen werden sofort und häufig unter Zeitdruck eingeleitet;
- die Eltern sind in großer Sorge bzw. stehen unter akutem Diagnoseschock; ihre ganze Aufmerksamkeit gilt zunächst der physischen Seite der Erkrankung und den medizinischen Behandlungsmöglichkeiten;
- die erste Lumbalpunktion wird i.d.R. in Kombination mit weiteren invasiven Prozeduren (Knochenmarkpunktion, Venenpunktion, Port) und aus diesem Grund meistens unter medikamentöser Sedierung bzw. Vollnarkose vorgenommen.

Aus diesen Gründen wird die psychologische Vorbereitung auf einen Zeitpunkt verschoben, wo sich der Zustand der Kinder stabilisiert hat, der erste Diagnosestreß der Eltern etwas abgeflaut ist und der notwendige zeitliche Rahmen für die Gespräche besteht. Dies ist vertretbar, weil diese Initialprozedur i.d.R. unter starker Sedierung/Prämedikation oder sogar unter Kurznarkose durchgeführt wird. Eine Woche später (ca. am Tag 8 des Behandlungsprotokolls) erfolgt das Diagnostikgespräch. Erste

Aufklärungsinformationen werden bereits im Rahmen dieser Diagnostiksitzung gegeben. Anschließend wurden die dort erhobenen Informationen ausgewertet und zur Interventionsplanung herangezogen. Das durchführende medizinische Team erhält vor der nächsten Lumbalpunktion zusammengefaßt die wichtigsten Informationen aus dem Diagnostikgespräch, um sich seinerseits optimal auf die spezifischen Vorraussetzungen des Kindes einstellen zu können. Hierfür wurde ein übersichtliches Formblatt („Bewältigungsplan“ eingesetzt, das Informationen enthält über:

- den zu erwartenden Angstgrad des Kindes,
- seine allgemeine Schmerzempfindlichkeit (individuelle Schmerzschwelle),
- seinen Bewältigungsstil (Informationssucher vs. -vermeider),
- das protektive Potential der Eltern (z.B. aktiv unterstützend oder selbst ängstlich),
- spezifische Risikofaktoren (z.B. Anblick der Spritze, weißer Kittel etc.),
- spezielle Bewältigungswünsche des Kindes (möchte Zeitpunkt des Zustechens selbst ansagen, in bestimmter Weise gehalten werden etc.),
- besondere Unterstützungsbedürfnisse (Puppe dabei, „Mama soll ...“).

Ungefähr am Tag 15 findet die zweite Lumbalpunktion statt. Das eigentliche Bewältigungstraining erfolgt einen Tag zuvor oder am gleichen Tag, mindestens ein bis zwei Stunden vor der Prozedur. Die psychologischen Vorbereitungsmaßnahmen werden in einem separaten Raum in Stationsnähe durchgeführt. Für die verhaltensmedizinischen Vorbereitungen werden die beschriebenen Materialien in entwicklungsgerechter Weise eingesetzt, um ein Maximum an Verständlichkeit auch für kleinere Kinder zu gewährleisten. Alle psychologischen Maßnahmen finden in Anwesenheit der Eltern statt. Diese können als Informationsquelle für den Untersucher herangezogen werden, stellen eine wichtige Unterstützungsressource für ihr Kind dar, lernen durch die teilnehmende Beobachtung, ihre eigenen Emotionen (Ängste, Streß) wirksamer zu regulieren und werden trainiert, ihr Kind bei der Bewältigung der LP auf optimale Weise zu unterstützen. Zudem erhalten sie auf indirekte Weise weitere prozedurale Informationen und können ggfs. gezieltere Fragen zum Ablauf stellen. Die psychologischen Interventionen werden nur einmal durchgeführt, mit der Option auf eine weitere Ergänzungssitzung („*Booster-session*“). Das psychologische Training wird grundsätzlich um die Applikation einer schmerzwirksamen aber nebenwirkungsfreien lokalanästhetischen Salbe (*EMLA*®-Salbe) ergänzt.

9. Erste Erfahrungen und Ausblick

9.1. Erste praktische Erfahrungen

Das hier vorgestellte Interventionsprogramm wurde über einen Zeitraum von 14 Monaten von vier Projektmitarbeitern in den pädiatrisch-onkologischen Abteilungen dreier nordwestdeutscher Klinken getestet (multizentrische Anlage der Studie). Insgesamt wurden etwa 30 leukämiekranke Kinder im Alter zwischen drei und 16 Jahren damit auf Lumbalpunktionen vorbereitet. Dabei wurde das Verfahren auf Akzeptanz, Praktikabilität und Anwendungsökonomie überprüft und bedarfsgerecht modifiziert.

9.1.1. Praktikabilität und Anwendungsökonomie

Als *Hauptproblem* bei der Realisierung des Programmes erwies sich, daß die Vorbereitung von klinik*externen* Mitarbeitern (der Universität Bremen) durchgeführt werden mußte, deren Anwesenheit in der pädiatrisch-onkologischen Abteilung sich auf die unregelmäßig anstehenden Diagnostik- und Trainingssitzungen beschränkte. Daraus ergaben sich zum einen vielfältige organisatorische Schwierigkeiten (Informationsfluß, Terminabstimmung) und zum anderen das Problem der ungenügenden Integration in die institutionelle Struktur. Da die Trainer von außerhalb kamen, waren sie i.d.R. weder Eltern noch Kindern vorher bekannt, so daß nur ein sehr kurzer Zeitraum für den Aufbau einer vertrauensvollen (therapeutischen) Beziehung zur Verfügung stand. Der Kontakt blieb dadurch vornehmlich auf die Vorbereitung für einen Teilausschnitt des Behandlungsgeschehens (Lumbalpunktionen) beschränkt und von allen übrigen Aspekten des Krankheitskontextes isoliert.

Das Training ließ sich hinsichtlich Vorgehensweise und Dauer gut realisieren. Die präprozedurale *Diagnostik* erbrachte i.d.R. die für die Trainingsplanung erforderlichen Informationen, wobei das Kinderinterview aber stärker als vorgesehen über die Eltern kommuniziert werden mußte. Kinder bis zum späten Grundschulalter waren häufig überfordert, zu detaillierteren Fragen verläßliche Informationen abzugeben, so daß der anamnestische Teil der Befragung in erster Linie mit den Eltern abgeklärt wurde. Kleine Kinder tendierten dazu, Fragen zu früheren Schmerzerlebnissen oder prozeduralen Vorerfahrungen auszuweichen. Da diese Vorinformationen aber ebensogut von den Eltern zu erhalten sind, wurde das Kind-Interview für die jüngste Altersstufe stärker auf die Identifizierung von relevanten Ablenkungsinhalten oder Bewältigungsfertigkeiten beschränkt. Durch die flexible Konzeption und Durchführung ließen sich individuelle Besonderheiten der Kinder (geringe Aufmerksamkeitsspanne, motorische Unruhe) im Regelfall gut integrieren. Die Vorbereitungsdauer konnte beliebig variiert und das Training im ungünstigsten Fall auf wenige zentrale Module beschränkt werden. Bei der Auswahl und individuellen Zuordnung der Interventionskomponenten ergab sich eine hohe Übereinstimmung zwischen den beteiligten Mitarbeitern, so daß die Indikationskriterien als hinreichend betrachtet werden können. Da die inhaltliche Ausgestaltung des Interventionsplans unter Beteiligung der Eltern bzw. des Kindes erfolgt, ist von einer maximalen individuellen Passung auszugehen.

Die Abstimmung der Trainingsbausteine auf die *Altersgruppen* erwies sich nach den anfänglichen Modifikationen insgesamt als adaptiv. Es stellte sich allerdings heraus, daß die untere Altersgrenze von drei Jahren für eine effektive Anwendung sehr knapp gewählt ist: Nur in Ausnahmefällen waren dreijährige Kinder in der Lage, aktiv an dem Programm zu partizipieren. Die Hauptschwierigkeit bestand darin, die Aufmerksamkeit der Kleinkinder für einen ausreichend langen Zeitraum zu gewinnen. Trotz des Einsatzes von Puppen und Spielmaterial waren sie sehr stark auf die anwesenden Eltern orientiert und nur schwer auf die Vorbereitung zu konzentrieren. Allein das Bilderbuch erwies sich hier als hilfreich, zumal wenn es von den Eltern vorgelesen wurde. Kinder über drei zeigten hingegen kontinuierlich zunehmendes Interesse und Kooperationsbereitschaft. Ab dem Vorschulalter waren sie i.d.R. gut in der Lage, prozedurale und sensorische Informationen aufzunehmen, die Prozedur in Verhaltensübungen durchzuspielen und im Rollentausch selbst eine „Punktion" durchzuführen. Das produzierte Modellvideo wurde für Kinder ab dem Grundschulalter eingesetzt. Als Entspannungsverfahren ließen sich mit Kleinkindern die beschriebenen Atemübungen, bei größeren Kindern die kindgerecht adaptierten Formen des Autogenen Trainings und der Progressiven Muskelrelaxation i.d.R. problemlos durchführen. Die Strategien zur externalen Ablenkung und die Inhalte internaler Ablenkungsverfahren (Imaginationsübungen) wurden während der Diagnostiksitzung nach den speziellen Interessen des Kindes gemeinsam ausgewählt und eingeübt. Beide Ablenkungsformen wurden von den meisten Kindern der mittleren und hohen Altersstufe konsequent eingesetzt, erwiesen sich aber als relativ störanfällig durch Situationseinflüsse während der Punktion. Je jünger die Kinder waren, desto mehr Unterstützung durch die Eltern benötigten sie, um diese Bewältigungsstrategien unbeirrt einzusetzen. Positive Selbstinstruktionen wurden nahezu von allen Kindern leicht rezipiert und schnell angenommen. Der Einsatz von Verstärkern gestaltete sich ebenfalls problemlos: Während der Diagnostiksitzung wurden gemeinsam mit Kind und Eltern angemessene Belohnungen für eine erfolgreiche Bewältigung ausgewählt, die das Kind nach der Prozedur einlösen konnte. Außerdem wurden Eltern und Ärzte/Schwestern auf die Bedeutung verbaler Verstärker hingewiesen.

Trotz größter Unterstützung durch die Klinikmitarbeiter (psychosozialer Dienst, Ärzte und Schwestern) erwiesen sich die *Kontextbedingungen* auf Station z.T. als problematisch. Häufig stand zu dem geplanten Vorbereitungstermin kein angemessener Raum zur Verfügung. In öffentlich zugänglichen Ersatzräumlichkeiten (Eltern- oder Spielzimmer, Konferenzraum) war es nahezu unmöglich, eine hinreichende therapeutische Atmosphäre aufzubauen. Gerade in der ersten Behandlungsphase stehen medizinisch-diagnostische Untersuchungen in so großer Anzahl und kurzer zeitlicher Abfolge an, daß die psychologischen Sitzungen manchmal nur schwer in die medizinische Stationsroutine zu integrieren waren. Kinder oder Eltern, die das Training unter Zeitdruck absolvieren sollten, waren nur mit halber Konzentration bei der Sache. Gelegentlich mußte die Vorbereitungssitzung wegen medizinischer Routinen sogar unter- oder abgebrochen werden.

9.1.2. Akzeptanz

Das Verfahren stieß bei *Ärzten* und *Krankenschwestern* überwiegend auf gute bis sehr gute Resonanz, obwohl es aufgrund der hohen Mitarbeiterfluktuation (klinikinterne

Ärzterotation, Ab- und Neuzugänge bei den Schwestern) in kurzen Zeitabständen neu vermittelt werden mußte. Die Kooperation mit den Klinikmitarbeitern gestaltete sich z.T. sogar ausgezeichnet. Einige der pädiatrischen Krankenschwestern brachten von Anfang an ihre Erfahrungen in den Modifikationsprozeß des Programmes ein und übernahmen umgekehrt einige Strategien spontan in ihr eigenes Handlungsrepertoire. Die Mehrheit der Ärzte begrüßte ausdrücklich den Versuch, risikoarme Alternativen zum medikamentösen Vorgehen einzusetzen. In vielen Fällen wurde nach Meinung beteiligter Ärzte die technische Durchführung der LP durch den Verzicht auf sedierende Medikamente sogar erleichtert.

Die *Teilnahmequote* der angesprochenen Eltern bzw. Kindern varrierte klinikspezifisch und lag durchschnittlich zwischen 40 und 60 Prozent. Die anfänglichen Reaktionen der Eltern fielen sehr unterschiedlich aus: Viele *Eltern* begegneten dem Behandlungsangebot durch Psychologen (!) zunächst eher skeptisch. Neben den bekannten Ressentiments aufgrund befürchteter psychopathologischer Etikettierung spielte vor allem der Vorbehalt eine Rolle, dem Kind möglicherweise eine notwendige oder gar „heilende" Medikation vorzuenthalten. Vor allem ängstliche Eltern zogen eine starke Sedierung des Kindes vor, weil sie dadurch selbst weniger in Streß gerieten. Bemerkenswerterweise wiesen die Ärzte i.d.R. eine restriktivere Einstellung den Medikamenten gegenüber auf als die meisten Eltern. Weniger ängstliche und engagiertere Eltern nahmen das Angebot allerdings von Beginn an dankbar auf und übernahmen gerne eine aktivere Rolle im Vorbereitungsgeschehen. Nach einer ausführlichen Informierung über Zweck, Ziele und Inhalte des Trainings nahm die Akzeptanz bei den zunächst skeptischen Eltern deutlich zu. Alle Elternteile, die sich für eine Teilnahme entschieden hatten, zeigten sich interessiert und partizipierten aktiv an der Vorbereitung ihrer Kinder. In vielen Fällen verbalisierten sie dann spontan, daß ihnen die Teilnahme zur Überwindung eigener Ängste und Ohnmachtsgefühle geholfen habe.

Die Reaktionen der *Kinder* auf das Vorbereitungsangebot war überwiegend positiv. Einige sehr ängstliche und schüchterne Kinder verweigerten von vorneherein jeglichen Kontakt mit fremden Personen. Ausgeprägte Informationsvermeider ließen sich zwar auf ein Gespräch ein, zeigten aber zunächst keinerlei Bereitschaft, sich mit dem Thema Punktionen zu beschäftigen. In diesen Fällen mußte primär mit den Eltern gearbeitet (z.B. in Form von Unterstützungsinstruktionen) oder diese als Vermittler eingesetzt werden. Hatte das Training erst einmal begonnen, waren die meisten Kinder mit erstaunlichem Engagement bei der Sache. Jüngere Kinder waren für die aktiven Komponenten (Rollenspiel, Verhaltensübungen) empfänglicher und übten die Entspannungselemente lieber zwischendurch mit ihren Eltern (Entspannungsgeschichten). Generell profitierten sie in besonderem Maß von einer intensiven emotionalen und praktischen Unterstützung durch ihre Eltern. Kinder der mittleren Altersstufe präferierten temperamentsabhängig zu etwa gleichen Teilen entweder Imaginationsübungen oder externale Ablenkungsstrategien. Jugendliche zeigten zwei vorherrschende Tendenzen: Entweder sie verzichteten von vorneherein mit dem Argument auf eine Teilnahme, daß sie die Situation alleine bewältigen könnten und keine Unterstützung benötigten, oder sie zeigten sich insbesondere den kognitiven Verfahren („mentales Training" wie im Spitzensport) gegenüber aufgeschlossen und probierten diese mit großer Neugier aus.

Wenige ältere Kinder oder Jugendliche zogen eine medikamentöse Vorbereitung vor, während andere dies ausdrücklich ablehnten. Bei einigen Kindern mit pharmakologischen Vorerfahrungen war eine bedenkliche Tendenz zu beobachten, bei jeder Gelegenheit nach ihrer „Traumspritze“ zu verlangen. Jugendliche artikulierten ihr Interesse an der psychotropen (Neben-)Wirkung der Medikamente teilweise explizit. Andererseits waren diese Jugendlichen aber auch leicht für nicht-substanzgebundene psychotrope Verfahren wie Meditation oder Hypnose zu gewinnen.

9.2.3. Effektivität

Über die Effektivität des Trainings lassen sich z.Zt. leider nur subjektive Einschätzungen abgeben. Eine geplante empirische Kontrollstudie scheiterte an der geringen Stichprobengröße und fehlenden Kontrollgruppe. Die Teilnahme am Vorbereitungsprogramm erfolgte grundsätzlich auf freiwilliger Basis. Ein erheblicher Anteil der Eltern wollte zwar am Vorbereitungsprogramm, nicht jedoch an der mit Fragebogenerhebungen und Videoaufnahmen verbundenen Forschungsstudie teilnehmen, so daß die Stichprobengröße schließlich weit hinter den Erwartungen zurückblieb. Da sich eine baseline-Erhebung (keine Vorbereitung vor der ersten Prozedur) sowie ein Warte-Kontrollgruppendesign aus ethischen Gründen in diesem Bereich verbietet, ist für eine empirische Effektivitätsprüfung ein direkter Kontrollgruppenvergleich erforderlich. Es erklärten sich aber nur wenige der Eltern, die das Training nicht absolvieren wollten (potentielle Kontrollgruppe), bereit, dennoch an der Datenerhebung teilzunehmen. Aus diesen Gründen war eine sinnvolle Auswertung des erhobenen Datenmaterials in bezug auf die Evaluationsfragestellung nicht möglich.

Die persönlichen Rückmeldungen von Kindern und Eltern fielen mehrheitlich positiv aus. Viele der vorbereiteten Kinder empfanden die bewußte Auseinandersetzung mit der Prozedur ohne medikamentöse Sedierung als angenehmer. Insbesondere die kürzere Erholungszeit wurde positiv hervorgehoben. Die Eltern behielten die nicht-medikamentöse Unterstützung ihrer Kinder überwiegend bei, einige kombinierten beide Methoden, und eine Minderheit entschied sich für eine ausschließlich medikamentöse Vorbereitungsform. In Ausnahmefällen gerieten Kinder der Experimentalgruppe während des Eingriffes in so großen Streß, daß eine medikamentöse Unterstützung angezeigt erschien. In diesen Fällen wurden die Kinder vor der folgenden Prozedur gefragt, ob sie mit oder ohne Medikament punktiert werden wollten. Ihre diesbezüglichen Entscheidungen fielen unterschiedlich aus: Trotz der traumatisierenden letzten Erfahrung wünschte nur ca. jedes zweite Kind ein Medikament. Nach Einschätzung der meisten Ärzte ließ sich die Punktion bei den psychologisch vorbereiteten Kindern komplikationsloser durchführen. Allerdings gilt dies nur für die Mehrheit der Kinder mit durchschnittlichem Streßniveau. Bei den hochängstlichen „Problemkindern“ erwies sich die Prozedurdurchführung als teilweise sehr problematisch. Die positivsten Rückmeldungen kamen von den Krankenschwestern, die das Verhalten der psychologisch vorbereiteten Kinder als durchschnittlich kooperativer einschätzten als das der sedierten kindlichen Patienten.

9.2. *Ausblick*

Angesichts des relativ großen Aufwandes verhaltensmedizinischer Vorbereitungsmethoden stellt sich die Frage, ob eine Medikation mit Sedativa und zentralen Analgetika nach Effizienzkriterien nicht generell vorzuziehen ist. Der Einsatz kostenintensiverer Methoden erscheint nur bei deutlich größerer Wirksamkeit oder anderen gravierenden Vorteilen gerechtfertigt.

Die wenigen vorliegenden komparativen Evalutionen konnten in bezug auf die unmittelbare Schmerz- und Streßverminderung keine ausgeprägte Überlegenheit verhaltensmedizinischer Verfahren gegenüber medikamentösen Methoden nachweisen. Für eine definitive Beantwortung dieser zentralen Frage mangelt es aber an differenziert angelegten direkten Vergleichsstudien, die verschiedene Medikationen und verhaltensmedizinische Programme hinsichtlich ihrer kurz- und langfristigen Effekte untersuchen. Bei der Diskussion der Indikationsfrage sind besonders die mittelbaren Wirkungen stärker zu berücksichtigen: Möglicherweise wird das unmittelbare Streßerleben der Kinder durch psychologische Trainings nicht wesentlich stärker reduziert, aber ihre Bewältigungskompetenz in einer Weise gestärkt, die sich generalisierend auf den Umgang mit anderen Behandlungsbelastungen und der Erkrankung als solcher auswirkt. Zudem bestehen in dem hier diskutierten klinischen Kontext gravierende Gesundheitsrisiken mit u.U. lebensbedrohlichen Komplikationen bei den pharmakologischen Vorbereitungsmethoden, die mit ökonomischen Kriterien nicht zu erfassen sind.

Während die Wirksamkeit psychologischer Verfahren für Kinder ab dem Vor- und Grundschulalter ausreichend belegt scheint, besteht nach den vorliegenden Erfahrungen insbesondere für Kleinkinder noch erheblicher Forschungsbedarf zur Entwicklung effektiver Interventionsmethoden. Auch der Versuch einer altersabgestimmten Vorgehensweise erbrachte hier noch keine befriedigenden Resultate. Obwohl ein empirischer Nachweis für die höhere Effektivität der hier vorgestellten individualisierten Vorbereitung im Vergleich zu herkömmlichen psychologischen Standardbehandlungen noch aussteht, sprechen unsere praktischen Erfahrungen für die Vorteilhaftigkeit eines solchen Vorgehens.

Die hier vorgestellten *Interventionsmanuale* und *Indikationsschemata* sollen eine selbständige Anwendung *komplexer* Vorbereitungstechniken durch die Krankenschwestern, die im Klinikalltag in erster Linie für die Betreuung und Aufklärung der kindlichen Patienten zuständig sind, ermöglichen. Bisherige Interventionen setzten entweder eine Behandlung durch psychologische Experten voraus oder beschränkten sich auf einfache Standardverfahren. Mit der Delegation dieser Aufgabe an die Klinikmitarbeiter ist zugleich die Integration des Vorgehens in den institutionellen Rahmen gewährleistet. Unter gesundheitsökonomischen Aspekten könnte durch den Einsatz eines solchen Manuals eine Effektivierung der Behandlung bei minimalem Mehraufwand erreicht werden. Dem Klinikpersonal das komplexe Vorgehen in einer aufbereiteten Form präsentiert, die eine einfache und effiziente Handhabung erlaubt. Ein komplexes Vorbereitungspaket, das sich empirisch dem Standardvorgehen als hinreichend überlegen erwiesen hat, wird in einer Form. In künftigen Studien wird zu klären sein, inwieweit das

Vorgehen durch Krankenschwestern in der Praxis erfolgreich rezipiert und umgesetzt werden kann.

Literatur

Abu-Saad, H.H. (1990). Toward the development of an instrument to assess pain in children: Dutch study. Advances in Pain Research Therapy, 15, 101-106.

Adler, R. & Lomazzi, F. (1973). Perceptual style and pain tolerance 1: The influence of certain psychological factors. Journal of Psychosomatic Research, 17, 369-379.

Ahrens, S. (1995). Psychogener Schmerz. In D. Soyka (Hrsg.), Schmerz, Pathophysiologie und Therapie (103-109). Stuttgart: Schattauer.

Alex, M.R. & Ritchie, J.A. (1992). School-aged children's interpretation of their experience with acute surgical pain. Journal of Pediatric Nursing, 7, 171-180.

Algren, C.L. (1985). Role perception of mothers who have hospitalized children. Children's Health Care, 14, 6-9.

Altshuler, J.L. & Ruble, D.N. (1989). Development changes in children's awareness of strategies for coping with uncontrollable stress. Child Development, 60, 1337-1349.

Altstaedter, R. & Gotthold, J. (1996). Schmerz zwischen Steinzeit und Moderne. Ein Führer durch die Geschichte der Schmerztherapie: Leverkusen: Bayer AG.

Anand, K.S., Phil, D. & Hickey, M.D. (1987). Pain and its effects in the human neonate and fetus. The New England Journal of Medicine, 317, 1321-1329.

Anand, K.S., Sippel, W.G. & Aynsley-Green, A. (1987). Randomised trial of fentanyl anaesthesia in preterm babies undergoing surgery: Effects on the stress response. Lancet, 1, 62-66.

Arabin, B., Zacharias, C., Riedewald, S., Blücher, U. & Saling, E. (1989). Analyse fetaler Reaktionen auf akustische Reize mit unterschiedlicher Registriertechnik. Geburtshilfe und Frauenheilkunde, 49, 653-657.

Arntz, A. & Lousberg, R. (1990). The effects of underestimated pain and their relationship to habituation. Behavior Research and Therapy, 28, 15-28.

Arntz, A. & v.d.Hout, M.A. (1988). Generalizability of the match/mismatch model of fear. Behavior Research and Therapy, 3, 207-223.

Arntz, A., Dreessen, L. & Merckelbach, H. (1991). Attention, not anxiety, influences pain. Behavior Research and Therapy, 29 , 41-50.

Arntz, A., v.d.Hout, A., Lousberg, R. & Schouten, E. (1990). Is the match/mismatch model based on a statistical artefact? Behavior Research and Therapy, 28, 249-253.

Arntz, A., v.d.Hout, A., v.d.Berg, G. & Meijboom, A. (1991). The effects of incorrect pain expectations on acquired fear and pain responses. Behavior Research and Therapy, 29 , 547-560.

Arntz, A., v.Eck, M. & deJong, P. (1992). Unpredictible sudden increases in intensity of pain and aquired fear. Journal of Psychophysiology, 6, 54-64.

Arntz, A., v.Eck, M. & Heijmans, M. (1990). Predictions of dental pain: The fear of any expected evil, is worse than evil itself. Behavior Research and Therapy, 28, 29-41.

Arntz, A., v.Eck, M., deJong, P. & v.d.Hout (1990). The relationship between underpredicted pain and escape. Behavior Research and Therapy, 28, 87-90.

Arstrada, C., Licamele, W., Walsh, T. & Kessler, E. (1981). Recurrent abdominal pain in children associated DSM-III diagnoses. American Journal of Psychiatry, 138, 687-688.

Atkinson, R.C. & Shiffrin, R.M. (1968). Human memory: A proposed system and ist control processes. In K.W. Spence & J.T. Spence (Eds.), The psychology of learning and motivation, 89-195. New York: Academic Press.

Bandura, A. (1977). Self-efficacy: Towards a unifying theory of behavioral change. Psychological Review, 84, 1991-2215.

Bandura, A., O'Leary, A., Taylor, C.B., Gauthier, J. & Gossard, D. (1987). Perceived self-efficacy and pain control - opioid and nonopiod mechanisms. Journal of Personality and Social Psychology, 53, 563-571.

Bandura, A., Taylor, C.B., Williams, S.L., Meffort, I.N. & Barchas, J.D. (1985). Catecholamine secretion as a function of perceived coping self-efficacy. Journal of Consulting and Clinical Psychology, 53, 406-414.

Baranowski, T. & Nader, P.R. (1985). Family health behavior. In D.C. Turk & R.D. Kerns (Eds.), Health, illness, and families: A life-span perspective. New York: Wiley-Interscience, 51-80.

Basler, H.D. & Zimmermann, M. (1993). Chronifizierung von Akutschmerz. Symposium auf dem 4. Kongreß der Deutschen Gesellschaft für Verhaltensmedizin und Verhaltensmodifikation, 25.-27.03.1993, Bonn. Verhaltenstherapie, Suppl. zu Bd.3, A8.

Bauchner, H., Waring, C. & Vinci, R. (1991). Parental presence during procedures in an emergency room: Results from 50 observations. Pediatrics, 87, 544-565.

Bauer, P.J. & Dow, G.A. (1994). Episodic memory in 16- and 20-month-old children: Specifics are generalized but not forgotten. Developmental Psychology, 30, 403-417.

Bauer, P.J. & Hertsgaard, L.A. (1993). Increasing steps in recall of events: Factors facilitating immediate and long-term memory in 13.5 and 16.5-month-old children. Child Development, 64, 1204-1223.

Bauer, P.J., Hertsgaard, L.A. & Wewerka, S.S. (1995). Effects of experience and reminding on long-term recall in infancy: Remembering not to forgot. Journal of Experimental and Child Psychology, 59, 260-298.

Beales, J.G. (1982). The assessment and management of pain in children. In P. Karoly, J.J. Steffen & D.J. O'Grady, Child Health Psychology: Concepts and issues. Elmsford: Pergamon Press, 154-179.

Beales, J.G., Lennox, Holt, P.J., Keen, J.H. & Mellor, V.P. (1983). Children with juvenile chronic arthritis: Their beliefs about their illness and therapy. Annual of Rheumatic Disease, 42, 481-486.

Beecher, H.K. (1956). Relationship of significance of wound to the pain experienced. Journal of American Medical Association, 161, 1609-1613.

Bennett-Branson, S.M. & Craig, K.D. (1993). Postoperative pain in children: Developmental and family influences on spontaneous coping strategies. Canadian Journal of Behavioral Science, 25, 355-383:

Berde, C.B. (1993). Toxicity of local anesthetics in infants and children. Journal of Pediatrics, 122, 14-20.

Beyer, J.E. & Knapp, T. (1986). Methodological issues in the measurement of children's pain. Children's Health Care, 14, 233-241.

Bianchine, J.R. Tuzel, I.H. & Miller, J.D. (1985). Overview of Midazolam. Anesthesiology Review, 12, 6-10.

Bibace, R. & Walsh, M.E. (1980). Development of children's concepts of illness. Pediatrics, 66, 912-917.

Birbaumer, N. & Flor, H. (1995). Klinische Psychophysiologie des Schmerzes - Forschergruppe der Universität Tübingen. Vortrag auf dem 5. Kongreß der Deutschen Gesellschaft für Verhaltensmedizin und Verhaltensmodifikation, 29.03.-01.04., Bad Kreuznach.

Birbaumer, N. & Schmidt, R.F. (1991). Biologische Psychologie. Berlin: Springer.

Birbaumer, N. (1986). Schmerz. In W. Miltner, N. Birbaumer & W.D. Gerber (Hrsg.), Verhaltensmedizin (113-134). Berlin: Springer.

Black, R.G. (1975). The chronic pain syndrome. Surgical Clinics of North America, 55, 999-1011.

Blaney, P.H. (1986). Affect and memory: A review. Psychological Bulletin, 99, 229-246.

Blount, R.L., Bachanas, P.J., Powers, S.W., Cotter, M., Franklin, A., Chaplin, W., Mayfield, J., Henderson, M. & Blount, S.D. (1992). Training children to cope and parents to coach them during routine immunization: Effects on child, parent and staff behaviors. Behavior Therapy, 23, 689-705.

Blount, R.L., Corbin, M., Sturges, J.W., Wolfe, V., Prater, J.M. & James, L.D. (1989). The relationship between adults' behavior and child coping and distress during BMA/LP procedures: A sequential analysis. Behavior Therapy, 20, 585-601.

Blount, R.L., Davis, N., Powers, S.W. & Roberts, M.C. (1991). The influence of environmental factors and coping style on children's coping and distress. Clinical Psychology Review, 11, 93-116.

Blount, R.L., Landolf-Fritsche, B., Powers, S.W. & Sturges, J.W. (1991). Differences between high and low coping children and between parent and staff behaviors during painful medical procedures. Journal of Pediatric Psychology, 16, 795-809.

Blount, R.L., Powers, S.W., Cotter, M.W., Swan, S.C. & Free, K. (1994). Making the system work: Training pediatric oncology patients to cope and their parents to coach them during BMA/LP procedures. Behavior Modification, 18, 6-31.

Blount, R.L., Sturges, J.W. & Powers, S.W. (1990). Analysis of child and adult behavioral variations by phase of medical procedure. Behavior Therapy, 21, 33-48.

Blumer, D. & Heilbronn, M. (1982). Chronic pain as a variant of depressive desease. The pain-prone disorder. Journal of Nervous and Mental Disease, 170, 381-406.

Blythe, B.J. & Erdahl,J.C. (1986). Using stress inoculation to prepare a patient for open-heart surgery. Health and Social Work, 4, 265-274.

Bode, U. (1994). Schmerzen bei Patienten in der Hämatologie/Onkologie. In F. Petermann, S. Wiedebusch & T. Kroll (Hrsg.), Schmerz im Kindesalter (213-222). Göttingen: Hogrefe.

Bogetz, M.S. (1989). Anaesthesia for pediatric outpatient surgery. Pediatrician, 16, 45-55.

Bolig, R., Yolton, K.A. & Nissen, H.L. (1991). Medical play and preparation: Questions and issues. CHC, 20, 225-229.

Bolles, R.C. & Fanselow, M.S. (1980). A perceptual-defensive-recuperative model of fear and pain. Behavioral and Brain Science, 3, 291-323.

Bolles, R.C. & Fanselow, M.S. (1982). Endorphines and behavior. Annual Review of Psychology, 33, 87-101.

Borbély, A.A., Schläpfer, B .& Trachsel, L. (1988). Effect of Midazolam on memory. Arzneimittelforschung/Drug Research, 38, 824-827.

Boston, K., Pearce, S.A. & Richardson, P.H. (1990). The Pain Cognitions Questionnaire. Journal of Psychosomatic Research, 34, 103-109.

Bower, G.H. (1987). Commentary on mood and memory. Behavior Research and Therapy, 25, 443-455.

Bradford, R. (1990). Short communication: The importance of psychosocial factors in understanding child distress during routine x-ray procedures. Journal of Child Psychology and Psychiatry and Allied Disciplines, 31, 973-982.

Branson, S.M. & Craig, K.D. (1988). Children's spontaneous strategies for coping with pain: A review of the literature. Canadian Journal of Behavioral Science, 20, 402-412.

Branson, S.M., McGrath, P.J., Craig, K.D., Rubin, S.Z. & Vair, C. (1990). Spontaneous strategies for coping with pain and their origins in adolescents who undergo surgery. Advances in Pain Research and Therapy, 15, 237-245.

Breuker, D., Mühlig, S. & Petermann, F. (1996). Schmerz. In F. Petermann (Hrsg.), Lehrbuch der Klinischen Kinderpsychologie (587-625), 2. überarb. Aufl. Göttingen: Hogrefe.

Broome, M.E. & Endsley, R. (1989). Parent and child behavior during immunization. Pain, 37, 85-92.

Broome, M.E., Lillis, P.P. & Smith, M.C. (1989). Pain interventions with children: A meta-analysis of research. Nursing Research, 38, 154-158.

Brotman-Band, E. & Weisz, J.R. (1988). How to feel better when it feels bad: Children's perspective on coping everyday stress. Developmental Psychology, 24, 247-253.

Brown, G.E., Wheeler, K.J. & Cash (1980). The effects of laughing vs. a nonlaughing model on humor responses in preschool children. Journal of Experimental Child Psychology, 29, 334-339.

Brown, J.M., O'Keefe, J., Sanders, S.H. & Baker, B. (1986). Developmental changes in children's cognition to stressful and painful situations. Journal of Pediatric Psychology, 11, 343-357.

Brown, R.T., Kaslow, N., Madan-Swain, A., Doepke, K.J., Sexson, S.B. & Hill, L.J. (1993). Parental psychopathology and children's adjustment to leukemia. Journal of the American Academy of Child and Adolescent Psychiatry, 32, 554-561.

Brune, K, & Beck, W.S. (1993). Nichtopioidanalgetika (antipyretische Analgetika und andere). In M. Zenz & I. Jurna, Lehrbuch der Schmerztherapie (121-136). Stuttgart: Wissenschaftliche.Verlagsgesellschaft.

Buckley, M.M. & Benfield, P. (1993). Eutectic Lidocaine-Prilocaine Cream. A review of the topical anesthetic/analgesic efficacy of an eutectic mixture of local anesthetics. Drugs, 46, 126-151.

Bull, B.A. & Drotar, D. (1991). Coping with cancer in remission: Stressors and strategies reported by children and adolescents. Journal of Pediatric Psychology, 16, 767-782.

Burbach, D.J. & Peterson, L. (1986). Children's concepts of physical illness: A review and critique of the cognitive-developmental literature. Health Psychology, 5, 307-325.

Bush, J.P. & Harkins (Hrsg.) (1991). Children in Pain: Clinical and research issues from a developmental perspective. New York: Springer.

Bush, J.P. (1987). Pain in children: A review of the literature from a developmental perspective. Psychology and Health, 1, 215-236.

Bush, J.P., Melamed, B.G., Sheras, P.L. & Greenbaum, P.E. (1986). Mother-child patterns of coping with anticipatory medical stress. Health Psychology, 5, 137-157.

Büttner, W., Breitkopf, L., Finke, W. & Schwanitz, (1990). Kritische Aspekte einer Fremdbeurteilung des postoperativen Schmerzes beim Kleinkind. Anaesthesist, 39, 151-157.

Byrne, D. (1964). Repression-sensitization as a dimension of personality. In B.A. Maher (Ed.), Progress in experimental personality research. New York: Academic Press.

Campbell, L.A., Clark, M.D. & Kirkpatrick, S.E. (1986). Stress management training for parents and their children undergoing cardiatric catheterization. American Journal of Orthopsychiatry, 56, 234-243.

Campbell, L.A., Kirkpatrick, S.E., Berry, C.C., Penn, N.E., Waldman, J.D. & Mathewson, J.W. (1992). Psychological preparation of mothers of preschool children undergoing cardiac catheterization. Psychology and Health, 7, 175-185.

Campos, J.J., Barrett, K.C., Lamb, M.E., Goldsmith, H.H. & Sternberg, C. (1983). Socioemotional development. In P. H. Mussen (Series Ed.), M.M. Haith & J.J. Campos (Eds.), Handbook of child psychology (Vol. 2.): Infancy and developmental psychobiology (783-916). New York: Wiley.

Campos, R.G. (1989). Soothing pain-elicited distress in infants with swaddling and pacifiers. Child Development, 60, 781-792.

Carpenter, P.J. (1992). Perceived control as a predictor of distress in children undergoing invasive medical procedures. Journal of Pediatric Psychology, 17, 757-773.

Caty, S., Ritchie, J.A. & Ellerton, M.-L. (1989). Helping hospitalized preschoolers manage stressful situations: The mother's role. Children's Health Care, 18, 202-209.

Cermak, L.S. (Ed.) (1982). Human memory and amnesia. Hillsdale: LEA.

Chaturvedi, S.K. & Kanakalatha, P. (1989). Pain in children of chronic pain patients. The Pain Clinic, 2, 195-199.

Chaves, J.F. & Brown, J.M. (1987). Spontaneous cognitive strategies for the control of clinical pain and stress. Journal of Behavioral Medicine, 10, 263-276.

Christensen, M.F. & Mortensen, O. (1975). Long-term prognosis in children with recurrent abdominal pain. Archieves of Disorders in Childhood, 50, 110-114.

Cioffi, D. (1991). Beyond attentional strategies: A cognitive-perceptual model of somatic interpretation. Psychological Bulletin, 109, 25-41.

Cohen, L.B. & Oakes, L.M. (1993). How infants perceive a simple causal event. Developmental Psychology, 29, 421-433.

Compas, B.E. (1987). Coping with stress during childhood and adolescence. Psychological Bulletin, 101, 393-403.

Compas, B.E., Malcarne, V.L. & Fondacaro, K.M. (1988). Coping with stressful events in older children and young adolescents. Journal of Consulting and Clinical Psychology, 56, 405-411.

Cooper, L.M. & London, P. (1973). Reactivation of memory by hypnosis and suggestion. International Journal of Clinical and Experimental Hypnosis, 21, 312-323.

Cousins, N. (1976). Anatomy of an illness (as perceived by the patient). New England Journal of Medicine, 295, 1458-1463.

Covelman, K., Scott, S., Buchanan, B. & Rosman, B. (1990). Pediatric pain control: A family sytems model. Advances in Pain Research Therapy, 15, 225-239.

Craig, K.D. & Grunau, R.V.E. (1991). Developmental Issues: Infants and Toddlers. In J.P. Bush & S.W. Harkins (Eds.), Children in Pain (171-193). New York: Springer.

Craig, K.D. (1984). Emotional aspects of pain. In P.D. Wall & R. Melzack (Eds.), Textbook of pain (153-162). London: Churchill Livingstone.

Craig, K.D. (1987). Consequences of caring: Pain in the human context. Canadien Psychology/Psychologie Canadienne, 28, 311-321.

Craig, K.D., Grunau, R.V.E. & Aquan-Assee, J. (1988). Judgement of pain in newborns: Facial activity and cry as determinants. Canadian Journal of Behavioral Science, 20, 442-451.

Craig, K.D., Grunau, R.V.E. & Branson, S.M. (1988). Age-related aspects of pain: Pain in children. In R. Dubner, G.F. Gebhart & M.R. Bond (Eds.), Pain research and clinical management (317-328). Amsterdam: Elsevier.

Craig, K.D., McMahon, R., Morison, J.D. & Zaskow, C. (1984). Developmental changes in infant pain expression during immunization injections. Social Science in Medicine, 19, 1331-1337.

Craig, K.D., Whitfield, M.F., Grunau, R.V.E., Linton, J. & Hadjistavropoulos H.D. (1993). Pain in the preterm neonate: Behavioral and physiological indices. Pain, 52, 287-299.

Curry, S.L. & Russ, S.W. (1985). Identifying coping strategies in children. Journal of Clinical Child Psychology, 14, 61-69.

Dahlquist, L.M. & Taub, E.A. (1991). Family adaptation to childhood cancer. Advances in Family Intervention, Assessment and Theory, 5, 123-150.

Dahlquist, L.M., Czyzewski, D.I., Copeland, K.G., Jones, C.L., Taub, E.A. & Vaughan, J.K. (1993). Parents of children newly diagnosed with cancer: Anxiety, coping and marital distress. Journal of Pediatric Psychology, 18, 365-376.

Dahlquist, L.M., Gil, K.M., Armstrong, D., Ginsberg, A. & Jones, B. (1985). Behavioral management of children's distress during chemotherapy. Journal of Behavior Therapy and Experimental Psychology, 16, 325-329.

Dahlquist, L.M., Gil, K.M., Armstrong, F.D., DeLawyer, D.D., Greene, P. & Wuori, D. (1986). Preparing children for medical examinations: The importance of previous medical experience. Health Psychology, 5, 249-259.

Dahlquist, L.M., Power, T.G. & Carlson, L. (1995). Physician and parent behavior during invasive pediatric cancer procedures: Relationships to child behavioral distress. Journal of Pediatric Psychology, 20, 447-490.

Dahlquist, L.M., Power, T.G., Cox, C.N. & Fernbach, D.J. (1994). Parenting and child distress during cancer procedures: A multidimensional assessment. Children's Health Care, 23, 149-166.

DeBenedittis, G., Panerai, A.A. & Villamira, M.A. (1989). Effects of hypnotic analgesia and hypnotizibility on experimental ischemic pain. The International Journal of Clinical and Experimental Hypnosis, 37, 55-69.

Dohlwitz, A. & Uppfeldt, A. (1985) Schmerzlinderung bei Venenpunktionen. Applikationszeit und Wirksamkeit einer Lidocain-Prilocain-Creme. Anaesthesist, 34, 355-358.

Dolan, J., Allen, H.A. & Sawyer, H.W. (1982). Relaxation techniques in the reduction of pain, nausea and sleep disturbances for oncology patients: A primer for rehabilitation counselors. Journal of Applied Rehabilitation Counseling, 13, 35-39.

Dolgin, M.J. & Phipps, S. (1989). Pediatric pain: The parents' role. Pediatrician, 16, 103-109.

Dolgin, M.J., Phipps, S., Harow, E. & Zeltzer, L.K. (1990). Parental management of fear in chronically ill and healthy children. Journal of Pediatric Psychology, 15, 733-744.

Dörner, D. & van der Meer, E. (Hrsg.) (1995). Das Gedächtnis: Probleme - Trends - Perspektiven. Göttingen: Hogrefe.

Dörner, D. (1985). Verhalten, Denken, Emotionen. In L. Eckensberger & E.D. Lantermann (Hrsg.), Emotionen und Reflexivität (157-181). München: Urban & Schwarzenberg.

Dörner, D. (1989). Die Logik des Mißlingens: Strategiefehler in komplexen Situationen. Reinbek: Rowohlt.

Dörner, D. (1995). Problemlösen und Gedächtnis. In D. Dörner & E. van der Meer (Hrsg.), Das Gedächtnis: Probleme - Trends - Perspektiven (295-320). Göttingen: Hogrefe.

Droste, H.J. & Büttner, W. (1992). Schmerzphysiologie bei Säuglingen und Kleinkindern. Kindheit und Entwicklung, 1, 6-12.

Dumas, J.E. & LaFreniere, P.J. (1993). Mother-child relationships as sources of support or stress: A comparison of competent, average, aggressive, and anxious dyads. Child Development, 64, 1732-1754.

Dundee, J.W. & Wilson, D.B. (1980). Amnestic action of Midazolam. Anesthesia, 35, 459-461.

Dunn-Geier, M.J., McGrath, P.J., Rourke, B.P., Latter, J. & D'Astous, J. (1986). Adolescent chronic pain: The ability to cope. Pain, 26, 23-32.

Durlak, J.A., Fuhrman, T. & Lampman, C. (1991). Effectiveness of cognitive behavior therapy for maladapting children: a meta-analysis. Psychological Bulletin, 110, 204-214.

Eich, E., Reeves, J.L., Jaeger, B. & Graff-Radford, S.B. (1985). Memory for pain: Relation between past and present pain intensity. Pain, 23, 375-379.

Eland, J.M. (1981). Minimizing pain associated with prekindergarten intramuscular injections. Issues in Comprehensive Pediatric Nursing, 5, 361-372.

Elliott, C.H., Jay, M. & Woody, P.D. (1987). A behavioral observation scale for measuring children's distress during medical procedure. Journal of Pediatric Psychology, 12, 543-551.

Engberg, G., Danielson, K., Henneberg, S. & Nielsson, A. (1987). Plasma concentrations of prilocaine and lidocaine and methaemoglobin formation in infants after epicutaneous application of 5% lidocaine-prilocaine cream (EMLA). Acta Anaesthesiologica Scandinavica, 31, 624-628.

Erskine, A., Morley, S. & Pearce, S. (1990). Memory for pain: A review. Pain, 41, 255-265.

Estlander, A.M. & Harkapaa, K. (1989). Relationship between coping stategies, disability, and pain levels in patients with chronic low back pain. Scandinavian Journal of Behavior Therapy, 18, 59-69.

Evers, H., Dardel, O.V., Juhlin, L. & Vinnars, E. (1985). Dermal effects of composition based on the eutectic mixture of lidocaine and prilocaine (EMLA). British Journal of Anaesthesia, 57, 997-1005.

Fang, J.C., Hinrichs, J.V. & Ghoneim, M.M. (1987). Diazepam and memory: Evidence for spared memory function. Pharmacology, Biochemy, and Behavior, 28, 347-352.

Fanurik, D., Zeltzer, L.K., Roberts, M.C. & Blount, R.L. (1993). The relationship between children's coping styles and psychological interventions for cold pressor pain. Pain, 53, 213-222.

Farrar, M.J. & Goodman, G.S. (1990). Development differences in the relation between scripts and episodic memory. In R. Fivush & J. Hudson (Eds.), Knowing and remembering in young children (30-64). Cambridge: Cambridge University Press.

Fassler, D. (1985). The fear of needles in children. American Journal of Orthopsychiatry, 55, 371-377.

Faust, J. & Melamed, B.G. (1984). Influence of arousal, previous experience, and age on surgery preparation of same day of surgery and in-hospital pediatric patients. Journal of Consulting and Clinical Psychology, 54, 359-364.

Faust, J., Olson, R. & Rodriguez, H. (1991). Same-day surgery preparation: Reduction of pediatric patient arousal and distress through participant modeling. Journal of Consulting and Clinical Psychology, 59, 475-478.

Fernandez, E. & Turk, D.C. (1989). The utility of cognitive coping strategies for altering pain perception: A meta-analysis. Pain, 38, 123-135.

Fernandez, E. & Turk, D.C. (1992). Sensory and affective components of pain: Separation and synthesis. Psychological Bulletin, 112, 205-217.

Field, T., Alpert, B., Vega-Lahr, N., Goldstein, S. & Perry, S. (1988). Hospitalization stress in children: Sensitizer and repressor coping styles. Health Psychology, 7, 433-445.

Fielding, R., Tam, F.S.H. & Saing, H. (1992). Effects of social interaction on distress and recovery from minor surgery in elective paediatric patients. Journal of Paediatric and Child Health, 28, 17-21.

Fishman, B.E., Cook, E.W., Hammock, S.J., Gregory, B.R. & Thomas, J.P. (1989). Familial transmission of fear: Effects of maternal anxiety and presence on children's response to dental treatment. Zit.n. Blount, Davis, Powers & Roberts, 1991.

Fivush, R. & Hudson, J.A. (1990). Knowing and remembering in young children. Cambridge: Cambridge University Press.

Fivush, R., Kuebli, J. & Clubb, P.A. (1992). The structure of events and event representation: A developmental analysis. Child Development, 63, 188-201.

Fletcher, A.B. (1988). Pain in the neonate. New English Journal of Medicine, 317, 1347-1348.

Flor, H. & Birbaumer, N. (1993). Verhaltensmedizinische Grundlagen. In M. Zenz & I. Jurna (Hrsg.), Lehrbuch der Schmerztherapie (95-105). Stuttgart: Wissenschaftliche Verlagsgesellschaft.

Flor, H. & Birbaumer, N.(1994). Psychologische Behandlung bei akuten Schmerzen. In K.A. Lehmann, Der postoperative Schmerz (526-543). Berlin: Springer.

Flor, H. & Heimerdinger, K. (1992). Erfassung des Schmerzverhaltens. In E. Geissner & G. Jungnitsch, Psychologie des Schmerzes (99-106). Weinheim: Psychologie Verlags Union.

Flor, H. & Turk, D.C. (1988). Chronic back pain and rheumatoid arthritis: Predicting pain and disabilities from cognitive variables. Journal of Behavioral Medicine, 11, 251-265.

Flor, H. (1996). Verhaltensmedizinische Grundlagen chronischer Schmerzen. In H.-D. Basler, C. Franz, B. Kröner-Herwig, H.-P. Rehfisch & H. Seemann (Hrsg.), Psychologische Schmerztherapie (123-140) , 2. überarb. Aufl. Berlin: Springer.

Flor, H. (1991). Psychobiologie des Schmerzes. Bern: Hans Huber.

Flor, H., Breitenstein, C. & Schlottke, P.F. (1994). Psychobiologische Grundlagen. In F. Petermann, S. Wiedebusch & T. Kroll (Hrsg.), Schmerz im Kindesalter (47-59). Göttingen: Hogrefe.

Flor, H., Turk, D.C. & Birbaumer, N. (1985). Assessment of stress-related psychophysiological reactions in chronic back pain patients. Journal of Consulting and Clinical Psychology, 53, 354-364.

Folkman, S. & Lazarus, R.S. (1988). Manual for the Ways of Coping Questionnaire, Palo Alto, CA: Consulting Psychologists Press.

Folkman, S. & Lazarus,R.S. (1980). An analysis of coping in a middle-aged community sample. Journal of Health and Social Behavior, 21, 219-239.

Fordyce, W.E. (1976). Behavioral methods in chronic pain and illness. St. Louis: Mosby.

Forrest, P., Galletly, D.C. & Yee, P. (1987). Placebo controlled comparision of Midazolam, Triazolam and Diazepam as oral premedicants for outpatient anesthesia. Anesthesia and Intensive Care, 15, 296-304.

Forster, A. (1979). Respiratory depression by Midazolam and diazepam. Arzneimittelforschung/Drug Research, 31, 2226.

Fowler-Kerry, S. & Lander, J.R. (1987). Management of injection pain in children. Pain, 30, 169-175.

Fowler-Kerry, S. & Lander, J. (1991). Assessment of sex differences in children's and adolescent's pain from venipunctur. Journal of Pediatric Psychology, 16, 783-793.

Fowler-Kerry, S. & Ramsay-Lander, J. (1990). Utilizing cognitive strategies to relieve pain in young children. Advances in Pain Research Therapy, 15, 247-253.

Fradet, C., McGrath, P.J., Kay, J., Adams, S. & Luke, B. (1990). A prospective survey of reactions to blood tests by children and adolescents. Pain, 40, 53-60.

France, R.D., Krishnan, K.R.R. & Trainor, M. (1986). Chronic pain and depression: 3. family history study of depression and alcoholism in chronic low back pain patients. Pain, 24, 185-190.

Frank, N.C., Blount, R.L., Smith, A.J., Manimala, M.R. & Martin, J.K. (1995). Parent and stuff behavior, previous child medical experience, and maternal anxiety as they relate to child procedural distress and coping. Journal of Pediatric Psychology, 20, 277-289.

Friedman, A.G., Campbell, T.A. & Evans, I.M. (1993). Multi-dimensional child behavior therapy in the treatment of medically-related anxiety: A practical illustration. Journal of Behavior Therapy and Experimental Psychiatry, 24, 241-247.

Fry, W.F. & Rader, C. (1977). Respiratory components of humor and laughter. Journal of Biological Psychology, 19, 39-50.

Fuller, B. & Horii, Y. (1988). Spectral energy distribution in four types of infant vocalization. Journal of Communication Disorders, 21, 251-261.

Gaffney, A. & Dunne, E.A. (1987). Children's understanding of the causality of pain. Pain, 29, 91-104.

Gaffney, A. (1988). How children describe pain: A study of words and analogies used by 5-14 year olds. In R. Dubner, G.F. Gebhart, M.R. Bond (Eds.), Proceedings of the Vth. World Congress on Pain (vol 3.): Pain Research and Clinical Management (341-347). Amsterdam: Elsevier.

Garber, J., Zeman, J. & Walker, L.S. (1990). Recurrent abdominal pain in children: Psychiatric diagnoses and parental Psychopathology. Journal of the American Academy of Child and Adolescent Psychiatry, 29, 648-656.

Gedaly-Duff, V. & Ziebarth, D. (1994). Mother's management of adenoid-tonsillictomy pain in 4- to 8-year-olds: A preliminary study. Pain, 57, 293-299.

Gedaly-Duff, V. (1987). Preparing young children for painful procedures. Journal of Pediatric Nursing, 3, 169-179.

Gedaly-Duff, V. (1991). Development issues: Preschool and school-age children. In J.P. Bush & W. Harkins (Eds.), Children in pain (195-230). New York: Springer.

Geissner, E. & Jungnitsch, G. (1992). Psychologie des Schmerzes. Weinheim: Psychologie Verlags Union.

Geissner, E. (1990). Psychologische Schmerzmodelle - Einige Anmerkungen zur Gate-Control-Theorie sowie Überlegungen zu einem mehrfaktoriellen prozessualen Schmerzkonzept. Der Schmerz, 4, 184-192.

Geissner, E. (1992). Psychologische Modelle des Schmerzes und der Schmerzverarbeitung. In E. Geissner & G. Jungnitsch, Psychologie des Schmerzes (25-41). Weinheim: Psychologie Verlags Union.

Ghoneim, M.M. & Mewaldt, S.P. (1990). Benzodiazepines and human memory: A review. Anesthesiology, 72 , 926-938.

Gil, K.M. (1984). Coping effectively with invasive medical procedures: A descriptive model. Clinical Psychology Review, 4, 339-362.

Gil, K.M., Keefe, F.J., Crisson, J.E. & van Dalfsen, P.J. (1987). Social support and pain behavior. Pain, 29, 209-217.

Göbel, H. (1988). Über die Schwierigkeit einer umfassenden Definition des Phänomens Schmerz. Der Schmerz, 2, 89-93.

Göbel, H., Ensink, F.B.M., Krapat, S., Weigle, L., Christiani, K. & Soyka, D. (1993). Objektive und standardisierte Kopfschmerzdiagnostik mit dem PC auf der Basis der IHS-Klassifikation. In H. Göbel & D. Soyka, Leitsymptom Kopfschmerz (1.0). Lünen: physis-software.

Gonzalez, J.C., Routh, D.K., Saab, P.G., Armstrong, F.D., Shifman, L., Guerra, E. & Fawcett, N. (1989). Effects of parent presence on children's reactions to injections: Behavioral, physiological and subjective aspects. Journal of Pediatric Psychology, 14, 449-462.

Gramer, M., Grundner, R. & Huber, H.P. (1988). Psychologische Operationsvorbereitung bei 4- bis 8jährigen Kindern: Eine Replikationsstudie. Zeitschrift für Pädagogische Psychologie, 2, 185-191.

Greenbaum, P.E., Cook III, E.W., Melamed, B.G., Abeles, L.A. & Bush, J.P. (1988). Sequential patterns of medical stress: Maternal agitation and child distress. Child and Family Behavior Therapy, 10, 9-18.

Greenwald, H.P., Bonica, J.J. & Bergner, M. (1987). The prevalence of pain in four cancers. Cancer, 60, 2563-2569.

Grimm, H. (1995). Sprachentwicklung - allgemeintheoretisch und differentiell betrachtet. In R. Oerter & L. Montada (Hrsg.), Entwicklungspsychologie (705-757). Weinheim: Psychologie Verlags Union, 3. Aufl.

Gross, A.M., Stern, R.M., Levin, R.B., Dale, J. & Wojnilower, D.A. (1983). The effect of mother-child separation on the behavior of children experiencing a diagnostic medical procedure. Journal of Consulting and Clinical Psychology, 51, 783-785.

Großmann, K. (1989). Das kindliche Erleben von Schmerz., die Rolle der Familie bei schweren Verbrennungen und die Ängste der Kinder vor Operationen. Der Kinderarzt, 10, 1400-1411.

Grunau, R.V.E. & Craig, K.D. (1987). Pain expression in neonates: Facial action and cry. Pain, 28, 395-410.

Grunau, R.V.E. & Craig, K.D. (1993). Neonatal Facial Coding System (NFCS) and Infant Body Coding System (IBCS). Manual der Autoren (pers. Mitt.).

Grunau, R.V.E., Whitfield, M.F. & Petrie, J.H. (1994). Pain sensitivity and temperament in extremely low-birth-weight premature toddlers and preterm and full-term controls. Pain, 58, 341-346.

Grundner, R., Götz-Frei, M.L., Huber, H.P., Kurz, R. & Sauer, H. (1988). Psychologische Operationsvorbereitung bei 4-8jährigen. Praxis für Kinderpsychologie und Kinderpsychiatrie, 37, 34-38.

Gunnar, M.G., Fisch, R.O. & Malone, S. (1984). The effects of a pacifying stimulus on behavioral and adrenocortical responses to circumcision in the newborn. Journal of the American Academy in Child Psychiatry, 23, 34-38.

Gutjahr, P. (1993). Krebs bei Kindern und Jugendlichen. Köln: Deutscher Ärzte-Verlag.

Haaf, H.G., Kaatsch, P., Keller, B. & Michaelis, J. (1991). Jahresbericht 1990 des Kinderkrebsregisters Mainz . Technischer Bericht, Institut für Medizinische Statistik u. Dokumentation.

Haag, R., Graf, N. & Jost, W. (1991). Subjektiv erlebte Ängstlichkeit als Aspekt der Krankheitsverarbeitung bei Kindern mit bösartigen Erkrankungen. Praxis der Kinderpsychologie und Kinderpsychiatrie, 40, 78-84.

Halperin, D.L., Koren, G., Attias, D. (1989). Topical skin anesthesia for venous, subcutaneous drug reservoir and lumbar punctures in children. Pediatrics, 84, 1-4.

Harbeck, C. & Peterson, L. (1992). Elephants dancing in my head: A developmental approach to children's concepts of specific pain. Child Development, 63, 138-149.

Harrison, A. (1991). Preparing children for venous blood sampling. Pain, 45, 299-306.

Harrison, A. (1993). Comparing nurses' and patients' pain evaluations: A study of hospitalized patients in kuwait. Social Sciences in Medicine, 36, 683-692.

Hauck, M.R. . (1992). Cognitive abilities of preschool children: Implications for nurses working with young children. Journal of Pediatric Nursing, 6, 230-235.

Hays, R.M., Hackworth, S.R., Speltz, M.L. & Weinstein, P. (1992). Exploration of variables related to children's behavioral distress during elektrodiagnosis. Archives of Physiology, Medicine and Rehabilitation, 73, 1160-1162.

Hellenbrecht, D. (1991). Lokalanästhetika. In R. Saller & D. Hellenbrecht, Schmerzen. Therapie in Praxis und Klinik (111-136). München: Marseille.

Hennessy, M.J., Kirkby, K.C. & Montgomery, I.A. (1991). Comparison of the amnestic effects of midazolam and diazepam. Psychopharmacology, 103, 545-550.

Herz, A. (1995). Opioide, Opiatrezeptoren und periphere Analgesie. In D. Soyka, Schmerz. Pathophysiologie und Therapie (21-29). Stuttgart: Schattauer.

Heynemann, N.E., Fremouw, W.J., Gano, D., Kirkland, F. & Heiden, L. (1990). Individual differences in the effectiveness of different coping strategies for pain. Cognitive Therapy and Research, 14, 63-77.

Hildebrand, C. (1994). Entwicklung und Evaluation verhaltensmedizinischer Interventionen zur Angst- und Schmerzreduktion bei krebskranken Kindern und Jugendlichen. Eine Vorstudie zum subjektiven Angst- und Schmerzerleben bei Lumbalpunktionen. Universität Oldenburg: Diplomarbeit.

Hilgard, E.R. & Hilgard, J.R. (1983). Hypnosis and the relief of pain. Los Altos: Kaufman.

Hilgard, J.R. & LeBaron, S. (1982). Relief of anxiety and pain in children and adolescents with cancer: Quantitative measures and clinical observations. Journal of Clinical and Experimental Hypnosis, 30, 417-442.

Hodges, K., Kline, J.J., Barbero, G. & Flanery, R. (1985). Depressive symptoms in children with recurrent abdominal pain and their families. Journal of Pediatry, 107, 622-626.

Hodges, K., Kline, J.J., Barbero, G. & Woordruff, C. (1985). Anxiety in children with recurrent abdominal pain and their parents. Psychosomatics, 26, 859-866.

Holland, J.C. (1989). Anxiety and cancer: The patient and the family. Journal of Clinical Psychiatry, 50, 20-25.

Hubert, N.C., Jay, S.M., Saltoun, M. & Hayes, M. (1988). Approach-avoidance and distress in children undergoing preparation for painful medical procedures. Journal of Clinical Child Psychology, 17, 194-202.

Hudson, J.A. & Fivush, R. (1987). As times goes by: Sixth graders remember a kindergarten experience. Atlanta: Emory University.

Hughes, P.M. & Lieberman, S. (1990). Troubled parents: Vulnerability and stress in childhood cancer. British Journal of Medical Psychology, 63, 53-64.

Humphrey, G.B., Boon, C.M.J., van Linden van den Heuvell, G.F.E.C. & van de Wiel, H.B.M. (1992). The occurence of high levels of acute behavioral distress in children and adolescents undergoing routine venipunctures. Pediatrics, 90, 87-91.

Humphrey, T. (1964). Some correlations between the appearance of human fetal reflexes and the development of the nervous system. Progressive Brain Research, 4, 93-135.

Hunsberger, M., Love, B. & Byrne, C. (1984). A review of current approaches used to help children and parents cope with health care procedures. Maternal Child Nursing Journal, 13, 145-165.

Hurley, A. & Whelan, E.G. (1988). Cognitive development and children's perception of pain. Pediatric Nursing, 14, 21-24.

IASP - International Association for the Study of Pain (1979). Pain terms: A list with definitions and notes for usage. Pain, 6, 249-252.

IASP-International Association for the Study of Pain, Subcommittee on Taxonomy (1986). Classification of chronic pain: Descriptions of chronic pain syndromes and definitions of pain terms. Pain, 3, 1-225.

Inagaki, K. & Hatano, G. (1993). Young children's understanding of the mind-body-distinction. Child Development, 64, 1534-1549.

Izard, C.E. (1990). Facial expressions and the regulation of emotion. Journal of Personality and Social Psychology, 58, 487-498.

Jacobsen, P.B., Manne, S.L., Gorfinkle, K., Schorr, O., Rapkin, B. & Redd, W.H. (1990). Analysis of child and parent behavior during painful medical procedures. Health Psychology, 9, 559-576.

Jage, J. & Jurna, I. (1993). Opioidanalgetika. In M. Zenz & I. Jurna, Lehrbuch der Schmerztherapie (137-153). Stuttgart: Wissenschaftliche.Verlagsgesellschaft..

Jäger, R.S. (1989). Diagnostik von Belastung und Bewältigung. In G. Ziegler, R.S. Jäger & I. Schüle (Hrsg.), Krankheitsverarbeitung bei Tumorpatienten (76-91). Stuttgart: Enke.

Jänig, W. (1993). Biologie und Pathobiologie der Schmerzmechanismen. In M. Zenz & I. Jurna, Lehrbuch der Schmerztherapie (17-33). Stuttgart: Wissenschaftiche.Verlagsgesellschaft.

Janis, I.L. (1958). Psychological distress: Psychoanalytic and behavioral studies of surgical patients. New York: Wiley.

Jay, S. M., Elliott, C.H., Fitzgibbons, I., Woody, P. & Siegel, S. (1995). A comparative study of cognitive behavior therapy versus general anesthesia for painful medical procedures in children. Pain, 62, 3-9.

Jay, S.M. & Elliott, C. (1990). A stress inoculation program for parents whose children are undergoing painful medical procedures. Journal of Consulting and Clinical Psychology, 58, 799-804.

Jay, S.M., Elliott, C.H., Ozolins, M., Olson, R.A. & Pruitt, S.D. (1985). Behavioral management of children's distress during painful medical procedures. Behavior and Research Therapy, 23, 513-520.

Jay, S.M., Elliott, C.H., Woody, P.D. & Siegel, S. (1991). An investigation of cognitive-behavior therapy combined with oral valium for children undergoing painful medical procedures. Health Psychology, 10, 317-322.

Jay, S.M., Katz, E., Elliott, C.H. & Siegel, S.E. (1987). Cognitive-behavioral and pharmacologic interventions for childrens' distress during painful medical procedures. Journal of Consulting and Clinical Psychology, 55, 860-865.

Jay, S.M., Ozolins, M., Elliott, C.H. & Caldwell, S. (1983). Assessment of children's distress during painful medical procedures. Health Psychology, 2, 133-147.

Jensen, M.P., Turner, J.A., Romano, J.R. & Strom, S.E. (1995). The Chronic Pain Coping Inventory: Development and preliminary validation. Pain, 60, 203-216.

Johnson, M.K. (1987). Human learning and memory. Annual Review of Psychology, 38, 631-668.

Johnson, S.B. (1988). Chronic illness and pain. In E.J. Mash & L.G. Terdal (Hrsg.), Behavioral assessment of childhood disorders (491-527). New York: Guilford.

Johnston, C.C. & Strada, M.E. (1986) Acute pain responses in infants: A multidimensional description. Pain, 24, 373-382.

Johnston, C.C., Stevens, B., Craig, K.D. & Grunau, R.V.E. (1993). Developmental changes in pain expressions in premature, full-term, two- and four-month-old infants. Pain, 52, 201-208.

Joyce, T.H. (1993). Topical anesthesia and pain management before Venipuncture. Journal of Pediatrics, 122, 24-29.

Kail, R. (1992). Gedächtnisentwicklung bei Kindern. Heidelberg: Spektrum Akademischer Verlag.

Kapelushnik, J., Koren, G., Sohl, H., Greenberg, M. & DeVeber, L. (1990). Evaluating the efficacy of EMLA in alleviating pain associated with lumbar puncture; comparison of open and double-blinded protocols in children. Pain 42: 31-34.

Karoly, P. (1991). Assessment of pediatric pain. In J.P. Bush & W. Harkins (Eds.), Children in pain (59-82). New York: Springer.

Katz, E.R., Kellerman, J. & Siegel, S. (1980). Behavioral distress in children with cancer undergoing medical procedures: Developmental considerations. Journal of Consulting and Clinical Psychology, 48, 356-365.

Katz, E.R., Varni, J. & Jay, S.M. (1984). Behavioral assessment and management of pediatric pain. In M. Hersen, R.M. Eisler & P.M. Miller (Hrsg.), Progress in behavior modification (18.163-18.193). Orlando: Academic Press.

Keefe, F.J., Wilkins, R.H., Cook, W.A., Crisson, J.E. & Muhlbaier, L.H. (1986). Depression, pain, and pain behavior. Journal of Consulting and Clinical Psychology, 47, 49-58.

Kellerman, J., Zeltzer, L., Ellenberg, L. & Dash, J. (1983). Adolescents with cancer: Hypnosis for the reduction of acute pain and anxiety associated with medical procedures. Journal of Adolescent Health Care, 4, 85-90.

Kelley, M.L., Jarvie, G.J., Middlebrook, J.L., McNeer, M.F. & Drabman, R.S. (1984). Decreasing burned children's pain behavior: Impacting the trauma of hydrotherapy. Journal of Applied Behavior Analysis, 17, 147-158.

Kent, G. (1984). Anxiety, pain and type of dental procedure. Behaviour Research and Therapy, 22, 465-469.

Kent, G. (1985). Memory of dental pain. Pain, 21, 187-194.

Kent, G. (1989). Memory of dental experiences to naturally occuring changes in state anxiety. Cognition and Emotion, 3, 45-53.

Keup, W. (1988). Chronische Einnahme von Opioid-Analgetika bei Schmerzsyndromen nicht-maligner Ursache. Der Schmerz, 2, 167-169.

Khanderia, U. & Pandit, S.K. (1987). Use of Midazolam hydrochloride in anesthesia. Clinical Pharmacy, 6, 533-547.

Kiernan, B.D., Dane, J.R., Phillips, L.H. & Price, D.D. (1995). Hypnotic analgesia reduces R-III nociceptive reflex: Further evidence concerning the multifactorial nature of hypnotic analgesia. Pain, 60, 39-47.

Klein, E.R. (1992). Premedicating children for painful invasive procedures. Journal of Pediatric Oncology Nursing, 9, 170-179.

Klinger, R., Hasenbring, M. & Pfingsten, M. (1992). Klassifikationsansätze bei chronischem Schmerz. In E. Geissner & G. Jungnitsch (Hrsg.), Psychologie des Schmerzes (205-226). Weinheim: Psychologie Verlags Union.

Klorman, R., Hilpert, P.L., Michael, R., LaGana, C. & Sveen, O.B. (1980). Effects of coping and master modeling on experienced and inexperienced pedodontic patient's disruptiveness. Behavior Therapy, 11, 156-168.

Knafl, K.A., Cavallari, K.A. & Dixon, D.M. (1988). Pediatric hospitalisation - family and nurse perspective. Boston: Scott, Foresman.

Kohen, D.P., Olness, K.N., Colwell, S.O. & Heimel, A. (1984). The use of relaxation-mental imagery (self-hypnosis) in the management of 505 pediatric behavioral encounters. Developmental and Behavioral Pediatrics, 5, 21-25.

Kolko, D. & Rickard-Figuera, J. (1985). Effects of video games on the adverse corollarities of chemotherapy in padiatric oncology patients: A single case analysis. Journal of Consulting and Clinical Psychology, 53, 223-228.

Koren, G. (1993). Use of the eutectic mixture of local anesthetics in young children for procedure-related pain. Journal of Pediatrics, 122, 30-35.

Kossak, H.C. (1993). Lehrbuch Hypnose. Weinheim: Psychologie Verlags Union, 2. überarbeitete und erweiterte Aufl.

Krampen, G. (1981). IPC-Fragebogen zu Kontrollüberzeugungen. Göttingen: Hogrefe.

Krohne, H.W. (1995a). Individual differences in Coping. In M.Zeidner & N.S. Endler (Eds.), Handbook of Coping: Theory, research, applications. New York: Wiley (pers. Mitt.; in Druck).

Krohne, H.W. (1995b). Repression-Sensitization. In M. Amelang (Hrsg.), Enzyklopädie der Psychologie: Serie Differentielle Psychologie und Persönlichkeitsforschung. Bd 3. Individuelle Unterschiede: Temperament und Persönlichkeit (153-184) (pers. Mitt.; in Druck).

Kroll, T. (1994). Schmerzmessung und Schmerzdiagnostik. In F. Petermann, S. Wiedebusch, & T. Kroll (Hrsg.), Schmerz im Kindesalter (157-178). Göttingen: Hogrefe.

Kunst-Wilson, W.R. & Zajonc, R.B. (1980). Affective discrimination of stimuli that cannot be recognized. Science, 207, 557-558.

Kusch, M. & Bode, U. (1994). Vorbereitung auf schmerzhafte Prozeduren: Psychologische Grundlagen. In F. Petermann, S. Wiedebusch, T. & Kroll, (Hrsg.), Schmerz im Kindesalter (223-248). Göttingen: Hogrefe.

Kusch, M. (1992). Verhaltensmedizinische Schmerzbehandlung: Vorbereitung auf die Lumbalpunktion. Kindheit und Entwicklung, 1, 53-57.

Kuttner, L., Bowman, M. & Teasdale, M. (1988). Psychological treatment of distress, pain and anxiety for young children with cancer. Journal of Developmental and Behavioral Pediatrics, 9, 374-381.

Labouvie, H., Petermann, F. & Kusch, M. (1994). Schmerzklassifikation. In F. Petermann, S. Wiedebusch & T. Kroll (Hrsg.), Schmerz im Kindesalter (111-132). Göttingen: Hogrefe.

Lakey, B. & Cassady, P. B. (1990). Cognitive processes in perceived social support. Journal of Personality and Social Psychology, 59, 337-343.

LaMontagne, L.L. (1984). Children's locus of control beliefs as predictors of preoperative coping behavior. Nursing Research, 33, 76-85.

LaMontagne, L.L. (1987). Children's preoperative coping: Replication and extension. Nursing Research, 36, 163-167.

LaMontagne, L.L., Johnson, B.D. & Hepworth, J.T. (1991). Children's ratings of postoperative pain compared to ratings by nurses and physicians. Issues in Comprehensive Pediatric Nursing, 14, 241-247.

Lander, J. & Fowler-Kerry, S. (1991). Age differences in children's pain. Perceptual and Motor Skills, 73, 415-418.

Lander, J. & Fowler-Kerry, S. (1993). TENS for children's procedural pain. Pain, 52, 209-216.

Lander, J. (1990). Clinical judgements in pain management. Pain, 42, 15-22.

Lander, J., Fowler-Kerry, S. & Oberle, S. (1992). Children's venipuncture pain: Influence of technical factors. Journal of Pain and Symptom Management, 7, 343-349.

Lander, J., Hodgins, M. & Fowler-Kerry, S. (1992). Children's pain predictions and memories. Behavior Research and Therapy, 30, 117-124.

Lang, P.J. (1979). A bio-informational theory of emotion imagery. Psychophysiology, 16, 495-511.

Lanz, E., Schäfer, M. & Brünisholz, V. (1987). Midazolam (Dormicum) zur oralen Prämedikation vor Regional-Anästhesie. Anästhesist, 36, 197-202.
Larbig, W. (1982). Schmerz: Grundlagen - Forschung - Therapie. Stuttgart: Kohlhammer.
Lavigne, J.V., Schulein, M.J. & Hahn, Y.S. (1986). Psychological aspects of painful medical conditions in children. II. Personality factors, family characteristics and treatment. Pain, 27, 147-169.
Lawson, J. (1988). Pain in the neonate and fetus. New English Journal of Medicine, 318, 1398, 1988.
Lazarus, R.S. & Folkman, S. (1987). Transactional theory and research on emotions and coping. European Journal of Personality, 141-169.
Lazarus, R.S. & Launier, R. (1978). Stress-related transactions between person and environment. In L.A. Pervin & M. Lewis (Eds.), Perspectives in interactional psychology, 33, 96-102.
Lazarus, R.S. & Launier, R. (1981). Streßbezogene Transaktionen zwischen Person und Umwelt. In J.R. Nitsch (Hrsg.), Streß. Theorien, Untersuchungen, Maßnahmen (213-260). Bern: Huber.
Lazarus, R.S. (1991). Progress on cognitive-motivational-relational theory of emotion. American Psychologist, 46, 819-834.
Lazarus, R.S. (1993). Coping theory and research: Past, present and future. Psychosomatic Medicine, 55, 234-247.
LeBaron, L., Zeltzer, L. & Fanurik, D. (1989). An investigation of cold pressure pain in children (part I). Pain, 37, 161-171.
LeDoux, J.E. (1989). Cognitive-emotional interactions in the brain. Cognition and Emotion, 3, 267-289.
Lee, J.J. & Forrester, P. (1992). EMLA for postoperative analgesia for day case circumcision in children. Anaesthesia, 47, 1081-1083.
Lehmann, K.A. (1994). Lokalanästhetika: Allgemeine und klinische Pharmakologie. In K.A. Lehmann (Hrsg.), Der Postoperative Schmerz (356-385). Berlin: Springer.
Lehn, B.M. (1992). Schmerzreduktion durch Selbstkontrolle: PCA und psychologische Techniken beim postoperativen Schmerz. Kindheit und Entwicklung, 1, 41-47.
Lehn, B.M. (1993). Psychologische Methoden der Schmerzbehandlung bei Kindern. In H. Meier, R. Kaiser & C.R. Moir (Hrsg.), Schmerz beim Kind (203-214). Berlin: Springer.
Lethem, J., Slade, P.D., Troup, J.D.G. & Bentley, G. (1983). Outline of a fear-avoidance model of exaggregated pain perception - 1. Behavior Research and Therapy, 4, 401-408.
Levenson, H. (1972). Distinctions within the concept of internal-external locus of control. Proceedings of the 80th Annual Convention of the American Psychological Association, 7, 261-262.
Lincoln, L.M. (1992). Children's response to acute pain: A developmental approach. Journal of the American Academy of Nurse Practitioners, 4, 139-142.
Linton, J., Melin, L. & Götestam, K.G. (1985). Behavioral analysis of chronic pain and its management. Progress in Behavior Modification, Vol. 18. New York: Academic Press.
Linton, S.J. & Götestam, K.G. (1985). Operant conditioning of pain reports: Laboratory validitation and a model of chronic pain. Perceptional and Motor Skills, 60, 427-437.
Lohaus, A. & Schmitt, G.M. (1989b). Kontrollüberzeugungen zu Krankheit und Gesundheit (KKG): Bericht über die Entwicklung des Testverfahrens. Diagnostica, 35, 59-72.
London, P. & Cooper, L.M. (1969). Norms of hypnotic susceptability in children. Developmental Psychology, 1, 113-124.
London, P. & Cooper, L.M. (1971). The development of hypnotic susceptability: A longitudinal (convergence) study. Development Psychology, 42, 487-503.
Ludwick-Rosenthal, R. & Neufeld, R.W.J. (1993). Preparation for undergoing an invasive medical procedure: Interacting effects of information and coping style. Journal of Consulting and Clinical Psychology, 61, 156-164.
Luer, G., Werner, S. & Lass, U. (1995). Repräsentation analogen Wissens im Gedächtnis. In D. Dörner & E. van der Meer (Hrsg.), Das Gedächtnis: Probleme - Trends - Perspektiven (75-126). Göttingen: Hogrefe.
Luka-Krausgrill, U., Wurmthaler, C. & Becker, T. (1994). Die Beziehung zwischen Schmerzbewältigung, Beeinträchtigung und Depression bei chronischem Schmerz. In R. Wahl & M. Hautzinger (Hrsg.), Psychotherapeutische Medizin bei chronischem Schmerz (175-189). Köln: Deutscher Ärzteverlag.
Lumley,M.A., Abeles, L.A., Melamed, B.G., Pistone, L.M. & Johnson, J.H. (1990). Coping outcomes in children undergoing stressful medical procedures: The role of child-environment variables. Behavioral Assessment, 12, 223-238.

Luyk, N.H., Boyle, M.A. & Ward-Booth, R.P. (1987). Evaluation of anxiolytic and amnestic effects of Diazepam and Midazolam for minor oral surgery. Anesthesia Progress, 34, 37-42.

Lyles, J.N., Burish, T.G., Krozely, M.G. & Oldham, R.K. (1982). Efficacy of relaxation training and guided imagery in reducing the aversiveness of cancer chemotherapy. Journal of Consulting and Clinical Psychology, 50, 509-524.

Månsson, M.E., Björkhem, G. & Wiebe, T. (1993). The effect of preparation for lumbar puncture on children undergoing chemotherapy. Oncology Nursing Forum, 20, 39-45.

Maier, K., Ambühl-Caesar, G. & Schandry, R. (1994). Entwicklungspsychophysiologie. Körperliche Indikatoren psychischer Entwicklung. Weinheim: Psychologie Verlags Union.

Mandl, H., Friedrich, H.F. & Hron, A. (1986). Psychologie des Wissenserwerbs. In B. Weidenmann, A. Krapp, M. Hofer, G.L. Huber & H. Mandl (Hrsg.), Pädagogische Psychologie (143-218). Weinheim: Psychologie Verlags Union.

Manne, S., Redd, W.H., Jacobsen, P., Gorfinkle, K., Schorr, O. & Rapkin, B. (1990). Behavioral intervention to reduce child and parent distress during venipuncture. Journal of Consulting and Clinical Psychology, 58, 565-572.

Manne, S.L. & Anderson, B.L. (1991). Pain and pain-related distress in children with cancer. In J.P. Bush & S.W. Harkins (Eds.), Children in Pain (337-371). New York: Springer.

Manne, S.L., Bakeman, R., Jacobsen, P. & Redd, W.H. (1993). Children's coping during invasive medical procedures. Behavior Therapy, 24, 143-158.

Manne, S.L., Bakeman, R., Jacobsen, P.B., Gorfinkle, K., Bernstein, D. & Redd, W.H. (1992). Adult-child interaction during invasive medical procedures. Health Psychology, 11, 241-249.

Manne, S.L., Jacobsen, P.B. & Redd, W.H. (1992). Assessment of acute pediatric pain: Do child self-report, parent ratings and nurse ratings measure the same phenomenon? Pain, 48, 45-52.

Markowitsch, H.J. (1992). Neuropsychologie des Gedächtnisses. Göttingen: Hogrefe.

Marks, M. & deSilva, P. (1994). The 'match/mismatch' model of fear: Empirical status and clinical implications. Behavior Research and Therapy, 32, 759-770.

Martelli, M.F., Auerbach, S.M., Alexander, J. & Mercuri, L.G. (1987). Stress management in the health care setting: Matching interventions with patient coping styles. Journal of Consulting and Clinical Psychology, 55, 210-207.

Marvin, J.A. & Pomietto, M. (1991). Pain assessment in infants (0-12) months using Neonatal Facing Coding System. Journal of Pain and Symptom Management, 6, 193.

Mather, L. & Mackie, J. (1983). The incidence of post-operative pain in children. Pain, 15, 271-282.

Maxin, D. & Smith, B. (1990). Der Schmerz im Denken und Erleben von Kindern. Eine Entwicklungspsychologische Untersuchung. In I. Seiffke-Krenke (Hrsg.), Krankheitverarbeitung bei Kindern und Jugendlichen, Jahrbuch der medizinischen Psychologie (4.39-4.55). Berlin: Springer.

Mayes, A.R. (1988). Human organic memory disorders. Cambridge: Cambridge University Press.

McCaul, K.D. & Malott, J.M. (1984). Distraction and coping with pain. Psychological Bulletin, 95, 516-533.

McDonnell, L. & Bowden, M.L. (1989). Breathing management: A simple stress and pain reduction strategy for use on a pediatric service. Issues in Comprehensive Pediatric Nursing, 12, 339-344.

McGrath, P.A. & deVeber, L. (1986). Helping children cope with painful procedures. American Journal of Nursing, 86, 1278-1279.

McGrath, P.A. & deVeber, L.L. (1986). The management of acute pain evoked by medical procedures in children with cancer. Journal of Pain and Symptom Management, 1, 145-150.

McGrath, P.A. & Hillier, L.M. (1989). The enigma of pain in children: An overview. Pediatrician, 16, 6-15.

McGrath, P.A. (1987). An assessment of children's pain: A review of behavioral, physiological and direct scaling techniques. Pain, 31, 147-176.

McGrath, P.A. (1987). The multidimensional assessment and management of recurrent pain syndromes in children. Behavior Research and Therapy, 25, 251-262.

McGrath, P.A. (1990). Pain in children. Nature, assessment, and treatment. New York: Guilford Press.

McGrath, P.A., de Veber, L.L. & Hearn, M.T. (1985). Multidimensional pain assessment in children. In H.L. Fields, R. Dubner & F. Cerevo (Eds.), Advances in pain research and therapy (9.387-9.393). New York: Raven.

McGrath, P.J. & Craig, K.D. (1989). Developmental and psychosocial factors in children's pain. Pediatric Clinics of North America, 36, 823-836.

McGrath, P.J. & Feldman, W. (1986). Clinical approach to recurrent abdominal pain in children. Developmental Behavioral Pediatrics, 7, 56-61.

McGrath, P.J. & McAlpine, L. (1993). Psychologic perspectives on pediatric pain. Journal of Pediatrics, 122, 2-8.

McGrath, P.J. & Pisterman, S. (1991). Developmental issues: Adolescent pain. In J.P. Bush & W. Harkins (Eds.), Children in pain (231-248). New York: Springer.

McGrath, P.J., Dunn-Geier, M.J., Cunninghan, J., Brunette, R., D'Astous, J., Humphreys, P., Latter, J., Keene, D. & Goodman, J.T. (1985). Psychological guidelines for helping children cope with chronic benign itractible pain. The Clinical Journal of Pain, 1, 1-5.

McGrath, P.J., Hsu, E., Cappelli, M., Luke, B., Goodman, J.T. & Dunn-Geier, J. (1990). Pain from pediatric cancer: A survey of an outpatient oncology clinic. Journal of Psychosocial Oncology, 8, 109-124.

McGraw, M.D. (1943). The neuromuscular maturation of the human infant. New York: Columbia University.

Meichenbaum, D.H. & Goodman, J. (1969). Reflection, impulsivity, and verbal control of motor behavior. Child Development, 40, 785-797.

Meichenbaum, D.H. & Goodman, J. (1971). Training impulsive children to talk to themselves: A mean of developing self control. Journal of Abnormal Psychology, 77, 115-126.

Meichenbaum, D.H. (1977). Cognitive-behavior modification. New York: Plenum Press.

Meichenbaum, D.W. (1985). Stress Inoculation Training. New York: Pergamon Press.

Melamed, B. & Siegel, L.J. (1975). Reduction of anxiety in children facing hospitalization and surgery by use of filmed modeling. Journal of Consulting and Clinical Psychology, 43, 511-521.

Melamed, B.G. & Ridley-Johnson, R. (1988). Psychological preparation of families for hospitalization. Developmental and Behavioral Pediatrics, 9, 96-102.

Melamed, B.G. (1982). Reduction of medical fears: An information processing analysis. In J. Boulougouris (Ed.), Learning theory approaches to psychiatry (205-218). New York: John Wiley & Sons.

Melamed, B.G., Dearborn, M. & Hermecz, D.A. (1983). Necessary considerations for surgery preparation: Age and previous experience. Psychosomatic Medicine, 45, 517-525.

Melamed, B.G., Meyer, R., Gee, C. & Soule, L. (1976). The influence of time and type of preparation on children's adjustment to hospitalization. Journal of Pediatric Psychlogy, 1, 31-37.

Melzack, R. & Casey, K.L. (1968). Sensory, motivational, and central control determinants of pain: A new conceptual model. In D. Kenshalo (Ed.), The skin senses (423-439). Springfield: Thomas.

Melzack, R. & Dennis, S.G. (1978). Neurophysiological foundation of pain. In R.A. Sternbach (Ed.), Textbook of pain (1-26). New York: Raven.

Melzack, R. & Wall, P. (1983). The challenge of pain. New York: Basic Books.

Melzack, R. & Wall, P.(1965). Pain mechanism: A new theory. Science, 150, 971 ff.

Melzack, R. (1978). Das Rätsel des Schmerzes. Stuttgart: Hippokrates.

Merskey, H. & Spear, F.G. (1967). Pain: Psychological and psychiatric aspects. London: Bailliere, Tindall & Cassell.

Miller, R.I., Bullard, D.E. & Patrissi, G.A. (1989). Duration of amnesia associated with midazolam/fentanyl IV sedation. Journal of Oral and Maxillofacial Surgery, 47, 155-158.

Miller, S. M. (1981). Predictability and human stress: Toward a clarification of evidence and theory. Advances in Experimental Social Psychology, 14, 203-256.

Miller, S.M. & Mangan, C.E. (1983). Interacting effects of information and coping style in adapting to gynecologic stress: Should the doctor tell all? Journal of Personality and Social Psychology, 45, 223-236.

Miller, S.M. (1989). Cognitive informational styles in the process of coping with threat and frustration. Advances in Behaviour Research and Therapy, 1, 223-234.

Miller, S.M., Brody, D.S. & Summerton, J. (1988). Styles of coping with threat: Implications for health. Journal of Personality and Social Psychology, 54, 142-148.

Miller, S.M., Combs, C. & Cruus, L. (1993). Tuning in and tuning out: Confronting the effects of confrontation. In H.W. Krohne (Ed.), Attention and avoidance strategies in coping with aversiveness (51-69). Toronto: Hogrefe & Huber.

Miser, A.W., Goh, T.S., Dose, A.M., O'Fallon, J.R., Niedringhaus, R.D., Betcher, D.L., Simmons, P., MacKellar, D.J., Arnold, M. & Loprinzi, C.L. (1994). Trial of topically administered local anaesthic (EMLA Cream) for pain relief during central venous port accesses in children with cancer. Journal of Pain and Symptom Management, 9, 259-264.

Mishel, M. (1983). Parents' perception of uncertainly concerning their hospitalized child. Nursing Research, 11, 324-330.

Morgan, A.H. & Hilgard, E.R. (1973). Age differences in the susceptability to hypnosis. International Journal of Clinical and Experimental Hypnosis, 21, 78-85.

Mühlig, S. & Petermann, F. (1994). Verhaltensmedizinische Interventionen zur Angst- und Schmerzbewältigung bei invasiven Prozeduren. In F. Petermann, S. Wiedebusch & T. Kroll (Hrsg.), Schmerz im Kindesalter (249-279). Göttingen: Hogrefe.

Mühlig, S., Petermann, F. & Breuker, D. (1994). Familiäre Einflüsse bei der Bewältigung medizinischer Maßnahmen. In F. Petermann, S. Wiedebusch & T. Kroll (Hrsg.), Schmerz im Kindesalter (S. 281-300). Göttingen: Hogrefe.

Müller-Busch, H.C. (1996). Kulturgeschichtliche Bedeutung des Schmerzes. In H.-D. Basler, C. Franz, B. Kröner-Herwig, H.P. Rehfisch & H. Seemann (Hrsg.), Psychologische Schmerztherapie. Grundlagen, Diagnostik, Krankheitsbilder, Behandlung (193-214) , 2. überarb. Aufl. Berlin: Springer.

Nelson, C.A., Henschel, M. & Collins, P.F. (1993). Neural correlates of cross-modal recognition memory by 8-month-old human infants. Developmental Psychology, 29, 411-420.

Nelson, K. (1986). Event knowledge: Structure and function in development. Hillsdale: Erlbaum.

Neundörfer, B. (1995). Klinische Differentialtypologie des Schmerzes. In D. Soyka (Hrsg.), Schmerz, Pathophysiologie und Therapie (79-89). Stuttgart: Schattauer.

NIH Consensus Development Conference. (1987). The integrated approach to the management of pain. Journal of Pain and Symptom Management, 2, 35-41.

Nilges, P. & Gerbershagen, H.U. (1994). Befund und Befinden bei Schmerz. Report Psychologie, 8, 12-25.

Nilges, P. (1993). Lerntheoretisches Verständnis von Schmerz. In U.T. Egle & O. Hoffmann (Hrsg.), Der Schmerzkranke (107-119). Stuttgart: Schattauer.

O'Boyle, C.A., Barry, H., Fox, E. & McCreary, C. (1987). Benzodiazepine - induced event amnesia following a stressful surgical procedure. Psychopharmacology, 91, 244-247.

Oerter, R. & Montada, L. (1995). Entwicklungspsychologie. Weinheim: Psychologie Verlagsunion.

Ohlson, L., Engelsson, S. & Evers, H. (1985). An anesthetic lidocaine-prilocaine cream for epicutaneous application tested for cutting split skin grafts. Scandinavian Journal of Plastic and Reconstructive Surgery and Hand Surgery, 19, 201-209.

Ornstein, P.A., Gordon, B.N. & Larus, D.M. (1992). Children's memory for a personally experienced event: Implications for testimony. Applied development Psychology, 6, 49-60.

Osborne, R.B., Hatcher, J.W. & Richtsmeier, A.J. (1989). The role of social modeling in unexplained pediatric pain. Journal of Pediatric Psychology, 14, 43-61.

Overholzer, J.C. & Fritz, G.K. (1992). The impact of childhood cancer on the family. Journal of Psychosocial Oncology, 8, 71-85.

Owens, M.E. & Todt, E.H. (1984). Pain in infancy: Neonatal reaction to a heel lance. Pain, 20, 77-86.

Owens, M.E. (1984). Pain in infancy: Conceptual and methodological issues. Pain, 20, 213-230.

Parker, J.C., Frank, R.G., Beck, N.C., Smarr, K.L., Buescher, K.L., Philips, L.R., Anderson, S.K. & Walker, S.E. (1988). Pain management in rheumatoid arthritis patients: A cognitive-behavioral approach. Arthritis and Rheumatism, 31, 593-601.

Parker, J.C., Smarr, K.L., Buescher, K.L., Philips, L.R., Frank, R.G., Beck, N.C., Anderson, S.K. & Walker, S.E. (1989). Pain control and rational thinking. Implications for rheumatoid arthritis. Arthritis and Rheumatism, 32, 984-990.

Parrott, W.G. & Sabini, J. (1990). Mood and memory under natural conditions: Evidence for mood incongruent recall. Journal of Personality and Social Psychology, 59, 321-336.

Patterson, K.L. & Ware, L.L. (1988). Coping skills for children undergoing painful medical procedures. Issues in Comprehensive Pediatric Nursing, 11, 113-143.

Persson, M.P., Nilsson, A. & Hartwig, P. (1988). Relation of sedation and amnesia to plasma concentrations of midazolam in surgical patients. Clinical Pharmacology and Therapeutics 43, 324-331.

Petermann, F. (1987). Psychosoziale Folgen der Krebserkrankung im Kindes- und Jugendalter: Retro- und prospektive Studien. Zeitschrift für Klinische Psychologie, Psychopathologie und Psychotherapie, 35, 16-25.

Petermann, F. (1990). Bewältigung der Krebserkrankung im Kindes- und Jugendalter. In R. Schwarzer, (Hrsg.), Gesundheitspsychologie (365-381). Göttingen: Hogrefe.

Petermann, F., Mühlig, S. & Breuker, D. (1994). Verhaltensmedizinische Grundlagen der pädiatrischen Schmerzbehandlung. In F. Petermann, S. Wiedebusch, T. Kroll (Hrsg.), Schmerz im Kindesalter (61-110). Göttingen: Hogrefe.

Petermann, F., Wiedebusch, S., Kroll, T. & Mühlig, S. (1996). Schmerz im Kindesalter: Entwicklungspsychologische und verhaltensmedizinische Aspekte der Diagnostik und Behandlung. Psychologische Rundschau, 47, 15-29.

Petermann, F., Noeker, M. & Bode, U. (1987). Psychologie chronischer Krankheiten im Kindes- und Jugendalter. München: Psychologie Verlags Union.

Petermann, F., Wiedebusch, S. & Kroll, T. (1994). Schmerz im Kindesalter. Göttingen: Hogrefe.

Peterson, L. & Harbeck, C. (1988). The Pediatric Psychologist: Issues in professional development and practice. Champain: Research Press.

Peterson, L. & Shigetomi, G. (1981). The use of coping techniques to minimize anxiety in hospitalized children. Behavior Therapy, 12, 1-14.

Peterson, L. & Shigetomi, G. (1982). One-year-follow-up of elective surgery child patients receiving preoperative preparation. Journal of Pediatric Psychology, 7, 143-148.

Peterson, L. & Toler, S.M. . (1986). An information seeking disposition in child surgery patients. Health Psychology, 5, 343-358.

Peterson, L. (1989). Coping by children undergoing stressful medical procedures: Some conceptual, methodological and therapeutic issues. Journal of Consulting and Clinical Psychology, 57, 380-387.

Peterson, L. (1989). Special series: Coping with medical illness and medical procedures. Journal of Consulting and Clinical Psychology, 57, 331-332.

Peterson, L. (1990). Behavioral assessment of children's coping with stressful medical procedures: Introduction to the series. Behavioral Assessment, 12, 195-196.

Peterson, L., Harbeck, C., Chaney, J., Farmer, J. & Thomas, A.M. (1990). Children's coping with medical procedures: A conceptual overview and integration. Behavioral Assessment, 12, 197-212.

Peterson, L., Harbeck, C., Farmer, J. & Zink, M. (1991). Developmental contributions to the assessment of children's pain: Conceptual and methodological implications. In J.P. Bush & S.W. Harkins (Hrsg.), Children in pain (33-58). New York: Springer.

Peterson, L., Mori, L. & Carter, P. (1985). The role of the family in children's responses to stressful procedures. Journal of Clinical Psychology, 14, 98-104.

Peterson,L. & Mori, L. (1987). Multimodal behavioral assessment of children in stressful medical settings. In R.Prinz (Hrsg.), Advances in behavioral assessment of children and families (35-36). Greenwich: JAI.

Pfaff, V.K., Smith, K.E. & Gowan, D. (1989). The effects of music-assisted relaxation on the distress of pediatric cancer patients undergoing bone marrow aspirations. Children's Health Care, 18, 232-236.

Pfingsten, M. & Hildebrandt, J. (1995). Degenerative und andere nicht-entzündliche Erkrankungen der Haltungs- und Bewegungsorgane. In F. Petermann (Hrsg.), Verhaltensmedizin in der Rehabilitation (101-130). Göttingen: Hogrefe.

Piaget, J. (1969). Das Erwachen der Intelligenz beim Kinde. Stuttgart: Klett.

Pidgeon, V.A. (1985). Characteristics of children’s thinking and implications for health teaching. Maternal Child Nursing, 14, 23-35.

Piers, M.W. & Curry, N.E. (1985). A developmental perspective on children's affects. Journal of Children in Contemporary Society, 17, 23-35.

Pinto, R.P. & Hollandsworth jr., J.G. (1989). Using videotape modeling to prepare children psychologically for surgery: Influence of parents and costs versus benefits of providing preparation services. Health Psychology, 8, 79-95.

Plötzner, R. & Spada, H. (1995). Wissenserwerb: Funktionsprinzipien von Lernprozessen. In D. Dörner & E. van der Meer (Hrsg.), Das Gedächtnis: Probleme - Trends - Perspektiven (381-412). Göttingen: Hogrefe.

Porter, F. (1989). Pain in the newborn. Clinical Perinatology, 16, 549-564.

Poster, E.C. & Betz, C.L. (1983). Allaying the anxiety of hospitalized children using stress immunization techniques. Issues in Comprehensive Pediatric Nursing, 6, 227-233.

Pothmann, R. (1996). Entwicklungspsychologische Aspekte chronischer Schmerzen. In H.D. Basler, C. Franz, B. Kröner-Herwig, H.P. Rehfisch & H. Seemann (Hrsg.), Psychologische Schmerztherapie (161-168) , 2. überarb. Aufl. Berlin: Springer.

Powers, S.W., Blount, R.L., Bachanas, P.J., Cotter, M.W. & Swan, S. (1993). Helping preschool leukemia patients and their parents to cope during injections. Journal of Pediatric Psychology, 18, 681-695.

Price, D.W.W. & Goodman, G.S. (1990). Visiting the wizard: Children's memory for recurring event. Child Development, 61, 664-680.

Purcell-Jones, G., Dormon, F. & Summer, E. (1988). Paediatric anaethesist's perception of neonatal and infant pain. Pain, 33, 969-974.

Rachman, S. & Arntz, A. (1991). The overprediction and underprediction of pain. Clinical Psychology Review.

Rachman, S. & Bichard, S. (1988). The overprediction of fear. Clinical Psychology Review. Clinical Psychology Review, 8, 303-313.

Rachman, S. & Lopatka, C. (1988). Accurate and inaccurate predictions of pain. Behavior Research and Therapy, 4, 291-296.

Reeh, P.W. (1995). Chemische Erregung und Sensibilisierung von Nozizeptoren. In D. Soyka, Schmerz. Pathophysiologie und Therapie (31-36). Stuttgart: Schattauer.

Rehfisch, H.P. & Basler, H.-D. (1989). Kognitive Verhaltenstherapie bei Patienten mit ankylosierender Spondylitis. Zeitschrift für Rheumatologie, 48, 79-85.

Reichenbach, L. & Masters, J.C. (1983). Children's use of expressive and contextual cues in judgments of emotion. Child Development, 54, 993-1004.

Reichert, H. (1990). Neurobiologie. Stuttgart: Thieme.

Reinhold, P. & Zander, J. (1993). Techniken der Lokalanästhesie im Kindesalter. In H. Meier, R. Kaiser & C.R. Moir, Schmerz beim Kind (171-183). Berlin: Springer.

Reissland, N. (1983). Cognitive maturity and the experience of fear and pain in hospital. Social Science Medicine, 17, 1389-1395.

Reitan, J.A., Porter, W. & Braunstein, M. (1986). Comparison of psychomotor skills and amnesia after induktion of anesthesia with Midazolam and Thiopental. Anesthesia and Analgesia, 65, 933-937.

Ressor, K.A. & Craig, K.D. (1988). Medically incongruent chronic back pain: Physical limitations, suffering, and ineffective coping. Pain, 32, 35-45.

Richtsmeier, A.J., Barkin, R.L. & Alexander, M. (1992). Benzodiazepines for acute pain in children. Journal of Pain and Symptom Management, 7, 492-495.

Rickard, K. (1988). The occurence of maladaptation health-related behaviors and teacher-related conduct problems in children of chronic low back pain patients. Journal of Behavioral Medicine, 11, 197-116.

Ritchie, J.A., Caty, S., Ellerton, M.L. & Arklie, M.M. (1990). Descriptions of preschoolers' coping with fingerpricks from a transactional model. Behavioral Assessment, 12, 213-222.

Roche, P.A. & Gijsberg, K.A. (1986). A comparison of memory for induced ischemic pain and chronic rheumatoid pain. Pain, 25, 337-343.

Rokke, P.D., Al'Abisi, M., Lall, R. & Oswald, K. (1991). When does a choice of coping strategies help?. Journal of Behavioral Medicine, 14, 491-504.

Rokke, P.D. & Lall, M. (1992). Matching pain coping strategies to the individual: A prospective validation of the Cognitive Coping Strategy Inventory. Journal of Behavioral Medicine, 15, 611-625.

Rosenstiel, A.K. & Keefe, F.J. (1983). The use of coping stategies in low back pain patients: Relationship to patient characteristics and current adjustment. Pain, 17, 33-40.

Ross, D.M. & Ross, S.A. (1984a). Childhood pain: The school-aged child's viewpoint. Pain, 20, 179-191.

Ross, D.M. & Ross, S.A. (1984b). Stress reduction procedures for the school-age hospitalized leukemic child. Pediatric Nursing, 393-396.

Ross, D.M. & Ross, S.A. (1988). Assessment of pediatric pain: An overview. Issues in Comprehensive Pediatric Nursing, 11, 73-91.

Ross, D.M. & Ross, S.A. (1990). Childhood pain. Baltimore: Urban & Schwarzenberg.

Rothbaum, F., Weisz, J.R. & Snyder, S. (1982;). Changing the world and changing the self: A two-process model of perceived control. Journal of Personality and Social Psychology, 42, 5-37.

Rovee-Collier, C. & Hayne, H. (1987). Reactivation of infant memory: Implications for cognitive development. In H.W. Reese (Ed.), Advances in child development and behavior (185-238). New York: Academic Press.

Rovee-Collier, C., Schechter, A. Shyi, G.C.-W. & Shields, P. (1992). Perceptual identification of contextual attributed and infant memory retrieval. Development Psychology, 28, 307-318.

Rudy, T.E., Kerns, R.D. & Turk, D.C. (1988). Chronic pain and depression: toward a cognitive-behavioral mediation model. Pain, 35, 129-140.

Ruxton, J.P. (1988). Humor intervention deserves our attention. Holistic Nursery Practice, 2, 54-62.

Saile, H. & Krause, S. (1994). Psychologische Vorbereitung von Kindern auf medizinische Maßnahmen: Replikation einer Meta-Analyse. Zeitschrift für Gesundheitspsychologie, 2, 176-193.

Saile, H., Burgmeier, R. & Schmidt, L.R. (1988). A meta-analysis of studies on psychological preparation of children facing medical procedures. Psychology and Health, 2, 107-132.

Savedra, M. (1981). Parental responses to a painful procedure performed their child. In P. Azarnoff, C. Hardgrove (Hrsg.), The family in child health care. New York: Wiley & Sons.

Savedra, M., Gibbons, P.T., Tesler, M., Ward, J.A. & Wegner, C. (1982). How do children descibe pain? A tentative assessment. Pain, 14, 95-104.

Savedra, M., Tesler, M., Ward, J., Wegner, C. & Gibbons, P. (1981). Description of the pain experience: A study of school age children. Issues in Comprehensive Pediatric Nursing, 5, 373-380.

Schachter, S. & Singer, J.E. (1962). Cognitive, social, and physiological determinants of emotional state. Psychological Review, 69, 379-399.

Schaible, H.-G., Neugebauer, V. & Lücke, T. (1995). Funktionelle Plastizität des nozizeptiven Systems und die Bedeutung exzitatorischer Aminosäuren und deren Rezeptoren. In D. Soyka, Schmerz. Pathophysiologie und Therapie (9-20). Stuttgart: Schattauer.

Schechter, N. (1989). The undertreatment of pain in children: An overview. Pediatric Clinics of North America, 36, 781-794.

Schechter, N.L., Allen, A.D. & Hanson, K. (1986). Status of pediatric pain control: A comparison of hospital analgesic usage in children and adults. Pediatrics, 77, 11-15.

Schermelleh-Engel, K. (1992). Die Bedeutung der Kompetenzeinschätzung für die Schmerzbewältigung. In E. Geissner & G. Jungnitsch, Psychologie des Schmerzes (133-145). Weinheim: Psychologie Verlags Union.

Schmidt, R.F. & Thews, G. (1985). Physiologie des Menschen. Berlin: Springer.

Schmidt, R.F. (1985). Somato-viszerale Sensibilität: Hautsinne, Tiefensensibilität, Schmerz. In R.F. Schmidt & G. Thews, Physiologie des Menschen (229-255). Berlin: Springer.

Schneider, W. & Sodian, B. (1988). Metamemory-memory behavior relationships in young children: Evidence from a memory-for-location task. Journal of Experimental Child Psychology, 45, 209-233.

Schneider. W. & Büttner, G. (1995). Entwicklung des Gedächtnisses. In R. Oerter & L. Montada (Hrsg.), Entwicklungspsychologie (654-704). Weinheim: Psychologie Verlags Union, 3. Aufl.

Schumacher, J. (1992). Psychologie des Akutschmerzes: Emotionale, kognitive und soziale Faktoren postoperativer Schmerzen. In E. Geissner & G. Jungnitsch (Hrsg.), Psychologie des Schmerzes (189-202). Weinheim: Psychologie Verlags Union.

Seemann, H. & Zimmermann, M. (1990). Kybernetische Schmerzkonzepte - Eine Standortbestimmung. In H.-D. Basler, C. Franz, B. Kröner-Herwig, H.P. Rehfisch & H. Seemann, Psychologische Schmerztherapie (23-59). Berlin: Springer.

Seemann, H. & Zimmermann, M. (1996). Regulationsmodell des Schmerzes aus systemtheoretischer Sicht - Eine Standortbestimmung. In H.-D. Basler, C. Franz, B. Kröner-Herwig, H.P. Rehfisch & H. Seemann, Psychologische Schmerztherapie (23-59), 2. überarb. Aufl. . Berlin: Springer.

Seemann, H., Schug, S., Zech, D. & Zimmermann, M. (1988). Bericht über den „Second International Congress of Cancer Pain“, 14.-17.7. 1988, New York, USA. Der Schmerz, 2, 216-224.

Seligman, M.E.P. (1979). Erlernte Hilflosigkeit. München: Urban & Schwarzenberg.

Shaver, P., Schwartz, J., Kirson, D. & O'Connor, C. (1987). Emotion knowledge: Further exploration of a prototype approach. Journal of Personality and Social Psychology, 52, 1061-1086.

Shaw, E.G. & Routh, D.K. (1982). Effect of mother presence on children's reaction to aversive procedures. Journal of Pediatric Psychology, 7, 33-42.

Siegel, L.J. & Peterson, L. (1980). Stress reduction in young dental patients through coping skills and sensory information. Journal of Consulting and Clinical Psychology, 48, 785-787.

Siegel, L.J. & Peterson, L. (1981). Maintenance effects of coping skills and sensory information on young children's response to repeated dental procedures. Behavior Therapy, 12, 530-535.

Siegel, L.J. & Smith, K.E. (1989). Children's strategies for coping with pain. Pediatrician, 16, 110-118.

Siegel, L.J. & Smith, K.E. . (1991). Coping and adaption in children's pain. In J.P. Bush. & S.W. Harkins (Eds.), Children in Pain (149-170). New York: Springer.

Siegel, L.J. (1988). Dental treatment. In D.K. Routh (Ed.), Handbook of pediatric psychology (448-459). New York: Guilford.

Singer, J.M. & Fagen, J.W. (1992). Negative affect, emotional expression, and forgetting in young infants. Developmental Psychology, 28, 48-57.

Slade, P.D., Troup, J.D.G., Lethem, J. & Bentley, G. (1983). The fear-avoidance model of exaggerated pain perception - II. Preliminary studies of coping strategies for pain. Behavior Research and Therapy, 21, 409-416.

Smith, D.P. (1986). Using humor to help children with pain. Children's Health Care, 14, 187-188.

Smith, K.E., Ackerson, J.P, Blotchky, A.D. & Berkow, R. (1990). Preferred coping styles of pediatric cancer patients during invasive medical procedures. Journal of Psychosocial Oncology, 8, 59-70.

Smith, K.E., Ackerson, J.P. & Blotchky, A.D. (1989). Reducing distress during invasive medical procedures: Relating behavioral interventions to preferred coping style in pediatric cancer patients. Journal of Pediatric Psychology, 14, 405-419.

Smith, M.S. & Womack, W.M. (1987). Stress management techniques in childhood and adolescence. Clinical Pediatrics, 26, 581-585.

Sodian, B. (1995). Entwicklung bereichsspezifischen Wissens. In R. Oerter & L. Montada (Hrsg.), Entwicklungspsychologie (622-653). Weinheim: Psychologie Verlags Union, 3. Aufl.

Sorge, J. (1993). Medikamentöse Schmerztherapie. In M. Zenz & I. Jurna, Lehrbuch der Schmerztherapie (269-280). Stuttgart: Wissenschaftliche Verlagsgesellschaft.

Speechley, K. & Noh, S. (1992). Surviving childhood cancer, social support and parents' psychological adjustment. Journal of Pediatric Psychology, 17, 15-31.

Squire, L.R. & Zola-Morgan, S. (1988). Memory: Brain systems and behavior. Trends in Neuroscience, 11, 170-175.

Squire, L.R. (1987). Memory and brain. New York: Oxford University Press.

Sroufe, L.A. & Waters, E. (1976). The ontogenesis of smiling and laughter: A perspective on development research. Psychological Review, 83, 173-189.

Stein, M.J., Wallston, K.A., Nicassio, P.M. & Castner, N.M. (1988). Correlation of clinical classification schema for the arthritis helplessness subscale. Arthritis and Rheumatism, 32, 876-881.

Steward, D.J. (1993). Eutectic mixture of local anesthetics (EMLA): What is it? What does it do? Journal of Pediatrics, 122, 21-23.

Striebel, H.W. (1994). Schmerztherapie bei Kindern. In K.A. Lehmann, Der postoperative Schmerz (548-571). Berlin: Springer.

Strumpf, M. & Zenz, M. (1993). Stufenschema, Betäubungsmittelversorgung. In M. Zenz & I.Jurna, Lehrbuch der Schmerztherapie(281-290). Stuttgart: Wissenschaftliche Verlagsgesellschaft.

Suls, J. & Fletcher, B. (1985). The relative efficacy of avoidant and nonavoidant coping strategies: A meta-analysis. Health Psychology, 4, 249-288.

Suls, J. & Wan, C.K. (1989). Effects of sensory and procedural information on coping with stressful medical procedures and pain: A meta-analysis. Journal of Consulting and Clinical Psychology, 57, 372-379.

Swanson, D.W. (1984). Chronic pain as a third pathologic emotion. American Journal of Psychiatry, 141, 210-214.

Swartzman, L.C., Gwadry, F.G., Shapiro, A.P. & Teasell, R.W. (1994). The factor structure of the Coping Strategies Questionnaire. Pain, 57, 311-316.

Szagun, G. (1983). Bedeutungsentwicklung beim Kind. München: Urban & Schwarzenberg.

Tack, W.H. (1995). Repräsentation menschlichen Wissens. In D. Dörner & E. van der Meer (Hrsg.), Das Gedächtnis: Probleme - Trends - Perspektiven (53-74). Göttingen: Hogrefe.

Taenzer, P., Melzack, R. & Jeans, M.E. (1986). Influence of psychological factors on postoperative pain, mood and analgetic requirements. Pain, 24, 331-342.

Tal, M. & Sharav, Y. (1984). Sensation and reflex activity evoked by electric stimulation of developing teeth in children. Pain, 2, 28.

Taylor, S.E. & Clarke, L.F. (1986). Does information improve adjustment to noxious medical procedures? In M.J. Saks & L. Saxe (Hrsg.), Advances in applied social psychology (3, 1-28). Hillsdale: Erlbaum.

Taylor, S.E., Falke, R.E., Shoptaw, S.J. & Lichtman, R.R. (1986). Social support, support groups and the cancer patient. Journal of Consulting and Clinical Psychology, 54, 608-615.

Tesler, M.D., Wegner, C., Savedra, M., Gibbons, P.T. & Ward, J.A. (1981). Coping strategies of children in pain. Issues in Comprehensive Pediatric Nursing, 5, 351-359.

Thompson, K.L. & Varni, J.W. (1986). A developmental cognitive-biobehavioral approach to pediatric pain assessment. Pain, 25, 283-296.

Thompson, S.C. (1981). Will it hurt less I can control? A complex answer to a simple question. Psychological Bulletin, 90, 89-101.

Tilney, F. & Rosett, J. (1931). The value of brain lipoids as an index of brain development. Bulletin of the Neurological Institute of New York, 1, 28-71.

Tota-Faucette, M.E., Gil, K.M., Williams, D.A., Keefe, F.J. & Goli, V. (1993). Predictors of response to pain management treatment. The Clinical Journal of Pain, 9, 115-123.

Tryba, M. & Zenz, M. (1993). Unterschiede zwischen akutem und chronischem Schmerz. In M. Zenz & I. Jurna (Hrsg.), Lehrbuch der Schmerztherapie (335-343). Stuttgart: Wissenschaftliche Verlagsgesellschaft.

Tulving, E. (1985). How many memory systems are there? American Psychologist, 40, 385-398.

Turk, D.C. & Rudy, T.E. (1992). Neglected topics in the treatment of chronic pain patients - Relapse, noncompliance, and adherence enhancement. Pain, 44, 5-28.

Turk, D.C., Meichenbaum, D. & Genest, M. (1983). Pain and behavioral medicine: A cognitive-behavioral perspective. New York: Guilford Press.

Turkat, I., & Rock, D. (1984). Parental influences on illness behavior development in chronic pain and healthy individuals. Pain, 2, 15.

Turner, J.A. & Clancy, S. (1986). Strategies for coping with chronic low back pain: Relationship to pain and disability. Pain, 24, 355-362.

Turner, J.A. (1991). Coping and chronic pain. In M.R. Bond, J.E. Charlton & C.J. Woolf (Eds.), Proceedings of the Vth World Congress of Pain (219-227). New York: Guilford.

Tyc, V.L., Mulhern, R.K., Jayawardene, D. & Fairclough, D. (1995). Chemotherapy-induced nausea and emesis in pediatric cancer patients: An analysis of coping strategies. Journal of Pain and Symptom Management, 10, 338-347.

van Aken, M.A.G., van Lieshout, C.F.M., Katz, E.R. & Heezen, T.J.M. (1989). Development of behavioral distress in reaction to acute pain in two cultures. Journal of Pediatric Psychology, 14, 421-432.

Varni, J.W. (1983). Clinical behavioral pediatrics: An interdisciplinary biobehavioral approach. New York: Pergamon Press.

Varni, J.W. (1990). Behavioral management of pain in children. Advances in Pain Research Therapy, 15, 215-223.

Varni, J.W., Walco, G.A. & Katz, E.R. (1989a). A cognitive-behavioral approach to pain associated with pediatric chronic diseases. Journal of Pain and Symptom Management, 4, 238-241.

Varni, J.W., Walco, G.A. & Katz, E.R. (1989b). Assessment and management of chronic and recurrent pain in children with chronic diseases. Pediatrician, 16, 56-63.

Varni, J.W., Jay, S.M., Masek, B.J., et al. (1986). Cognitive-behavioral assessment and management of pediatric pain. In A.D. Holzman, D.C. Turk (eds.). Pain Management: A Handbook of Psychological Treatment Approaches, 168-192. New York: Pergamon Press.

Violin, A. & Giurgea, D. (1984). Familial models for chronic pain. Pain, 18, 199-203.

Vulcan, B. & Nikulich-Barret, M. (1988). The effect of selected information on mother's anxiety levels during their children's hospitalisation. Journal of Pediatric Nursing, 3, 97-102.

Wagner, G. & Mensing, H. (1989). Perkutane Anästhesie durch Anwendung einer Lidocain-Prilocain-Creme (EMLA-Creme 5%) - Erfahrungen bei der Therapie multipler Mollusca Contagiosa im Kindesalter. Aktuelle Dermatologie, 15, 44-46.

Wagner, G. (1993). Die perkutane Anästhesie im Kindesalter - Möglichkeiten und Grenzen der Methode bei Verwendung einer Lidocain-Prilocain-Creme (EMLA-Creme 5%). In H. Meier, R. Kaiser & C.R. Moir, Schmerz beim Kind (97-103). Berlin: Springer.

Wahl, R. (1994). Worin besteht der Sinn des chronischen Schmerzes? - Ein kommunikationsbezogener Versuch, Schmerzen zu erklären. In R. Wahl & M. Hautzinger (Hrsg.), Psychotherapeutische Medizin bei chronischem Schmerz (12-22). Köln: Deutscher Ärzte Verlag.

Walker, L.S. & Greene, J.W. (1989). Children with recurrent abdominal pain and their parents. More somatic complaints, anxiety, and depression than other patient families? Journal of Pediatric Psychology, 14, 231-243.

Walker, L.S. & Greene, J.W. (1991). Negative life events and symptom resolution in pediatric abdominal pain patients. Journal of Pediatric Psychology, 16, 341-360.

Wall, P.D. (1982). Die drei Phasen des Übels: Die Beziehung zwischen Verletzung und Schmerz. In W. Keeser, E. Pöppel & P. Mitterhusen (Hrsg.), Schmerz. München: Urban & Schwarzenberg.

Wall, V.J. & Womack, W. (1989). Hypnotic versus active cognitive strategies for alleviation of procedural distress in pediatric oncology patients. American Journal of Clinical Hypnosis, 31, 181-191.

Walschburger, P. (1990). Biopsychosoziale Aspekte der Gesundheit. In R. Schwarzer (Hrsg.), Gesundheitspsychologie (25-34). Göttingen: Hogrefe.

Ward, N.G., Bloom, V.L., Dworkin, S., Fawcett, J., Narasimnachari, N. & Friedel, R.O. (1982). Psychobiological markers in coexisting pain and depression: Toward a unified theory. Journal of Clinical Psychiatry, 43, 32-49.

Wassermann, A., Whitington, P. & Rivara, F. (1988). Psychogenic basis for abdominal pain in children and adolescents. Journal of American Academy of Child and Adolescent Psychiatry, 27, 179-184.

Watt-Watson, J.H., Evernden, C. & Lawson, C. (1990). Parents' perception of their child's acute pain experience. Journal of Pediatric Nursing, 5, 344-349.

Weekes, D.P. & Savedra, M.C. (1988). Adolescent cancer: Coping with treatment-related pain. Journal of Pediatric Nursing, 3, 318-328.

Weekes, D.P. (1989). Adolescents with cancer: Correlates of intraindividual in type of coping strategy. Doctoral dissertation. University of California: San Francisco.

Weekes, L.P., Kagan, S.H., James, K. & Seboni, N. (1993). The phenomenon of hand holding as a coping strategy in adolescents experiencing treatment-related pain. Journal of Pediatric Oncology Nursing, 10, 19-25.

Weisenberg, M., Aviram, O., Wolf, Y. & Rapaeli, N. (1984). Relevant and irrelevant anxiety in reaction to pain. Pain, 20, 371-283.

Weisz, J.R., McCabe, M.A. & Dennig, M.D. (1994). Primary and secondary control among children undergoing medical procedures: Adjustment as a function of coping style. Journal of Consulting and Clinical Psychology, 62, 324-332.

Weisz, J.R., Rothbaum, F.M. & Blackburn, T.C. (1984). Swapping recipes for control. American Psychologist, 39, 974-975.

Wendt, A. (1995). Diagnostik von Bewältigungsverhalten (Psychologie Bd. 5: Gesundheitspsychologie). Landau: Empirische Pädagogik.

Whitsett, S.F. & Hagen, W. (1990). Parental involvement in the behavioral management of pain in pediatric oncology patients: A preliminary evaluation. Advances in Pain Research Therapy, 15, 373-383.

Wiedebusch, S. (1994). Die Entwicklung des Schmerzbegriffes im Kindesalter. In F. Petermann, S. Wiedebusch & T. Kroll (Hrsg.). Schmerz im Kindesalter, 133-155.

Williams, J.M.G., Murray, J.J., Lund, C.A., Harkiss, B. & DeFranco, A. (1985). Anxiety in the child dental clinic. Journal of Child Psychology and Psychiatry, 26, 305-310.

Wolf, F. (1986). Meta-Analysis: Quantitative Methods for Research Synthesis. Beverly Hills: Sage Publications.

Wolf, G. (1992). Das Gehirn: Wege zum Begreifen. München: Quintessenz.

Wolfer, J.A. & Visingtainer, M.A. (1979). Prehospital psychological preparation for tonsillectomy patients: Effects on children's and parents' adjustment. Pediatrics, 64, 646-655.

Wolpe, J. (1969). The practice of Behavior Therapy. New York: Pergamon Press.

Wooley, C., Blackwell, B. & Winget, C. (1978). A learning theory model of chronic illness behavior: Theory, treatment and research. Psychosomatic Medicine, 40, 379-401.

Worchel, F.F., Copeland, D.R. & Barker, D.G. (1987). Control-related coping strategies in pediatric oncolgy patients. Journal of Pediatric Psychology, 12, 25-38.

Young, M.R. & Fu, V.R. (1988). Influence of play and temperament on the young children's response to pain. Children's Health Care, 16, 209-215.

Zajonc, R.B. (1980). Feeling and thinking. American Psychologist, 35, 151-175.
Zastowny, T.R., Kirschenbaum, D.S. & Meng, A.L. (1986). Coping skills training for children: Effects on distress before, during and after hospitalization for surgery. Health Psychology, 5, 231-247.
Zeltzer, L. & LeBaron, S. (1982). Hypnosis and nonhypnotic techniques for reduction of pain and anxiety during painful procedures in children and adolescents with cancer. Journal of Pediatrics, 101, 1032-1035.
Zeltzer, L., Jay, S.M. & Fisher, D.M. (1989). The management of pain associated with pediatric procedures. Pediatric Clinics of North America, 36, 941-965.
Zeltzer, L.K., Altman, A., Cohen, D., LeBaron, S., Munuksela, L. & Schechter, N.L. (1990). Report of the subcommittee on the management of pain associated with procedures in children with cancer. Pediatrics, 86, 826-831.
Zeltzer, L.K., Barr, R.G., McGrath, P.A. & Schechter, N.L. (1992). Pediatric Pain: Interacting behavioral and physical factors. Pediatrics, 90, 816-821.
Zeltzer, L.K., Dolgin, M.J., LeBaron, S. & LeBaron, C. (1991). A randomized, controlled study of behavioral intervention for chemotherapy distress in children with cancer. Pediatrics, 88, 34-42.
Zenz, M., Zenz, Th., Tryba M. & Strumpf, M. (1995). Severe undertreatment of cancer pain: A 3-year survey of the german situation. Journal of Pain and Symptom Management, 10, 187-191.
Zimmermann, M. (1996). Physiologie von Nozizeption und Schmerz. In H.-D. Basler, C. Franz, B. Kröner-Herwig, H.-P. Rehfisch & H. Seemann (Hrsg.), Psychologische Schmerztherapie (59-104) , 2. überarb. Aufl.. Berlin: Springer.
Zimmermann, M. (1991). Zur Frage der Schmerzempfindlichkeit des Fetus: Neuro-, psycho- und verhaltensphysiologische Aspekte. Der Schmerz, 5, 122-130.
Zimmermann, M. (1993a). Physiologische Grundlagen des Schmerzes und der Schmerztherapie. In M. Zenz & I. Jurna, Lehrbuch der Schmerztherapie (3-13). Stuttgart: Wissenschaftliche Verlagsgesellschaft.
Zimmermann, M. (1993b). Plastizität im Nervensystem - biologische Mechanismen der Schmerzchronifizierung? Vortrag auf dem 4. Kongreß der Deutschen Gesellschaft für Verhaltensmedizin und Verhaltensmodifikation, 25.-27.03.1993, Bonn. Verhaltenstherapie, 3, Suppl., A9.
Zimmermann, M. (1994a). Physiologische und pathophysiologische Mechanismen chronischer Schmerzen. In R. Wahl & M. Hautzinger (Hrsg.), Psychotherapeutische Medizin bei chronischem Schmerz - Psychologische Behandlungsverfahren zur Schmerzkontrolle (23-32). Köln: Deutscher Ärzte Verlag.

Anhang A

Trainingsmanual II

für Kinder der Altersgruppe 7-10

Block 1: Aufklärung

Die Aufklärung dient dem Ziel, bei den Kindern Verständnis und Akzeptanz für die medizinische Prozedur zu erzeugen und ihnen vorab eine konkrete Vorstellung über den Ablauf des Eingriffes sowie die damit verbundenen sensorischen Erlebnisse zu vermitteln. Je konkreter das Kind einschätzen kann, was während der Prozedur passieren wird, desto geringer ist die Wahrscheinlichkeit, es durch unbekannte und bedrohliche Reize zu verängstigen. Bei Gesprächen mit Kindern dieser Altersgruppe gelten grundsätzlich folgende *Regeln*:

- eindeutige und einfache Formulierungen in kindgerechter Sprache;
- Verwendung von anschaulichen Metaphern, Analogien, Beispielen und Vergleichen mit Alltagserlebnissen;
- Verwendung von Materialien (Puppen, Bildern, Spielzeug, Zeichnungen);
- spielerische Art der Informationsvermittlung und Einsatz von Rollenspielen;
- Wiederholtes Nachfragen zur Verständnisüberprüfung.

Beschreibung des praktischen Vorgehens:

Allen Kindern werden Aufklärungs-, prozedurale und sensorische Informationen zur Lumbalpunktion vermittelt. Die Auswahl des Mediums und die Detailliertheit der zu vermittelnden Erklärungen richten sich nach dem Entwicklungsalter des Kindes und den aus der Diagnostik bekannten Vorinformationen. Wichtige Anhaltspunkte aus dem Kinderinterview sind hierfür:

- Informationssuche versus -vermeidung;
- antizipatorische Angst vor einer invasiven Prozedur;
- Bewertung einer erfahrenen invasiven Prozedur;
- Wissen um die Intention einer Prozedur;
- Qualität der Vorerfahrungen einer Prozedur;
- Vorerfahrungen mit Ankündigungen einer Prozedur.

1. Aufklärung: Erklärung/Begründung der Maßnahme

Aufklärungsinformationen sollen dem Kind Notwendigkeit, Zweck und Ziel der Behandlungsmaßnahme verständlich machen und eine größtmögliche Akzeptanz dafür erzielen. Der „Trainer" vergewissert sich dabei wiederholt, was das Kind verstanden hat und stellt Kontrollfragen.

Interventionsbaustein	***Beschreibung und Beispiele***
Baustein 1A **verbale Aufklärung**	• Dem Kind wird erklärt, daß die Punktion wichtig ist, um gesund zu werden (keine Bestrafung o.ä.); • anknüpfend an das kindliche Krankheits- und Schmerzkonzept werden Zweck und Ziel der Behandlung mit Hilfe von Beispielen, Analogien und konkreten Erfahrungen des Kindes erklärt;
Baustein 1B **Akzeptanz- und Verständnisüberprü-fung**	• abschließend wird überprüft, ob das Kind die Informationen verstanden hat und damit Akzeptanz für die LP erreicht werden konnte.

2. Prozedurale Informationen

umfassen die detaillierte Beschreibung der einzelnen Schritte der Behandlungsprozedur (Lumbalpunktion) in der zeitlichen Abfolge vom Betreten bis Verlassen des Behandlungsraumes:

- *Wartezeit und Betreten des Behandlungsraumes,*
- *Anwesenheit und Funktion anderer Personen,*
- *Besteigen der Behandlungsliege,*
- *erforderliche Sitzhaltung (gekrümmter Rücken),*
- *Notwendigkeit, ganz still zu sitzen,*
- *Tätigkeiten der Ärzte und Schwestern (Voruntersuchung, Auspacken der Instrumente, Spritzen aufziehen etc.),*
- *Durchführungsschritte der Punktion (Ausziehen, Entfernen des Pflasters und der Betäubungssalbe, Desinfizieren, Abtasten etc.),*
- *Einstichstelle und -zeitpunkt,*
- *Erklärung des Punktionsverlaufes (Einstich, Entnahme von Liquor, intrathekale Verabreichung von Medikamenten, Abziehen der Nadel),*
- *Pflaster kleben (s.a. „magische Handlung"),*
- *anschließendes Hinlegen,*
- *Belohnung aus der „Piekskiste",*
- *Verlassen des Untersuchungszimmers,*
- *abschließend Hinweis auf folgende angenehme Aktivität (z.B. Eis essen).*

Diese Vermittlung kann unter Einsatz verschiedener Medien erfolgen: Bei jüngeren Kindern z.B. anhand einer beweglichen Puppe sowie evtl. mittels eines Zeichentrickfilmes, bei den älteren durch den Einsatz eines Modell-Videos bzw. durch ein Life-Modell (Kind mit Vorerfahrung).

Interventionsbaustein	***Beschreibung und Beispiele***
Baustein 2A **Demonstration mittels Modell**	• Anhand einer beweglichen Puppe demonstriert der Therapeut dem Kind die Durchführung der LP; • er vermittelt dabei prozedurale und sensorische Informationen und gibt Anleitungen zur Durchführung aktiver Copingstrategien bzw. kooperativen Verhaltens.

Jüngere Kinder sollen die Punktion einmal im Rollentausch durchführen. Sie können sich so in der Rolle des ausführenden Arztes erleben, was zu einer stärkeren Akzeptanz führen soll. Außerdem kann der Trainer auf diese spielerische Weise überprüfen, in welchem Ausmaß das Kind die vermittelten Informationen verstanden hat und erinnern kann.	
Baustein 2B **Rollentausch mittels Modellpuppe**	• Anhand einer beweglichen Puppe führt das Kind selbst mit Hilfe des Therapeuten eine LP durch. Es kann sich so in der Rolle des ausführenden Arztes erleben, was zu einer stärkeren Akzeptanz führen soll.
Baustein 2C **Verständniskontrolle mittels Verhaltens-übung**	• Während die Puppe punktiert wird, soll das Kind ihr „erklären", was passiert und sie zu kooperativem Verhalten (stillsitzen) und zur Anwendung aktiver Copingstrategien (z.B.Atemübung) instruieren.
Für Kinder, die möglichst detailliert und realitätsnah über den Ablauf der LP, wie die Materialien etc. aussehen und ihre eigenen Verhaltensmöglichkeiten informiert werden wollen (z.B.Informationssucher), ist der Einsatz von Modellfilmen angezeigt. Videomodelle eignen sich nach dem empirischen Erkenntnisstand erst bei Kindern ab dem Grundschulalter. Nach den individuellen Voraussetzungen des Kindes (Ängstlichkeitsniveau, präferierter Bewältigungsstil) müssen die Informationen mehr oder weniger direkt vermittelt werden. Aus diesem Grund wurden zwei Versionen des Modell-Videos erstellt.	
Baustein 2D **Modellfilm A**	• Film A zeigt ein Coping-Modell bei seiner Angstbewältigung vor der Prozedur, zeigt bzw. beschreibt den Ablauf der LP und die damit verbundenen sensorischen Empfindungen. Der Kommentar des Modellkindes vermittelt aktive Copingstrategien (z.B. Selbstinstruktionen, Atemübungen).
Baustein 2E **Modellfim B**	• Film B ist bis auf die Darstellung der Prozedur mit Film A identisch. Die Punktion wird hier ***nicht*** gezeigt, der Fokus liegt auf der Vermittlung von Bewältigungsstrategien zur Angstreduktion in den Phasen vor der Prozedur.
Für stark informationsvermeidende Kinder kann die realitätsnahe audio-visuelle Darstellung eine Überforderung darstellen. In diesen Fällen kann auf eine Erläuterung mittels Foto-Geschichte ausgewichen werden.	
Baustein 2F **Fotogeschichte**	• Für informationsvermeidende Kinder dieser Gruppe können Informationen und Copingstrategien durch die Fotogeschichte vermittelt werden.
In Einzelfällen kann das Kind im direkten Kontakt mit anderen Kindern, die bereits eine Anzahl von Punktionen überstanden haben, erfahren, wie sie die Prozedur aktiv bewältigen können.	
Baustein 2G **Life-Modell**	• Ein etwa gleichaltriges Kind, das sich schon länger in Behandlung befindet, berichtet in Anwesenheit und unter Moderation des Trainers von seinen Erfahrungen mit der Prozedur.

3. Sensorische Informationen

beinhaltet die Beschreibung bzw. sinnlich-konkrete Veranschaulichung von sensorischen Wahrnehmungen und emotionalen Empfindungen, die das Kind während der Prozedur erleben wird. Diese sollten so weit wie möglich in spielerischer Weise aktuell vorgeführt werden.

Interventionsbaustein	*Beschreibung und Beispiele*
Baustein 3A **Verbale Beschreibung**	• Dem Kind wird entwicklungsgerecht und anschaulich beschrieben, welche sensorischen und emotionalen Empfindungen es während des Eingriffes wahrscheinlich haben wird.
Baustein 3B **Exposition kinästhetischer Reize**	• probehalber wird ihm Desinfektionsmittel auf den Rücken aufgetragen (Kühle-Empfindung, Geruch); • die Wirkung der lokalanästhetischen Salbe („Zaubersalbe") wird ihm, z.B. auf dem Handrücken, vorgeführt; • ebenso das Säubern sowie das Kleben und Abziehen des Pflasters; • das Abtasten der Rückenpartie und Markieren mit Fingernagel wird demonstriert; • es darf einmal Probesitzen auf dem Untersuchungstisch, den Katzenbuckel bzw. Schneidersitz üben, sich festhalten lassen („Polizeigriff") etc.; • das Aufdrücken des Tupfers nach dem Ziehen der Nadel wird vorgemacht;
Baustein 3C **Exposition visueller Reize**	• dem Kind werden die Behandlungsräumlichkeiten gezeigt; • das Kind wird mit den Untersuchungs-/Behandlungsinstrumenten vertraut gemacht (Punktionsnadel, Tupfer, etc.) und darf damit spielen; • das Kind wird, sofern noch nicht geschehen, mit dem Arzt und der Schwester bekannt gemacht
Baustein 3D **Exposition auditiver Reize**	• das Kind wird im Verlauf der „Führung" durch den Behandlungsraum mit der Geräuschkulisse vertraut gemacht; • potentiell erschreckende Geräusche (wie das Aufreißen von Verpackungen, z.B. für das „Lochtuch") werden dem Kind vorgeführt bzw. erläutert.
Baustein 3E **Exposition olfaktorischer Reize**	• Vertrautmachen mit dem Geruch des Desinfektionsmittels.
Das Kind wird auf die möglicherweise beunruhigenden vegetativen und physiologischen Streßreaktionen, die während des Eingriffes auftreten können, hingewiesen. Dabei wird ihm erklärt, daß es sich dabei um normale Begleiterscheinungen handelt, die „nicht schlimm" oder gefährlich sind. Gleichzeitig kann in diesem Zusammenhang zu den Bewältigungsstrategien übergeleitet werden („Weißt Du auch, wie Du das Herzklopfen wieder abstellen kannst?"). Konkrete Bewältigungsfertigkeiten können mit größerer Erfolgsaussicht vermittelt werden, wenn ihre Effektivität als Gegenstrategie aktuell induzierter Streßzustände direkt vorgeführt werden kann.	
Baustein 3F **Erläuterung physiologischer Streßreaktionen**	• Die vegetativen Körperreaktionen werden anhand von konkreten Beispielen und Erlebnissen des Kindes erklärt; • außerdem kann ihm der biologische Zweck der Streßreaktion (Kampf- und Fluchtbereitschaft) altersgerecht erklärt werden, um ihr die Bedrohlichkeit zu nehmen; • Schwindelgefühle können z.B. durch eine kurze und mit Vorsicht durchgeführte (!) Hyperventilationsübung veranschaulicht werden.

Auch die affektiv-emotionalen Reaktionen wie Angst, Wut und Fluchttendenzen können den Kindern vorab vermittelt werden. Dabei kommt es immer wieder darauf an, die internen Vorgänge als normal zu akzeptieren und nicht als zusätzliche Bedrohung zu erleben. Angst, Wut und Fluchtreaktionen können vom Trainer allerdings nicht aktuell induziert werden, ohne die therapeutische Beziehung zu gefährden. Daher müssen vergangene Erfahrungen herangezogen werden. Anschließend sollte zu den Bewältigungsstrategien übergeleitet werden.

Baustein 3G Veranschaulichung der affektiv- emotionalen Reaktionen	• Dem Kind wird erläutert, daß in der Situation unerwartet Angst oder Wut entstehen kann; • es wird nach früheren Erfahrungen gefragt, um die Zustände in der Vorstellung zu aktualisieren; • gleichzeitig wird auf frühere Bewältigungsversuche fokussiert, um ihm seine Einflußmöglichkeiten zur Emotionsregulation vor Augen zu führen.

4. Verhaltensübungen und Rollenspiele

Interventionsbaustein	*Beschreibung und Beispiele*
Baustein 4A Probehandeln	• In-vitro-Durchlauf der gesamten Prozedur: gemeinsam mit dem Kind wird der Ablauf der Prozedur von der Wartephase und dem Betreten des Behandlungsraumes bis zur Rückkehr in das Krankenzimmer einmal komplett durchgespielt;
Baustein 4B Rollenspiel	• das Kind darf selbst am Betreuer oder einem Elternteil eine LP simulieren (Rollentausch, Arzt spielen); dadurch kann es sich in einer aktiven Rolle erleben und wird emotional entlastet, wenn ein Erwachsener seine „Opferrolle" teilt;

Block 2: Vermittlung von Bewältigungsfertigkeiten

5. Entspannungsverfahren

Intervention	*Beispiel*
Baustein 5A Atemübungen	• Tiefes Durchatmen bzw. Pusten: *„Atme bitte jetzt mal so tief ein, wie Du kannst und laß die Luft dann ganz langsam wieder raus, so langsam wie es ganz von selbst geht";* *"Puste den Schmerz ganz kräftig heraus, so doll wie Du kannst."* *„Atme bitte ganz tief ein und aus, so als wolltest Du einen Luftballon aufblasen."* • Synchronatmen: Kind und Elternteil bzw. Trainer atmen gemeinsam tief ein und aus; • Seufzen: Das Kind wird instruiert, mehrmals tief Luft zu holen und laut zu seufzen.

Baustein 5B **vereinfachte PMR**	Sukzessives An- und Entspannen einzelner Muskelgruppen in altersgemäßer Form: • *„Eins nach dem anderen wirst Du alle Deine Körperteile zuerst anspannen und dann entspannen. Du spannst sie nur einige Sekunden lang an; für die Entspannung läßt Du Dir mehr Zeit, damit Du das Gefühl der Entspannung besonders lange genießen kannst. Dadurch merkt sich Dein Körper das Gefühl besser, und Du kannst es Dir später, immer wenn Du Dir das Gefühl von Entspannung wünschst, schneller verschaffen und es jederzeit aus Deinem Gedächtnis abrufen" (Wöbking, 1972)*
Baustein 5C **Autogenes Training**	Die Entspannungsinstruktionen werden in einen altersgemäßen semantischen Kontext eingekleidet (Geschichten): • *„Stell dir vor, Du liegst auf einer weiten Wiese. Um Dich herum wiegt sich das weiche Gras im Wind und allerlei bunte Blumen blühen. Der Himmel über Dir ist tiefblau, die Sonne scheint, und ist angenehm warm. Du spürst die Wärme der Sonne auf dir. Du spürst die Wärme der Sonne auf Deiner Haut und in Deinem ganzen Körper. Du spürst die Wärme in Deinen Oberarmen. Und du spürst die Wärme in Deinen Unterarmen. Und die Wärme strömt in Deine Hände und bis in Deine Fingerspitzen hinein, sonnige Wärme in Deinen Fingerspitzen.* • *„Du liegst ganz schwer und entspannt auf dem Boden (Bett, Sessel, Liege). Du fühlst Deinen Körper ganz bewußt und ganz stark. Du bist ganz schwer, gelöst und ruhig. Deine Hände und Arme sind ganz schwer. Dein Nacken und Deine Schultern sind ganz schwer. Deine Füße und Beine sind ganz schwer. Dein Gesicht ist ganz entspannt und gelöst. Du läßt los. Du gibst alle Spannung ab - weg von Dir. Du bist ganz ruhig und entspannt."*

6. Externale Ablenkung

Das Fokussieren auf Umgebungsreize zielt darauf ab, die Aufmerksamkeit des Kindes mit neutralen bzw. angenehmen Wahrnehmungen zu binden und damit von angst-, streß- oder schmerzauslösenden Reizen abzulenken.	
Intervention	***Beispiel***
Baustein 6A **motorische Aktivitäten**	• Knautschball o.ä. drücken, • in den Arm der Eltern kneifen, • Anspannung nicht beteiligter Muskelgruppen (z.B. Fäuste machen), • Zähne fest zusammenbeißen.
Baustein 6B **visuelle Ablenkung**	Aufmerksamkeitsablenkung durch: • Game-boy, • Comics, • Mini-"Fernseher", • Konzentration auf Umgebungsreize im Gesichtsfeld des Kindes („Ich-sehe-was-was-Du-nicht-siehst");

Baustein 6C **auditive Ablenkung**	• Ablenkungsfragen und -spiele, • das Kind laut zählen, das Alphabet aufsagen oder ein Gedicht rezitieren lassen, • Gespräch über positive Erlebnisse (zukünftige oder vergangene), Hobby, Sport etc., • Humor/Späße machen (gemeinsam „blödeln"), • Musik- oder Hörspiel-Cassetten anhören, • Märchen- oder Geschichtenerzählen.

7. Internale Ablenkung

Durch das Fokussieren auf angstinkompatible Gedanken, Vorstellungen und Phantasien soll die Aufmerksamkeit des Kindes mit angenehmen Kognitionen gebunden, damit von der Wahrnehmung angst- und schmerzerzeugender Reize abgelenkt und ein entspannter Körperzustand erreicht werden kann. Dabei sollten die Inhalte der gewählten Imaginationen auf den Entwicklungsstand, die Erfahrungen und besonderen Interessen des Kindes, wie sie während der Diagnostikphase erhoben worden sind, abgestimmt werden. Wenn das Kind spontan Themen anbietet, können diese unmittelbar genutzt werden.

Intervention	***Beispiel***
Baustein 7A **Induktion angst- und schmerzinkompatibler Vorstellungen**	Intensive Imagination einer Situation oder eines Erlebnisses, das aufgrund seiner angenehmen Qualität unvereinbar ist mit Streß-, Angst- und Schmerzerleben • Imagination/Erinnerung positiver Erlebnisse: *„Erinnerst Du Dich noch daran, wie Du im Urlaub in ... warst? ... "* • Vorstellung positiver Aktivitäten: *„Kannst Du Dir einen Fernseher vorstellen? Schalte ihn doch einmal ein. Welches Programm hast Du gewählt? Ist das Deine Lieblingssendung? Erzähl mir doch mal, was Du siehst".* *„Stell Dir doch einmal eine große Leinwand vor. Auf dieser Leinwand läuft ein Film. In diesem Film kannst Du Dich selbst sehen, wie Du das letzte Mal auf der Kirmes warst.".*
Baustein 7B **Räumliche Dissoziation**	• Vorstellung, an einem schönen Ort zu sein: *„Stell Dir mal vor, Du befindest Dich jetzt im Moment an einem schönen Ort. Schau Dich doch einmal um und erzähle mir, was es dort zu sehen, hören, riechen, und fühlen gibt...";* • Traumreise: *„Stell Dir vor, wir machen jetzt im Traum zusammen eine kleine Reise ... ".*

Baustein 7C **Kontextreframing**	Die Prozedur wird in ihrer Bedeutung verändert, indem der Schmerz in einen neuen Kontext eingepaßt wird. • Vorstellung, die Situation sei eine Mutprobe: *„Stell Dir einmal vor, Du bist ein Indianer vom Stamm der Sioux, der eine Mutprobe bestehen muß, um in den Kreis der Krieger aufgenommen zu werden."* • Imagination einer Situation, in der eine analoge gekrümmte Sitzhaltung erforderlich ist (z.B. Raumkapsel, Rennmotorrad, Iglu) oder • der entsprechenden Körperhaltung eines Tieres („Einigeln", „Katzenbuckel", „Schneckenhaus", „Delphinsprung").
Baustein 7D **Imaginative Rollenidentifikation**	• Imaginative Identifizierung mit Comic- oder Heldenfigur, der das Kind eine vorbildliche Bewältigung der Situation zutraut (z.B. Pippi Langstrumpf, Turtles, Superman, Asterix, He-Man, Batman, Indianer etc.); • Imaginative Unterstützung durch eine Helden/Comicfigur bekommen
Baustein 7E **Umdeutung (Inhaltsreframing)**	Schmerz als ganzes oder einzelne Schmerzqualitäten werden mit positiven Inhalten verknüpft und dadurch umgedeutet: *„Der brennende Schmerz ist also ein Gefühl von Hitze in Deinem Körper, ähnlich wie das Empfinden, wenn im Sommer beim Sonnenbaden am Strand die Sonne auf die Haut scheint und Du einen leichten Sonnenbrand spürst."*
Baustein 7F **Sensorische Transformation**	Umbewertung der Schmerzintensität oder -qualität in schwache Schmerzen oder eine neutralere viszerale Wahrnehmung (z.B. Kribbeln): • *„Wie fühlt es sich an, wenn Du den Schmerz von der einen Körperstelle wandern läßt und ihn dabei über eine größere Fläche verteilst und immer mehr verdünnst?"* • *„Der dröhnende Schmerz verwandelt sich immer mehr in ein leiseres Sausen."*
Baustein 7G **Analgesiesuggestion/ partielle Dissoziation**	Konzentration auf einen bestimmten (schmerzhaften) Körperteil. Vorstellung, daß dieser Körperteil schmerzunempfindlich ist bzw. nicht zum eigenen Körper gehört: • *„Du spürst Deinen Rücken nur noch wie durch einen Mantel. Alle Empfindungen sind gedämpft, als wäre Dein Körper in Watte gepackt."*
Baustein 7H **Metaphysische Hilfestellung**	Anrufen einer höheren Instanz um Hilfe in der Situation bzw. Durchführung ritueller oder magischer Handlungen zur Angst- und Streßreduktion: • Beten, • Rituale.
Bei den Techniken interner Gedankenbeschäftigung wird (ähnlich wie bei der Mantren-Meditation) die Aufmerksamkeit durch inhaltlich bedeutungslose bzw. austauschbare Denkaktivität absorbiert.	

Baustein 7I Aufmerksamkeits-bindung:	Blockierung der Wahrnehmungskapazitäten durch ablenkende gedankliche Aktivitäten: • Leises Zählen, • innerliches Aufsagen des Alphabetes oder Aufzählen von Gegenständen, die mit einem bestimmten Buchstaben anfangen, • Denk- oder Rätselaufgaben, • Abzählreime.

8. Kognitive Verfahren

Die kognitiven Interventionen zielen darauf ab, dysfunktionale Einstellungen, Gedanken und Erwartungen positiv zu verändern. Die Kinder sollen ihre eigenen Handlungs- und Kontrollmöglichkeiten in den verschiedenen Phasen der Prozedur erkennen und nutzen lernen. Sie sollen dabei realisieren, daß sie andere (schmerzhafte/ängstigende) Situationen bereits gut bewältigt haben und ihnen dies auch in bezug auf die LP gelingen kann.	
Intervention	***Beispiel***
Baustein 8A Positive Selbstinstruktionen	• *„Ich schaffe das schon!";* • *„Ich kann das aushalten!";* • *„Es kann mir nichts passieren";* • *„Es dauert nicht lange";* • *„Wenn ich stillhalte, tut es nicht so weh.";* • *„O.K., Augen zu und durch!";* • *„Wenn die Nadel erst drin ist, tut der Rest nicht mehr so weh"";* • *„Der Arzt und die Schwestern machen das gut und helfen mir.".*
Baustein 8B Gedankenstop	Negative Erwartungen und Katastrophisierungen in bezug auf die Prozedur sollen unterbrochen und durch positive Alternativen ersetzt werden: • *„Stop, das bringt überhaupt nichts, wenn ich mich verrückt mache!";* • *„Hör auf daran zu denken, es wird schon nicht so schlimm!";* • *„Stop - Ich kontrolliere die Angst/den Schmerz, nicht sie/er mich!".*

Baustein 8C Kognitive Umstrukturierung	Diejenigen kognitiven Elemente (Gedanken, Einstellungen, Erwartungen, z.B. Über-Generalisierungen, Katastrophisierungen), die für ein dysfunktionales Verhalten verantwortlich gemacht werden, sollen möglichst direkt verändert werden. Irrationale Überzeugungen (z.B: *„Bei mir dauert es immer am längsten“; „Die stechen bestimmt mehrfach zu“; „Ausgerechnet bei mir klappt es sowieso nie auf Anhieb“.*) werden identifiziert und verändert: • Entkatastrophisierung: *„Die anderen hier haben auch schon LP's bekommen; die haben es auch überstanden!“; „Die LP ist nicht schlimmer als andere Untersuchungen - und sonst gucke ich ja auch nicht hin!“;* • Ent-Übergeneralisierung: *„Du kommst* ***nie*** *gleich dran? Auch andere Kinder müssen warten bis es losgeht!“; „Ganz oft hat der Arzt nur einmal gepiekst!“.*
Baustein 8D Krisenprophylaxe	Vermittlung spezieller Bewältigungsstrategien für den „Notfall“ (Distreß, lange Wartezeit, mehrfache Punktion): • *„Wenn ich plötzlich Angst bekomme, atme ich ganz tief und regelmäßig ein und aus“;* • *„Wenn es (im Behandlungsraum) länger dauert, zähl ich ganz langsam von 100 rückwärts“;* • *„Wenn sie mehrmals pieksen müssen, werde ich Mama um Hilfe bitten".*

Block 3: Soziale/emotionale Unterstützung

9. Emotionale und praktische Unterstützung

Intervention	*Beispiel*
Baustein 9A Körperkontakt	• Handhalten, • Streicheln;
Baustein 9B Verbales Beruhigen	• *„Ganz ruhig, ich bin bei Dir. Es wird alles wieder gut...“;* • *„Wir machen das zusammen“.*
Baustein 9C Bewältigungsinstruktionen geben,“Coachen“	• *„Komm, kneif mich ganz fest in den Arm!“* • *„Los, wir pusten jetzt...“;* • *„Wir machen das jetzt genauso, wie wir es geübt haben“.*
Baustein 9D Beruhigungsressourcen	• Einen persönlich wichtigen Gegenstand (z.B. Talisman o.ä.) mitnehmen; • Lieblings-T-Shirt anziehen;

10. Verstärkungsmöglichkeiten

Intervention	*Beispiele*
Baustein 10A **Soziale Verstärker für erfolgreiche Bewältigung**	Loben, Copingverhalten verstärken: • Lob und anerkennende Äußerungen während der Prozedur durch alle Anwesenden: *„Du machst das ganz toll!“*
Baustein 10B **Materielle Verstärker**	Vor der Prozedur wird eine Vereinbarung mit dem Kind getroffen, die anschließend eingelöst wird, z.B.: • Eis oder Lieblingsessen bekommen etc.; • das Kind darf sich nach der Punktion ein Geschenk aus der Piekskiste aussuchen; • es bekommt nach der Punktion eine „Trophäe“; • es darf sich vorher ein Geschenk wünschen, das es nach erfolgreicher Bewältigung erhält.
Baustein 10C **Soziale Verstärker (post)**	• Anschließende angenehme Aktivität gemeinsam mit den Eltern, z.B. ein bestimmtes Spiel spielen, eine Geschichte vorlesen, • Fernseh-, Video- oder Kinofilm anschauen; • Freund/Freundin besuchen oder einladen.

Block 4: Eltern-Training

11. Elterninstruktion und Streßbewältigungstraining

Intervention	*Beispiel*
Baustein 11A **Informationsgespräch**	• Aufklärung über die Notwendigkeit, den Zweck und das Ziel der Punktion; • erklären des genauen Ablaufes der Prozedur;
Baustein 11B **Einführung Vorbereitungstraining**	• Erläuterung des Zwecks und der Ziele des psychologischen Vorbereitungstrainings und • der Inhalte sowie des Ablaufes;
Bei hochängstlichen Eltern ist eine Vermittlung von Bewältigungsstrategien zur eigenen Emotionsregulation angezeigt.	
Baustein 11C **Entlastungsgespräch**	• Raum geben für entlastende Gespräche (eigene Ängste/Befürchtungen der Eltern);
Baustein 11D **Selbstwirksamkeit**	• Ressourcen bewußt machen: Erinnerung an unterstützendes Verhalten in anderen Situationen;
Baustein 11E **Vermittlung von Bewältigungsstrategien**	• Entspannungsverfahren, positive Selbstinstruktionen, Modeling durch andere Eltern zur Reduktion eigener Ängste.

<table>
<tr><td>Baustein 11F
Kognitive Umstrukturierung</td><td>• Identifizierung und Rückmeldung negativer Einstellungen und Gedanken;
• erklären, daß eine positive Einstellung eine wichtige Funktion für die Bewältigung hat;
• Vermittlung von positiven Alternativen.</td></tr>
<tr><td>Baustein 11G
Erfolgserwartung induzieren</td><td>• Erklären, daß und wie Kinder dieses Alters in der Lage sind, die Situation aktiv zu bewältigen;
• Beispiele für positive Bewältigungen ihres eigenen Kindes suchen;</td></tr>
<tr><td colspan="2">Allen Eltern sollten generell Anregungen für phasen- und kontextspezifisch optimale Unterstützungsverhaltensweisen vermittelt werden. Besonders wichtig ist das bei Personen, die sich in der Situation sehr unsicher fühlen.</td></tr>
<tr><td>Baustein 11H
Konkrete Verhaltensinstruktionen zur Unterstützung des Kindes</td><td>• phasen- und kontextspezifisch wirksames Unterstützungsverhalten vermitteln und trainieren;</td></tr>
<tr><td>Baustein 11I
Risikoprophylaxe</td><td>Strategien für den „Notfall“ (mehrfache Punktion, Verzögerungen, Komplikationen, eigenes erhöhtes Streßniveau, starker Distreß beim Kind):
• Atemtechniken zur Streßreduktion, positive/beruhigende Selbstinstruktionen, Ablenkungsgespräch mit dem Kind;
• „Lauter sein“ als das Kind, um dessen Aufmerksamkeit an die eigene Person zu binden.</td></tr>
</table>

Anhang B: Schema zur allgemeinen und speziellen Indikation

Die beiden folgenden graphischen Indikationsschemata für Eltern und Kinder sollen die Auswahl und Zuordnung der in den Trainingsmanualen katalogisierten Interventionsverfahren erleichtern. Sie sind als Orientierungs- und Strukturierungshilfe konzipiert und sollten nicht zu einer starren und rein schematischen Vorgehensweise verleiten. Die Entscheidungszweige leiten zur jeweils prioritären Alternative weiter. Dies schließt jedoch nicht aus, zusätzlich oder alternativ weitere Interventionen auszuwählen.

B.1. Allgemeine und spezielle Indikation: Kindertraining

B.1.1. Allgemeine Indikation Kindertraining

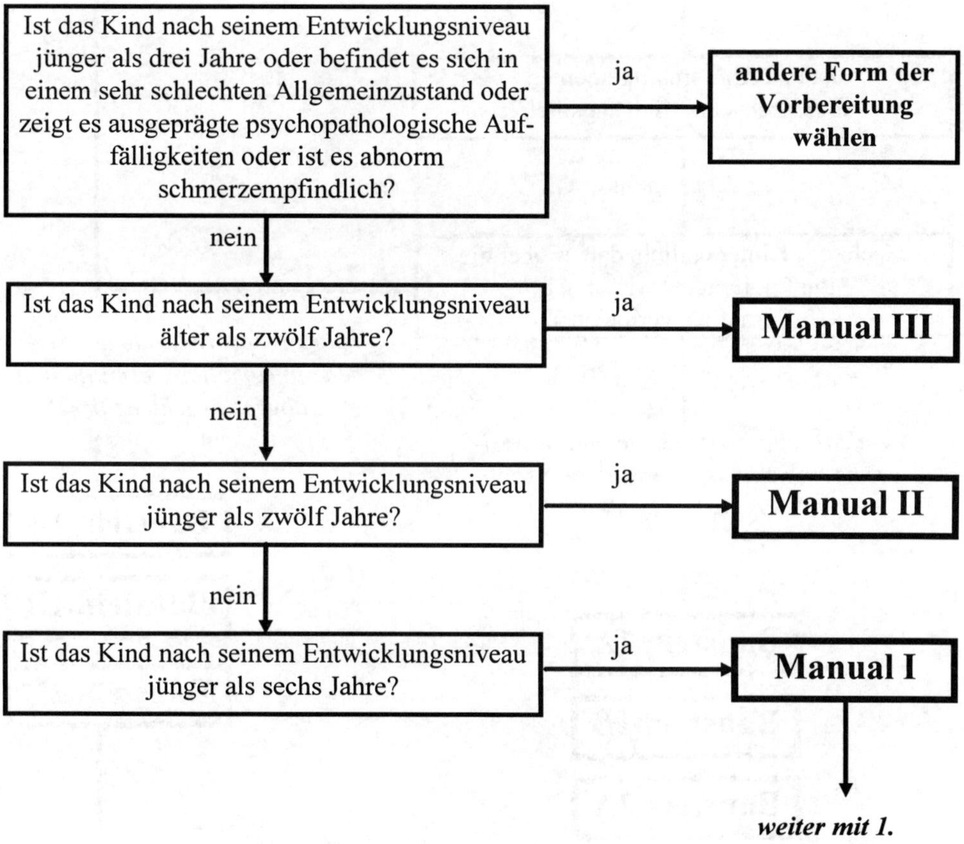

B.1.2. Spezielle Indikation Kindertraining

1. - 3. Aufklärung/Informationsvermittlung

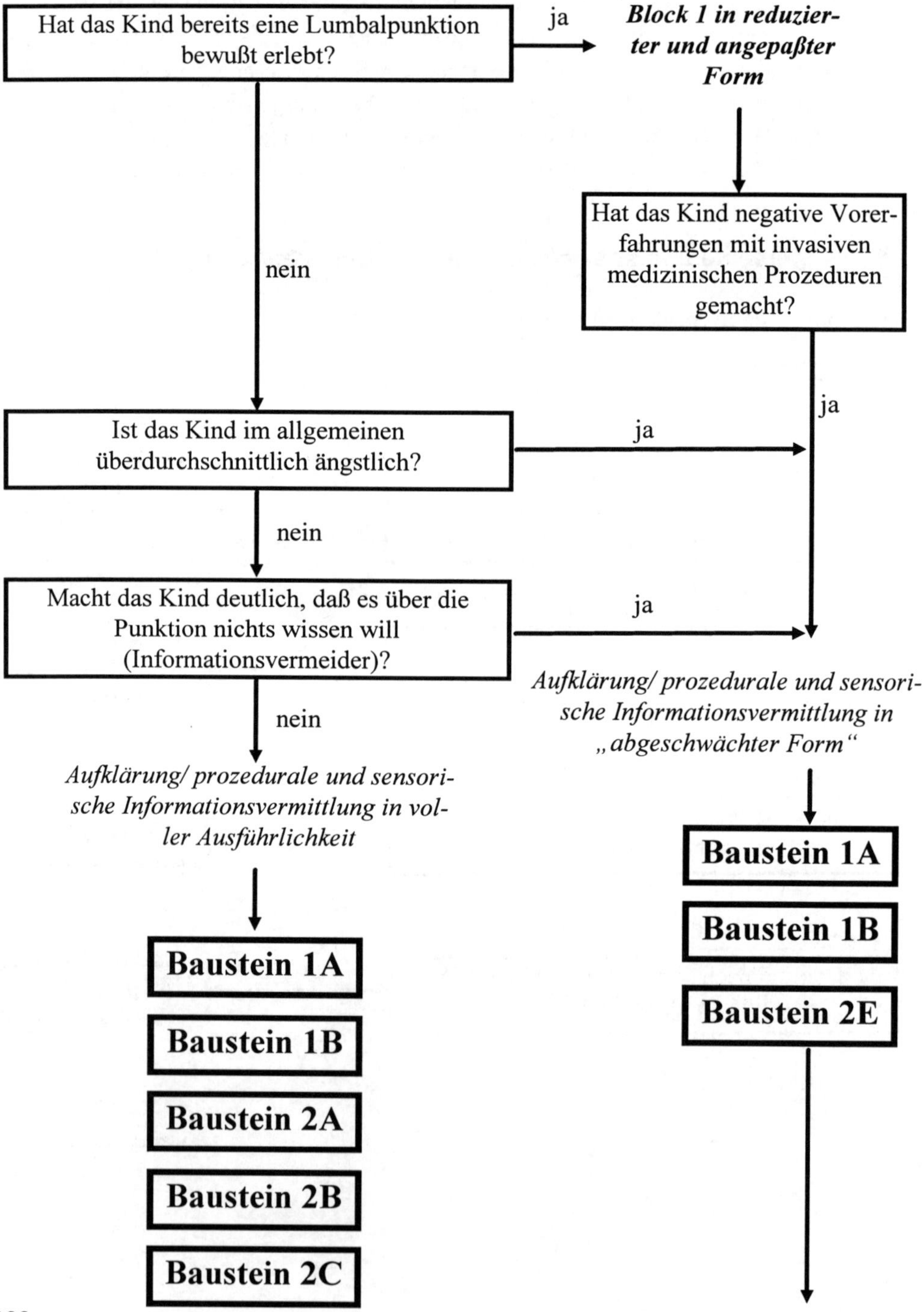

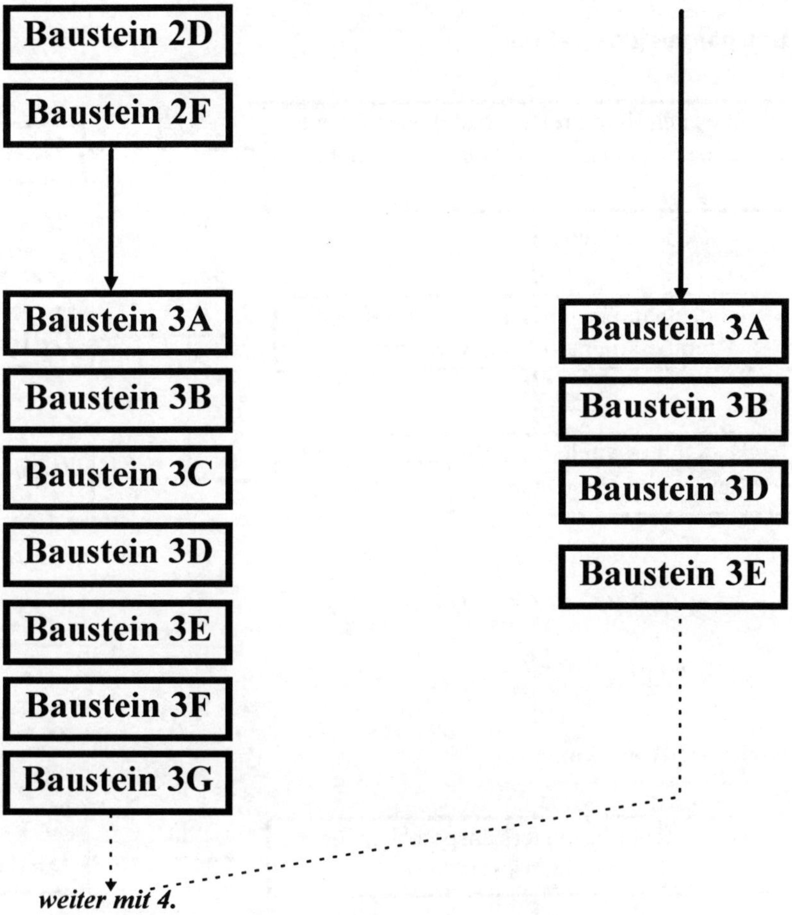

4. Verhaltensübungen und Rollenspiele

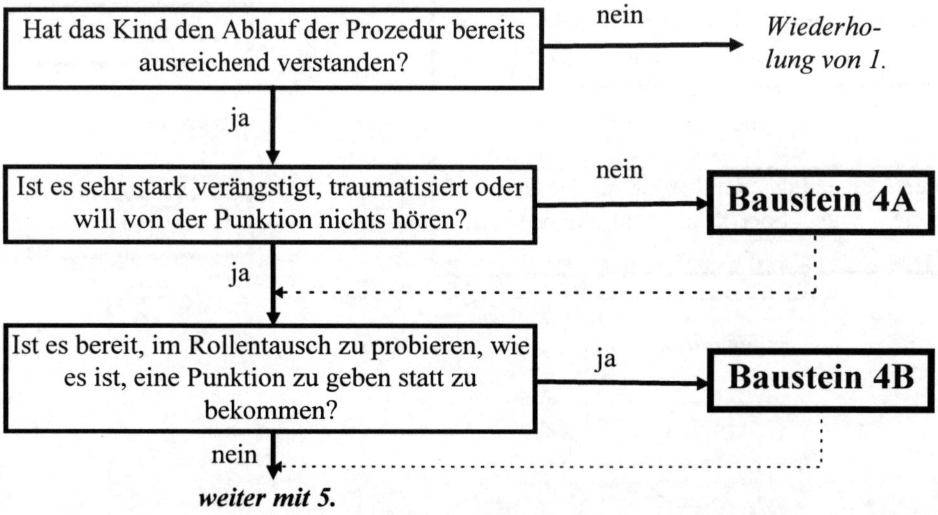

5. Entspannungsverfahren

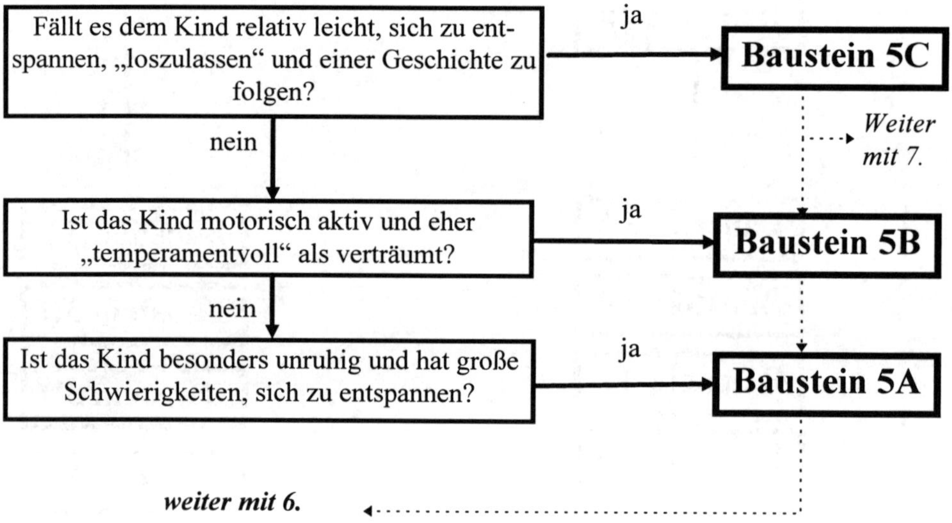

6. Externale Ablenkung

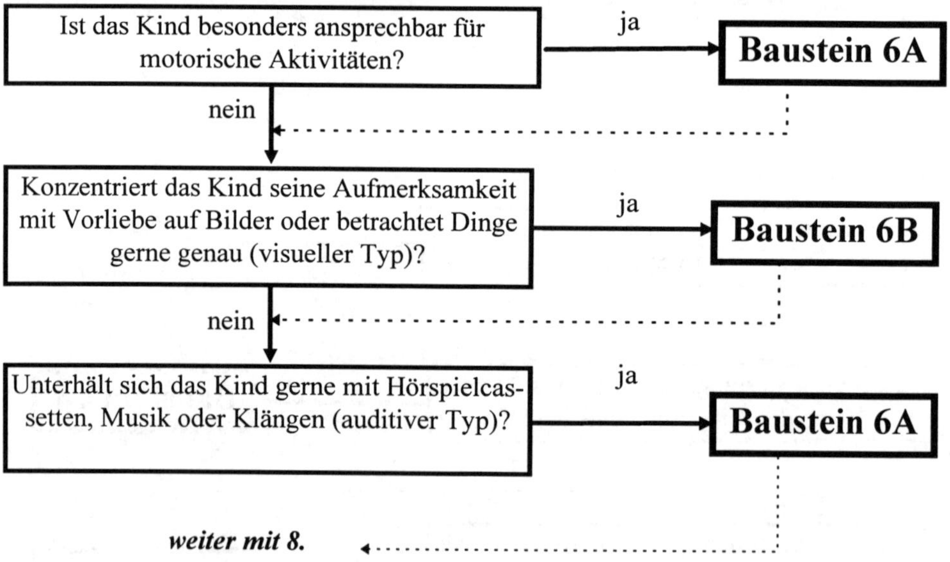

7. Internale Ablenkung

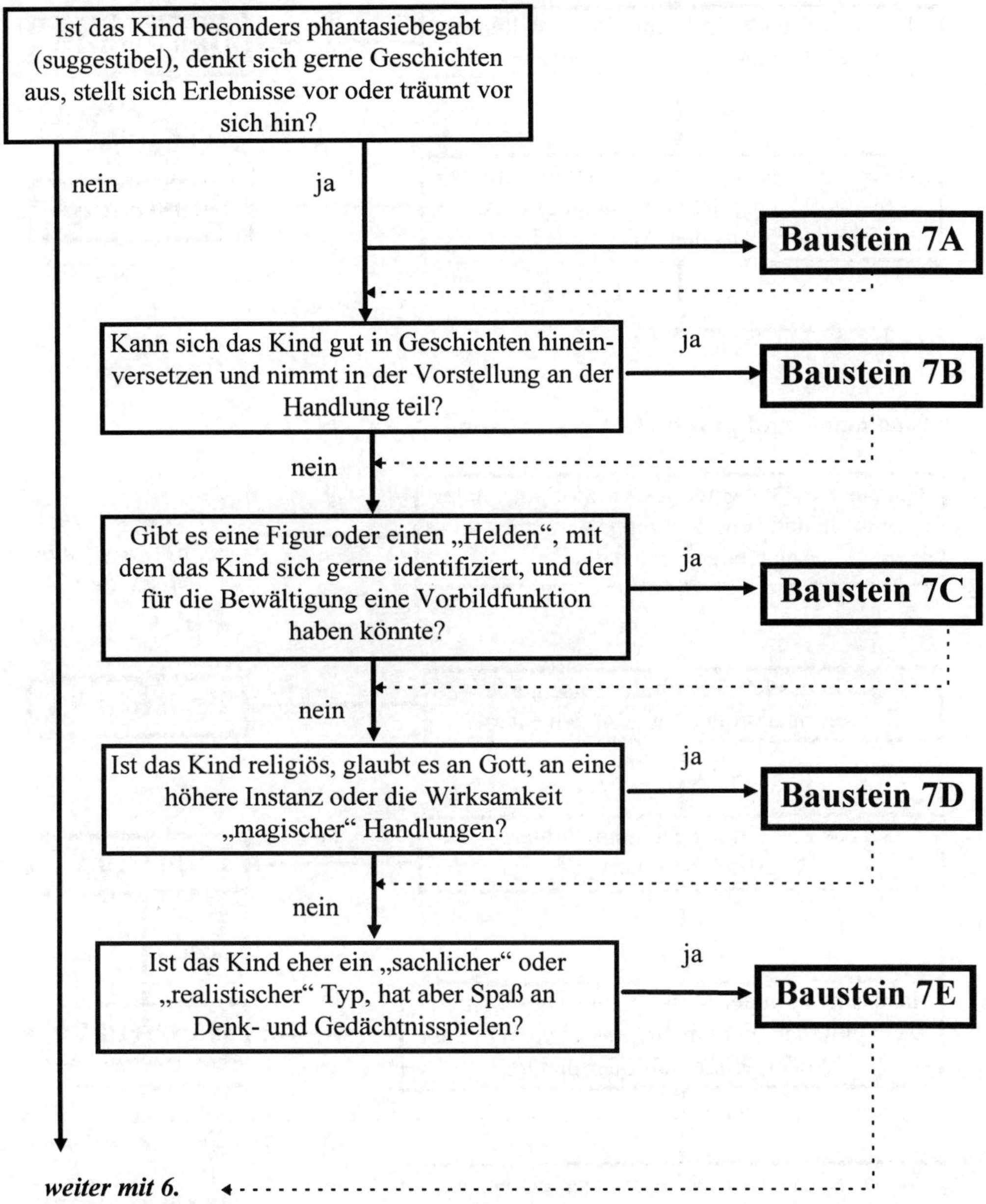

8. Kognitive Verfahren

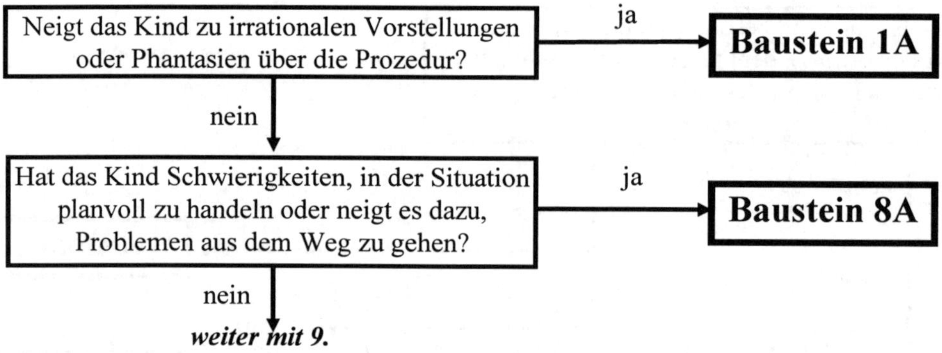

9. Emotionale und praktische Unterstützung

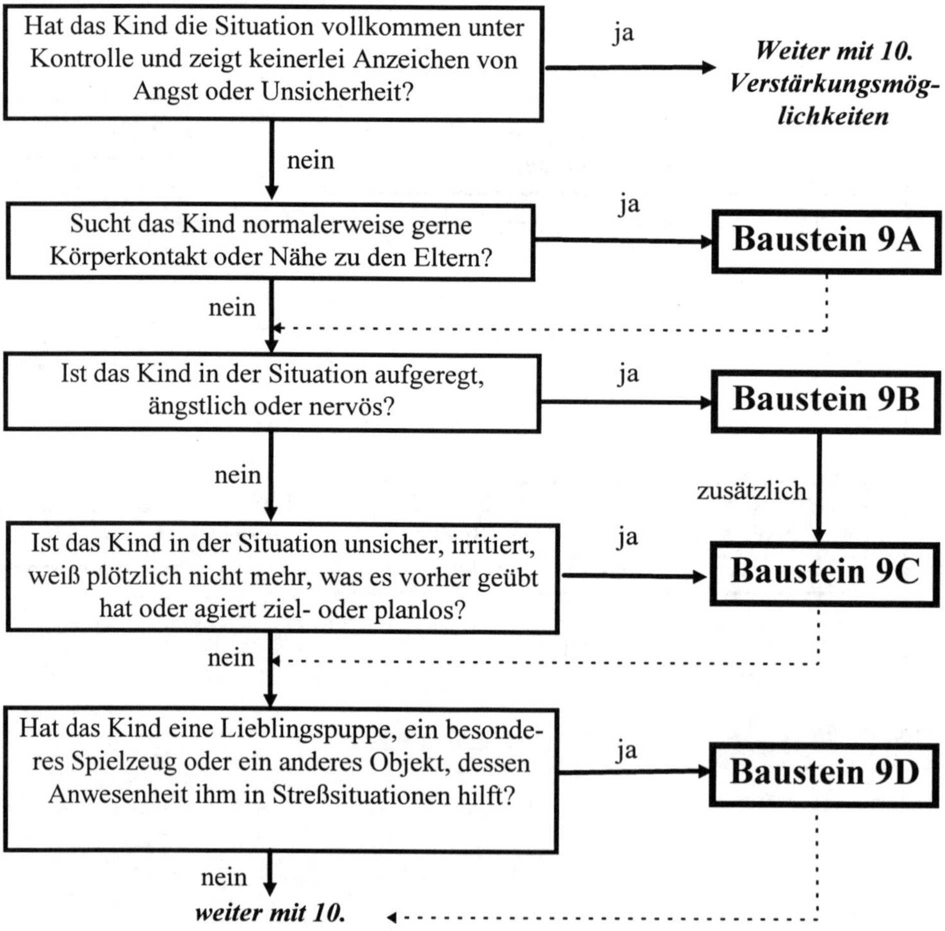

10. Verstärkungsmöglichkeiten

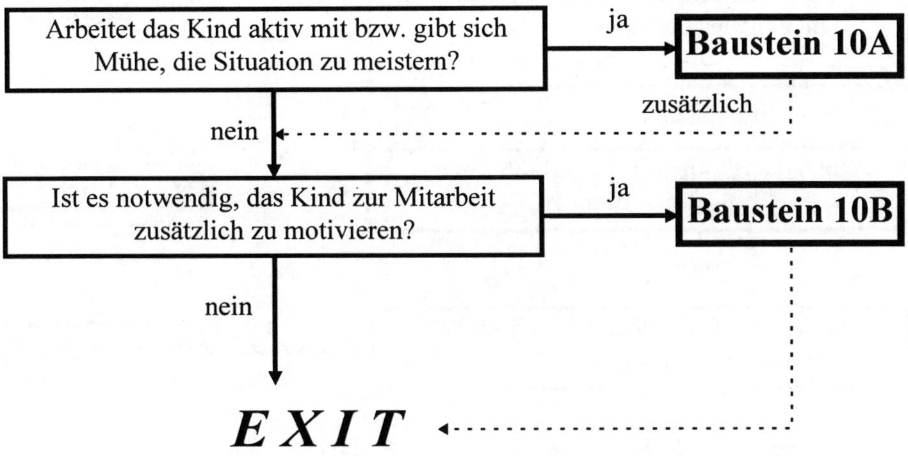

B.1.3. Spezielle Indikation: Elterntraining

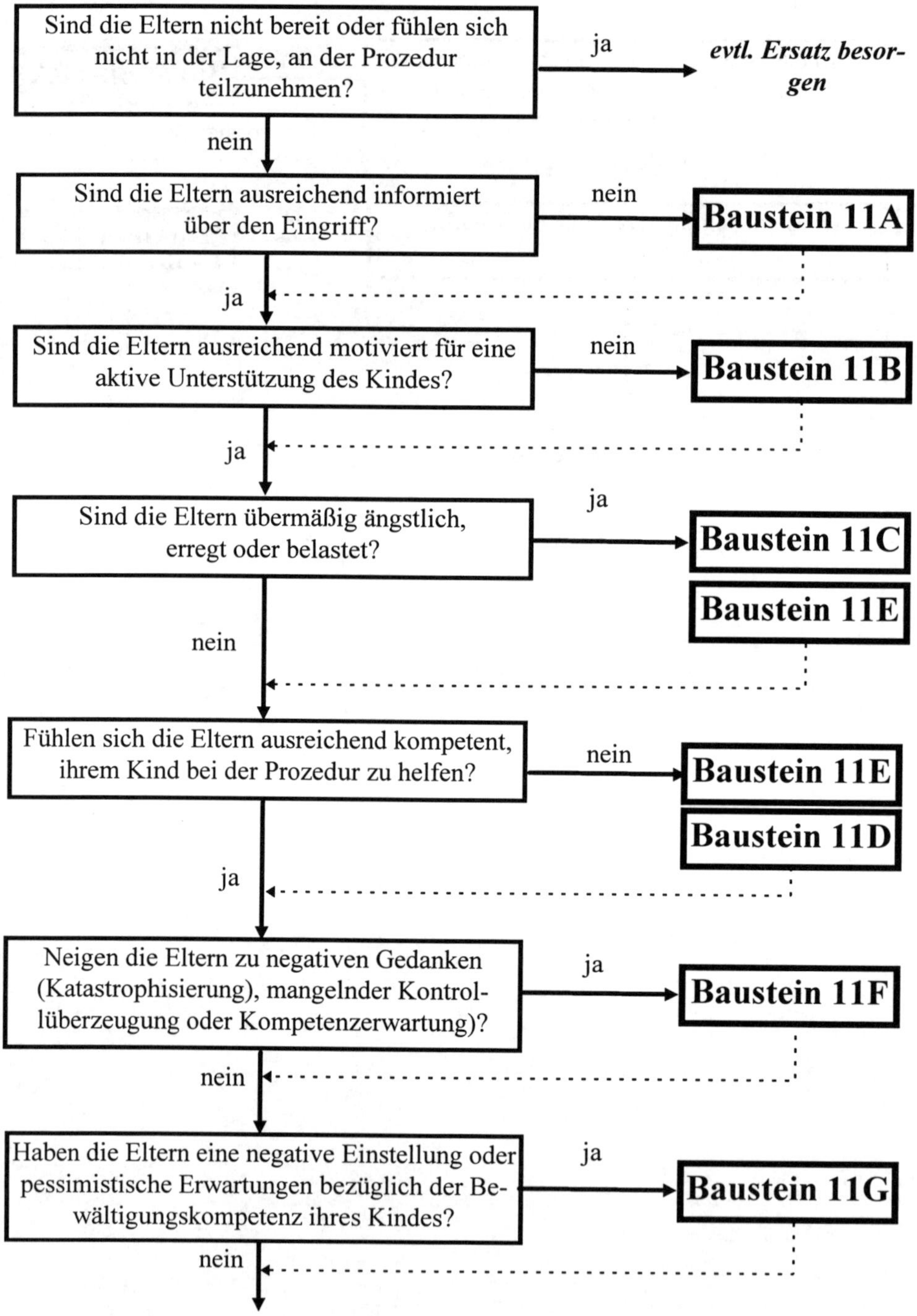

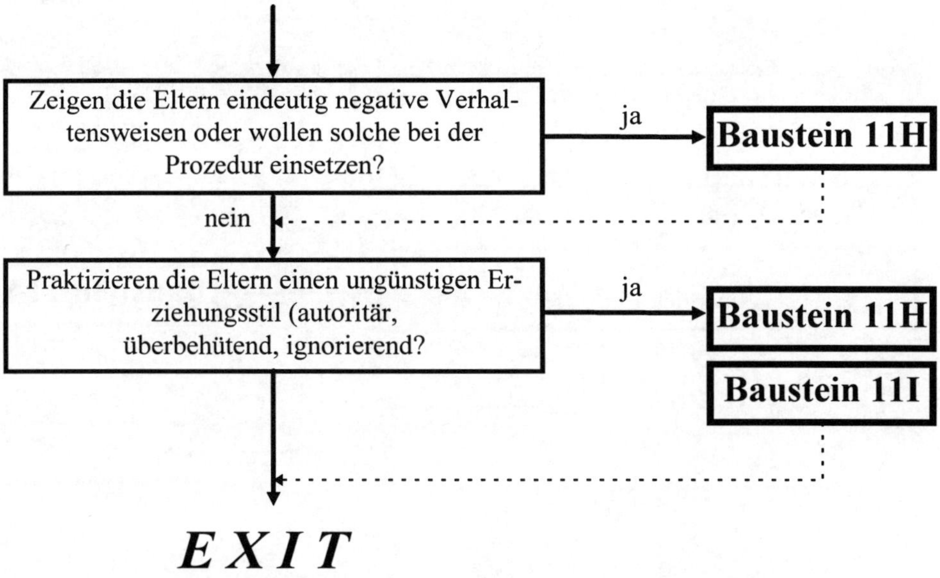
Zeigen die Eltern eindeutig negative Verhaltensweisen oder wollen solche bei der Prozedur einsetzen?
ja
Baustein 11H
nein
Praktizieren die Eltern einen ungünstigen Erziehungsstil (autoritär, überbehütend, ignorierend?
ja
Baustein 11H
Baustein 11I
EXIT